U0608635

北京民族教育丛书

夏铸

夏铸：藏族，原教育部民族教育司司长、国家副总督学，现中国少数民族教育学会副会长兼秘书长。

北京民族教育丛书

民族习俗教育读本

北京市海淀区民族小学　编著

民族出版社

北京市人民代表大会常务委员会

《北京民族教育丛书》编委会全体同志：

值《北京民族教育丛书》出版之际，谨表示热烈的祝贺！向参加过丛书编写工作的每一位同志致以崇高的敬意！

《北京民族教育丛书》是对多年来首都民族教育事业的发展，首都发挥民族教育的窗口作用和辐射作用的全面总结与理论提升。

祝贺《北京民族教育丛书》的出版，相信这部书一定会为首都民族教育整体水平的提高提供强有力的理论支持，并为巩固和发展平等、团结、互助、和谐的社会主义民族关系，维护民族团结，促进各民族的共同繁荣与发展发挥出重要作用。

国家总督学顾问
联合国教科文组织协会世界联合会副主席
亚太地区联合国教科文组织协会联合会名誉主席
中国民办教育协会会长
中国教育学会副会长

2009年11月16号

《北京民族教育丛书》编辑委员会

《北京民族教育丛书》项目组

《民族习俗教育读本》
编写小组

主　编：马万成

副主编：夏明霞　王　晶

编　委：（按姓氏笔画排序）

丁彦民　马　爽　马万成　王　云　王　晶
王红梅　王桂霜　兰绍芳　田学平　代巧玲
刘　健　刘红霞　刘克光　刘晓京　闫玉荣
邢月杰　邢立刚　毕紫红　乔　雪　任　超
汪　红　杜景芝　李　乐　李　颖　李金霞
李永红　杨　扬　杨　敏　杨蕊萍　杨淑荣
杨海建　吴俊鑫　张　宇　张东辉　周雪莲
赵　辉　赵志敏　赵春玲　赵小波　贺晴锐
侯力芳　郭鑫伟　贾　微　贾锁云　夏明霞
党　琦　徐明杰　徐静霞　梅　倩　常　娜
崔小元　富春媛　窦丽娜

努力开创首都民族教育工作新局面
（代总序）

民族教育是整个教育事业的重要组成部分，也是党和国家民族工作的重要内容。北京是全国政治、文化和国际交往的中心，是我国56个民族的首都，也是多民族散杂居的地方。首都民族教育工作关系到少数民族群众的根本利益，关系到首都乃至全国的稳定，关系到民族团结和国家的统一。

为全面落实国务院《关于深化改革加快发展民族教育的决定》（以下简称《决定》）和第五次全国民族教育工作会议精神，北京市教育委员会、北京市民族事务委员会于2002年就共同提出，应从以下八个方面加速推进首都民族教育的改革与发展。

一、提高认识，加强对民族教育工作的领导

民族教育是整个教育事业的重要组成部分，也是党和国家民族工作的重要内容。北京是全国政治、文化和国际交往的中心，是我国56个民族的首都，也是多民族散杂居的地方。首都民族教育工作关系到少数民族群众的根本利益，关系到首都乃至全国的稳定，关系到民族团结和国家的统一。各级领导要从讲政治的高度、从大局和战略的高度，提高对民族教育工作重要性的认识，把民族教育工作摆到重要位置来抓。要认真学习、领会第五次全国民族教育工作会议精神，学好《决定》，结合实际，认真总结民族教育工作的基本经验，分析民族教育发展中遇到的新情况、新问题，提出新形势下做好民族教育工作的新思路。要进一步贯彻落实《北京市少数民族权益保障条例》和有关的民族政策，把发展民族教育纳入法制轨道。

要切实加强对民族教育工作的领导，树立民族教育优先发展的观点，将民族教育事业的发展纳入教育发展的整体规划之中，将民族学校的建设纳入基础设施建设计划，给予优先安排。要在部署、总结年度工作时把民族教育工作作为一项重要内容，把民族教育工作开展情况列入教育督导检查项目，并建立通报制度。各区县要有相应的机构和人

员负责民族教育工作，确保民族教育工作的政策、措施落到实处。

二、优化资源配置，办好每一所民族学校、幼儿园

根据经济和社会发展需要及人口和生源变化情况，进一步加强民族学校的规划与建设，合理调整民族学校布局，促进教育资源的优化配置。对于一些生源少、办学规模过小，继续办学较为困难的民族学校可采取与相邻办学条件较好的学校合并的方式进行调整，调整后仍可保留民族学校的牌子。布局调整后保留的民族学校要依据新的办学条件标准加强建设，要建设一所，达标一所。凡撤并、置换民族学校，需做好当地少数民族群众的工作，并征得区县民族工作部门同意后分别报市教委、市民委备案。要加强民族职业学校和回民中学示范高中建设，适当发展寄宿制学校，满足少数民族群众多层次的教育需求。

要积极发展少数民族学前教育，在少数民族聚居区，至少要办好一所市颁标准的民族幼儿园。

三、加强队伍建设，提高干部、教师的素质和水平

要把干部、教师队伍建设摆在民族教育发展的优先位置。采取倾斜政策，优先为民族学校（幼儿园）配备优秀师资，优先考虑民族学校（幼儿园）骨干教师的培养。2003 年起，市教委、市民委通过依托有关部门举办民族学校骨干校长、教师研修班；适时选派优秀干部、教师国内考察，出国培训；组织北京市城区学校与郊区县民族学校对口支援等多种形式，提高民族学校干部、教师的能力和素质，培养一批民族教育骨干教师和学科带头人。要继续组织好“民族教育烛光杯奖”评选表彰活动，激励民族教育工作者立志民族教育工作，无私奉献，扎实工作，勇于创新。各区县也要从实际出发，紧密结合教学改革对教师教学思想、业务知识、教学能力提出的新要求，做好民族学校教师培养、继续教育和培训的工作。加强民族学校校长队伍建设，提高校长依法治校和科学管理的意识、能力和水平。

四、深化教育教学改革，增强办学活力

从少数民族群众需求出发，积极探索与民族经济和社会发展相适应的民族学校办学模式。抓住当前基础教育课程改革的契机，从课程设置、教学内容、教学组织形式、管理方式、教试制度等方面深化改革，办出少数民族教育的特色，使民族教育切实为提高少数民族人口素质服务，为民族地区经济和社会发展服务。

要积极引导各级各类民族学校深化办学体制、管理体制改革，通过改革提高自身发展能力。进一步调动社会各界关心民族教育，支持民族教育的积极性，鼓励和支持社会

力量办学，形成以各级政府办学为主，多渠道办学的格局。

加强民族教育的教学与科研工作，发挥民族教育研究会的作用，以课题研究的方式，运用科研成果提高全市民族教育的水平。

五、广泛深入开展民族团结教育活动，搞好民族团结教育

要将民族团结教育列为中小学教育工作的重要内容。充分利用相关学科的社会实践基地，课外、校外民族传统活动等灵活多样的方式，有重点、分层次、有针对性地在中小学生中开展民族团结教育。要将民族团结教育列为爱国主义教育、公民道德教育的重要内容，重点加强马克思主义民族观、宗教观和党的民族、宗教政策的教育，加强我国各族人民为中华民族统一多民族国家的形成而浴血奋斗的历史教育，加强各民族人民在党的领导下建设社会主义伟大国家的教育，使各族师生进一步增强“汉族离不开少数民族，少数民族离不开汉族，少数民族之间也相互离不开”的思想，牢固树立自觉维护国家统一、反对民族分裂的思想意识，增强学生的社会主义法制观念、道德观念。

六、加大投入，进一步增强对民族教育的扶持力度

市教委将继续在市级教育费附加中设立民族教育专项经费，用于支持民族学校改善办学条件。全市组织实施的示范高中建设、农村中小学建设、教育信息化建设等项工程也要对民族学校给予倾斜。

各区县在安排教育资金时应当考虑对民族学校的扶持。已经设立专项经费的，要充分发挥资金的使用效益。还未设立专项经费的，要按照国务院的文件要求尽快设立，用于帮助民族学校和民族托幼园(所)加强教师队伍建设，改善办学条件，提高教育质量，解决贫困民族学生就学困难。区县要在分年度实施公用经费达标计划时，保障民族学校优于普通学校率先达到新修订的《北京市普通教育事业公用经费定额标准(试行)》。

七、加快教育信息化建设，为民族教育发展构建现代化技术支撑平台

根据北京市提出的“十五”期间中小学教育信息化建设目标要求，大力推进民族学校办学手段现代化。充分发挥现代化信息技术特有的优势，为民族学校的教学及教师培训服务，推动办学形式、教学模式、学习方式等方面的变革。民族中小学应优先建成校园网，实现校校通；优先做到小学、初中学生平均每十人拥有一台计算机，高中学生平均每八人拥有一台计算机。加强对民族学校信息技术骨干教师的培养，促进信息技术在教育教学和管理中的广泛应用。努力提高干部教师应用信息技术的能力和对优质教育资源的共享能力，提高教育管理的现代化程度。

八、继续做好对口支援西部工作，办好北京西藏中学和潞河中学新疆高中班

要按照中共中央、国务院《关于推动东西部地区学校对口支援工作的通知》精神，发挥北京教育资源优势，加大对口支援西部教育的力度。积极开展教育系统与西部地区的合作，扩大在西部地区的招生规模，为西部地区经济社会发展培养急需人才。进一步落实北京与内蒙古教育对口支援、合作项目，提高对口支援的效益。

下力气办好北京西藏中学和潞河中学新疆高中班。要注意总结办校、办班工作的经验，解决办学、招生中遇到的新问题，进一步完善有关管理办法。在资金投入、硬件设施配置、师资配备等方面继续给予政策倾斜。努力把西藏中学、潞河中学新疆高中班建设成为办学条件、管理水平处于全国领先地位的一流的民族教育示范窗口。

近年来，北京市的民族教育有了长足的发展，取得了可喜的成绩。正是在这种背景下，我们组织编写了《北京民族教育丛书》。丛书选编了北京市民族学校进行民族团结教育教学、科研的经验总结，编写了民族体育、民族文学、民族工艺、民族舞蹈、民族歌曲等方面的教学读本，也对各民族学校开展民族团结学科渗透教育的创新教学方式进行了总结。在编写中，从中小学教师教学、科研的需要出发，力争使每一本书都对提高中小学教师科研、教学的素质和水平有所助益，力争为教师们进行民族团结教育提供一些材料，从而更好地推广民族团结教育工作。

本次编写出版工作得到北京市教委、各民族学校的大力支持。相信在大家的共同努力下，本套丛书的顺利付梓出版，将会推动民族团结教育的进一步发展！

《北京民族教育丛书》编委会

2009 年 8 月

前 言

我国是一个多民族统一的国家,56 个民族共同奋斗创造了中华民族辉煌的历史,缔造了璀璨的中华文明。在我们这个多民族的国家里,我们常用大家庭来形容伟大的祖国,用兄弟来比喻各民族,用谁也离不开谁说明民族之间的关系。在新的历史条件下,中华民族的各族儿女只有团结起来,才能实现祖国的统一、繁荣和富强。

大教育家陶行知先生早在 80 多年前就曾说过:“今日的学生,就是将来的公民;将来所需要的公民,即今天所应当养成的学生。”只有从小学习各民族知识和文化,牢固树立“三个离不开”的思想,才能在学生幼小的心灵中埋下一颗团结、尊重的种子。

作为民族小学,学校一直把“民族团结教育”作为学校教育工作的主线,倡导各民族之间相互理解,相互关爱,并从校本课程、学科渗透、学生社团三个渠道入手,通过学校、班级、学生三个层面,深入开展与落实民族团结教育,形成了立体的民族团结教育模式,不仅促进学生主动全面地发展,而且提升了教师的专业素质。

民族风俗是彰显民族特征的重要因素,从一定意义上讲,全面、客观、系统地认识各个民族的风俗文化在中华文化中的地位和贡献,对于继承和弘扬各个民族的优秀文化,保护和发展中华文化的多样性,保持中华民族旺盛的创造力和生命力都起着非常大的作用。

此次编著的《民族习俗教育读本》,分别从节庆习俗、人生习俗、生活习俗、社会习俗、信仰习俗等方面,深入浅出地叙述了 56 个民族民俗文化的历史和现状,生动地展现了各个民族民俗的丰富内涵,为学校实施民族团结教育提供参考依据。

(教师)笔记

目 录

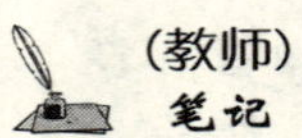
（教师）
笔记

(教师)
笔记

汉族习俗

汉族人口数为1 137 386 112人（第五次全国人口普查数据），是中国56个民族中人口最多的民族，也是世界上人口最多的民族。汉族是原称为“华夏”的中原居民，后同其他民族逐渐同化、融合，汉代开始称为“汉族”。汉语属汉藏语系汉语族，有七大方言。现代汉语以北方方言为基础，北京语音为标准音。汉字是世界上最古老的文字之一，已有6000年左右的历史，由甲骨文、金文逐渐演变成今天的方块字，共有40 000个字以上，通用的有7 000字左右，现为国际通用语文之一。汉族没有产生全民族信仰的宗教，部分人信仰佛教、天主教、基督教等。

一、饮食习俗

汉族与西方诸民族的饮食结构有明显差别，汉族以粮食作物为主食，以各种动物食品、蔬菜作为副食。此外，在长期的民族发展中形成了一日三餐的饮食习惯。一日三餐中主食、菜肴、饮料的搭配方式既具有一定的共同性，又因不同的地理气候环境、经济发展水平、生产生活条件等原因，形成一系列的具体特点。

●主食

米食和面食是汉族主食的两大类型，南方和北方种植稻类地区，以米食为主，种植小麦地区则以面食为主。此外，各地的其他粮食作物，例如玉米、高粱、谷类、薯类作物作为杂粮也都成为不同地区主食的组成部分。汉族主食的制作方法丰富多样，米面制品不少于数百种。现在，中国东南方仍以米食为主；东北、西北、华北则以面食为主。

(教师)笔记

●菜肴

菜肴是汉族饮食结构的重要组成部分。在汉族饮食史早期，菜是“蔬菜”的总称，肴是做熟了的鱼、肉。后来菜也成为副食的总称。素菜指各种蔬菜和植物蛋白制品，荤菜指鱼、肉等动物蛋白制品。在中国奴隶社会和封建社会早期，普通民众只能以菜食为主，而各类肉食主要成为上层阶级的日常食品或者社会节庆日的食品。因而在先秦许多典籍中，曾把“肉食者”作为权贵的代称。例如殷周时期称在位者为“肉食者”，称平民百姓为“蔬食者”。

汉族的菜肴因分布地域的不同，又各有千秋。汉族作为一个民族共同体，具有共同的文化背景。但在饮食习俗方面形成菜肴的众多不同类型，是因为受到多方面的条件影响。首先是原料出产的地方特色，例如东南沿海的各种海味食品，北方山林的各种山珍野味，广东一带民间的蛇餐蛇宴，西北地区多种多样的牛羊肉菜肴，以及各地一年四季不同的蔬菜果品等都反映出副食方面的地方特色。其次，还要受到生活环境和口味的制约。例如喜食辛辣食品的地区，多兴种植水田，与气候潮湿有关。人们常把汉族和其他有关民族的食俗口味概括为“南甜、北咸、东辣、西酸”。虽然过于笼统，并不太准确，但也反映出带有区域性的某些口味的差异和区别。再次，各地的调制方法，包括配料、刀工、火候、调味、烹调技术的不同要求和特点，都是形成菜肴类型的重要因素。例如广东位于南部沿海，物产丰富，粤菜有用料鲜活、花色繁多、新颖奇异、取材广泛的特点，口味以清淡、生脆、爽口为主。山东位于黄河下游，处于渤海与黄海之滨，沿海一带海产丰富，鲁菜的主要特点是烹制各种海鲜，讲究清汤和奶汤调制，善以葱香调味，火功精妙，风味鲜咸适口，清香脆嫩，汤精味醇。江苏是著名的鱼米之乡，苏菜的主要特点是选料严谨，制作精致，刀工精细，讲究造型，菜肴四季有别，重视制汤，保持原（料）汁，口味清鲜平和。川菜，以成都、重庆、自贡等地的风味佳肴为代表，口味多样，注重调味，讲究精烹，具有“清鲜醇陈，麻辣香，一菜一格，百菜百味”的特点。汉族菜肴烹调方法有几十种，常见的有煮、蒸、烧、烤、煎、炒、烹、炸、烩、爆、扒、炖、焖、拌等十多种。各地的烹调方法都深受当地习俗的影响，如广东菜的软炒、焗；福建菜的醉、糟；湖北菜的煨；北京菜的涮、烤等各有长处。各地在民间口味的基础上逐步发展为有特色的地区性的菜肴类型，产生丰富多彩

（教师）笔记

的烹调风格，最后发展成为较有代表性的菜系，川菜、闽菜、鲁菜、苏菜、京菜等各具特色，汇成汉族饮食文化的洋洋大观。

●饮料

酒和茶是汉族主要的两类饮料。中国是茶叶的故乡，也是世界上发明酿造技术最早的国家之一。酒文化和茶文化在中国源远流长，数千年来，构成汉族饮食习俗不可缺少的部分，在世界上也产生了广泛影响。

除了酒和茶这两种主要饮料，某些水果等制品也成为不同地区、不同季节人们的饮料。

●节日食品

饺子的传说

一说是为了纪念盘古氏开天辟地，结束了混沌状态；二是取其与“浑囤”的谐音，意为“粮食满囤”。另外，民间还流传吃饺子的民俗与女娲造人有关。女娲抟土造人时，由于天寒地冻，黄土人的耳朵很容易冻掉，为了使耳朵能固定不掉，女娲在人的耳朵上扎一个小眼，用细线把耳朵拴住，线的另一端放在黄土人的嘴里咬着，这样才算把耳朵做好。老百姓为了纪念女娲的功绩，就包起饺子来，用面捏成人耳朵的形状，内包有馅（线），用嘴咬吃。

汉族节日的食品也是丰富多彩的。它常常将丰富的营养成分、赏心悦目的艺术形式和深厚的文化内涵巧妙地结合起来，成为比较典型的节日饮食文化。大致可分为两类：一是用作祭祀的供品。在旧时的宫廷、官府、宗族、家庭的特殊祭祀、庆典等仪式中占有重要的地位。在当代汉族的多数地区，这种现象早已结束，只在少数偏远地区或某些特定场合，还残存着一些象征性的活动。二是供人们在节日食用的特定的食物制品。这是节日食品和食俗的主流。例如大年除夕，北方家家户户都有包饺子的习惯，而江南各地则盛行打年糕、吃年糕的习俗。另外，汉族许多地区过年的家宴中往往少不了鱼，寓意“年年有余”。端午节吃粽子的习俗千百年来传承不衰。中秋节的月饼，包含对人间亲族团圆和人事和谐的祝福。其他

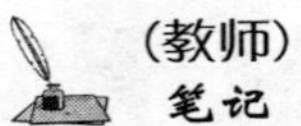
(教师)笔记

诸如开春时食用的春饼、春卷，正月十五的元宵，农历腊月初八吃腊八粥，寒食节的冷食，农历二月二日吃猪头、咬蚕豆，尝新节吃新谷，结婚喜庆中喝交杯酒，祝寿宴的寿桃、寿糕等，都是具有特殊内涵的食俗。

二、礼仪习俗

礼仪是人们在长期的社会生活中形成的有利社会、家庭和个人并由多数人共同自觉遵守的规范。中国是礼仪之邦，汉族重视各方面的礼仪，在继承传统礼仪的同时，不仅对某些过时的不适用的礼仪进行了改革，而且还吸纳新的礼仪内容，使礼仪习俗朝着更加符合群众利益和社会文明并且能表现出民族特色的方向发展。

●婚礼

汉族传统婚嫁有发八字、报日、过礼、迎亲、闹房、筛茶等程序。

发八字　即定亲。旧时联姻，由父母包办，男家看中某家之女，即备礼物请合适人选为媒，俗谓“请媒”。媒人受托之后，上女家说合，试探女家意向，俗谓“提亲”。女家表示联姻意愿后，男女双方即请算命先生合生辰八字。八字合，女家即选定日期，邀集至亲到男家去探视家境与婚姻当事人的相貌、人品，俗谓“看人家”。人家看成后，男家即选定黄道吉日与女家交换当事人的生辰八字，俗谓“发八字”，即算正式定亲。是日，一般男家邀请男女双方至亲参加，设宴招待。

报日　即“请期”。先是男方备礼托媒人前往女家“求喜”，提出结婚日期，经女方家认可，便选定吉日，备办牲酒茶点，正式提出婚期，称为“报日”。

过礼　指接亲的前一天，男家送给女方礼服、首饰、化妆用品，以便新娘装新；又送牲酒糕点等，以便女家待客。同时，女方将床、柜等大型嫁妆交男方带回。是日，新娘开脸、梳头、戴花、着新衣，并宴请亲友。晚上举行“辞家礼”，父母专为女儿设筵席，并邀女之至亲至友相陪，称为“辞亲酒”。

迎亲　指成婚之日，由媒人率领新郎及伴娘（一般由少女充任）等迎亲人员至女家迎接新娘。旧时男方用花轿迎亲，富者还带有乐队、仪仗。20 世纪 60 ~70 年代，时兴自行车迎亲，80 年代以

(教师)笔记

后时兴小轿车迎亲。新娘到男家，由伴娘牵引与新郎在香案前拜堂，即：拜天地，拜祖宗，拜父母，夫妻对拜。新婚之夜，有闹房习俗。

筛茶　婚礼次日早晨，新婚夫妇“筛茶”（蛋茶），以此拜见父母、尊长、亲友与百客，受拜者须赏钱，称为“拜茶钱”。早餐后，新郎偕新娘至岳父母家省亲，与女家亲友晤面，称为“回门”。岳父母家设盛宴款待新郎，但不留宿，新婚一月不空房。夫妻当日回家，婚礼便告结束。

●丧礼

病人在弥留之际，其子女和至亲、至友，必须赶到床前守候，聆听遗言，临终分别，俗称“送终”。病人断气之际，迅速卸下蚊帐，以免打入“网丝层”（谐音“枉死城”）同时，焚烧纸钱，给死者作“买路钱”之用。有的还焚烧纸扎轿马，给死者乘坐；并趁亡人身体僵硬前穿好寿衣寿鞋，称为“装尸”。尸体忌停于房中，须将尸体从床上抬至厅堂，安放在铺好竹席或床单的地上。身盖寿被，头盖黑巾，俗称“遮脸布”，有招魂归来之意。如是男子则手执桃树枝，女子则手执木梳；脚头点油灯，胸部放一面镜子。至此，收殓完毕。同时，差人遍告亲友，称为“报丧”。

入殓，设灵堂，装尸入棺。此时亲人环立致哀。棺内垫有石灰、雄黄、衾、枕、纸卷等。有的还在棺内放入死者生前喜爱之物，富有者还将金、玉之器置于死者口中，说是可以防腐。尸入棺后加盖，但不严封，以便后至亲友能见遗容。此时，进入停丧阶段，孝子守灵。旧时“不洁之人”（指妇女月经期内）不得接近棺材。

灵柩出门，须“扎火罐”，以示驱煞。丧夫起肩，棺材的头部先被抬起，不然称为“坐丧”，视为不利。出门忌逢大雨，俗云：“大雨洗丧，家破人亡”。棺材上路，亲友邻居送葬，多者数百人。行间皆有次序，使一人在前面丢纸钱，称为“买路钱”。棺材上骑坐死者长孙，称为“压丧”。孝子手捧死者灵牌或遗像走在棺材前面。

安葬前择坟地很讲究，旧时要请地舆先生精心选择，有的甚至在生前就已择好。下棺时，孝子跪拜。棺材安就后，长子跪地先掀土三锹，接着丧夫垒土成坟，称为“起封土”。最后，孝子捧着亡人灵牌或遗像回家，供于灵桌。此外，还有“送亮”、“复山”、“谢悼”、“应七”、“五七”、“百日”、“周年”、“除服”等礼仪。

（教师）笔记

●喜庆

妇女怀孕，称为“有喜”。小孩出生当天，婆家备鸡一只、米酒一缸，送至产妇娘家，称为“报喜”。外人第一个进入产妇家，称为“踩生”，便给来人筛鸡蛋茶，甚至请喝酒，以免婴儿长大口馋。民间以为女踩男生最好，有“女踩男生，财发万金”之说。婴儿诞生第三天，用艾叶水给婴儿洗澡，称为“严洗三朝”，第十天，举行庆祝，俗称“十朝”。家长祭祀祖先、送子娘娘，祈求保佑婴儿易养成人。备办酒筵，大宴宾客。亲友送礼，俗称“送祝米”。产妇娘家馈赠最丰，有“上半月吃娘家，下半月吃婆家”之说。待客有“红蛋”，即用颜料染成红色的熟鸡蛋。“吃红蛋”成为生孩子的代词，民间有“今年吃喜酒，明年吃红蛋”的祝愿。此外，还有百日酒、满月酒。婴儿满一周岁，亲友来贺，外公家馈赠厚礼，俗称做“周岁”。

三、节日习俗

汉族的节日很多，主要是春节、清明节、端午节、元宵节、中秋节等等。汉族人最注重的三节是春节、端午节、中秋节。其中以春节为重。

●春节

春节是中国最富有特色的传统节日。春节，就是农历新年。过“春节”又称为“过年”，是汉族人千百年来的传统节日，也是一年中最隆重的节日。过年时，除夕要守夜，初一要拜年。它标志农历旧的一年结束，新的一年已经开始。

年前，要上坟祭祖，给死去的先人送几个钱花。烧时，要拿出几张纸单烧，这是打发外鬼的，因为钱不能一个人花，要大家分享一点，很讲义气。

腊月三十到就正式过年了，过去这天早晨都要吃饺子，过年的七顿饺子从此开始。即三十早晨一顿、初一子夜一顿、初一至初五每天各一顿，大家吃得开心，可是妇女们忙得脚不沾地。饺子里面要包钱，也有包枣和糖的。大家瞪着眼睛吃钱，据说谁吃到了，谁一年幸福。

包完饺子，有的人家要辞岁，先给老祖宗叩头，接着小辈给长辈叩头，弟弟给兄嫂叩头，人口多的要叩几十个，未出嫁的姑娘是不叩头的。辞岁，长辈要给晚辈压岁钱。也有的人家不辞岁，是在接完神后拜年。在吃饺子前，都要喝一碗糖水，说是嘴甜，会说话。然后要互相拜年，晚辈祝长辈健康长寿，长辈祝晚辈学习进步，一年幸福。等女人们把饺子煮好，吃完年夜饺子就是第二年了，大家不能睡觉，叫守岁，一年兴旺。

贴对联一般都在三十上午，每个门都要贴一副对联，还有春条，如“宜入新春乐，财神家中坐，金子堆成堆，银子垛成垛，大吉大利”等吉利话，每屋一条，另有“抬头见喜”、“出门见喜”等。

供家谱是最庄严的事情，没有家谱的，要写个三代宗亲供上，一般要有供器。天地、灶君、门神也要烧香上供。

此时，拜年的和送财神的接连不断地来了。送财神的，有的拿着财神像或码子，有的用口头送。站在门口，嘴里念一套喜歌：“送财神了，财神到家，越来越发；财神临门，骡马成群。”主人要给赏钱。接神要发纸，在这之前，在院中要准备一些干柴，暴马子或白松最好，燃起篝火时，啪啪作响。后来，为了防火，一般就不燃篝火了，开始用蜡烛，有的还在萝卜上插些明柴，点起来也非常明亮。院中还要生起一盆木炭。

春节的来历

春节原名“元旦”，隋代杜台卿在《玉烛宝典》中说：“正月为端月，其一日为元日，亦云正朝，亦云元朔。”“元”的本意为“头”，后引申为“开始”，因为这一天是一年的头一天，春季的头一天，正月的头一天，所以称为“三元”；因为这一天还是岁之朝，月之朝，日之朝，所以又称“三朝”；又因为它是第一个朔日，所以又称“元朔”。宋人吴自牧在《梦粱录》中解释：“正月朔日，谓之元旦”。《说文解字》中对“旦”字的解释为“从日见一上，一，地也。”表示太阳刚刚从地平线上升起，就是早晨的意思。因为它分别表示一年的第一个早晨，正月的第一个早晨，所以称“元旦”和“正旦”。

过年期间都不干活，就是吃、喝、玩。正月初三的晚间，要送

(教师)
笔记

神，神有神的工作，不能长期在老百姓家中待着，后来就光有接神的，没有送神的，接来之后，神什么时候愿意走就走，再后来干脆不接不送。

●清明节

清明节，是春季祭祖最隆重的节日，习惯称为“鬼节”。是中国传统习俗中最重要的节日之一。清明节就是现在的民族扫墓节。清明节流行扫墓，其实最早扫墓乃清明节前一天寒食节的内容。寒食相传起于晋文公悼念介之推一事。唐玄宗开元二十年诏令天下，“寒食上墓”。因寒食与清明相接，后来就逐渐传成清明扫墓了。按主日说，约在四月五日前后，按农历，则是在三月上半月。古人把一年分为二十四节气，以这种岁时历法来播种、收成，清明便是二十四节气之一，时在春分后十五天，按“岁时百问”的说法：“万物生长此时，皆清洁而明净。故谓之清明。”所以，“清明”本为节气名，后来加了寒食禁火及扫墓的习俗才形成清明节的。

古时扫墓，孩子们还常要放风筝。有的风筝上安有竹笛，经风一吹能发出响声，犹如筝的声音，据说风筝的名字也就是这么来的。新中国成立后，人们都在这天祭扫烈士墓，缅怀革命先辈。

●重阳节（敬老节）

农历的九月九日，是我国传统的重阳节。同时也是中国的敬老节。在1989年，我国把每年的农历九月九日定为老人节，传统与现代巧妙地结合，成为尊老、敬老、爱老、助老的老年人的节日。每到重阳，人们就会想起王维写的“独在异乡为异客，每逢佳节倍思亲。遥知兄弟登高处，遍插茱萸少一人。”自古以来，重阳节就是人们敬老爱老、思念双亲、渴望团圆的节日。

农历九月初九的重阳佳节，活动丰富，情趣盎然，有登高、赏菊、喝菊花酒、吃重阳糕、插茱萸等等。

登　高

在古代，民间在重阳有登高的风俗，故重阳节又叫“登高节”。登高所到之处，没有划一的规定，一般是登高山、登高塔。

吃重阳糕

据史料记载，重阳糕又称“花糕、菊糕、五色糕”，制无定法，

(教师)笔记

较为随意。如今的重阳糕，仍无固定品种，各地在重阳节吃的松软糕类都称之为重阳糕。

赏菊并饮菊花酒

重阳节正是一年的金秋时节，菊花盛开，据传赏菊及饮菊花酒，起源于晋朝大诗人陶渊明。陶渊明以隐居出名，以诗出名，以酒出名，也以爱菊出名。后人效之，遂有重阳赏菊之俗。民间还把农历九月称为“菊月”，在菊花盛放的重阳节里，观赏菊花成了节日的一项重要内容。

插茱萸和簪菊花

重阳节插茱萸的风俗，在唐代就已经很普遍。古人认为在重阳节这一天插茱萸可以避难消灾；或佩带于臂，或作香袋把茱萸放在里面佩带，还有插在头上的。大多是妇女、儿童佩带，有些地方，男子也佩带。

喝重阳酒

“重阳酒”即用优质糯米酿成的甜酒，于重阳节装进小陶瓷坛子密封保存。可能是因为温度和湿度比较适宜，所以酿出的酒特别醇，是米酒中的上品，甘甜醇美，男女老少皆宜。

●中秋节

中秋节是我国的传统佳节。据史籍记载，古代帝王有春天祭日、秋天祭月的礼制。节期为农历（阴历）八月十五，时日恰逢三秋之半，故名“中秋节”；又因这个节日在秋季、八月，故又称“秋节”。因中秋节的主要活动都是围绕“月”进行的，所以又俗称“月节”、“月夕”、“追月节”、“玩月节”、“拜月节”；在唐朝，中秋节还被称为“端正月”。

四、宗教信仰习俗

汉族传统中信仰儒家思想、道教、佛教，在儒家文化的社会基础中对道家、佛家诸说多有崇敬。

●儒家

儒家是先秦时期由孔子所创立，此后长期主宰中国封建上层建

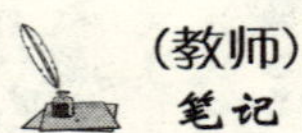
（教师）笔记

筑及其意识形态的思想流派。也有人认为它是一种特殊形式的宗教，即儒教，孔子是教主。

重阳节的传说

东汉时期，汝河有个瘟魔，只要它一出现，家家有人病倒，天天有人丧命，这一带的百姓受尽了瘟的蹂躏。

一场瘟疫夺走了恒景的父母，他自己也差点儿丧了命。恒景病愈后辞别了妻子和乡亲，决心访仙学艺，为民除瘟。恒景访遍名山高士，终于打听到东方一座最古老的山上有一个法力无边的仙长。在仙鹤指引下，仙长终于收留了恒景，仙长不仅教他降妖剑术，又赠他一把降妖剑。恒景废寝忘食地苦练，终于练出了一身武艺。

这一天，仙长把恒景叫到跟前说："明天九月初九，瘟魔又要出来作恶，你本领已经学成，该回去为民除害了。"仙长送了恒景一包茱萸叶，一盅菊花酒，并且密授避邪用法，让恒景骑着仙鹤赶回家。

恒景回到家乡，九月初九的早晨，他按仙长的叮嘱把乡亲们领到了附近的一座山上，然后发给每人一片茱萸叶，一盅菊花酒。中午时分，随着几声怪叫瘟魔冲出汝河，瘟魔刚扑到山下，突然吹来阵阵茱萸奇香和菊花酒气。瘟魔戛然止步，脸色突变，恒景手持降妖剑追下山来，几个回合就把瘟魔刺死。从此九月初九登高避疫的习俗年复一年地传下来。

孔子是中国历史上第一位进行公开教学的大教育家，他和他的学生设教讲学，把古代为贵族所专有的礼仪和其他各种知识传播到民间，逐渐形成一个学派，后人称之为"儒家"。

儒家基本思想特征是：重实践，重人事，重伦理，重教育，主张礼治，强调传统的伦理关系等。以"仁爱"为核心，以"中庸"为准绳的充满理想主义色彩的伦理哲学，即所谓"格物、致知、诚意、正心、修身、齐家、治国、平天下"的思想，成为绵延两千多年的儒家思想的一种特质。

儒家早期的代表人物有孔子、孟子、荀子等。到了汉武帝时代，经学大师董仲舒借助道家哲学，又以阴阳五行思想融入儒家，

(教师)笔记

倡导“三纲五常”、“君权神授”等思想，成为影响极大的一代儒学宗师。

●道教

道教是中国土生土长的宗教，是汉族传统宗教信仰之一。它渊源于古代的巫术、秦汉时的神仙方术以及阴阳五行学说等。在发展过程中，还糅合了儒家和佛教的某些理论和教规、仪式，形成了十分庞杂的思想体系。黄老道是早期道教的前身。

所谓黄老道，是古代假托黄帝和老子思想的一种宗教，原是一种政治、哲学流派，起源于战国，盛行于西汉。史学界和道教界一般认为道教初创于东汉中叶，即汉顺帝（125—144 年在位）时期。当时张陵在鹤山（今四川大邑县境内）倡导五斗米道，奉老子为教主，以《道德经》（《老子五千文》）、《正一经》、《太平洞极经》为主要经典，并自称出于太上老君的口授，造作道书，于是道教逐渐形成。

此后，在道教的发展史上，先后产生了太平道、天师道等数十种宗派。唐宋时期，道教大盛。13 世纪以后，道教正式分为正一、全真两大教派。信奉正一道的道士无须出家（亦有少数出家者），在家修持，可以结婚，俗称“火居道士”或“俗家道士”。信奉全真道的道士则须出家，住宫、观、院修持，不婚配，不得食荤腥，其戒律类似佛教徒。道士身穿道袍，头戴古冠巾，足着云履。其宗教活动场所，即供神、诵经、修道的场所，按规模大小分别称为道宫、道观、道院或庙。如山西永乐宫、北京白云观、东岳庙等。对进行较大规模诵经、礼拜仪式的场所称道场，一般的则称法坛。

●佛教

佛教传入中国的确切年代尚无定论，异说颇多，大体在公元前后两汉之际。主要有汉传、藏传和南传佛教三大派别。

从南北朝开始中国佛教进入兴盛发展阶段，隋唐时期是中国佛教鼎盛之时。

藏传佛教主要流行于西藏、云南、四川、青海、新疆、甘肃、内蒙古等省、自治区。中国南传佛教即上座部佛教，主要分布于云南省的西双版纳傣族自治州、德宏傣族景颇族自治州。

五、称呼习俗

在中国，汉族传统的辈分观念长期存在，以本身为中心，上有

(教师)笔记

四代长辈，下有四代晚辈，形成了“高祖、曾祖、祖、父、本人、子、孙、曾孙、玄孙”的“九族”血亲关系，这就是九个层次。如果把旁系的血亲关系和姻亲关系联系起来，便形成了一个庞大的亲属系统。这里仅选其中的一部分，以显示其层次关系。

第一层：祖父、祖母、外祖父、外祖母（长二辈）

第二层：父亲、母亲、伯父、伯母、叔父、婶母、舅父、舅母、姨父、姨母、姑父、姑母、岳父、岳母（长一辈）

第三层：（本身）哥哥、嫂嫂、姐姐、姐夫、妹妹、妹夫、堂兄、堂嫂、表兄、表嫂、内兄、妻妹、襟兄（同辈）

第四层：儿子、女儿、侄儿、外甥、内侄、侄婿（晚一辈）

第五层：孙子、孙女、外孙、外孙女、侄孙、侄孙女、孙媳、外孙媳（晚二辈）

亲属称谓是以辈分划分的，不受年龄限制，哥哥比弟弟大几岁，哥哥的孩子又比弟弟的孩子大几岁，几代之后，大门的后代与小门的后代相比，同辈人可能差上几十岁，并不因此而影响辈关系，常常会有长胡子的孙子或怀抱着的爷爷。所以，汉族常有“大门转小辈”之说。

亲属称呼也用于社会上邻里之间或素不相识的人之间，以表示亲切和尊敬。例如：邻里间同龄人常以兄、弟、姐、妹相称，年轻人称父辈同龄人为大伯（大爷）、叔叔、大妈（大娘）、婶婶、姑姑、姨等，称祖父辈的同龄人为爷爷、奶奶、姥姥、姥爷等。一般来说，注意层次，掌握角度，在称谓的运用中十分重要，年龄层次不同，称谓也不同，特别是信封上的称谓。如儿子给爸爸、妈妈写信，信内应称“父母亲大人”或“爸爸妈妈”，而在信封上的称谓则有角度问题了，称X先生或职务为宜。

生活中，为了表示对人的尊敬，也有不注意层次的特殊现象。如：某家有一位受尊敬的长者，家里晚辈称之为爷爷、奶奶、姥爷、姥姥等，街坊邻里不分男女老幼，可能都称其为爷爷、奶奶、姥爷、姥姥，不过称谓前常常冠以姓名。如《红楼梦》里的刘姥姥，《骆驼祥子》中的刘四爷。有时在称谓前加上“他（她）”字，如：他大伯、她二婶、他姥姥、她李二哥等。类似的称呼，在今天还广泛使用。

（教师）笔记

蒙古族习俗

蒙古族有人口约 5 813 947 人（2000 年全国人口普查数据），主要聚居在内蒙古自治区。蒙古族有自己的语言文学。蒙古语属阿尔泰语系蒙古语族，分内蒙古、卫拉特、巴尔虎布利亚特三种方言。13 世纪初，蒙古族在回鹘文字母基础上创制了自己的文字。14 世纪初，蒙古学者却吉·斡斯尔对最初的蒙古文字进行了改革，成为至今通用、规范化的蒙古文字。蒙古族起源于中国的北方草原，是一个历史悠久而又富于传奇色彩的民族，在祖国大家庭的发展史上，乃至世界的历史进程中都曾产生过重要的影响。蒙古族人民非常好客，待人热情有礼、坦率诚恳，颇受兄弟民族的称赞。蒙古族充满乐观精神的生活，足以证明他们是一个伟大而坚强的民族，是一个可以战胜一切困难并不断追求幸福生活的民族。

一、饮食习俗

蒙古族的传统饮食以奶食、肉食为主，粮食为辅。一日三餐，两稀一干，早晨、中午一般喝奶茶泡炒米，加奶食、手把肉，晚上氽羊肉下面条、吃包子。

●红食与白食

蒙古族牧民视绵羊为生活的保证、财富的源泉。日食三餐，每餐都离不开奶与肉。以奶为原料制成的食品，蒙古语称“查干伊得”，意为圣洁、纯净的食品，即“白食”；以肉类为原料制成的食品，蒙古语称“乌兰伊得”，意为“红食”。

蒙古族除食用最常见的牛奶外，还食用羊奶、马奶、鹿奶和骆驼奶，其中少部分作为鲜奶饮料，大部分加工成奶制品，如：奶皮子、奶油、奶酪、奶豆腐等，可以在正餐上食用，也是老幼皆宜的

(教师)
笔记

零食。奶制品一向被视为上乘珍品，曾被称为“百食之长”。如有来客，首先要献上；若是小孩来，还要用奶皮子或奶油涂抹其脑门，以示美好的祝福。

蒙古族的肉类主要是牛、绵羊肉，其次为山羊肉、骆驼肉和少量的马肉，在狩猎季节也捕猎黄羊肉。羊肉常见的传统食用方法就有全羊宴、嫩皮整羊宴、煺毛整羊宴、烤羊、烤羊心、炒羊肚、羊脑烩菜等70多种。最具特色的是蒙古族烤全羊、炉烤带皮整羊或称阿拉善烤全羊，最常见的是手把羊肉。蒙古族吃羊肉讲究清水煮，煮熟后即食用，以保持羊肉的鲜嫩，特别是在做手把羊肉时，忌煮得过老。但内蒙古东部蒙汉杂居地区的蒙古族也喜食煮时加作料，并把肉煮成酥烂的手把羊肉。有些地区的蒙古族还喜将羊腰窝的肉切成大片，挂糊油炸成炸肉片，民间称为“大炸羊”。牛肉大都在冬季食用。有时做成全牛肉宴，更多的是清炖、红烧、做汤。还食用骆驼肉和马肉，油炸驼峰片蘸白糖，视为上肴，有经验的厨师还善于把牛蹄筋、鹿筋、牛鞭、牛尾烹制成各种食疗菜肴。为便于保存，还常把牛、羊肉制成肉干和腊肉。

●炒米

在日常饮食中，与红食、白食占有同样重要位置的是蒙古族特有食品——炒米。西部地区的蒙古族还有用炒米做“崩”的习俗。用炒米做“崩”时加羊油、红枣、红糖或白糖拌匀，捏成小块，就茶当饭。未经蒸炒的糜子多用来与肉丁煮成粥，糜粉可以烙饼。面粉制作的各种食品在蒙古族日常饮食中也日渐增多，最常见的是面条和烙饼，并擅长用面粉加馅制成别具特色的蒙古包子、蒙古馅饼及蒙古糕点新苏饼等。

●奶茶与奶酒

蒙古族每天离不开茶，除饮红茶外，几乎都有饮奶茶的习惯，每天早上第一件事就是煮奶茶，煮奶茶最好用新打的净水，烧开后，冲入放有砖茶末的净壶或锅，慢火煮2~3分钟，再将鲜奶和盐兑入，烧开即可。蒙古族的奶茶有时还要加黄油，或奶皮子，或炒米等，其味芳香、咸爽可口，是含有多种营养成分的滋补饮料。有人甚至认为，三天不吃饭菜可以，但一天不饮奶茶不行。蒙古族还喜欢将许多野生植物的果实、叶子、花等都用于煮奶茶，煮好的奶茶风味各异，有的还能防病治病。

(教师)笔记

大部分蒙古族都能饮酒，所饮用的酒多是白酒和啤酒，有的地区也饮用奶酒和马奶酒。蒙古族酿制奶酒时，先把鲜奶入桶，然后加少量嗜酸奶汁（比一般酸奶更酸）作为引子，每日搅动，3～4日待奶全部变酸后，即可入锅加温，锅上盖一个无底木桶，大口朝下的木桶内侧挂上数个小罐，再在无底木桶上坐上一个装满冷水的铁锅，酸奶经加热后蒸发遇冷铁锅凝成液体，滴入小罐内，即成为头锅奶酒，如度数不浓，还可再蒸二锅。每逢节日或客人朋友相聚，都有豪饮的习惯。马奶酒由鲜马奶经发酵制成，不需蒸馏。

二、礼仪习俗

热情好客，待人诚恳，是蒙古族人民的传统美德。他们对来客，不论是熟人还是陌生人，一见面总是热情问候："他赛拜努"（您好），随后主人把右手放在胸前，微微躬身，请客人进蒙古包，全家老少围着客人坐下，问长问短，好似自家。

●美食宴客

平常待客，在喝奶茶之后，慷慨大方的主人总是把香甜的黄油、奶皮、醇香的奶酒、酥脆的油炸果子和炒米、奶茶、奶酪以及独具草原风味的"手把肉"一一摆在客人面前，请客人畅饮饱餐。主人若对客人表示特别敬意，常把奶壶、酒壶托在哈达上端出来，有时还唱一些表示欢迎和友好的歌曲来劝酒，客人接杯畅饮，主人就格外高兴。遇到宴会，请特别尊贵的客人或举行祭典，常摆整羊席。当客人告别的时候，常常是举家相送，祝客人一路平安，欢迎再次光临。

●献哈达

哈达是藏族和蒙古族用以表示对人敬意或祝贺的传统礼品，由薄绢制成，常在迎送、馈赠、敬神、拜年以及喜庆时使用。这种礼节由来已久。据《马可·波罗游记》中所写，蒙古族"过年过节时，都互相用金银玉石做的礼品同白色绸布一起捧献"。

●递鼻烟壶

在蒙古包里做客，殷勤好客的主人，常常要拿出一个制作精致，像个瓷瓶样的小壶，敬给客人嗅，这就是装着鼻烟的鼻烟壶。

鼻烟壶是蒙古人最喜爱的一种烟具，也是接待尊贵客人见面礼

(教师)笔记

的用具。

递鼻烟壶是蒙古族古老的习俗。不论是炎炎的烈日，还是冰天雪地，一旦客人来时，主人都一定要拿出“古乎热”（鼻烟壶），互相交换吸用。因为他们所交换的绝不仅仅是烟壶，而是为了表达蒙古族人发自内心的一种最诚挚的情感。

递鼻烟壶也有一定的规矩。如果是同辈相见，要用右手递壶，互相交换，或双手略举，鞠躬互换，然后各自倒出一点鼻烟，用手指抹在鼻孔上，品闻烟味，品完再互换。如果是长辈和晚辈相见，长辈要微欠身，用右手递壶，晚辈跪足，用两手接过，恭敬谨慎地嗅一下就鞠躬奉还。

●近包慢行

在蒙古民族的习惯中，骑马、坐车到牧民家做客。接近蒙古包时，就要轻骑慢行，以免惊动畜群，在进蒙古包以前马鞭和马棒要放在门外；如带入包内，则被看作对主人的不尊敬。出蒙古包后，不要立即上车、上马，要走一段路，等主人回去了，再上车、上马。在包里做客，主人躬身端奶茶，客人应欠身双手去接。包内西北角为供佛的地方，睡觉时脚不能伸向西北角。不宜用烟袋或手指人头。锅灶不许用脚踩碰，不能在火上烤脚，否则等于侮辱灶神。蒙古包内，若有了病人，便在包门的左侧缚一条绳子，把绳子的头埋在地下，表示主人不能待客，来访者就不应进门。

三、节日习俗

●那达慕

“那达慕”大会是蒙古族历史悠久的传统节日，每年七八月间举行。“那达慕”在蒙古语中是娱乐、游戏的意思，它源于赛马、摔跤、射箭三项竞技，现已成为草原上庆丰收、进行物资交流和举行民间体育活动的隆重集会。

“那达慕”起源于13世纪初。那时候，蒙古族的头领们每当举行大“忽力勒台”（大聚会）时，除了制定法规，任免官员，进行奖惩外，还要举行规模较大的“那达慕”。当时，那达慕的主要内容就是进行摔跤、赛马、射箭比赛。清代以后，那达慕一般以盟、旗或苏木为单位，半年或一二年举行一次，对三项竞技的优胜者奖给马、骆驼、羊和砖茶、绸缎等物。新中国成立后，其内容和形式

(教师)笔记

有了很大变化，除了进行被称为“男儿三艺”的摔跤、赛马、射箭等传统体育比赛外，还增加了文艺演出、放映电影、物资交流等许多新内容，使这一传统的民族盛会，更加喜庆、吉祥、欢乐而富于实效。现在的那达慕多在金风送爽、牛羊肥壮的夏秋季节举行，一般进行3~7天。每逢此时，牧民们穿着崭新的民族服装，骑着马，赶着勒勒车，带着蒙古包和各种肉乳食品，从四面八方汇集而来。在绿茵草地上搭起毡帐，熬茶煮肉。整个草原炊烟袅袅，人欢马叫，沉浸在一片欢乐的气氛之中。

●白节（白月）

查干萨日（意即“白月”或“白节”）是蒙古族的“春节”。蒙古族自古以来，以白色为纯洁、吉祥之色，他们最崇尚的是白色，故称春节为白节。与国内其他民族一样，生活在中国境内的蒙古族也十分注重过春节。但由于生产生活条件和客观环境的不同，蒙古族过春节，草原游牧文化特色十分浓厚。

白月是蒙古族一年一度最为隆重而盛大的节日。这一习俗可以追溯到元朝初年。元世祖忽必烈在位时，就非常重视过白节。意大利旅行家马可·波罗在他的游记中，对此作了非常详细的描绘。

现代蒙古族人也把白节作为最隆重的节日。腊月三十晚上，全家老少穿上节日盛装，欢聚一堂，彻夜不眠。通常全家老少先拜祖先，然后晚辈向长辈依次献哈达、敬酒、礼拜。凌晨，全家老少以及族人走到蒙古包外，在长者的主持下举行向长生天祈祷仪式。据说这是蒙古族信萨满教遗留下来的传统。

初一清晨，家族亲友开始互相拜年，直到“白月”十五或月底才结束。整个白月期间，草原上的男女青年纷纷骑上骏马，带上崭新的哈达和美酒等，三五成群，挨家挨户给各浩特（定居点）的亲友、家长拜年。不过现在，草原上看到的更多的是骑摩托车或开吉普车的男女青年。拜年的路途，是青年男女赛马、追逐、嬉戏的绝好机会。身临其境的人无不感到马背民族不拘一格的生活情趣和粗犷豪迈的气概。

四、宗教信仰习俗

蒙古族主要信仰萨满教和藏传佛教。古代，萨满教极为流行，十六七世纪以后，随着藏传佛教的广泛传播，其势力才逐渐衰微。但直到今天，其影响仍未完全消失。

(教师)笔记

萨满教是一种相信万物有灵、灵魂不灭和多神崇拜的原始宗教，因其巫师通称“萨满”而得名。蒙古语称男萨满为“博额”，称女萨满为“乌达根”。蒙古族萨满教的神祇种类繁多，上至日月星辰、风雨雷电，下至大地山川、草木禽兽，乃至祖先神灵等，都是顶礼膜拜、崇敬奉祀的对象。但从古至今，在万物诸神之中，“腾格里”（天神）一直被视为众神之首，是可以赐福于人类的幸福之神，能洞悉一切、明察秋毫的司刑罚之神，可以赋予人生命的生育之神，能护佑牧业生产的保护神等，具有极大的威力和至高无上的地位。

与其他民族不同的是，蒙古族萨满教还有一种特殊的神具——“翁衮”（蒙古语音译，意为“神偶”）。翁衮多用毡、皮、布片、木材、铁片等制成不完整的人形偶像，作为精灵的寄存处，以供跳神供祭时使用。翁衮的数量很多，各种神灵，如天神、地母、太阳、月亮、山川、树木、牲畜、祖先等均有翁衮偶像，或悬于蒙古包中，或系之高杆，四时祭祀，祈求佑护。

藏传佛教俗称喇嘛教，因其最早形成于藏族地区而得名。蒙元时期，藏传佛教传入蒙古贵族阶层，元大都、上都、应昌等地建立了寺院，出现了蒙古族喇嘛。直到16世纪末土默特部首领俺答汗迎佛而归，藏传佛教才开始流入民间，逐渐为蒙古族群众所接受。

●祭敖包

敖包是蒙古语音译，意为“堆子”，即人工堆积而成的石堆。一般筑于草原的山顶或丘陵之上，在圆坛上面堆积石头为台，台基上重叠作圆锥体，高约十余丈。敖包在内蒙古大草原随处可见，分为单独敖包和群体敖包，旧时有的富人还设有“家敖包”。

敖包经过数千年的不断发展变化，成为游牧文化的一个重要内容。

自古以来，祭敖包的礼仪，大致为四种：血祭、酒祭、火祭、玉祭。血祭，就是杀羊宰牛，向敖包贡献牺牲。酒祭，就是在敖包上泼洒酒水。火祭就是在敖包前燃起柴薪，将肉食、奶食、柏枝等投入火中焚烧。玉祭，就是将珠宝或硬币之类撒到敖包上。

祭敖包时，人们都要身着盛装，骑上心爱的骏马，从四面八方来到敖包前，按顺时针方向绕行敖包三圈，把带来的石块加在敖包上，在敖包正前的方形香案或佛龛前叩拜以后，用哈达、彩带、禄马旗等物将敖包装饰一新，敖包就会立刻有了生机。然后在敖包前的祭案上，摆放贡奉礼物。送贡品是自愿的，可以送整羊、砖茶、钱币和其他物品。草原牧民一般都奉献全羊、鲜乳、哈达、奶酪、黄油、圣饼、白酒、什锦粥、砖茶等物品。然后由喇嘛念《无垢经》，使这些食品变得更加圣洁以后，开始燃烧柏叶香火，进行烟祭，这时钹鼓、号管齐响，法铃齐鸣，香客不论僧俗尊卑，大襟铺地，向着敖包三拜九叩，祈祷“风调雨顺，五畜骤增，无灾无病，禄马飞腾”，继而将马奶、醇酒、柏枝等泼洒在敖包上，诵读《敖包祭祀苍》，“苍”就是祝赞词。而后众人群起，围绕敖包顺时针转行三圈。

祭完敖包之后大家回到各自的帐篷或聚在一起，可以畅饮美酒，享用美食，尽情欢乐。

五、居住习俗

逐水草而居是游牧民族古老的生活方式，蒙古包是游牧生活的产物。

蒙古包是一种天幕式的住所，呈圆形尖顶。通常用羊毛毡子一层或二层覆盖。

蒙古包呈圆形，有大有小，但其基本构造都是一样的。蒙古包规格的大小，是由每顶包所用编壁（一般高一米五六，长两米多）的数量来决定的，如 4 扇、6 扇、8 扇、10 扇、12 扇、18 扇、24 扇等等。普通牧民一般多住 6 ~ 8 扇编壁的。蒙古包的架设很简单，一般是先选好地形，铺好地盘，然后竖立包门、支架编壁、系内围带、支撑木圆顶、安插椽子、铺盖内层毡、围编壁毡、包顶衬毡、覆盖包顶套毡、系外围腰带、挂天窗帘、围编壁底部围毡，最后用毛绳勒紧系牢即可。

蒙古包的门一般朝向东南方向。包内中央为炊饮和取暖用的炉灶，烟筒从天窗伸出。炉灶的周围铺牛皮、毛毡或地毯。正面和西侧为长辈的起居处，东面为晚辈的起居处。周围摆设的家具主要有木质的碗柜、板柜、板箱、方桌等，其特点是小、低，占地少，搬挪方便，不易损坏。蒙古包看起来外形很小，但包内使用面积却很大。而且室内空气流通（除天窗外，编壁墙底部还有一层围毡，夏天可掀开通风，冬天放下保暖），采光条件好，冬暖夏凉，不怕风吹雨打。

蒙古包的最大优点就是拆装容易，搬迁简便。搭建时将哈那拉开便成圆形的围墙，拆卸时将哈那折叠合回体积便缩小，又能当

（教师）笔记

牛、马车的车板。一顶蒙古包只需要两峰骆驼或一辆勒勒车就可以运走，两三个小时就能搭盖起来，非常适于经常移场放牧的游牧民居住和使用。

近年来，蒙古包的结构、材料等又有新的发展。有些地区出现了钢架结构的蒙古包，包的前后加开了窗户，使采光和通风性能更好。室内还增加了床、电视机、收音机等各种现代生活用品。蒙古族古老的建筑艺术又焕发出了新的生机和活力。

六、生产习俗

●马

马，是牧民不可缺少的交通工具，凡是放牧、探亲访友、出外办事都需乘马。马的体质不但结实强健，而且极耐粗放饲养，以忍苦耐劳著称。日行可达 100～150 公里。草原牧民无论男女老幼都能骑马。

●勒勒车

勒勒车也叫“大样车”，是北方草原上的古老交通运输工具。这种车车身小，但双轮高大，直径一般均在一米五六左右。可完全用桦木或榆木制成，不用铁件，结构简单，易于制造和修理。整个车一般分下脚和上脚两部分。下脚由车轮、车辐、车轴组成。车轮的制造一般是先用硬木削刻 12 付车辋，将 12 付车辋连接固定在一起便形成圆形车轮，支撑车轮的车辐条一般有 36 根左右。上脚由两根车辕和 10 条车撑构成。车辕长约 4 米，中间用 10 条车撑固定即可。一辆勒勒车自重约 100 斤左右，可载货两三百公斤至 500 多公斤。

勒勒车轻便宜驾，适宜在草原、雪地、沼泽、沙滩上行走，可用来拉米、牛奶，搬运蒙古包和柴草等货物。行驶时可一辆辆排成长长的车队，首尾相连，如草原列车般行进在广袤的草原上，一名妇女或儿童即可驾驶七八辆至数十辆，承担全部家当的运输任务。

●库房车

库房车，车体上放置一木制长方形有盖有门的柜，柜外用铁皮包封，或围生牛皮，可防风、防水、防潮。柜内可储藏粮食、肉食等生活用品。

(教师)
笔记

●拉水车

拉水车，车上固定一大木桶或铁制桶，用来拉饮用水，平时蓄水用。

●骆驼

骆驼是沙漠地区的主要交通工具，特别是在冬季，牧民放牧愿骑骆驼，骑乘较暖。骆驼忍苦耐劳，几天不喂草、不饮水也能过得去，冬季行路搬运主要依靠骆驼，在沙漠中，常常可见到成群结队的骆驼，它被人称为“沙漠之舟”。

（教师）
笔记

回族习俗

回族有人口9，816，805人（2000年全国人口普查数据），是中国少数民族中人口较多的民族之一。回族是“回回民族”的简称。汉语为回族的通用语言，不同地区持不同方言。在日常交往及宗教活动中，回族保留了大量阿拉伯语和波斯语的词汇，在边疆民族地区，回族人民还经常使用当地少数民族的语言。回族有小集中、大分散的居住特点。凡有回族的地区，大都是围绕清真寺而居。由于回族分布全国，主要和汉族杂居，所以主要使用汉语。

一、饮食习俗

回族的饮食习俗，一般来说，主食以米、面为主，辅以玉米、土豆、青稞、薯类等杂粮。大体以长江为界：江南地区的回族多以米为主；长江以北的回族喜欢面食。以西北地区为例，面食平素做成馍馍、花卷、烙饼、面条、面片、拉面、饺子等，“锅盔”和“羊肉泡馍”是西北回民的风味食品。在南方，米或糯米时常也碾磨成粉，做成米粉、炸糕等各种小吃。炸油香、搓馓子、拧麻花是各地回族普遍的食品，相传自古代波斯传人。我国回族逢年过节或婚丧嫁娶，一般都要炸油香、搓馓子、拧麻花，或招待客人，或分封相送。

回族的菜肴一般以爆、烤、涮、烧、酱、扒、炸、蒸为主，调料用得多，味重，且因地域不同，形成不同的风味名菜。

回族普遍喜欢喝茶，其中最富特点的茶俗当属西北地区的“盖碗茶”。所谓“盖碗茶”，由茶盖、茶碗和茶盘三件组成，俗称“三炮台”或“盅子”。用盖碗盅子喝茶，“一防灰（清洁），二防冷（保温），三防茶叶卡喉咙（安全）”。喝盖碗茶时，还有一些讲究：不能拿掉上面的盖子，也不能用嘴吹漂在上面的茶叶。而是左手拿起碗托盘，右手抓起盖子，轻轻地“刮”几下，其作用是一则可滗去浮起的茶叶等物，二则是促使冰糖融解。刮盖子很有讲究，一刮甜，二刮香，三刮茶露变清汤，每刮一下后，将茶盖呈倾斜状，用嘴吸着喝，不能端起茶盅接连吞饮，也不能对着茶碗喘气饮吮，要一口一口地慢慢饮。主人敬茶时，客人一般不要客气，更不能对端上来的茶一口不饮，那样会被认为是对主人不礼貌，不尊重的表现。

回族饮食习惯中，忌食猪、狗、马、驴、骡与一切凶猛禽兽的肉，忌吃一切动物的血和自死物，并严禁喝酒。这些禁忌均源于伊斯兰教的规定。

信仰伊斯兰教的穆斯林因遵守教规而禁食猪肉，由于恪守不渝，久而久之，教义中规定的戒律就逐渐演变为一种民族风俗习惯而沿袭下来。

二、礼仪习俗

●回族的见面礼

俗说话，“回回见面三分亲”。回族无论男女老少，见面相互问候时，通用一种祝安词，也叫见面语。《古兰经》多次强调见面礼节的重要性，祝安词一般都是致者先说“安色俩目阿来库木”，意为求主赐你们平安，而回答者则说“吾阿来库色俩目”，意为求真主也赐你平安。这一礼俗文化，源于阿拉伯。据宗教传说，易卜拉欣和他的妻子晚年得一“圣子”，天使曾预先向他说“色俩目”，从此后人们也仿效。穆罕默德传教时期，这一礼俗已普遍流行，并当作一种“圣行”。唐时来华的阿拉伯、波斯人将这一礼俗带到了中国。这种祝安词原带有宗教色彩，但经长期沿用，回族群众已经把它看成是正常的视安问候语，相当于汉语的“您好”和“您也好”。

宁夏、甘肃、青海等地有的回族把祝安词简称为“色俩目”，回族人见面时，致者说“色俩目”（平安，您好），回答者则说“安色俩目”（平安，您也好）。《西域番国志》、《哈烈志》记载穆斯林相见的礼节时说：“相见之际，略无礼仪，惟释屈躬，‘撒力马力’一语而已……”“撒力马力”就是“色俩目阿来库”，“惟释屈躬”，回族说“色俩目”时腰微前躬。这说明回族的见面礼早已成为一种习惯。

(教师)
笔记

互致“色俩目”还有许多讲究。一般是晚辈先向长辈致“色俩目”。平辈亲友相逢，年幼者向年长者致“色俩目”。教民与阿訇相遇，教民先致“色俩目”。客人见了主人，客人先致“色俩目”。出门在外的要向当地留住者先致“色俩目”。乘骑者对步行者先致“色俩目”。男对女先致“色俩目”。夫对妇先致“色俩目”。西北有的地方是妇对夫先致“色俩目”。少数人对多数人先致“色俩目”。如个别人到清真寺或碰到红白喜事，要向多数人高声道“色俩目”（你们好），多数人中凡是听到的要回“色俩目”。这样少数人就不用再一一去向每个人致“色俩目”。

回族在相互说“色俩目”时，同时还握手。有些地方的回族在致“色俩目”时，右手置抚胸前，腰微微前躬，表示从内心敬重对方，衷心地祝愿对方。有些地方的回族在致“色俩目”时，双手抱拳或平扬双手，表示亲切庄重。还有的回族在致“色俩目”时，相互伸出右手相握。左手抚在对方的右臂上，意为关系非常密切，亲如一家。如果有的人出门遇到不相识的回族，致“色俩目”问好，对方就知道你也是回族，有什么要办的事，就一定热情帮助。

回族反对说“色俩目”时摇头晃脑、嘻嘻哈哈等不稳重的表现。如年轻人见了老人不致“色俩目”，被视为一种没礼貌的行为，会遭到众人的轻视和议论。对于听到别人致“色俩目”而不回“色俩目”的，视为高傲不礼貌的行为，会遭到众人的辱骂。

回族在遇到对方赤身裸体，或正在上厕所，或正在礼拜时不说“色俩目”。见到汉族等其他不信仰伊斯兰教的，只握手问好，不说“色俩目”。回族男女之间致“色俩目”时不握手。

回族的祝安词，不仅见面讲，分别时有的也互致“色俩目”。一些出门在外的回族，在与长辈和老人通信时，称呼上写上“代‘色俩目’问候”。现在庆祝回族节日和举行有关宗教会议时，有关回族人士在讲话时，也先道一声“色俩目”，简称“色兰”，使回族群众产生一种亲切感。

●回族的待客礼

回族人待人诚实憨厚，和蔼可亲，有礼有节。当家里来客人时，走出大门外去迎接。如客人骑自行车，立即把车子接过来推上，对有行李包的客人要把行李接过来提上。客人进屋时，要主动给掀开门帘，让客人先进屋。客人入座后，马上沏茶、备饭。

一般不跟客人说“你喝茶不?”“你吃饭了没有?”“给你做饭

吧!”等等，即使家里比较困难的回族，只要来客人，也悄悄出去借面、借鸡蛋，想方设法把客人招待好。把饭菜做好端上桌子以后，主人不陪坐、不陪吃，站在地上，先说一声“请口道”，接着一再谦让、夹菜，照顾客人吃好饭，回族人认为主人陪坐、陪吃是对客人的不礼貌。回族众人同桌聚餐时，先洗手以后，谦让年长的入座上席，要等他动筷子以后，其他人再动。吃饭时，不说污言秽语，不贬嫌食物，不在碗里乱吹乱搅。要小口进食，吃烙饼、馍馍、油香时，不拿在手里大口大口咬着吃，而要用手掰着吃；放饼时，注意将面子放在上面，掰开后而没吃完的，不勉强塞让同席者吃。饮水时，不接连吞咽。不能对着杯盏喘气饮吮，要一口一口地慢饮。

回族同客人谈话的时候，要求不能左顾右盼，不能玩弄自己的胡须与戒指等，不能剔牙齿，不能将手指插入鼻孔中。不可当面吐痰与擤鼻涕，更不能伸懒腰打哈欠；如果非打喷嚏不可，应将双手搭在嘴前，欠身越过对方，完了还要向对方略表歉意。打哈欠的时候把手放在口上。谈话中要细听别人的言语，不能要求对方过多的重复，更不能插话。不能奴仆般地献媚，也不能缠绵乞求。

送客人的时候，不能沉着脸，要和颜悦色，经一再挽留而不止步则送出大门。

到人家做客或入座时，要谦让，不能从人前头过，坐下的时候，以“色俩目”向靠近自己的人问安。

拜访亲友时，不要冒昧闯入，惹人讨厌；未给房主道安，不得进入卧室。

回族在亲戚朋友有病时，左邻右舍和村庄的乡亲都带上礼品去看望、安慰。

出远门旅行时，要向父母讨“口唤”（即同意），未征得父母允许，不能冒失地离开；旅行回来时，要向父母表述沿途见闻，办事情况。这样做，一则请安，二则汇报。

回族还非常注意并尊重他人的自尊，顾全别人的面子，不喊别人的外号。

三、节日习俗

回族节日因受其居住特点的影响，呈现地方性特色。一般而言，居住在杂散居区，特别是这些地区城市里的回族，受周围汉族的影响，也过中国传统的春节、元宵节、中秋节等节日。但在回族

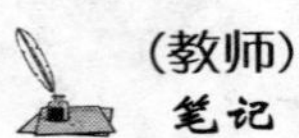
(教师)笔记

聚居区，特别是聚居区的农村，一般只过本民族的三大节日——开斋节、古尔邦节和圣纪节。这三大节日都源于伊斯兰教，由于回族深受伊斯兰教的影响，所以这三大节日对回族来说，既是宗教节日，又是全民族欢聚的民族节日。

●开斋节

在我国陕西、甘肃、青海、云南等地的回民将开斋节亦称为“大尔德”，流行在全国十个信仰伊斯兰教的民族中，但信仰伊斯兰教的十个民族在过节时又有许多本民族的特点和习俗。

回族的斋月，是伊斯兰教历九月（莱麦丹月）。回族为什么要封斋呢？据《古兰经》载，伊斯兰教先知穆罕默德40岁那年（伊斯兰教历九月），安拉开始把《古兰经》的启示给他。因此，回族视斋月为最尊贵、最吉庆、最快乐的月份。为了表示纪念，就在每年伊斯兰教九月封斋一个月。斋月的起止日期主要依新月出现的日期而定。

斋月里，回族的饮食安排得比平时要丰盛得多。一般都备有牛羊肉、白米、白面、油茶、白糖、茶叶、水果等有营养的食品。

封斋的人，在东方发白前要吃饱饭。东方破晓后至太阳落山前，要断绝一切饮食。封斋的目的就是让人们体验饥饿和干渴的痛苦，让有钱的人真心救济穷人。通过封斋，回族逐步养成坚忍、刚强、廉洁的美德。

当人们封了一月斋，快到开斋时，斋戒的男子大多数都要到清真寺等候。听见清真寺里开斋的梆子声后，就在寺里吃“开斋饭”。开斋时，若是夏天，有条件的先吃水果，没有条件的喝一碗清水或盖碗茶，而后再吃饭。这主要是由于斋戒的回民在夏天首先感到的是干渴，而不是饥饿。若在冬天，有的人讲究吃几个枣子后再吃饭。相传穆罕默德开斋时爱吃红枣，所以回民现在也有这种习惯。斋戒期满，就是回族一年一度最隆重的节日之一——开斋节。

开斋节最主要的活动是当日聚礼，是回族穆斯林一年最为重要的集体礼拜。开斋节要过三天，第一天从拂晓开始就热闹起来。家家户户都要早早起来，打扫院子巷道，给人以清洁、舒适、愉快的感觉。男女老少都换上自己喜爱的新衣服。回族群众聚会和活动的场所——清真寺，节日里也都打扫得干干净净，悬挂起“庆祝开斋节”的巨幅标语。

节日中，家家户户炸馓子、油香等富有民族风味的传统食品。

同时，还宰鸡、羊，做凉粉、烩菜等，互送亲友邻居，互相拜节问候。

新疆地区的回族，在节前要扫尘，粉刷房屋。男人要理发，男女都要沐浴、换新衣。全家吃“粉汤”。这种习俗，在全国各地都大体相同。有一些回族青年在开斋节举行婚礼。

●古尔邦节

“古尔邦”，阿拉伯语音译“尔德·古尔邦”，意为“牺牲”、“献身”，故亦称“宰牲节”、“忠孝节”。大部分地区的回族称为“小尔德”，是伊斯兰教三大节日之一，一般在开斋节过后七十天举行。

古尔邦节，要举行一个隆重的宰牲典礼，除了炸油香、馓子、会礼外，还要宰牛、羊、骆驼。一般经济条件较好的，每人要宰一只羊，七人合宰一头牛或一峰骆驼。宰牲时还有许多讲究，不允许宰不满两岁的小羊羔和不满三岁的小牛犊、骆驼，不宰眼瞎、腿瘸、缺耳、少尾的牲畜，要挑选体壮健美的宰。所宰的肉要分成三份：一份自食，一份送亲友邻居，一份济贫施舍。

“古尔邦”节的来历

人类的古代先知之一——易卜拉欣夜间受到安拉的启示命他宰杀爱子伊斯玛仪献祭，以考验他的信仰。易卜拉欣把刀磨得闪闪发光，非常锋利，并问他的儿子：“儿子啊，爸爸真的不忍心下手啊！你走吧。”但是，他的儿子伊斯玛仪说：“万物非主，唯有真主！爸爸，我们是真主的仆人，来到这个世界只为拜万能至大的主。”当伊斯玛仪侧卧后，易卜拉欣把刀架在儿子的喉头上。他伤心痛哭，泪如溪流。这时，安拉派天仙吉卜热依勒背来一只黑头羚羊作为祭献，代替了伊斯玛仪。这就是“古尔邦”节的来历。

宰牲典礼举行后，家家户户又开始热闹起来，老人们一边煮肉，一边吩咐孩子：吃完肉，骨头不能扔给狗嚼，要用黄土覆盖。这在古尔邦节是一种讲究。肉煮熟后，要削成片子，搭成份子；羊下水要烩成菜。而后访亲问友，馈赠油香、菜，相互登门贺节。有

(教师)
笔记

的还要请阿訇到家念经，吃油香，同时，还要去游坟，缅怀先人。这种庆贺节日的形式多种多样，各地互有异同。有些地方除了参加聚礼和访亲问友外，还组织各种文娱体育活动。新疆地区的回民在古尔邦节，无论男女，都喜欢组织各种游艺活动，欢天喜地，格外热闹。

●圣纪节

圣纪节，是纪念伊斯兰教先知穆罕默德的诞辰和逝世的纪念日。由于穆罕默德的诞辰与逝世恰巧都在伊斯兰教历三月十二日，因此，回民一般合称“圣纪”。节日这天首先到清真寺诵经、赞圣、讲述穆罕默德的生平事迹，之后，穆斯林自愿捐赠粮、油、肉和钱物，并邀约若干人具体负责磨面、采购东西、炸油香、煮肉、做菜等，勤杂活都是回族群众自愿来干的。回民把圣纪节这一天义务劳动视为是行善做好事，因此，争先恐后，不亦乐乎。

仪式结束后，开始会餐。有的地方经济条件较好，地方也宽敞，摆上十几桌乃至几十桌饭菜，大家欢欢喜喜，一起进餐；有的地方是吃份儿饭，回族群众叫“份碗子”，即每人一份。对于节前散了“乜贴”、捐散了东西而没来进餐的，要托亲友、邻居给带回一份“油香”品尝。

四、宗教信仰

回族社会绝大多数成员，把阿拉伯－伊斯兰文化看做是回族文化的“来源”，虔诚信仰伊斯兰教。伊斯兰教是世界三大宗教之一，在中国亦称回教、清真教。

回族穆斯林在口语中称伊斯兰教为“伊斯俩目的教门”或简称“教门”。在历代官方文献与私人著述中对伊斯兰教有多种称呼，唐代称为“大食法”，宋代称为“大食教度”，元代称为“回回法”，明代又称为“回回教门”、“回回教”，明末清初的回族伊斯兰教学者称为“清真教”，清代多称作“回教”。1956 年 6 月，国务院在《关于伊斯兰教名称问题的通知》中统一称为“伊斯兰教”。回族穆斯林把对伊斯兰教的信仰称为“伊玛尼”，即“六大信仰”（“信安拉”、“信天仙”、“信圣人”、“信经典”、“信前定”、“信后世”）。信仰的行为实践是履行“天命五功”——念、礼、斋、课、朝。

“念”是对信仰的表白，包括念《清真言》和《作证词》。

（教师）笔记

“礼”即礼拜，虔诚的回族穆斯林坚持在沐浴、正时、正候、正向的前提下，到清真寺参加每日五次的“日礼”和七日一次的“聚礼”及每年两次的“会礼”。

“朝”即朝觐麦加“克尔白”，历史上回族穆斯林受交通、经济条件限制，朝觐者稀少，故一旦有人朝觐归来，许多回族穆斯林便前去车站、城镇隆重迎接，争相与之拥抱“沾吉”；朝觐归来者称为“哈志”，受到回族穆斯林的尊重。

伊斯兰教的创立

6、7世纪期间，阿拉伯半岛上还没有建立统一的国家，居民多数从事畜牧业，少数从事农业。他们属于不同的部落，各自信奉许多自然神。该地区很早就有商业活动。但7世纪初，由于东西商路改道，致使该地区的社会经济状况迅速恶化，为改善这种状况，夺取新的土地和通道，需建立强大的国家。

在游牧部落中，各部落之间为了各自利益经常发生战争。战争加剧了阶级分化。被剥削的人们陷于贫困，也希望到部落范围以外寻找牧场和沃土。实现半岛上政治的统一，已成了历史进程的客观要求。伊斯兰教就是在这样的社会条件下创立的。

创始人穆罕默德曾与基督教徒有过接触。他中年时期在麦加城联络亲友，结成团体，创立了伊斯兰教。伊斯兰是阿拉伯语，意为“顺从”。伊斯兰教信徒通称穆斯林，意为“顺从者”。伊斯兰教信奉“安拉”，说天地万物都属于“安拉”，并由“安拉”创造和安排，“安拉”是唯一的“真主”。穆罕默德自称是“安拉”的使者，是“先知”，是代表“安拉”向人们启示的（他传教的启示被信徒们编成《古兰经》）。

穆罕默德创教后，由于遭到当地掌管多种崇拜祭祀大权的贵族的反对，于622年被迫从麦加出走麦地那。他在麦地那传教获得了成功，进而建立了政权，组织了穆斯林军队，于630年攻占麦加城，并迫使全城居民信奉伊斯兰教。两年后，伊斯兰教推广到各个定居和游牧的部落中间，实现了阿拉伯半岛的统一。伊斯兰教在唐代传入中国。

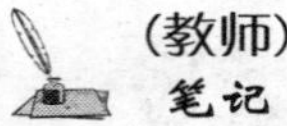
（教师）笔记

五、人生礼仪习俗

●诞生礼

诞生礼是人生的开端之礼。回族把出生视为一种大礼，保留着许多传统的风俗习惯。还是在母亲怀孕期间，就要遵守许多避讳和禁忌，如不送亲，不参加婚礼，不送葬等。若在途中偶遇送亲送葬的，要尽快避开，不能迎面而行。临产时，孕妇要洗大净。有些地区的回族，当婴儿降生后，若是男孩，则在家庭或亲属近邻中，选择一个聪明、诚实、勇敢的人首先踏进产房；如果是女孩，则要选择一个温柔、善良、勤快的人首先踏进产房，这叫“踩生”。回族群众认为，孩子出生后，谁先进入产房，孩子的气质、性格就随谁。这是回族人民一种美好的愿望和希冀。孩子出生三天，要进行全身沐浴，称为“三洗”或“洗三”、“喜三”。这一天，家长要为孩子举行纪念活动。

●命名礼

命名礼一般在婴儿诞生的当天或三天之内举行，有的地区就在“三洗”这一天举行。回族对命名礼很重视。届时，请一位阿訇，首先由家庭主人把孩子抱到门槛里，阿訇站在门口或门槛外，先对着婴儿的右耳低念“邦克”（即在清真寺宣礼塔上召唤教民上寺礼拜的宣礼词）；再对着其左耳念“尕麦体”（即教民汇集到清真寺后准备礼拜的招呼词）。尔后，是男孩便在左耳朵里慢慢吹一口气或轻轻咬一下，是女孩则在右耳朵里吹一口气。据说，念宣礼词、向耳朵里吹气，意思是将婴儿由清真寺外唤到清真寺内，成为一个当然的穆斯林。仪式结束后，阿訇将为婴儿取一“经名”，或称“回回名”。

●成丁礼

回族的成丁礼受伊斯兰文化影响较大。按照伊斯兰教的规定，女子9岁、男子12岁即为“出幼”而进入成年，要开始承担宗教义务和履行宗教功课。女子开始戴“盖头”，男子则施行割礼。割礼是阿拉伯语“赫特乃”的译意，亦称为“割包皮”，指穆斯林男孩割掉阴茎包皮的仪式。据传，古代先知易卜拉欣曾奉安拉之命，要求其后裔男子必须履行割礼，而阿拉伯人视自己为易卜拉欣的后裔，便沿袭了这一礼俗。根据阿依莎（613 年或614—678 年，穆罕默德妻子之一）所传的一段圣训说，穆罕默德认为属于人类赋性的有十类大事，其中就有割包皮，所以穆斯林就又将其作为“圣行”来遵守。割礼没有固定仪式，在我国以往是由专门的宗教人员施行，现在则由当地医院进行手术，如北京回民医院中设有专项门诊，既安全，又快捷，深受回族群众欢迎。应该说，割礼是一种良好的卫生习俗，可防止积垢致疾。有些地区的回族在小孩“割礼”这一天，还宰羊、宰鸡、炸油香，请阿訇念经等，以示庆贺。

●婚礼

回族的婚姻习俗，与伊斯兰教的婚姻制度有着千丝万缕的联系，但回族毕竟是在中华大地上形成的一个民族，所以，在主要的婚姻条件、要求、禁例上，回族的婚姻与伊斯兰教的婚姻法相一致，但在不违背伊斯兰教婚姻法的前提下，回族婚俗中的有些仪式和做法，又带有中国汉文化和儒家思想影响的痕迹。

伊斯兰教婚姻法中规定穆斯林成年后必须结婚，不能终身不娶不嫁，是“逊奈”（圣行），不结婚属“异端”行为。所以在我国回族中终身不娶不嫁者，实属罕见。

回族青年男女一般都选择星期五结婚，因为这一天在回族的习惯中认为是吉利的日子。回族规定斋月期间不得举行婚礼。

结婚前，男方要给女方家送礼，女方要向男方家回礼，这种形式被称为“过大礼”。男方送给女方家的礼物中，有肉食、果品、装饰品等，其中肉食、果品类是送女方家宴请宾客用的，而装饰品类是送给新娘装扮用的。这些礼物由阿訇或媒人带领男方家的人送到女方家。女方的回礼一般是新娘陪嫁的东西，如家具、衣服、被褥、生活用品等，由新娘的弟兄在收到男方礼物的当天，送到男方家里。举行婚礼这天，男方家里要贴大红喜字和对联，堂屋墙正中挂着阿拉伯文写的一段《古兰经》，两边是阿拉伯文条幅。一大早，男方的内亲们都跪在堂屋里，听阿訇跪着朗诵《古兰经》，祈求真主赐福。念完后，婚筵的首席要招待阿訇。

新郎在伴郎、媒人的陪伴下，于饭后坐轿（或骑马、走路）来到新娘家迎亲。当到达新娘家的时候，新娘家的大门却是关闭的。伴郎即上前代表新郎叫门，并说一些祝贺、感谢的话，等女方家大门打开，新郎等人才能进入新娘家。女方家对迎亲的人们非常热情

(教师)
笔记

和礼貌，进茶点时让新郎坐上席，要上三道槟榔、三道糖茶款待迎亲者和陪同的客人。茶点过后，又上一道牛肉冷片、一碗凉鸡和一条鱼。鱼上了桌，就表示迎亲者可以迎走新娘了。这时候，由伴郎和媒人周旋，让新郎起身并向女方父母行礼，使新娘坐进轿子，然后启程上路。新娘的兄长或弟弟要扶着新娘轿子的轿杆，送出一段路程后才返回，也有一直送到男方家的。

新娘到达男方家后，由两位女性老人打开轿帘，拿一小碗红饭喂新娘吃，红饭拌有松仁、瓜子和芝麻，意为早生贵子，多子多孙。新娘吃完，下轿后，由两个姑娘搀扶进门。新娘一手捧赫听（《古兰经》选段及圣训选），一手提钱，意为祈求真主赐福，把幸福和钱财带到新郎家。这时候，新郎在新房门口迎接新娘。新娘进入洞房后，将从娘家带来的红纸包裹的喜糖分送给贺喜的人们。接着宴请宾客，一般是吃牛八碗，八人一桌，有时还加几碟小菜。席间，有专人给宾客加添饭，服侍十分周到。婚礼由阿訇主持，他先问新郎新娘是否愿意结为夫妻，当得到肯定的答复后，念《古兰经》中的“喜经”部分，接着抓起桌上的松子、瓜子、红枣之类撒向新郎新娘，并让新郎新娘用衣襟接住。喜果撒过后，阿訇又对新郎新娘进行训导性的讲话，教育新婚夫妇要尊敬父母，要互敬互爱，诚实勤劳，不做违法之事等，同时还讲述一些回族的礼俗、历史和美好的传统。婚礼结束时，在阿訇的主持下，大家一起感谢真主。

婚礼结束，新郎家以茶点、糯米饭招待阿訇和宾客。

第二天，新娘要回门。这天，新娘家要宴请亲朋好友和宾客，新郎新娘要和女方亲友们见面。当晚，新郎新娘要回到男方家。

第三天叫复门，新娘单独回到父母家小住。至此，婚礼即告结束。

●丧礼

回族的丧葬仪式比较完整地保持着伊斯兰教简朴、快捷的特点，主张死在哪里就埋葬在哪里，反对将死者运回故乡，俗称“天下的土地，埋天下的回回”。

回族称人死为“无常”或“归真”（即归至真主阙下），忌说“死”，因为伊斯兰教把死亡理解为“嗄来布”（即肉体）的消失和“罗罕”（精神）的升华，并不是生命的归结。称殡体为“埋体”（阿拉伯语“冒台”或“买台”，原意为逝世）。称死者为“亡

(教师)笔记

人”。亡人在临终前，将儿女亲朋等叫到跟前，聆听遗嘱，又名“口唤”（伊斯兰教用语，意为“同意”或“允许”）。亲属站在临终者身边，不准哭泣，默念“克里麦团依拜”（清真言）：万物非主，唯有真主；穆罕默德是真主的使者。并提醒临终者默念，意思是心存于主，不要留恋尘世。如果临终者是哑巴或因病念不出时，亲属要示意其举起右手食指，表示信仰安拉“独一”。同时要请阿訇为其念“讨白”（忏悔词），以祈求真主的饶恕。临终者停止呼吸后，亲属要当即瞑其目，托下巴合其嘴，理顺其手脚，并将头扶向右侧，然后将“埋体”身上的衣服全部脱去，用白布覆盖全身，安放在木床或铺席子的地上，要头北脚南，面向西。此时开始，由家属轮流守候，直到送葬前不能离人。回族很忌讳家人在外边“无常”，病重在外或住院的人，断气以前一定要抬回家中，令其安然地在家中亡故。亡人停在家中，亲戚朋友前来吊唁，一般要送“乜贴”或米、面等，以作助葬的费用，忌送花圈和挽幛。吊唁者一般不哭或忌讳号啕大哭。伊斯兰教认为，人的生、老、病、死皆由真主“前定”，“无常”是其归宿，不必过度悲伤。

回族实行土葬，并且主张速葬。亡人停尸期一般不超过三天，以体现“亡人入土为安”的意思。埋葬前，要用净水洗濯“埋体”。男亡人由男人洗，女亡人由女人洗。洗者为三人，一人持汤瓶，一人灌水，一人带上干净手套负责洗濯。有的地方，洗者为二人。洗法与洗大净一样，须冲洗三遍。洗时，羞体部分要用布单遮住，不能外露，用碱水去垢，忌用肥皂之类洗，因他们认为肥皂用动物油制造，不洁净。“埋体”洗后，即用36尺白布裹之。回族称其为穿“开凡”。男人“开凡”有三件，第一件名“大殓”，又称“大卧单”，宽4.5尺左右，上下各长出5～7寸；第二件名“小殓”，又称“小卧单”，宽约4.5尺，长与亡人身高相等；第三件名“皮拉罕”，形似衬衣，无领，长短由项至膝盖下，宽约1.2尺。女人的“开凡”除以上三件外，还须有一块包头巾和裹胸布带，长约3尺。伊斯兰教崇尚白色，认为白布最洁，意为“清白一身而来，清白一身而去”，故而“开凡”不能用色布和绸缎，只能用白布。

在亡人穿“开凡”后，还要给亡人“七窍”和额、手、脚、膝等处撒上香料和樟脑，这样既能防止尸体腐烂，又可驱赶蚊虫。

洗尸毕，请阿訇给亡人站“者那则”（即举行殡礼）。站“者那则”可在清真寺内举行，也可在洁净的场地举行，先将亡人头北脚南、面向西放在木床上，阿訇对着亡人站立，众人在周围站立。

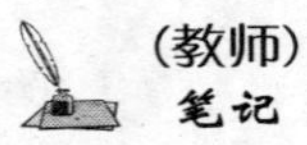
(教师)笔记

参加者须洗过大小净，排成行，由阿訇在前面念“色纳”、赞圣，并为亡人和族众作“都哇”（阿拉伯语，意为祈祷）。站“者那则”时，不叩头，不跪坐，不鞠躬，只有举意、抬手、大赞等行为。赞礼完后殡礼即成。此后将“埋体”移入清真寺公有的“塔布”（阿拉伯语，指专为运送“埋体”而制作的长方形木匣子，回民亦称“经匣”）内，由4人或8人轮番运送，中途可以换人，但“经匣”绝对不能着地。“埋体”抬出家门时，要脚在前；抬赴墓地时，头要在前。

回族人“无常”后，不准用棺椁，也不允许用任何贵重物品“陪葬”。送葬者只要穿素衣洁服即可。时下有些人披麻戴孝或戴黑纱，在一定程度上是受汉文化的影响，而非伊斯兰教的规定。因伊斯兰教提倡“厚养薄葬”，禁止鼓乐、放炮仗。

（教师）
笔记

藏族习俗

藏族历史上就是祖国历史不可分割的部分。藏族聚居地区，在民主改革以前，普遍实行政教合一的政治制度。藏族地区和平解放后，大力贯彻民族平等、民族团结、统一战线和宗教信仰自由等各项民族政策，特别是改革开放以来，人民的物质文化生活水平得到了大幅提高。

藏族总人口为 5 416 021（2000 年全国人口普查数据），主要分布在我国西藏自治区和青海、甘肃、四川、云南等省。藏族自称为“博”。藏语属汉藏语系藏缅语族藏语支。

一、饮食习俗

藏族的饮食礼仪深刻地反映着藏族的伦理精神。平时，家人和邻里和睦相处，尊老爱幼，诚信待人。家中酿了好酒，头道酒敬献神灵后，首先由老人品尝。每年收割粮食，尝新也是老人们的“专利”。日常家庭就餐，由主妇掌勺分发食物时，首先是为长者盛，然后全家围聚火塘旁进餐，其乐融融。藏族人十分好客，待客热情周到，若有宾朋登门，定会倾其所有，拿出好酒、好茶、好菜盛情款待。

在饮食上，藏族有不少禁忌：如不吃奇蹄类家畜和野兽肉，如马、驴、骡、狗等；有些地方不吃鱼肉；不能将吃剩的骨头扔进火塘；不能单手给长者和客人端饭；吃饭时不能骂孩子；不能吃放生畜禽的肉；禁止敲打碗筷等。

藏族饮茶和饮酒礼俗很多。

茶与藏族人朝夕相伴，须臾不离。藏族有谚语：“好马相随千日，好茶伴随终生”，“宁可三日断粮，不可一日无茶”。藏族人爱喝茶，也有许多特别的习俗。

（教师）笔记

客人到家，首先要端茶。如果是藏族同胞，可以推辞吃饭，决不推辞喝茶。客人喝茶时，只要碗里剩一半茶，主人必须马上添满。勤快的主人，客人只喝一口就要加满，以示对客人的尊敬。客人如果实在喝不了，只要不动盛满茶水的碗即可。

每逢节日和遇到喜事，喝的茶就比较讲究。甘南藏族自治州一带的农区藏族要在清茶中放 2～4 个红枣，以图吉利。每逢给姑娘家送聘礼或是节日走亲访友，少不了送茶砖。藏族人喝茶一定要放盐，有句谚语："茶无盐，水一般；人无钱，鬼一般"。

藏区的老人们还有喝"空腹茶"（又称"被窝茶"）的习惯。每日清晨起床前，儿媳妇或子女们便将现熬的茶端给老人，以示孝敬，老人喝完茶后才穿衣起床。

藏族人喜欢饮酒，逢年过节，红白喜事，祝寿生育，迎来送往，都离不开酒。酒为日常生活的必需品。过去藏区很少有烈性白酒，多喝自酿的酒。

藏族有礼就有酒，举酒便有礼，酒礼永远相伴。远方客人来到，进门敬三杯，谓之"下马酒"或"洗尘酒"。宴席开始，有客人则敬客人三杯，无客人则给老者敬三杯，以祝吉祥。客人离别时再敬三杯，谓之"上马酒"或"送行酒"，祝福客人一路平安。客人或老者接受敬酒，左手端杯，右手无名指蘸一下杯中酒向上、中、下连弹三下，谓之先敬天、地、人（也说是敬佛、法、僧三宝），然后一饮而尽。西藏地方敬酒，用碗或大杯倒满酒，客人喝一口倒一次，再喝一口再倒一次，第三次一饮而尽，谓之"三口一杯"。四川阿坝藏区有喝咂酒的习惯，每当迎客聚会，就将酿好的青稞酒坛放在一空地中央，人们围成一个大圈跳舞，跳一阵后，请客人和老者到坛边拿起插好的几根吸管咂坛中的酒，然后归到队伍中继续跳舞，其他人再喝，如此反复，情趣盎然。在各种喜庆场合，酒扮演着重要的角色。向长辈致礼，必先敬酒；向朋友祝贺，也先敬酒；祝友人一路平安也离不开酒，即使向对方赔礼道歉，也要敬对方几杯酒。若对方喝了酒就表示已不计前嫌，和好如初。

有酒就有歌，聚会饮酒时，歌是必不可少的。俗话说："兔子是狗撵的，歌是酒撵的"。每逢喜庆日子，当酒过三巡，便壮人胆，歌声随即而来。即使平时羞于言谈的，五音不全的，这时也会按捺不住唱几句。向他人敬酒时，敬酒人一般要唱酒歌。若不唱，受酒者可以拒绝饮用。敬酒人献上酒，受酒者接过酒杯，即可要求敬酒人唱酒歌。有时敬酒者斟满杯中酒，走到宾客前即开始唱酒歌，唱到一半时，再将酒杯敬上，唱完酒歌再履行弹酒仪式及饮酒。

二、礼仪习俗

藏族是一个十分讲究礼仪的民族，民风淳朴，礼让谦恭、尊老爱幼、诚信无欺是自古传下来的。敦煌古藏文文献中，在记述吐蕃历史上第一代赞普从天而降作天下之主时，这样描绘了藏地的民风："在天之中央，大地之中心，世界之心脏，雪山一切河流之源头，山高土洁，地域美好，人知为善，心生英勇，风俗纯良……以弯腰表致敬，以顶足为礼，对上等人用敬语说话……"

松赞干布制定的《十六净法》中，把孝敬父母、恭敬有德、尊长敬老、诚爱亲友、正直无欺等作为重要内容，对藏族的伦理礼仪习俗的形成产生了深远的影响。

●敬献"哈达"

藏族是一个格外注重礼节、礼貌的民族，在与人的相互交往之中，处处表现出对他人的敬重和深厚情谊，即使是对常客也要鞠躬微笑迎送，毫不马虎。

藏族人交往礼仪上的最大特点，是表达礼貌的方式，有语言，有歌声，有肢体动作，还有实物。在语言上，他们有常语、敬语和最敬语，分别对不同的交往对象使用，称呼别人名字时都要在后面加上"拉"来表示尊敬。在向客人敬酒时，主人会唱起《敬酒歌》，用歌声来表达对客人的尊敬和热情。

在肢体动作上，藏族人有磕头礼、鞠躬礼和合掌礼。磕头礼又分为磕长头、磕短头和磕响头，鞠躬礼则分为鞠深躬和点头礼，有时还将鞠躬礼和合掌礼同时并用，合掌时手要高过头顶，以示尊敬。藏族人还十分注重礼品馈赠，凡遇亲朋邻里家有喜庆事，都要送上实物礼品表示祝贺，而受礼者日后必要"礼尚往来"，加倍回赠还礼，还礼数量多者可达十几倍，少者至少也得加一倍，足见这个民族的慷慨大方。

最能代表藏族人礼仪风貌的，还要属"献哈达"。"献哈达"是藏族人最为常用的礼节，所使用的哈达大多为白色，但有时也使用彩色哈达，其颜色有淡黄和蔚蓝，此外还有绿色和红色，总共构成五色。哈达有丝制和麻制的两种，一般长3米左右，精致的丝制哈达织有八宝图、莲花云图等。

哈达的使用场合是非常广泛的。白色哈达在人们日常生活中使

（教师）笔记

用的非常多，献上它就是对别人表示纯洁、诚心和忠诚的意思。每逢婚丧节庆、拜会尊长、拜佛朝圣、远行送别、路遇致意和其他各种庆贺场合乃至求人办事，都要敬献哈达，就连平时互相通信，也要附上一条小小的哈达来表达良好的祝愿。许多藏族人在骑马出门时也要带上多条哈达，以备不时之需。

彩色哈达被认为是“菩萨的服装”，被看作是最隆重的礼物，只有献给菩萨和迎亲制作彩箭时才使用。

当面献哈达时，要用双手平举，使哈达与头顶持平或高过头顶，身体则微向前倾，这才是礼貌的表达方式。

藏族人献哈达礼俗的起源

有的说古代汉族以帛为贽，象征着纯洁无瑕的友谊。据史书记载，远古时代“禹合诸侯于涂山，执玉帛者万国”。汉代张骞出使西域路过西藏时，就曾向当地部落首领献帛，后来这种帛就以哈达的形式在藏区流传下来。

还有的说哈达的前身是古代西藏法王八思巴会见元世祖忽必烈时带回的一块汉帛，上面织有万里长城的图案和“吉祥如意”字样。

无论何种说法，都可说明哈达来自中原内地，而且历史悠久。

●迎接客人

藏民族以好客著称，各地有许多不同的迎客方式。在四川阿坝藏区，客人到来时，主家有两三人出门相迎，尤其要看好狗。客人是步行，主家人马上接过客人身上的物品，客人若骑马，主家人马上将马缰接住拴在桩上。把客人迎进屋后，主家人的老人陪同客人，其他人给客人的马饮水、喂草料。

客人到家要让到右上方入座。客人坐定后，除小孩外，大人不能在客人面前来回走动。家中主妇在倒茶、端饭时，不能有响动。吃肉时，主人将小刀递给客人，刀柄朝客人并双手递上。如果背枪到主人家，枪口要朝下，并脱帽进门，以示对主人的尊敬。在座位上要盘腿而坐，不得乱伸腿脚。

(教师)笔记

●邻里交往

藏族很注意邻里间的友好交往。如果家中有出远门回来者，要给左邻右舍带点礼物。打猎所获，也要给邻居分一点。村寨中有谁家盖房、婚嫁和丧事，邻里均要相帮，还要送礼品。每逢节庆，邻里间相互请客，饮酒唱歌。

●敬老爱幼

敬老是藏族的传统美德，家中有老人健在，被视为幸福家庭。敬老没有什么特殊的礼仪，而是表现在日常生活中。家庭主妇在吃饭、喝茶时，首先要端给老人。老人有专门的座位，晚辈不得抢坐。家中最好的食物首先要给老人。凡大小事情必须与老人商量。老人骑马外出必须有晚辈牵缰护送。在各种场合，都讲究长幼有序。

爱幼与尊老一样重要。过去，村寨中举行各种活动，每当分食物时，小孩均有一份。村寨中向神敬供品时，都要童男童女护送。家庭中长辈和孩子的待遇一样。每当灾荒时，全家首先要保护年幼的孩子。

三、节日习俗

与其他民族一样，藏族一年之中有许多节日，其中有宗教色彩很浓的宗教节日，也有一般的生产、娱乐性节日。

●藏历年

藏历年是藏族一年中最隆重的节日，相当于汉族的春节。

每到藏历十二月中旬，人们便开始准备，各家制作青稞酒，制作用面、酥油、白糖炸制的“喀赛”。新年前夕，将室内外打扫干净。二十九日前家家要准备“切玛”，即一个木制的底小、顶大的四方形盒，内装炒熟的豆、麦粒、青稞、蕨麻等，上插青稞穗，放一块酥油。“切玛”寓意过去一年的好收成和祝愿新一年风调雨顺、人畜兴旺。除夕夜，在厨房墙上用面粉撒上“八吉祥图”；在大门上画吉祥符号“卍”。晚上全家吃团圆饭。团圆饭是用牛羊肉、萝卜、面团和其他佐料共同煮成的粥，藏语叫“古突”。有的在面团中放一些石子、羊毛等物，谁吃到羊毛说明他心肠好，吃到石子的说明他心肠硬，这也是人们的一种娱乐方式。

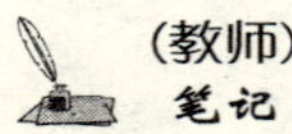
(教师)
笔记

●花灯节

在雪域高原，藏历正月十五，流传着过“花灯节”的习俗。这一天晚上，拉萨八角街四周，摆满了五彩酥油塑成的花卉、图案和人物、鸟兽。城乡人民，纷纷拥到八角街游玩。各寺院的僧人及民间艺人用酥油调和色彩，制作出精美多姿的酥油花盘及各种姿态的天女、神话故事人物，有的成群连片，像立体的连环图一样，摆放于架上。彩塑前有点亮的成千上万盏酥油灯。精美的图景、多姿的灯花吸引了无数观众。人们在塑花之下，观赏礼拜，狂欢起舞，彻夜不眠。

酥油花的起源

相传当年文成公主进藏时携带了一尊释迦牟尼佛像，到西藏后供奉在寺院中。藏胞为了表达对公主的感谢和对佛的崇敬，想献上一束鲜花，可是当时正值寒冷季节，无花可摘，便只好用食用的酥油塑成鲜花献在佛前，从此便有了酥油花。

还有一种传说：1409 年藏历正月，宗喀巴大师在拉萨举办万名僧侣参加的盛大祈愿法会。有天晚上，大师梦见满地杂草枯木变成了鲜花，荆棘变成了明灯，在明灯鲜花之间千千万万颗珍宝在闪烁，极其美丽壮观。大师醒后为了再现梦境，便组织僧众用酥油雕塑，塑成后供在佛前。所以每年藏历正月十五夜举行酥油花会，是正月大法会的重要活动。因为是大师的梦境，所以过去塔尔寺的酥油花在元宵夜的深夜要全部烧掉，以示梦境的结束。

●草地牧民节

是四川省阿坝藏族牧民的传统节日，每年农历正月初举行。节前家家打扫室内外卫生。在太阳快落山时，将所有污水、垃圾倒向西边，然后各家酿造青稞酒。节日第一天各家妇女争背新水，还有用加奶的水洗脸。清晨，各家都要煨桑，祈求水草丰茂，人畜平安。这天家人吃节日饭时，每人先吃点糌粑，以示不忘祖宗，然后再吃其他食品。节日前三天，人们集中喝酒跳舞，不到外村。后三天走村串寨、访亲问友。节日里，青年妇女们结伴抢男人的东西吃。晚上，大家在野外点篝火，欢歌起舞。

●望果节

藏语为转地头，又称“丰收节”，是西藏农区的节日。各地时间不完全统一，主要根据当地农事安排而定，节日时间1～3天不等。望果节在西藏已有1500年历史，当时雅鲁藏布江中下游河谷地带种植业已很发达。为确保五谷丰收，当时的藏王向苯教师请求法旨，教主让农人背上苯教经典到地头去转，以求神灵保佑。到14世纪宗喀巴时期，人们在转地头时要高举佛像、身背佛教经典，以求佛保佑五谷丰收、人畜兴旺。节日期间，男女老少身着新装，高举青稞穗，抬着用青稞穗等制成的“丰收塔”绕田边地头行走。仪式结束后还要举行郊宴、歌舞、赛牦牛等娱乐活动。节日一过，人们便开始紧张的秋收工作。

●雪顿节

西藏传统节日，每年藏历七月一日开始，节期7天左右。“雪”，藏语为“酸奶”，“顿”，藏语为“吃”，“雪顿”就是“吃酸奶”的意思。后来，由于雪顿节的内容逐渐演变为演藏戏，故又称“藏戏节”。

在17世纪以前，雪顿节实际上是一种宗教活动。按佛教戒律，每年夏天喇嘛们要行三事：长净、夏安居和戒制，这期间，不得迈出寺院。到开禁日，僧人们纷纷离开寺院，百姓要向僧人准备酸奶施舍，喇嘛们不但有酸奶喝，还可游玩。后来到五世达赖时期，雪顿节开始演藏戏。每到这时节，人们身着节日盛装，成群结队来到罗布林卡观看藏戏表演和游玩。

●沐浴节

每年藏历七月上旬，在整个青藏高原，不论是城市还是乡村，不论是牧区还是农区，都有一个群众性的洗澡活动。这时，高原雨季刚过，风和日丽。于是，一群群男女老少，合家而出，扶老携幼，纷纷来到河溪旁，尽情地在水中嬉戏游泳，洗净一年的污垢。有种说法，沐浴周期间的水比“圣水”还灵验。正因为有这种信念，所以男女老少都竞相下河。怕冷的人，这时也有勇气和毅力了。因此这一周中，江河之旁特别热闹，人们不仅洗头、洗澡，也

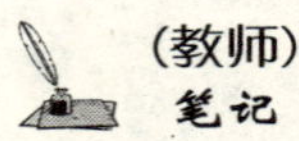
(教师)笔记

顺便洗衣服和被褥。

具有鲜明民族特点和地域特点的沐浴活动，在西藏至少已有七八百年的历史。自从11世纪星象学传入西藏后，人们借助弃山星的出没来区分春、秋季节。在拉萨地区，肉眼看得见南方的弃山星时，便说明入春或入秋了。每当七月弃山星出现时，洗澡活动便进入高潮，弃山星隐没，洗澡活动结束。

青藏高原沐浴初秋之水的由来

据藏文天文历书记载，初秋之水有八大优点：一甘、二凉、三软、四轻、五清、六不臭、七饮时不损喉、八喝下不伤腹。总之，说明秋水最佳。从西藏的自然环境与季节变化看，这种归纳是有一定科学道理的。青藏高原地区冬长夏短，春天雪水冷刺肌骨，一般不敢下水；夏天大雨滂沱，山洪暴发，河水浑浊；冬天皮袍裹身，谁敢入水洗澡！只有入秋时节，水温较高，水流洁净。这时的河水，具有上述优点，是洗澡的大好时节。有一首民谣唱道："强烈阳光晒水暖，皎洁月光照水寒，待到弃山星升起，清净沐浴身体健。"

●祭山节

祭山节是四川庙顶藏族最大的祭祀活动，是一年一度的传统节日。其他地方也有类似的节日。

每年的农历三月初六祭山之时，由全村各户共同凑钱买鸡和羊，到村寨的神山或作为神庙的碉房前宰杀。祭山活动由巫师主持。砌得十分整齐的石堆，代表山神。这种石堆一般高达2米左右，最上一层堆放白石。庙顶藏族的祭山活动通常以家族为单位，而乌拉堡的藏族祭山活动则是全村寨的人共同参加。

四、宗教信仰习俗

藏族早期信仰原始宗教，即自然崇拜，后来又形成了苯教信仰。到吐蕃时期，佛教从印度和汉地传入，逐渐形成了藏传佛教信仰。

由于藏传佛教在藏区的广泛影响，藏族群众大多信仰佛教，可以说，藏传佛教已影响到藏族群众生活的各个方面，久而久之，有些佛教行为已成为习俗，浸透到了世俗群众的日常生活中。

（教师）笔记

藏传佛教

公元7世纪，吐蕃第33代首领松赞干布统一了青藏高原的各部落，建立了强大的吐蕃王朝，并将佛教引入了西藏。佛教在西藏经过长期的传播发展，先后形成了各种宗教流派，这些教派的出现，把佛教推向了一个新的发展阶段。最终形成了一个既坚持佛教的基本教理教法，又体现藏族传统思想文化，更具有浓郁的藏族社会特征和民族特色的佛教系统，这一有别于其他地区的佛教，被称为“藏传佛教”。

“活佛转世制度”是藏传佛教有别于其他宗教和其他佛教支派的最独特的方面之一。按照藏传佛教的说法，一个活佛的圆寂，不过是灵魂的转移，化身为另一肉体的人而已，化身随即显现，所以必有灵童转世。达赖、班禅是藏传佛教中最著名的两大活佛系统。达赖已转世14世，班禅已转世11世。

●念六字真言

在藏区经常能见到手摇转经筒、口中念念有词的人。他们念的是唵、嘛、呢、叭、咪、吽，这就是著名的六字真言。六字真言，据说是一切佛经浓缩概括的结晶。“唵”表示“佛部心”，念诵该字时，自己的身、口、意与佛相应成一体。“嘛”、“呢”表示“宝部心”，念这两字，可以得“如意宝”，获得幸福。“叭”、“咪”表示“莲花心部”，象征佛心如莲花般纯洁无瑕，常念，可除去一切邪念。“吽”表示“金刚部心”，象征无坚不摧，念该字，可借佛的法力，克服任何困难，获得成就。

●转经筒

转经筒有大小之分。在藏区，常常可以看到有人手持一转经筒不停地摇动。这种转经筒上刻有六字真言。手摇转经筒是一种借助外力的祈祷方式。按佛教的说法，若能长读某部经书，可获得超度。为了永不停息地念经，人们便发明了转经筒。经筒转一圈就等

(教师)笔记

于念了一遍经。这样不但口诵经文，而且手也可以念经文，以示虔诚。

转经筒由金、银、铜、皮制作。圆筒内有轴，轴下方为手柄，要由左至右方向转动。

在藏区的寺院周围，都装有固定的较大型的数十甚至数百的转经筒，转经筒中的中轴固定在木架上，手可推经筒转动。经筒表层刻有六字真言，筒内装有佛经，经筒转一圈，等于念了一遍筒中的经文。虔诚的教徒们时常去推转经筒。

在藏区，还有一种巨大的转经筒，往往设在寺院门口，有的直径 2 米，高 3 米多。筒内装有许多佛经。还有一种借风力或水力而转的经筒，一般建在河流边或山口上，借风力和水力日夜不息地转动。

●经幡

在藏区，人们将写有祈祷经文的幡高挂于房顶、山口，这也是信徒们进行祈祷的一种方式。据说，经幡在风中每飘动一次，就等于念了一遍经文。有些地方数百条经幡挂在一个长绳上常年飘动，每年还要挂新幡，以示虔诚。

●煨桑

即用燃烧松柏枝冒起袅袅烟雾以示祈祷。在藏区，凡有重大宗教活动都要煨桑。各家各户也有专门的煨桑炉，每天清晨都要点燃松柏枝。据说，高高升起的桑烟，可以把凡间的清香送到天上和山神殿，山神闻到此香会欣慰，就会降福给敬奉的人。也有人说这是苯教的遗规，桑烟可把天地连在一起，是祭天神的一种仪式。

藏族民间还有很多信仰习俗，如点佛灯、叩头、祭嘛尼堆等。

五、人生礼仪习俗

●成年礼

在西藏一些地方，女孩子长到 17 岁时，就认为已步入成年期，所以要举行“上头”仪式，时间一般在藏历年初二日。这天，姑娘盛装打扮，并有亲友前来祝贺。在牧区，姑娘在小的时候梳两条细辫子，十三四岁梳三条辫子，17 岁时就要梳几十条细辫，这种打扮是成熟的标志，表示姑娘可以自由恋爱了。家宴时，亲友们向姑娘祝贺的同时，少不了说些做事要像大人样之类的话。从此往后，姑娘不得和父母睡在一起，要单独安排卧室。

安多地区，姑娘到15岁或17岁时举行成年礼仪式，即把姑娘童年型的发套改为成年型发套。这一仪式与姑娘出嫁同等重要，要由僧人主持仪式。盛装的姑娘在叩拜神佛、长辈后，女友们要为姑娘唱《拜天地歌》，一人领唱，众人相和，远近的亲友前来祝贺。

(教师)笔记

●结婚

西藏地方的婚俗与其他地方略有不同。

求婚时，必须卜合手相，看男女是否适合做夫妻。订婚时须书写婚约证书，内容是男女要互敬互爱、孝敬长辈等。订婚仪式上，男方要送女方父母养育女儿的“奶钱”，还要给姑娘送一条“邦典”（围裙），以示对父母为女儿做邦典的赔偿。还要面对证人诵读婚约。

结婚仪式前一天，男方家要将一套漂亮的衣服及巴珠、嘎乌、手镯等送到女方家，待婚礼时穿戴。接亲时新娘骑的马必须是母马。男方迎亲队伍到女方家后，把一支彩箭插在新娘背上，表示她已属于男方家。又将一块玉放在新娘头上，该玉被视为灵魂玉，以示男方的灵魂已托付于女方。新娘出门时，女方家一定手拿彩箭和羊腿，站在院中高喊“不要把我家的福气带走”。一路上男方家人要事先候在半路，向前来的队伍敬三次酒。

送新娘的队伍到男方家时，从下马、进门、入厅都有一系列唱歌、献哈达、敬酒仪式。仪式完毕后，将新人送入洞房，其他人便饮酒唱歌，一连三天。

另外，姑娘所带的嫁妆中必须有铜菩萨一尊、经书一册、佛塔一座。据说，这是文成公主嫁给松赞干布时所带的三件物品。

●丧葬

藏族的丧葬习俗并不复杂，也不铺张。藏族的葬法各地基本一致。西藏有天葬、水葬、火葬、土葬、塔葬等。四川阿坝地区藏族认为，人是由土、水、火、风四种物质组成的，人死后，尸体仍要化成这四种物质，所以当地的葬法是天葬（又称“风葬”）、火葬、水葬和土葬四种。其中天葬是其特有的一种方式。

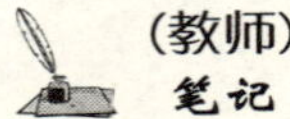
(教师)
笔记

维吾尔族习俗

维吾尔族是中国历史悠久的少数民族之一，主要聚居在新疆维吾尔自治区境内。不同的海拔带会孕育出风格不同的文化。新疆的地域文化呈多样性。新疆的低地平原和绿洲中有着成熟的农耕文明，前山和半山草原有着历史悠久的游牧文明，高山寒冷地带有着独特的半农半牧文明。新疆南部的居民生活在绿洲里，过去很长时间，各个绿洲都是一个自成体系的生态系统。这些生存特点对新疆各民族独特习俗的形成起了重要作用。维吾尔族人口为8 399 393人（2000 年全国人口普查资料）。现代维吾尔语是维吾尔民族的共同语言，属阿尔泰语系突厥语族。维吾尔族使用文字的历史十分悠久，在不同的历史时期和地区采用不同的字母系统书写自己的语言，文字名称也不相同。现行的维吾尔文，是在晚期察合台文的基础上改进而成的，迄今已成为维吾尔族全民通用的文字。

一、饮食习俗

绿洲农业是维吾尔族的传统经济，但在历史上，其先民曾从事过游牧业，因此维吾尔族的饮食习俗中，至今仍保留着部分游牧民族的特征。

在一般情况下，大多数维吾尔族人以面食为主，喜食肉类、乳类，蔬菜吃的较少，夏季多食瓜果。维吾尔族实行一日三餐制，早餐一般为茶水或奶茶和馕，比较简单，中午、晚上多为正餐。在农闲时，午餐为正餐；农忙季节，午餐一般在地头吃，普通农民家，将馕带到地里，配瓜果或酸奶吃。吃饭时一家大小洗手后共席而坐，吃完饭，在拿走餐具前，由长者做“都瓦”（祷告），然后离席。

维吾尔族传统的副食肉类主要有羊肉、牛肉、鸡、鱼等，特别是吃羊肉比较多。奶制品主要有牛奶、山羊奶、酸奶、奶皮子等；蔬菜主要有黄萝卜、恰玛古（蔓菁）、洋葱、大蒜、南瓜、萝卜、西红柿、茄子、辣椒、香菜、藿香、鹰嘴豆、青豆、土豆等。维吾尔族人民长期重视园林生产，绝大多数维吾尔族群众都有自己的园林，因而有常年食用瓜果的习惯。

维吾尔族在日常生活中喜欢喝茶，一日三餐都离不开茶。维吾尔族喜欢喝茯茶、红茶、奶茶、奶油茶等。

维吾尔族人尤其喜欢喝茯茶，茯茶至今仍是维吾尔族最喜欢的传统饮料。茶水也是维吾尔族用来待客的主要饮料，无论何时去维吾尔族人家里做客，主人总是先要给客人敬上一碗热气腾腾的茶水，并端上一盘香酥可口的馕，即使在瓜果飘香的季节里，也要先给客人敬茶。维吾尔族中年龄较大的人喜欢在茶里放冰糖。北疆的人则多喜欢喝奶茶。在维吾尔族家庭里家家户户都有茶壶和茶碗等茶具。

维吾尔族沏茶、倒茶、敬茶、接茶都有讲究。斟茶时，主人要用右手，让茶水沿茶碗边徐徐注入，不能溅起水珠或起沫，茶不能倒得太满，一般倒半满，否则认为是对客人的不敬。茶倒好后，用双手向客人敬茶，客人一般也用双手接茶。客人面前的茶碗不能空着，客人喝完茶，主人要及时给客人斟上。如果客人面前的茶水凉了，主人会给客人换上热茶。

20 世纪 50 年代以后，维吾尔族人的饮食习惯发生了一些变化，肉类虽然仍然是维吾尔族的主要副食，但蔬菜也在维吾尔族的食谱中占有了一席之地。维吾尔族向汉族学习了很多炒菜的技术，现在餐桌上也可以见到各色各样炒菜，使维吾尔族人的饮食更为丰富。

●传统食品

维吾尔族的食品种类很多，不下百种，具有独特的民族和地方特色。

馕　维吾尔族群众日常生活中不可缺少的最主要的食品，也是维吾尔族饮食文化中别具特色的一种食品。维吾尔族人食用馕的历史很悠久。馕使用“吐努尔”烤制而成，新疆汉族人习惯上称烤馕灶为“馕坑”，形状呈小窑状。馕多以发酵的面为主要原料，辅以芝麻、洋葱、鸡蛋、清油、牛奶、盐、糖等佐料。馕久储不坏，见茶水就软，是维吾尔族旅途生活中的“方便餐”。这种馕也是节日食品。

(教师)笔记

抓饭　维吾尔族语称“波罗”，是用大米、羊肉、胡萝卜、洋葱、食油等原料做成的饭。因吃这种饭时多用手直接抓着吃，故新疆的汉族人俗称其为“抓饭”。抓饭味道鲜美、营养丰富，不仅是维吾尔族群众家里常吃的美味佳肴，也是婚丧嫁娶、逢年过节用来招待亲朋好友的理想食品。

烤羊肉　维吾尔族将烤肉称为“喀瓦普”。维吾尔族烤肉的种类很多，主要有“孜合喀瓦普”（烤肉串）、“吐努尔喀瓦甫”（馕坑烤肉）、“塔瓦喀瓦甫”（馕托肉）等。其中烤羊肉串，是维吾尔族最富有特色的传统风味小吃，既是街头的风味快餐，也是维吾尔族待客的美味佳肴。

●饮食禁忌

禁食猪、狗、驴、骡肉和猛兽凶禽的肉，忌食自死动物的肉，也禁食所有动物的血。这些禁忌源于伊斯兰教，现已演变为生活习俗。

二、礼仪习俗

●家庭和亲族

维吾尔族的家庭结构，是以夫妻关系为基础组成的。家庭成员包括父子两代或祖孙三代在内的直系亲属。按照传统，多子女的家庭，儿子长大成婚后即与父母分居，另立门户。但父母一般要将最小的儿子留在身边，作为养老送终的依靠。独生子通常不分家，要与父母住在一起。

过去维吾尔族家庭长期是以父亲、丈夫为核心的家长制家庭，家庭中的一切事务由父亲、丈夫支配。男人的一言一行具有很大的权威性，女人一般无权过问和处理家产。妇女极少有参加社会性生产劳动的机会，绝大多数只能从事家务劳动，在家给丈夫往田间送饭、纺线、喂牲畜等。

维吾尔族的亲属系统主要分直系血亲、近亲、远亲和姻亲几类。在亲属关系上以父系近亲为主。维吾尔族的亲属在祖孙三代的直系血亲之间有明确的称呼。如父亲称“大大”或“阿塔”，母亲称“阿帕”或“阿娜”，祖父称“群阿塔”，祖母称“群阿帕”或“群阿娜”。过去父辈以上要追记到七代祖先的名字，现在一般人们只记得前三代、四代祖辈的名字。父辈以下维吾尔族的称谓一直到

(教师)笔记

第六代都有专门的称呼，如儿子称“吾古勒”，女儿称“克孜”，孙子称“乃维热”，曾孙称“爱维热”，玄孙称“彻维热”，玄孙之子称“排依乃维热”，玄孙之孙称“库库尼乃维热”。其他三代以上或三代以下旁系亲属虽也有专门的称谓，如“塔嘎”（叔伯舅）、“阿玛”（姑姨），但一般不常用。长幼辈常以年龄大小分别称父、母、兄、弟、姐、妹。如同辈间对比自己年长的男性称“阿喀”，比自己年幼的称“吾喀”或“依尼”，对比自己年长的女性称“阿恰”或“艾德”，比自己年幼的称“斯额勒”，这种称呼也可以给予姑父母、舅父母、叔父母等等，通常在他们名字的后面加上“大大”、“阿娜”或“阿帕”、“阿喀”、“阿恰”等。

维吾尔族的名字一般由本名加父名构成，本名在前，父名在后，如某人的全名为“买买提·吐尔逊”，其中“买买提”是本名，“吐尔逊”是父名。一般在正式场合，都要称全名。

●崇尚礼仪

维吾尔族一贯以尊敬师长，孝敬老人，热心公共事业，支持帮助他人，同乡亲、邻居和睦相处，遵行礼仪，不侵占他人财物，珍惜友谊，不做乡里乡亲所厌恶的事等为每一个维吾尔族人应具备的美好品质。

●礼貌待人

维吾尔族人待人接物非常讲究礼貌，在路上遇到长者或者朋友，都要先用右手抚胸，然后伸出双手，上身前倾，握手问好，互问“萨拉木”（问候语），然后再问对方父母子女平安。妇女见面后，互相拥抱，右脸面要挨一下，并道“萨拉木”，在问候之后，双手扶膝躬身道别。晚辈与长辈相遇时，晚辈要先施礼。现在广大农村仍然保持这种传统的礼节，而城市的年轻人见面时，大家行现代的握手礼。

●热情好客

维吾尔族是个热情好客的民族。凡是家中来客，不论相识与否，主人都会热情接待。客人入室后，女主人为客人铺好褥毯让座，以示对客人的尊敬。坐定后，主人手执洗手壶，请客人洗手，然后拿出家里最好的食品请客人品尝。主人会在你面前铺上餐布，餐布上摆上各类糖果、馕，然后再给你敬上一碗热气腾腾的茶水，

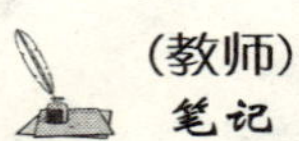
(教师)笔记

哪怕家里只有开水和玉米馕，主人也要拿出来请客人食用。如果在瓜果飘香的夏季和秋季，摆在你面前的不仅有馕、茶等，而且还有西瓜、甜瓜、葡萄等时令瓜果，让你尽情地享用。如果天色已晚，客人起身告辞时，热情的主人总要盛情挽留客人住在家里。如果有客人住宿，主人总是拿出最好的被褥给客人用。维吾尔族家家户户都有备用的被褥。第二天清晨主人要早起，为客人准备早餐。客人走时，主人还要把客人送到大门外，并祝客人一路平安。如有贵客和远道而来的亲戚，有条件的家庭要宰羊热情款待客人，条件差一点的至少也要宰一只鸡，用丰盛的食物招待客人。一家来了客人，亲友邻居都会轮流相请。

●尊老爱幼

尊老是维吾尔族的传统美德，同时也是家庭教育的重要内容。维吾尔族对老年人非常尊敬，晚辈无论在家里还是在外面都不能从长辈面前横穿走过，遇到老人要主动弯腰躬身前去问候。在任何场合都请长辈坐上席，喝茶吃饭要先端给长辈。走路时让长辈先走，进屋请长辈先进，说话时请长辈先说，见了长辈要起立、让座。长辈在座时，晚辈不能背对长辈，不能伸腿坐，不能从长辈面前经过。晚辈不能在长辈面前抽烟、喝酒，说粗鲁话。维吾尔族对父母很孝敬，遵从父母的意见，在任何情况下不与父母顶撞，结婚以后经常回来探望父母。维吾尔族人爱幼风尚很浓，长辈经常为孩子祈祷，祝愿他们健康成长，很疼爱孩子，从不随便打骂孩子。到有小孩的人家做客，一般总要给小孩带一些小礼物。

●给洗手水的礼节

维吾尔族对于应邀而来的客人要给洗手水洗手。在维吾尔族民间，不论祝贺家庆还是祭奠家难，或者为了娱乐而请客人赴家宴，要专门安排人给来客倒水洗手。对平时家里来的贵客“给洗手水”，一般是在客人坐定、宾主寒暄之后和敬茶食之前进行。一般洗手水不能太凉或太热。“给洗手水”的人先要把水浇在自己手上，试一试水的温度。客人洗完手后，要对“给洗手水”的人表示感谢。

维吾尔族人认为盛在脸盆中的水是“死水”，而死水是不洁的，不能用来洗手洗脸，要用专门洗濯的净壶倒水，用冲洗法洗濯才是干净的。据卫生部统计，维吾尔族人极少有患沙眼病的，这与用冲洗法洗濯有着直接关系。

●服饰禁忌

在服饰方面，禁止穿袒胸露背的衣服及过于短小的衣服，反感穿背心短裤在室外活动和做客。忌讳穿鲜艳的衣服参加丧葬活动。由于男尊女卑思想观念的影响，洗衣时忌讳把男人的衣服和女人的衣服混起来洗，或把男人的衣服放在女人衣服之后洗。

●社交禁忌

吃饭或与人交谈时，最忌讳吐痰、擤鼻涕、挖鼻孔、掏耳朵、剪指甲、挠痒、放屁、打哈欠等，否则被人认为是失礼的行为。在屋内炕上坐下时，不能双腿伸直，脚底朝人。接受或递送礼物、茶饭碗时要用双手，单手接受或递送物品被视为缺乏礼貌，家里有客人时不能扫地。

三、节日习俗

维吾尔族的传统节日主要有：肉孜节、古尔邦节，另外还有都瓦节、努如孜节、巴拉提节等。这些节日大多都来源于伊斯兰教，是按伊斯兰教历计算的，时间并不固定。

●肉孜节

也叫“开斋节”，是阿拉伯语“尔德·菲图尔”的译意，因在封斋一个月后开斋的那天举行而得名，波斯语称“肉孜”，故维吾尔族等突厥语系的民族亦称斋戒为“肉孜”。

肉孜节在伊斯兰教历每年十月一日举行，主要是庆祝斋月期满。斋戒是伊斯兰教徒的五大功课之一。伊斯兰教法规定成年的穆斯林在伊斯兰教历每年九月（莱姆丹月）都应封斋一个月，封斋期间人们要做到清心寡欲，每日日出后和日落前，禁止饮食和一切非礼行为，以反省自己，洗涤罪过。每年斋月始于伊斯兰教历九月初新月的出现，结束于教历十月初见到新月时为止。即在斋满 29 天的当晚看到新月，翌日即为肉孜节，否则继续封斋一天，节日顺延一天。现在伊斯兰教组织机构已精确推算出伊斯兰教历每年莱姆丹月的封斋和开斋日期，供世界各地穆斯林参考使用。维吾尔族人在吃斋饭时，亲友、邻里之间都热情相邀。

斋期满后，节日的凌晨，人们聚集在礼拜寺做盛大的礼拜，礼拜结束后，人们去墓地悼念亡故的亲人，然后开始热闹的节日活

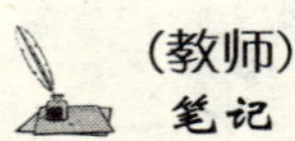
（教师）笔记

动。家家户户都备有丰盛的节日食品，如馓子、糖果、点心等，人们身着节日服装，走亲访友，路途相逢要互相拜年祝贺，男女老少成群结队出来游玩，各种娱乐场所同时开放。

“肉孜节”的来历

关于“肉孜节”的来历，有两则宗教传说流传于维吾尔族民间。

相传古时候，有一次闹灾荒，孩子们由于饥饿啼哭不止。母亲们无奈，把拳头大小的卵石放进锅里煮，哄孩子们说：“妈妈给你们做包谷面疙瘩汤”，并不时地用木棍戳一戳给孩子们看，让孩子们相信还没有熟，还太硬不能吃，需要耐心等待。一次又一次，孩子们再也没有耐心了，闹着非要吃不可。母亲们没办法，只好揭开锅盖还想用木棍戳给孩子们看。不料，木棍竟然戳了进去，母亲们很惊奇，仔细一看，原来锅里煮的卵石都变成了可以充饥的“恰玛古”（蔓菁）。人们相信这是神灵为了拯救他们而显现的奇迹，奔走相告，彼此祝贺得救，载歌载舞，以各种娱乐方式欢庆，感谢真主的恩典。从此，每年的这一天人们都以同样的方式纪念，久而久之相沿成习，流传至今。

另一则传说故事是：古时候人们为了躲避强大部落的袭击劫掠，藏在深山密林里，白天不敢生火煮饭，恐怕升腾起来的烟柱被人发现，等到天黑时才动火做饭吃。这样年复一年，代代相传演变成俗。

●古尔邦节

“古尔邦”是阿拉伯语，意为“献牲”、“献祭”，是根据古代阿拉伯地区的宗教传说演变而来的。每年伊斯兰教历十二月十日过此节。

伊斯兰教法规定，教历每年十月上旬为教徒履行宗教功课前往麦加朝觐的日期，在最后一天（十二月十日）宰牛羊庆祝。这一天正值肉孜节之后的第70天。

按照传统习惯，节日前，家家户户都把房子院落打扫整修一新，并赶制节日新装，特别是要预先买好作为“献牲”的牲畜。妇女们则要炸馓子，烤制油馕，制作糕点，购买各种糖果等食品。古尔邦节期间，大家都要相互串门贺礼，每到一户，主人必会端上一盘清炖大块羊肉，而客人即使吃得再饱，也得尝尝主人家的羊肉。亲朋好友相聚，视歌舞为饭食的新疆各民族人民，就会弹起琴，唱起歌，跳起舞，到处是一派欢乐的景象。大聚礼之后，各家各户都要到墓地祈祷，怀念并祝福逝去的亲人。

●巴拉提节

在进入斋月前15天，也就是“肉孜节”前45天举行，即伊斯兰教历八月十五日之夜。“巴拉提”是阿拉伯语，原意为“清白”，引申为“赦免”、“无罪”。

巴拉提节的来历

相传，此夜安拉即真主大开饶恕和怜悯之门，赦免将离世者的罪过，并降临天堂的最下层，巡视人间，更换每人每年的“功过是非簿”。凡悔过自新的人必获赦免，既往不咎。又传，安拉该夜决定人们一年的生死祸福。民间传说，该夜在白光下看不到自己的头或耳朵和影子的人，将有大难，活不到下一个巴拉提节等等。所以巴拉提节又叫“恕罪夜”、“换卷夜”等。

巴拉提节不做“节日礼拜”，节日期间也没有互相拜节的习俗。这天晚上，虔诚的穆斯林们为了赎平日可能犯下的“过失”之罪，图个来年的平安吉祥，在“大净”之后，跪坐在礼拜毯上诵经、礼拜、忏悔、祈祷或请个阿訇到家念经，彻夜不眠。

巴拉提节时，各家都将油葫芦拴在一根木杆上，点燃后任其落地，大家群起用脚踏碎此葫芦，表示消灾灭祸。而青少年们则聚在一起手举燃着的油葫芦，成群结队，尽情高唱巴拉提节歌。巴拉提节另一个显著的特点，就是祖灵崇拜遗风。

●努如孜节

也叫“萨拉哈特曼节”。努如孜节历史悠久，它在古代的维吾

(教师)笔记

尔、乌孜别克、哈萨克、柯尔克孜等突厥语系民族中广泛流行。每年公历春分这一天，即公历3月21日，为“努如孜节”。它的内容是辞旧迎新，希望春天能带来吉祥幸福。

四、宗教信仰习俗

维吾尔族在历史上是一个有过多种宗教信仰的民族。除原始宗教的长期影响之外，维吾尔族还曾信仰过袄教、摩尼教、景教、佛教。在15世纪后期，其他宗教完全被伊斯兰教取代，维吾尔族成为信仰伊斯兰教的民族。

●前伊斯兰教信仰

在历史上，维吾尔族先民曾经有过原始的自然崇拜以及萨满教、袄教、道教、摩尼教、景教、佛教等信仰。信仰伊斯兰教的历史虽然已有一千多年，但先前的某些信仰习俗遗迹在维吾尔族民间至今犹存。

维吾尔族古代先民出于对天体的神秘感、神圣感和敬畏感而产生过对日、月、星辰等的崇拜。在今日的维吾尔族民间，人们仍然残存着这种崇拜的痕迹。如传统习俗要求人们绝对不能向着太阳、月亮吐唾沫、大小便，不能在月光下做秽亵的事，认为这样做是对上天的亵渎；遇到日食现象，人们要拿出锅盆敲击，或做布施、诵经，祈求太阳、月亮尽快恢复原状。有些人还认为，地上的每一个人，在天上都有一颗代表他生命的星星；一旦某人死去，代表他生命的那颗星也随之陨落。在人们的心目中，日月星辰既是神圣的，也是美丽的、纯洁的，人们常常把自己心上人比做月亮、星星。古代维吾尔族先民同样将自然界的动植物视为“神圣”，如对农作物、粮食及食品还有崇敬感。时至今日，维吾尔族仍有不得踩踏食物的禁忌。

维吾尔族先民历史上曾信仰过萨满教，这是一种较高级的原始多神信仰，后来虽然为一神教信仰所取代，但它的某些信仰习俗至今仍在维吾尔族民间流传。

维吾尔族先民的佛教信仰是在回鹘西迁之后接受的，并且逐渐渗透到西迁回鹘人的政治、经济、文化和社会生活等各个领域，成为他们当时主要的宗教。此前佛教早已盛行于西域。当时塔里木盆地周边重镇龟兹、疏勒、于阗、高昌等皆是佛教活动的中心，产生了辉煌的佛教石窟艺术等宗教文化，出现过鸠摩罗什、佛图澄、裴慧琳等著名佛学大师。作为维吾尔族先民的回鹘人在西迁之后受到佛教广泛而深刻的影响。皈依佛门的回鹘人用回鹘文书写了丰富的佛教典籍文献，并与内地佛教文化产生密切的联系。

(教师)笔记

●伊斯兰教信仰

伊斯兰教在维吾尔族中的传播、发展已有一千多年的历史。伊斯兰教早在唐代即开始传入新疆，大约在15世纪，伊斯兰教最终取代其他各种信仰，成为维吾尔族信仰的宗教。从此，伊斯兰教对维吾尔族的经济、政治、文化和社会生活等方面，均产生了深远的影响。

伊斯兰教在新疆的传播历史

在唐代伊斯兰教开始传入新疆，但在古代维吾尔族中的大规模传播，则是在10世纪初期喀喇汗王朝统治者苏图克·布格拉汗信仰伊斯兰教之后。960年，阿尔斯兰汗木萨统治时，20万帐操突厥语的游牧民接受伊斯兰教，标志着喀喇汗王朝实行伊斯兰教国教化，随之伊斯兰教由喀什噶尔向于阗地区扩展。从1140年西辽耶律大石西进，1225年蒙古军队征服中亚，一直到14世纪前期，为新疆伊斯兰教发展的停滞时期。伊斯兰教历七四七年（1347—1348年），秃黑鲁帖木尔登上东察合台汗国宝座，并成为伊斯兰教信徒，促使伊斯兰教势力向库车以东地区迅速推进，到了15世纪后半叶，吐鲁番等地改奉伊斯兰教后，新疆维吾尔族实现了伊斯兰教信仰一元化。从此，伊斯兰教对维吾尔族的经济、政治文化和生活习俗等方面，均产生了深远的影响。

伊斯兰教教派众多，维吾尔族信奉的伊斯兰教有逊尼派、依禅派和瓦哈比派。逊尼派是伊斯兰教的正统派。在维吾尔族中，它是信徒最多、分布最广的教派。维吾尔族的逊尼派以《古兰经》为根本经典，并遵循“逊奈”（圣行）；坚持五大信仰（信真主、信天使、信圣人、信末日和前定）；承认安拉的前定，履行天命五功，即念功（诵清真言）、礼功（礼拜）、斋功（斋戒）、课功（缴纳天课税）、朝功（朝觐麦加）；承认“四大哈里发”是穆罕默德的合

(教师)笔记

法继承人；在教法上遵行学派之一的哈乃斐派。

信仰伊斯兰教的维吾尔族群众大多数属于正统的逊尼派，有一部分人信仰苏菲派教义，在新疆称为“依禅派”。此外，还有少数人信仰什叶派教义，主要分布在喀什等地。在宗教信仰活动上，各派一直保持着不同的宗教主张、仪式和特征。

伊斯兰教不仅作为一种宗教，同时也作为一种社会制度、生活方式和文化表现形式，广泛地渗透到维吾尔族人的精神生活和社会生活之中，给维吾尔族政治、经济、教育、伦理、语言文字、风俗习惯、文化艺术等方面以广泛深入的影响。人们的生老病死、婚丧嫁娶、遗产分配、饮食、节日礼仪等等，无不按伊斯兰教教法教规办理。

●清真寺

清真寺又称“礼拜寺”，是伊斯兰教信徒举行宗教仪式的场所。维吾尔族的清真寺大致可分为三种类型：普通清真寺、加曼清真寺和艾提尕清真寺。普通清真寺主要供人们每天5次礼拜之用，较简陋，容纳人数较少，这类清真寺占全疆清真寺的90%以上。加曼（意为“聚礼之处”）清真寺是供信徒举行主麻（星期五）礼拜的地方，因而又有“主麻寺”之称。这种清真寺的建筑规模较大，除礼拜大殿和宣礼塔外，大多附设教经堂和经文学校等。艾提尕（意为“节日活动场所”）清真寺是供信徒欢度伊斯兰教节日时做礼拜的场所，其规模较加曼寺更大，占有的宗教寺产更多，宗教人员也更齐全。艾提尕清真寺一般坐落在穆斯林比较集中的大城镇，是当地宗教活动的中心。不过，这类清真寺并不叫艾提尕清真寺，有些是以人名、地名命名的。此外，还有家庭清真寺和麻札清真寺，前者是富有人家修建的，供一家人做礼拜用；后者是麻札的附属建筑，供朝拜麻札的信徒做礼拜用。

●礼拜

维吾尔族穆斯林十分重视礼拜，称之为“乃玛孜”。做礼拜时，要面朝西方伊斯兰教圣地麦加方向，通过端立、诵经、鞠躬、叩头、跪拜等向真主感恩、赞美、恳求和禀告，借以祈福免灾，保持心灵纯净。礼拜主要分三种：一是五时拜，二是主麻拜，三是节日拜。五时拜即每日做五次礼拜，第一次为晨礼，拂晓到日出前举行；第二次为晌礼，正午刚过时举行；第三次为晡礼，日偏西至日落时举行；第四次为昏礼，日落后至天黑前举行；第五次为宵礼，夜间至破晓前举行。五时拜一般到普通清真寺集体进行，也可以在家里单独举行。礼拜前要作小净，衣服必须整洁。做礼拜时，不得有人从前面穿过，不得吐痰、擤鼻涕等，否则礼拜无效。为防备有人从前面闯过，维吾尔族人往往把手杖、坎土曼把或木棍横在前面作为正在礼拜的标志。主麻拜是星期五正午到加曼清真寺举行的集体礼拜，这次的礼拜可代替当日的晌礼。节日拜一般是到艾提尕清真寺举行隆重的集体礼拜仪式。

五、人生礼仪习俗

维吾尔族人民有着热爱生活、崇尚礼仪的传统。人生礼仪展示的是每个社会成员从生到死生命过程中最重要、最关键的阶段，因此更具有严肃性与普遍性。维吾尔族人生礼仪主要有诞生礼、成年礼、婚礼、葬礼四大类。

●诞生礼

诞生礼是人生礼仪的第一幕，维吾尔族群众对它非常重视，并刻意通过分娩礼、命名礼、摇床礼等几个程序去加以完成。

分娩礼　在医学比较落后的古代和医疗条件比较差的农村，妇女分娩不仅标志着一个新的生命降临人间，同时也意味着随时可能发生生命危险，维吾尔族有“分娩就是一场战斗”的谚语。因此，维吾尔族人在孕妇临产前要举行一次仪式，祝愿她能顺利分娩。

命名礼　按照维吾尔族习俗，婴儿出生几天后，要请阿訇做主持人举行命名仪式，亦即命名礼。一般只有婴儿父母的近亲和长辈参加。仪式开始，婴儿的姥姥或奶奶将婴儿包在干净漂亮的小被子里交给阿訇，阿訇跪坐在地毯上，双手接过婴儿，先对婴儿的右耳诵念祷告词，然后对着婴儿的左耳念赞主词，并呼唤为婴儿选定的名字。阿訇在说第一句话的时候，腾出一只手用食指捂住自己的耳朵眼，模仿宣礼员在清真寺塔楼上宣礼时的样子轻轻念清真言：“万物非主，唯有真主；穆罕默德是真主的使者。”接着再呼唤大家都来礼拜。

摇床礼　婴儿出生后 40 天举行的庆祝仪式。维吾尔族婴儿出生后一直在母亲身边喂养，等到满 40 天时，就要放入摇床中喂养了。此时要按照维吾尔族的传统风俗习惯举行隆重的摇床礼。举行摇床礼不仅表示婴儿在成长的道路上迈开了新的一步，同时也是对

(教师)
笔记

产妇的祝贺。届时邀请亲戚朋友、邻居和小朋友参加。首先准备一盆温水（也称作“洗礼水”），还有40个小木勺、40个小油馕和一些“阿勒瓦”（用糖、羊油和面粉混合熬制的甜面糊）。参加仪式的小朋友来齐后，让他们依次从水盆里舀一勺水浇在婴儿身上，并叫着婴儿的名字说一句祝福的话。参加摇床礼的亲朋好友围在婴儿的周围，请一位有经验的剃头匠给婴儿剃去胎毛，穿上漂亮的衣裳，最后把婴儿小心谨慎地轻轻放进摇床，摇床礼才算结束。

●成人礼

在维吾尔族人生礼仪中，男子的割礼、女子的少妇礼皆属于成人礼范围。

割礼　维吾尔族源于伊斯兰教的生活礼俗。割礼原为阿拉伯半岛古代居民的习俗，后被伊斯兰教沿袭。随着伊斯兰教的传入，又被维吾尔族等信仰伊斯兰教的民族接受，并逐渐成为维吾尔族的一种习俗。

割礼一般在男孩5岁或7岁时举行。维吾尔族人认为，只有举行了割礼，男孩才算步入成人的行列，得到社会的认可，才有长大后娶妻生子、传宗接代的权利，所以非常重视割礼，把它看作是人生中的一件大事，家境再贫寒的人也要倾其所有把割礼办得隆重和体面。举行割礼的时间大多在春季或秋季，因为该季节天气凉爽，有利于伤口的愈合，同时要选择单月。仪式举行的当天，人们在屋顶上敲起纳格拉鼓（羊皮鼓），吹起唢呐，像过节一样热闹。亲朋好友、街坊邻居带着礼物前来祝贺。在举行割礼前，孩子的父母要给孩子准备新衣服、新被褥和新枕头等物品。割礼后，男孩要卧床休息几天，并受到特殊的照顾。

少妇礼　维吾尔族妇女在结婚生了一两个孩子后，大约在30岁左右，要为她举行少妇礼仪式。这个仪式由其父母操办，请一些妇女参加。将妇女的整个头发从中间分成两股，梳理成两条大辫，把刘海和鬓发也要梳入这两股头发中，并用两根线薅去脸面上的汗毛，这在民间称为“开脸”，并略施粉黛。之后，由两名妇女陪同向来客行礼，来客起身向她道喜，并将带来的礼物送给她。其父母和丈夫也要赠送新衣、首饰等较贵重的礼物，以示祝贺。这个仪式的举行，标志着该女子在步入社会生活、操持家务等方面已成熟，正式进入成人妇女的行列。标志着她可以公开参加社交活动。

(教师)笔记

●婚礼

婚姻礼俗在维吾尔族的习俗文化中占有十分重要的位置，是在长期历史发展的过程中逐渐形成的，通常包括订婚、婚礼以及离婚与再婚等礼仪规范。

在举行婚礼的前一天，男方要把准备好的彩礼及婚礼上招待客人的用品（一般是一只活羊，还有大米、清油、胡萝卜、馕、茶叶、盐、柴草或煤炭等）送往女方家。

婚礼的第一天，新郎、新娘两家同时在各自的家里设宴招待来宾，人们弹着都塔尔、热瓦甫，打着手鼓，唱歌跳舞，院子里充满了喜气洋洋的欢乐气氛。这天上午，新娘穿上漂亮的衣服，由伴娘及前来祝贺的朋友陪同，聚集在邻居家里。新娘坐在炕角的地毯上，女伴们在屋内有限的空间里，唱歌跳舞，尽情欢乐，等候迎亲队伍的到来。新郎也由伴郎及前来道喜的朋友陪伴，聚集在自己家的院子里和朋友们弹琴、唱歌、跳舞、说笑，尽情地为婚礼助兴，并且耐心地等待着结亲时刻的到来。

下午，新娘穿上婚礼服，打扮得如花似玉，头蒙面纱在家等候迎亲队伍的到来。与此同时，新郎也穿戴一新，在亲友、伴郎的簇拥下前往女方家迎娶新娘。一路上小伙子们打起手鼓，吹着唢呐，弹着热瓦甫，兴高采烈地高唱“迎新娘歌”。仪式举行时，结婚双方和各自的伴郎、伴娘按男左女右的规矩分两边站立，由阿訇或伊玛目（宗教职业者）主持“尼卡”宗教仪式，诵经，询问新郎新娘是否同意结合，回答同意后，阿訇将两块馕蘸上盐水，分别赠给新郎和新娘。新郎和新娘双手接过，当场吃下，表示从此同甘共苦，白头到老。

迎亲队伍返回时，迎亲的小伙子打起手鼓，弹着热瓦甫，唱着喜歌走在前面，整个迎亲队伍充满着欢乐的气氛。新郎和新娘分乘彩车随后，迎亲的妇女们跟在后面。按传统习俗，迎亲队伍经过的路上，乡里乡亲可以“拦驾”，不让迎亲队伍通过，迎亲队伍向拦路者赠送礼物后，方可继续前进。

当迎亲队伍簇拥着新郎新娘来到新郎家门口时，新郎家在门前准备一堆驱鬼避邪的“神火”，由客人点火，在新娘的头上绕三圈，再让新娘从火堆上越过去。婆家还要在地上铺新布，维吾尔语称“帕炎达孜”，一般要从院门一直铺到屋门。来宾还要在新布两旁夹道欢迎。进屋坐定后，青年男女唱歌跳舞进行揭面纱仪式，其中一

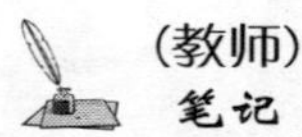
(教师)笔记

人趁跳舞的机会迅速上前揭去新娘的面纱，新娘即起身向大家行礼。然后客人们入席吃喜宴。喜宴之后举行歌舞晚会，直到深夜人们才离去。

●葬礼

维吾尔族信仰伊斯兰教后，葬礼仪式皆按伊斯兰教规定举行，实行土葬。维吾尔族人认为在星期五、肉孜节、古尔邦节去世是逝者的幸福。许多民族都有“落叶归根”的习俗，而维吾尔族则更为讲究这一点，他们愿意在自己家里静静地与世长辞。如患重病治疗无望时，他们便回到家里，而不愿死在医院病房；有人突然在外地去世，家属也要千方百计把尸体运回家乡安葬。

维吾尔族家里有人去世，家属要对逝者进行一番处理之后，才去向有关亲友和邻居报丧。特别是对老年人的去世，讲究比较多一点。逝者临终前，亲人要来念“都瓦”（祈祷）告别。儿女在身边领受遗嘱并由阿訇现场主持。人去世后，阿訇将“神水”（清水）滴在逝者嘴上，表示祝其升天，并将其面部朝西方向安放，用干净白布遮盖，用布绑住下巴，使其嘴闭住，让人感觉逝者安详地睡在那里。维吾尔族实行速葬，一般情况下，人去世后，尸体在家停放时间不长，早亡晚埋，晚亡次日午葬，若其子女在外，等一两天也可以，但最多不超过3天。葬前，要由清真寺的伊玛目以及一两位年长者为逝者净身；若逝者是女性，则请年长的妇女或布维来为逝者净身；如逝者是童男童女，则男女都可以洗。净身的要求是用净水把全身洗涤3遍，之后用新白布将遗体缠裹起来，一般男性缠3层，女性缠5层。净身时，其他人不得入内，阿訇要在净身的门前替逝者祈祷赎罪（夭折的小孩子不进行赎罪仪式）。净身后，将尸体放在“吉那孜”（抬尸木架）里，并盖上布单，由亲友护送到清真寺举行葬礼（妇女不参加葬礼）。进寺后，首先做“伊斯卡特”，意思为最后一次施舍，由家属把分好的钱及财物给寺里的阿訇和所有参加葬礼的人，表示完成逝者生前未尽的义务。然后行“站礼”，由阿訇念经、祈祷，此后，即送往墓地土葬。墓坑呈长方形，长为2米、宽1米左右、深近2米的竖坑。穴壁底部再开一洞，置尸体于洞中，面朝西。入葬前，由阿訇念经，所有参加葬礼的人各抓一把土，在阿訇念经后撒在尸体周围，之后用土把洞穴口堵死，再填平竖坑。坟的外形大都是长方形，有的也修成半圆形拱顶式样。

维吾尔族人家一旦有了丧事，其亲人均失声恸哭，邻里街坊一旦听到哭声立即前来悼念，进行安慰。逝者的近亲好友一般要系白腰带，妇女除系白腰带外，还要披白盖头。

葬礼结束后，要在人去世后第3天、第7天、第40天和周年举行“乃孜尔”。“乃孜尔”是“祭祀”的意思，是对逝者表示缅怀和哀悼的主要活动。如果逝者是家长或家庭中重要成员，那么其家属在40天内不能理发，也不得梳头，不能参加唱歌跳舞等聚会或娱乐活动，并要为逝者服孝7日，以表示对亡人的哀悼和怀念。丈夫或妻子一方去世，另一方要过了周年才能再婚。

(教师)笔记

六、其他习俗

●民居

维吾尔族居住的传统房屋，一般是土木结构的平顶方形平房。由于自然条件的影响，南疆和北疆的房屋在结构和形式上稍有差别。南疆气候温和，少雨雪，房屋建筑除顶棚使用少量木材外，四壁多用土坯砌成，房顶留有天窗。这类“土屋”外表看上去不太宏伟，但对大多数维吾尔族群众来说，却比较实用。北疆气候寒冷，多雨雪，房屋建筑多用砖石，顶微斜，屋周开窗。这类房屋既利于排雨雪，又比较坚固，保暖性能比较好，深受北疆维吾尔族群众喜爱。

维吾尔族传统的房屋主要有“索合马塔木”（泥砌墙）、篱笆墙和土块墙三种。“索合马塔木”即用房宅周围的土和成泥巴，堆砌墙壁，墙基厚度约半米。墙干后上屋顶，在木梁上平铺一层苇把子和席，然后在上面抹房泥。此类房无房檐，墙四周无窗，房顶有一“天窗”，用以透光通风。篱笆房用树枝条编成篱笆墙，在篱笆里外抹泥，墙四周有顶梁柱，房顶抹泥。这是一种古老的建筑方式，现在已很少见。土块房用土块垒墙，留门留窗，用泥把土块墙里外抹光，墙外刷白灰，平房无房檐，房间有大有小，宽敞明亮，是目前流行的建筑方式。

维吾尔族虽然是以农业为主的民族，但一直比较重视对牲畜的牧养，因此在住宅的布局上，既要考虑放置农具和粮食的贮藏，又要考虑牛棚、羊圈的设置。维吾尔族的住宅多自成院落，一般包括庭院和住房两部分。以住房为中心，面向庭院的屋室前多设较深的前廊，前廊下多设炕台，供人们夏天户外起居。

住房多由兼作居室的客室、餐室、后室和储物用的小间组成。屋顶平台周围多设木栏杆，常利用屋顶平台堆积瓜果、粮食和杂

(教师)
笔记

物。一般的住房至少三间，多者五六间。

维吾尔族传统的居民住房一般没有床、桌子、柜子等家具，炕是家里的活动中心。炕在维吾尔族民居中有许多文化功能，既是休息的场所，又是就餐的地点。炕成为维吾尔族民居中独特的文化现象，由此产生了一系列的习俗，如跪坐习俗、待客习俗等等。

20 世纪 50 年代以后，随着维吾尔族人民生活水平的提高，维吾尔族劳动人民居住条件得到改善，室内陈设也有了新的面貌，这些变化既体现时代的气息，又是在保持维吾尔族原有居住风格基础上的吸收和借鉴。

●交通运输

1949 年以前，维吾尔族传统的交通运输工具主要有马、牛、骆驼、驴和各种木轮大车。

驴　在维吾尔族的交通运输中占据着重要的位置。由于驴饲养使用方便，因此在维吾尔族聚居的农村，驴被广泛作为交通运输工具来使用，几乎家家户户都有驴。由于驴的普遍使用，维吾尔族群众中还有了专门用驴作为交通运输工具的职业——“驴脚夫”，维吾尔语称为“依夏克气”。

骆驼　也是维吾尔族古老的交通工具。维吾尔族很早以前就将骆驼用于长途运输，特别是沙漠地带的运输，骆驼被称为“沙漠之舟”。过去将骆驼用于商队的运输比较普遍，骆驼商队中领头和收尾的骆驼脖子上一般系有铃铛，行走时响声不断，成为古丝绸之路上的一大奇观。

木轮车　过去是维吾尔族的一种大型运输工具。根据制作车子的材料和车轮的形状分为“亚日亚”车（轻便木轮车）、“库太克”车（粗轮）和铁轮车三种；根据套车的牲畜分为马车、牛车、驴车三种。还有一种专门拉乘客用的轿车，维吾尔语称“严买帕”，通常用一匹马拉，马身上的套具装饰得非常漂亮，马的脖子上系有一串铜铃，过去这种车主要在城市和城郊行驶，供行人乘坐。

在现代化的运输工具十分普及的今天，胶轮木车、马、驴不仅在新疆农村交通运输方面发挥着重要的作用，而且在一些中小城市也发挥着自己的作用。在维吾尔族群众集中生活的吐鲁番地区、库车、喀什等地，在机械交通工具不足的情况下，装饰漂亮、富有浓郁地方特色的马车、毛驴车也成为这些城市的主要交通工具。这种“驴巴”、“马的”颇受维吾尔族群众和游客的青睐。

（教师）
笔记

苗族习俗

苗族具有悠久的历史，是我国人口较多的少数民族之一。主要分布在贵州、湖南、云南、湖北、海南、广西等省（区）。苗族人口的分布特点是大散居、小聚居，全国各省、自治区、直辖市均有苗族分布。据第五次全国人口普查统计，我国境内的苗族人口为8 940 116人，贵州省苗族人口最多，有430万人，占全国苗族总人口近一半。苗语属汉藏语系苗瑶语族苗语支。早在四千多年前，从黄河流域到长江流域以及长江中下游以南地区，居住着许多氏族和部落，其中史籍称为“三苗九黎”的氏族或部落里就包括有苗族先民在内。有人认为古史传说时代的蚩尤为今日苗族所尊奉的始祖，故与苗族可能有亲缘关系。有人认为古代三苗与苗族有渊源关系。也有人认为现在的苗族可以溯源至殷周时代的“髳”人。此外，还有揑兜说、夜郎说、巴郡南郡蛮说、武陵蛮说等。有关苗族族源问题的各种争论在史学界中至今尚未定论，但是已有足够的史料可以证明的是，早在两千年前的秦汉时代，苗族的祖先已经聚居在至今还是他们比较集中的湘西、黔东这个当时称作“五溪”的地区。历史上称居住在这一地区包括苗族祖先在内的少数民族为“五溪蛮”或“武陵蛮”。后来他们陆续向西迁徙，才逐渐形成现在的分布局面。

苗族居住的地域辽阔，在语言、服饰、婚姻、丧礼、节日、习俗及文化艺术等方面，既表现出共同特征，又呈现出不同地区的差异。这主要是地理上的切割所造成的苗族内部交往甚少的缘故，也是各地区的苗族受到不同民族、不同层次的政治、经济和文化影响的必然结果。

（教师）笔记

一、饮食习俗

苗族分布区域广阔，各地自然环境差异较大，因此农作物品种和人们的饮食习惯有所差别，但总体来说，苗族以大米、小麦、苞谷等为主食。

贵州苗族的饮食因地而异，大约可分为三类地区：第一类是黔东地区。它位于云贵高原东部，海拔较低，气候温和，河流纵横，雨量充沛，宜于稻作，是贵州苗族稻作文化的代表地区。以大米为主食，辅以麦子、玉米、甘薯等杂粮。有少数水田少的地区，也以杂粮为主食。第二类是毕节和六盘水地区。这里是贵州高原的屋脊，地处高寒地区，苗族人民多住高山和高台地带，只有较少部分住在海拔较低的地区，宜种稻之地极少，因而以玉米、小麦、荞麦、甘薯、马铃薯等为主。第三类是黔中南、黔西南和安顺等地，是介于前两类地区的中间地带，这里苗族大部分住在海拔较高、土地贫瘠、水源短少地带，因而以种植旱粮为主，多食杂粮。只有少数有水源地区以水稻为主食。

苗族喜食酸味，制作的酸食有酸辣椒、酸菜、酸汤、酸汤鱼等。

酒是苗族人民常见的饮料，几乎每家都酿制，酒曲亦多自制。自酿有烧酒、甜酒、米酒、刺梨酒、泡酒等。苗族还常以酒示敬，以酒传情，不同时间、地点，不同的对象，饮酒的礼俗也有所不同，如拦路酒、进门酒、双杯酒、交杯酒，不一而足，体现了苗族人民丰富多彩的酒文化。

苗族的副食品有豆类、肉类、蔬菜等。豆类有黄豆、豇豆、扁豆、豌豆、四季豆、饭豆等。肉类主要有猪、鸡、鸭、鱼等，牛、羊肉次之。蔬菜主要有白菜、青菜、萝卜、莴笋、南瓜、冬瓜、芹菜、黄花菜、韭菜等。佐料主要有辣椒、葱、蒜、生姜、花椒、芫荽等。

●苗族油茶

为苗族待客的饮料，清香味浓，做法与侗族油茶不同。将油、食盐、生姜、茗茶倒入锅内同炒，待油冒烟，便加清水，煮沸，用木槌将茶舂碎，再用文火煮，然后滤出渣滓，把茶水倒入放有玉米、黄豆、花生、爆米花、糯米饭的碗里，再放些葱花、蒜叶、胡椒粉和山胡椒为作料。夏秋两季，可用豆角，冬季可用红薯丁等泡油茶。苗家不但喝茶，而且还有表示感谢的茶歌。喝茶时主人给每人一根筷子；如果不再喝了，就把筷子架在碗上，不然主人会一直陪你喝下去。

●酸鱼

酸鱼是苗族人民独具风味的传统佳肴。这种酸鱼，色鲜味浓，吃起来爽口畅心。苗族人民捕得鲜鱼后，洗净，取出内脏，然后撒上适量的盐和辣椒粉，再加上香料，浸泡两三天，用糯米粉、苞谷粉放在鱼上，一层鱼、一层粉地装进坛子里，盖好，封严，等到半月以后，就可以取出来用油煎或生吃。隔年酸鱼吃起来味道更美。

●酸汤

酸汤，苗语叫“禾儿秀”，是苗族人民最爱吃的“常年菜”。酸汤的制作方法是把青菜、白菜、萝卜叶或其他蔬菜洗净煮熟，加上少许特制的酸水，放入坛子、蒸钵或其他餐具中一两天即可。吃的时候，加上一点儿盐煮沸，掺入辣椒粉调味。酸汤，开胃助食，在夏天喝酸场，既能解渴，又能消暑提神。

二、礼仪习俗

苗族人民世世代代居住在偏僻山乡，思想淳朴，对于礼仪十分讲究。

幼辈见长辈。凡是幼辈见了长辈，不管是男是女，是熟识还是初次相见，都必须说话诚恳，行为恭敬，笑脸相迎，并要用一定的尊敬词语相称。若是幼辈正在行走，见了老人或长辈，必须立定；若是幼辈正在坐着，长辈来了，应该立即起立让座。眼睛要平视，双手要放下。如遇到自己不相识的长辈，对方年龄比自己大一二十岁的，男的称呼为“得讷”，女的称呼为“得目”。如年龄再大一点的，男的称呼为“阿打”（外公）或“阿内能共”、“阿内能果”（老人家），女的称呼为“阿达”（外婆）或“阿内能共”。称呼完毕后，幼辈才能坐下或相辞而去。

平辈见平辈。凡是平辈相见，必须点头招呼。若是相识的，要用固定称谓相呼；如果不相识，男的可称之为“阿郎”（大哥）或“把秋”（老表），女的可称之为“阿娅”（大姐）。

长辈见幼辈。凡是长辈见幼辈，一般都要行点头礼。相识的按固定称谓相呼；不相识的，如果是壮年，男的可称呼为“得那”，

(教师)
笔记

女的可称呼为“阿娅”。如果对方是幼年，无论男女，都可称呼为“得苟”（小弟弟、小妹妹）。

杂礼。老人或长辈与青年或幼辈一起走路时，青年人或幼辈必须让老人或长辈走在前头。老幼同桌吃饭时，上坐老人，下坐壮年，两边座位一般人都可就坐。老幼同在地楼上的火塘边入座烤火。叙谈时，靠近中柱的那一方，习惯让客人、长辈或老人坐。其他方面，随意自由。

三、节日习俗

苗族的传统节日有苗年、四月八、龙舟节、吃新节、赶秋节等，其中以过苗年最为隆重。苗年相当于汉族的春节，一般在秋后举行。

●苗年

苗年，是贵州省黔东南苗族侗族自治州、广西壮族自治区融水苗族自治县等地的苗族人民欢庆丰收，祈求来年风调雨顺的传统节日。一般在收获季节以后，有的在农历十月亥日，有的在农历九、十、十一月的卯（兔）日或丑（牛）日举行。相当于汉族的春节。

节日早晨，晚辈将做好的美味佳肴虔诚地摆在火塘边的灶上祭祖。在牛鼻子上抹些酒以示对其辛苦耕作一年的酬谢。姑娘们身着色彩鲜艳、风格各异、刺绣镶边或挑花的蜡染衣裤或长短百褶裙，佩戴着引人注目的耳环、手钏等多种银饰物，与小伙子们跳起踩堂舞（男的吹芦笙，女的排成弧形翩翩起舞）。入夜，大铜鼓声传遍整个村寨。外村寨男青年手提马灯吹着笛子来到村寨附近的“游方”场去游方（又称“坐妹”、“坐寨”、“踩月亮”等，即青年男女的社交恋爱活动），村村寨寨歌声不断。通过对歌，钟情男女便由定情之物——绣有鸳鸯的锦花带连接在一起。

苗年若与“吃牯脏”年相遇，更为隆重。“鼓”为“大家族”之意，“牯脏”是由家族人共同举行的祭祖仪式，若干年举行一次，七八年、十来年不等。“牯脏”前，将“牯脏”牛（为牯脏神喂养三年的大牯牛）排队角斗。届时，由大家推举的“牯脏头”主持仪式，杀牛祭祖，还要杀鸡鸭。全“鼓”的亲戚都要赶来参加，活动持续十余天。

●吃新节

也叫“新禾节”。“吃新”是居住在清水江和都柳江中上游的苗族节日之一。没有统一的规定日期。按照习惯，在收获的季节里，找一块稻谷长势最好的田，大家就在这里欢庆“吃新节”。

相传很古的时候，人间没有谷子，只有天上告呼（雷公）掌管的谷子国有谷子，人们只好打猎为生。为了得到谷种，苗族的老祖先告劳拿了9999种珍禽异兽到谷子国换了九斗九升九碗谷种，放在仓库里，等来年开春播种。可是有一天晚上，胳膊很长很长的阿乌友，手扒着天边，借着天灯的光，踩着石头，春蕨粑根，不小心将天灯打翻，恰恰掉落到木板仓顶上。结果起火，火越烧越大，谷种在仓里哭喊连天，最后乘着烟飞上了天，跑回了告呼家。告劳去找告呼，请他还回谷种，可是告呼硬说谷种没上天。没办法，告劳又和告呼商量，再拿9999种珍禽异兽去换回谷种。嘴巴磨破了九层皮，嗓子说干了九坛水，告呼死活不答应。告劳想了九天九夜，终于想出了一条计策：等谷子成熟的时候，派一只狗到稻田里打几个滚，将谷子沾在毛毛上带回来。古历七月十三日早上，狗要出发了，告劳又交代：要取谷子秆有五尺高、谷穗有五尺长的谷种。但因狗走的太急，到南大门时，不小心绊了一跤，把告劳交代的话记颠倒了，结果跑到只有五寸长的稻田里，赶忙打了几个滚就往回跑。计策被告呼识破了，当狗走到天桥时，告呼早派了九十九个彪壮的武士把守桥头，他们把狗打落到天河里，他们想天河又宽又深，狗只有死路一条。可他们万万没想到，狗落入天河后赶紧把尾巴翘得高高的露出水面，费了九牛二虎之力，游过天河回来了，尾巴上还沾有九粒谷种。告劳有了谷种，赶紧犁田撒种，到了古历六月六日这天，秧尖上抽出了一串狗尾巴一样的谷穗，一个月后，金闪闪的谷穗成熟了。古历七月十三日，正是取得谷种一年的日子，告劳这天摘了九升谷子，煮了一大锅香喷喷的白米饭。他先舀了三大碗给狗吃了，然后自己才尝新。剩下的谷种，年年播种，使人们都吃上了白米饭。为了记住取谷种的日子，苗族人将七月十三日定为吃新节，一直传下来。

节日这天，家家都用新谷做饭，天刚破晓，人们便带上新米饭、酒、鸡、鸭、鱼、肉来到田间，祭过先人之后，宴席开始，大家围成一个圆圈，每人将手中的酒杯举到下一位的唇边，老人一声令下，大家接连欢呼三声，便互相敬酒，一饮而尽。顿时田间笑声回荡，对歌、踩堂、跳芦笙等传统的文体活动开始，直到黄昏。

●四月八

农历四月初八，是贵州省贵阳市附近苗族人民纪念古代英雄

(教师)笔记

(教师)笔记

“亚努”的传统节日。相传在很早很早以前，苗族人民就在富庶的格罗格桑（今贵阳附近）休养生息，过着幸福、美满、丰衣足食的生活。为了抵御统治者官兵的攻打，足智多谋的首领“亚努”率众英勇抗击，给来犯者以沉重打击，但终因寡不敌众，不幸于四月初八牺牲，葬在“嘉八许”（今贵阳市喷水池附近)。为了纪念“亚努”英烈，至今每逢农历四月初八，身穿节日盛装的苗族人民，都要从四面八方汇集到贵阳市喷水池旁集会。

届时，喷水池旁红旗招展，人如潮涌，吹笙奏笛、对歌传情、耍狮子、玩龙灯、打球、比武，热闹非凡。小伙子的芦笙比赛别有情趣，他们边吹芦笙边做快速旋转、矮步、倒立等技巧。夜晚，贵阳市和喷水池一带灯火辉煌，如同白昼，到处欢歌曼舞，一派欢乐景象。

四月八的活动在川、鄂、湘、黔等地苗族中也广为盛行。

●舟溪芦笙节

居住在贵州凯里舟溪一带的苗族，在农历正月十六至二十日要过芦笙节。芦笙堂设在舟溪井坎边的河沙坝上。正月十六日的清晨，几位主持芦笙堂的老人，扛着芦笙来到井坎查看碑文，念道：“吹笙挑月，乃我苗族数千年来盛传之娱乐活动。每逢新年正月，各地纷纷仿效，以娱乐而贺新年，更为我苗族自由配婚佳期……”念完后倒出葫芦里的米酒，先在碑石上和芦笙堂中央，喷洒数口，各人又饮一大口，吹响第一支芦笙曲。这时带着银花首饰，穿着艳丽节日盛装的姑娘和小伙子们随着悦耳的曲调翩翩起舞。小伙子们向意中人索取花带，姑娘们则将花带系在中意的小伙子的芦笙管上。三天过去了，青年男女各自物色了心中的伙伴。这时主持芦笙堂的老人，仍然背着米酒，在碑石上和芦笙堂上喷洒米酒。堂中央插上草标。此后芦笙高挂，直到五谷归仓，农历“苗年”，才能取下，直吹到芦笙节。第四天是闹春，青年情侣，自由谈唱，交融感情，互送信物。

●龙舟节

龙舟节是每年农历五月二十四至二十七日，此时万人盛装，云集江边，参加龙舟出发前的献祭活动。比赛开始，几十条龙舟破浪前进，两岸锣鼓、礼炮齐鸣，观众呐喊声惊天动地。岸上还举行对歌、跳芦笙舞等活动。入夜，余兴未尽，青年男女相聚对歌，倾诉真情。

●捕鱼节

捕鱼节是贵州中部独木河及南明河两岸苗族的节日。独木河发源于云雾山，在贵州境内北流至尤里、福来交界处与南明河汇合，再北流注入乌江。这个节日最初是在播种插秧需要水时，苗族人民在河边祈祷龙王降雨的求雨节，后来逐渐演变为捕鱼节了。

节日时期各地不一，从三月到六月，由各寨善捕鱼而有威信的“渔头”商定。届时，青壮年男子都要前往山上采集树叶作“闹药”，到河中闹鱼捕鱼，妇女则在家中备办腊肉、香肠、糯米饭和酒。中午时，全家老少都穿着盛装，携带酒肉到河边进餐。食毕，男吹芦笙，女唱山歌，尽兴欢乐。到夕阳西下时，才带着鲜鱼回家，另设宴招待亲友或以鱼馈赠他们。

●吃信节

吃信节，是贵州省合江县包寨一带苗族人民的节日，历时四天，时间在每年的农历六月“信”（戊）日（根据干支纪年计算）。届时，远嫁他乡的苗家姑娘，极尽梳妆打扮，穿着如花似锦的衣裙，佩戴琳琅满目的银饰物，满“载”节日礼品，跋山涉水回娘家探望父母乡亲。节日期间，全寨欢腾，鼓乐齐鸣，吹起芦笙，翩翩起舞，到处洋溢着节日的欢乐气氛。百嘎雅山脚、翁雅河畔，人声鼎沸。斗牛、斗雀、跳芦笙、拔河、打球等比赛场上，喝彩声此起彼伏。钟情的青年男女相邀到树林里，溪水边对山歌，互相倾诉爱慕之情。

●花山节

花山节，又称“踩花山”、“耍花山”或“踩山”，也叫“跳场”或“跳花”，是贵州省西部、中部，云南省东南部和四川省南部苗族人民的盛大节日。日期不尽相同，有的在农历正月，有的在五月、六月、八月下旬不等。节前，几个苗寨联合产生花山会的三人领导小组，连任三年、七年、十二年不等。花场在地势平坦的风水宝地。

届时，披上节日盛装的“花场”，灯笼高悬，彩旗飞舞，花杆矗立。身穿对襟短衣，头缠青色长布，腰缠大带的男子和身着节日盛装、精心梳妆打扮的妇女，吹着芦笙、唢呐，敲着铜鼓，载歌载

(教师)
笔记

舞，从四面八方云集会场。芦笙舞贯穿花会始终，赛歌是花山会的主要项目，爬杆比赛最引人注目。舞狮、武艺竞赛、斗牛、赛马活动，各地不尽相同或兼而有之。芦笙舞给人一种轻松活泼之感，衣着鲜艳的姑娘和着小伙子芦笙的旋律起舞，有的是几个男子一字排开，边吹边舞，姑娘们围绕芦笙队，转圈而跳；有的是小伙子吹笙在前，姑娘联臂纵舞于后，或全场数百人随乐齐舞，歌舞升平，令人心旷神怡。舞狮活动别有情趣，在矗立的花杆顶端悬挂一个猪头(或一只鸡)、两瓶美酒，舞狮毕，比赛爬花杆。花杆用一棵剥皮的松树制成，又高又滑又细，要想取胜是很困难的，人们常常采用搭人梯的办法摘取胜利品。爬花杆表演最富有民族特色。表演者边吹笙，边绕杆旋转起舞。一个鹞子翻身上杆，头朝下，双腿交叉紧紧绞住杆子倒挂，吹奏芦笙，一个鲤鱼打挺，身体倒转一百八十度，循环反复一直攀到杆顶亮相。表演者双脚夹住花杆倒挂。吹着芦笙下滑，距地面数尺时，一个筋斗翻下，轻盈自如，赛过体操运动员的技巧，博得全场喝彩。妇女的绩麻穿针比赛，饶有风趣，比赛搓麻绳、穿针引线的质量、速度。

勤劳、智慧的结晶为她们带来节日欢乐。花山会是青年男女社交的机会，钟情的姑娘会被小伙子撑开的花伞拢去，互相依偎着，倾诉衷肠。花山会到处洋溢着节日的气氛，充满着真挚的友谊，纯洁的爱情。

●客家年

苗族的客家年就是春节。在农历三十晚上，家人团聚，不许外人打搅。他们用半掩门放鞭炮以示此时来人不许入内。初一清晨继续燃放鞭炮，敬祖先，除邪恶。人们用两手做拦牛、拦羊状，嘴里说：“赶牛，赶羊……”以示六畜兴旺，然后吃年饭。初二开始身着盛装的苗家人走乡串户，互相祝贺节日。好客的主人对来宾要敬酒三杯。家家洋溢着节日的欢乐气氛。青年男女聚集在村前寨旁的草坪上，吹芦笙，弹月琴，跳舞唱歌，有些地方还要举行“踩花山”、“并牛”等活动。

●晾桥节

是贵州黔东南苗族侗族自治州三穗县苗乡寨头的传统节日，也叫“二月二”。相传寨头人原住在也雾山，因寨头土地肥沃，全寨人一起搬进寨头。搬家那天，龙也要跟着搬，但石屏河水挡住了龙

（教师）笔记

的去路，于是寨里的构罗（长老）们商议一下，决定架桥把龙接来，因龙象征吉祥幸福。全寨十二户都要接，所以这座桥就修了十二个桥墩。桥修好了起名为“接龙桥”，桥是农历二月初二造的，为了纪念这个日子，每年这一天寨头苗家十二户各抬一头猪，在桥上宰杀。

●龙船节

龙船节，有的地方又称“龙舟节”，是贵州省黔东南苗族侗族自治州、松桃苗族自治县和湘西土家族苗族自治州等地苗族人民的传统节日，一般在农历五月初五举行。届时，清水江畔，彩旗飘舞，人如海，歌如潮，几十只装饰一新的青、红、黄龙舟一字排开，泊在争相竞发的起跑线上。“风调雨顺”、“五谷丰登”的旌旗迎风“哗哗”作响。每条船上三四十名运动健儿，上着对襟短衣，腰系绣花带，下穿阴丹士林布裤，头戴精巧的斗笠，个个精神抖擞，集中待命。德高望重的鼓师和标致英俊的少年擂鼓呐喊，指挥龙舟行进在宽阔的江面上，龙船似离弦飞箭，两岸的欢呼声、喝彩声响彻天空。竞赛结束，男女青年随芦笙、唢呐、竹笛、芒筒、月琴、木叶等乐曲声翩翩起舞。跑马、斗牛、踩鼓和“游方”活动相伴举行，增加了节日浓郁的气氛。节日里，出嫁的姑娘满载鸡鸭、粽粑回娘家探望。

●姊妹节

是苗族传统节日。流行于贵州省黔东南苗族地区。每年春天，那里的苗族妇女要过一次“姊妹节”，吃上一餐“姊妹饭”。节日的早上，寨子里的姑娘们便去田里捉鱼，准备“姊妹饭”。不管她们到哪家田里捕捞，都会受到欢迎。妇女们吃完“姊妹饭”后，便各自带上事先准备好的彩色糯米饭，到游乐场找小伙子对歌。小伙子想要吃到糯米饭，必须在对歌中取胜。除对歌以外，妇女们可以随意参加各种娱乐活动。出嫁的姑娘也要回娘家过“姊妹节”。

●爬山节

苗族的爬山节亦称“爬坡节”，形成至今已有上千年的历史了，在每年农历的三月下旬里的“马日”（古代用十二生肖记日），即农历三月十九日这天举行。届时居住在黔东南凯里地区的苗族人民聚集在香炉山上，他们在山上对歌斗雀，歌山人海，热闹非凡。青年男女边唱歌边沿着弯弯曲曲的山间小路向山顶攀登。一路春风一路歌，苗族的飞歌、情歌、酒歌、古歌洒满山坡，最先到达山顶的被誉为“爬山英雄”，受到大家的尊重，得到姑娘们的青睐。

相传香炉山爬山节是纪念苗族的英俊青年阿补和玉帝小女儿阿别的。玉帝的小女儿阿别向往人间的自由生活，顺着山顶飞下来，与聪明能干、忠厚善良的阿补结为夫妻并生有三个女儿。一天黎明全家人正在高兴之际忽然鸡叫头遍。玉帝规定每天鸡叫三遍时为朝拜时，阿别若不能及时赶到，必有大祸临头。心急如焚的阿别在山顶向天空飞奔时一脚将香炉山顶登垮了六层。香炉山没了山顶，阿别再无法下凡了，玉帝也因山顶垮塌不能享受人间香火，便罚阿补变为香炉，供烧香之用。为了纪念阿别和阿补的忠贞爱情，苗家人便在阿补变香炉这天过一年一度的爬山节。

●杀鱼节

居住在贵州省贵定一带的苗族人民每年农历三月初九都要过杀鱼节。这天，人们起早来到河边，叉起河里的鲜鱼，在河边煮着吃，边吃边唱山歌，吹芦笙，祈愿风调雨顺、五谷丰登。

●挑葱会节

是湘西保靖县翁排坡苗族青年的集会。传说很久以前，老鼻子苗寨土官的女儿阿达惹爱上了夯沙的苗家放牛郎岩诺。土官气得要死，说：“凤凰鸟哪能与钉钉雀共窝?”岩诺的老人也劝岩诺：“金银花与地巴菜不能同心。”阿达惹被锁在吊脚楼里，不能出去。岩诺每天黄昏放牛回家，从夯沙跑到老鼻子寨来看心爱的姑娘。失去自由的阿达惹用歌声唱道：“翠鸟关在竹笼笼里，挂牵山上花蓬蓬哩。鸟盼花，花盼鸟，清明采青才相逢哩。”“清明采青”是苗族姑娘在清明这天，上山挑葫葱，求山神保佑。岩诺明白了姑娘的意思，忙唱道：“扯下树的藤子卷在地哩，藤也枯叶也枯好孤凄哩，盼清明，发春雨哩，缠上村儿再莫离哩。”清明这天，两人各自早出家门，正好走在葫葱茂密的翁排坡上相遇。他俩忠贞相爱感动了葫葱仙姑，促成了他们美好姻缘。因此，每年的清明节，苗族女青年穿上节日盛装，带上蒸好的“清明粑粑”，手拿挑葱刀，男青年拿着沙刀，都聚集在翁排坡上，对歌择偶。这就是一年一度的“挑葱会”。

(教师)笔记

●祭鼓节

这是苗族的传统祭祖节日。十二年一大祭，六七年一小祭。传说，人类的妈妈“妹榜妹留”是从枫树的树心里生出来的，她们死后还要回到枫树里去，人死后灵魂也要回到老家去才得安息。祖宗的老家在树心里，木鼓就是象征祖宗安息的地方。后来祭祖，“祭祖”喊成了“祭鼓”了。沿袭到现在祭鼓就是祭祖了。祭鼓是以“缰略”为单位举行的，一个“缰”是一个始祖传下来的有血缘关系的亲族，他们共同敬奉一个被认为祖宗的灵魂住在里面的木鼓。祭鼓节那天，每家准备一头水牛，也可以几家准备一头，或买些牛肉。先放牛角斗，几百头牛一起角斗，场面是很壮观的，然后再宰杀敬供。按习惯，不论是来庆贺的亲友，还来看斗牛的客人、过路的商贩，一律留下，不准走，人越多，主人脸上越光彩。

●跳花节

苗族传统节日。流行于贵州关岭地区。这是关岭地区苗族时间最长、规模最大的节日。据说是为多年不生育的夫妇们举行的娱乐盛会。现在远超出这个范围。节日多在正月举行，为期三天左右。白天，吹芦笙、口弦，唱歌跳舞。晚上，对歌，谈情说爱，老人围在篝火旁饮酒畅谈。参加者有时上万人，男女老幼竞相赴会。

四、宗教信仰习俗

图腾

所谓“图腾”为印第安语译音，有“亲属”和“标记”的含义。人们认为某种动植物或其他事物与自己的氏族、部落、民族有某种血缘联系，就视之为“图腾”。人们把图腾作为神祇对待，并加以神化祭祀，被称为图腾信仰或图腾崇拜。图腾崇拜是原始宗教信仰发展到一定历史阶段的产物，是在原始社会后期产生的，它融自然崇拜、动植物崇拜、鬼魂崇拜、祖先崇拜为一体，在世界原始民族中都曾普遍盛行。

苗族人口众多，分布地区甚广。由于历史的原因和自然条件的影响，各地苗族的政治、经济和文化发展不平衡，反映在宗教信仰

（教师）笔记

上亦有所不同。

苗族的主要信仰有自然崇拜、图腾崇拜、祖先崇拜等原始宗教形式。

●自然崇拜

苗族认为一些巨形或奇形的自然物，往往是一种灵性的体现，因而对其顶礼膜拜，酒肉祭供。其中比较典型的自然崇拜物有巨石（怪石）、岩洞、大树、山林等。此外，苗族认为一些自然现象或自然物具有神性或鬼性，苗族语言往往鬼神不分，或者两词并用。多数情况下，“鬼”被认为是被遗弃或受委屈的灵魂和工具所变成的，常给人类带来灾难、病痛、瘟疫或其他不幸，比如所谓东方鬼、西方鬼、母猪鬼、吊死鬼、老虎鬼等，被称为“恶鬼”。而有灵性的自然现象常被认为是“善鬼”，具有一定的神性，如山神、谷魂、棉神、风神、雷神、雨神、太阳神、月亮神等。对于善鬼、恶鬼，苗族人的祭祀之法亦不同。对善鬼有送有迎，祭祀较真诚，对恶鬼则须贿赂哄骗直至驱赶使之远离。

苗族还认为自然界存在许多精怪。比如牛在厩内以粪便盖身或在厩内打转或将粪踩成圆圈，猪吃猪仔或躺在食槽里，鸭吃鸭蛋，老虎进田，遇到两蛇交尾，母鸡发出公鸡的鸣叫等均属出现了相应的精怪。

苗族地区的人造物崇拜有土地菩萨、土地奶、家神等。土地菩萨苗语叫“土地鬼”，一般由几块石头垒成，土地屋多为木制或用三块石板搭成，极为简陋，设于寨旁路口处或大路边行人休息处。家神信仰存在于川黔滇方言的部分苗族中，即在家中设立“家神”偶像。祭桥流行于黔东南大部分地区。龙也是各地苗族的崇拜和祭祀对象。

●图腾崇拜

图腾崇拜方面，东部地区许多苗族与瑶族共同崇拜盘瓠（一种神犬）。他们世代传说着“神母犬父”的故事，把盘瓠视为自己的始祖。中部地区一些苗族认为他们的始祖姜央起源于枫木树心，因而把枫树视为图腾。另有一些地区的苗族以水牛、竹子等为自己的图腾崇拜对象。

●祖先崇拜

祖先崇拜在苗族社会中占有十分重要的位置。他们认为祖先虽然逝去，其灵魂却永远与子孙同在，逢年过节必以酒肉供奉，甚至日常饮食也要随时敬奉祖先。许多地区定期或不定期举行祭祖盛典，在湘西有“敲棒棒猪”、“椎牛祭祖”，黔东南有“吃牯脏”，黔中地区有“敲巴郎”，黔西北、滇东北有打老牛习俗。其中，黔东南的吃牯脏至今仍盛行不衰，最为典型。吃牯脏亦称祭鼓节、鼓社节、鼓藏（牯脏）节，以宗族（鼓社）为单位，每七年或十三年举行一次。他们认为祖先的灵魂寄居在木鼓里，祭鼓就是敲击木鼓召唤祖先的灵魂来享用儿孙的供品。主祭者称为“牯脏头”，祭品牯脏牛是专门为此而饲养的。每届祭祀活动前后延续三年之久。

●虔信巫术

苗族人虔信巫术。主要的巫术活动有过阴、占卜、神明裁判、祭鬼等，此外还有放蛊术等。巫术活动由巫师主持。巫师大多是非职业化的。他们在前述各种原生性崇拜和巫术活动中起着主持者的角色，有的地方巫师还兼任寨老。巫师除了熟悉祭祀方法外，大多还能讲述本宗支的谱系、本民族重大历史事件和迁徙来源的路线，熟悉各种神话传说、古歌古词和民间故事，有的巫师还兼有歌师和舞师的职能。所以说，巫师是苗族传统文化的重要的传承人，在苗族社会中充任知识分子的角色。此外，巫师还掌握一定的医术，懂得一些草药，在为人驱鬼的同时，辅以科学的医药手段。

除了这些原始信仰之外，自近代以来，随着西方传教士深入我国内地传教，在滇黔川交界地区、贵州凯里、湖南沅陵等地区有一些苗族群众皈依了基督教，在滇东南有少数苗族信仰天主教。

五、人生礼仪习俗

●婚俗

湘西苗族姑娘初次外出结交男朋友苗语称“讲链讲规”或“溜比溜苟”，直接翻译就是“放鹰放鹞”和“采果摘籽”。小伙子结交姑娘叫“帮链帮规”或“溜背溜喜”，直接翻译就是“打鹰打鹞”和“攀花摘卉”。

湘西苗族青年幽会也有暗号和密码，这就是“草标”。双方只要看到草标，就知道各自的行踪。初相会时，女方如先到达约会地点，必先在约会地点的路口留下一个草标。这个草标的含义只有赴约会的情人知道，有如密码一般的神奇功力。不过，也有一般人都

(教师)
笔记

能看懂的草标。一把草上结个疙瘩，疙瘩结在草尖上，草根朝幽会的方向，则暗示一方先到，示意对方快来。后者看到这个草标，必须留下一个草标，疙瘩结在草的中部。这后面一个草标暗示过路者，山中有情人幽会，请走大路。行人见了这样的草标，一般都会避开，以免撞见别人的幽会。

居住在云南南部的苗族，青年男女中有一种打毽活动，十分有趣。毽子就是中国民间都用来踢的那种，打毽的板和乒乓球拍差不多。男女青年在打毽活动中，输的一方要让赢的一方“揉耳朵”，不许反抗，但可以跑。如果输赢双方的男女没有情意，纯属比赛，那赢者会使劲揉对方的耳朵，直到对方耳朵发烫为止。如果对打的男女相互有爱慕之意，输者会主动让赢者揉耳朵，而赢者是不会使劲揉的，而是红着脸轻轻摸一下对方的耳朵。也有一输就跑，赢者假装追赶，两人一直跑到无人的场所，倾诉衷肠。

在传统的踩花山节期间，云南金平苗族青年到了花山场上，好心的主人早已为青年们准备好了几套“土电话”，它是用竹筒蒙上油纸、将线从中穿过而成的。男女在“土电话”上，用对歌的形式表达自己的感情，询问对方的情况。唱到兴起，小伙子会将“话筒”交给一边的伙伴应付，自己跑去偷看姑娘的模样。如果相互不中意，对歌到此为止；如果双方都满意，继续对唱，约定下一次见面的地点。

广西融水一带的苗族青年，盛行“种花生”这种交往活动。走寨时，小伙子们向姑娘发出邀请，确定时间、地点之后，姑娘们就会按照时间来到小伙子的村寨，他们带着农具和肥料，上山种花生，期间男女青年谈笑风生，边劳动边对唱山歌，互相接触试探。花生种子播下后，等苗长高时，双方又要组织一次施肥除草活动，其实是为了创造一次见面机会，这时大家开始物色对象谈恋爱。第三次是秋收花生时，大家相邀收花生并聚餐，相好的在一起讲悄悄话，还没有对象的赶紧抓住这最后一次机会。

苗族的婚姻一般分包办婚姻和自由婚姻两种。包办婚姻为父母媒妁说合，媒人往往由与对方认识或是对方亲戚的人担任。待女方父母探明男方的情况，征求女儿的意见后，由媒人再来时说明是否同意。若女方同意，则议定“礼金”，订婚日期；男方则准备物品去女方家，女方家备酒肉招待，称为“吃新酒”。男方家客人离去时，女方送鸡、糯米饭及送给来人每人一根“花椒布”腰带。

婚期大多是由男家择定后委托媒人于事前几个月通知女家。婚期临近，女方全村或全姓的姑娘们，大家共同聚餐，以示送别新娘，称为“朋友饭”。出嫁当天，女方家需派出三种送亲人：一是新娘的朋友，为13～16岁的未婚姑娘，需盛装同新娘前往；二是新娘的亲兄弟和家族中的中、青年男子9～15人，与新娘同去同返；三是由3～4个15岁左右的男子，护送新娘到男方村寨附近。新娘到婆家小住几天就转回娘家，直到来年二月才到夫家，反复两三年后，才举行“煮饭”仪式。从今以后，她就不能再接触娘家的锅灶了，再也不能住到娘家了。

苗族的自由恋爱十分普遍，在自由恋爱过程中，双方相亲相爱，定下婚约，到了结婚这一天，却由父母来决定。

在苗族婚礼中还有高唱酒歌的习俗。婚事喜庆日子里，苗家的酒歌往往要成套地唱。苗族在婚事礼仪中所唱的酒歌，唱完一套需用八九小时，有时是通宵达旦地唱。在婚礼中，男女双方都得选派唱酒歌的歌手，选上的歌手称“歌郎”。每套酒歌共分九部分：第一部分为拦路歌（也称“拦门歌”），当男方歌郎来到女方山寨时，女方聚众歌郎在山寨的路口迎唱的歌，即叫“拦路歌”。男方要巧妙地和女方的歌郎对歌，一一解答对方提问的内容，才被放行进山寨。第二部分叫“十切”，即男女双方歌郎各唱十段歌，内容反映出双方所在村寨的风土人情。第三部分叫“公爷进地”，主要唱出男女双方祖先的渊源所在和迁徙历程。第四部分叫“结亲路”，唱出男女双方古老婚姻礼仪的形成及其形态。第五部分叫“三代根基”，即男女双方歌郎叙唱新婚夫妇父辈、祖父辈、曾祖父辈三代的基本情况，以加深两个姻亲家族的相互了解。第六部分叫“凤亲”，歌郎用歌声介绍男女双方结婚前的恋爱经历，比如他们是如何相识的，类似代新郎汇报恋爱经过。第七部分叫“过定”，代表男女双方长辈对新婚夫妇唱出期望和祝福。第八部分叫“谢主家”，由男方歌郎代表男方向女方亲家致谢。第九部分叫“龙船歌”，是整套酒歌的高潮，双方歌郎要用对唱的形式比输赢，并边对唱边由双方歌郎扯腊鸭，唱赢者即得腊鸭。

酒歌唱毕双方酒郎退出歌堂，新婚夫妇入洞房成亲。

●丧葬

苗族正常死亡实行土葬，非正常死亡行火葬。死后，实行棺木土葬，葬仪中要念《上天经》，请开路师傅。杀三只鸡分别为“枕头鸡”、“点字鸡”、“喊魂鸡”。入葬后十二天做一次祭奠活动。较

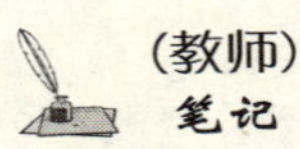
（教师）笔记

长时间后要举行较隆重的做斋仪式，请鼓手、芦笙手、歌手、献饭者，可以几代人做一次。每代人杀一头赔礼猪。做斋时，要做假人代替死者，祭师和子女、舅叔要唱歌，歌的内容蕴含着丰富的为人处世哲理和本民族规矩礼节。苗族人死多行土葬，不用棺，也不垒坟。埋葬之前，子孙朝暮蒲食，并“以酒肉喂塞死者之口”；选择坟地时，“以木棒一条拼力向空抛掷，就棒落横则横葬，斜则斜葬”。部分“白苗”人死要为之穿白衣，并用竹子或细木条编成一框架，盛尸于内，停尸堂中，出葬前三天要为死者唱丧歌，入夜，为亲友者，必来慰藉，坐卧相陪。部分苗族人冠则用寐布包好吊在屋内供亲友吊唁，择日埋葬。丽江甲子乡婆族人死，出葬时要请巫师击皮鼓、吹芦笙为死者开路。昭通、楚雄部分苗族流行横葬；文山一带“花苗”、“偏苗”则行直葬。“白苗”葬前有“敲牛”习俗，即妇女死，其娘家要向女婿家索取一头牛宰杀，娘家未“敲牛”之前，女婿要向岳父母家汇报其妻私有财物等情况。在苗族的观念中，人死是因为灵魂脱离开人体的缘故，相信死者灵魂可以变鬼，所以要请巫师向死者超度亡魂。有的苗族，葬后十二天做斋三天。

（教师）笔记

彝族习俗

彝族是一个历史悠久的民族。彝族人口7 762 272（第五次全国人口普查统计数据），主要分布在滇、川、黔、桂四省（区）。其中云南有405万人，四川212万人。彝语属汉藏语系藏缅语族彝语支，有北部、东部、南部、东南部、西部、中部6种方言。其中包括5个次方言，25个土语。

一、饮食习俗

大多数彝族习惯于日食三餐，以杂粮面、米为主食。金沙江、安宁河、大渡河流域的彝族，早餐多为疙瘩饭。午餐以粑粑做为主食，备有酒菜。在所有粑粑中，以荞麦面做的粑粑最富有特色。据说荞面粑粑有消食、化积、止汗、消炎的功效，并可以久存不变质。

肉食以猪、羊、牛肉为主。主要是作成"坨坨肉"、牛汤锅、羊汤锅，或烤羊、烤小猪，狩猎所获取的鹿、熊、岩羊、野猪等也是日常肉食的补充。山地还盛产蘑菇、木耳、核桃，加上菜园生产的蔬菜，使得蔬菜的来源十分广泛，除鲜吃外，大部分都要做成酸菜。酸菜分干酸菜和泡酸菜两种，另一种名吃"多拉巴"菜也是民间最常见的菜肴。

彝族日常饮料有酒、有茶，以酒待客，民间有"汉人贵茶，彝人贵酒"之说。饮茶之习在老年人中比较普遍，以烤茶为主。彝族饮茶每次只斟浅浅的半杯，徐徐而饮。彝族常吃的典型食品有：荞粑，为彝族风味主食；面糊酸菜肉，是彝族农家菜；白水煮乳猪，云南彝族传统佳肴，将乳猪水煮后蘸食；锅巴油粉，云南彝族风味名小吃，用豌豆面制成。

(教师)笔记

●特色食物：

荞粑粑　由于彝族聚居的地方地势高峻、气候严寒，农作物大多以荞麦、燕麦、玉米、土豆为主，因此，多以荞麦、玉米和土豆为主食。彝族妇女把荞麦磨成粉后，多做成粑粑，放在火塘内烧着吃，或用铁锅烤着吃，也有的煮着吃。

坨坨肉　大小凉山彝家的传统美肴。一般选用彝寨特有的山地小猪，约15公斤左右，放血宰杀。彝族人认为小猪发育尚未成熟是圣洁的，以之待客表示对客人的尊敬。方法是火烤去毛，切成100克左右每块后下锅，刚一煮熟就捞起来拌以佐料，如盐、姜、海椒，再加上“穆库”的根或花研成的末，味鲜肉嫩，独具风味。牛、羊、鸡也可用此法食用。

秆秆酒　彝族口味喜酸、辣，喜饮酒，有以酒待客之礼节。彝族民间或家庭中用玉米、高粱、糯米等加入酵母后入封闭坛的“秆秆酒”在西南地区很有名。待出酒时，插入一通节的竹竿，边吸边饮。第一口必须由家长敬神后，方可按长幼依次饮用。

转转酒　在锅庄旁或在路旁、草坡、河边，彝族男女三五成群席地而坐，只用一两只有限的酒碗一人一口从右至左依次轮转着喝，每个人喝后都要以左手横擦碗沿为礼，再递给身边的人。只喝酒，不食肉菜，是彝族社会以酒交往的社会交际方式。

锅贴乳饼　锅贴乳饼是云南彝族的传统名菜。做法是将乳饼切成块，将鸡肉捶成茸泥拌匀后加鸡蛋清、葱姜汁、味精、湿淀粉，拌至发亮成鸡泥。然后在乳饼上刷上蛋清糊，放上鸡泥，摊平，用火腿、黄瓜皮丝排成花黏在鸡泥上，再刷蛋清糊，上笼稍蒸定型后用花生油煎至熟透即可。此菜形态美观，色泽黄亮，鲜香软嫩，佐酒尤佳。

二、礼仪习俗

彝族是一个文武并重，讲究文明礼貌的民族。长幼之间，谁长谁幼，谁大谁小，不仅论年龄，还依据父系谱牒或母系谱牒的长晚来定，不许喊错。在特殊的公共场合里，就座排位要以辈数大小排列，长辈在场时发言不准抢先。彝族有“客人长主三百岁”之俗话，凡有客人来，必须让位于最上座，至少也要烟茶相待。

民间素有“打羊”、“打牛”迎宾待客之习。凡有客至，必杀牲待客，并根据来客的身份、亲疏程度分别以牛、羊、猪、鸡等相

（教师）笔记

待。在杀牲之前，要把活牲牵到客人前，请客人过目后宰杀，以表示对客人的尊重。酒是敬客的见面礼，在凉山只要客人进屋，主人必先以酒敬客，然后再制作各种菜肴。待客的饭菜以猪膘肥、厚、大为体面。席间，主妇要时时关注客人碗里的饭，未待客人吃光就要随时加添，以表示待客的真诚。吃饭时，长辈坐上方，小辈依次围坐在两旁和下方，并为长辈添饭、夹菜、泡汤。

彝族家庭一般由一对夫妻及其子女组成。男子长大成年娶妻后，一般都与父母分住，自立门户，父母由幼子赡养。如果父母去世，财产归幼子继承，其他子女不与幼子争遗产。

彝族古代盛行火葬。19 世纪中叶才改火葬为棺木土葬，但凶死者仍行火葬。葬仪简单，临终喂含口钱、五谷，给死者洗澡、理发、穿衣、入棺，请毕摩祭祀，死者兄弟、子侄穿麻布孝衣，为死者戴孝。棺木不深埋，高出地表寸许，垒土成坟。年、节到坟前烧纸钱。彝族盛行祖先崇拜，祖灵用青松木、樱桃木、马樱花木制作，或绘制祖先像，逢年过节或喜庆之日，举行祭祀。

彝族崇奉土地神，多数彝族村建有土主庙，庙内右方为土地神，左方为山神，居中为土主神。有的彝村不建土主庙，而选三棵大树象征土地、山神、上主，谓曰“神树”，常在树下设坛祭祀。彝族图腾崇拜较为普遍，以虎图腾最为明显。他们自称虎族，视虎为祖。

彝族传统认为，日月星辰、雷电风雨、山川草木、巨石悬崖、飞禽走兽，皆有其神灵，人若惹之，会得灾祸。

彝族有尊老爱幼的美德。年正月，均给老人敬送酒饭、猪肝、腊肉。遇老人病灾，携鸡、酒及老人喜食的食品看望。平时吃饭，让长辈坐上坐，盛情斟酒、夹菜。彝族关心儿童，不教唆儿童做坏事，不在儿童面前说脏话，若遇儿童跌跤、迷路、遇险等，即便是仇家孩子，也要救助，不计前嫌。

彝族有好客的美德。客人进屋，起身让座，置酒款待；客人告别，举家起身，送至家门外。

彝族对座次、进餐等有定规。火塘上方是男性长辈座位，下方为妇女坐席，其余人多在侧面就座。每天进餐，全家的饭均由家庭主妇盛给，肉食则由当家男子夹菜，自行去碗中夹肉食者被视为失礼。

三、节日习俗

彝族的节日主要有“火把节”、“彝族年”、“拜本主会”、“密

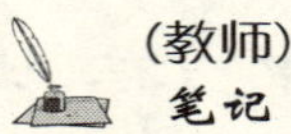
（教师）笔记

枝节”、“跳歌节”等。

●火把节

“火把节”一般在农历六月二十四日至二十六日晚上举行，是彝族盛大的节日。当夜幕降临后，人们挥动火把，成群结队绕村串寨，翻山过田，互相往对方的火把上撒松香粉，打火把仗，将满山遍野照耀得如同白昼。按照彝族的习俗，在火把上撒松香粉，使火把“嘭”地腾起一团绚丽的火花，并扬起一股香气，是表示一种美好心愿：后辈对长辈撒，是尊敬，祝福长寿；长辈对晚辈撒，是爱抚，祝愿吉利；同辈互撒，是亲密友爱；青年男女互撒，则是恋爱的开始。

路南、圭山等地的彝族，节日期间，人们弹着大三弦，跳起“阿细跳月”，同时举行摔跤、斗牛等活动；楚雄、弥勒等地的彝族，也举行传统的“祭火”仪式。节日之夜，在彝族聚居的大山深处，到处是“火树银花不夜天”的景象，十分壮观。

●赛装节

楚雄彝族自治州有两个地方有赛装节。一个是永仁县直苴村的赛装节，时间为每年的农历正月十五日。一个是大姚县三台乡的赛装节，时间为每年的农历三月二十八日。

赛装节为居住分散、平时很难有机会相聚相识的青年男女提供了一个表白爱情的机会。而姑娘们最能显示自己的，就是看谁的衣服最漂亮。彝族女子的服装，全靠手工挑花和刺绣，做一套衣服往往要花一两年的时间。因此，谁的衣服多、花样好，谁就会被看作是勤劳能干、心灵手巧的人。

与过去的赛装方式不同，现在，人们已不再把所有衣服都穿在身上，而是不停地更换新衣，有的姑娘一天要换五六套衣服。于是，赛装节上也就多了一个景致：在山坡边、青树下，老人们搭起无数帐篷，烹煮着食物，忠实地为自己的姑娘守护着服装。

赛装节从一开始就有比赛的性质，这可谓是最早的时装表演。所不同的是，彝族少女既是服装的设计者，也是制作者，更是表演中的“时装模特”。

●打歌

每逢收获、婚嫁或节庆日，生活在云南的彝族，少则数十人，多则数百上千人，围着一堆堆熊熊的篝火，以四周沉寂肃穆的青山和深邃神秘的天幕为背景，和着芦笙、短笛、月琴和树叶吹奏的音乐节拍，男女手拉手，围成圆圈，逆时针方向踏足而歌，通宵达旦，尽兴方休。

1986年，美国国际民间艺术组织曾把这种民间自娱性的歌舞列为最受欢迎的“全球十大民间舞蹈”之一。

“打歌”遍及云南，不仅彝族，就连白族、纳西族等民族中都盛行这种歌舞形式，只是叫法不同而已，如有“打歌”、“左脚舞”、“踏歌”、“跳芦笙”等名称。

据考证，“打歌”系“踏歌”转音而来。早在汉唐之际，“踏歌”就曾是我国中原及南方民间十分活跃的民俗性歌舞。而云南晋宁石寨山出土的铜鼓形贮贝器上所铸的“滇族羽舞”、江川李家山出土的18个垂尾人连臂环舞的铜扣饰和凝固在云南沧源等地崖画上的舞蹈图纹，其舞蹈图案都与彝族的“打歌”形象相同，这也许可作为彝族“打歌”悠久起源的佐证。

至今，在云南巍山县巍宝山龙潭殿的壁画上还保留着一幅清代人绘制的“踏歌图”，其情形与今天巍山彝族的打歌非常相似。

四、宗教信仰习俗

彝族宗教形态还处于原始宗教的较高级阶段，灵魂崇拜、祖先崇拜、灵物崇拜和迷信鬼怪是彝族的主要信仰。宗教的主持者有苏里和毕摩两种。宗教活动包括占卜、祭祀和巫术等方面。

●灵魂崇拜

彝族人相信人的灵魂是不灭的，人是灵魂和躯体的统一体，且灵魂男女有别。男性的两个灵魂分别称为“衣那”和“曲谢”，前者附在人的身上，保佑人不生病，后者则是保护男性的前一个灵魂；女子的两个灵魂分别称为“衣那”和“格非”，前者同男性，后者是女性的生育神。

●祖先崇拜

彝族人相信人死亡后，灵魂有两种命运：一种是变为鬼神，另一种是超度到“木石哈母”和祖宗们会合。因此，父母死后，儿孙们要为父母安置灵牌和举行盛大的送灵仪式，护送父母的亡灵超度。

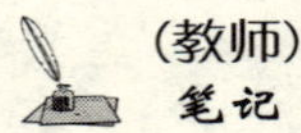
(教师)笔记

●灵物崇拜

彝族人相信“母尔木色”是主宰大自然的神灵，幻想这些神灵是有意志力的，自然界的各种自然灾害和自然现象的产生，都是与这些灵物有密切关系的。

●迷信鬼怪

彝族人把所有对人类产生不利影响的事件，特别是人的各种疾病的产生，都归结为是鬼怪作祟。

苏里和毕摩都是巫师，是各类宗教活动的主持者，是人与神鬼之间的沟通者。苏里的法术主要是驱鬼治病，他的法器是一个叫做“格则”的羊皮鼓。毕摩的含意是歌咏法言的长老，是掌管彝文传播的人。彝族人相信毕摩是由天宫派遣下凡的，希望能够通过毕摩与神灵的沟通，祈求一切能平安如愿。因此，在漫长的社会历史演变过程中，毕摩就成了彝族社会生活中主持祭祀，排解灾祸，占验凶吉，主持盟誓以及进行裁判的神灵代表和法力的象征。毕摩的法器有：法帽、法衣、签筒、鹰爪、经袋、神扇、托器等，这些法器在各种仪式中有着特殊的功能和作用。法帽是毕摩与神接触的保护伞，鹰爪是护法和神力的象征；神扇可用来驱鬼。因此，彝族人把毕摩尊崇为既掌握神权，又把握文化、指导人事的角色。

●成年礼

成年礼，是四川凉山彝族少女走向成熟的标志。彝家少女进入成熟时期，都要举行一项既秘密、又热闹的“沙拉洛”仪式，意即换童裙。凉山彝族妇女把换童裙和出嫁视作女性一生非常重要的两件大事，从不等闲视之。换童裙的年龄，一般因人而异，大多在15～17岁之间，多在单岁。具体时间由其母亲掌握，具体日子必须请老年人推算吉日佳期，一般由母亲或长辈妇女主持，并只请女性亲戚、女友和老年妇女参加。

换童裙仪式有三个方面的内容：一为改变发式。以前梳独辫垂于脑后，以后头发顶际中分两股，在耳后梳成双辫，再戴上头帕，额前用少许水打湿抹光，整齐发亮，以示少女的秀丽端庄。二为裙式改变。换裙前的童女穿浅色，一般为红白两色二截筒裙，裙边镶有一粗一细的两条黑布边。换裙后穿的是上、中、下三截相连、中截为黑色或蓝色的成年百褶裙。三为耳饰穿戴。换裙前的童女以耳线为饰，换裙后将旧耳线取下，换上银光闪闪的耳坠。

换裙仪式结束后，家里就像过节一样喜气洋洋。富裕户要杀猪宰羊，大宴宾客；穷户至少也要杀只鸡，酿制一桶甘醇的泡水酒来招待亲邻。

换童裙之后，就意味着女孩已进入少女时代。从此以后，她们可以参加一些社交活动，可以自由自在地逛街、赶集、唱歌跳舞，节日期间抛头露面，寻找意中人，可与相中的青年男子谈情说爱。

●结婚

男女青年订婚之后，便要进行婚宴的准备。婚宴多用猪、鸡肉，一般不用羊肉（丧事则用羊肉）。滇南石屏彝族有在女孩出嫁前邀集男女伙伴聚餐痛饮之习；滇西的彝族，凡娶亲嫁女，都要在庭院中或坝子上，用树枝搭棚，供客人饮酒、吸烟、吃饭、闲坐，民间把这种用枝搭的临时棚子称“青棚”。

●丧葬

彝族人死后，先制作一副担架，垫上毛毡抬尸上架，尸身半裹披毡。灵棚设于屋外。尸架下以死小猪和铧尖为亡灵开路之物。人死后最隆重的仪式是请毕摩为死者指路，返回祖先之地。前来吊唁的亲友牵羊携酒，一路大哭而来，同唱哀歌，表彰死者。

前来吊唁者要打着布旗边哭边唱并鸣枪而来，主人也要哭唱鸣枪迎接。有的地方，丈夫死后不许妻子哭。隆重的超度仪式，是彝族祖宗崇拜在丧葬中的具体表现。为死者超度，不但要通知远亲和近邻参加，还要鸣枪，哭丧，唱悼歌。

（教师）笔记

壮族习俗

壮族是一个具有悠久历史和灿烂文化的民族，是中国少数民族中人口最多的民族，主要聚居在广西壮族自治区、云南省文山壮族苗族自治州，少数分布在广东、湖南、贵州、四川等省。根据2000年第五次全国人口普查统计，壮族人口数为16 178 811人。

壮族是由中国古代越人的一支发展而来，与春秋战国时期的西瓯、骆越，汉唐时的僚、俚、乌浒，宋以后的僮人、土人等有着密切的渊源关系。在宋代史籍中壮族称为“撞”、“僮”。新中国成立后称“僮”，1965年改为“壮族”。壮族有自己的语言，壮语属汉藏语系壮侗语族壮傣语支，是壮族人民的主要交际和传播信息的工具。壮族也有自己的文字，其文字有古壮字和壮语拼音文字，简称壮文。

一、饮食习俗

壮族的主食是稻米。此外有玉米、芋头、红薯、木薯和荞麦，辅以黑饭豆、白饭豆和绿豆等。玉米仅次于稻米，品种齐全，其中的糯玉米是壮人培育的优良品种之一，可以用来做粽子和糍粑，和糯米一样可口。壮族地区的平峒及富裕家庭，以稻米为主；山区及贫寒之家，以玉米和薯类为主。糙米的脱粒在历史上用木槽，脱壳用水碾或石臼。磨玉米面用石磨。稻米的做法是焖饭、蒸饭、烫饭或煮粥。壮族的节日特殊主食，代表了食品的民族特色。有色、味、香俱全的五色饭、糍粑、油堆和沙糕；有外形奇特的各种粽子；有吃法与众不同的包生饭；有金灿灿的黏小米饭；还有无论是节日或平时都受欢迎的米粉。壮族不论是吃稻米还是食玉米，吃干饭还是吃粥，一天均三餐，即早、中、晚餐；农家则一天吃四餐。

壮族的传统肉食，有猪肉、鸡肉、鸭肉、鹅肉、羊肉、牛肉、马肉以及山禽野兽等。在这些肉食中，较有特色的是白斩鸡、烤猪和鱼生。白斩鸡的做法是：将未下过蛋的雌鸡宰后拔毛，洗净掏出内脏，腹腔内抹少许盐，放入一团生姜，入清水锅中，煮到八九成熟捞起，切成一寸长的肉块。蘸以姜、蒜、葱、香菜、生抽、盐、鸡油等调成的作料吃，鲜美嫩脆，味香可口，是壮人待上客的佳肴。烤猪是将本地产的一种三四十斤、肉质细嫩不长肥膘的肉猪，杀后去其内脏，在皮上涂上各种香料，用铁条或竹子将整个猪穿起，架在炭火上，慢慢转动烘烤，待皮黄脆，肉熟透时，便切成方块，装碗上席。有些地方，将整个猪上席，主客用餐刀切割，各取所需。鱼生是将三至五公斤重的鲤鱼或草鱼，刮鳞洗净，去其内脏，拔去鱼骨，再用纱布把鱼抹干，切成薄片，装入大盘子里，加入麻油、香菜、花生、姜、葱、蒜、糖、醋、盐等，拌匀后稍腌即吃，味鲜香甜可口。壮族民间，每年农历八月十五中秋节，家家户户都做鱼生吃。

壮族的菜食，四季新鲜，种类繁多，有青菜、萝卜、豆、瓜、竹笋、蘑菇、木耳等类。青菜又分为白菜、芥菜、包菜、空心菜、头菜、芥蓝等。豆类、瓜类品种也很多。壮人喜爱吃炒菜，炒菜稍熟即可吃，味道新鲜，又有营养，壮人很少吃炖菜。壮人对山货的食用有特别的爱好，以竹笋、银耳、木耳、菌类最为名贵。

●酒水

壮人过去的酒水主要是自家熬酿的米酒、白薯酒和木薯酒，度数都不高。其中米酒是过节及待客的主要酒水。壮人做甜酒已有上千年历史。壮人习惯，客人到先敬甜酒，以示欢迎。壮族的其他酒，如蛤蚧酒、三蛇酒等，均属于药酒，蛤蚧酒是用蛤蚧、当归浸泡好酒而成，有补肾、壮阳、润肺等功效。三蛇酒是用去毒的过山龙、扁头风、金环蛇或银环蛇浸泡好酒而成，其中也加入一些草药，是一种名贵的药酒。壮族传统的夏天清凉饮料是凉粉果汁。凉粉果是一种小灌木丛的果实，大如鸭蛋，皮青绿色，里边有白色液体，经过加水和加热，形成一种透明的半流体，加些红糖水作饮料，清凉甜爽，口渴马上缓解。现在各种现代饮料也进入了壮人的家庭生活，他们的餐桌上除了传统的美酒，更多的则是桂林三花、茅台和金奖白兰地。夏天里，气温高达三十多度的壮乡，也可以享受到冰镇汽水、冰淇淋这样的清凉饮料。

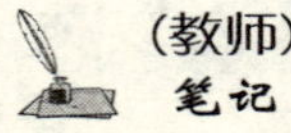
（教师）笔记

●水果

壮族地区素有“水果之乡”的美誉。蕉林给山坡披上壮锦，蔗田给田峒笼上绿装，沙田柚名扬四海，小金橘誉满全国。壮乡的水果种类繁多，宋代《桂海虞衡志》就记有一百二十多种。壮人爱吃的水果有果蔗、金橘、柚子、碟子柑、扁桃、菠萝、菠萝蜜、香蕉、荔枝、龙眼、黄皮、橄榄和芒果等。有些水果壮人有自己的吃法，譬如鲜菠萝片要蘸些盐水，才甜脆可口。还可以做罐头，酿造香醇的菠萝酒。桂圆经晾晒成桂圆肉，是有名的特产，壮人用它做补品，也用来做炖鸡、炖鸭的高级配料。还有的用桂圆肉冲泡鸡蛋茶，作为滋补点心。壮族妇女还嚼吃槟榔。廉州壮族妇女出门打伞，伞柄上总挂着槟榔包。嚼槟榔颇有讲究，要配以药物、香料，如蒌叶、蚬粉、丁香、桂花、三赖子等。壮人用槟榔防瘴气，具有消积、杀虫、行气、利水、消肿等功效。南部妇女因多嚼槟榔，牙齿染红，又是一种美的标志。

二、礼仪习俗

壮族是个好客的民族，过去，到壮族村寨任何一家做客的客人都被认为是全寨的客人，往往几家轮流请吃饭，有时一餐饭吃五六家。平时即有相互做客的习俗。比如一家杀猪，必定请全村各户每家来一人，共吃一餐。招待客人的餐桌上务必备酒，方显隆重。敬酒的习俗为“喝交杯”，其实并不用杯，而是用白瓷汤匙。

客人到家，主人必在力所能及的条件下给客人以最好的食宿，对客人中的长者和新客尤其热情。用餐时须等最年长的老人入席后才能开饭；长辈未动的菜，晚辈不得先吃；给长辈和客人端茶、盛饭，必须双手捧给，而且不能从客人面前递，也不能从背后递给长辈；先吃完的要逐个对长辈、客人说“慢吃”再离席；晚辈不能落在全桌人之后吃饭。

路遇老人，男的要称“公公”，女的则称“奶奶”或“老太太”；遇客人或负重者，要主动让路；若遇负重的长者同行，要主动帮助并送到分手处。壮族人忌讳农历正月初一这天杀生；有的地区的青年妇女忌食牛肉和狗肉；妇女生孩子的头三天（有的是头七天）忌讳外人入内；忌讳生孩子尚未满月的妇女到家里串门。

壮族平常进餐，一般是全家共席，不过有些新媳妇怕羞，端着饭碗，上面夹些菜，躲到一边用餐。翁姑子媳同桌，座位有严格的

（教师）笔记

规定，正位（靠近神案一侧）为主位，公婆坐：公婆对面为下位，儿媳坐；左右两侧为儿子和女儿的位子。有些地方稍有变化，如龙脊壮人，吃饭时全家围在火塘周围，正面家公在右，家婆在左。右侧叫普通位，儿子坐。家公对面是他的女儿，家婆对面是儿媳。左侧空着不能坐人，不知何意。这个排法，有着男尊女卑、长幼有别的封建色彩。因此1949年以后除了保留主位作为敬老的一种标志之外，其他位子已经不按照传统的排法了。

平常进餐，幼辈必须给长辈端饭，特别是儿媳妇，要主动打饭。递饭碗时，不能从别人面前递过去，必须绕到老人后侧，恭敬地双手递上，方为知礼。

宴席一般是男女分席，男席在厅堂，女席在后堂。这除了受男尊女卑的影响，也因为男人喝酒，女人不喝酒，收席时间不同的缘故。有的老妇人能喝两杯，也可以到厅堂入席。中年以下的妇人，是不能到厅堂入席的。

宴请宾客，壮家极为注重礼节。坐席时，要请年老的客人与主家同辈老人坐正位，主人坐靠近中门一侧，客人在另一侧，年轻人要站在客人身旁，先给客人斟酒，然后入座。给客人盛饭，饭勺不能碰锅沿发出响声，怕客人以为锅中饭少，不敢吃饱。端饭得从客人后侧双手递上，但中间斟酒可以从席上探过身子，不算违礼。席上夹菜，极讲究规矩，无论荤菜素菜，每次夹菜，都由一席之主先夹最好的送到客人碟里。

三、节日习俗

壮族信仰原始宗教，祭祀祖先，部分人信仰天主教和基督教。著名节日有一年一度的“三月三”歌节等。壮族最隆重的节日莫过于春节，其次是七月十五中元鬼节、三月三、清明上坟、八月十五中秋，还有端午、重阳、尝新、冬至、牛魂、送灶等等节日，几乎每个月都要过节。

●春节

春节是最隆重的节日。年三十吃过丰盛的晚餐，人们便围着火塘守岁。子时一到，人们立即焚香点烛，在神台上供满了猪肉、整鸡、粽子、汤圆、米酒等祭品。孩子们则燃放鞭炮。有不少地方的壮族妇女马上提着水桶或竹筒到泉眼、河边打“新水”，讨个吉利。男人则提着灯笼奔向庙社烧香化纸。有的地方把大门洞开，一家人

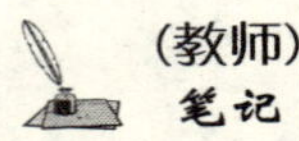
（教师）笔记

聚集在院子里朝东方拜揖，祝福道："东方大利，一年万利，今年更比去年好！"

初一这一天，多数地方壮人是不串门的。人们白天吃汤圆，晚餐才吃荤菜，认为这样可以消灾祛病。初一的禁忌很多。这一天一律禁说不吉利的话。禁动剪刀，怕新的一年里家人巧嘴利舌，吵嘴骂人；不得扫地，怕破财；也不得把东西拿到干栏外，更不借东西给别人，怕家财外流；有些地方禁止敲锣打鼓，怕惊动鬼神，但有些地方则可以敲打一种齐人高的牛皮大鼓，周围几十里清晰可闻。不少地方从初一到初五灶里要燃一段硬木，不能熄灭，表示子孙绵长，烟火不断。这天也不得杀生，猪、鸡、鸭都必须在年前几天宰杀后收拾干净，以备祭祀和食用。

壮人没有作揖、跪拜、握手等见面礼，而是通过语言和丰富的表情充分表达自己的节日问候，人们在村里或路上相见，便互相道贺"恭喜发财。"

从初二起，亲朋开始来往拜年。特别是已经出嫁的女儿。要带几斤肉或鸡鸭等礼品，和丈夫、孩子一起回到娘家拜年。出嫁的姐妹趁此时机聚会，共叙别情。

按通常观念，整个正月都属于节日。故云南文山的壮人要打一个月铜鼓，跳一个月舞。另一些则在风景秀丽的河边、山谷举行歌圩或舞狮、打春堂，听壮戏等等。文娱活动丰富多彩，人们沉浸在节日的气氛中。

●蚂拐节

蚂拐节的来源

壮族传说认为掌管风雨的是青蛙女神，并把青蛙称为蚂拐。红水河沿岸壮族村寨通过祭祀蚂拐，祈求年年风调雨顺，岁岁五谷丰登，四季人畜兴旺。蚂拐节一般从大年初一起至二月初二，主要内容有找蚂拐、祭蚂拐、孝蚂拐和葬蚂拐等。

这是流传在红水河畔东兰、凤山一带的古老节日。每年从正月初一起，经过找蚂拐、孝蚂拐及陪蚂拐、葬蚂拐四个阶段，历时一个月之久。蚂拐节有两个故事，其中一个说，很久以前儿子吃老子，杀老母过年。后来出了个孝敬父母的东林，别人要来杀他的父母，他夺刀不让；他也不去吃别人父母的肉。后来母亲死了，他用棺装殓守灵。屋外蚂拐不理会东林悲伤，哇哇叫得人心烦。东林一气之下，用开水浇了蚂拐，谁知惹了大祸。大地断蛙声，日头红似火，天旱得大地干裂。后来布洛陀和姆六甲说蚂拐不是凡间之物，她是天上雷婆的天女，她一叫天才降甘霖，必须给她赔罪，请蚂拐回村过年，这就是蚂拐节日的来历。另一个故事说，蚂拐是雷王之子，被当作天使派到人间，他一叫雷王就给人间雨水，所以人们很感激他，死了吊孝，如敬考妣。这些传说，都和蚂拐是壮族图腾有关。

(教师)笔记

●三月三

壮族古老而神秘的山歌

中国民歌历史非常久远，最早可以追溯到原始社会狩猎时的呐喊。当然，呐喊并不能算是歌，但从那时开始就孕育着民歌的种子。真正意义上的民歌应该是从原始社会中的祭祀活动开始的。从现在少数民族的风俗习惯可以清楚地看到这一点。广西壮族古老的歌圩集会和抛绣球习俗一直流传至今。关于绣球最早的记录可见于宁明花山壁画，当时是一种球状青铜武器，打猎时投出去砸猎物，这也是古书上将壮族的绣球称作飞砣（驼）的原因。

三月三是清明节，同时也是壮族的歌节。作为清明节是受汉族的影响。但也有的壮人在三月十三、十四、二十六过清明节扫墓的，与汉族大不相同。壮人对祭扫十分看重，届时全家出动，带上五色饭、肉、香烛、纸幡到祖先坟上去供，行拜礼。山野间不时传来鞭炮声，久久不绝于耳，山冈上，林篁间，白色的魂幡在坟顶的竹竿上飘动，造成了一种神秘肃穆的气氛。壮族风俗，供品必须在野外吃掉，也有的地方扔掉不吃，迷信认为，带回家会招鬼进门。

不少地方在祭扫的同时，还要举行盛大的歌圩，是为三月三歌节。近年广西壮族自治区人民政府把这一天定为壮族的节日。1984年在南宁举办了首届歌节，700多名来自各县的歌手登台献艺，使三月的邕城成了歌舞的海洋。连外国友人也远渡重洋与壮人同享节日的欢乐。这期间，常伴有祭神、打醮等迷信活动，然而更吸引人

（教师）笔记

的则是抢花炮、演戏、杂技、武术表演、舞彩龙、舞彩凤、唱采茶歌、擂台赛诗等丰富多彩的文娱活动，近年还添加了演新戏、放电影、球赛等。不过青年男女们的注意力大多不在这方面，而是在如何通过歌圩找到中意的伴侣。

●牛魂节

每年的四月初八是牛魂节，又叫做“脱轭节”。在壮人的意识里牛是天上的神物，不是凡间的一般牲口。有一个故事说它四月初八诞生于天上，所以这天是牛王诞日，当初因为陆地岩石裸露，黄土望不到边，尘沙弥漫，严重影响了人类的生活，牛王奉命从天上来到人间，播种百草，原定是三步撒把草种，谁知它弄糊涂了，竟一步撒三把，使得野草丛生，侵凌田禾。因此被罚留在人间吃草。但天上并没有忘记它，每年四月初八，牛魔王便从天上下到凡间，保佑牛不瘟死因为是给牛过节，这一天人和牛都停止劳动。主人用枫叶水泡糯米蒸饭，然后先捏一团给牛吃。牛栏外安个小矮桌，摆上供品，点香烛，祭祀牛魔王，人们还要唱山歌，唱彩调，欢庆牛的生日。

●莫一大王节

每年六月初二为“莫一大王节”，是为纪念敢于反抗封建皇帝的壮族英雄莫一的。柳江、龙江两岸的壮族群众把他奉为祖先，在神龛上写有他的神位。每年六月二日为一小祭，六年一大祭。小祭是各家宰鸡杀鸭，焚香供祭，求他佑护壮家人安宁。大祭十分隆重，要在莫一大王庙举行盛大的仪式。供品用两牲，即一头猪，一头牛。祭祀的方法也很特别，要用猪和牛的肉、骨头、肝、肠等不同部位做十二道菜，少一道也不行。十二道菜也不能同时做，同时摆上神台，隔一会儿送一道，十二道齐全，即可焚纸行礼，祭毕，将每道菜按全村户数分份，每户一人参加聚餐，礼成。

●中元节

七月十四至十六是中元节，俗称“鬼节”。这是壮人仅次于春节的大节。从七月初七就已经开始有节日的气氛了。七七是牛郎织女相会的日子，壮族受汉族的影响，也很同情这对难得相会的夫妻。但壮人还另有说法，认为这天是仙女沐浴的日子，用水来染布、做蜡、煮药格外好，所以家家户户中午有人赶往河边或山泉挑

(教师)笔记

水。有些地方把初七当女儿节，出嫁的女儿不但不像织女那样渡过鹊桥寻夫，反而离开夫家回到母亲的怀抱。

初七过后，人们便为中元节办货，忙着赶圩采购香烛和鬼衣纸钱。节日到，家家户户杀鸡、宰鸭、杀猪，一派节日气氛。有的地方从初七开始就用鲜笋煮水迎祭祖先。十四日开始大祭，供桌上摆满了猪肉、整鸡、整鸭、米粉、发糕、糍粑、糯饭，一直摆到十六日。每次用膳之前，得先把供品热一下，祭过祖，才能进餐。供桌下放着一个很大的纸包袱，里面塞满了蓝、白、紫色纸剪成的鬼衣和纸钱。每次祭祀都烧一些，烧过之后，用芭蕉叶、海芋或荷叶包好灰烬，等到十六日最后一次烧完，一起包成两大包，由一位老人头戴竹帽，用竹棍挑往河边，放在水面任其沉浮。有的人家还烧纸船、纸马和纸屋，让祖先满载而归。

●霜降节

霜降节是纪念反抗外来侵略的女英雄岑玉音的节日，已经有360多年的历史。流行于大新县的下雷、雷平及宝圩一带，但影响扩大到天等、靖西、德保等县。正降日凌晨人们便带糍粑、糕点、肉、香烛等聚集玉音庙宇供祭。在清代，不但百姓祭祀，州官也必身着官服，率众顶礼拜祭。1949年以后虽不举行供祭，但纪念活动依然十分热烈，有演戏的，有唱山歌的，有舞狮的等等。

●台望节

壮族台望节是在农历七月二十日晚上。老人以月卜下半年气候，如天晴月明，下半年风调雨顺；如云遮月，则天旱。节日对歌，别有情趣。年轻夫妇同入歌场，可相互帮歌，即妻子唱不过对方，丈夫随时帮还歌；丈夫唱不过对方，妻子也可上阵。对歌时，男女双方各有主唱者一人，旁边听众可随兴参与其中一方附和伴唱。

●晒布节

壮族妇女在农历二月初二，将自织自染的布匹从箱柜取出，在晒台以至田垌展晒。姑娘们晒好布后，即精心打扮。小伙子们也换上节日新装结队走村串寨，物色布匹多、质量好、手艺巧的姑娘。民间传说：壮族创世神布洛陀在这一天让太阳放出强烈光焰，撒下杀虫药，这一天晒了布，虫不蛀，不发霉，不褪色。

（教师）笔记

●花朝节

农历二月初二是壮族人民的花朝节。节日是选在有高大木棉树的地方过的，男女青年们从四面八方云集而来。他们穿着民族盛装，怀揣五色糯饭、糍粑或粽子等食品，带上为情人而备的头巾、千针底新鞋等礼品，尤其不能少了精心绣制的绣球。人聚绿丛中三五成群，对唱山歌，赞情侣，夸对方，求连情，同时歌颂百花仙子的圣洁、美丽。唱到情深意醉，绣球飞向自己的心上人。夕阳时分，人们按照传统习俗，从四周把绣球向木棉高枝抛去，抛掷过后，木棉树上彩球累累，宛如仙子霓裙。人们用这种方式祈求百花仙子降福。

●达努节

节期为农历五月二十六至二十九日。从二十六日开始，家家祭祖。做一缸小米酒密封在香炉旁，祈词中说明是给密洛陀的，祭品中必有三两黄麻。夜深人静，主妇悄悄包粽子，不让人看见，煮熟后才叫家人来吃。二十七日，老人斗鸟。二十八日杀猪宰羊，远亲近友互相往来，敲打铜鼓，高唱酒歌。二十九日全寨男女聚集一起，挑肉担酒背着铜鼓上山顶摆歌场酒宴。男女对歌赛鼓，中老年喝酒诵“笑酒词”，孩子们燃爆竹学打鼓。也有赛马、射箭等。

四、宗教习俗

壮族信仰多神。全民族没有统一的宗教信仰。大约在原始社会后期，壮族宗教思想开始萌芽。随着壮族社会的发展，壮族的宗教思想逐渐发展成本民族的宗教——巫教。至迟在南朝时期，由于汉壮文化日益频繁的交流，汉族的道教传入壮族地区，并与壮族的巫教融合，形成巫道教。巫道教、巫婆（即仙婆），为壮族人民所普遍信仰。佛教于东晋时传入广西，宋明时期佛教扩大到桂南、桂西壮族聚居区，但壮人信仰不多。18 世纪中叶以后，基督教、天主教相继传入壮族地区，但均未能形成影响。

●万物有灵

壮族祖先相信万物有灵，认为周围的一山一石、一草一木都是有灵的。从天上讲，认为太阳是太阳神，打雷是雷神擂鼓，刮风是风伯作祟，下雨是雨师作法。天上的星星不仅是神灵，而且还分雌雄。在神话《三星的故事》里，太阳、月亮和星星是一家神灵，太阳是父亲，月亮是母亲，星星是儿女。因为父亲过于严厉，所以他一露面，妻子、儿女便匆匆地隐去了，直到太阳落山他们才出现在天空，儿女们愉快地在妈妈周围眨巴着眼睛。人们按照人的性格、赋予天上的自然现象以人的特征，创造了神。而在早期是人神不分的。地上的鬼神就更多了，山中花草树木无不有灵。特别是奇花异草、怪藤怪树，长得异乎寻常的，莫不以为神。有的树被奉为神树，不让砍伐，逢年过节还要祭它。因此，在壮族地区的自然崇拜有：日、月、雷、山（洞穴、山脉）、河水、火、树、草、禾等。

●巫教

壮族的巫教大约产生于原始社会末期。人们认为，巫教的教士是天神和人间的沟通者，也是祖先和人间的沟通者，因而教士是祭祀天神的组织者及祭神者。在古代，壮族巫教的社会功能是多方面的，参与祭祀、战争、生产及文化娱乐等各种社会活动。随着社会的发展，巫教的职能才限于祭祀祈祷、符咒治病的范围。壮族的巫教，有巫公、巫婆。巫婆壮语叫“雅禁”，俗称“禁婆”，她们声称是神鬼的替身，可沟通阴阳两界，能卜吉凶、问鬼怪，跳神驱鬼治病。巫婆多单独活动，能说会道，善于察言观色、打听虚实，而且多是民歌高手。当巫婆的，事先可能得个什么病，昏迷当中说胡话，或者精神分裂，或得过癔病。好了之后，便说鬼神附身，吃斋守仙百把天，便当起巫婆来。再则巫婆不要经典，法事仪式简单，只要能眼观六路，耳听八方，会唱山歌，也就行了。巫公（师公）活动方式与巫婆不同。古代他们进行茅卜、鸡卜、鸡卵卜、鸡骨卜、牛卜、田螺卜、篾卜等。巫公是巫教向宗教高级阶段发展的标志。但他还没有达到世界三大宗教那样的高级阶段。他没有全民族统一的组织，各自为政，教义、收徒、作法也不统一。大体上是一个小范围（区或乡）有一个老师公当头领（师父），活动限于几十里范围。师公的活动一是跳神，每年几次，内容是祭祀、敬神、游神，以后发展到立庙、安龙、打醮。跳神有时一年一次，开始是敬三元，后来发展到敬邓保、赵光明、马光华、关志明四帅。后来又加上朱统鉴等九官。其他神还有楼头圣母、天宵三十郎君与三十娘子，宝山三十郎君与三十娘子，等等。一般是三十六神各有一个鬼脸壳（假面具）。跳神时边唱边舞，舞蹈有花灯、鲤鱼跳龙门等，是按一定的符箓路线走的。表示请神驱鬼，祈福消灾。再就是占

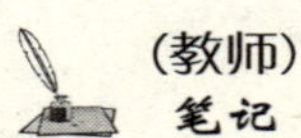
（教师）笔记

卦，为人卜吉凶。超度亡灵也是师公的重大活动。这种道场是与道公同时做的。但各做各的法事，互不干扰。其最主要的活动是按一定程序唱有关经书。有时还要戴假面具。唱词中有的不堪入耳。所以壮人把说庸俗话及假话的人叫做“带鬼脸壳说话”。一般唱两句，敲一阵锣鼓过门，有一定锣鼓曲牌。也有的地方乐器较全，有大鼓、蜂鼓、大锣、大钹、小锣等，无弦乐和管乐，只用打击乐。师公最经常的活动是送鬼。

●图腾崇拜

壮族也同世界上其他民族一样，曾普遍存在过图腾崇拜。图腾观念是从万物有灵演化而来的。因为人们觉得周围一切都有神灵，并在诸物之中总有一种与本氏族生产生活关系特别密切，直到认为该物与自己氏族有亲缘关系，可以佑护氏族繁荣，尊之为“图腾”。对之特别敬畏，不准破坏，不准杀害，不准亵渎，还要有祭祀仪式。氏族成员以成为该图腾子孙而自豪，并把其形象刻画在额头、手腕或胸脯上，甚至衣饰也依照图腾的色彩和式样。于是图腾又变成了氏族的标记。壮族的很多姓氏原来就是氏族的标记。隋唐以后才用近音的汉字姓氏来表示。如莫姓为黄牛氏族；依姓为森林氏族；梁姓为禾稻氏族；潘姓为游猎氏族；区姓为蛙氏族等等。

壮人曾崇敬过的图腾天象方面有太阳、月亮、星星、云彩、雷电、雾霭、暴雨等；动物最多，有鳄鱼、蛇、野鸡、鸟类、犬、蛙类、牛、犀牛、熊、虎、鹿、猴等；植物有森林、榕树、竹、木棉以及其他怪树；其他还有怪山、怪石、怪岩、山泉、伏流、河流、深潭等。其中比较重要的图腾有：雷王图腾、鳄图腾、蛇图滕、狗图腾、牛图腾、蛙图腾，而这些图腾又以蛙图腾最著名。蛙图腾，蛙大约开始是瓯部落的图腾。瓯是中原汉族人记的壮语“蛙”的近音。故瓯部落即蛙部落。春秋战国时代，西瓯人统一岭西各部，他们的图腾也就上升为民族的保护神。这时期留下的花山崖壁画，上面的蛙人形象十分明显，表明这些画不过是当时人们敬奉民族保护神——蛙神的遗迹。直到 1949 年前，壮人对蛙依然敬若神明，认为它是雷王公子，被作为天使派到人间来的。其身份与宙斯之子阿波罗极其相似。所以壮族祖先铸的铜鼓上有蛙的立体雕像。至今，东兰、凤山还保留有祀蛙的“蛙婆节”。不少地方禁杀蛙。

●祖先崇拜

随着父系氏族的确立，从图腾崇拜中产生了祖先崇拜，而且两者最初是合而为一的。正如汉代的龙，人首蛇身，人首乃是夏人祖先伏羲和女娲。壮族的蛙神也是人身蛙形。祖先崇拜的前提是相信灵魂存在。壮族人认为，人死之后，灵魂依然在奈何桥（壮人观念中的阴阳分界）那边生活下去。还认为，在阴间的祖先，能给阳世的子孙福佑，平安发财，消灾除难。这就是一系列葬仪和祭祀祖先的前提和依据。壮族干栏厅堂正中板壁跟前，立着一个高约五尺的长条形神台，神台下为八仙桌，是放祭祖供品的地方。神台往上是神龛，稍往里凹，有遮檐，壁上写“×门历代宗亲考妣之神位座”，下方摆一溜白瓷香炉。一年的很多节日，祖先都可以优先享受香火，其中春节和中元节是两次大祭。在人们的观念里，祖宗在天之灵是很神圣的，切忌亵渎。大新县有些地方特在墙壁中留有祖先出入的神道，从门侧直通神龛，并禁止妇女站在神道出口。清明节，还要给祖先扫墓。如果是一族人的祖先，还有蒸尝田，收入留作同族人祭祀之用。到时子孙不管住在何方，能聚集的都聚集，不能都来的派代表，十分隆重。祖先崇拜曾是维系家庭、氏族的强大力量，在阶级社会里曾被地主阶级加以利用。但它也常常和追念祖先艰苦创业、弘扬传统优良道德融合在一起，成为教育激励后人的一种力量，有一定积极意义。

●壮族妇女儿童的保护神——姆六甲

花婆（Yahvaz），在壮族地区不同的土语区和不同地域的叫法有异，但信仰的内容大同小异。

民间传说，壮族始祖姆六甲是从花朵中生出来的，后来主管赐花送子之事。所有的人都是从姆六甲花园中的花转到世上来的，故其被奉为花婆神。

相传“花婆”是掌管生死的女神，在壮族人观念中，人都是花婆花园的花。“花婆”崇拜源于古老的生殖崇拜，是壮族先民对人生古朴而生动的理解。壮人的一生可以说是“花”的一生，出生是“花婆”送花来，结婚是两花种在一起，生病是“花”生虫或花缺肥，有几个孩子就是开了几朵花，去世是“花婆”把花收回。

为感谢花婆赐予的恩德，祈求保佑孩子平安成长，壮族母亲一般都会在床头设有花婆的神位。

相传夏历农历二月二十九为花婆神的诞辰日。是日壮族妇女举行祭祀仪式，村寨里同一辈的妇女结异姓姐妹，凑钱备办鸡鸭猪肉等三牲和香烛纸钱，供祭花婆神，然后成群结队到野外采花来戴，

(教师)笔记

祈求生育和保佑小孩健康成长。没有生育的妇女，是日要到野外采花来戴，以求花婆神赐花送子。若日后怀孕，为使小孩出生后有灵魂，须请师公到野外念经求花，还要在路边小沟做架桥仪式，把花从桥上接过来。小孩出生后，要在产妇床边安上花婆神位，定期祭拜。此俗现已淡化。

供祭花婆神有大小祭两种，都以祈求花婆保寨安家、赐予村寨人畜两旺、五谷丰收为宗旨。大祭每隔数年集体举行，小祭每年以一家一户为单位举行。

五、人生礼仪习俗

●婚姻习俗

壮族的婚姻，有一定的限制。同宗一族、姑舅子女，不得通婚；族规也有禁令。一些边远的山区，有族内婚，但要隔五代以上。

昔日，壮族青年男女婚前有恋爱的自由。这种恋爱自由，一般是通过野外对歌、歌圩对歌及抛绣球的活动来进行。

如明万历《广西通志》载云："少女于春时三五为群，采芳拾翠于山淑水湄，歌唱为乐；少男也三五成群，歌以赴之，一唱一和，竟日乃已，以衣带相赠。"反映了壮族男女在春日于野外谈恋爱的情景。上述风俗在清代初年遭到流官的禁止。

近年来，歌圩在壮乡兴起，其俗又作为壮乡青年男女交往的另一种方式，并且注入了现代的内涵。从清代到 1949 年以前，壮族地区和内地一样实行父母之命、媒妁之言的封建婚姻。

壮族男女婚嫁礼仪甚繁，一般有问婚、订婚和结婚三个过程。

●招赘

俗称"上门"，是男子入女家为婿的婚姻形式。历史上的上门，没有儿子的可以招婿，有儿子的也可以招婿。上门的来了，当儿子看待，更其姓，改其名，姓从妻。所以壮人称上门为"很栏"，直译为上门、进门，意译则是"加入另姓家族"，因为"栏"字在壮语中有"家"、"姓"两个含意。这显然是氏族可以接收新成员的遗风。不过少数地方认为上门不光彩，叫做"扛楼梯"，意思是低人一等。

（教师）笔记

●改嫁

寡妇改嫁，虽然允许，但仪式凄凉。夫死，说是她克的。中年以后的寡妇，一般不改嫁，否则被社会舆论耻笑。寡妇可以和男方见面，自己敲定。婚礼极简单，男方派一老妇去接即可。如子女年幼，可以带走，但必须改从夫姓。也有个别的改嫁是招夫上门。

●续娶

壮族中年男子丧妻，一般均要续娶，但也有不续娶的；不续娶的，多是贫苦之家。被续娶的女方，多为丧夫的中年人，往往有一两个孩子。若孩子年幼，可以随母到男家生活。续娶的礼仪也很简单，男家派两个妇女送去两套新衣服给女方便把她接回来。女方从丧夫家出来只能走后门。

●生育习俗

壮族保留着结婚后、生育前“不落夫家”的习俗。婚后，女子返回娘家居住，待节日或农忙时，新郎去接回家中。其余时间都在娘家居住，直至分娩前，才到丈夫家居住。壮族妇女生第一个孩子的礼仪特别隆重，女方一旦有孕，母亲就要忙着织布，为孩子准备衣裳鞋袜，丈夫家就要准备鸡、蛋、糯米给孕妇吃。婴儿出生后，产妇的门上要挂一枝柚子树枝，或者插一把刀，表示这家有产妇，禁止外人进家借东西或其他孕妇进入。婴儿满一个月，亲戚都要带着礼物，一般是鸡、蛋、糯米和小孩的衣服前来祝贺，主人家要杀鸡杀鸭招待，并抬出准备好的壮家甜白酒让亲戚品尝，称为“吃月米酒”。吃过月米酒后，产妇择吉日，背着孩子回娘家住几日，临行前婆婆要将锅烟灰抹在婴儿脑门上，意在避祸，平平安安快长大。返回夫家时，娘家要送一只鸡、一升糯米和一箩粑粑。待孩子满一周岁时，还要举行“抓周”仪式，预测孩子的天赋和未来前途。

●葬俗

1. 凶葬。壮族对凶死在外的，如被杀、枪毙、落崖、溺水或暴卒的年轻人，采用“凶葬”的形式，即死者尸体不得抬回家中，只能停尸于屋外，邀请道公做法驱鬼，尸体不能埋葬在祖宗的坟地里；如果是成年人，只能用竹席、树皮等物裹而葬之。

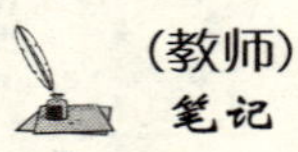
(教师)笔记

2. 买水。是壮、畲、仫佬族的丧葬习俗。旧时壮族家中，父母去世，其儿女必须到水边痛哭，把铜钱或纸钱丢入水中，以示用钱买水，然后用瓮吸水回家把尸身洗净后埋葬，仫佬族也有此风俗。

3. 崖葬。壮族有此风俗。人死后，把棺材挂到悬崖上，或者挪到山洞里存放。此俗现已消失，但还能见到这种墓，有的壮族地区至今还将死人的骨骸收在坛中，一排排地摆在山洞中，以示壮族的祖先是从山洞里来的，死后应送他们回到山洞中去。

4. 拾骨葬。又叫“二次葬”，人死洗礼入殓后埋入土中，叫做“寄土”。“寄土”时，有的找风水先生，有的在传统规定的地方就近找个地方埋葬死尸。坑大都很浅，以棺盖与地面相平为宜，然后用土堆成略微长方形的圆顶坟墓。此后每年三月三或清明上坟扫墓。

5. 木棺火葬。明、清以前，各支系的火葬特点很多，地方志书中可以看到。如说：“土僚”“人死掘窖，置棺于上，乱击之，名曰击土鼓，三日异出面焚之。”（明景泰《云南图经志书》卷三）“沙人”“死用薄棺葬，女媳盛妆罗立，曰站场，毕，异于野，焚而掩之”（清康熙《罗乎州志》卷二）。“侬人”“亲死，素食麻衣，土巫卜期火葬，不拘日月远近，岁终服即除”（清乾隆《开化府志》卷九）。清代以后，壮族人死普遍实行木棺土葬。“侬人”普遍实行“拾骨重葬”，即以木棺土葬一二年后，再掘棺焚烧，然后拾骨灰盛入罐内，以土埋之。此种葬法，当是火葬风俗的遗留。父母亲死，孝子在服孝期间不得剃头，不得唱山歌、娶亲、饮酒和花钱。

(教师)
笔记

布依族习俗

我国的布依族主要聚居于贵州黔南、黔西南两个布依族苗族自治州及安顺市和贵阳市，在黔东南苗族侗族自治州、铜仁地区、遵义市、毕节地区、六盘水市及云南的罗平、四川的宁南、会理等地也有分布。根据2000年第五次全国人口普查统计，布依族人口数为2 971 460人。布依语，属汉藏语系壮侗语族壮傣语支，与壮语有密切的关系。壮语北部方言和望谟、册亨、独山、安龙、兴义等县的布依语基本相同。布依族在中华人民共和国成立前没有文字，一直用汉文，新中国成立以后创制了以拉丁字母为基础的文字方案。

一、饮食习俗

主食多以大米为主。民间喜欢用一种专门的炊具“甑子”把米蒸成米饭。布依族普遍喜食糯米，并常当成改善生活或调剂口味的主食。冷菜、青苔冻肉、拌豌豆凉粉等，是布依人喜欢的食品。布依人嗜酸辣，酸菜、酸汤和辣椒几乎每餐必备，尤以妇女最喜食用。还有血豆腐、香肠及用干笋、鲜笋和各种昆虫加工制作的风味菜肴。

大部分布依族都善制作咸菜、腌肉和豆豉，民间特有的腌菜“盐酸”驰名中外。在宰猪时布依族习惯在血盆中先放一些盐，然后与猪血一起搅动，凝固后把葱花、佐料，加肉末下水烧汤，与猪血一起煮，称为“活血”，作为待客的最好菜肴。贵州的布依族若遇婚丧嫁娶，喜用黄牛做菜。

酒在布依族日常生活中占有很重要的位置。每年秋收之后，家家都要酿制大量的米酒（便当酒）储存起来，以备常年饮用。布依族喜欢以酒待客，不管来客酒量如何，只要客至，都以酒为先，名为“迎客酒”。饮酒时不用杯而用碗，并要行令猜拳、唱歌。

(教师)笔记

布依族传统小吃很多，特别是居住在云南的布依族，善作米线、饵块、豌豆粉、米凉糕等。

布依族豪爽好客，特点是在每年“二月三”（或三月十三）的枫叶节，还有农历的六月二十四，很多布依族都用枫香叶等各种植物色素把糯米染成五颜六色，做花糯米饭招待客人和送给亲朋好友。

二、礼仪习俗

布依族人好客、热情、大方、真诚，凡来到山寨的，亲朋故旧、素不相识的，一律以酒相待。布依人很讲礼，不欢迎满嘴脏话、举止粗鲁的客人。

到布依族人家做客，不得触动神龛和供桌，火塘边的三脚架忌讳踩踏。布依族习惯以酒敬客，客人或多或少都应喝一点。布依族村寨的山神树和大罗汉树，禁止任何人触摸和砍伐。布依族送礼必须送双数。孩子体弱多病，父母就要给他寻找保护人干爹、干妈。寻找干爹、干妈有两种方法：一是择日在家等候，3 天内第一个登门的人，即为孩子的保护人；二是择吉日由父母领着孩子，在路上等候第一个过往的行人，即为保护人。部分布依族分支族人不吃狗肉，一种解释是狗曾经救过其祖先，另一种解释是人类以前并无稻谷，是狗从天神的晒谷场带回稻谷给布依族人，使得布依族成为人类中最早种植水稻的“水稻民族”。部分布依族分支族人不吃鱼肉，因为相传布依族最早的母亲是龙王的女儿——一条神鱼。

布依族是一个热情好客的民族，以其独特的歌唱艺术作为礼仪。布依族是一个稻作民族，先民属古代“百越”系统，以从事农业为主。布依族热情好客，善于歌唱，常常是有酒有歌，歌酒不分家。因此酒在布依族日常生活中占有很重要的位置。布依族喜欢以酒待客，不管来客酒量如何，只要客至，都以酒为先，名为“迎客酒”。饮酒时不用杯而用碗，并要行令猜拳、唱歌。布依族酒歌丰富多彩，各种场合都有各种不同的表现方式，酒歌的内容无所不包，诸如开天辟地，日月星辰，民族族源历史，山川草木，乃至对村寨及主人的称赞等等。你唱一首，我答一曲，对答不了的“罚”酒。这样你来我往，既对了歌，又传播了知识，真是别具民族风韵，兴味盎然。礼仪可以说是一个人和一个民族内在修养和素质的外在表现。在人际交往中，礼仪作为个人与民族团体进行相互沟通的技巧，它美化自身、美化生活，促进人们的社会交往，改善人们的人际关系；还有助于净化社会风气，有利于民族团结。

三、节日习俗

布依族传统节日除大年（春节）、端阳节、中秋节基本与汉族相同外，有“二月二”、“三月三”、“四月八”、“六月六”、“六月二十四”、“牛王节”等富有本民族特色的节日。最隆重的节日是农历“六月六”。个别地方有“撒秧粑节”、“小年”、“腊月二十九”、“正月二十七”和“三月三”，此外也过汉族节日。

●过大年

一年之中最大的节日是过大年（即春节），节期从除夕过到十五。除夕前要杀年猪、舂糯米粑粑、备各种蔬菜。云南的布依族有初一到初三吃素的习惯；四川的布依族每年除夕或初一都必须吃鸡肉稀饭，民间称“血米粥”。每个姓氏都有不同的饭前仪式，相认的双方饭前仪式必须完全一致。年节期间还要举行许多娱乐活动。

●跳花会

每年农历正月初一至二十一举行。“跳花会”是男女青年的社交活动，规模盛大，参加人数过千，很多未婚男女青年通过吹木叶、对歌订终身。每逢节日，小女娃们都穿着艳丽的花边衣服，锁着极好看的盘花纽扣，小伙子们穿着对襟衫，系着流苏的腰带，吹着木叶，一个个满面春风。热心的阿妹们为小伙子们牵着马，从五村八寨，从那看不见的半山腰，赶到跳花会地点，那是一个平坦的大草地，旁边有条清澈见底的小河，北面是满含花苞的桐树林。那里到处是人喊马嘶，笑语喧哗，少说也有几千人。牛皮大鼓迅雷般地响彻空谷，时快时慢，时抑时扬，加上锵锵的饶钹声，令人陶醉！场上，男女青年这里一群，那里一堆，翩翩起舞，唱着古老的歌，歌声美妙，舞步轻盈，坐在河岸边吹“嘞友”、弹月琴、吹木叶，谈情说爱的青年们，一双双河水般明亮深情的眼睛，向对方表示着热烈的爱情，倒影摇摇，又是一番风味。他们唱呀跳呀，不知不觉太阳就落到坡背了，晚霞撒在桐林的花苞上，人们依依不舍地骑上马，陆陆续续地离开了草坪。

跳花会又是年轻小伙子和姑娘们的搭桥会，他们在草坝上播种了爱情，到了节日的最后一天即二十一日（叫“结合”），宣布一年一度的跳花会结束了。二十二日是“牵羊”日，意思是订婚约，

(教师)
笔记

青年人把“羊”牵回家去（把姑娘带回去相亲），看看男方的家境，以决定自己的终身大事。这一天，许多小伙子都去草坝把未来的妻子带到寨上去。

●六月六

六月六是布依族的传统佳节，由于居住地区不同，过节的日期也不统一，有的地区六月初六过节，称为“六月六”；有的地区六月十六日或农历六月二十六日过节，称为“六月街”或“六月桥”。布依族人民十分重视这个节日，有过“小年”之称。节日来临，各村寨都要杀鸡宰猪，用白纸做成三角形的小旗，沾上鸡血或猪血，插在庄稼地里，传说这样做，“天马”（蝗虫）就不会来吃庄稼。节日的早晨，由本村寨几位德高望重的老人，率领青壮年举行传统的祭盘古、扫寨赶“鬼”的活动。除参加祭祀的人外，其余男女老少，按布依族的习惯，都要穿上民族服装，带着糯米饭、鸡鸭鱼肉和水酒，到寨外山坡上“躲山”（当地汉族人民称为“赶六月场”）。祭祀后，由主祭人带领大家到各家扫寨驱“鬼”，而“躲山”群众则在寨外说古唱今，并有各种娱乐活动。

夕阳西下时，“躲山”的群众一家一户席地而坐，揭开饭箩，取出香喷喷的美酒和饭菜，互相邀请做客。一直等到祭山神处响起“分肉了，分肉了”的喊声，人们才选出身强力壮的人，分成四组，到祭山神处抬回四只牛腿，其余的人，相携回到家中，随后各家派人到寨里领取祭山神的牛肉。

节日娱乐活动，以丢花包最为有趣。花包是用各种彩色花布做成形似枕头的小口袋，内装米糠、小豆或棉花籽。花包的边沿缀有花边和“要须”。丢花包时，男女青年各站一边，相距数米，互相投掷。其方法有右侧掷、左侧掷和过顶掷，但不准横掷。要求甩得远，掷得快，接得牢。花包在空中飞来飞去，煞是好看。如果小伙子将花包向自己心爱的人投掷，没有过肩，包就落地，姑娘要向对方送一件礼物，如项圈、戒指、手镯等物，所送之物，被视为爱情的信物，小伙子将长期保存。

(教师)笔记

布依族“六月六”节的起源

六月六节起源，各地传说不同。其中有一个说法是，在远古的洪荒年代，布依族的先人“盘古”，在劳动中积累了栽培水稻的经验，年年丰收，后来他与龙王的女儿结婚，生了一个儿子，取名“新横”。一次儿子冒犯了母亲，龙女一气之下，返回龙宫，再不回来。“盘古”没有办法，只好再娶。一年的六月六日盘古死去，新横从此遭到继母虐待，几乎被害。他忍无可忍，便上天控告继母，并发誓要毁掉她栽培的水稻秧苗，继母知道后，万分后悔，终于与新横和好，并于每年六月六日，盘古逝世这天，杀猪宰鸭，做粑粑供祭盘古，布依族人民因此每年六月六日都举行祭盘古、供祖先的活动，以示子孙延续、五谷丰收，年复一年，就形成了这个民族节日。

●三月三

三月三是布依族的传统节日，相传有一家三个亲姊妹同嫁在一个寨子里，日子过得都很好。有一天，外公想去看看外孙，三家的外孙们听说后都争着要外公先到自己家去。外公说，在三月初三那天，你们把自己做得最好的糯食带到寨子路口，看谁家的味道好我就先到谁家去。这天，大女儿家炸了油团，二女儿家打了糍粑，三女儿家做了五色糯米饭，外公来到寨口，把三家的东西打开一看，三女儿家五色糯米的色泽鲜艳，味道清香，他最喜欢，于是就先去了三女儿家。从这以后，每到农历三月初三，布依族家家户户都要做花糯米饭来招待亲戚朋友，久而久之，便形成了一年一度的三月三节。

●查白歌节

查白歌节是贵州兴义地区布依族传统节日，节期在每年农历六月二十一日至二十三日。届时有周围十多个县乃至云南、广西的各族群众数万人参加，规模可谓盛大。

查白歌节这个当地布依族民间的传统节日，经久不衰。每逢查白歌节，来自云南、广西和本省邻近县份及市区边远乡镇的各族群众数万人到此相聚，唱山歌、吹木叶、弹月琴赛歌；或寻亲访友，通宵

(教师)笔记

欢闹；或到狗肉、牛羊肉摊上品尝汤锅……查白歌节赶了多少年，已无人能说得清，只是无论什么原因都没能阻挡人们欢聚于此的热情。随着时间的推移，查白歌节积淀了丰富的民族文化底蕴，以其旺盛的生命力和强烈的感召力，在群众中扎下了深根。

●毛杉树节

是居住在黔西南安龙县的布依族人民的传统节日，也叫“赶毛杉树”。在纳拿和者棉之间，有一块十亩见方的小土丘，当地人称它为“毛杉树”。每年从农历三月初三以后的第一个“蛇场天”开始，聚集了盘江两岸的布依族、苗族和其他民族的青年男女赶三天歌会。第一天“蛇场天”，大家齐吃五色糯米饭来祝贺节日。第二天是“马场天”，天一亮人们就赶到毛杉树进行各种传统的文娱活动。傍晚男女青年对歌，通过对歌寻找理想的伴侣。第三天是“羊场天”，远方的客人要上路，客人向主人道别，互相祝愿。

毛杉树节的来历

传说南盘江边有一布依族村寨，寨子里有一叫“杉郎”的后生，邻寨有一姑娘叫“树妹”，两人在劳动中相识相爱。正当他们要成亲之际，山上的魔狼抢走了树妹。杉郎大战魔狼，终于救出了树妹。但是魔狼变成了许许多多的“蚂蚱”（蝗虫）来糟蹋庄稼。树妹为保护庄稼，一连唱了二十七天的歌，害虫随着歌声消失了。但树妹累病了，在三月初三“蛇场天”离开人间。第三天杉郎也因悲伤去世了。不久在杉郎和树妹的坟上长出了杉树。当地的人们称这些树为“毛杉树”。每逢农历三月初三布依族人民便举行歌会纪念他们。

四、宗教信仰习俗

布依族过去信仰原始的自然崇拜，每年节日都要进行祭祀活动，其中祭老人房（寨神）最为隆重，于农历二月选兔日或虎日开祭，各户要奉献鸡蛋和猪肉祭神，祭毕全寨人就地聚餐，以祈望丰收，全寨平安。

布依族信仰多神，崇拜自然和祖先，也有少数信仰基督教。每年有许多祭日，要祭山神、树神等等。每家堂屋中都供有祖先的牌位，逢年过节都要祭祀。

相传为“牛王菩萨”生日，当天要让牛休息。一些地方用黑糯米面粉或白糯米面粉染黑后掺水拌和，将牛角涂黑，然后把牛牵到水边，让牛看到自己的影子，使之“知道”犁田工作即将结束，再加上一把劲便可休息。有些地方不用黑面粉而用石灰浆把牛角涂白。

布依族信仰鬼神，崇拜祖先。一般家里在中堂靠右边的柱子上都挂有一些面具，称为“傩神”。“傩神”没有固定的具体形象，是随意雕刻的，它是正义的化身，可以驱鬼邪。在当地，出门办事、走亲戚、赶集、做买卖时，都要很真诚地用手摸一摸“傩神”，拜一拜“傩神”，让它保佑自己平平安安。

相传布依族还有为“龙王”晒龙袍的日子，当天富裕人家把好衣物拿到屋外晒。一般人家都做糯米饭或糯米粑吃，老年人饮酒讲故事，年轻人到山坡草地上唱山歌。“撒秧粑节”为西凉乡布依族特有的节日，时间定在每年撒秧（谷雨）后的申（猴）日。当天各家带粽子、酒肉、香烛纸钱到田边祭供“菩萨”，祈求风调雨顺，灭绝害虫，五谷丰收。

●布依族禁忌

到布依族人家做客，不得触动神龛和供桌，火塘边的三脚架忌讳踩踏。布依族习惯以酒敬客，客人或多或少都应喝一点。布依族村寨的山神树和大罗汉树，禁止任何人触摸和砍伐。布依族送礼必须送双数。孩子体弱多病，父母就要给他寻找保护人做干爹、干妈。寻找干爹、干妈有两种方法：一是择日在家等候，3 天内第一个登门的人，即为孩子的保护人；二是择吉日由父母领着孩子，在路上等候第一个过往的行人，即为保护人。

五、人生礼仪习俗

●婚姻习俗

布依族的婚姻是一夫一妻制。同宗或同姓严禁通婚。也保有“姑舅表婚”和兄终弟及的转房制习俗。男女青年婚前恋爱自由，各地未婚的男女青年都喜欢借助年庆节俗、赶集和集体聚会的时机，以三五人到七八人自由组合的方式，通过谈天说笑和唱歌对

(教师)
笔记

(教师)笔记

调，倾诉或表达彼此的感情。当一个男子看上某一个姑娘时，按照传统，必须找第三者做伴，有的则由自己的姐或嫂出面介绍。如女方有此意思，即可单独相约到幽静处进一步对唱山歌，互诉衷肠，直到双方互赠信物，就表明他俩已盟誓终身了。

订婚时，由男方父母托媒去女家，并送一定的酒、肉、粑粑一类的礼品。如对方同意，第二次媒人则要将男女双方的“八字”互为“效验”，只要“八字”相符，则可择定结婚日期。这一带地区送彩礼的数额，特别讲究“六”或“双”数，据说是取“六”即禄的谐音，以表示婚后双双有禄必有福之意。结婚时，新郎不迎亲，只请几个要好的男女青年代为相迎。新娘一般都是撑伞步行至男家，个别也有骑马、坐花轿的。结婚当天新婚夫妇不同房，次日即返娘家。聚居区一带的布依族仍保有“不落夫家”或称为“坐家”的习俗。有的要两三年甚至五六年后才长住夫家。杂居区的布依族已大部分革除这一风俗。

●丧葬习俗

当布依族老人去世后，丧家即向至亲好友报丧，并请本民族“濮摩”先生择吉日举办丧事。如果死者为女性，则必须待舅家人员到现场亲自检视入棺，才能安葬。丧事办得繁简要视家庭经济状况而定。清贫之家只请“濮摩”开路，一切从简；富有之家讲排场，除了开路、堂祭之外，还要举行“古夜王”仪式，砍牛做斋。古代凡遇丧事都要砍杀数头牛羊祭供，大办酒席宴请宾客，丧期为三五天。停柩期间，丧事之家一律素食。出丧之后才能开荤。

下葬前两天，寨邻亲友送礼凭吊。视其亲疏送幡文、酒、鸡、钱及小猪。女婿和舅家要送香亭、纸马、祭幡。孝子着长幡孝帕，穿草鞋，系麻丝。当外家舅爷到来时，孝子们拄孝棒于柩前跪迎，来者将其扶起。是夜，敲铜鼓，吹唢呐，打竹筒，举行治丧仪式。届时，村寨男女集于丧家门外，各持尺余长竹筒刷把。两人一组交叉对阵，一人执木棒敲粑糟为拍，有单打、双打、三打、五打至十二打不等，声调铿锵，整齐和谐，有条不紊。又于灵柩前悬挂数面铜鼓，有节奏地敲击，同时用竹竿敲楼板回应，曰“打铜鼓”。唢呐队是女婿所请，有一至数对，整个村寨笼罩在悲声之中。

下葬前一夜举行堂祭。堂祭分家祭、宾祭两种。家祭是儿子女婿等凭吊；宾祭是一般亲友的祭吊。堂祭宣读祭文，缅怀死者生平，寄托哀思。用素菜九道供奉。过去孝家要做素、荤两菜，现在

(教师)笔记

是孝家做素菜，女婿做荤菜。堂祭之后，将灵柩移于门外长凳上停放。择吉日出殡，孝子跪拜于前，铜鼓、唢呐、铁炮、鞭炮、恸哭声交汇一片，灵柩在众人簇拥下缓缓而行。开挖墓塘，先由“濮摩”杀一只雄鸡在已选好的墓地上，称为“播土”。墓塘挖好，用朱砂在井内画八卦、龙及房屋等，撒糯米，再杀一只鸡滴血于井内，称为“请地脉龙神”。待灵柩抵达，井内烧纸钱，孝子跪拜，称为“暖井”。移柩入穴，封土垒坟。若杀牛宰马，则将牛头或马头供奉墓前。

在安顺、镇宁、普定、六盘水等地还保留有石室墓葬的风俗。挖好墓塘后用厚石板镶成井坑，放进棺材，盖上大石板，石灰灌浆，然后封土，外围又用石头垒坟。出殡后第三天，孝家要到坟上祭扫。届时用小猪、鸡、豆腐等供祭，烧化香亭、纸马，称为“复山”，丧事到此便告结束。以后每年清明合家备祭品到墓前祭扫。

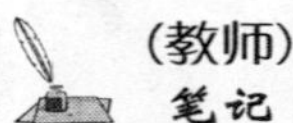
(教师)
笔记

朝鲜族习俗

朝鲜族的来源

从19世纪中叶开始，陆续有较多的朝鲜人从朝鲜半岛迁入，这是中国朝鲜族的主要来源。由于当时朝鲜封建统治阶级的残酷剥削、压迫，特别是1869年朝鲜北部遭受大灾难，一些苦难的朝鲜农民越过鸭绿江和图们江来到中国，在两江沿岸一带开垦，同汉族、满族等杂居共处。但此时迁入人数还不是很多，大多数春来秋去，居住尚不稳定。

随着日本在朝鲜侵略的加剧，大批居民为寻找生路，不顾清王朝禁令，纷纷徙入中国东北边疆地区定居下来，据统计，1870年在鸭绿江北岸一带已有28个朝鲜族聚居乡。清光绪七年（1881）延边地区朝鲜族已达1万多人。1883年在集安、临江、新宾等县的朝鲜族居民已有3.7万多人。同一时期，乌苏里江沿岸一带也移入为数不少的朝鲜族农户。

朝鲜族是中国的少数民族之一，目前总人口为1 923 842（2000年第五次全国人口普查数据），主要分布在黑龙江、吉林、辽宁三省。其余则散居在内蒙古自治区和北京、上海、杭州、广州、成都、济南、西安、武汉等内地大中城市。朝鲜族通用语言为朝鲜语，一般认为属阿尔泰语系。朝鲜语属音位文字类型，有40个字母，是音素字母。拼写时，把同一音节的音素叠成字块构成方块形文字。

朝鲜族主要从事农业，以擅长在寒冷的北方种植水稻著称，生产的大米洁白、油性大，营养丰富，延边朝鲜族自治州被称誉为

“北方水稻之乡”。延边地区还是中国主要的烤烟产区之一。延边黄牛是中国五大地方良种黄牛之一。长白山林区的特产人参、貂皮、鹿茸，被誉为“东北三宝”。

朝鲜族是我国的少数民族之一，中国人民银行自1987年4月27日开始发行的第四套人民币中，角币贰角的正面图案就是布依族和朝鲜族。

一、饮食习俗

朝鲜族的传统风味食品很多，其中最有名的是打糕、冷面、泡菜。打糕是用蒸熟的糯米打成团、切块、撒上豆面并加稀蜜、白糖制成。冷面是在荞麦面中加淀粉、水，和匀成面条，煮熟后用凉水冷却，加香油、辣椒、泡菜、酱牛肉和牛肉汤等制成，吃起来清凉爽口，味道鲜美。泡菜是将大白菜浸泡几天，漂净，用辣椒等作料拌好，放进大缸密封制成。

打糕　朝鲜族最爱吃的传统食品之一。打糕的历史比较长，早在18世纪朝鲜的有关文献中已有记载，当时称打糕为“引绝饼”，并称引绝饼为传统食品之一。如今，凡逢佳节或红白喜事，每家都用打糕来招待亲朋好友。顾名思义，打糕是打出来的。打糕的原料主要是糯米，不产糯米的地方，则用小黄米或糜子，所撒的豆面原料，除用小红豆外，还可以用黄豆、绿豆、松子、栗子、红枣、芝麻等。制作时，先将黏米淘净蒸熟，放在打糕槽内或石板上，用打糕槌子把米粒打碎黏合在一块而成。吃的时候，用刀蘸水切割成小块，蘸着糕面吃。

冷面　朝鲜族传统食品之一。朝鲜族人不仅在炎热的夏天爱吃冷面，即使在寒冬腊月里也喜欢坐在炕头吃冷面。特别是每年到农历正月初四中午，朝鲜族有全家一起吃冷面的习俗。据民间传说这一天吃面条，可以“长命百岁”，故冷面也称做“长寿面”。冷面的主要原料是荞麦面、小麦面和淀粉，也可用玉米面、高粱面、榆树皮面和土豆淀粉制作。做法是在荞麦面等中加淀粉、水，和匀成面条，煮熟后用凉水冷却，加香油、辣椒、泡菜、酱牛肉和牛肉汤制成，吃起来清凉爽口，味道鲜美。

耳明酒　喝“耳明酒”是朝鲜族的风俗。正月十五早晨，空腹喝耳明酒，以祝耳聪，此酒并非特制，凡是在正月十五早晨喝的酒，都叫“耳明酒”。

三伏与狗肉酱汤　三伏是一年中最炎热的季节。可是朝鲜族在

(教师)笔记

三伏天却有宰狗吃狗肉汤的习俗。这种酱汤别有风味，在三伏天吃狗肉酱汤可大补。朝鲜族大多数人爱吃狗肉，然而在节日，或办红白喜事时是绝对不准吃狗肉的。这是一种习俗，也是一种礼节。

五谷饭　朝鲜族吃五谷饭由来已久。每逢正月十五，农民用江米、大黄米、小米、高粱米、小豆做成五谷饭吃。还拿一些放到牛槽中，看牛先吃哪一种，便表示哪种粮食这一年能获丰收。这种风俗，至今还在民间流传。

米酒　朝鲜族爱喝的一种饮料。米酒是他们招待客人的佳品，如有客人来访，主人总要端上一碗自家酿制的米酒。这种酒比黄酒的色稍白一点，而且还略带甜味。这种米酒后劲十足。长辈一起喝酒时，要把头移到旁边去喝，切不可面对着长辈举杯饮酒，否则就是对长辈的不尊重。

辣白菜　朝鲜族最爱吃的传统食品之一。每年冬天，大白菜下来后，他们就开始制作辣白菜了。此时无论是农村还是城镇，家家都要做，少则几百斤，多则上千斤，因为要持续吃到第二年的春天。辣白菜，清香爽口，有解腻解酒、助消化、增食欲之功效，既是平日家中的常菜，又可以上宴席。因此备受欢迎，成了朝鲜族日常饮食中所不可缺少的一道菜。

泡菜是日常不可缺少的菜肴。朝鲜族泡菜做工精细，享有盛誉，是入冬后至第二年春天的常备菜肴。泡菜味道的好坏，也是主妇烹调手艺高低的标志。朝鲜族菜肴食用后大都有一定的滋补和医疗作用。如春天食用的“参芪补身汤”、伏天食用的“三伏狗肉汤”、冬天食用的野味肉和野味汤等。

朝鲜族喜欢食米饭，擅长做米饭，用水、用火都十分讲究，做米饭用的铁锅，底深、收口、盖严，受热均匀，能焖住气儿，做出的米饭颗粒松软，饭味醇正。一锅一次可以做出质地不同的双层米饭或多层米饭。

二、礼仪习俗

朝鲜族日常生活中非常讲究礼节，素有东方礼仪民族之称。在朝鲜族，讲究长幼身份，尊敬年长者的风俗之中包含着许多礼节。

过去在一个家庭里，每日三餐都要给老人单独放一张小桌。现在虽然全家人同在一张桌进餐，但仍要先给老人盛饭盛汤。在长辈动勺动筷之前，小辈是不得抢先用餐的。不论是平日里还是年节，有什么好吃的，都要让年长者先品尝。

(教师)笔记

父母到60周岁、70周岁、80周岁、90周岁时，当儿女的要设宴庆贺。在宴会场合，年纪最大的被称为“坐上”，敬酒时须先敬“坐上”，而后方以年龄大小为序依次敬酒。年轻人对年长者敬酒或接递东西时，须双手递接。如用一只手递接时，须把另一只手抬至胸前，做出双手递接的姿势。年轻人同年长者同坐一起饮酒时，接过酒杯以后，要侧面而饮。面对年长者饮酒，被视为不懂礼节。抽烟时，年轻人不能跟父辈或年长者对火。走路时，年轻人不能跟年长者抢路，进屋或出屋时，年轻人不能抢在前头。

朝鲜族普遍都热情好客。来客不论是亲戚、朋友还是素不相识的人，都要热情地予以接待。不论生活富裕与否，供给客人的饮食都要好于平常；晚间睡觉时，客人单独安排在一个屋，提供最干净的被褥。

传统的朝鲜族房屋特点之一是炕大。进屋时须把鞋脱在门外或外屋地上。男人到别人家作客时，要盘腿而坐。女人到别人家做客时，坐在炕上之后要把双腿蜷向身子的一侧，其姿势“似跪而坐，似坐而跪”。不论男女，在炕上不能对着人伸腿，更不能岔开双腿。

朝鲜族的语言分为尊阶、对等阶、卑阶（又称下等阶）三种等阶，即同样一句话因说话的对象不同而有三种不同说法。对年长者和上司以及初次见面的人都要使用尊阶语（敬语），如果使用对等阶或卑阶语，意味着粗俗，不懂礼貌，将被人耻笑。

三、节日习俗

朝鲜族的节日基本上与汉族相同。一年主要的节日有春节、清明节、端午节、中秋节等。此外还有三个家庭的节日，即婴儿周岁生日、“回甲节”(60大寿)、“回婚节”(结婚60周年纪念日）等。

●朝鲜族春节

能歌善舞的朝鲜族人民的节日生活丰富多彩。除夕全家守岁通宵达旦，古老的伽倻琴和洞箫的乐曲声，将人们带入一个新的境界。节日期间，男女老少纵情歌舞，压跳板、拔河等，竞赛场上，热闹非凡，人们扶老携幼争相观看。正月十五夜晚，举行传统的庆祝集会，有几位老人登上木制的“望月架”，以先看到明月为福，意味着他的儿孙健康、万事如意。随后，大家围着点燃的“望月楼”，随着长鼓、洞箫、唢呐乐曲声载歌载舞，直到尽兴。

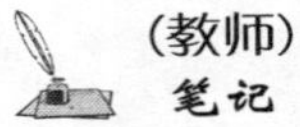
（教师）笔记

●上元节

朝鲜族传统岁时节日。每年农历正月十五日举行，节期一天。这天，朝鲜族要先到祖坟送灯，然后在堂内点“属”灯，院内挂天灯，院门两旁挂壁灯，还要到河里放灯船。这一天还要吃药饭、五谷饭，喝耳明酒。药饭以江米、蜂蜜为基本原料。掺大枣、栗子、松子等煮成。因药饭原料较贵，不易凑齐，一般以大米、小米、大黄米、糯米、饭豆五种做的“五合饭”代替。以盼望当年五谷丰收。上元节有许多游戏，过去有火炬战、车战、拔河等。火炬战，即赛火，看谁的火炬最亮，燃的时间最长。车战，是比谁的车结实。所有娱乐活动，全村人都来参加。围观者敲鼓助威，热闹异常。取胜者唱歌、跳舞，欢庆胜利。晚上，大家举着火炬上东山高处迎圆月，谁当年有福，谁就能望见初升圆月，迎月之后，男女老少在月光下踏桥。踏桥，也叫“踩桥”。朝鲜语中“桥”和“腿”两词同音，踏桥意为练腿。踏桥时，每人要在桥上往返几次至几十次不等，次数必须与自己的岁数相等，以求祈福禳灾。

●洗头节

阴历六月十五日是朝鲜族的洗头节。这一天被视为黄道吉日。清晨，男女老少都到河边洗头，传说用向东流的溪水洗头是很吉利的。晚上，人们还要在家里举行洗头宴，唱《洗头歌》，然后全家老少高高兴兴地坐在一起，吃一顿丰盛的晚餐。

●婴儿生日节

即婴儿一周岁生日。在朝鲜族的人生仪礼中，婴儿的一周岁纪念日最受重视。婴儿一周岁纪念日的庆祝活动也非常隆重。婴儿生日到来之际，婴儿的妈妈就把自己打扮得漂漂亮亮，给孩子穿上一套精心制作的民族服装，然后把孩子抱到已准备好的生日桌前，让婴儿“过目”专门为他摆设的“涉猎物”。桌子上会摆放一些打糕、糖果、食品、笔、书、小枪等带有象征意义的东西。客人到齐后，婴儿的妈妈就叫孩子从桌子上五花八门的东西中随便拿自己喜欢的中意之物。当孩子伸手从桌子上拿一样东西时，客人们就欢腾起来，说一些祝福的话。这个过程人们叫做婴儿受生日席桌的“仪式”。有的地方还有老人给孩子脖子套上一团素白色线的习俗，以示希望孩子像雪白的线团那样做一个洁白的人，能像长长的线那样

(教师)
笔记

命长延寿。

●回婚节

在朝鲜族的家庭节日中，最隆重的是“回婚节”，亦称“归婚节”，即结婚60周年纪念日。举行回婚节必须具备如下三个条件：一是老两口都健在；二是亲生子女都在世；三是孙子孙女无夭折。如果亲生子女或孙子孙女中有死亡者，则不能举行回婚节。因此，谁家能举办回婚节，是种很大的荣耀，亲朋好友都要前来祝贺。一对老人穿上年轻时的结婚礼服，相互搀扶着入席，大家频频举杯祝福，比年轻人的婚礼更为热闹隆重。

四、宗教信仰习俗

朝鲜族没有全民族性的统一的宗教信仰，他们的先人中有儒教、道教、佛教信徒。18 世纪末，又有基督教、天主教信徒。19 世纪末，产生了一些带有反侵略性质的宗教，包括天道教、侍天教、青林教、大宗教、元宗教等。

●天道教

天道教是从东学教分离出来的新兴宗教。是在 20 世纪初，1905 年 12 月，由孙秉熙开除李容九等“一进会”亲日派之后创立的。该教崇拜天，主张“人乃天”，来“辅国安民，布德天下，广济苍生，建设地上天国”，以达到“四海同胞回归一体”的“改良世界主义”。认为天存在于人心之中，强调人的尊严，主张“事人如天”和人与人之间的平等思想。把现实世界腐败紊乱的原因，归咎于“一世之人，各自为心，不顺天理”，其主张反映了农民厌恶贫富差别、要求人人平等的思想。

天道教创立时，延边地区的东学教也分化成天道教和侍天教。天道教的领袖金得云和黄熙龙，他们来自于朝鲜京城的天道教中央总部，在延边各地发展了教徒。1908 年天道教在局子街建立韩明义塾，对教徒子女进行文化教育，宣传反日思想。日本吞并朝鲜后，天道教争取民族独立，积极开展传教活动。1913 年 8 月，白士元、高尚律在龙井村建立教堂，翌年 3 月，崔镇五等 7 人还设置了龙井天道教宗理院。1916 年前后，天道教以创办教会学校为扩展教势，宣传反日思想的主要手段，继续建立了东兴学校等教会学校。到 1917 年 9 月，延边已有 460 多名教徒。1919 年，延边各地

（教师）笔记

天道教徒积极参加“三·一三”反日运动，遭到日本帝国主义的残酷镇压。

1920年以后，天道教上层分裂成新旧两派，新派掌权。他们在日本帝国主义的引诱下，堕落成“民族改良主义”，公然成为日本帝国主义宣扬“大东亚主义”的工具。他们建立天道教青年会等组织，开展了“节制”运动和建设“理想村”的活动。1925年前后，马列主义传入了延边各地，早期共产主义者以教员身份打入东兴中学，宣传马列主义思想，从此东兴中学逐渐转变为宣传马列主义思想，反对宗教的基地，发展势力，联系农民，教育农民，组织农民，进行反日活动。天道教一些进步人士为赶上时代潮流，用近代哲学理论解释教义，并在某些方面容纳了革命思想。自此，天道教的教势逐渐回升。1928年5月，延边地区已有8所学校，935名学生。至1932年，天道教已发展到10所教会，4 488名教徒。

日本帝国主义侵占东北后，伪满政府对天道教等民族宗教团体的活动加以限制，天道教日渐衰落。到1936年，延边地区仅有9所教会，291名教徒。其后，天道教逐渐消失。

●侍天教

即原东学教内的亲日派组织“一进会”。1907年，原东学教内的李容九等亲日派被开除后，为对抗天道教派而创立了侍天教。1908年8月，李熙真把侍天教同一进会分离，并利用延边各地建立日本宪兵分遣所的机会，在各地分遣所附近建立一进会和侍天教支会，并建立私立学校，一时有些不明真相的群众参加了侍天教，当时拥有13所私立学校，教徒达1万多名。1909年中日签订“间岛协约”之后，被迷惑的群众纷纷脱离侍天教。1911年5月，龙井教堂发生火灾后，侍天教更陷入困境。侍天教宗理师李容九为挽救其局面，从一进会解散费中抽出1 393元，支援“间岛”侍天教，重建教会。但因内部矛盾和外界对其亲日化的批评，教势一直不振。1917年9月，全延边的33所教堂里只有342个教徒。

1920年，日本帝国主义“剿讨”延边的抗日组织。侍天教趁机大力开展传教活动，挽回其教势日衰的局面。其后，侍天教在各地建立学校，扩张教势。1922年建立东正学校，1924年6月又建立东亚学校。到1928年5月，已拥有8所学校，学生达549名之多。

1931年“九·一八”以后，侍天教在伪满政府的扶持下，重新活跃起来。但由于是亲日宗教，教势仍然不振。1936 年 6 月末，延边有 4 所教会，教徒有 590 名。1945 年东北光复后，该教完全消失。

(教师)笔记

●青林教

朝鲜东学教系的新兴教派之一。1913 年，教主南正摄取东学教《郑鉴录》等教理和儒、佛、道教的思想而创立的。该教主张“大悟道之原理”来唤醒群众，发挥其智慧，“开辟世界极乐的未来”。他们认为，把儒、佛、道三教糅合起来，谓之“无极”，无极在人们的心神之中，人们心情欢快则化为“无极”。为此，念咒文、行礼拜、修炼心、鼓吹唯心的自我修道。

青林教于20 世纪初传入延边。创立初期，教主南正为争取民族独立进行传教，积极开展反日活动。延边的教主林用石在龙井和土山子（今和龙县）等地进行传教活动。1919 年“三·一三”反日运动时，大批青林教信徒参加了反日斗争。其后，组织“野团”，进行反日武装斗争。“野团”有 90 多名队员和 90 多枝枪支武器。后来遭到日本帝国主义的镇压，领导人归顺，教势减弱。南正主教去世后，韩秉珠、金相、李玉行等人重建青林教，他们畏惧日本帝国主义的镇压，提出矫正朝鲜人民的“不稳思想”的主张，走上了亲日的道路。

1920 年在日本帝国主义的高压之下，天道教、基督教的教徒们被迫参加青林教，使其教徒猛增。青林教在龙井村设立总部，在局子街（今延吉）设置了总部。大教主为韩晤，局子街总支部长为李泉权。日军撤兵后，被迫加入青林教的其他教派的信徒陆续脱离青林教，教徒急剧减少。1921 年 2 月李昌世从青林教退出后，在龙井村建立大成佛教，同时建立了大成中学。1925 年青林教领导人因暗中参加民族独立运动而遭镇压，主要领导人陆续被捕入狱。同年 6 月末，青林教在延吉县内仅有 1 所教会，30 余名信徒。1929 年 5 月，汪清、和龙两县共有 2 所学校，学生共 84 名。其后，青林教完全停止了公开的活动。1935 年，青林教由南洪光为主进行募捐活动，在龙井的北山开建永幕殿，同年 12 月建成。从此教徒们每月烧香朝拜。1936 年为纪念朝鲜族的祖先，修建了六太庙，其后修建龟石碑，刻六太庙决铭，安置在永幕殿内。1942 年 3 月，为继承封建伦理思想，修建 7 个龟石碑，烧香俯仰 7 个月之久。太平洋战争爆发后，青林教号召教徒参加反日斗争，教势大有发展，

（教师）笔记

仅延吉、和龙两县就有3000多名教徒。1944年12月10日，遭到伪间岛省警务厅和日本宪兵的搜捕、镇压。到1945年5月，延吉、和龙的青林教徒600多人被捕，有20名上层人物被害。林昌世等人在东北光复后才出狱。1947年林昌世去国外，青林教随即消失。东北解放后追认狱死的20名青林教教胞为抗日烈士，枪决了特务韩秉珠。

●大宗教

原系檀君教，因崇拜神话中的朝鲜祖先檀君而得名。1909年1月15日，罗哲为团结朝鲜民族反日实行民族独立，便以檀君神话为基础创立檀君教。主张人有“三真”、“三妄”和“三途”，圣人能够“感止”、“调息”和“禁触”而一意真行，进入理想世界。认为这种理想世界不在于遥远的彼岸，而在于自身精神之内。因此，人们经过修炼品性便可以达到。

罗哲创立檀君教后，在朝鲜京城的各洞设立本部，1911年前后由李贞完传入和龙县鹤城村等地，1913年10月又传入汪清县春明乡柳河（德元里），而后在延边各地陆续建立教会。1914年，都司教（教主）把总本司从朝鲜搬到和龙县明新社三道沟青波湖（现和龙镇），继续开展反日活动。同年11月，在日本帝国主义唆使下，和龙县知事下令解散檀君教。1915年12月头道沟领事分馆逮捕了檀君教的领导人。从此改檀君教为大宗教，并将根据地转移到汪清，建立青一学校等教会学校，宣传反日思想。1917年12月，该教在延边已有6所学校，173名学生，687名教徒。1916年第一世教主罗哲，在朝鲜黄海道九月山自尽殉职，由金教献接任第二世教主。1918年4月金教献等39名反日志士发表《戊午独立宣言书》，组建反日组织“重光团”，促进反日运动。1919年3月13日举行反日大示威。同年8月，建立反日武装“正义团”。在汪清十里坪密林建立根据地，创建士官讲习所（又称“西大坡士官学校”）。同年12月，改名“北路军政署”，总裁为徐一，总司令为金佐镇，参谋长为李章宁。1923年，第二世教主金教献故，由尹世复接任第三世教主。到1925年，延吉、和龙、汪清又有了2 100多名教徒。1927年8月遭到破坏和逮捕。1928年大宗教总本司转移到密山县当壁镇，坚持反日活动。1929年8月当局取消“大宗教解散令”后，汪清教会为恢复教势积极传教，但一直不振，教徒仅剩30多名。其后，延边地区大宗教便销声匿迹了。

(教师)笔记

●元宗教

1921 年 10 月由教主金笑来（原名金仲健）所创立。它以《周易》的太极说和阴阳五行说为基础。金仲健在朝鲜五夷山修道过程中，吸取儒、佛、道的思想，初步形成了元宗教的基本思想。1918 年，他来到安图县奶头山一带传教。1919 年前后，组织“大震党”募集军需资金，宣传反日思想，进行传教活动，为创立元宗教打下了基础。1921 年 10 月 1 日，他在和龙县三道沟元化洞创立了元宗教。又在延吉县守信乡平岗基城村设置元宗寺教宗，并设立组织机构。元符室道令为金仲健，宗务主任为金瑗，学务主任为崔众星，医务主任为李成智等。翌年 6 月 1 日，在黄直龙隐平建立地方宗务课。1923 年 6 月，元宗教在和龙县三道沟元化洞、青头沟、水平洞、福洞等地开展传教活动，有教徒 90 多名。1925 年 6 月，发展到 5 所教会，272 名教徒。还积极创办学校，发展教势，宣传教理。到 1928 年 5 月，共有 7 所学校，298 名学生，还建设“理想村”，提出“农本主义”思想，认为现实社会弊病根源，在于城市剥削农村，强调排除资本主义剥削，恢复自给自足的自然经济，建立无剥削无压迫的“理想村”。1926 年，在社会主义思想传播影响下，元宗教学校的 20 多名学生声明反对元宗教，退出了组织。1928 年前后，金仲健在日本的限制和反宗教运动的冲击下，被迫转移到黑龙江省宁安县二道河子进行活动，延边地区内的元宗教从此走向衰落。到 1933 年 5 月末，元宗教只有 2 所学校和一处教会。同年，金仲健在宁安县开荒种地，创办学校，在进行反日活动中，被人暗害。从此，元宗教逐渐消失。

●儒教

朝鲜族信仰儒教。儒教，与其说是宗教，不如说是对孔孟之道的崇拜，但在朝鲜族中却成为一种宗教。20 世纪初，朝鲜族中的儒林人士为反对日本帝国主义侵略朝鲜和我国东北，在延边开设私塾，对青少年讲授《四书》、《五经》，宣传反日思想，激发人们反日斗志。1912 年 1 月，东义范等人在局子街建立了延吉孔教会。同年 11 月，在和龙县光开乡门岩洞（今龙井市内）集会讨论建立孔教会事，后与北京孔教会联系，成立了“间岛孔教会”。1916 年 8 月，在局子街东端建孔庙，得到地方政府的补助。其后，以朝鲜族信奉者的捐款收回文庙。1919 年“三·一三”反日运动后，李范

(教师)
笔记

允以儒林人士为主组织“光复团”，开展反日武装斗争。团长为李范允，参谋为黄云瑞，总务为洪斗报，队员30余人。1920年以后，儒教分化成几派。从青林教分离出来的李昌世，在龙井村建立了大成儒教派的龙井文庙会。同年，又创办了大成中学及小学部。而后李昌焕等十几人又在龙井村成立了大圣院东满总支部。孔教会派的延吉孔教会也发展教势，建立了头道沟崇善社支会。1925年前后，马列主义传入了延边，具有马列主义思想的教员打入大成中学，组织教员团，孔教会受其影响，分化成新派和旧派。新派主要是青年人，积极参加反日斗争。旧派主要是中老年。1926年4月，新派在延吉筹办了“大同学院”，改革旧书塾，普及新学。因此，旧派贿赂地方官员，请求解散新派。同年9月，延吉县知事命令解散孔教会。1930年6月，延吉县知事撤回命令，重新恢复了孔教会。伪满期间，1932年3月25日，伪满政府颁令：各学校课程，必须体现孔教或孔教思想。1933年9月，龙井文庙会和大圣院东满总支院合并，成立大圣东满总支会，翌年分裂。1934年儒教在延边地区有5所文庙，信徒17 794人。到1936年6月信徒发展到54 500人。1941年，儒教在延吉建立“王道书院”，积极宣扬“忠君爱国”、“三纲五常”思想。

五、人生礼仪习俗

朝鲜族人生礼仪包括“百日宴”、周岁生日宴等对于婴儿的祝愿性礼仪和冠礼（女人为笄礼，已消失）、婚礼，还有花甲宴、进甲宴、八甲宴、回婚礼等庆贺长寿的礼仪以及葬礼。

●百日宴

指婴儿长至100天，设宴预祝婴儿多福长命。前来祝贺的人们带来白线绺套在婴儿的脖子上，白线绺上还要夹入一些纸钱。婴儿的父母用白米作“白雪糕”，到十字路口分给“一百人”，以预祝婴儿长命百岁。

●周岁生日宴

一则为了祝贺婴儿度过了人生道路上的第一个春夏秋冬，二则为了预祝孩子有美好的未来。这一天，给幼儿换新装，宴请亲戚、邻里、朋友，又让幼儿抓周。所谓“抓周”即摆好“生日桌”，上面摆放书、笔、钱、刀及各种食品之后，让幼儿随便抓取，以最先抓取的东西来"判断"其将来的"志趣"。如最先抓取的是笔和书，则预示将来会有文才等等。

（教师）笔记

●婚礼

朝鲜族旧式婚礼中含有"奠雁礼"、"交拜礼"、"合卺礼"等古老的礼仪成分。20世纪50年代以来，新式婚礼逐渐替代旧式婚礼。在新式婚礼中，有宣读结婚证书、新郎新娘交换礼物、相互敬礼或跪拜、新郎新娘向双方父母跪拜、双方家族代表讲话等程序。不管在新娘家、新郎家举行的婚礼，还是在饭店举行的婚礼，都少不了为新郎新娘摆设筵席，即新郎、新娘接受"大桌"。这是来自旧式婚礼的传统礼仪。大桌上摆放各种食品，其中最显眼而有特色的是嘴里叼着红色尖椒的一只蒸熟的整公鸡。公鸡象征婚姻之喜，红色尖椒象征新郎新娘红心相印，日子红火，多子多福。新郎饮罢伴郎斟的三杯酒，便要求把大桌上的食品每样都拣出一点，以便敬献给父母品尝，此为"打奉送包"。新郎的饭碗里埋入三个剥了皮的熟鸡蛋，新郎只能吃半碗饭和一两个鸡蛋，剩下一半留给新娘吃。

●庆祝长寿礼仪

包括花甲宴、进甲宴、八甲宴、九甲宴及回婚礼。花甲宴是为纪念60周岁生日而由其子女筹办的贺宴，又称"还甲宴"、"回甲宴"，颇为隆重。进甲宴是老人过60周岁，进入新的甲子以后举行的贺宴。八甲宴、九甲宴是为老人80周岁、90周岁生日举行的贺宴。回婚礼是为纪念结婚60周年而举行的贺礼。不过，举行回婚礼须具备三个条件：其一，时限为结婚60周年；其二，须是原配夫妻；其三，所生子女都健在，且无犯法服刑者。

（教师）笔记

满族习俗

满族人口数约为10 682 262（2000年第五次人口普查统计），散居中国各地，以居住在辽宁的为最多，其他散居在吉林、黑龙江、河北、内蒙古、新疆、甘肃、山东等省区和北京、天津、成都、西安、广州、银川等大、中城市。形成大分散之中有小聚居的特点。现在的主要聚居区已建立岫岩、凤城、新宾、青龙、丰宁等满族自治县，还有若干个满族乡。

在长期的生产活动和社会实践中，满族人民创制了自己的语言和文字。满语属阿尔泰语系满－通古斯语族满语支。在历史过程中，满语的语音发生了演变，因此可以分为清代满语和现代满语。满族先民曾创制借用过几种文字。1599年，女真首领努尔哈赤下令文臣额尔德尼、噶盖用蒙古字母创制出自己的文字，史称老满文或无圈点满文，这是一种拼音文字。1632年，皇太极命达海在老满文的基础上统一字母形式，增加圈点，增加新字母，改进后的这种满文称新满文或有圈点满文。经过改进的新满文更臻于完善。

一、饮食习俗

满族民间农忙时日食三餐，农闲时日食两餐。主食多是小米和高粱米、粳米、干饭，喜在饭中加小豆或粑豆，如高粱米豆干饭。有的地区以玉米为主食，喜以玉米面发酵做成“酸汤子”。东北大部分地区的满族还有吃水饭的习惯，即在做好高粱米饭或玉米糙子饭后用清水过一遍，再放入清水中泡，吃时捞出，盛入碗内，清凉可口。这种吃法多在夏季。饽饽是用黏高粱、黏玉米或黄米等磨成面制作的，有豆面饽饽、搓条饽饽、苏叶饽饽、菠萝叶饽饽、牛舌饽饽、年糕饽饽、水煮饽饽（汉语的饺子）等。满族的饽饽历史悠久，清代即成为宫廷主食。其中最具代表性的是御膳“栗子面窝窝头”，也称“小窝头”。满族点心萨其玛是著名糕点，较著名的还有清东陵糕点，也称“清东陵大饽饽”。

(教师)笔记

清东陵糕点

最早是清朝皇帝到东陵祭祀祖宗时做供品用的，因此也称为“祭饽饽”。做供品时有果馅厚酥饽饽、鱼儿饽饽、匙子饽饽、菊花饽饽、糊面饽饽、炸高丽饽饽、江米糕、黄米糕、七星饼、鸡蛋糕、枸奶子糕、山葡萄糕、山梨面糕等几十种。传入民间制成糕点后，大体分为大小两种饽饽。大饽饽每斤八块，俗称“清东陵大八件”。小饽饽每斤十六块，俗称“清东陵小八件”。

北方冬季天气寒冷，没有新鲜蔬菜，满族民间常以秋冬之际腌渍的大白菜（即酸菜）为主要蔬菜。据传用腌渍的方法储存蔬菜，始于清顺治年间。用酸菜煮白肉、粉条是满族入冬以后常吃的菜肴。酸菜可用熬、炖、炒和凉拌的方法食用，用酸菜下火锅别具特色。配菜也可用来做馅包饺子。在满族人食用的副食品中尤以猪肉为主，兼吃牛肉和野生动物肉，其他牲畜一般是活不杀、死不吃。杀猪时最讲究的是吃血肠，因此流传一句话是“忙不忙，吃血肠”。吃猪肉时不炒菜，而是大锅煮熟肉块，放菜也就是切一些酸菜，用盆或大碗满满盛上围坐在一块吃。

满族的进餐习俗和饮食礼仪很多。如祭祀用过的神糕、神肉，路人可以分享，但一般不能带走，吃完后不允许擦嘴；家中人就餐，长辈不动筷前，晚辈人绝不动筷；过年杀年猪时，有把亲友、邻里请来同吃白肉血肠的习惯。

二、礼仪习俗

满族重视礼节，有尊上、敬老、好客、守信的美德。在待人接物方面，满族也有严格的礼仪要求。满族是个好客的民族，真是“有朋自远方来，不亦乐乎”。如有客人来家，全家人都要穿戴整齐，到门外去迎接。即便是现在，有的满族也不习惯穿着睡衣或衣装不整地接待客人，因为这被视为对客人的怠慢或不礼貌。满族自古有“内眷不避外客”的习俗，特别是初次登门的客人，主人还要

主动向客人介绍内眷，以示敬意。留客人在家吃饭时，也是很讲规矩的，“酒要斟满、茶斟半碗”，因为有“酒满敬人、茶满欺人”之说，而且客人不放筷子，主人不能先放下筷子。主客之间边吃边说，小辈绝对不许插嘴，但格格（未出嫁的姑娘）例外。外出做客时，长辈与小辈不能同席，父子不同桌。小辈一般都另开一桌。

●见面礼

平时上街见面，各自都应分清长幼请安问好。男人皆施问安礼（即请小安）或施打千礼（即请大安），待长辈回话，方能动身。女人则施蹲安礼（即侧身半躬身，双手扶膝微微下蹲）。

●问安礼

满族人以前施问安礼，一般每隔三五天都要向本族长辈问安，无论多少户居住一地均不能遗落此礼。后来，施此礼稍弛，但晚辈离家较久归来时，一般都要向本族中长者问安，都要施三拜九叩的磕头礼，在第二拜时要后退半步。

●辞岁礼

为满族礼仪中较大的举动。在除夕这一天，吃过晚饭，阖家老少，均得到户外走一走，首先到供祖先的自家的祖宗牌位前三拜九叩，然后逐家叩拜，行二拜六叩礼。这种礼不分门户、贫富之别，也不论平日亲疏，一般要求拜至午夜间（即民俗中的放鞭炮煮饺子接财神时）为止。

●拜年礼

从正月初一早饭后开始。行拜年礼与辞岁礼不同，一般要求有选择地到本家长辈家施叩拜大礼。现在，由于各种原因，满族的礼仪渐渐废弛了一些，但是敬祖先、孝父母、礼宾客之礼犹存。

●满族婚俗

满族青年男女相爱后，婚前有一个“相看”的程序，即男方母亲到女方家观看姑娘的容貌，询问年龄，并考察姑娘家的有关情况等。如果各方均满意，男方母亲就送一份礼物给女方家，婚事就算确定了。结婚前几天，男方家要给女方家送彩礼（俗称“过礼”）。彩礼一般比较丰厚，有衣服、首饰、器皿和现金等。结婚前一天，新娘由陪娘陪伴，坐轿或坐车到男方家附近预先借好的住处下榻，俗称“打下墅”，第二天由男方在下榻处迎娶新娘。这种风俗源于历史上清朝军队多年征战，长年不归，满族姑娘赴军营完婚，需先在军营附近借房暂住，久而久之，便成一俗，现此俗已变，改为在女方家迎娶。

结婚这天，由父母子女俱全的长辈妇女布置洞房，铺好床后，在被子四周放置枣子、花生、桂圆、栗子，取其“早生贵子”之意，然后在被子中间放一如意或苹果。同时在洞房内奏乐，称为“响房”。喜轿要装扮得十分漂亮，并摆在院子里，叫做“亮轿”。

婚礼这天，新郎由长辈陪同到女方家迎亲，在女方家向岳父岳母叩头后，然后有人陪着在一个单独的屋内住下。这一天，新郎、新娘不能见面。第二天，选定良辰，请新娘上轿，即可迎娶新娘返家。一路唢呐高奏，鼓乐喧天，吹吹打打地一直把喜轿抬到洞房外。进洞房前，地下放一火盆，新娘的喜轿从火盆上经过，据称这是为了避邪。喜轿到了洞房门前，新郎手拿弓箭，向轿门连射三箭，俗称“箭射新娘”，射完后新娘才能下轿，新娘下轿后，有人将一个红绸扎口、内装五谷杂粮的花瓶（俗称“宝瓶”）放在新娘手中。接着在门槛上放置马鞍，让新娘从上面跨过去。当新娘在床上坐稳后，新郎就可以揭去姑娘头上的盖布。这时候，新郎新娘按男左女右的位置并肩坐在新床上，举行坐帐仪式：由长辈妇女把新郎的右衣襟压在新娘的左衣襟上，然后新郎新娘喝交杯酒，吃半生不熟的面食，以含“生子”之意。

接着还要举行拜堂仪式：新郎新娘要拜天地、祖先、父母和长辈，夫妻要对拜。在这过程中，新郎要用秤杆挑下新娘头上的盖头，然后将它放在院中的帐篷顶上，盖头揭下后，新郎要用手抚摸新娘的头发。秤杆揭盖头取“称心如意”的意思，抚摸头发，象征白头偕老。晚上也有闹房的习俗。婚礼期间，男女双方家里都要大宴宾客，接受亲朋好友和来宾的祝贺。

新婚夫妇入洞房，上床时花烛不能吹灭，要用扇子扇灭。

满族婚礼有比较固定和较为繁琐的礼节，散居在各地的满族举行婚礼的过程也略有出入，但总的过程可归纳为：相看、送小礼、过彩礼、婚礼、回门五个部分。满族办喜事接新娘要选一个良辰吉日。吉日订妥后，在娶亲前，男方要给女方家送老酒一坛（30斤）、肥猪一头作为女子宴请亲朋好友所用。

娶亲去的人为单数，即新郎、媒人、两个娶亲婆、一个压轿男

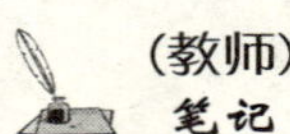
（教师）笔记

孩。新郎到女方家，进院首先要到上屋面向西给老佛父叩头。新娘在鼓乐声中挥泪与家人告别，母亲则把新娘的洗脸水泼在花轿停放过的地方。

●礼仪禁忌

满族有一些禁忌，至今仍保留着。如满族至今有放犬的习俗，家家养狗，但不杀狗，不吃狗肉，不戴狗皮帽子，不铺狗皮褥子，不用狗皮制品。满族也不准打射乌鸦、喜鹊，也曾有“神鹊救主”的传说。在满族老百姓院子中，都喜欢种柳树，而且不许在柳树下拴马、喂家禽等。

三、节日习俗

满族许多节日均与汉族相同。主要有春节、元宵节、二月二、端午节和中秋节。节日期间一般都要举行“珍珠球”、跳马、跳骆驼和滑冰等传统体育活动。

●颁金节

是满族“族庆”之日。1635 年农历十月十三日，皇太极发布谕旨，正式改族名“女真”为“满洲”，这标志着一个新的民族共同体的形成，称“颁金节”。1989 年 10 月，在丹东“首届满族文化学术研讨会”上，正式把每年 12 月 3 日定为“颁金节”。

●上元节

即农历正月十五日，俗称“元宵节”。同汉族一样，满族也有元宵挂彩灯和吃元宵的习俗。

●走百病

满族妇女的节日。一般在农历正月十六日。当晚，妇女们三五成群，结伴远游，或走沙滚冰，或嬉戏欢闹，叫做“走百病”。

●二月二

俗称“龙抬头”日。当日晨，满族人家把灶灰撒在院中，灰道弯曲如龙，故称“引龙”。然后在院中举行仪式，祈求风调雨顺。全家人还要吃“龙须面”和“龙鳞饼”。妇女们这天不能做针线活。

(教师)
笔记

●中元节

满族以农历七月十五为中元节，也视为超度亡灵的“鬼节”。届时，各处寺院设立道场，燃灯念经，要举行各种超度仪式。

●开山节

满族人民在每年中秋以后，或农历九月中旬（具体时间不定）为采集草药获得丰收而进行的祝福活动。在过去，东北满族村落中每年开山节都要面对长白山，进行祝福祷告，感谢山神给予采药人的丰富恩赐，在这一时期采到的人参则要供奉在自家的神龛中。

●腊八节

满族人家农历腊月初八要泡“腊八醋”和煮“腊八肉”。除全家人吃外还要分送亲友。

●小年

满族过小年的习俗与汉族相同。腊月二十三日为“小年”。届时家家户户要祭祀灶神，俗称“送灶王爷”。

挂旗过年

满族初分“红、黄、蓝、白”四旗人。春节时，红旗人在门上贴红挂旗，黄旗人在门上贴黄挂旗，蓝旗人在门上贴蓝挂旗，白旗人在门上贴白挂旗。这些挂旗图案优美，色彩鲜艳，象征着一年的吉祥开端。

四、宗教信仰习俗

满族曾信仰萨满教，早期分宫廷萨满和民间萨满两种。清代历朝皇帝举行各种祭神祭天典礼，如宫廷萨满设“堂子”祭天，都用满语诵经跳神。直到20世纪40年代，在东北的宁古塔（今黑龙江省宁安）和瑷珲等地，满族民间仍保留有萨满教。民间萨满又分以跳神为职业的萨满和管祭祀的家萨满两种，现已消失。

满族很早就信仰原始萨满教。萨满教是在满族及其先人对自然

(教师)笔记

和社会现象的原始理解下产生的，并逐渐形成一种信仰。清代乃至民国期间萨满教还很流行，新中国成立以后随着科学文化水平的不断提高，萨满教已经逐渐消亡。满族萨满教崇祀祖先神、英雄神和各种自然神、动物神。

萨满教的各种活动是由萨满来主持的。在各姓氏部落中，都有自己的萨满，有家萨满和野萨满两种。家萨满主要是主持家神祭祀活动，这种祭祀一般有定期，主要包括祭天、祭祖、换索和背灯祭。野萨满主持放大神，野祭主要祭祀各种动物神灵。各姓萨满祭祀的程序和内容并不完全相同，各有自己的特点。满族建立政权尤其是入关之后，萨满教活动并没有停止，乾隆年间制定了《钦定满洲祭神祭天典礼》，主要有堂子祭和坤宁宫祭，不过祭祀的程序内容已不同于民间萨满祭祀。

满族萨满被称为神与人之间的联系人，他们有跑火池和上刀梯等特殊本领，人们相信他们具有神灵附体的能力，能够医治百病、驱邪祈福和预测占卜，所以在社会上很受尊敬。他们的服饰用具虽大致相同，但依部族之不同也有区别。萨满神帽上的装饰有鸟类、兽类、鱼类，穿彩色神衣，用手鼓、腰铃、神刀以及其他乐器。萨满不但要表演各种动作，还会唱满语的萨满祝辞，这更使萨满具有神秘色彩。

萨满教是满族长期以来形成的文化现象，在其中保留了许多满族特有的民族文化。萨满教信仰在新中国成立以后很快淡化下来，但作为一种民族文化的特殊载体，在今天已成为学者们研究的对象。近年来已出版了数十种有关萨满教研究的著作，使人们对满族的历史文化和传统观念有了更深刻的了解。

（教师）
笔记

侗族习俗

侗族，人口有2 960 293人（2000年第五次全国人口普查统计数据）主要分布在贵州省的黎平、从江、榕江、天柱、锦屏、三穗、镇远、剑河、玉屏，湖南省的新晃、靖县、通道，广西壮族自治区的三江、龙胜、融水以及湖北恩施、宣恩、咸丰等县。侗语属汉藏语系壮侗语族侗水语支，分南部、北部两个方言。原无文字，沿用汉文。新中国成立后，根据我国的民族政策，经语言学家的努力，1958年创立了侗族文，是采用拉丁字母的拼音文字。主要从事农业，兼营林业。林业以产杉木著称。以生产鱼粳稻为主，善用稻田养鱼。有自己的民间戏曲——侗戏。侗族的村落依山傍水，以南部地区最富有特色。村头寨尾多蓄有古树，溪流上横跨“风雨桥”，寨中鱼塘四布。按族姓聚居，鼓楼耸立其间。住“干栏”房，楼上住人，楼下关养牲畜和堆置杂物。

一、饮食习俗

侗族的饮食文化自成一体，其丰富多彩的饮食文化中包含了许多神奇的内容。侗族人民的饮食以大米为主要食物，平坝地区以粳米为主，山区则多食糯米。普遍喜食辣椒和酸味。自行加工的“酸鱼”、“酸肉”，贮藏数年不坏。用油茶待客，是侗族人民的一种待客习惯。

其饮食文化大致可用“四奇”来概括：

●一奇：杂异的食源

侗族地区大多日食四餐，两饭两茶。饭以米饭为主。平坝多吃粳米，山区多吃糯米。他们将各种米制成白米饭、花米饭、米粥、花粥、粽子、糍粑等。吃时不用筷子，用手将饭捏成团食用，称为

（教师）笔记

"吃抟饭"。侗族习惯于清晨做好一天的饭菜，带上山去食用。其中香禾稻做成的"抟饭"尤为甘美，有"一家蒸饭，全寨飘香"之说。侗族人喝油茶，它是用茶叶、米花、炒花生、酥黄豆、糯米饭、肉、猪下水、盐、葱花、茶油等混合制成的稠浓汤羹，既能解渴，又可充饥。与饭、茶配套的，还有蔬菜、鱼鲜、肉品、瓜果、野味、菌耳和饮料，食源广博而异杂。

挂旗过年

秦、汉时期，在今广东、广西一带聚居着许多部落，统称之为"骆越"（"百越"的一支）。魏晋以后，这些部落又被泛称为"僚"。明代邝露所著的《赤雅》中说，侗族也是属于"僚"的一部分。现在侗族的分布和属于"百越"系统的壮、水、毛南等民族住地相邻，语言同属壮侗语族，风俗习惯也有很多相似之处。侗族可能是由"骆越"的一支发展而成。侗族经过原始社会发展阶段，于唐代由原始社会向封建社会过渡；从唐至清，中央王朝在侗族地区建立羁縻州、土司制度。清初实施"改土归流"，对侗族人民进行直接统治，土地日益集中，进入封建地主经济发展阶段。但是，侗族社会内部某些氏族组织残余，例如以地域为纽带具有部落联盟性质的"合款"，仍普遍存在。每个氏族或村寨，皆由"长老"或"乡老"主持事务，用习惯法维护社会秩序。"合款"分大小。"小款"由若干毗邻村寨组成；"大款"由若干"小款"联合组成。"小款首"由寨内公推，"大款首"由"小款首"商定。共同议定的"款约"必须遵守，款民大会是最高权力组织，凡成年男子均须参加，共议款内事宜。这种组织一直保存到清朝末期和中华民国初期。

蔬菜大多制成酸菜。鱼鲜包括鲤鱼、鲫鱼、草鱼、鳝鱼、泥鳅、小虾、螃蟹、螺蛳、蚌之类，可制成火烤稻花鲤、草鱼羹、鲜炒鲫鱼、吮棱螺、酸小虾、酸螃蟹等风味名肴。肉品主要是猪、牛、鸡、鸭肉，吃法与汉族差别不大。瓜果有刺梅、猕猴桃、乌柿、野杨梅、野梨、藤梨、饱饭果、刺栗、大王泡以及松树嫩皮、桑树嫩皮、香草根等。其中，栎木的果实可做成豆腐，"香树"的皮可洁白牙齿，油茶树上长的“茶泡”是天然的酸甜汁果。野味包括鼠、蛇、蝌蚪、四脚蛇、幼蝉、幼蝗、土蜂蛹、石蛙、囫囵鱼、麋鹿、梅花鹿、麂子以及吃松果长大的松香鸡和松香猪，侗族均能巧加利用。菌耳方面有松菌和鲜美的鸡丝冻菌，还有可制粑粑与粉丝的藤根、葛根，水田生长的细微苔丝，随处可见的竹笋。饮料主要是家酿的米酒和“苦酒”以及茶叶、果汁。据粗略估计，侗族的常见食料不少于五百种，天上飞的，水里游的，地上跑的，草中爬的，只要能吃，无不取食，显示出他们的聪明才智和很强的生存能力。

(教师)笔记

●二奇：无菜不酸

侗族嗜好酸味，自古便有“侗不离酸”的说法，他们自己亦称“三天不吃酸，走路打倒窜。”在侗家菜中，带酸味的占半数以上，有“无菜不腌、无菜不酸”的说法。这些酸味菜的特色是：用料范围广，猪、牛、鸡、鸭、鱼虾、螺蚌、龙虱、白菜、黄瓜、竹笋、萝卜、蒜苗、木姜、葱头、芋头，皆可入坛腌醅。腌制方法巧：先制浆水，加盐煮沸，下原料续煮，装泡菜坛，拌上酒精和芝麻、黄豆粉，密封深埋。保存时间长。腌菜可放两年，腌鸡鸭可放3～5年，腌肉可放5～10年，腌鱼可放20～30年，非有大庆大典不开坛。侗家盛宴，碗碗见酸，而十道大菜组成的“侗寨酸鱼全席”，世所罕见。

●三奇：欢腾的宴席

在侗家人的心目中：糯米饭最香，甜米酒最醇，腌酸菜最可口，叶子烟最提神，酒歌最好听，宴席上最欢腾。侗族人宴客要打“侗粑”，其工艺复杂而细致，品种繁多。例如：加苏子汁的叫“红侗粑”，加杨桐叶的叫“黑侗粑”，带馅的叫“豆沙侗粑”、“枣泥侗粑”等。宴客时泡茶要加柚子皮、冬瓜皮雕成的蜜饯花卉，席上要备畅销全国的“五味姜”，清香适口的“油茶”，清甜软糯的“黑珍珠饭”，水牛肉调制的“酸龙肉”，以及闻名遐迩的“酸草鱼”，为的是宾主一起欢聚共乐。

最有特色的要数客人进寨时特殊的迎宾仪式——“拦路酒”了。侗家人在进入寨子的门楼边设置“路障”，挡住客人，饮酒对歌，你唱我答，其歌词诙谐幽默，令人捧腹，唱好了喝好了，再撤除障碍物，恭迎客人进门。入座后又是换酒“交杯”，邻居或自动

(教师)笔记

前来陪客，或将客人请到自己家中，或“凑份子”在鼓楼中共同宴请，不分彼此。酒席上还有“鸡头献客”、“油茶待客”、“酸菜苦酒待客”、“吃合拢饭”、“喝转转酒”等规矩，欢中有礼，文质彬彬。清人诗云：“吹彻芦笙岁又终，鼓楼围坐话年丰，酸鱼糯饭常留客，染齿无劳借箸功。”正是侗寨欢宴宾客的生动写照。

●四奇：谢厨师

侗族人敬重厨师，也是其饮食文化中一个奇特的内容，在许多宴席上客人与厨师都要对唱，互相致谢。如一首《谢厨歌》这样唱道：“厨师师傅常操心，睡半夜来起五更。坐了几多冷板凳，烧手烫脚费精神。扣肉堆成鲤鱼背，萝卜切成绣花针；肉杂小炒加木耳，猪脚清炖拌香葱。蛋调面粉做酥肉，蜂糖小米做粉蒸。巧手办出十样锦，艺高算得第一名。吃在口里生百味，多谢厨师一片心。”

二、礼仪习俗

侗族人际交往频繁。每逢建造、嫁娶、生育、祝寿、老人过世等，亲朋、近邻都前往祝贺和志哀。村寨间集体做客，根据不同形式分别称“月也”、“勿义”、“勿顶”、“勿客龙”、“勿客衣”等。青年男女婚恋中的“坐月堂”、“勿顶苟毛”等均属社交之列。

●侗族“月也”

在侗族地区，“月也”更能体现侗族人民礼仪为先的道德观。“月也”，侗语意为集体出访做客，是侗族传统交际联谊活动，一般在农历正月和八月。“月也”时间长短由内容决定，参加人数一般是一家一名代表。由寨中有威望的人率领，集体到某友好村寨拜访。甲寨客人快到乙寨时，乙寨众人要到寨口迎接，同时用日常生产工具或生活用具等，设置重重路障，双方摆开歌阵，对唱拦路歌。主队用歌提问，客队用歌回答，答对一次撤除一个路障。如答错，客队就燃放鞭炮，表示歉意和敬意，主队就尽撤路障，迎客入寨，参加丰富多彩的联欢活动，如演侗戏、唱侗歌、舞龙舞狮、赛芦笙等等。“月也”结束，主寨又集结队伍欢送客人，送至寨口又唱拦路歌，表示挽留。彼此别情依依，表现相互之间的团结友爱情谊。

●迎接客人

侗族是一个崇尚文明、礼仪的民族。凡有人进家，不论认识与

（教师）笔记

否，都视为客人，热情招呼，端凳让座。进出不得从客人面前过；若非过不可，得先说“得罪了，过面前了”。进餐前先端水给客人洗手，然后才请客人入席。

侗族待客最隆重的礼仪要数合拢宴。侗寨里有了喜事或来了贵客，便会摆起合拢宴。廊桥里长桌摆了几十米长，近百人坐在长桌的两边。随着侗寨主人一声响亮的号子，大家站了起来，手挽着手围着长桌一边唱一边转，会唱的跟着调子唱，不会唱的在热烈的气氛感染下也放开喉咙喊叫着。转了一会儿，又向回转，转到原来的位子时便停了下来。大家互相敬酒，互相祝福。不一会儿，那些侗族小伙子和小姑娘们便三五成群地来到宾客的面前，唱起了敬酒歌，大有让客人一醉方休之势，酒歌此起彼伏，处处是欢乐。

侗族是一个民风古朴、热情好客的民族，一直以来就流传着“抢客”习俗。所谓“抢客”，据当地人介绍，就是在节庆日，一个寨子的侗民到另一个寨子做客，客人入寨，主人就会蜂拥而至，尽其所能哄抢客人，场面热闹非凡。当然，也有抢不到的，那就只好到客人多的人家去商量，要求分客人，客人多的人家不同意，则提出建议：没有客人或客人很少的人家可将自家食物搬过来一起吃，桌子不够就架板子拼起来，这就是后来的合拢宴。合拢宴时侗家将自己腌制多年的鱼、肉、鸡都拿出来招待客人，是侗家人待客的最高礼节。

三、节日习俗

各地侗族大多要过春节，时间也是正月初一。有些地方在十月底或十一月初择日过侗年。四月八日或六月六日为祭牛节，节日时不准使用牛。此外，还有抢花炮的花炮节，吃新米的吃新节，停止生产活动、开始禁日的活动以及各姓氏自己过的姓氏节等。

●赶歌会

农历七月二十日，是贵州省剑河县高坝地区侗族人民的盛大节日——赶歌会。这一天，姑娘、小伙子们打扮得利利落落，约上伙伴，三三两两赶赴高坝歌场。在这之前，青年们一般会把农活提前干完，同时积极收集、改写或新编大量山歌或情歌，以便届时同歌中强手匹敌。中午，赶歌会的中心——高坝寨头的绿草坡变成了人山歌海。曲调别致的盘歌、情歌、山歌声此起彼伏。男女青年们借歌会寻找自己的新友故交，道情表心，谈天论地，或者交替唱起令

（教师）笔记

人陶醉的情歌，直到第二天黎明。有不少青年人是通过歌会成为幸福伴侣的。传说，高坝赶歌会是为了纪念一个忠于爱情的侗族女歌手而兴起的。

●姑娘节

“姑娘节”是湘、黔、桂边界侗族妇女的节日。时间在每年农历四月初八“姑娘节”。相传这个习俗来自侗族杨姓。每年这一天，出嫁了的姑娘，必须要回到娘家来，与自己家的亲姊妹和姑嫂们欢度佳节。届时，姊妹们唱歌说笑，共同制作一种节日食品——乌饭糍粑。在她们回婆家去的时候，还要带着许多乌饭糍粑，分赠给亲友吃，也好补偿“姑娘节”这一天小伙子们的寂寞。四月初八吃乌饭（又叫“黑饭”）是一个很古老的风俗，据说是为了纪念侗家女英雄杨八美。乌饭是用一种带黑色浆汁的叶子渍水，把侗区特产的“糯禾米”染黑、蒸煮而成的。

●花炮节

侗族一年一度的花炮节，各地举行的日期不同。三江侗族自治县是正月初三（农历，下同），梅林是二月初二，富禄是三月初三，而林溪却是十月二十六。花炮分为头、二、三炮，每炮都系上一个象征幸福的铁圈，外用红绿线包扎。燃放时以火药铁炮为冲力，把铁圈冲上高空。当铁圈掉下来时，人们便以铁圈为目标，蜂拥争夺，谓之“抢花炮”。据说，谁抢得花炮，谁在这一年里就能人财两旺，幸福安康。集会地点还唱侗戏、演彩调、吹芦笙、“多耶”、打篮球等助兴。花炮节在侗族人民的心中，是最热闹的节日。

●斗牛节

侗家人喜欢斗牛为乐，村村寨寨都饲养着善斗的“水牛王”。每年农历二月或八月逢亥天为“斗牛节”。在这之前，先邀约敌手。亥日清晨，牛王在阵阵的锣鼓声和芦笙音乐中，被前呼后拥地牵往打牛塘。午时许“踩塘”开始。在锣鼓伴随的芦笙进行曲中，一支支斗牛队伍赶往打牛塘。三声炮响后队伍驰进打牛塘，绕场三圈。呼声、芦笙、锣鼓响成一片，震耳欲聋。这时，“踩塘”完毕，斗牛开始。打牛塘内，烟尘滚滚，两头牛王打成一团。拉拉队在一旁鸣锣呐喊助威。久斗不分胜负时，罗汉们会取来棕绳拴住两头牛王的脚往后拉，犹如拔河之状，以解脱双方的搏斗，算平局。若是一方输了，那么胜利者就乘胜追击，失败者的彩旗就被对方的姑娘们全部夺去。接着又是得胜的牛王在鞭炮声中以胜利者的姿态再次入场示威。

(教师)笔记

四、宗教信仰习俗

侗族社会信奉多种神灵，万物有灵和灵魂不死是其宗教信仰的思想基础，主要有自然崇拜、灵魂与祖先崇拜、萨子（女性神）崇拜等。20 世纪初，个别地区虽有天主教和新教传入，但本民族固有的宗教信仰仍然流行。

侗族的宗教祭祀活动一般由鬼师主持，鬼师也称“巫师”。大凡病痛、灾祸、家宅不宁及发生自然灾害时，人们认为是不同的鬼怪精灵在作祟。因此，就要请鬼师驱鬼。鬼师察看巫书或以占卜法，判断何方何鬼作祟，应用何物禳解。重病久病者，被认为是鬼怪将其魂魄偷走，要请鬼师“撵鬼追魂”。如果村寨发生流行病或火灾，也要由鬼师主祭扫寨。鬼师有的世袭，有的由寨老兼任。鬼师“赶鬼”收受供品作为酬报。

●自然神崇拜

侗族相信万物有灵，认为自然界各种物类和自然现象都有神灵主宰，并影响人们的生产和生活。因而崇拜众多的神灵。

土地神　分为桥头土地、寨头土地和山坳土地等几种。每个村寨大都设神龛供奉，只有牌位，无神像；有的供一块石头，也有悬挂猪下颌骨的。人们以为土地神执掌人畜兴旺，地方安宁，并震慑猛兽。逢年过节或遇自然灾害，必须用猪、羊、鸡等献祭，祈求丰收和平安。出猎前，狩猎的引头人须到溪沟里捞取三尾小鱼作为供品，烧香化纸敬祭土地神，然后领队上山。猎获后，要向土地神谢恩。

水神　岁首要敬祭水神。这天，妇女到河里或水井汲水，须先在河边或井旁点香烧纸，然后才能取水回家。榕江县车寨的妇女，还合办酒菜到井边祭祀，围在井边，歌颂水井，祝愿井水终年长满，四季清甜。

牛神　农历四月初八或六月初六祭牛神，称为“牛辰节”或“洗牛身”。是日要让牛休息，并用鸡、鸭等祭品在牛栏旁边设案祭祀。有的还用特制的黑糯米饭喂牛，对其为人耕作表示谢意。

（教师）笔记

●祖先崇拜

除本族共同的女祖先、男祖先和英雄人物外，每个家族和家庭还各自奉祀自己的先人，而妇女又单独供奉郎家神和外家神。

萨丙　侗族共同供奉的女祖先，被认为是本民族的最高护佑神。黎平、从江、榕江、通道和三江等县的侗族村寨都有名为“萨殿”或“堂萨”、“然萨”的神坛。有的在庙内，有的设于露天。庙内的神坛为直径约1米的白石堆，上插一把半开半闭的黑纸伞，上披挂网形剪纸；石堆周围还垒有12或24个小白石堆，或立12或24根小木桩，网状剪纸环绕神坛，作为萨丙的卫士。露天神坛，是用石头围砌的圆形土堆，直径3米多，高1米许；周围植以芭蕉或荆棘。土堆上放两口上下盖合的大铁锅，锅内置有衣服、银器及其他用具，也有置一檀木雕刻的女人头像的。土堆上栽黄杨树，象征萨丙万古千秋。安置神坛及供献丰盛祭品，由鬼师主持祭祀。管理萨丙神坛事务的被称为“登萨”，一般由老年妇女担任。农历每月初一、十五，要烧香化纸和供茶。农历正月初三或初七、二月初七（春种前）和八月初七（秋收前），为隆重祭祀日。有些地方每次都要升寨旗，连祭3天，其间还要举行名为“耶萨”的集体娱神活动。青年男女尽情歌舞，对唱“祭祖歌”和“侗族创世纪”等歌。盛祭之年，有些地方还要由登萨装扮萨丙女神巡乡游寨。广西龙胜、三江一带，侗族妇女还供奉郎家神和外家神。每个村寨有郎家庙，几个村寨合祀一个外家庙。每年农历三月初，各家老、中年妇女携带茶叶、米花等物，到庙前煮油茶献祭，祈求家庭和睦，子孙满堂。

三容神　是湖南通道侗族自治县黄柏一带侗族供奉的男祖先。每逢子年和午年的农历八月十五要举行一次阉牛仪式（须用外地买来的公牛），祈求人口繁衍，村寨兴旺。届时由鬼师念“祭牛词”，然后将公牛赶入深潭淹死，割下外生殖器供于三容神前。接着开刀割肉，称为“沉牛祭神，砍肉祭天”。同时利用这一天集体议事。仪式结束后，由寨老将牛肉分送各家。

●丧葬仪式

侗族认为只有阴间的祖先亡灵安宁，阳世子孙才能得到保护，因此注重丧葬礼仪。凡老人死后，要请鬼师择吉日吉时入棺、出殡、埋葬。由鬼师念“送祖词”开道引路，指引亡灵与历代祖宗在

“雁鹅村头”相会，然后去龙宫定居。老人正常死亡的，葬于家族公共墓地，以速葬为上吉，多为朝逝暮葬。但也有待村寨内同庚老人都已谢世后，择吉日同时安葬的。老人死后，从埋葬日起，须在家设灵牌奉祀三年。期满引灵入香火堂，与祖先并列。清明节，各家族先到公墓集体祭祀共同的祖先，然后各家分别到自己先人坟上献祭，最后集合同宴。属非正常死亡的，多采取入土浅葬，三年后再作二次葬，或先火化后土葬，但均不得葬于公墓。

(教师)笔记

(教师)
笔记

瑶族习俗

瑶族是我国的少数民族之一。自称“Mien（勉）”、“金门”、“布努”、“炳多优”、“黑尤蒙”、“拉珈”等。因为经济生活、风俗习惯的差异，又有“盘瑶”、“山子瑶”、“顶板瑶”、“花篮瑶”、“过山瑶”、“白裤瑶”、“红瑶”、“蓝靛瑶”、“八排瑶”、“平地瑶”、“坳瑶”等称谓之别。中华人民共和国成立后，统称为“瑶族”。瑶族人口有2 637 421人（2000年第五次全国人口普查统计数据），主要分布在广西壮族自治区和湖南、云南、广东、贵州等省。瑶族分布的特点是大分散、小聚居，主要居住在山区。瑶族有自己的语言，但支系比较复杂，各地差别很大，有的甚至互相不能通话。通用汉语或壮语。没有本民族文字，一般通用汉文。

一、饮食习俗

瑶族一日三餐，一般为两饭一粥或两粥一饭，农忙季节可三餐干饭。过去，瑶族常在米粥或米饭里加玉米、小米、红薯、木薯、芋头、豆角等。有时也用“煨”或“烤”的方法来加工食品，如煨红薯等各种薯类，煨苦竹笋、烤嫩玉米、烤粑粑等。居住在山区的瑶族，有冷食习惯，食品的制作，都考虑便于携带和储存，故主食、副食兼备的粽粑、竹筒饭都是他们喜爱制作的食品。劳动时瑶族均就地野餐，大家凑在一块，拿出带来的菜肴共同食用，而主食却是各自所携带的食品。

常吃的蔬菜有各种瓜类、豆类、青菜、萝卜、辣椒，还有竹笋、香菇、木耳、蕨菜、香椿、黄花等。瑶族地区还盛产各种水果。蔬菜常要制成干菜或腌菜。云南的一些瑶族喜欢将蔬菜做得十分清淡，基本上是加盐的白水煮食。有的直接用白水煮过之后，蘸用盐和辣椒配制的蘸水，以保持各种不同蔬菜的原味；肉类也常要加工成腊肉。广西的瑶族烹调肉类一般用干炒、水煮，放盐调味，用佐料的较少，而肉类则要做成味道十分浓郁的菜肴；鲜肉或腊肉，先炸烤焦黄，然后再煮。

瑶族人喜欢吃虫蛹，常吃的有松树蛹、葛藤蛹、野蜂蛹、蜜蜂蛹等。瑶族人还喜欢自己加工制作蔗糖、红薯糖、蜂糖等。

瑶族人大都喜欢喝酒，一般家中用大米、玉米、红薯等自酿，每天常喝2~3次。云南瑶族喜用醪糟泡制水酒饮用，外出时，常用竹筒盛放，饮时兑水。

广西地区的瑶族还喜用桂皮、山姜等煎茶，认为这种茶有提神、清除疲劳的作用。很多地区的瑶族喜欢打油茶，不仅自己天天饮食，而且用油茶招待宾客。

瑶族人口较多，分布较广，各地均有独具一格的风味食品，典型的有：油茶、粽粑、荷包扎、清汤脆肚、罐腌猪肋骨、干笋焖鸡、酸菜蒸鲫鱼等。

二、礼仪习俗

瑶族对祖先很尊敬，习惯在进餐之前先念祖先几辈姓名，表示祖先先尝后子孙才能受用。尤其对丰盛的餐食更是如此。每逢节日，必备猪肉、鸡、鸭和酒等祭拜祖先，吃饭座次也有讲究：老人和尊贵的客人须坐上座。遇有客人，要以酒肉热情款待，有些地方要把鸡冠献给客人。瑶族在向客人敬酒时，一般都由少女举杯齐眉，以表示对客人的尊敬；也有的以德高望重的老人为客人敬酒，被视为大礼。

在过山瑶中，喜用油茶敬客，遇有客至，都习惯敬三大碗。意为“一碗疏、二碗亲、三碗见真心”。瑶族老人也喜欢饮茶，故茶水也是待客饮料。款待客人时，鸡、肉、盐一排排地放在碗里，无论主客，必须依次夹吃，不得紊乱。客人和老人每吃完一碗饭都由妇女代为装饭。盐在瑶族食俗中有特殊的地位，瑶区不产盐，但又不能缺少盐。盐在瑶族中是请道公、至亲的大礼，俗叫“盐信”。凡接到“盐信”者，无论有多重要的事都得丢开，按时赴约。

瑶族人民的热情好客，与汉族地区比较，真是有过之而无不及。凡是进入瑶家的客人，都会受到尊重和热情款待。

三、节日习俗

瑶族的节日较多，瑶族除过春节、清明节、端午节、中秋节等

（教师）笔记

外，还有自己特有的传统节日，如盘王节、祭春节、达努节、耍歌堂、啪嗄节等。节日里因为人多，饭一般不用铁鼎锅煮，而用木甑蒸，这种饭香气更浓。每逢节日，瑶族人家还要做粑粑。节日菜肴主要是鸡、鸭、鱼、猪肉、豆腐、粉丝以及各种蔬菜。有的地方瑶族四月初八还要煮乌米饭。在湖南江水县的瑶族姑娘，每年农历四月初八过“野餐节”时要吃花蛋，制作花粑粑，吃花糖。姑娘们在吃花蛋、花糖和花粑粑时，小伙子不许偷看，违者还要受罚。

●耍歌堂

耍歌堂是连南排瑶祭祀祖先、庆祝丰收的大型娱乐活动，多在农历十月十六日以后进行，时间的长短不一，约为3～9天，届时家家备水酒、糯米粑粑招待客人。瑶族祭神，一般用猪、鸡、鸭、蛋、鱼等食品，忌用狗、蛇、猫、蛙肉。瑶族办丧事，必须砍牛祭祀。砍牛的头数视家庭情况而定，有的杀七八头之多。办丧事酒席，有些地方以猪肉、豆腐为主。

歌堂，是瑶族青年男女谈情说爱、唱歌求偶的节日。当节日到来之前，各家各户都得事先通知远近的亲友前来观光。节日之夜，男女青年围着篝火，对唱情歌，以歌传情，通宵达旦才罢休。节日期间，人们穿着新衣裳，戴上新头巾，插上锦鸡毛；街头巷尾，熙熙攘攘，好不热闹。“耍歌堂”开始，即把祖公的牌位从庙中抬出来巡游、拜祭。后面伴随有锣鼓和腰鼓队，燃放土铜炮。当中老年人抬着祖公神像巡游街巷时，广场上聚集着一群群女青年，男青年则两个一对、三个一伙，对着年轻姑娘唱起歌来。参加唱歌的青年，有时达八、九十对。小伙子一支又一支，姑娘们仔细地打量着唱歌的小伙子，暗暗地选择心爱的人。小伙子们也尽情地唱，以求得姑娘的欢心。白天在歌堂上认识后，晚上便可独自向姑娘唱歌求爱。节日期间，每户人家做20～30斤的糯米糍粑，招待亲戚朋友。每户还出若干水酒（7斤左右），供人们任意饮用。

●盘王节

每年农历的十月十六是瑶族隆重的“盘王节”。节日里最热烈的场面要数跳黄泥鼓舞，据说这是为了纪念瑶族的祖先——盘王。一只母鼓相配四只公鼓组成舞群。母鼓斜挎胸前，用双手拍击；公鼓则是竖着拿在手中，用左手敲击，动作随着音乐的变化，舞姿雄健洒脱。跳黄泥鼓舞母鼓的鼓点最重要，它指挥和掌握着整个舞蹈

（教师）笔记

的节奏，公鼓是合着母鼓的鼓点变化的。因此担负打母鼓的常常是寨子里的老鼓手。黄泥鼓敲响之后，几位装扮漂亮的姑娘，手持花巾，踩着鼓点穿插其中，边歌边舞，高潮时，围观的群众情不自禁地加入歌舞的行列。公鼓和歌队把母鼓紧紧围在当中，犹如众星拱月，母鼓又不时和公鼓对应敲打，整个舞场充满了欢声笑语。但自1984年第一届全国瑶族盘王节在广西南宁举行后，盘王节已成为全世界瑶族人民交流思想感情、振奋民族精神的节日，或以全国、全省、全县、全乡（镇）为单位组织，规模大小不一。

●达努节

达努节又称“祝著节”、“祖娘节”、“瑶年”、“二九节”，是广西马山、隆安、平果、巴马、都安等地瑶族人民最隆重的传统节日。“达努”在瑶语中的意思是“不要忘记”。达努节以农历五月二十九日为正日，一般欢庆三天。节日的周期各地略有不同，是根据当地习俗、作物收成、人畜兴旺等情况决定的，一般一年一次，也有的地方三五年一次，或十二年才一次。节日来历有不同说法。

达努节这天（农历五月二十九日），布努瑶村寨几乎家家户户都杀猪宰羊，杀鸡染蛋，聚餐痛饮。各个村寨大摆歌台。人们身着节日盛装，提酒带肉，敲起铜鼓，吹奏唢呐，对唱山歌，还举行赛马、斗鸟、赛弓箭等比赛活动，将节日的气氛推至高潮。特别是那些年轻的姑娘，头裹刺绣图案精致的黑头巾，耳戴银环，胸挂项链，手戴银镯，身围彩裙，使节日更添美丽的色彩。达努节最重要的活动是打铜鼓、跳铜鼓舞。铜鼓分为公铜鼓和母铜鼓。铜鼓表演需要五人出场：两人打铜鼓，一人打铜锣，一人敲皮鼓，一人舞竹帽。锣声先响，接着铜鼓、皮鼓有节奏地敲响。铜鼓有十二套传统的打法，从不同的角度，用不同的方法表现耕作、狩猎等与自然搏斗的场景。其动作粗犷有力，舞姿优美大方。舞竹帽者，穿插在上述四位锣鼓手之间，不时作出幽默可笑的动作，逗得观众捧腹大笑。鼓点铿锵，舞姿淳朴，风格粗犷剽悍。表演者虽谈不上有多少艺术感觉，但在劳动中演练出的舞步，清新刚健，舞者配合默契和谐，不时博得观众的喝彩。最佳的舞者还能得到“鼓王”之美誉。

达努节是瑶族人民不忘母恩的纪念日，它生动再现了瑶族先民狩猎、农耕、与大自然斗争的情景。密洛陀是瑶族人民心目中的祖先，从她身上可以看到祖先创世的艰辛和征服自然为民族造福的崇高精神，以及瑶族人民对幸福生活的憧憬以及对美的向往和追求。

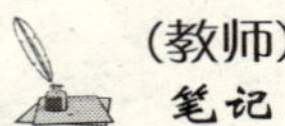
（教师）笔记

瑶族达努节的由来

相传在天地混沌的洪荒时期，有两座一样高的宝山，相隔一里，右边那座叫“密洛陀山”，左边那座叫“布洛西山”。这两座山每年靠近一尺，经过995年，它们靠近了995尺，眼看两座宝山就要挨在一起了。农历五月二十九日，天上突然响起一声霹雳，两座山同时裂开两道缝，从布洛西山走出一个高大的男人，从密洛陀山走出一个壮实的女人。后来这对男女结成了美满的夫妻，男的名叫布洛西，女的就叫密洛陀。不久，他们生了三个女儿。女儿大了以后，妈妈密洛陀就让她们各自外出，自谋生路。大女儿扛着犁耙到平原去犁地耙田，她的子孙成了现在的汉族；二女儿挑了一担书去读，她的后代就成了现在通晓琴棋书画、能吹拉弹唱的壮族；三女儿则拿着密洛陀给她的一斗谷子到山里去开荒种地。谷子发芽了，野猫出来刨；禾苗分叶了，麝香羊出来啃，最后连种子也没收回来。无奈之下，三女儿跑回来向密洛陀哭诉，希望得到帮助。密洛陀听后安慰三女儿道：“家里面还有一面铜鼓，你拿去吧。它可以帮你驱赶野兽，又可以给你带来快乐。”三女儿将母亲的话记在心里，烦闷时，一敲铜鼓，愁云顿消；鸟兽来吃庄稼时，铜鼓一敲，鸟兽果真逃之夭夭。就这样，第二年三女儿获得了丰收，以后就留在山里传宗接代，成了现在的瑶族。所以，瑶族世世代代居住在深山里，铜鼓成了瑶族的传家宝。随着岁月流逝，密洛陀不知不觉就老了。有一天，她把三个女儿叫回来说：“五月二十九日是我的生日，到那天，你们来给我补粮。”她还特别嘱咐三女儿道：“你没有什么丰盛的礼物，到时候只要酿一缸小米酒，带四两新麻来顶作献牲就可以了。生日前三天，你拿铜鼓来闹场。”为了报答母亲的恩德，三女儿一一照办了。所以，瑶族的达努节是由农历五月二十六日开始，到二十九日结束。届时，每家每户都以四两新麻祭祀，以示永不忘记瑶族祖先的生日。

(教师)笔记

●干巴节

“干巴节”，是瑶族人民的传统佳节，每节农历三月初三举行。农历二月下旬各村寨的瑶族便忙碌起来，商议节日活动的内容，然后各村分头准备。上山狩猎的村寨，负责修理枪支、充火药、打码子、做弓弩等。下河捕鱼的村寨也置渔网、渔叉等器物。

节日这天，天刚蒙蒙亮，原商定上山围猎的村寨的成年男子，手持火枪、弓弩，带上粑粑等食物，上山围猎，老年人和妇女则在家中宰鸡杀鸭，染制各种糯米饭，舂粑粑，准备酒菜。男子上山获得的野物，拿回来分配时，人人有份。要是捕获不到野物，就会被人们嗤笑。尤其是“门胞”（小伙子）要被“门煞”（姑娘）所轻视，因此上山狩猎的“门胞”总是不辞艰险，千方百计地捕获野物。原商议下河捕鱼的村寨也在黎明之前出发，男女老少结队而去。捕到的鱼虾，也按户分配，共享节日的欢乐。傍晚，人们回到寨中，互相串门，互相祝贺，取出香甜的米酒，吃着香味扑鼻的糯米花饭，用当天的猎物或鱼，美美地饱餐一顿，但或多或少要留下一部分，挂在火炉边上，烤成野味干巴，用以招待最亲近的人。晚上，男女青年围在火炉边，唱起动人的歌谣。

●赶鸟节

每年二月初一，是瑶族人民的“赶鸟节”。年年到了这一天，不管天晴下雨，方圆五六十里的山寨男女青年，穿上一色宝蓝衬白镶边的节日民族服装，扎着彩色的头帕，套着绣花的鞋袜，撑着青布洋伞，一伙伙，一群群，聚会山头。成双成对，对坐于青草坪、岩头上，或依偎在茶树蔸、松树下，甜蜜地对唱情歌、山歌、猜字歌、谜子歌，从日出到月升，渴了，喝一捧清泉；饿了，吃几个粑粑。鸟雀忘了归巢，唱歌人不想回家，直到夜露湿透了头帕，他们才男送女，女送男，送过岭，送过山，送一程，唱一段，快进寨门了，才含情脉脉，依依不舍地分开。这一天，青年们忙着赶会对歌，寻找知音；老年人便在家里，把连夜舂出的糯米粑粑，捏成铜钱大小，戳在竹枝上，插在神坛边或堂屋门旁，名叫“鸟仔粑”，任邻居小孩们取食。说是鸟雀啄了粑粑，就会把嘴壳粘住，再也不会糟蹋五谷了。到了晚上，耕山人过寨串火塘，品尝各家的“鸟仔粑”，希望有个好兆头。

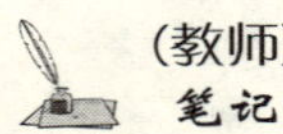
（教师）笔记

瑶族赶鸟节的传说

相传，在很久以前，瑶族居住的山区，林木茂密，很适宜鸟雀繁衍生息。以五谷为食的山雀、野鸡、斑鸠……他们熬过了严冬的饥饿，看到山桃花开了，扇动着翅膀，飞上了天空。看到山里人荷锄背篓耕山来了，张开着嘴，唱起了欢迎的歌；看到姑娘手里金灿灿的苞谷籽，一把把，一串串，撒进了黑沃沃的山土里，唱得更响，叫得更欢，邀集着伙伴快来会餐。这样，它们往往是成群结队，耕山人一走，它们巧妙地试探过守地的“棕衣人”、“芦草人”，飞落坡地，用那尖利的嘴壳，揪呀，啄呀，一碗茶工夫，好端端的山地便被糟蹋得不成样子。鸟害成了瑶山早春作物的头号大敌。山地里没有收成，耕山人吃上了野菜，源头泉断了，官府的钱水粮流也枯竭了，皇上发了慌，忙下圣旨：“谁人制住鸟害，赏岭九架，免税九年。”圣旨传谕了九山九岭九十九寨，山主、耕山人都想尽了办法。

盘云寨有个盘英姑，像蜂恋花一样爱唱歌。耕山人听了她的歌，口里像溶了一团蜜，香香甜甜；她向着山泉唱，山泉听得呆，忘记流淌；她向着山林唱，鸟雀羞得不敢开口。英姑歌停了，它们还在天空盘旋，追寻歌味，迷得不想飞去。耕山人都想：要赶鸟，英姑的歌有路子。于是，盘云寨的男子青年，都悄悄地来到英姑的木楼，跟她学起歌来，并商量把歌传到九十九寨的耕山人中间去，约定下年正月最末一天，早苞谷下种前，把鸟雀从九山引开，赶到没有阳春作物的地方。白头山的山主养了一对画眉，每天清早，他把鸟笼挂在木楼房梁上，逗着画眉喂。说也奇怪，也招引来了一些鸟雀，日停寨头，夜宿楼檐。山主很高兴，持着胡须，晃着脑袋，开怀大笑起来：“哈哈，这下九架岭又到了我的名下。”于是，他赶忙修书，连夜派人送往官府，官府加上羽翎，又骑呈报皇上。皇帝朱笔一点，将九山九岭的鸟雀引上白头山石岩岭。

正月最后一天到了，就要种早苞谷了。清早，九十九寨的耕山人，歌唱着聚会寨头。九十九寨的山主看着鸟雀一群群飞出山林，飞向村寨，好不高兴，举起鸟笼，抢在耕山人的前头，向白头山汇集。鸟雀也真的追着歌声，跟着人们，飞往白头山。这天，白头山上人多，鸟也多，晴天，鸟雀飞成群，为

（接上）

唱歌人遮日荫；雨天，鸟雀飞成队，为唱歌人挡雨淋。耕山人从清早唱到黄昏，鸟雀果真忘了飞回山林，累了，就落在岩上、树枝头歇息；人们悄悄离去。第二天，鸟雀飞上云头寻找歌声，它们围着白头山飞，好像山上还有听不完的歌，令它们陶醉一样，鸟雀在白头山一醉就是半年。等到醒来，飞回老林，坡地上只剩了旱禾蔸、苞谷秆、番薯藤，耕山人早把粮食收进了寨门。这一年得了好收成，山主说是自己笼中画眉唱得好引开了鸟雀，这样九架岭归山主占了，九年税归山主得了。耕山人不服气，告到皇上那里，皇上半信半疑，传旨下令派大臣到白头山审理。

第二年正月最末一天，耕山人待在家里。出林的鸟雀，耳里没有了往年山寨青年甜蜜的歌声，只听到笼中画眉凄泣的求救声，吓得赶紧伸翅往回飞。山主手里的鸟笼被大臣砸烂了。第二天，二月初一，耕山人又汇集在白头山，鸟雀又飞出山林听歌，一醉就是半年。这样，瑶山又获得五谷丰登。从此，人们就把二月初一这天定名为“赶鸟节”。

（教师）笔记

●姑娘节

姑娘节，是瑶族人民的传统节日，每年春节后的第一个节期举行。每逢这个节期，各族姑娘换上艳丽的民族服装，从四面八方涌向集市。节日的小镇，一派欢乐气氛。在广场上，各族姑娘围成圆圈，在乐器的伴奏下歌舞。还有陀螺比赛也很引人注目。陀螺——是用坚硬的木头做成，比赛时，两组相隔一定距离，各组的人轮流用自己旋转的陀螺去碰击对方旋转的陀螺。被击中的陀螺依然在旋转者为胜。除此以外，街头巷尾摆满了五彩丝线、花边、银器、首饰等商品及各种美味小吃。男男女女，熙熙攘攘，把大街挤得水泄不通。在欢乐的人流中，有身着挑花图服装，佩戴耳环、手镯的瑶族姑娘；有穿大领短衣、百褶裙，颈间套有三四条项链的苗族姑娘；有身着黑色衣裤，胸部佩戴大银环——“批索”的哈尼族姑娘；有身穿镶有花边，绣着美丽图案服装；头戴银泡泡“鸡冠帽”的彝族姑娘。她们成群结队，在集市上出售自己带来的农副产品，并在货摊前选购花边，五彩丝线和耳环、手镯等银质首饰。夕阳西下，小镇上人们陆续散去，而城外田野里却歌声悠扬。各民族一对对男女青年，在山坡、树下、溪边、湖畔，纵情歌唱。歌声、琴声

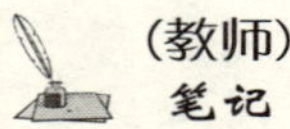
(教师)笔记

和欢笑声交织在一起，荡漾在“姑娘街”上。

●瑶族的春节

瑶族人民过春节有一项别致而风趣的活动——演“耕作戏”。大年初一，人们聚集在村寨的广场先要观看“耕作戏”。“耕作戏”由一人扮牛，一人扮扶犁的农夫，一人扮荷锄的农夫，三人载歌载舞，看完后，青年男女纵情歌舞。歌舞中，姑娘们如果看中意中人，就把自己精心绣制的花带或自己佩戴的银饰，挂在小伙子腰间，以示爱慕，有些地区的瑶族新婚夫妇，则在新春佳节带上礼品，到岳父家拜年，女家必须设宴招待。席间，岳父唱山歌祝愿新婚夫妇辛勤劳动，和睦相处，白头到老。瑶族人民喜爱唱歌，每逢节日或喜庆日子，都要唱起嘹亮动人的歌谣。

四、宗教信仰习俗

瑶族现多信仰道教，也有信仰佛教的。但崇奉自然神以及祖先神灵的传统宗教仍有很大影响。瑶族很早就受道教的影响。据20世纪50年代在广西大瑶山等地发现的明代瑶族道经手抄本以及碑文和墓志中关于度戒后使用法名的记载，说明至迟在明代，道教已在瑶族地区流传，并和瑶族固有宗教相互融合。道教教职人员称为师公和道公。他们略识文字，粗知瑶族的历史和传统，分属于道教正一道的不同派系，崇奉“三元”者，称师教，又称武道。崇奉“三清”者，称道教，又称“文道”。师公的经书多用七言韵文，汉字书写，瑶语读音；内容大多分别叙述众神来历。法器有瑶族长鼓（又称“黄泥鼓”）和木雕、纸绘的各种神鬼面具。道公的经书多是神咒谶语，法器有锣鼓和钹等，与汉族道士所用无大差异。师公主要为人跳鬼，道公则为人们打斋，超度亡灵。由于两者被认为能传递神灵的意旨，而受到人们的敬畏，有的升任为村寨头人。他们经常与巫师“那曼”（金门支瑶族）和“楼缅”（优勉支瑶族）合作。楼缅和那曼专为人占卜问鬼，多由男子充当，个别地区也有女巫。师公和道公也兼作巫师，为人卜卦、跳鬼。

五、人生礼仪习俗

●瑶族婚俗

瑶族一般不与外族通婚，招赘习俗较为普遍。男女青年恋爱较

(教师)笔记

为自由，利用节日、集会和农闲串村走寨的机会，通过唱歌形式，寻找配偶，双方合意，即互相赠送信物，“各自配合，不由父母”；也有需征求父母同意的，双方的家长通过媒人去说亲，并以猪肉和酒为礼品。举行婚礼时，都要大摆筵席。按传统习惯，婚宴上必须要请寨老参加，新郎新娘饮交杯酒。不过，不同地区的瑶族婚俗也有不尽相同的地方。

●融水瑶族“集体走寨觅知音”

广西融水元宝山一带的瑶族盛行一种于春节期间一个寨子的人集体到另一个寨子做客的习俗。这种习俗，既是一种民间交际活动，也是男女青年寻觅配偶的大好机会。活动中如果客寨的某一位后生看上了主寨的某姑娘，晚上他便来到姑娘的木楼前吹奏动听的芦笙曲。姑娘听到芦笙声，便会找个借口出来观望；如果是她意中的人，她便唱歌请后生进屋来吃茶。第二天两寨集体宴席上，这后生要找机会向姑娘敬上一碗酒。对小伙子的敬酒，如果姑娘一饮而尽，即表示了她已经接受了小伙子的爱情。如果是这样，他们俩会等不到宴席结束便互使眼色而先后离开宴席，双双走进密林深处互相以歌倾诉衷情。

●连南瑶族“串情人”

广东连南瑶族自治县的排瑶每当农忙时节一过，未婚的青年男女便成群结队外出做客“串情人”。不管到哪一个寨子，该寨的异性青年都会热情款待来客。他们摆起歌堂，互相对唱，通过对唱，互相交往，互相了解。在交往中情投意合者，总会通过眼神心领神会地双双离开歌堂，走出寨子，到幽静的山林中倾诉衷情。如果谈得情深意笃，双方都恨不得把自己的心掏出来的时候，情哥哥就会捧起情妹妹的手，在情妹妹的右手背上咬一口，情妹妹也会捧起情哥哥的左手在手背上咬一口，以此为恋情的见证。

●青裤瑶

在这里，自古以来男女恋爱纯属自由。他们不用父母操心，不请媒人传书带信，不要彩礼，更不设宴请客，婚礼简朴大方。只要男女两厢情愿，便大功告成。他们的婚姻从恋爱到成亲，一般要经过“凿壁探婚”、“火塘定情”、“深夜接亲”三个阶段。

凿壁探婚　凡有女儿的人家，父母都要预先给姑娘准备一间招

(教师)笔记

揽小伙子的专用房屋——“探婚房”。姑娘小伙的幽会，便在这里进行。

青裤瑶人的房屋，通常为土木结构的楼房。楼下以土筑墙或石片垒砌，用于关养牲畜；楼上是木板墙壁，供人住宿。楼梯置室外，直通大门。“探婚房”就设置在紧靠楼门边的侧屋中。

当女儿长到十四五岁时，父母就将其安置到“探婚房”里独住。在“探婚房”紧靠大门口梯子一边的木板墙壁的中央，凿有一个小手指头大小的洞，叫做“探婚洞”。洞口的高低，正好与姑娘的床铺平行，对着姑娘的枕头。若是哪个小伙子看中这家姑娘，便在夜深人静之时，悄然来到姑娘的“探婚房”的“探婚洞”口外，用一根铅笔大小、两尺左右长的小竹竿或圆形小木棍——“探婚棒”，摸索着伸入“探婚洞”内，轻轻搅动，将已经入睡的姑娘唤醒。姑娘听到“探婚棒”的搅动声，知道有小伙子来了，便立即穿衣起床，对着“探婚洞”与小伙子细语交谈。如果姑娘觉得小伙子比较合意，便点燃油灯，打开大门，将小伙子请进屋来。姑娘把火塘拨旺，两人对坐在火塘边，轻声细语，互诉衷肠。要是两人谈得情投意合，便慢语轻歌，直到天明。倘若见了面，经过初步交谈，有一方感到不如意，双方稍坐片刻，小伙子便自动离去。

由于纯系自由婚姻，每个少男少女，可以任意选择伴侣，也可同时找几个对象探婚，谈情说爱，从中择优录取自己最如意的人。因此，有的姑娘“探婚房”墙上的“探婚洞”也因小伙子的频繁光临，被“探婚棒”多次磨擦而变得越来越大了。

火塘定情　男女双方经过探婚，逐步有了感情，于是双方频频接触。小伙子每天晚上定时到姑娘家里来，两人对坐火塘边互诉情怀，吐露肺腑之言。他们不是谈心，便是对歌叙情，絮语绵绵，情歌悠悠，直至雄鸡高唱，东方破晓，方才依依惜别！对于这种约会，父母兄长，装着视而不见，听而不闻，不加干涉。但按族中规矩，夜间幽会绝对不允许在屋外进行，也只能“君子动口不动手”。

小伙儿姑娘经常往来，日久天长，感情加深，情意增浓。于是，小伙子便买来绣花丝线，赠给心爱的姑娘，姑娘将这些礼物，精心制作成绣花绑带，回赠给自己的如意郎君。互赠信物后，双方就算订婚了。

深夜接亲　随着男女双方年龄的增长和感情的加深，到了十七八岁，便是他们接近结婚的时期。结婚日期，全由姑娘小伙自己商定。他们的婚事，只在婚前几天，才告诉双方父母，父母则热情支持。

婚礼在深夜举行。一般在凌晨一两点钟的时候，小伙子独自一人或请一两人做伴，带着给姑娘的新鞋新袜，到姑娘家接亲。这时，姑娘换上新衣服、新裙子，戴上母亲结婚时外婆给的祖传银首饰（新娘在婚后几天，便取下藏起来，等到自己的女儿长大出嫁时，再转送给她做嫁妆，继续往下传，若有几个女儿，便平均分配），梳妆打扮好后，便跟着小伙子一道，连夜赶到男家成亲。既不要父母兄妹陪送，也不要娘家的陪嫁，空手而去，婚事简朴。

新娘随新郎一起进了男家门，就有几个男方寨中的内亲和年轻姑娘跑进碓房，把空碓舂得震天响。"呼呼"的碓声传遍山野，全寨的人们便知道这家的新娘进屋了。双方不办酒席，也不布置新房。

次日早上，新娘邀请全寨同姓的姑娘及年轻媳妇到家来吃一顿家常便饭。下午，全寨的姑娘媳妇又分别请新娘吃一餐粗茶淡饭，表示从此互相结识，和睦共处。

三天后，新娘由男方寨里的几个年轻姑娘陪着回娘家。娘家由母亲磨豆腐款待。新娘回到娘家，她的父亲和家中所有的男人都要回避，不能同新娘见面。饭后，新娘又与陪同来的姑娘们一道回新郎家。新娘回到新郎家，稍为休息后，又独自一人回娘家住宿。新娘在娘家住过这一夜后，就到男家长住了。

过十天后，娘家兄弟（或者嫂妹）挑着五六斤重的糯米饭，一大块圆形的糯米粑、几斤酒、几斤肉，到男方家去认亲，男家热情接待。当客人离开时，男家要回赠多于女方挑来数量的同样礼品。三天后，新郎与新娘一道，到女方家回门，拜望岳父、岳母，整个婚礼到此便结束。

●瑶族的丧俗

瑶族的葬俗因地区和支系不同而异。如"勉支"大都行土葬。"布努支"过去兴岩葬，现行土葬。"拉珈支"瑶族成年人行火葬，未成年人行土葬，婴儿行挂葬。连南排瑶人死后，流行尸体绑于椅子上。出殡时，抬轿似地将尸体抬至墓穴入棺，人们称为"游尸葬"。

(教师)
笔记

白族习俗

白族是我国西南边疆一个具有悠久历史和灿烂文化的少数民族。主要分布在云南省大理白族自治州，丽江、碧江、保山、南华、元江、昆明、安宁等地和贵州毕节，四川凉山、湖南桑植县等地亦有分布。根据2000年第五次全国人口普查统计，白族人口为1 858 063人。白语，属汉藏语系藏缅语族。绝大部分居民操本族语言，通用汉语文。元明时曾使用过“僰文”（白文），即所谓“汉字白读”。

一、饮食习俗

白族人民的基本口味嗜酸、辣、甜、微麻。其烹调技法受汉族菜和佛教寺院菜影响较深。善于腌制火腿、香肠、螺蛳酱等食品。妇女多会制作蜜饯、雕梅、炖梅的手艺。著名菜点很多，如：砂锅鱼、洗沙乳扇、活水煮活鱼、柳条蒸肉、喜洲酥粑粑等。茶水色浓味醇，别具一格。“三道茶”极富人生哲理，寓意为“一苦、二甜、三回味”。

●白族三道茶

白族是一个知礼好客的民族，对客人无论是否认识都热情接待。以“三道茶”敬客，是一种高尚的礼仪。三道茶的形成出于一个富有哲理的传说：从前有一位老木匠教徒弟多年，临出师前带徒弟去苍山伐树锯板，干了一天活，徒弟口渴难熬，随手抓了把鲜树叶放入口中咀嚼，苦涩得皱眉咂舌。师傅说：“要学好手艺，不先吃苦头是不行的！”等把木板锯好，师傅给徒弟一块红糖，郑重地说：“这叫先苦后甜！”待徒弟出师临别时，师傅递上一碗茶，放上蜂蜜和花椒叶，让徒弟喝下。徒弟咂舌品味道：“有苦，有甜，还有麻辣，真叫人回味。”老木匠高兴地说：“对了！一苦二甜三回味，学手艺和做人的道理都在这里。”从此，白族兴起了喝“三道茶”，成为喜庆迎客的茶道礼俗。第一道茶，选取较粗、较苦的茶叶装进小砂罐用文火烘烤，再冲滚烫的开水。此茶虽香，却也很苦，称之为“清苦之茶”。第二道茶，加进红糖、乳扇、核桃仁、芝麻，香甜可口，叫做“甜茶”。第三道茶用蜂蜜和4~6粒花椒调拌，甜中有苦，苦中有甜，还夹带一丝麻辣味道，便是“回味茶”。今天，三道茶以其独特的魅力成为白族人民迎接海内外客宾的传统礼俗。

●白族夹沙乳扇

乳扇是一种产于大理的奶制品，形制更为独特，是一种含水较少的薄片，呈乳白、乳黄之色，大致如菱角状竹扇之形。乳扇是鲜牛奶煮沸混合三比一的食用酸炼制凝结，制为薄片，缠绕于细竿上晾干而成，是一种特形干酪。乳扇可作各种菜肴，凉拌、油煎、小炒皆可。其名菜夹沙乳扇膨酥，入口即化。其他套炸、椒盐都别具一格。乳扇可藏数月，便于远途运输，远销东南亚等地，很受欢迎，馈赠亲友别有新意。桃仁夹沙乳扇是白族风味菜。将乳扇回软，去掉扇耳，摊开，把桃仁用沸水烫后去细皮，下油锅炸成金黄色，捞出沥干油，将洗沙、白糖、玫瑰糖、火腿末入碗拌匀。鸡蛋液加水淀粉成蛋糊，制成蛋松。乳扇铺在墩上，摊上洗沙馅。锅上火，注入油，烧至三成熟，用筷夹住乳扇，边炸边滚至筒形，呈淡黄色。桃仁夹沙乳扇，酥脆香甜，奶香浓郁，富于营养。

●白族冷冻白豆腐鱼

“冷冻白豆腐鱼”，是白族人民用来招待客人的很有特色的上等名菜之一。选用洱海特产的黄鳞鲤鱼或鲫鱼加白豆腐制作而成。它的制作方法是：先将鱼剖腹去掉鱼鳞壳洗净，放入滴有香油的锅中，再放进适量的食盐、辣子面、花椒面、酱油等佐料烹煮。鱼熟后，再把白豆腐汤舀入盆内或碗中，置于通用的橱柜中自然冷冻，次日可食。这种冷冻白豆腐鱼色泽红润半透明，清香、凉爽，别具风味。

●白族土八碗

白族红白喜事宴客中的八大碗是白族传统饮食文化的集中表

(教师)笔记

现。宴桌是八仙桌（正方形的大理石雕花桌），一般8个人为一桌，菜肴上八个，俗称“八大碗”。白族土八碗，荤素搭配合理，肥而不腻，素而不淡，营养丰富。炸、酥、炖、煮齐全，有蒸有余，色泽鲜艳多彩，突出白族饮食酸辣口味特色。席面用料简单，但形式和礼仪隆重，所用器皿一般是本地产的土碗、红竹筷子等，很少用高档瓷器，但并不显得粗糙和简陋。白族婚宴所用餐桌很考究，一般选用剑川土漆雕花八仙桌，餐桌一般摆在婚礼彩棚下，加上菜肴色泽搭配美观，显得古色古香。第一轮先由客人中有声望的老人入席，俗称“开席”。此时，唢呐鼓乐吹奏，主人迎客，气氛热闹，体现了白族尊重老人的传统美德。席间，客人可分菜和带菜回家。土八碗中的主菜（荤菜），一般都有定数，每人可吃到两块（片）肉，碗中垫底的素菜可加添多次。因此，客人都备有菜叶子（现用塑料食品袋）竹签将分到的肉包起来或串起来带回家给老人或小孩吃，寓意为带回喜气和福气。白族土八碗的各道菜各有一套烹饪方法。主菜“红肉大炖”用肥瘦相间的猪肉切块，用白酒浸泡的红曲米将肉染红炖熟，红白相间，富有喜气。“酥肉”是将半肥半瘦的猪肉切块上调料，用蛋糊包裹后下油锅炸至金黄色，冷却后再煮，装碗后撒上些芝麻，黄白相间，香气诱人。“千张肉”，即酸菜扣肉，色金黄，味酸甜，肉皮呈波纹状，外观爽目。“粉蒸肉”是将较肥的五花肉煮熟切片，拌上调料和炒得喷香的米细粒，装碗上笼蒸熟，肉肥而不腻，香气缭绕。“干香”（拼盘）是土八碗中唯一的一碗凉拌菜，将卤熟的猪肉、肝、肚切片，盖在用酸菜或泡萝卜垫底的碗上，淋上又酸又辣的配汁，其味为酸、辣、凉。“煮白扁豆”、“煮竹笋”、“杂碎汤”是富含碳水化合物和植物纤维素的素菜和汤菜。

二、礼仪习俗

●白族的婚俗

白族的婚姻共有三种形式：一是嫁女儿到男家，这种形式占大多数；二是招姑爷上门，这种情况主要是女方父母没有儿子或病残等，所以才招姑爷上门，上门的姑爷必须改换为女方的姓氏，再由女方长辈重新取名；三是“卷帐回门”的形式，即男女双方结婚后七日，妻子带着丈夫携帐子、被褥回女方家居住。因为女方家虽有兄弟，但年龄太小，父母年迈，只好“卷帐回门”来赡养老人和照顾年幼的弟妹。等弟弟长大结婚后，丈夫再带着妻子回家生活。这三种婚姻形式由来已久，至今沿用。但不管属于哪一种婚姻形式，婚期和婚礼的过程基本上是一致的。只不过招姑爷上门是女娶男，而不是男娶女，双方的角色互换而已。

(教师)笔记

白族婚礼隆重而又热烈。按传统习俗，举行婚礼这天，新郎和小伙子们必须骑高头大马去娶亲。新娘娶回后要拜客，新郎、新娘陪客人进餐，这时客人们可向新婚夫妇出难题，也可让他们表演节目。最有特色的是在婚礼上燃辣椒粉，在欢声笑语中许多人都打喷嚏、咳嗽，热闹无比。

儿子成婚后，一般都与父母分住，另外组织小家庭。父母和谁一起生活，由父母自己选择，一般选择与幼子一起生活的居多。因此，一夫一妻制的小家庭是白族普遍的家庭组织形式。按白族的习俗，如果丈夫去世，妻子可以终身守节，也可以另嫁，但另嫁时不得带走前夫的家产。在个别地区，还有转房的习俗：兄死后，嫂可以嫁给弟弟，称为“叔就嫂”，但这种现象现在已不多见。

●白族的丧俗

春秋战国时期，白族先民的“滇僰”墓葬形式，有竖穴土坑墓葬、瓮棺葬、圆坑墓葬等多种。祥云大波那已有“干栏”式重型铜棺；弥渡苴力已有大量石板墓。住在碧江的白族，死后不用棺，把死者放在一块木板上，覆以屋上的茅草，上盖土，垒成坟状；再在距死者头部两三尺的地方竖一个八九尺高的双杆栗木坊，除挂土锅和盛有祭物的两个麻布袋外，还悬挂死者生前用物，如男的挂弩箭，女的悬织布架等，以示悼念。以后一年内，以石片、石块垒墓。墓头留一孔供死者灵魂出入。那马白族约在明代前实行火葬，以火焚尸，取骨入罐，再埋于家族公墓地。明后，受汉俗影响，渐改土葬——棺葬。大理、剑川的丧葬习俗也有变化过程。明代以前因受佛教的影响，盛行火葬，以后则改为棺葬。男子死后一般即行装殓，女子死后则必须等候娘家人亲临。停柩在堂三天左右即行择地安葬；停柩期间，一般请道士念经，“超度”亡人。大理海东地区，人死后由族长主丧，族长根据死者家庭的社会地位和经济状况决定丧事规模的大小。出殡前一般有出帛、诵读韵律严整的白语家祭文等仪式，有的还要“祭方向”，为死者开道。墓葬的型式很多，一般名为“一层轿”或“两道花门”，穷苦人只堆土为坟；而富家则竖“三碑四柱”、“城门洞”式的墓道，并立有石人、石马、石狮等。

(教师)笔记

三、节日习俗

白族人民主要节庆活动有“大过年”、“三月街”、“绕三灵”、“火把节”、“耍海会”、“拜日望”等。同汉族一样，也过清明、端午、中秋等。其中三月街、火把节饶有特色，远近闻名。

●大理白族的三月街

白族大理三月街是云南省遐迩闻名的物资交流大会和白族人民的盛大传统节日，每年农历三月十日至二十一日在大理古城举行。从佛教讲经庙会演变而来，已有1000多年历史。届时除商贸盛会外还伴有歌舞等活动，每年参加者数以十万计。从1991年起，被定为“大理白族自治州三月街民族节”。徐霞客在他的记述中赞道：“俱结棚为市，环错纷纭，千骑交集，男女杂沓，交臂不辨，十三省物无不至。”

●白族绕三灵

又称“祈雨会”，是大理洱海周围白族人民农忙前游春歌舞的盛大集会。每年农历四月二十三日至二十五日，洱海周围上百个村寨的男女老少，各村为一队，从大理城出发，至洱海边的河矣村终止，历时三天，途径崇圣寺佛都、圣源寺神都、金圭寺仙都等地。主要活动是祭祀“三都”，包括文体娱乐和结伴郊游，可称作白族的狂欢节。白族每队领头的是两位年长男子，他们共扶一支杨柳，高八尺许，横一彩绸，一葫芦。一手挟杖，一手执蚁帚，或一把扇，或一块毛巾，一人主唱，一人拍打，后面跟着众男女，充满狂欢情绪。清代诗人段位赞道：“金钱鼓子霸王鞭，双手推敲臂旋转，最是小姑唱白调，声声唱入有情天。”

●白族耍海会

云南洱海沿岸的白族人民，每年农历六月二十四日都要举办一次传统的耍海盛会。相传过去洱海里有条凶残的大黑龙，年年兴风作浪，荼炭人民。聪明智慧的白族人民雕成一条黄木龙，放进洱海去同黑龙决斗。两条龙在洱海中展开了恶战，白族人民聚集在岸上为黄龙呐喊助威。黄龙斗累了伸出头来，大家一齐扔去馒头；黑龙伸出头来，大伙丢下石头。于是黄龙越斗越强，黑龙又饥又乏，被咬得遍体是伤，慌忙逃往漾濞江。从此，海水外泄，风平浪静。为了纪念这一胜利，每年到了这一天，白族人民身穿盛装，撑起花伞，从四面八方乘船或步行赶来耍海。在耍海的日子里，洱海里白帆点点，岸上人山人海。人们吹起唢呐，唱着《大本曲》，对着调子，舞着霸王鞭，跳起仙鹤舞，尽情欢乐。同时，举行一年一度的“赛龙舟”活动，龙舟一般用洱海里大型的木船改装而成，在长约十米、宽约三米的风帆上，披红挂绿，张灯结彩。桅杆上扎有五颜六色的“连升三级”的大斗，并拴上铜锣，尾舵上竖有松枝，船舷上画着叱咤风云的“黄龙”和“黑龙”，中间镶嵌一面圆“宝镜”。随着一声号令，各村寨的龙舟竞发，人们唱着赛舟调，祈愿风调雨顺，五谷丰登。

●白族的火把节

火把节是彝族、白族、纳西族、基诺族、拉祜族等民族的传统节日。在云南少数民族中，流传最广，影响最大。彝族、纳西族、基诺族在农历六月二十四举行，白族在六月二十五举行，拉祜族在六月二十举行，节期两三天。火把节，古称“星回节”，又称“保苗会”，至今至少有两千多年的历史。白族火把节古称“火节”，是火崇拜的一种象征形式。白族火把节在每年农历六月二十五日，节日那天，村村寨寨在中心区扎竖一个巨大的火把，并杀猪按户平分，吃“生皮”（即用生肉切成碎末后蘸水吃），祭奠火把，似乎是对远古拜火和“蘸饮食生”的追忆。晚饭后，人们以火相燎，表示驱邪求吉；农家则举火照田卜岁，祈求丰收。

四、宗教信仰习俗

白族人民普遍信仰佛教和道教。早在晚唐时期，有个名叫“阿阇黎”（阿陀利）的密宗僧人到洱海地区传教，南诏统治者因其教义对巩固政权有利，便先后赐封了许多释僧为“国师”、“师僧”，并修建了许多佛塔寺院，使大理地区很早就成为“妙香古国”。

南诏幸铭时所建崇圣寺“千寻塔”，铸铜佛一万一千四百尊，建屋八百九十间，耗铜四万零五百九十斤。在宾川鸡足山也建有三百六十余座佛教庙宇，相传释迦牟尼的大弟子翅冲曾在选里入定守衣。玄奘《大唐西域记》载：“迦叶承佛旨径持正法，结集至尽廿年，将人定灭，乃往鸡足山”。鼎盛时，长住僧多达五千人；《南诏野史》也说大理国第一代君主段思乎“好佛，岁岁建寺，铸佛万尊”。

在统治阶级的大力提倡下，大理国时期佛教更为盛行。李京

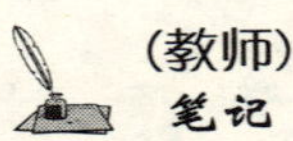
(教师)笔记

《云南志略》载："佛教甚盛，戒律精严者，名得道，俗甚重之，名师僧教童子，多读佛书，少知六经者。段氏而上，选宫置吏，皆出此。民俗家无贫富，皆有佛堂，旦夕击鼓恭礼，少长手不释念珠，一岁之中，斋戒几半。"可见白族地区崇尚佛教之盛况；不仅民间群众笃信佛陀，而且国王下台后也多削发为僧，人数之多，在中国少数民族史上也是罕见的。据胡蔚本《南诏野史》统计，段氏大理、后理二国共传二十二世君主中，除段思英一代被其叔废为僧外，还有九代国君是自动禅位为僧的。

元明以后，"禅宗"又传到大理，佛教的势力更加发展壮大了。各大寺院都占有大量的土地和财产，寺院住持往往就是大地主兼高利贷者。直到近现代，佛教在白族中的影响还是很大的。

(教师)
笔记

土家族习俗

土家族是中国56个民族中的一员。土家族是一个古老而又年轻的民族，是商周时巴人的一支，主要居住在我国湘、鄂、渝、黔接壤的广大地区。说她古老，早在先秦时期其先民就居住在这里，而且许多地方至今仍保留着土家族特有的风韵；说她年轻，是因为新中国成立后的1957年才被国务院正式确认为一个单一民族。据2000年全国第五次人口普查统计，土家族共有8 028 133人，在全国少数民族人口中居第六位。土家族的语言属于汉藏语系藏缅语族，接近彝语支，分为南部方言和北部方言。土家族没有本民族文字，长期以来使用汉文。绝大多数土家人都通用汉语，部分人兼通苗语。

一、饮食习俗

土家族平时每日三餐，闲时一般吃两餐；春夏农忙、劳动强度较大时吃四餐。如插秧季节，早晨要加一顿“过早”，“过早”大都是糯米做的汤圆或绿豆粉一类的小吃。据说“过早”餐吃汤圆有五谷丰登、吉祥如意之意。土家族还喜食油茶汤。日常主食除米饭外，以苞谷饭最为常见，有时也吃豆饭，糍粑和团馓也是土家族季节性的主食，有的甚至一直吃到栽秧时，过去红苕在许多地区一直被当成主食，现仍是一些地区入冬后的常备食品。豆制品也很常见，如豆腐、豆豉、豆叶皮、豆腐乳等。尤其喜食合渣，即将黄豆磨细，浆渣不分，煮沸澄清，加菜叶煮熟即可食用。民间常把豆饭、苞谷饭加合渣汤一起食用。土家族饮酒，特别是在节日或待客时，酒必不可少。其中常见的是用糯米、高粱酿制的甜酒和咂酒，度数不高，味道纯正。土家族人最爱吃粑粑（糍粑）、腊肉、油茶等食品，还有合菜、团馓、绿豆粉（米粉）、油炸粑等。

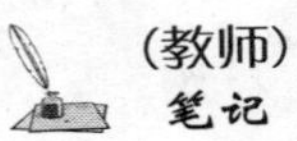
(教师)笔记

土家族主食过去有玉米、小米、麦类、豆类、薯类等杂粮，后增加大米，且年节必吃大米；副食有辣椒、酸菜、黄豆、合渣菜等。新中国成立后，主食以大米为主兼以杂粮。传统副食有糍粑、团馓、米豆腐、油炸粑、甜酒糟等，以后还增加了面食、糕点、糖果、饮料等。土家族饮食喜爱腊味，好饮酒。

●金包银饭

永顺、龙山、来凤、鹤峰等地多把米和苞谷掺在一起煮吃，即用锅添水把少量的米煮开，再拌上苞谷粉煮熟，又黄又白，既好吃又耐饿。

●合渣

“合渣”（有的地方叫“懒豆腐”），将豆汁带渣烧开，掺进鲜青菜丝，煮熟就饭。

●豆花饭

川东一带的土家族喜欢将黄豆汁烧开，点成“豆花”，调上野胡椒粉和盐佐餐。

●大锅烩菜

将所有的菜都倒在锅里炖煮，撒上辣椒、花椒、葱花、姜末等佐料，然后家人各盛上碗，围着火塘吃饭。

●鸡蛋茶

用油炸花生米、核桃仁、黄豆、米泡、苞谷泡等，打上三四个鸡蛋，放入煮开的油茶内，味道鲜美，具乡村风味。

●炒米

先将糯米用甑蒸熟，取出晒干后，再用砂炒成米泡。食时，将炒米放在碗内，用开水冲泡加糖，便可食用。

●糖果

将炒米用熬化的红薯饴糖团好，置于木框内铺平，其上撒些花生米、核桃仁和芝麻切成块片。以前“糖果”是土家祭祀用的“供果”。

(教师)笔记

●团馓

先将糯米蒸熟后，置于一圆形的模具内，摊开晒干，便成为熟糯米团饼，再将其油炸，香脆可口，可贮藏在坛内，以备自家吃或待客，或作馈赠品。

●腊肉

是土家族最有特色的风味菜。先将鲜肉用粗盐在缸内腌五六月，经过用柏枝、谷壳等烟熏一月后取出，高悬在屋檐下通风的地方。洗净蒸煮过的腊肉，肉皮橙黄，肉味美。可保存年余不变质。

●印儿粑

逢年过节，土家人户户打粑粑。在做好的糯米粑粑上，用上好木头雕成的模子，印成各种各样的图案，成为“印儿粑”。过了初二，女婿就要挑着粑粑去岳父母家拜年，大女婿要带“双龙闹海”印儿粑。

●咂酒

酒用糯米、苞谷或高粱加曲酿成，用坛藏好；一般至少储存七八个月或一年、数年不等，饮酒时将酒坛取出，冲上凉水，插上一枝竹管，轮流吸喝，边吸边冲水，味甜又香。现在石柱、咸丰等地仍盛行咂酒，其他地方的多数人，已用土碗盛苞谷或大米酿成浓度较高的烧酒。

此外，土家族户户都有酸菜坛和干辣椒，餐餐离不开酸菜和辣子，有“辣椒当盐，合渣过年”的民谚。

二、礼仪习俗

土家人热情好客，“过客不裹粮投宿，无不应者”。

昔日，贵客到来，要放铁炮以迎。铁炮如大鞭炮一般大小，竖立于铁匣上，放起来震天动地。如果一时没有铁炮，也可鸣放猎枪表示欢迎。听见炮声，寨上的老人、青年、儿童一齐出来，迎接贵宾。主人立即煨茶装烟，做油茶汤。席上，要大碗喝酒，大块吃肉。同时，还请寨上的老人或头面人物，陪客把盏。

土家人火塘内的火，四季不熄。冬天围塘取暖，平时就火用鼎罐做饭。土家人勤劳质朴，从开春到深秋，有打早工的习惯。他们

（教师）笔记

耿直豪爽，守信如一，有良好的道德风尚。亲朋邻里，遇结婚、丧葬、建房、天灾人祸，互相关照，互相帮助。遇上结婚，全寨人三天可以不开火，一齐去贺喜，帮着迎亲、过礼、布置新房、做饭安席、照料客人。遇上白喜，听见报丧，全寨人奔来，白日帮忙张罗，夜晚跳丧守灵，直到抬丧掘墓，送葬垒坟，全当自家的事去做。修建房屋时，上梁立柱，合寨出动，无人收取分文。农忙时节，割麦栽秧，打谷扬场，对劳弱户，大家主动相帮，主人家只供饮食。薅苞谷时，薅完一家，再走第二家，互助互济，不要报酬，千百年来相沿成习。

上山围猎，所获猎物按“见者有份”的原则进行分配。分配时，先清点在场人数，然后按人数将兽肉砍成若干块，穿上棕绳，装入背篓，加以遮盖，棕绳头外露。一人端上背篓，转上数圈，在场的人各捉一棕绳，提出兽肉，无论好坏，都无意见。田边、地角、道旁的水果，成熟以后，路人亦可随意摘食。这些，都保留着原始公有制的痕迹。

土家山寨蕴含着丰富的民间文化和民间艺术。土家族的摆手舞、八宝铜铃舞，闻名遐迩，久负盛名。土家刺绣，堪称一绝。土家山寨更是歌的海洋，人人会唱歌，无处不歌，歌山歌海，情溢山寨，有“对歌”、“盘歌”、“山歌”、“薅草锣鼓”等，生动形象，音韵和谐，情意真挚，优美悦耳，闻之如品甘饴，如沐春风。

三、节日习俗

土家族主要节日有：农历腊月二十九“过赶年”（小月过二十八）；正月初三至十五为“摆手节”，举行盛大歌舞活动；四月八为“牛王节”（有的又称“嫁毛虫节”）；六月六日祭祖节（有的为纪念农民起义领袖覃垕王遇难日）；七月十五日（又称“七月半”）为祭祖节（有的又称“吃新节”）。以上多为土家族特有的节日，每个节日所祭祀的对象各有不同，但很多节日又必须祭祀土王和自己祖先，这又是各个节日的共同之处。

●春节

从正月初一前两天开始过，第一天称“大年”，第二天称“小年”。除夕夜各家都燃起一根大柴，围坐聆听老人讲故事，守岁到天亮。节日期间，土家人要吃象征吉祥如意、富富有余（鱼）的“红曲鱼”和大锅烩菜（又称“合菜”）。正月初举行古老的“摆手舞”会。“摆手舞”又称“舍巴日”，土家族男女青年身着绚丽多彩的“西兰卡普”(土家织锦)，打着绣龙凤的吉祥彩旗，抬上木鼓，在二胡、唢呐、牛角等乐器的伴奏下起舞，常伴有诗歌，舞姿古朴、典雅、优美，包括狩猎、军事、农事、宴会等七十多个动作，形象鲜明，有显著的民族特点和浓郁的生活气息。参加者达万人之多，场面盛大。此外，耍龙灯、耍狮子、灯会、戏剧、武术等活动，为欢乐的土家人带来无限情趣。

●调年会

土家语叫“舍巴”。它是与祭祀祖先、祈求丰收相联系的一种群众性歌舞活动。届时，各村寨的调年坪和摆手场（即平坦的开阔地）上锣鼓喧天，规模很大，与会者往往上万人。除跳摆手舞外，还有汉戏、酉戏、阳戏、车儿灯、龙灯、狮舞等。这种规模大的调年会每隔数年才举行一次，单日开始和结束，日期也是奇数，历时7天左右。还有一种叫“小摆手”，日期短，只有3天，规模较小。在调年会上，还表演反映一年四季农事活动的舞蹈，舞蹈动作粗犷有力，幅度较大，双手摆动干净利索，手不过肩。这种舞蹈在当地又称“舍巴日”、“舍巴月”等。

●牛王节

农历四月七或十七、四月八或十八为牛王节。这一天定要杀猪，做大坨子肉祭祖先，摆筵席招待出嫁的姑娘和至亲好友。这个节的来历流传着“牛王”的传说。古代农民刀耕火种日夜辛劳，却忍饥挨饿，牛王奉命下凡，了解到百姓“三日一餐”难以保证，便擅改“圣旨”叫老百姓“一日三餐”。玉皇将它贬到凡间只许其吃草。因此，土家人为感激牛王，把四月八定为“牛王节”。

●六月六

传说六月六是湖南茅岗土司王覃垕遇难的日子。相传，覃垕为反抗封建王朝的民族压迫，在这天惨遭杀害。在刑场上，覃垕怒目圆睁，当刽子手凌迟剥皮时，忽然从他身上飞出九条金龙，霎时天昏地暗，日月无光。朱元璋吓得从金殿龙椅上晕倒在地，连忙爬起来祷告苍天。同时下令将人晒干，扎成覃垕像，让他每年坐七天帝位。土家族人将覃垕血染的战袍抢回来洗净晒干，立庙祭祀，谓之“晒龙袍”。从民间传说看，六月六是土家族的一个重要的纪念性节

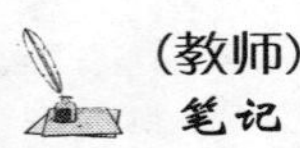
（教师）笔记

日。土家人为纪念他，就在这一天把好衣料和衣服拿出来晒，俗称“晒龙袍”，以保土家子孙后代昌盛兴旺。

四、宗教信仰习俗

土家族信奉多神，没有固定的宗教信仰。因神明大都与祖先有关，土家人认为“祖先”处处关照子孙，是最好的神，因此对祖先十分崇拜，故称“祖先神”。祖先神多数具有原始社会的风貌，只有少数才反映着阶级分化之后的现象。

●八部大神——祖先神

在湘西土家族几个著名地区，如永顺老司城、龙山马蹄寨和水坝洞都建有八部大神庙，是年节盛会时群众祭祀游乐之处。八部大神原指八个弟兄，他们都有土家语名称，如破西卵蒙、缺太卵蒙、泽在卵蒙、拜尔卵蒙、洛驼卵蒙、蜡烛卵蒙、比耶卵蒙等。这八个弟兄是土家族先民中的八个部落酋长，曾在土家族先民的长途迁徙中作出过贡献。

●白虎——祖先崇拜

在土家族地区有不少类似白虎山、白虎堂等带有“白虎”二字的地名，这是土家族民间信仰的反映。永顺、龙山、来凤等地传说白虎有两种：一种叫“坐堂白虎”，一种叫“行堂白虎”。坐堂白虎，坐镇厅堂，威风凛凛，是要“敬”的；行堂白虎，破门而入，凶恶无比，是要“赶”的。“敬”白虎和“赶”白虎，是根据古代巴人遗留的传说形成的。白虎在土家人的心目中有着举足轻重的地位。土家族自称是“白虎之后”。相传，远古的时候，土家族的祖先巴务相被推为五姓部落的首领，称为“廪君”。廪君率领部落成员乘土船沿河而行，行至盐阳，杀死凶残的盐水神女，定居下来。人民安居乐业，自然廪君也深受人们的爱戴。后来廪君逝世，他的灵魂化为白虎升天。从此土家族便以白虎为祖神，时时处处不忘敬奉。每家的神龛上常年供奉一只木雕的白虎。结婚时，男方家正堂大方桌上要铺虎毯，象征祭祀虎祖。除了进行宗教式的虔诚敬祭，土家人的生活中也随处可见白虎的影子。其意用虎的雄健来驱恶镇邪，希冀得到平安幸福。

土家先民以善于射猎著称，而每次打猎前都要祭祀猎神（称“梅山娘娘”）。传说她生前擅长狩猎，死后成为猎神，受敬供以保佑多获猎物和防止野兽害人。她的神位设在房屋外的右侧，用三块砖合成。敬她时，猎人必须衣着整齐，将所获野物供祭。在生产力低下的条件下，土家族崇拜多神："山神土地"管坡上五谷；"家先土地"管家禽家畜；"五谷神"管五谷生长；"阿密嫲妈"管保小孩的成长；"四官神"是致富神，管六畜。

●梯玛与巫术

土家语称巫师为"梯玛"，汉语叫"土老师"、"土司子"或"土师子"。关于土老师的来历，较多的传说是土老师的祖师去西天取经，获得半本经书，八个铜铃，在回来的路上，客老师向他要走了半本经和两个铜铃。土老师再上西天取经，佛爷就不再给他经书。西天佛爷就说："客老师一本经；苗老师半本经；土老师没有经，乱搬经，百说百灵。"从此土老师作巫术时只有师刀、砍刀、铜铃六个等，而没有经书。

清朝改土归流前，土老师依赖于土司制度，权力较大，举凡土家村寨的祭祀、许愿、还愿、婚丧生育、占卜解难无一不管。后来权力渐渐缩小，有的仅主持宗教仪式，有的兼作"土医"（"巫医生"或草药医生），现已濒于绝迹。

五、人生礼仪习俗

●诞生礼

在土家族地区，妇女婚后一旦怀孕，就被称做"有喜"了。十月怀胎，一朝分娩，就在婴儿诞生的当天，男家要事先备好一只鸡、两斤酒、两斤肉、两斤糖等礼品，由婴儿的父亲带到女家去报喜。报喜时，不能用口禀报，而必须用鸡来暗示。若是生了男孩，做女婿的就要精选一只红毛公鸡，放在竹篮里，用漂亮的土家族花布织锦盖住，送到岳父家中去报喜；若是生了女孩，则要精选一只红脖母鸡去报喜；如果是双胞胎，则要提上两只鸡去报喜。到了岳父家，做女婿的不能直接把鸡送到岳父面前，而先要将装鸡的竹篮，毕恭毕敬地放在巴神婆婆的神像前，寓意出世的孩子，有巴神婆婆在暗中抚养保佑，消灾免病，一定能一帆风顺，健康成长。然后，将鸡抱到岳母面前，只需喊上一声"丈母娘"，其他任何话都不用说。岳母见了报喜鸡便知道了一切。她接过鸡后，往往要道上一声"长命富贵"之类的祝福语。至此，做女婿的也就算完成了报

(教师)
笔记

丁任务，并随即返身回家。土家族的“提鸡报喜”可以算得上是少数民族报丁礼仪中最具代表性的一种。

●哭嫁

作为土家族婚俗中的一种独特婚礼形式——哭嫁，在土家人聚居区域大约已有了两三千年的历史。据民俗专家分析，哭嫁很可能是母系氏族社会向父系氏族社会过渡中“抢婚”习俗的遗存现象。随着社会的不断进步，哭嫁早已失去了抢婚的原始意义，而成为土家人家居生活中进行礼仪伦理和婚育教化的一种传统习俗。今天，婚姻自由了。土家族姑娘在结婚时也还要哭嫁，但现在的哭嫁仅是一种仪式罢了。“陪十姊妹”是土家族姑娘哭嫁的独特形式。新娘出嫁的头天晚上，爹娘邀请亲邻中的未婚姑娘 9 人，连新娘共 10 人围席而坐，通宵歌唱，故称陪十姊妹歌。

“桃夭时节卜佳期，无限伤心叙别离。哭娘哭嫂哭姐妹，情意绵缠泪如丝。”此诗可知土家女哭嫁习俗流传久远。清代土家诗人彭潭秋记载说：十姊妹歌，恋亲；恩，伤离别，歌为曼声，甚哀，泪随声下，是“竹枝”遗意也。土家姑娘出嫁前的“哭嫁”多在婚礼前三日开始，哭三天三夜。先是在吊脚楼闺房架一方桌，置茶数碗，邀亲邻少女依次围坐，哭起嫁歌来。新娘居中，叫“包席”，右女为“安席”，左女为“收席”。新娘起声，“安席”接腔，依次哭去，不分昼夜。哭嫁歌每首四句，先从母亲哭起，接着是父、祖、兄弟、姐妹。“哭”完直系亲属再“哭”旁亲。“哭”到哪位旁系亲人，则此人需送钱添箱。凡是来“劝”哭的人都要哭一遍，女性则须陪哭。主要内容有回忆母女情，感谢养育恩，诉说离别苦，托兄嫂照顾年迈双亲，教女为人处世等。

哭嫁歌一般为即席作，见娘哭娘，见婶哭婶，哭词各不相同，也有固定哭词，如“比古人”、“共房哭”、“十画”、“十绣”、“十二月”等。哭有曲调，抑扬顿挫，是一门唱哭结合的艺术，嫁娘必在此前求师练习。哭时以“嗡”、“蛮”、“啊呀呀”等语气词，一泣一诉，哀婉动人。

用歌舞来祭祀死去的亲人，用哭声来庆贺欢乐的出嫁，本是土家民族独特风俗的传承，也是土家文化之精髓。十年前，土家女子出嫁时不会哭或哭得不动人，还会被人耻笑；而现在，土家族姑娘在结婚时却极少有人再哭了。

(教师)笔记

●丧葬习俗

上塌　人断气时，由儿子跪在地上烧落气纸钱。人死了叫“老了”或“过背”、“走了”，忌讳“死”字。女儿用白布蘸水洗逝者心窝和手足，叫“抹五心”。穿上寿衣寿鞋，裤带是逝者有多少岁就用多少根棉纱做成，脚头点一盏清油灯，身上覆盖红色寿被，左手拿桃树枝，右手拿一团饭，也有拿手巾或扇子的。

入殓　棺底垫一层火灰。逝者有多少岁就在灰上用茶杯印多少圆圈，然后铺上垫单，将尸身放其上。四周用生前旧衣填塞，盖上寿被，取下盖面纸，让逝者亲属瞻仰遗容。然后闭棺入殓。

伴灵　又叫“伴亡”。凡亲族乡邻，俱来吊丧，至夜不去。道士做道场，于柩旁击鼓，又叫“做好事”。配合舞蹈，领唱神话传说，曲调多变，伴之以鼓、锣、钹、打击乐。气氛悲怆而热烈，承袭了古代“绕棺而歌”的传统。

跳丧　实近赴丧，丧礼仪式。一旦哪家老人终寿，不问男女，也不问逝者名望高低，抑或是往日仇家，近日冤家，皆遵照“红喜要报，白喜要赶”的俗规，不需报请，皆携酒提肉，凑钱聚米，主动赶到逝者家中来，俗称“人死众家丧，一打丧鼓二帮忙”。孝女守在灵堂见来祭的人要痛哭举哀，孝子则跪在灵堂边致谢。

打丧歌　又名“唱丧堂歌”，或叫“坐丧”。即由一人击鼓、领唱，众人相和。丧歌分歌头、歌身、送骆驼三部分。当夜幕降临时，亡者的孝男孝女，在灵堂前摆一张方桌。桌上置酒杯、调羹、筷子、菜肴，歌师们围桌而坐，边饮边唱。

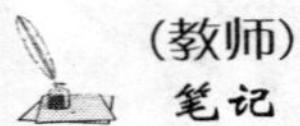
（教师）
笔记

哈尼族习俗

哈尼族是我国西南边疆古老的民族之一，也是我国人口在百万以上的十余个少数民族之一。2000 年第五次全国人口普查统计，哈尼族人口为 1 439 673 人，主要分布在云南省西南部礼社江下游红河西侧哀牢山区。据史书记载，哈尼族与彝族、拉祜族等同源于古代的羌族，在千百年的历史岁月里，经过漫长的迁徙历程，最后定居于滇南的群山峻岭之中。哈尼族有自己的语言，并有三种方言，彼此差异很大，不能互相通话。哈尼族过去一直没有文字，直到 1957 年才创制了以拉丁字母为基础的拼音文字。《奥色密色》是哈尼族地区流传最广、影响最深的较完整的一部神话史诗。

哈尼族有许多种自称，以哈尼、卡多、雅尼、豪尼、碧约、布都、白宏等自称的人数较多。本民族内部之间的互称和其他民族对哈尼族的称谓也不尽一致。哈尼族两千多年来基本上就具有一个统一的名称——“和人”。中华人民共和国成立后，根据本民族人民的共同意愿，以人数较多的自称“哈尼”为本民族统一的名称。

一、饮食习俗

哈尼族地区物产丰富，烹饪方法独特，主要以大米和玉米为主食，善于腌咸菜，尤以做豆豉出名。喜吃酸、辣食品，喜肉食，火熏腊肉、“干巴”和“白旺”独具特色。用餐时每每必不可少的是带酸辣香味的蘸水，多用薄荷、香椿、葱花、香草、芫荽、姜、蒜、辣椒调制而成，每菜必“打”一下蘸水才进口，一口五味全。具有本民族风味特点的典型食品有：竹筒鸡、生炸竹虫、蜂蛹酱、煮蛇圆子、清汤橄榄鱼等。

饮茶和喝酒是哈尼族的嗜好，所饮用的酒多是自家酿制的甜白酒，醇香、甜蜜；喝茶多用煨酽茶的方式。即先用铜壶或大口缸在

(教师)笔记

火塘上将水烧沸，然后再放入茶叶煨煮，待再烧开时饮用。哈尼族素来热情好客，只要有客人来，都要以酒相待。客人落座后，主人要先敬一碗米酒、三大片肉，称“喝焖锅酒”。待客食品讲究食多量大，真诚实惠。在筵席期间常常酒歌不断。客人离开时，有的还要送上一块大粑粑和一包用芭蕉叶包好的腌肉、酥肉、豆腐圆子等食品。

哈尼族认为火是家庭的生命，对火很敬畏，必须保护火种长久不息。每家都有数个不同的火塘。火塘的火不仅要烟火不断，而且每个火塘的用处也不能弄混。一般一个火塘煮小锅饭、炒菜用；一个火塘支有蒸锅，专门用来蒸制食品；还有个火塘只煮猪食，从不乱用。

二、礼仪习俗

哈尼族有尊老爱幼，热情好客的传统。打猎获得的猎物见者有份。路遇老人要亲切地称呼“阿波”、“阿匹”（爷爷、奶奶），并主动让到路边，让老人先走。在屋内看见老人进来，要主动让座。给老人递烟、递酒、递茶要双手捧上，躬身示礼。给老人递烟筒要握住烟筒的下端。在老人面前不能跷二郎腿，不吹口哨，不高谈阔论。走路不能从老人面前走过，要从老人身后绕过。杀鸡时，鸡头、鸡肝等要敬奉给老人。

哈尼族普遍尊敬长辈。吃饭时，好菜放在老人一边，让老人先尝。儿女要给老人斟酒、盛饭，双手捧上。在山间田野劳动休息时喝水，要让年长的先喝，如果人多，按年龄大小顺序饮用。当劳动归来，晚辈要给老人端茶水、递上水烟筒。当然，当家里有客人时，为了表示对客人的敬重，主人常把鸡头夹给客人。这时客人应以双手接过鸡头，然后把它转敬给在座的老人或年长者。在参加哈尼族的祭祀活动会餐或到哈尼族家里做客就餐时，先要等老人说几句祝福的话，等老人吃了第一口食物后，才可以动筷。与哈尼族朋友在饭桌上饮酒时，要注意敬酒的顺序：首先从年纪最长者开始，沿逆时针方向逐个斟酒，最后向年纪最长者的杯里再斟上一点，表示大家团团圆圆。每一轮斟酒都应如此，哪怕是象征性地点几滴。

哈尼族热情好客，在路上遇到相识或不相识的人，总是含笑问候、让路，并热情地邀请到家里做客。客人到家，全家老小都要起身让座，主人总是把自制的烟丝装到烟嘴里，把烟筒奉到客人面前。客人假如不抽烟，应该非常有礼貌地加以谢绝。主人会很快捧

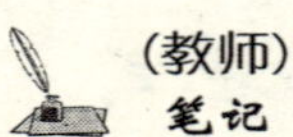
（教师）笔记

出一碗“焖锅酒”，客人饮过酒，主人会喜笑颜开地倒上一杯浓茶，与客人倾心交谈。必用最好的饭菜盛情款待客人。进餐时，先给客人斟酒，当给所有人斟完酒后，还要给客人再斟一次，以示酒源不断，吉祥幸福。若是逢年过节到哈尼人家里做客，主人还会拿出雪白圆圆的糯米粑粑到火塘边烘烤得两面金黄开花时，吹拍干净，双手捧给客人。客人上路，主人一直送到村边。

三、节日习俗

哈尼族节日有十月年、六月年、吃新米饭节、端午节和中秋节。

●十月年

十月年为大年，按哈尼族的历法，十月是岁首。节期六天左右，具体日期各寨可先可后。这时正是大春上场、厩中猪肥的时节，有条件的人家都杀牲，舂糯米粑粑、蒸年糕、染黄糯米饭献天地祖宗；男女老少都着新装，亲友们互相走访；有男孩子的人家多在这个节日里请媒人去说亲，嫁出去的姑娘也要带着酒、肉和粑粑回娘家献祖过年；村里的老年人轮流着到接到订婚礼物或有姑娘回家的人家去探望，分享一些礼品。墨江的部分哈尼族，年节里经常整个家族聚餐（自带食品）。另外还有一种特殊的风俗，即前一年出嫁的姑娘们，要集于村外山野里互相诉说自己的新婚生活，而严禁男子偷听。

●六月年

六月年也是个欢乐的节日，红河地区称“苦扎扎”，日期一般在六月二十四日前后，节期3~6天。节日里，以村寨为单位杀牛祭“秋房”，牛肉各户分回祭祖，青年们聚集在一起“荡秋千”、摔跤、狩猎、唱山歌，尽情欢乐。

红河南岸的哈尼族，也过正月年、端午和中秋等节日。正月年过3~5天，有条件的人家杀猪祭祖，初一吃汤圆，亲友之间互相宴请。端午和中秋节大体同汉俗。

●姑娘节

云南省元阳县碧播山一带的哈尼族，每年农历二月初四要欢度别开生面的姑娘节。

这天，鸡还未叫，男人们就要首先挑回一担水，天蒙蒙亮时，再砍回一捆柴，接着，就生火烧水，把洗脸水恭恭敬敬地端给慢腾腾起床的妇女。然后，男人们煮饭、洗菜、剁猪食、洗碗筷、带小孩，妇女们则悠闲地坐在一旁，或做点针线活，或指挥男人做这做那。未出嫁的姑娘们，则连针线活也不做。

午饭后，男人们急忙赶到寨中的公共娱乐场所去，按习俗，先到的为勤劳者，后到的为懒惰者。小伙子们向情人借来女式新衣新裤，打扮成姑娘的样子，在欢快的弦乐声中翩翩起舞，直到太阳偏西才回家做饭，继续服侍妇女到深夜。

姑娘节相传起源于一个古老的传说。很久很久以前，四面环山、山泉潺潺、林木葳蕤的碧播寨，有个生得比金竹还标致的姑娘，名叫“悠玛”。悠玛与英俊剽悍的青年猎人戛期相爱。但是，那时哈尼姑娘的婚姻要由土司头人和父母做主。悠玛的父母把她许配给了白土司的独眼儿子。悠玛为此痛苦极了，她决心以死来抗争。二月初四这天，悠玛独自去薅勾勒山上砍柴，遇到了同村和邻村的三个姑娘。悠玛向她们诉说了自己的不幸遭遇，引得三个姑娘痛哭不止。原来，她们也是婚姻不幸者。四个姑娘忘了砍柴，也忘了回家，在山顶上互诉苦衷，愈诉愈愁，愈诉愈悲，就一起跳崖自尽了。

悲剧发生后，哈尼人觉得再也不能干涉姑娘和小伙子们的婚姻了，特别是对姑娘，更应该给她们选择意中人的权利。为了告诫后人，哈尼人就把每年的二月初四定为“姑娘节”，以表示尊重妇女和尊重婚姻自由。

现在，这一带的哈尼族男女青年自由相爱后，就自己选日子结婚，不要彩礼，也不办酒席，用杯杯香茶招待前来祝贺的宾客。

●哈尼族敬老节

每年的农历腊月十五，是哈尼族的敬老节。清早，老人梳洗后穿上新衣服准备欢度自己的节日。成年人在家杀鸡宰鸭，备办美餐，小伙子将一棵小松树栽在过节的坪场旁，姑娘们挑来清水给它浇下定根水，象征青年们祝愿老人像青松一样健康长寿，永葆青春。

●里玛主节

居住在红河边上的哈尼族崇奉布谷鸟，把布谷鸟尊称为“合波

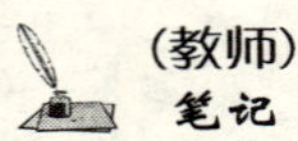
（教师）笔记

阿玛”（布谷鸟妈妈）。每到山茶盛开的阳春三月，不论男女老少，只要第一次听到布谷鸟的鸣啼，人人都会报以一声“我听见了”的回答，表示对春天的欢呼。据说，这一声回答，可使勤劳善良的哈尼族农家五谷丰登、六畜兴旺，终年和平康泰。

哈尼族布谷鸟的传说

据传说，布谷鸟是受天神阿波摩米的派遣，从遥远天边的石岩洞里飞出来，向人间传达春天的消息的。当它飞过一个名叫“巷阿窝尼崩崩麻”的大海时，飞不动了，眼看快要掉进大海里去了。突然，从海里翘起一条龙尾来，随后龙尾变成了一棵枝叶繁茂的大树，让布谷鸟在上面歇脚。布谷鸟历尽千辛万苦，终于把春天的信息传达给了人间。

按照前辈人沿袭下来的规矩，等多数人都听到布谷鸟的叫声后，就相约在一个属羊的日子，备办美味佳肴，用一种大树的花汁浸泡糯米，蒸出喷香金黄的糯米饭，煮好红鸭蛋，向布谷鸟虔诚地敬献。这天，村村寨寨的小伙子和姑娘们满面春风，身着节日盛装，会聚在一个草坪上，欢度一年一度的“里玛主”节（春天的盛会），借以选择对象，谈情说爱。节后，各家选定一个好日子，在雀鸟未出巢、四山一片寂静的五更时分，家长悄悄地把三丛秧苗插在自家田里，意即“开秧门”。据说，“开秧门”时听不到雀鸟的声音，庄稼就能免灾除害，获得好收成。

●捉蚂蚱节

捉蚂蚱节，哈尼语叫“阿包念”，在“六月年”（每年阴历六月二十四日）后的第一个属鸡或属猴日举行。哈尼族居住在山区，种植一季水稻。过了“六月年”，水稻就开始抽穗，为确保水稻丰收，哈尼族人民就采取过“捉蚂蚱节”的方式来驱除和避免虫灾。

“捉蚂蚱节”这天，全寨子男女老少都到田里捉玛蚱，每家捉够一竹筒（约二斤）后，就把蚂蚱一只一只撕成四份：头一堆，腿一堆，身一堆，翅膀一堆；依次用划开的竹片夹起来插在田埂和排水沟旁，以对尚未捉到的蚂蚱及其他昆虫进行恫吓。半小时后，又要把这些蚂蚱收进竹筒，带回家当菜或拌粑粑吃。据说油炸蚂蚱肉很香。离开田野时，人们都要不停地大声叫："啾，蚂蚱，三天内不捉。"

(教师)笔记

四、宗教信仰习俗

哈尼族信仰多神和祖先崇拜，少数信仰佛教、基督教。哈尼族自然崇拜的主要对象是山、水、树、日、月、风、雷、冰雹、地震等。祭天、祭山、祭龙是祭祀的主要内容，特别是祭龙尤为突出。

祭　龙

祭龙在农历正月属龙日进行，以村为单位祭祀。龙树被认为是人类的保护神。每个家族都有自己的龙树，每个村寨也有共同的龙树或龙林。龙林是神圣不可侵犯的。过去，牲畜不准进入龙林放牧，妇女也不准随便进入龙林。祭龙时，先将祭品陈列于龙树前，由主持人点香放炮，祈求全村人畜兴旺，不遭灾难，不生病。参加祭龙的其他人叩头献饭。祭毕，祭品大部分即分给各家，一部分分给主持人，一部分分给老人，在龙树前煮吃。与祭龙相联系的还有祭水，祭时点香叩头、淘清水井、祭品分给寨内各家。祭山，每年一次，在三月份属蛇日进行，由村中老人主持，祈求山火不烧村寨。祭天，在七月份属虎日进行，祭时以松树枝铺地，祭品是每桌九碗饭、九碗酒、九碗水、九碗菜、九把火钳，供在桌上。祭时按年龄大小，每桌叩三次头，祈求上天保佑。

祖先崇拜是哈尼族重要信仰之一。无论哪一支系的哈尼族，都有一个从古至今的祖先家谱，以父子连名的方式流传着。他们相信祖先的神灵居住在坟墓中，或"莫咪罗咳"处，即天神的门口，或是在家中的"候勾"处——类似于神龛的专门祭祀祖先的地方，必须经常祭祀祖先的神灵，才能得到护佑。

贝玛是哈尼族宗教活动的主持者，按照他们不同的社会职责和知识水平，可分为"仰批"、"翁批"和"舍批"。仰批主要职责是发送死者、主持葬礼及一些较为高级的祭祀活动。翁批无杀牛祭祀的权利，负责村社的一般性的公祭和个体家庭的一些私祭活动。舍批又称"尼玛"，以中年女性居多，专为他人问病解疑，走阴招魂。

(教师)
笔记

灵魂观念与招魂

强烈的“灵魂”观念是哈尼族原始宗教的一种特殊观念。哈尼族人原始宗教观念认为，凡人从降生在地之日始，随着三声“哇哇”啼哭声，就都具有十二个“魂”。为使人体永远幸福康宁，十二个“魂”务必一个不少地时刻围绕其体旁，倘若有“魂”离散人体，人体就会生病，降灾临难；如果紧附于人体的主“魂”离散，人就要死亡。

从万物有灵观念出发，哈尼人认为不仅人有“灵魂”，连家庭、家禽、家畜和五谷也有“灵魂”。为使“家魂”不丧失，每一个成员的十二个“魂”时刻完整地围绕于身边或附于体内，以确保家庭的兴旺发达和人体的安康，各户哈尼人家每年都要定期为家庭及其成员“招魂”一次，招“家魂”称作“俄拉枯”，招“人魂”谓之“约拉枯”。不同年龄的男女分别举行不同的招“魂”仪式。

五、人生礼仪习俗

●诞生礼

哈尼族以接生、报喜、贺生、命名以及周岁礼等仪式来完成其诞生礼。整个仪式充溢的是庄重圣洁、喜气洋洋的气氛。哈尼族诞生礼中最核心的内容当属命名仪式，该仪式明确指出了新生儿在未来社会中将扮演的社会身份与角色。取名仪式往往择单日进行，最迟不能超过婴儿出生的第 11 天。取名那天，婴儿被第一次抱出屋外。取名之前，除杀好鸡、蒸好糯米饭之外，最重要的是要请一个八九岁的儿童在院中央模拟劳动。通过这一仪式，郑重向世人宣告这个婴儿已由一个自然的人而转化为社会的、文化的人。

●抢婚

过去哈尼人一直沿袭着古代遗留下来的“抢婚”的习俗。抢婚有两种情况：一种是男方亲属相中姑娘之后，不经媒妁提亲，也不让男女双方认识交往，便组织一帮小伙子把姑娘偷抢回来，由男方家长或亲戚主持让他们结为伉俪。另一种情况的抢婚，是在自由恋爱的基础上进行的，双方相互爱慕，他们将自己的心愿告诉了家长。男方已备礼品请媒人多次到女方家登门求婚，但女方家长百般阻挠，不愿成全女儿的婚事。儿女们为反对长辈对婚姻自由的束缚，便合谋策划出“抢婚”的喜剧。“抢婚”那天，男方邀约几个知心朋友，埋伏在事先选定的地点。女方按预约或借故背水，或借故上山砍柴，或下地劳动，以摆脱父母的控制，来到指定的地点让自己心爱的人“抢”去。当姑娘出现在指定的地点时，小伙子们一拥而上，拉住她往男方家跑去。被“抢”的姑娘虽然满心欢喜，但这时要佯装挣扎，拼命大哭大叫，让寨里的人知道她被“抢”了。女方父母听到呼救声，虽然心中已明白是怎么回事，仍手持棍棒佯装追赶。姑娘被“抢”走之后，被送到男方的亲友家藏上一两天。之后，男方父母再次请媒人到女方家求婚，姑娘的父母见木已成舟，只好同意婚事。

(教师)笔记

●奇妙的丧礼

哈尼族历史上盛行火葬习俗。据清乾隆《开化府志》卷九载：“寓民丧无棺，吊者击锣鼓摇铃，头插鸡尾跳舞，名曰洗鬼，忽饮忽泣三日，采松为架，焚而葬其骨，祭用牛羊，挥扇环歌，拊掌踏足，以征鼓芦笙为乐。”清代中叶以后，逐渐演变为木棺土葬。每个寨都有一条离村不远的向阳山梁作为公共坟山，除双胞胎死、吊死、毒死、淹死、烧死、摔死、雷电击死、猛兽咬死、树木山石压死的以及丧命于刀枪者外，都要送往公共坟山埋葬。选坟址不看风水，只用左手向地上抛掷一个鸡蛋，鸡蛋在何处破裂，即为坟位。下葬后，有的地区填平泥土即可，有的要垒石建成坟堆。

高龄男女在即将断气之际，其长子要迅速用自己的衣角蒙住老人的嘴，嘴对嘴地吸气三次，意为为老人接气；随后，以下诸子顺序接气。老人死后，村人便主动前来帮忙，用温水洗尸，并为其换上本民族古服，同时派人向各地亲友报丧。报丧时，要先向死者的舅舅报，然后按先近后远逐一报去。洗换完毕即装殓，但到出殡时才盖棺。棺木多数头朝北方，表示对祖先故地的崇敬。尸体仰卧，用一幅称“仰卡”的白布将死者从头到脚遮盖起来，再用众儿孙及其各路亲友送来的若干白布条幅，白布条幅按儿孙的长幼顺序和亲友的亲疏关系分长短。装殓时宰杀一只红公鸡，煮熟向死者敬献过后，请前来帮忙的人共餐。留棺在家的时间最多不超过七天。出嫁

(教师)笔记

到外村的女子，一旦闻讯便远远地哭唱着忧伤的挽歌进村来，直哭到死者身旁，曲调和唱词极为忧伤凄凉：

我的阿妈啊，
你用衣襟把女儿抱大，
就像纽扣把我随时挂你身上。
你生病卧床女儿服侍三日未满，
我的阿妈生病三日，
火塘旁边烤火，
生病三日想喝开水，
咱们兄弟姐妹都是阿妈所生……

如果死的是爹，则歌词这样唱道：

可亲可敬的爹，
阿爹的心就像宽阔的笋叶。
可亲可敬的爹，
儿孙由你领大，
你是全家的柱子，
一个家庭怎能倒了支柱……

出殡当天，丧家要杀牲祭奠。牛、羊为上等祭品，少则一二头，多则七八头。外村亲友也牵羊拉猪，女婿以奉献牛羊为荣，并提酒背米前来祭吊。出殡时，孝子、孝孙在屋前、村中和村边三次伏地过棺，棺材送到坟山即挖穴下葬，垒石建坟。

“碧约”（哈尼族的一个支系）老人去世，同宗男女老幼身着丧服，团团跪在牛前痛哭，直到牛屙出牛粪为止。牛粪一出，便盛入一个篾箩中，置于仓中保存，并请“贝马”（主持仪式的人）念咒。

“卡多”（哈尼族的一个支系）举行丧礼时，大女婿必须跪在牛尾之后，用一幅自织土布接牛粪。接得的牛粪捧到屋内留存，表示死者已给后人留下了财富。

“白宏”（哈尼族的一个支系）老人去世举行丧礼前夕，挑选本村和邻村童男，各持一把阳伞前来为死者吊丧。随即，各人带一名少女出村去，坐在村边树丛中，用阳伞将二人合罩起来，通宵边

(教师)笔记

歌边哭。

红河一带的哈尼族，凡已安家立业或已有儿女的男女死去，都要向各地亲友报丧，并为其杀牲祭奠。一般较贫困的家庭杀一只鸡或一头猪，对死者敬献后，即可送葬入土。为死者宰杀三至五头以上丧牛的人家即可举行隆重的“莫搓搓”葬礼（“莫”为老者，“搓”为跳，意即为死去的老人跳舞）。

“莫搓搓”只为正常死亡的高龄男女举行。一旦老人去世，立即放响三声土炮，向四邻村寨报告“莫搓搓”的信息。出殡之前，丧家男女老幼，一律脱鞋脱帽，不梳头，夫妻不同床，表示对死者沉痛哀悼。行“莫搓搓”葬礼，灵柩要在家中存留三五个月。留柩期间，每天早晚饭前都要鸣放三响土炮，每十二天举行一次隆重的守灵仪式，称“莫丧”。都要杀鸡杀羊，请本村男性长者前来享用，并吟唱守灵古歌。当天夜晚，本村和邻村男女青年们汇聚在丧家屋旁，吹拉弹唱，通宵歌舞不停。从替死者洗澡更衣之日起，每晚前半夜，死者的儿媳、孙媳以及同宗族众女子，团团蹲在死者周围，伤心地哭唱挽歌，称为“米刹威”。“莫搓搓”出殡仪式历时 3 天，届时，各地亲友携带祭品前来祭吊。丧家为祭献死者所宰杀的丧牛，除全村男女老幼在村中宽阔处集体煮食外，要留出相当一部分牛肉送给外村亲友。举行“莫搓搓”葬礼时，要在堂屋后山墙挖开一个大洞，第一锄必须由死者舅舅开挖。随即，丧家男女老幼和亲朋好友用手抬棺木，口唱着挽歌，穿过墙洞，将棺放在房后屋檐下。“贝马”在灵柩边吟唱原始古歌和送葬歌不止。参加“莫搓搓”的男女老少，身着华丽端庄的古服，有的骑着打扮得花花绿绿的高头大马；有的男女成双成对，边摇扇子边跳“莫搓搓”舞，围绕丧家房屋团团游转。土炮声不断，大号、唢呐长鸣，彩旗飘扬，哭的哭、唱的唱，一路哀伤，以此表示对死者的惜别之情，直至将灵柩抬出寨门为止。

（教师）
笔记

哈萨克族习俗

哈萨克人生活在天山草原和阿尔泰草原，生存环境优美。哈萨克人性格豪爽，热情奔放，热爱草原，热爱生活，草原处处飘荡着他们的歌声。他们勤劳朴实，逐水草而居，“歌和马是哈萨克人的两只翅膀”。我国的哈萨克族主要分布于新疆维吾尔自治区伊犁哈萨克自治州、木垒哈萨克自治县和巴里坤哈萨克自治县。少数分布于甘肃省阿克塞哈萨克族自治县和青海省海西蒙古族藏族自治州。2000 年第五次全国人口普查统计，哈萨克族人口数为1 250 458人，其中绝大多数集中在新疆维吾尔自治区，使用哈萨克语，属于阿尔泰语系突厥语族克普恰克语支。哈萨克先民曾使用过鄂尔浑—叶尼塞文、回鹘文。伊斯兰教传入后，1959 年又设计了以拉丁字母为基础的新文字方案，但推广条件不成熟，1982 年恢复使用原有文字，将新文字做为音标保留。

一、饮食习俗

哈萨克族平时喜欢吃清水煮的手抓羊肉，煮肉时不加盐和调料，吃时佐以调料。日常食品主要是面类食品、牛肉、羊肉、马肉、奶油、酥油、奶疙瘩、奶豆腐、酥奶酪等。平时喜欢把面粉做成“包尔沙克”（油果子）、烤饼、油饼、面片、汤面、那仁等，或将肉、酥油、牛奶、大米、面粉调制成各种食品。饮料主要有牛奶、羊奶、马奶子，特别喜欢马奶子，马奶子是用马奶经过发酵制成的高级饮料。马奶酒是哈萨克族十分喜爱的饮料，它的制作方法很奇特：把刚挤下来的马奶装入皮桶，放入陈奶酒曲，放置保温处，使之发酸。然后每天搅动数次，几天后就成了略酸、带酒香、清凉适口的马奶酒。茶在哈萨克族的饮食中有特殊的地位，主要喝砖茶，次为茯茶。如果在茶中加奶，则称奶茶。

(教师)
笔记

二、礼仪习俗

哈萨克族是个热情、好客、重礼仪的民族。人们相见，总要互致“全家平安”、“牲畜平安”等问候。这与他们从事游牧经济生活密切相关。按季节与草场情况不断转场迁徙的哈萨克牧民，对前来拜访和投宿的客人，不论相识与否，都会热情款待。牧民认为，如果在太阳落山时送走客人，是一件耻辱的事，会被亲朋邻里认为待客不周而耻笑。主人待客，有自己的一套方式。通常客人来到，都要宰羔羊。至尊的客人，还要在现场宰一匹马驹。宰羊前，主人要牵羊到客人面前征得客人满意。进餐时，先将羊头献给客人。客人接过羊头，要用小刀先割一块面颊肉献给主人家年龄最大的长者，再割一块羊耳朵给年龄最小的孩子或主妇。这时，主客围坐一起，一边食用盘中的大块肉，一边细饮主人特制的马奶酒。马奶酒是一种营养丰富的独特酒类。味道清香醇厚，既能解渴，又能充饥，还能医治轻微的肠胃病和其他慢性病，维生素含量比牛奶高好几倍，是草原牧民防寒助食的极好饮料。夜晚，广袤的草原特别静寂，幢幢毡房一片温馨，客人被安置在毡房正面的上方住宿。淳朴、敦厚、诚挚的主人，还会给你讲述草原近年的新气象和美丽动人的传说故事。

哈萨克族尊敬老人，喝茶吃饭要先敬老人，一般在进餐时习惯长辈先坐，其他人依次围着餐布屈腿或跪坐在毡子上。在用餐过程中，要把最好的肉让给老人。

哈萨克族在婴儿出生后，别人不能问其性别，知情人也不许讲出去。第二、三天，举行庆祝，宰羊，邻里妇女要送礼物，青年男女在晚上跳舞。这种活动持续三天。在婴儿出生 40 天时，举行“四十天礼”，参加者要给孩子送衣服、串珠、鹰毛等礼物。由长者给婴儿起名字，礼仪结束后才可以公布婴儿的性别。

孩子 5 岁左右举行骑马礼，头上插羽毛到各家拜访，亲友们要送马鞍、马鞭、肚带、马镫带等。男孩在 5 ~7 岁时举行割礼，行礼的前 4 ~5 天，孩子穿上新衣服，腰系白布带，骑着由别人牵着的马走亲戚，亲友们要送礼。

三、节日习俗

哈萨克族的节日主要有肉孜节、古尔邦节和纳吾鲁孜节。前两个是源于伊斯兰教的节日。纳吾鲁孜节是哈萨克族的传统节日。

(教师)笔记

"纳吾鲁孜"是哈萨克语"送旧迎新"之意，节期在民间历法的新年第一天，大致在农历春分日。这一天，各家都吃一种用小米、大米、小麦、奶疙瘩和肉混合做成的饭。人们穿上鲜艳的民族服装互相登门祝贺，主人要用亲手制作的节日食品招待客人，大家在冬不拉的伴奏下唱一种专门在这一天唱的、有固定曲调、即兴填词的节日歌，并翩翩起舞。在牧区的有些地方，人们还要在这一天宰牲畜，把羊头赠给老人，借老人的祝福祈求来年获得丰收。

哈萨克人的游牧生产活动沿用自古相传的十二生肖纪年法。每年在阴历春分那一天（阳历 3 月 21 日前后）被称为"纳吾鲁孜"节（即新年之意），是哈萨克人民的春节，即哈历新年的元旦。由于哈萨克族是个跨国民族，我国哈萨克族群众过去习惯于农历二月二十日过"纳吾鲁孜"节，但有一些富裕人家，为了显示自己的富有，要抢在春节前过一次，春节后再过一次。"纳吾鲁孜"节传统的过法为两个星期，即 14 天，也有过 3 天、9 天、11 天不等的。近年来各国哈萨克族过"纳吾鲁孜"节已开始趋向统一，如土耳其籍哈萨克人取阳历 3 月 20 日为"纳吾鲁孜"节，哈萨克斯坦取阳历 3 月 22 日为"纳吾鲁孜"节，我国哈萨克人则取阳历 3 月 21 日春分这一天为"纳吾鲁孜"节。

为了送旧迎新，预示丰收，各家各户都要用小麦、小米、大米、面、盐、肉、奶子 7 种食品做成"纳吾鲁孜"饭，还要食用珍藏过冬的马肋条灌肠、马肥肠、马碎肉灌肠、马脖肉、马盆骨包肉和其他肉类等。在这一天，人们成群结队地从一个阿乌勒到另一个阿乌勒，走家串户，吃"纳吾鲁孜"饭，唱"纳吾鲁孜"歌，互相拥抱、祝贺新年。冬天宰牲畜时留下的头，一直要保存到此节，奉献给老人。老人口念祝词："愿你的牲畜满圈，奶食丰盛。"在节日期间，还要开展各种文娱体育活动，如弹唱、对唱、摔跤等，另外还有绕口令、猜谜语、圆梦等内容。节日期间的哈萨克儿童更是欢天喜地，他们白天踢毽、放风筝，夜晚捉迷藏等。

随着历史的发展，哈萨克族从公元 9 世纪开始逐渐改信伊斯兰教。虽然哈萨克人长期过着游牧生活，固定的清真寺很少，宗教活动也不太频繁。但伊斯兰教对于哈萨克族社会生活的各个方面，都有相当大的影响，教规对人民有严格的约束力，人们把宗教道德视为最高典范。久而久之，有的教规慢慢演变成了信徒的生活习惯，因而哈萨克人每年都要欢度肉孜节和古尔邦节两个盛大的宗教节日。

(教师)笔记

哈萨克人每年都欢度肉孜节3天。过节时，男女都要穿上最新最好的衣服，骑着马成群结队地互相拜节。首先小辈给长辈拜节，每家都准备丰盛的食品，这些食品大都是在斋月最后一个主麻日(星期五)，也就是第四个主麻日后开始制作的。这些食品以油炸食物为主。这一天还要举行各种文娱活动。

在古尔邦节里，家家户户都要打扫卫生，每个家庭都要准备包尔沙克（油炸果子)、油饼和各种点心，富有的人家宰羊、宰牛或宰骆驼，待客或馈赠。宰羊时，传统习惯不绑羊腿。因为据传说，宰的这只羊是上天园乘骑的牲畜，绑了腿就没法行走，也就上不了天园。宰后切成大块煮，熟后放在大盘子内，客人来后，主人便当着客人的面用刀子削成片，热情地请客人吃肉，并请喝一碗肉汤。节日里，男女老少都穿上节日盛装，走亲串邻，祝贺节日。在节日的白天，还要举行赛马、叼羊、姑娘追等富有情趣的、别具一格的民族传统体育活动。晚上人们欢聚一堂，唱歌跳舞。

肉孜节

这个名称来自波斯语音译，而阿拉伯语的音译则为“尔德·菲图尔”，意为“开斋”，所以“肉孜节”又称为“开斋节”。按照伊斯兰教的规定，每年伊斯兰教历九月，教徒要封斋1个月。在斋月里，穆斯林只要不是病人、旅客、怀孕和哺乳的妇女，每天从黎明到日落前，要戒除一切饮食。只在日出前和日落后每天进食两餐。斋戒是教徒必行的“天命”功课，象征着内心负疚的穆斯林向安拉忏悔和赎罪，以此来培养教徒成为能够忍受饥饿、克己禁欲、畏主守法的人。斋戒不仅是不吃不喝，主要是杜绝一切不良行为。在封斋月里，除了每天的5次礼拜之外，在晚间还要做一次20拜的礼拜。哈萨克人由于礼拜寺少，一般都在毡房内进行。一个月斋戒期满，伊斯兰教历十月一日即行开斋。这一天，各部落的哈萨克人都得聚集在附近礼拜寺中净身礼拜，相互祝贺。

四、宗教信仰习俗

哈萨克族信仰伊斯兰教，并有一些原始信仰遗存。信仰伊斯兰

（教师）笔记

教前，哈萨克族相信万物有灵，因而天、地、日、月、星宿、水、火都成为崇拜的对象；马、牛、羊、骆驼等牲畜都有其主宰的神。青草是象征生命之神。河边的树是神木。祖先崇拜在哈萨克族也有很大影响。他们认为，世间万物都由神灵支配，善神给人们带来幸福，恶神给人们带来灾难。

在游牧区哈萨克族当中，也信奉“巴克斯”、“巴力格尔”、“杜压纳”、“察依克”。实际上，这些神类似北方民族中的“萨满”，“萨满”是神的化身和代理人，他们的主要职责是在牧区跳神、占卜和念咒，从而为病人驱鬼，为猎手祈福，求风调雨顺，保人畜平安等。15 世纪始，哈萨克族皈依了伊斯兰教后，萨满活动中也采用了伊斯兰教的一些形式，但在牧区至今仍有保留。

五、人生礼仪习俗

●婚俗

哈萨克族的婚姻习俗，主要是在草原游牧的独特环境下形成的，有些是古突厥民族遗留下的婚姻现象。后来在哈萨克民族信奉伊斯兰教后，也融入了一些宗教习俗，流传于民间，约定俗成，成为人们遵守的规范，历史上也形成过一些婚姻法规。哈萨克婚姻是一夫一妻制，历史上也有过一夫多妻制，但这些现象主要存在于贵族和富户中。哈萨克族旧时的婚姻具有浓厚的买卖婚姻性质，所以以女为贵，注重门第，彩礼也因门第差别悬殊。富者赠骆驼百峰，相当于 500 匹马或者 1000 只羊；贫穷人家，男方也要给女方送“吃奶礼”、“成婚礼”以及衣物等。贫穷人家有“换门亲”的习惯，以抵消彩礼。哈萨克族通常不允许离婚。旧时还有“安明格尔”的婚姻制度，这是一种非常古老的遗俗，妇女死了丈夫之后，如果要求改嫁，一定要嫁给亡夫的兄弟或近亲，或在本部落中为其选择一人，若此人不同意娶她，才可以自由改嫁，通常中年妇女丧夫之后，大都不再改嫁。不愿改嫁的寡妇，被认为是有德行的，受到人们的尊敬和社会的称颂。

哈萨克人注重部落外通婚，这是哈萨克人为繁衍人口自然形成的优生制度。同一部落的人一般不得通婚，如果通婚必须在七服以上，还须征得部落的长者同意，联姻的两家人还需有七水之隔。即使只要吃过同一女人的奶水，就如亲兄妹，也不能结婚。

哈萨克族青年男女的恋爱方式充满诗情画意。如在各种聚会活

(教师)笔记

动和生产劳动中，相互结识，或通过“姑娘追”等饶有风趣的文娱活动，逐步建立感情。于是，成双成对信手放缰纵马驰骋于草原上、寻找俩人约会的小天地。当一对哈萨克青年男女选中了一块幽静之处，就翻身下马，将男女双方的马鞭交叉插在附近人们容易看见的地方。这地方就成了哈萨克青年男女相互倾吐炽热感情、追求幸福和爱情的“伊甸乐园”。路过此地的哈萨克人看见它，都心领神会地绕道而去，默默祝福草原上又一朵盛开的爱情之花。

哈萨克人对自己后代的婚姻大事非常重视，家长都要对男女青年双方进行严格周密的调查了解，经过考验，需双方家长允许后才能定亲事。

哈萨克族的婚事一般要经过订婚、聘礼、婚礼等三大程序。但各地也不尽相同，有些还要增加许多道程序，如实访、观察、看门、定亲、送吃、看彩礼、过彩礼、喜礼、出嫁等，这些仪式办或不办通常都是女方作出决定。

●葬俗

哈萨克人的丧葬仪式基本上是按照伊斯兰教的仪礼进行的。人逝之后脸朝西安放，绑住下巴颏，用洗净的布遮盖脸面，用围帐将遗体围挡起来。遗体在家停放一天或三天，由近亲点灯守灵。前来吊唁的人们要进屋与遗体告别，并安慰逝者的亲属。然后用清水洗尸，洗完后用白布缠裹尸体，安放在灵柩内。接着举行祈祷赎罪仪式。赎罪仪式结束后，将灵柩抬到屋外，举行“加纳扎”仪式。

“加纳扎”仪式结束之后，即举行出殡仪式。坟地远的用骆驼驮，并用毯子覆盖灵柩。墓穴根据地形挖成直墓坑或掏成洞穴，尸体头部朝南，足部朝北，面朝西（即麦加方向）安放在墓穴里。在尸体放进墓穴之前，所有送葬者每人在尸体上放一撮土，然后安放尸体，并堵好洞口。

逝者入葬七天时要举行“七天祭”，并给洗尸的人赠送衣服或衣料。四十天时要举行“四十天祭”，一周年时举行“周年祭”。

一周年时，要重修逝者的坟墓。坟墓的形式视其地位和经济状况而定。一般人的坟墓用石块垒起，有地位的人用土坯砌成圆形或者方形的墓形。也有呈八棱形状的。一些有名望的亡者，还在坟墓上用砖砌起高高的拱塔。墓地很大，他的亲属或同部落的人都可埋葬在周围。

一周年的祭祀活动是极为隆重的。除重修坟墓外，还邀请亲属

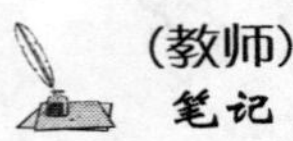
(教师)笔记

和本部落的人参加祭祀活动。祭祀之日，先将亡者生前的乘骑牵到毡房前，这时亡者的妻子儿女哭着与亡者的乘骑告别，然后将乘骑宰掉，并将志哀的旗子拿下，折断旗杆。接着宰许多牲畜款待参加祭祀的人，并举行赛马、摔跤和阿肯弹唱等活动以悼念亡者。悼念活动结束后，逝者的妻子取下头上的白纱，儿女们脱下黑色的丧服，并将事先挂在屋内的逝者生前的衣服取下，交给主持祭祀仪式的老年人。老年人将逝者的衣服以及逝者乘骑的马头、四个马蹄和马皮一块拿到墓地上去安放。

(教师)
笔记

傣族习俗

傣族是云南省特有的民族，2000年第五次全国人口普查统计，人口为1 158 989人。主要聚居在西双版纳傣族自治州、德宏傣族景颇族自治州和耿马、孟连、新平、元江等县，小部分居住在景谷、景东、金平、双江等县。傣族族系发源至今已有1300多年历史，傣族先民为古代百越中的一支，汉代称“滇越”、“掸”。魏晋以后，有“金齿”、“白衣”、“摆夷”等多种他称，但自称是“傣”，意为“酷爱自由与和平的人”。傣族有水傣、旱傣和花腰傣之分。傣族历史上有过五种不同形体的文字，即傣泐文、傣那文、傣绷文、金平傣文、新平傣文，均称“多傣”（to tai）即傣文。这些文字中在国内较通用的有傣泐文和傣那文两种。傣泐文流行于西双版纳及孟连、景谷等地，傣那文流行于德宏及耿马等地。

一、饮食习俗

傣族的饮食与饮食结构由其居住的环境决定。因气候炎热所致，味喜酸、辣、苦（凉），三者皆可助开胃化食，消暑解毒杀菌。其食物种类极为繁多，除庭院种植和家庭饲养的物产以外，山野河流所产，似乎都可入食，戏言：“凡是绿的都是菜，凡是动的都是肉”。更有一些奇异之物如蚂蚁蛋、蝉蛹、花蜘蛛、竹蛆、沙蛆、青苔等成为傣族喜爱的食品，使外人惊异不已。食物的烹制方法主要有烤、蒸、炸、煮、腌、剁、舂，特别讲究佐料的配制。

烤类食品的配料必具备香茅草。香茅草是一种用来提取香料香茅油的常绿草本植物，分布于热带河谷地区。烧烤时，将葱、蒜、姜、辣椒、盐等拌和佐料塞入食物内部，或敷于外表，用新鲜香茅草捆裹好后，便可进行烧烤，烤至半途淋上油，以免表皮烤焦而内部不熟，同时使香茅草的香味随油浸进食品。较出名的主要有香茅草烤鱼、烤竹鼠、火烧乳猪、烤花蜘蛛、烤竹笋等。

傣族每餐都喜喝汤，常见的有“杂菜汤”、“酸笋汤”、“干腌菜汤”。所谓杂菜汤，即以多种蔬菜掺与青椒、酸汤同煮，汤汁酸辣开胃，待客的传统杂菜汤必须具备野芭蕉花、辣藤、南瓜花等。

利用酸笋作为配料煮汤是傣族煮类食品的一大特色，既酸且辣，又不失香甜鲜美。油炸类食品中较特别的是炸干黄鳝和炸牛皮。元江、新平一带傣族妇女于每年二三月和六七月间捕捉鳝鱼，将新鲜鳝鱼置于火上，至半熟取下，洗净外表后再剔去内脏，内外涂抹花椒面、辣椒面和食盐，晒干保存备食。傣族爱吃糯食，喜用糯米做各类粑粑。

西双版纳傣族常在傣历新年时制作粑粑，用以待客和赕佛，以石梓花为传统的配料。将粑粑用野芭蕉叶包好，竖于甑内蒸熟，这种粑粑呈褐黄色，自带一股花的清香。元江一带傣族则用名为“麻脆药”的植物块茎做麻脆粑粑。凉拌类食品是一道开胃的居家菜肴。蔬菜瓜果类、蚂蚁蛋、嫩蝉等昆虫类以及生肉、生鱼、生血等皆可作为原料，配料则包括了小芫荽、大芫荽、香茅草、葱、蒜、野姜、野花椒、青辣椒、小米辣、米醋等。较具特色的凉拌菜有血旺、剁生、生鱼片、撒撇等。“撒撇”是取牛的苦胆汁配制，先将牛苦胆整个煮熟，将胆汁倒入剁碎了的牛肝、牛心中，配以各种作料而食，味苦而凉，西双版纳、德宏、耿马一带的傣族喜食，认为宰牛不吃“撒撇”等于没杀，这也是待客的风味菜。“剁生”也多是取新鲜精瘦牛肉，切成薄片放入石臼中舂至有黏性时，倒在砧板上剁成肉酱。剁的过程中放入大量的蒜、野花椒、小米辣等辛辣调料杀菌。大型节庆时每户皆要做“剁生”招待客人。这种传统菜肴的制作者是男性，也只有男性进食，认为男性喝酒，可以杀菌。

傣族喜酸，故腌制的咸菜除了菜类腌得酸辣外，连猪肉、鱼、火雀等肉类也具备同样的味道，食用时味鲜甜带酸，肉质极有弹性。傣族也喜用蔬菜、鱼肉、蟹肉、嫩蝉等配野姜、蒜、葱、青椒舂成酱泥，作为糯米饭和其他菜的蘸水，主要有番茄酱、花生酱、青菜酱、螃蟹酱、蝉酱、竹笋酱、鱼酱、青苔酱等。

傣家的食品以糯米做的种类很多。用糯米泡在香竹筒里，在火灰中焐熟，劈开后食用，柔软香甜，是待客佳品。此外还有扁粽，叫“毫多索”，是节日食品，拌红糖、蛋黄、芝麻做成粑粑，叫“毫崩”；用烘烤方法做成的叫“毫吉”；用芭蕉叶包的粽子，叫“毫栋贵”等。在数千年的民族发展进程中，傣族的膳食烹调别具一格并已形成具有食品文化意义的“傣族风味”。

傣族用牛皮做菜，有腌牛皮、炸牛皮，均属佐酒佳肴。做法是：将黄牛皮的中间皮层切成条，在猪油中用小火焖煮，至皮呈透亮时捞出控油，晒干收存。食时，再将其用猪油小火慢炸后蘸番茄喃咪（傣语，意为酱）食。此菜口感清脆，辛香回甜，风味独具。

二、礼仪习俗

●尊老爱幼、助人为乐

傣族讲究礼让、和睦相处。百姓居家，长辈最受尊重。早晚，儿孙要为长辈端洗脸水、洗脚水，小辈同长辈说话必带“哈”（汉语“您”、“您老人家”之意）；有的地方则用谦称，自称加“额”（相当于汉语的“在下”、“小的”）。吃饭时，请长辈坐上座。中途相遇，小辈要站在路边让长辈先行。而长辈对小辈也关心备至，很少打骂。

逢村人有婚丧之事、起房建屋等，大家乐意去帮忙，有请必到，有时一天就可建盖一间新房（竹楼）；丧事则是不请就到。同时傣族家族和睦，村寨安宁。

每逢农闲或节日走亲，必备礼品，哪怕很平常的粑粑、饵丝、毛烟之类都必带上一点，而串亲戚返家时，主人同样备一些礼物回赠。

有客人到家必尽其所有，热情招待。就餐时，妇女则在厨房就餐。

三、节日习俗

傣族的重大节日有泼水节、关门节和开门节，均与佛教有关。

关门节和开门节是全年最重要的斋赕时期，各地都举行盛大的“赕佛”活动和隆重的佛教典礼。大家都要按佛规向佛奉献食物、鲜花、经书、衣物和钱币，活动带有浓厚的宗教色彩。

傣历六月二十四至二十六日（大约农历清明节后十余天），是居住在云南西双版纳地区的傣族的新年，通常称为“泼水节”。泼水节是傣族重大的传统节日。在节日里，傣族群众要举行泼水、赛龙舟、放高升等娱乐活动，期望从此驱走昔日的灾难和病魔，祈求新的一年风调雨顺，五谷丰登，人畜两旺。

(教师)
笔记

泼水节

相传很久很久以前，西双版纳地区有一个凶恶残暴的魔王。他有很高的法术，人们深受其害。这个魔王有七个妻子，个个都很痛恨他，但又苦于没法制服他。第七个妻子年轻美丽，聪明过人。有一天她对魔王说："大王呵，您的本领真大，要是能永远活下去，该多好啊！"魔王听了这话心里乐滋滋的，便说："我也有短处呵！要是人家用我的头发往我的脖子上一勒我就活不成啦！"妻子听了这话暗记心头。晚上趁魔王熟睡之机，她拔下他一根头发往脖子上一勒，一个斗大的头颅立刻咕噜噜滚到地上。可是这颗罪恶的头颅，滚到哪里哪里就遭殃。血流到地上到处起火，滚到江里江水沸腾鱼儿死亡；埋在地下腐臭难闻。无奈，这位妻子只好把它抱在怀里。时间长了这位美丽的妻子疲乏了，面容憔悴了，其他六位便轮流着替换她。休息的时候，她们便用清水冲自己的身子，洗去满身的血污。为永远纪念这七位舍身为民的女英雄，傣族人民每年都要对她们泼一次水。这就是一年一度的泼水节。

泼水节的第一天名叫"桑刊日"，是辞旧迎新的日子。通常这一天不泼水，而是在澜沧江上举行盛大的龙舟比赛。比赛以村寨为单位进行。龙舟两侧翘起船身彩纹，头尾装上木雕的龙头龙尾。参加划船的小伙子头裹红巾，英姿焕发。指挥者一声令下，众船齐发。船上号子声声，江边喊声阵阵。龙船在江上飞驰着，似离弦之箭，近看如出水蛟龙。首先到达目的地的划船手，上岸扛上胜利的大旗，人们向他们敬献米酒和糖果。接着在鼓乐声中，优胜者和江边的男女青年团团簇簇跳起欢乐的舞蹈。

泼水节的第二天举行泼水活动。泼水有"文泼水"和"武泼水"之分。文泼水是对长者，舀起一勺净水，说着祝福的话，拉开对方的衣领，让水沿着脊梁流下去。被泼的人高兴地接受祝福，不得跑开。武泼水则没有固定的形式，用瓢、盆、桶都可以，互相追逐迎头迎脸地泼。被人泼的水越多，说明受到的祝福越多，被泼的人越感到高兴。

这一天，人们互相泼水，用水表达真诚的友谊、纯洁的爱情和心中的祝福。

●关门节

傣语叫"进洼",意为佛祖入寺。是云南傣族传统宗教节日,每年傣历九月十五日(农历七月中旬)开始举行,历时三个月。相传,每年傣历九月,佛到西天去与其母讲经,三个月后才能重返人间。有一次,正当佛到西天讲经期间,佛徒数千人到乡下去传教,踏坏了百姓的庄稼,耽误了他们的生产,百姓怨声载道,对佛徒十分不满。佛得知此事后,内心感到不安。从此以后,每遇佛到西天讲经时,便把佛徒都集中起来,规定在这三个月内不许到任何地方去,只能忏悔,以赎前罪。故人们称之为"关门节"。

进洼活动经历代沿袭发展,形成了固定的几项活动:每年傣历九月十五日凌晨,奘房(佛寺)击鼓为号,宣布佛进奘房。教徒此时须立即起来,或在床上坐一下,当老人把谷花、香、烛、钱纸包成一包,送到奘房佛的后座之后两小时,奘房再次击鼓,教徒才可重新睡觉,老人则在奘房守到天亮。十六日众教徒进洼拜佛;第八天,家家送饭菜供佛,然后请和尚念平安经,讲历史故事,人们听了受到感动,便当场捐功德。进洼活动的三个月中,逢初八、十五、二十三、三十,每家老人要进奘房拜佛一次,头天晚上他们即睡在寺内特设的房屋里,由年轻人送饭去给老人吃。这些活动相沿成俗,以后每到关门节这一天,人们都要举行盛大的赕佛(即斋僧献佛)活动,以食物、鲜花、蜡条、货币等向佛奉献。在这三个月内,每七天还要"小赕"一次。

关门节开始后,也就进入农事繁忙季节。为了集中精力从事生产劳动,人们定下许多戒规:禁止青年男女谈情说爱和嫁娶活动;和尚不得随便外出;进奘拜佛的人不能远离家庭或到别家去过夜;任何人不得进佛屋、上佛台和拿佛的东西等。直到三个月后,即开门节时,人们才又恢复关门节前的一切正常活动。

●开门节

傣语叫"出洼",意为佛祖出寺,为云南傣族的传统宗教节日。每年傣历十二月十五日举行。傣历十二月十五日,将进洼时摆在佛座后面的东西拿出烧掉,表示佛已出洼,十六日和尚出洼,全家男女老幼到奘房拜佛。十七日举行盛大的"赶朵"活动,因为这天佛到西天讲经三个月后返回人间,所以各村各寨都要鸣锣敲鼓,举行盛会,迎接佛祖;同时还要在奘房内向佛忏悔一年来的罪过;和尚

（教师）笔记

们趁此时向青年男女宣传教义。

开门节时，农忙已过，天气渐冷，佛教活动也不太多，青年们便可谈情说爱或结婚，大人们则出外办事或串亲访友。这时节是傣族文化娱乐活动最多的时候。人们放火花、点火灯、放高升、环游各村寨，十分热闹。

●巡田坝节

为云南省绿春县骑马坝一带的傣族民间传统节日。每年农历正月十三日举行，节期一天。这是当地傣族独特的传统节日，农历正月十三日清晨，当朝阳映照在傣家水乡时，能歌善舞的傣族男女穿上节日的盛装，汇集到寨子中心的大青树下，锣声震天响，歌手捧着喷香的米酒，亮开嗓子唱起迎春曲、四季歌；群众踩着鼓点跳起传统的对扭舞，整个坝子一片欢乐。直到太阳升到高空，歌舞会才接近尾声。这时，一位长者宣布："巡田坝开始！"一时，陶醉在歌舞中的人们马上组成了一个很有秩序的队伍：扛彩旗的八个年轻人领先，后面的人一路吹着喇叭；有的敲着锣鼓，鸣放着鞭炮、火药枪，徐徐向田坝走去。按预定的路线走完后，人们便聚在一起制定春耕大忙时期的村规民约，以保证春耕能按节令完成。

●花街节

又叫"热水塘花街节"。为云南省元江一带傣族的民间传统节日，每年农历正月初七举行，节期一天。傣雅人也过花街节，活动内容和傣仂人基本相同，但节期是在农历五月初六。花街节的主要目的是除旧迎新。节日早上，太阳初升之时，男女老少身着节日盛装，纷纷汇集到元江东岸的热水塘草坪，欢歌笑语庆贺节日。老人们抚今追昔，青年们唱歌跳舞，小孩子追逐游戏，尽情欢乐。人们还纷纷去热水塘的温泉沐浴，以除去旧年的污秽，意为干干净净、清清爽爽地迎接的一年。这一天，未婚青年男女还举行对歌，以寻找伴侣。

四、宗教信仰习俗

傣族原始宗教是傣族先民最初的信仰和世界观。传入傣族地区的佛教支派是南宗，又被称为"南传上座部"，其与傣族当地的原始信仰融合后，有鲜明的傣族特色，故被称为傣传佛教。

佛教的传入为傣族人民学习医疗文化知识提供了有利条件，佛

(教师)笔记

寺成为培养傣医医生的学校。一般情况下，傣族的男子，从七岁起便要到佛寺里当和尚，学习经书，内容不仅仅是佛的教义，也有各种医学知识，从而培养了一批批傣医，古今不少傣医大都出身于“还俗的和尚”（当地人称“康郎”）。

小乘佛教是傣族信奉的宗教，基本上每个村寨都有一座佛寺。西双版纳地区的佛教分为两个派别：摆坝派和摆孙派。前者戒律较严，规定吃素、不杀生、无事不得入村等，佛寺也大多修建于村外的山林里；后者戒律较宽，虽不杀生但可吃荤，佛寺离村寨较近。佛寺与僧侣有严格的等级，寺院等级基本上与当时行政区的等级相适应，僧侣根据入寺时间长短、所掌握佛教知识的多少分出七个教阶：一级帕、二级都（其中又分为大佛爷“都竜”和二佛爷“都”）、三级祜巴、四级桑弥、五级桑卡拉扎、六级松溜（一般是召片领还俗后的专用称号）和七级阿戛牟尼。七级是僧侣的最高等级，历史上只有精通佛经、德高望重的召片领[①]的直系亲属才能担任。僧侣升到祜巴以后就不能还俗了。在每个佛寺的组织系统中，还有一个沟通佛寺与村社事务的桥梁人物——“波章”，由当过佛爷的还俗者充当，且必须是妻子健在者，负责上传下达，交换双方的意见。德宏地区（包括耿马、孟定一带）佛教教派主要有摆庄、耿润、多列、左抵、歹勒、多勒等。

佛教对傣族社会的政治、经济、文化、艺术等方面都有极深刻的影响。佛教大约在公元6～8世纪传入傣族地区。在此之前，傣族先民信仰的是多神崇拜，亦即原始宗教。由于佛教的广泛传布，傣族地区佛寺十分普遍。送子入寺为僧似乎是天经地义之事，尤其在西双版纳地区，男孩到了8～10岁几乎都要入寺去过僧侣生活。他们在那里学经识字，一般在1～5年还俗回家。佛教的传布也给傣族社会带来了文字、天文历法、建筑各方面的文明。傣族的数百部长篇叙事诗都是在佛教传入后出现的。傣文的大藏经号称八万四千部，大部分刻写在贝叶上，称“贝叶经”。其中有些是傣族僧侣根据佛教教义加以发挥和补充的著述，那里保存了有关傣族地区的地理、历史、语言、文学等材料，是傣族珍贵的文化遗产。傣族的佛寺建筑精致、堂皇。寺庙中的雕塑和壁画既有南亚艺术风格，又明显受中原文化的影响，是傣族造型艺术的精品。佛塔的样式更是

① 召片领：中华人民共和国成立前云南省西双版纳地区的最高封建领主和统治者。召片领为傣语，意为“广大土地之主”。

(教师)
笔记

多种多样，有金刚宝座式、密檐式、亭阁式、金钟式等，塔也分单塔、双塔、群塔。群塔大都是中间为一大塔，周围是若干小塔，如盈江的曼勐町塔就有小塔四十多座，宛如众星捧月，直上云霄，蔚为壮观。

傣族地区仍保留着浓厚的原始宗教。主要祭祀对象有寨神、勐神、灶神、祖先、山、树、水、火等，或个人祭祀或由宗教职业者主持集体祭祀。

五、人生礼仪习俗

●结婚

云南各地傣族的婚俗丰富多彩，讲究婚恋自由，年轻人通过赶摆、丢包、婚宴、节日来往、对歌等形式相识相知。三媒六证这一求婚仪式是婚姻缔结的基本过程。媒人多由舅舅、姨母等亲戚担任，或是由夫妻健在、儿孙满堂、从未离过婚且无婚外情的“清白人”（元江、新平一带习俗）担任。在求得同意后，正式议定订婚和结婚的时间、彩礼的数目、男方上门时间的长短（西双版纳、金平等地习俗）等双方公开讨论，“有什么话要样样讲，有什么要求要样样明。”

西双版纳、德宏等地傣族，每年傣历的关门节（进洼）期间不能谈论婚嫁，以便专心农事。德宏、元江等地傣族婚礼中有“抢婚”、“躲媒”（躲新郎）和为难新郎的习俗。西双版纳傣族则是通过“拴线”仪式求得主婚人“波章”和众人的祝福及对婚姻的承认。一方死去，要与对方办“离婚手续”，即以一对蜡条放在死者棺上，将棺材送到楼口即表示离异。

傣族基本上是从幼居或从长子居。在从幼居的地方，如在西双版纳，幼子未成家前，长子不得分家。在这种扩大家庭中，婚姻不会带来生活方式的显著变化，对于原来的家庭单位而言，只是增加了一个生活成员而已。财产属全家共有，由家长支配和买卖。核心家庭在傣族社会里所占的比例低于扩大式家庭。如果分家后因意外情况父母无人供养，分家的夫妇要搬回去照顾父母，原有的餐具就必须另外处理，不能带进父母的房屋，“一家人不能有两家的碗筷”，以示心诚。

傣族的命名仪式各地不相同。西双版纳、德宏、耿马一带，一个人一生通常要随年龄、生活、事业数次更改名字，其名可以分别显示出其性别、排行、出生时的特殊日子或事件、官职、所居住的村寨名、族籍、家族名、儿女名等，主要有乳名、教名、还俗名及以子名亲制。金平傣族给孩子取好名后，如是女婴就请一个女孩代表她背上一个小背箩，是男婴就请一个男孩代表他挎上一个鱼篓，表示将来勤劳能干。稍长，便如此背上劳动工具参加劳动。成年后，通过成年礼获得社交的权利和义务。金平、文山、元江、新平等地傣族女子以衣饰的变换为标志进入成年，西双版纳傣族女子以新年赶摆时，可以自己摆一桌酒席招待同龄亲友为标志表示正式进入社会活动。信仰小乘佛教地区，男子以入寺为僧，出寺还俗标志成年，已取得婚恋的资格。

●丧葬

傣族的丧葬礼仪反映了他们的宇宙观和世界观。讲求积善行德，小乘佛教徒以做“赕”、做“摆”、上寺院捐物听经为功德。西双版纳傣族葬式有火葬、土葬和水葬，以火葬为主。德宏、金平、文山、红河一带傣族以土葬为主。葬礼过程大致相似，有守灵、做冥房、家属跪“搭桥”送殡、蛋卜测墓、长子掌灵柩送行、哭坟、叫魂、送魂、安魂、守孝等仪式，信仰小乘佛教的傣族还需到佛寺“滴水”追祭死者，表示所做功德已藉“水”之力，施及历代宗亲及诸幽魂。

(教师)笔记

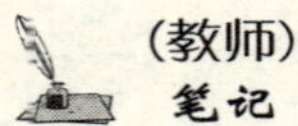
（教师）笔记

黎族习俗

黎族是中国56个民族中的一员，总人口达1 247 814人（2000年第五次全国人口普查统计数据），其中84.7%分布在实行民族区域自治的海南省琼中、保亭、白沙、乐东、昌江、陵水6个自治县和享受民族自治地方政策待遇的三亚、通什、东方3市，少数散居于万宁、儋州、琼海3市和屯昌县等。黎族以农业为主，属稻作犁耕农业文化类型，兼有狩猎、捕鱼、采集和林业等多种经营。黎族由古代越人发展而来，与“百越”的一支骆越关系更为密切。在宋代以后，黎族的名称被普遍使用，沿至今日。黎语属汉藏语系壮侗语族黎语支，没有本民族文字，新中国成立后逐渐通用汉文。黎族是最早的纺织先民。

一、饮食习俗

黎族人民进食习惯是一日三餐。主食主要是大米，其次是玉米、番薯和木薯等杂粮。新中国成立前除地主、富农外，一般很少食肉。合亩制地区的黎族每天舂米一次，只够当天吃用，每天天一亮，就煮好一天三餐的饭，饭煮熟后用冷水泡吃。而在外围地区的黎族，多数则是早、中、晚餐的饭会分别煮，也有些地区一次煮完早、中饭，到下午再煮晚餐。

●竹筒香饭

竹筒香饭，是黎族一种颇具特色的野炊。竹筒香饭是用粉竹或山竹的一节，装进适量的米和水（大约一份米二份水），放在火堆里烧熟，用餐时破开竹筒取出干饭，便是有名的竹筒香饭。如果把猎物野味和以香糯米及少量的盐巴放进竹筒内烤熟，则味道特别鲜美，是招待客人的珍美食品。上山狩猎和“砍山栏”等，都可以烤“竹筒香饭”来吃。

(教师)笔记

●山栏香糯

黎族人民喜欢吃糯米饭，特别喜爱吃“山栏香糯”。吃法有的是用锅煮熟，有的是用陶甑煮熟，还有包粽子吃的。粽子种类很多，有长、圆、三角形等，主要用猪肉和糯米包成，还有用蛋类加糯米包的。过“三月三”是包粽子的最好时节。

●嚼槟榔

中年以上的男女，常把烟丝、石灰、蒌叶和槟榔掺和一起咀嚼。嚼槟榔，据说可以健胃护齿，上山砍山栏时容易被山蚂蟥咬，嚼槟榔时的紫红色唾液有驱逐山蚂蟥的作用等。所以，妇女们外出劳动或访亲探友都习惯在腰间带着槟榔。

●五指山茶

五指山地区的黎族爱喝五指山茶，而沿海地区的黎族喜欢喝赤鸪茶。赤鸪茶掺白糖，香味很浓，浸泡多次仍不褪色。赤鸪茶有降温作用，喝后还不容易醉酒，有助睡眠。

●肉食

黎族的肉食主要有猪、牛、羊、狗、鸡、鸭、鹅等肉类。肉类喜欢用火烤熟吃。也习惯腌生肉来吃。黎语叫做“喃杀”，味道很香，一家煮“喃杀”，全峒都知味，这是黎族人民食品中的独特风味。吃“喃杀”是因为天气炎热出汗多，又很累，吃了“喃杀”加上酿饭就会很快恢复体力。

鱼、虾、螃蟹、青蛙、蛇类等也都是黎族人民常吃的美味佳肴。吃螃蟹的方法很特别，把螃蟹放到木舂里舂成烂浆，然后加入葱、酸梅浆、生姜汁等调料，味道香甜鲜美，很好下饭。另外，黎族人民一般还爱吃竹笋和蘑菇以及营养丰富的蜂仔、蜜汁、木蛆、红蚂蚁卵等。

男子吸烟者多，吸烟都用竹子制成的水烟筒。黎族人民喜爱喝山栏糯米酒，常以通孔的小竹管插进酒缸里吸饮，人多时便围坐在一起轮流吸饮，也有把酒倒在碗中来喝的。沿海地区的黎族，平时喝的酒都是自己制的米酒和番薯酒；东方县的黎族自酿的番薯酒味道醇香，被誉为“东方茅台”。

黎族人家家户户都用三块石头摆成“品”字形的炉灶，煮饭烧

（教师）笔记

菜用陶锅或铁锅，蒸酒用陶甑，切菜用菜刀，挑水用竹筒或陶罐，盛水用陶缸或竹筒，舀水用葫芦瓜壳或椰子壳制成的瓢，主要使用陶碗吃饭，有的用椰子壳做碗。

二、礼仪习俗

烟和酒是主要的嗜好品，妇女还有嚼槟榔的嗜好，用贝壳灰和青蒌叶裹着嚼。烟叶以自种为主，多使用竹制水烟筒吸烟。酒以自酿的糯米甜酒为主。酿酒用自制蒸酒的陶器和酿酒糟罐，饮酒时也有用小竹管插入酒罐内吸酒敬客的习俗。

黎族是一个尚礼的民族，礼仪在黎族社会中占有重要的地位，黎族礼仪有着丰富的内容，涉及生产、生活的多个方面。在海南省黎族地区，有一种和解的礼仪，黎语称为“蕊岔”，意为“给好眼色”。如有双方械斗，若想停战讲和，言归于好，就各派一名寡妇出面充当调解员，双方同时也各出一位代表。寡妇先把若干个铜钱投入一盆清水中，双方代表从水中取出铜钱，互相揩抹一下对方的眼睛，然后，互相接过双方的钱往脑后抛掉，最后，互相敬酒，以示和解。

黎族招待客人有一套饮食礼仪。用餐时，对男客先酒后饭，对女客先饭后酒。宾主分开对坐，请酒时，主人先双手举起酒碗向客人表示请酒，然后自己一饮而尽。接着，把米酒逐个捧给客人，客人喝完酒后，主人还给每个客人嘴里送一口肉菜，表示尊敬。

三、节日习俗

黎族的节日与其历法有着密切的关系。新中国成立前，黎族的节日，在邻近汉族地区和黎汉杂居地区，大多都用农历，节日与汉族相同。例如“春节”、“清明节”、“端午节”、“鬼节”、“中秋节”、“重阳节”、“冬至”、“除夕”等。就黎族来说，过得最隆重和最普遍的节日是“三月三”。

●三月三

农历三月初三是黎族人民最隆重、最热闹的传统节日，黎族人民通过“三月三”的传统来纪念本民族的祖先和英雄人物。节日当天，各村寨都要举行祭祖仪式，青年男女盛装打扮，聚集在一起，各自以对歌的形式相邀族外的意中人，随后一对对有情人分散到丛林翠竹中或山间小河边互诉衷肠。入夜，篝火燃起，人们尽情游戏娱乐。天快亮时，恋爱中的男女依依惜别，互送定情信物，相约来年“三月三”相会。除了歌谣对唱外，还有“打柴舞”、荡秋千、土枪射击、射箭、摔跤等娱乐活动。

●招福和牛月

合亩制地区的黎族人，有一些特殊的节日。例如每年三月、七月插秧之后和在十月的“牛月”，要集体举行一次“招福”礼仪式。届时男女老少都云集到“亩头”家中，集体跳“招福舞”、“黎家乐”等，敲锣打鼓，通宵达旦。在“牛日”这天，主要给牛喝一种“牛魂石”浸过的酒，以示对牛的祝愿，并且为耕牛修牛栏，禁杀牛。

(教师)笔记

四、宗教信仰习俗

黎族还没有形成完整的宗教体系，流行祖先崇拜和自然崇拜，而以祖先崇拜为主。这是由于古代生产力极端低下的人们的蒙昧无知和佛教、道教观念影响的结果。黎族的宗教信仰多种多样，并渗透到社会生活的各个方面，属于原始宗教类型。

黎族人民过去相信有阴阳两个不同的世界，在阳世积德行善，以后到阴间方能入祖归宗，平安无事；倘若一个人德行不善，做了伤天害理之事，死后必为列祖列宗所不容，要罚以万般苦役。

黎族原对佛教、道教很是陌生，但佛教的轮回观念却深深地影响着人们的思想意识。例如认为人的祸福是命中注定的；前世有罪，后世受苦；只有在今世努力，广积阴德，来世才能享乐等等。

黎族村寨口一般都立有村灶神，是村寨人们祭祀的原始神之一。据说村灶神曾经是保卫村寨安全的英雄。

也许是因为过于迷信鬼神，新中国成立前黎族在日常生活中祭鬼求神活动十分频繁，如婚娶、丧葬、驱邪安家、得子还愿、幼儿取名等，都得请道士念经做法事。

在黎汉杂居地区或接近汉区的黎族葬俗中特别迷信阴阳风水，这与他们的自然崇拜有关。巫术在黎族中很流行，有各类占卜，包括杯卜、鸡骨卜、蛋卜，这些都是颇具地方特色的卜卦方式。鸡卜、蛋卜、杀牲做鬼，在禳灾祓祸、狩猎砍山之中，无不用之，这反映了海南岛从前多瘟疫的生态环境及黎族传统的游耕渔猎生活历史。

（教师）
笔记

五、人生礼仪习俗

●放寮

黎族地区普遍存在着“放寮”的习俗。每个村都有一个至几个“寮房”，黎语称“布隆闺”，女儿长大了便到那里居住。凡是不同血缘集团的男子，都可到“布隆闺”找寻情人，吹箫唱歌，倾诉爱慕，这体现了黎族未婚青年男女有社交自由；但另外一方面，在“放寮”活动中有时也夹杂着不正常的男女关系。同时，已婚的男女也参与“放寮”活动，因而对生产、对家庭和睦、对健康都有很大的影响。黎族地区婚后“不落夫家”的习俗相当普遍，非婚生子女一般不受歧视，离婚和寡妇改嫁比较自由。

●夜游

“夜游”是黎族青年男女谈情的一种独特形式，它与“隆闺”有密切的联系。

夜　游

每当夕阳西下，男青年们便穿戴整齐，跋山涉水到远山别村的“姐妹隆闺”去，通过对歌和吹奏口弓、鼻箫来寻找情人。可以说是真正的自由恋爱。进入“姐妹隆闺”需要有一番才智。首先，男子要以歌叩门，女方若同意他进来，就回应一首歌；若不同意，就丢去一首不开门歌，男子只得另觅他处。待到男子进得门来，还不可随便乱坐，要对唱见面歌和请坐歌才行。坐下后，男子便要开门见山地表明来意，说明是来找情侣还是来求婚的，女子回应是否已有情人。要是进入的“隆闺”里姑娘多，不知哪个姑娘愿投情，男女便要唱试情歌，愿意的姑娘自然就会回应他的。接下来，那种表达爱情的对歌声、口弓声和鼻箫声就会此起彼落，直到找到情投意合的对象。情投意合后，男方就向女方送银元、铜钱、针、布衫、腰篓、竹笠等等物品，作为同床过夜的礼物。往后相互邀约，夜间常来常往。这种往来关系，有的达一月半年，有的达二三年。当然，也有花谢蒂落的，那就互唱断情分离歌。之后便互不干涉，各自寻找新的情人去。

(教师)
笔记

●结婚

如果一对黎家情人恩爱难断，需缔结秦晋之好时，他们便把婚事告诉自己的父母。然后，男方一家的父母兄弟就要选定吉日，带上聘礼，这其中一定要精心采摘槟榔，到女方一家去提亲。槟榔要挨家挨户的送，让大家给予美好的祝愿，因为槟榔象征着婚姻常绿常新，预示男女双方相亲相爱，和睦美满。黎族称“放槟榔”或“放衣服”。

放槟榔

良辰吉日到了，女方家热闹非凡，远近的亲戚都挑着糕点，携儿带女来到。还有村里的男女老幼都聚集于女方家等待“吃槟榔”。此刻两名媒妁拿出议定的实物及人民币（600个槟榔，约400人民币，光银一对）于客堂坐定后，女方父母便于桌上掀开毛毡，吃槟榔，此时都是成双对，父母或哥嫂。否则认为不吉利。

媒妁分送槟榔看辈分，大的给吃，小的只好自己讨吃，有时小辈想吃槟榔，会把媒妁团团围住。款宴时，女方家也只要两名妇女待客（忌寡妇）。桌上只四人，吃饭时忌讳掉筷、碰盘之类事发生。菜类多为双尾鱼（即尾巴开的鱼），一般不吃肉类。媒妁送来的600个槟榔中，40个刻上形色多样的花纹，这是专送给父母和至亲的。

●丧俗

黎族的丧葬习俗因支系的不同而有所差异。五指山腹地和偏僻山区保留传统的风俗多一些，而邻近汉族居住区和黎汉杂居地区的丧俗则受汉族影响较大。

黎族人报丧很奇特，在人断气时，亲属还要往死者嘴里送饭、水，呼唤死者返回人间。对他们来说，这是表示死者有亲人孝敬。听到鸣粉枪声，村寨里的人就会自愿聚到死者家中来帮忙。黎族人很注重为死者梳洗和穿戴。给死者换上的新衣要反穿，但不能穿红衣。若死者是女的，要在脸上抹上灶底灰，意思是说她“生前勤

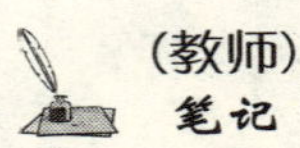
（教师）笔记

劳，去了阴间会受祖宗欢迎”。若家境较富裕的，便会在死者嘴里放一块光洋，意思是让死者“去到阴间好问路”，做买路钱用。黎族的合亩制地区不为生人备棺。在人死后，由众兄弟上山伐木备棺，用独木挖凿洞槽，称为“母棺”，上面盖一块厚木板，称为“公棺”，而且，不用铁钉钉合。制作好的棺木，直接运到墓地放置。灵堂设在家中，遗体摆在屋子的中央，男女的头朝向位置还有分别：男的头朝前门，女的头朝后门。下铺草席，上盖红毯或专门织造的、绣有龙纹的“龙被”。祭品是两把稻谷、一个酒碗和牛或猪的下颌骨。灵席摆在遗体的头前脚下，亲属按辈分和称呼次序坐在遗体两旁哭嚎，众人边喝酒边追述死者的功过，他们痛哭唱悼歌通宵达旦。黎族认为“人死像太阳落山一样”，所以入殓都在下午。入殓时，由精通宗族谱系的“奥雅”引路。这个“奥雅”身穿蓝色长袍，头插银簪，颈戴银项圈，肩挑祭品走在前。死者的两位亲人抬着遗体走在后，后面就是唱着悼歌的送葬队伍。黎族人的坟前不立碑，在坟旁放两把稻谷、一个大陶罐、一个陶锅、一只瓷碗和牛的下颌骨，这些祭品表示送给死者的家具和牛，让其到阴间使用。埋葬死者后，全村的成年人不许回家吃饭，都集中在死者家里喝孝酒，唱悼歌，表示对死者的哀悼。黎族人以喝孝酒表示对死者的哀悼和敬重，这种孝酒要摆 3 ~ 12 天不等。在哀悼期间，有许多禁忌，诸如：亲属要反穿衣服，不许洗头洗澡，不许敲锣放鞭炮，不许唱歌奏乐，不许下田劳动等。黎族对死者的忌日看得很重，每逢忌日，禁忌下田劳动。七八年之后，在忌日种植芭蕉和竹子，等芭蕉和竹子成林时，才解除忌日里的禁忌。

（教师）笔记

傈僳族习俗

傈僳族是我国民族大家庭中一个古老的成员。主要聚居在云南省怒江傈僳族自治州，其余分布在丽江和迪庆、大理、保山、德宏、楚雄、临沧等州县，四川省的盐源、盐边、木里、德昌等县也有分布。傈僳族的名称，最早见于唐人著述。樊绰的《蛮书》称之为“栗粟”，被认为是当时“乌蛮”的一个组成部分。根据2000年第五次全国人口普查统计，傈僳族人口为634 912人。傈僳族和彝族、纳西族在族源上关系密切。傈僳族人民具有强烈的热爱祖国、不畏强暴、敢于斗争的民族精神。

傈僳族有自己的语言和文字，傈僳语属汉藏语系藏缅语族彝语支。傈僳语在怒江傈僳自治州内通用。傈僳族居住分散，所以语言也分老傈僳文、音节文字和新傈僳文三种。

一、饮食习俗

生活于高山地区的傈僳族以玉米、荞麦、土豆为主食，而居住于河谷地区的傈僳族则以大米为主。新中国成立前，傈僳族地区商业及交通不发达，食盐十分珍贵，多数人家的蔬菜食品中很少放盐，现在这个问题已经解决。肉食在杀牲祭鬼和过年时都可以吃到。烤乳猪是招待贵宾的上菜。乳猪也可煮吃，傈僳语形容吃乳猪为“窝夺干蒂哩”，意思是像吃核桃仁一样好吃。火烧而食是傈僳族吃肉类的传统方式，这是历史上狩猎生活方式的延续。

在维西及其他地方的傈僳族村寨至今还保留着共同分食、孝敬老人的习俗。每逢宰杀猪、牛、羊，首先割下瘦肉孝敬村中老人，人均一块，然后将剩下的一锅煮熟，平均分给各户。随着商品观念的增强，这种习俗正在改变。酒在傈僳族生活中是不可缺少的，男女老幼都喜欢饮自己酿制的水酒。

（教师）笔记

饮水酒的习俗很有特色，用一铁锅盛温水于火塘上，用木勺将罐中的水酒原汁及酒糟盛入温水中搅拌，直到温度和酒味符合要求时，即过滤装入竹制酒杯。饮酒有双人饮的习惯，这是待客的最高礼遇，也称喝“同心酒”，主人斟满一木碗酒，主人客人各出一手捧起，同时喝下这碗饱含深情的水酒，表示主客亲密无间。

傈僳族普遍日食三餐。仍然习惯于饭菜一锅煮的烹制方法，即在做饭时，先把米放入锅内熬煮，中间更换两次水，待米快熟时，放进青菜、白菜直至菜烂。平时很少单做菜，饭菜合一的粥煮熟后，全家围着火塘就餐。用作煮粥的米通常有玉米和荞麦。因大米种植较少，只有在节日或接待客人时才用大米做粥。

居住在丽江的傈僳族喜食阴玉米饭，所谓阴玉米是指秋天刚熟的玉米包，去包叶后放入沸水中煮一下，然后阴干储存。食用时将玉米粒搓下，用木碓舂去表皮，加上四季豆、猪头或猪排微火煮食，作为佳馔。大部分傈僳族都喜食玉米爆成的玉米花。

傈僳族的肉食来源有家庭饲养的猪、牛、羊、鸡肉和捕猎的麂子、岩羊、山驴、野牛、野兔、野鸡和河里的鱼，肉类的食用方法大都采用把肉抹上盐，放入火塘中烧烤后食用。

常见的蔬菜有青菜、白菜、萝卜、芋头和各种瓜菜、薯类，辅以橘子、桃、花红、梨、李等多种水果。因当地盛产漆油，所有菜肴均用漆油烹制。如漆油炒鸡、漆油炖鸡、漆油煮甜酒蛋等，漆油煮甜酒被认为是产妇补虚的上等食品。

傈僳族家家都养蜂，少则四五群，多则十几群，每年秋季，家家都酿酒，所用原料除玉米、高粱外，还喜用稗子，并以稗子酒最好。酿酒时，先将原料捣碎，蒸煮后放酒药装坛封存，10 天后即可启封冲饮，度数不高，淡而醇，有解渴提神之功效。

傈僳族喜饮一种麻籽茶。制作麻籽茶时，先将麻籽入锅用微火焙黄，然后捣碎投入沸水中煮六七分钟，取出沥渣，汤仍入锅放盐或糖煮沸即可饮用。麻籽茶洁白，多饮也像饮酒一样能够醉人。在贡山一带的傈僳族，受当地藏族生活方式的影响，也有喝酥油茶的习惯。

二、礼仪习俗

傈僳族是个十分注重礼仪的民族。到傈僳山寨做客，他们的豪爽大方、诚恳热情和讲究礼貌会给人留下美好的印象。如果客人远道而来，不论是世代之交，还是素昧平生，都一样受到热情接待。

招待客人时，水酒是必不可少的，傈僳族认为“无酒不成礼”，有酒就有了相应的礼节。主人用很精致的竹筒将酒盛满后，往地上倒一点，表示对祖先的怀念。接着自己先喝一口，表示酒是好的。然后将客人面前的其他竹筒盛满，双手举到客人面前请客人饮用，而后主客共同畅饮起来。有饮同心酒“伴多”的习俗，即两人共捧一大碗酒。这种饮法只有在大家酒兴最浓的时候才出现，而且总是由主人首先邀请。主客互相搂着脖子和肩膀，脸贴脸，然后一同张嘴，一口气饮完。喝完了，互相对视，开怀大笑。一旦好客的傈僳兄弟邀你同他“伴多”，那就意味着他对你充满了信任，并愿同你建立诚挚的友谊。

傈僳族走在路上，与同辈相遇，一定互相热情地打招呼，碰到长辈要主动让路，让长辈先走，即使是遇到素不相识的人也会礼貌谦让。傈僳族的社会生活中有一些禁忌。游客不宜在傈僳族的房前屋后呼“哦……”，这样做被认为不祥。不宜拄拐棍进傈僳族人家。不能坐在主人家的木柜上，不能揭柜子的盖。不能进里屋，不能把脚放在火塘的铁三脚架上，认为这种行为是对火神不尊。不能在傈僳族人家里吹口哨，尤其在晚上更不能吹。游客投宿傈僳族人家，黄昏时出入要随手关门。傈僳村寨若进行原始祭祀时，未经允许，不宜观看。在傈僳族的社会生活中，长刀、箭弩、背板及狩猎工具占有重要地位，一般不准妇女摆弄，更不能跨越，以示尊严。在公共场合，严禁从别人的身上或腿上跨越。

三、节日习俗

1950年以前，傈僳族人民行用自然历，借助花开、鸟叫等自然规律，将一年划分为花开月、鸟叫月、烧火山月、饥饿月、采集月、收获月、煮酒月、狩猎月、过年月、盖房月10个季节月。

傈僳族的主要节日有刀竿节、盍什节、澡塘会、收获节、过年节、除牛刑、新米节等。

●刀杆节

每年农历二月初八举行传统的刀杆节。在节日会场的中央，竖起两根约20米的粗大长杆，上面像梯子一样绑上36把长刀作为横档，刀口向上，谓之“刀杆”。正午时刻，鞭炮鼓点齐鸣，五名傈僳族汉子身着大红袍，头戴蓝布帽，在刀杆下将斟满的白酒一饮而尽，纵身跳上刀杆。他们双手扶握住上层的刀面，赤脚蹬着锋利的

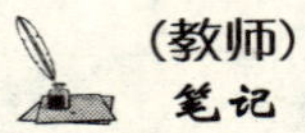
(教师)笔记

刀刃，勇敢地攀援而上，爬至杆顶，取出鞭炮燃放，一时间鞭炮声、欢呼声响成一片。爬杆者下来后，人们纷纷向他敬献美酒，能爬刀杆的人在傈僳族中很受尊敬。爬杆结束后，青年男女还进行丢烟包活动，男女各站一边，互相投掷，如果姑娘接着了小伙子的烟包，并收藏起来，就说明姑娘接受了小伙子的爱慕之情。

刀杆节

是云南省怒江傈僳族自治州的碧江、福贡、泸水一带傈僳族人民的传统节目。每年农历二月初八举行，历时一天。刀杆节由来已久。相传明朝外敌入侵云南边界，当时的兵部尚书王骥奉命率兵前往，在滇西北战场上，依靠当地傈僳族人民团结战斗，很快取得了胜利。不料班师回朝途中，于二月初八日被奸佞所害。为了纪念反侵略的英烈，当地人民以上刀杆来表示保卫祖国疆土、反对入侵者的决心，定此日为“刀杆节”。

●盍什节

盍什节也作“阔时节”，“盍什”是傈僳语的译音，“岁首”之意。盍什节，是傈僳族人民的传统节日。在农历正月初一至十五日之间举行，历时两三天。相当于汉族的春节。

节日期间，青年男女聚集在搭有彩门的村寨广场。仪式中最重要的是“射湾”比赛。一般在初一至初三举行。两男一女为领队，一男肩上扛弩弓，包头上斜插一只箭，一男两手举着饰有弯弓和箭标志的红白两色旗。选手列队通过彩门进入广场，围着旗杆向红白两色旗祭酒，跳集体舞，舞罢开始比赛。油煎粑粑和肉片当靶，射手按顺序比赛，射中“猎物”归已．收获最多的人被喻为“最优秀的射手”。节日期间，能歌善舞的傈僳族青年男女，弹着琵琶、四强等乐器高歌，跳一种无伴奏的舞蹈，这种舞动作矫健有力，节奏感强，生动活泼。荡秋千活动为节日增添乐趣。傈僳族大年初一中午，全家围坐吃团圆饭。

●除牛刑

“除牛刑”，武定、禄劝一带傈僳族群众每年大年初一要除牛

(教师)笔记

刑。据说牛原来是天神，因犯法而被罚到人间为人们服苦役的。因此每年伊始，人们要祷告上帝，说牛在过去的一年里为人耕地，给人们带来了吃和穿，祈求上帝减免牛的罪，让其将来仍然回到天上去。故而叫做“除牛刑”，即替牛赎罪之意。

初一的早晨，人们将三十晚上事先煮好的肉汤、肥肉、盐拌米饭先喂牛，至少要喂用以耕地的牛。早饭后各家（当然是有牛的）安排未婚的男或女去放牛。这一天，全村的牛都被赶到同一个方向的山上去放牧。

●新米节

每年十月下旬是傈僳族的新米节。这时节，玉米黄了，稻谷黄了，满怀丰收喜悦的傈僳人不由欢腾起来：“新米节到了！新米节瓜切切（跳戛）！”

新米节时，傈僳族人背着背篓，提着篾筐，到田里拔来金黄饱满的谷穗，拿回家用饭碗刮落谷粒，谷草留作第二年的秧草。新谷放入锅炒脆，再倒进碓窝舂成米。蒸熟了的新米饭全倒在簸箕上，与热气腾腾的肉、肉汤反复搅拌好。这时，满屋子香气飘散，惹得馋猫和家狗团团转。一家子人亲亲热热，高高兴兴围坐在桌前。且慢，人是不能先吃的，必须给狗一碗新米饭之后，全家人才能拿起筷、端起碗，开始吃香喷喷的新米饭。

新米节的晚上，一家人喜气洋洋地围坐在火塘旁，说着白话，喝着米酒，谈笑歌唱。然后男女老少到寨子中手拉手，脚合脚，进行跳戛，一般要跳个通宵。

四、宗教信仰习俗

傈僳族在20世纪50年代仍保留着相当浓厚的万物有灵自然崇拜的原始信仰，至今多神原始信仰在民间还大量存在。

●原始宗教

傈僳族原始宗教遗迹主要表现于对氏族祖先的图腾崇拜。如熊、獐、蜂、鱼、鸡、谷子、李子、金子等自然物既是各氏族的崇拜对象（图腾），也是氏族的名称（姓氏）。

傈僳族原始信仰认为，天、地、山、水、岩石、树木、风、雨、雷、电都有特定的“尼”，疾病灾害与“尼”有关，生产、生活与人生都要受“尼”庇佑。“尼”即是“鬼”或“精灵”的意

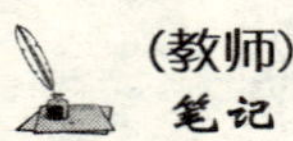
（教师）笔记

思。尼的种类繁多，主要信仰的鬼灵有“白加尼”（天鬼）、“海夸尼”（家鬼）、“朱司尼”（山鬼）等，因为“尼”有无比的力量，所以必须杀牲祭祀。

傈僳族从事宗教活动的有“尼扒”、“多巴”、“笔扒”三种（白傈僳族称笔扒，黑傈僳族和本地傈僳族称“尼扒”和“多巴”）。他们都懂一些医学知识，能配制一些草药，将神、药结合，为人治病，被视为神灵灌注，与鬼神相通，故威望极高。

傈僳族祭师——尼扒

傈僳语把祭师叫作“尼扒”，他们被公认为是人与神鬼之间的沟通者。他们可以看见鬼，并可以用咒语来驱鬼、杀鬼，因此很受大家的敬重。每个村寨中都有一名或几名尼扒，有的尼扒本人就是村寨中的头人。

除了尼扒外，傈僳族中还有另一类人叫作“尼古扒”。他们也从事祭祀活动，但地位比较低，法力也远不如尼扒。因此只能从事卜卦、杀牲驱鬼等活动。遇到重大的祭祀活动，他们是不能去主持的。

无论是尼扒还是尼古扒，都不脱离农业劳动，在没有祭祀活动时，得自己养活自己。而主持祭祀活动后，他们所收取的报酬往往只是象征性的。

尼扒为主持祭祀，除了掌握各种规则和程序外，还得熟记数量巨大的祭祀词、祈祷词和长诗、民歌。除去其中所包含的迷信荒诞的内容之外，这些词、诗、歌中还有许多关于本民族起源、迁徙、传统、道德等极为丰富的内容。由于过去傈僳族民间只有很少人识字，也没有本民族的文献，因此大量的文化传统都是靠尼扒们的口传一代代保留下来。同时，尼扒往往也是唱歌跳舞的高手，是各种节庆活动的组织者，歌舞的教授者。

从这个意义上讲，尼扒是傈僳族历史、文学、艺术的保留者和传播者。

●祖先崇拜

除了鬼神外，傈僳族还有祖先崇拜，他们认为人死后灵魂不死，祖先肉体虽已死去，但灵魂仍然保佑着本氏族的后人。每一氏族都有自己崇拜的祖先，定期都要举行仪式来祭祖，求祖先庇佑后人平安。随着社会变革的影响和现代科学技术及教育的普及，原始信仰的人群发生了变化，年青一代中“鬼神”观念已渐淡薄，或完全不信，老年人群中有原始信仰的较多。

●信仰基督教

部分傈僳族还信仰基督教。随着外国列强对中国的侵略，基督教于1913年传入怒江。基督教传入后，在怒江建教堂，发展信徒。为了传教，外国传教士与傈僳族教徒合作，创制了拉丁化的傈僳文，翻译了傈僳文《圣经》。新中国成立后，经过宗教革新，教会组织开展了自传、自养、自治的“三自”爱国教育，现在傈僳族信徒都能站在爱国主义立场上进行自由正常的宗教活动。

五、人生礼仪习俗

●成人礼

傈僳族少女到了十三四岁，家人要为她举行穿裙礼的仪式，以此表明其已步入成年期，获得了社交权。仪式要选择吉日举行，由家中辈分最高的老妇人主持，女孩首先向家中长辈行礼，然后母亲将自己亲手缝制的麻布长裙为女儿穿上，同时高声吟唱：“女儿啊，今天是你自由的日子，你长大了，你像一只小鸟可以飞了。”举行穿裙礼仪后的姑娘，可以佩戴头饰、耳环，享有较大的社交自由。

●婚俗

傈僳族青年男女谈情说爱、联系感情的方式大多借助于传统的唱歌对调方式。当地流传着这样一句话：“没有一个好嗓子，休想找个好媳妇。”可见，唱歌对调在青年男女婚恋生活中多么重要。

青年男女通过劳动生产、逢年过节、参加婚礼、庆贺丰收、社会集会、生意往来以及串姑娘等活动，认识了对方，并产生了爱慕之心，就可以寻找机会与对方对歌。如在小路上相遇，在溜索旁相逢，在四间劳动，在密林中砍柴，都可以背过身子，手扶耳朵，向

（教师）笔记

爱慕的人丢一首歌过去。对方听到后，就会对回歌来。这样一来一往，互问互答，两人间感情的距离就越拉越近了。

傈僳族举行婚礼的头一天，新郎穿戴得整整齐齐，身披彩带，由媒人陪同来到女方家娶亲。到了女方家后，新娘却躲了起来，要让新郎到处去找，可找来找去就是找不着。这时，新娘的一个女伴会来告密，新郎总算找着了新娘。找到新娘后，娶亲者受到女方家的盛情款待。当晚还要展示新娘的嫁妆，嫁妆中要有一个柜子，里面装着十套花裙子。

第二天早饭后，女方家组成热闹的送亲队伍，抬、背着嫁妆，由新娘的舅舅背着新娘，在鞭炮和火枪声中离开女方家。此时，新娘表示不忍离别父母姐妹，要礼仪性地哭泣，但哭声一般持续不长，宾客就唱起《送亲歌》。可以说，新娘是在歌声和哭声中上路的。

到男方家门口时，从竹楼到庭院，到处都聚集着男方迎亲的人。人们分站两旁，用隆重的礼节来迎接新娘，欢迎送亲的客人。

新娘进了男方家的竹楼后，女方家送亲队伍中走出七八个健壮的小伙子，他们围着男方家火塘跳跺脚舞，以象征性地检查新娘住的竹楼是否牢实。跳完后，送亲的人们才进屋子就座。这时候，围坐在火塘边的老人一边喝酒，一边唱起了傈僳族的《创业歌》，以歌声教育新人不忘民族的历史，不忘祖先创业的艰难。接着，男方家的歌手和女方家的歌手开始对歌。时而个人对唱，时而一人领唱，众人合唱，只听歌声阵阵，此起彼伏，并夹着阵阵的欢笑声，把喜庆的气氛渲染得很浓。歌手们演唱时右手搭在歌伴的肩上，左手放在耳根的下部，随着曲调的节拍一左一右地摆动，所唱的曲调明快活泼，旋律优美流畅。

婚礼这天，女方家送亲的人们在男方家受到盛情款待，除酒肉尽量享用外，男方家的人还一拨一拨地过来敬酒、劝酒，致使不少送亲者成了“醉翁”。送亲者喝醉的越多，男方家会越高兴，甚至会成为美谈。

傈僳族历史上曾有摇篮婚配、互换婚和抢婚的习俗，但现在已基本绝迹了。

●丧俗

人死后停尸于火塘里侧，头前供酒、饭各一碗。若死者为男性，供肉九斤，女性供肉七斤。吊唁者唱祭歌，手持木棍击地板，以示驱鬼，围着尸体跳“斯我堆”（死人舞）。实行土葬。坟坑选在较平坦的山坡间。尸体放置方位依地形而定，头枕高处，侧卧，面向太阳出处。并将死者生前使用的弩弓、刀、木碗、烟袋以及织布梭、针线和玉米等，装在布袋里，挂于墓前木桩上。

（教师）笔记

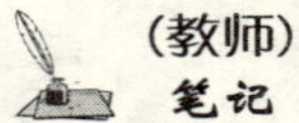
(教师)笔记

佤族习俗

佤族主要分布在云南省西部和西南部、澜沧江以西和怒江以东的怒山山脉南段。主要聚居在云南省的西盟、沧源、孟连、耿马、双江、镇康、永德等县，部分散居在西双版纳傣族自治州和德宏傣族景颇族自治州境内。原称“卡佤族”，1963 年 4 月经国务院批准改为现称。根据 2000 年第五次全国人口普查统计数据，佤族有396 610人。佤语是佤族使用的语言，属南亚语系孟－高棉语族佤德昂语支。与佤族三种主要自称相当，佤语有三种方言，即佤方言、巴饶克方言和阿佤方言，每种方言又有土语的差异。

一、饮食习俗

佤族以大米为主食。西盟地区的佤族都喜把菜、盐、米一锅煮成较稠的烂饭。其他地区的佤族则多吃干饭。农忙时日食三餐，平时吃两餐。鸡肉粥和茶花稀饭是家常食品的上品。旱稻多现吃现舂，男女老幼皆食辣椒，民间有“无辣子吃不饱”之说。

佤族的肉食主要来源于家庭饲养，有猪、牛、鸡。此外也有捕食鼠和昆虫的习惯。捕到鼠后，先用火把毛燎光，除去内脏，洗净，当成肉一样与大米煮成稀饭食用。也有的用火塘把鼠肉烘干，制成鼠肉干巴储存，随吃随取。所猎取的鼠类有竹鼠、松鼠和田鼠。一些地区的佤族还有捕食昆虫的习惯，根据季节的特点，更替食用竹蛹、寄生于草本植物的红毛虫、扫把虫和寄生于冬瓜树的冬瓜虫等十余种。一般都把可食的昆虫与米一起煮成粥，加菜、盐、拌辣椒，香辣可口。

佤族养蜂比较普遍，但养蜂方法十分特别。先用一段掏空的圆木，两头封口，留出数个小孔，供野蜂进出，放在森林或屋檐下，使其繁殖酿蜜，每年割二三次，与其中蜂蛹一起食用。

佤族普遍喜饮酒，喝苦茶。所饮用的酒都是自家酿制的“泡水酒”。泡水酒的制作方法简单，多以小米、高粱或红薯、芭蕉芋切片炒干或碾罐或大竹筒内封存，少则七八天，多则几个月（时间越久越醇）。需饮时，把酒罐揭开兑入山泉水，滤去渣后即可饮用。泡水酒含微量酒精、酵母，可以帮助消化，常饮泡水酒不但于身体无害，反而有益健康。近几十年来佤族才开始饮用烧白酒。

除饮酒之外，佤族更爱喝苦茶。喝苦茶要选用大叶粗茶，放入茶缸或砂罐里在火塘上慢慢熬，直到把茶煮透，并使茶水变稠才开始饮用，称为苦茶，有的苦茶熬得很浓，几乎成了茶膏。苦茶味苦，喝后令人有清凉之感。对于处在气候炎热地区的佤族，具有神奇的解渴作用。

嚼槟榔是佤族男女老少普遍的嗜好，平时劳动休息或闲谈，口中都嚼一块槟榔。所嚼槟榔都是用麻栎叶和石灰煮成的代用品，据称嚼槟榔有健齿作用。

佤族习惯在吃饭时全家围着火塘，主妇把饭盛到木碗里，分给所有的成员，一般按各人饭量一次分完，如有外人在场也可分一份。

●佤族美食

酸竹笋　佤族喜欢吃辣椒。如若缺少辣椒，再好的菜也嫌美中不足。酸竹笋、臭豆豉粑粑，也是他们最喜爱的。每年夏秋季节，几乎每个家庭都要腌制几罐酸笋子。把笋子削成薄片或切成长条，塞进罐内密封储存。一年四季都食用酸笋，尤其是煮鱼、煮螃蟹时，酸笋更是少不了的作料。在佤族饮食中，水酒、鸡肉烂饭、蘸水稀饭、绿豆菜、小黄散叶汤是最有民族特点的。

水酒　水酒是佤族人酿制的一种低度酒，由于营养丰富，加之清冽甘醇，口感舒适，所以佤族人最喜欢饮用，也是招待客人的重要饮料之一。逢年过节，烧酒可以没有，但是水酒是无论如何也少不得的。

鸡肉烂饭　佤族称之为“每押”。其制作方法是用杀好的鸡，先连皮烧黄，然后再煮，同时放米、酸笋子、盐巴、辣椒、花椒等物。当米要熟透时，把鸡拿出来，用手撕下肉。撕好的肉连同准备好的葱、茴香籽面、大蒜、香蓼、薄荷、阿佤芫荽等佐料一起放进锅内，盖好锅后再焖少许时间，然后启盖用勺子搅拌数次，这样，鸡肉烂饭就做成了。这种烂饭除了味道鲜美之外，还有易消化、营

（教师）笔记

养丰富等特点，是颇受其他民族所称道的佤族食品之一。

蘸水稀饭 佤族称之为“每最”。其制作方法是：用新鲜的白菜、青菜、南京豆、筷子豆等放上少量大米，再加适量的食盐掺和煮熟。再将用火灰焐熟的豆豉粑粑、火烧辣椒以及生姜、大蒜舂碎，芫荽及葱切好，放在大碗内，用开水冲泡，稍凉之后即成蘸水。就这样稀饭蘸水吃，既清香可口，又略带刺激，很能增进食欲。

绿豆菜 是佤族最有特点的食物之一。其做法是：先浸泡绿豆，淘洗后再煮。尚未沸涨之前不能搅拌，避免夹生。水涨后，放入腊牛肉、腊猪脚或腊猪肉。待豆子煮透，再放入酸腌菜，稍煮片刻，将锅抬下，把汤倒出来留渣于锅内，再放生姜、芫荽、葱、蒜等佐料，用勺子将绿豆搅烂，再放盐巴及辣椒。这样，一碗香喷喷的绿豆菜就做好了。

二、礼仪习俗

佤族豪爽好客，迎接客人以酒当先，认为无酒不成礼。佤族待客敬酒习俗多样。其一是主人敬酒首先自饮一口，以打消客人的各种戒意，然后依次递给客人饮。敬给客人的酒，客人一定要喝，而且要尽力喝干，以表示心地坦诚，否则被认为对主人不敬。另一种形式是主客均蹲在地上，主人用右手把酒递给客人，客人用右手接过后先倒在地上一点或右手把酒弹在地上一点，意为敬祖。然后主人和客人一起喝干。佤族民间有不知心、不善良者不敬酒的习惯。每逢儿子出门，客人离去，主人还要打“送亲礼”，即给亲人或客人敬酒。届时主人用葫芦（盛酒器）盛满酒，先喝一口，然后送到客人或即将远离的亲人嘴边，客人需要喝到葫芦见底，以表示亲情、友谊永远不忘。

佤族禁忌

不能骑马进寨，须在寨门口下马；忌别人摸头和耳朵；忌送人辣椒和鸡蛋；忌任意进入木鼓房；忌送给少女装饰品；忌客人在家里坐妇女坐的鼓墩或数钞票。若门前放一木杆，说明家里有病人，忌外人进入。

三、节日习俗

●新米节

“新米节”是稻谷成熟时节，喜庆丰收、品尝新米的日子。由于气候的差异，各地谷物成熟的时间不同，因而各地区、各村寨，甚至每家每户过节的时间也不一样，但过去一般多在农历七八月份（佤历九十月间）进行。日期的确定，一是根据各自粮食的成熟情况选择吉日。二是以父母或祖父母去世的属相之日为最佳。意在请先祖的灵魂回来，与家人一起同尝新米，共享欢乐。并请他们在天之灵保佑子孙后代家庭幸福，风调雨顺，粮食丰收。为了让各地佤族同胞能够共同欢度“新米节”，1991 年，沧源佤族自治县和西盟佤族自治县联合决定，把每年的农历八月十四日定为佤族的“新米节”。

传统的新米节多各家各户独自进行。节日这天，主人早早起床，准备好过节的酒肉佳肴。然后到田里去采割新谷。将割回来的谷子一束挂在门上，表示招谷魂进家。其余的搓下谷粒，用铁锅微火焙干，舂出新米，做成米饭。接着举行家祭仪式：盛一碗新米饭，与各种菜肴一起摆于神台之上，请巫师念咒语，祭祀谷神，敬献祖先。仪式结束后，以巫师和老人为首，全家人喜尝新米。之后，主人才打开家门，把自家过节的消息告知邻里乡亲们。于是人们纷纷携带各种礼物前来祝贺。主人则杀鸡、宰猪，甚至剽牛待客，大家欢歌笑语，同享丰收的喜悦。

●木鼓节

佤历“格瑞月”（相当于公历十二月），是过去举行全寨性拉木鼓活动的时节。节日头一天，头人和“魔巴”（祭司）带人趁黑夜赶到事先选好的高大红毛树下，举行祭祀（献祭、驱鬼、念咒祈祷）后，“魔巴”挥斧砍几下，然后由其他人连夜把树砍倒，捡三个石头放在树桩上，意为给树鬼的买树钱。再按所需木鼓尺寸截断树干，凿出鼓耳，系上藤条。第二天清晨，全寨男人老幼身穿盛装，上山拉木鼓。“魔巴”右手举树枝，领唱“拉木鼓”歌，指挥众人协调动作。人们在木鼓经过的地面洒泼水酒，拉木鼓的男人一边拉，一边歌舞，其他人或呐喊助威，或送酒送饭。把木鼓毛坯拉到寨门外停放两三天。“魔巴”杀鸡祭祀，然后才把大树干拉到木

(教师)
笔记

鼓房边场地上，交给木匠制作。这一天的拉木鼓，男女同拉，互挤在一起，据说是谈恋爱的好时机。一边拉，一边歌舞、逗趣，要闹很久。木鼓做好试敲满意后，人们把它抬入木鼓房后，再次狂欢，人们合着鼓点，跳起粗犷的木鼓舞。

在昔日佤族人的心目中木鼓是神圣不可侵犯的崇拜物，从拉木鼓到祭木鼓都有一套严格的程序，他们将木鼓视为神灵、祖先及其人间的长者而加以供奉。哪里有木鼓房哪里就有佤族村寨，木鼓是佤族村寨存在与兴盛的标志。

●播种节

播种节（佤历气艾月，公历三月）全寨人聚集在一起进行剽牛，剽牛仪式由捐牛的人主持。届时由主人持铁剽刺进牛的心脏致死，而后把牛肉均分到各户祭祖。牛头骨归主人，被视为富有的标志。祭祖仪式后，全家吃午餐，开始播种旱谷。“崩南尼”是辞旧迎新的年节，要选在佤历一年最后一月的祭亥日。当夜四更，全寨的头人、青壮年男子，都要集聚到寨王家，并凑钱买猪、鸡各一只宰杀，各家用小篾桌端去一盆糯米饭、一块粑粑等给寨王拜年，祭神灵和祖先。后互赠粑粑，互相祝贺。天亮时祭神树，并开始打猎、捞鱼虾，以求新的一年里交好运。

●接新水

春节在佤语中叫“卧”，是佤族一年中最欢乐、最高兴的日子。在节日祝辞中，佤族老人常常念到：“把牙公艾，斋公尼，卧公桑”。“把牙”类似其他民族的火把节，“斋”是中秋节，“卧”是春节。祝辞的意思是把牙节老大，中秋节老二，春节老三。佤族全年有三大传统节日，春节是第三个节日。

在春节前几个月，家家户户就开始准备好吃的食品，酿制水酒，大人小孩准备节日服装，修缮房屋，备足柴火。临近节日了，妇女割草准备马料。

佤族过年又叫“新水节”、“迎新水”、“接新水”，佤族春节最有意思的也是“接新水”。春节前几天，人们准备迎接新水。全村召开会议，杀鸡占卜，确定一户为接待户，每人凑出一碗谷子或一碗米、一只鸡、一筒水酒、一棵竹子，做好准备。第二天清晨，巫师带上祭品到水源地祭祀水神。巫师回到寨子后，全村男人立即出来参加修水沟，每家至少要有一人参加。除特殊情况经村寨会议批准外，无故不参加者要受到出双份物资的处罚。人们在高处挖水沟，低凹地方用竹子搭水槽，当天一定要把水引到寨子旁的大门外，但不能引入寨内。不参加引水的人则全部投入大扫除，打扫村寨，清除垃圾，铲除杂草，铺平道路，房前屋后、里里外外都要打扫得干干净净。

第三天清晨，太阳刚刚升上山头，全寨无论男女老少都换上节日盛装，从寨外到寨子中，排起长长队伍，将新水引入寨内。人们喜笑颜开，高声欢呼新水到来。早等在涧槽边的巫师，一手拿一个小小的竹筒，一手拿芭蕉叶，作好迎新水的准备。新水一到，他念颂道："日日盼，夜夜盼，男女老少盼来你，终于把你盼到寨子里。望你长流不息，给全寨人带来福气……"同时用芭蕉叶在水面不停地划来划去，表示对水的热爱和尊重。人们在水流两边栽上四棵木杈，插上鲜花。巫师接上一竹筒新水送到接待户家，倒入原先已经盛水的铁锅，再把各家拿来的肉、米倒入锅里，煮大锅烂饭，准备招待全寨子的人。

巫师离开涧槽后，大家欢呼着涌向新水，先喝一口尝新水，然后洗手、洗脸、洗发、洗澡，用竹筒接水回家。除了接新水外，大年初一这天是佤族"戒忌日"，不能干活，不能出寨门，外人夜间不宜入户。初二清晨开始，亲友互相拜访，新姑爷拜老岳父，同时开始叫做"考敖窝"的打歌，拉开春节狂欢的序幕。

四、宗教信仰习俗

佤族过去普遍信奉万物有灵的原始宗教，部分地区的佤族信奉佛教。

●原始宗教

佤族的原始民间信仰有自然崇拜、神灵崇拜和祖先崇拜。由于佤族对自然崇拜的原始信仰较深，导致过去社会生活中产生了大量的祭祀活动。既有全体性的，也有各家各户的。全体性的如：拉木鼓、拉木桥、祭山神等。各家各户的如叫魂、祭猎物、叫谷魂等。

●小乘佛教

佤族信仰小乘佛教的地区主要是沧源的班洪、班老、勐角、南腊和双江、耿马、孟连等地的部分地区。佤族地区小乘佛教每年有三个较大的节日，即堆沙节（泼水节）、关门节和开门节。小乘佛

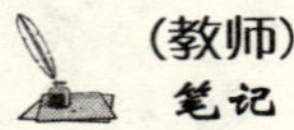
(教师)笔记

教教规禁杀生、酗酒和祭神做鬼等活动和行为。

●基督教

1912年传入佤族地区。佤族地区的基督教徒每年要过四大节日，即元月唱耶稣；播种时要先向耶稣祷告才能撒谷种；8月招（或称“叫”）谷魂；12月的圣诞节。

原始宗教

原始社会发展到一定阶段产生的以反映人和自然矛盾为主要内容的初期状态的宗教。与阶级社会所形成的一神教对比，其特征为万物有灵——多神崇拜，故又名“多神教”。原始宗教在学术界一般被理解为仅存原始社会的宗教，其研究即根据对近存原始民族之宗教崇拜的考察分析；而通过考古发掘所证实的、在成文历史出现之前就已存在的远古原始宗教则被称为史前宗教。但二者实质相同，其基本特点都包括对食物、繁殖、祖先、死亡、自然万物以及社会群体的神秘观念和祈求敬拜，并由此发展出对超自然体之神灵的信仰及崇拜。

五、人生礼仪习俗

●结婚

佤族的婚姻是一夫一妻制，很少有一夫多妻的。过去，佤族的婚姻是自由选择加父母媒妁之言。佤族择偶的主要看对方是否身强力壮、勤劳朴实、相貌相当；其次是看家庭经济条件。佤族同姓不婚，同姓人若发生两性关系，被认为是大逆不道，会触怒“社神”，社神对全寨人会进行严惩，加以各种灾难，如旱涝、风灾、火灾、疾病等。同姓人若发生关系，或者同姓人要成婚，全寨人要罚他们进行“扫寨”仪式，方可得社神饶恕。

过去佤族认为姑表婚才是最好的婚姻，舅父家有优先选择权。在婚姻问题上，舅父权高于父母权。佤族婚姻要经过“串姑娘”自由恋爱、定亲送酒后才能结婚。婚礼一般在秋季后举行，过了春节不宜再举行婚礼。

佤族小伙子一般到了十六七岁就开始“串姑娘”。串姑娘可以是集体活动，也可以单独进行。姑娘的睡处也不固定，今天在自家里睡，明晚又到别家跟伙伴入睡，有时是一个人睡，有时是三五一群宿在一处。“串姑娘”，就是小伙子到姑娘住处去玩。姑娘对于来“串”的小伙子，不管对小伙子是否中意，都要起来陪坐。若不陪坐，会被视为没礼。小伙子串姑娘一般是晚上 10 点钟以后，这时若姑娘正在做如切猪食、煮猪食一类的家务，小伙子就要帮忙。老人见小伙子来串也不会干涉，其实父母亲也喜欢小伙子来串自家姑娘。姑娘到了一定的年龄都要出嫁，若小伙子都不来串自家姑娘，父母亲就会不高兴；若姑娘到了一定的年龄，父母也很担心，一是怕姑娘出什么丢脸事儿，二是怕自家姑娘嫁到别寨。佤族都喜欢自己的女儿嫁给本寨小伙子，有句俗话说：“好喝的菜汤不要泼出来，好姑娘不能嫁到别寨。”串姑娘，一般是坐在火塘边谈笑。若小伙子到姑娘住处（床上）串，就被视为不道德。若来串的时间晚了，姑娘已经睡觉，小伙子进屋后就先烧火，然后再把姑娘叫醒。姑娘起来后即坐在火塘边，跟小伙子谈笑。坐在火塘边仅仅是说说笑笑，要想充分表达自己的感情和要求是不可能的，因为同来的还有几个伙伴。那么，有情者的希望就寄托在梳头的时候。

男女青年相互谈熟了以后，小伙子就拍着自己的头“请”姑娘给他梳头。若姑娘是一个人，小伙子是几个人，姑娘就轮流给几个小伙子梳头，若是几个姑娘几个小伙子，就由姑娘自己选择给谁梳头，或者是让小伙子请中意的姑娘给自己梳头。梳头一般在阴暗的屋檐下，一人坐一只篾凳，彼此窃窃私语。一般是小伙子先开口，送给姑娘的东西，多种多样，有一把梳子、一条毛巾、银镯、耳环、戒指，或者几块钱。若姑娘接受，她不会介意小伙子送的东西是否贵重，这仅仅是作为真情的见证和爱的信物。如果姑娘不愿意接受，小伙子硬塞给她，她也只好暂时收下，几天后再归还给小伙子，这样小伙子也不会见怪。佤族青年男女的恋爱是自由的，一个小伙子可以同时跟几个姑娘谈恋爱，一个姑娘也可以同时接受几个小伙子的求爱。通过长时间的交往，经过相互了解，小伙子认定一个姑娘最适合后就可以与其他姑娘分手。姑娘认定最称心的一个小伙子之后也就统统退回其他小伙子的礼物。佤族青年男女是在互相了解的基础上通过自由恋爱才结为夫妻的。这也是佤族婚姻比较牢固（很少离婚）的原因之一。只要男女青年情投意合，父母是无法阻挡的。若父母极力反对，两个有情人可以相约逃出寨子，野宿几

（教师）笔记

天，“生米已经煮成熟饭”，这样双方父母也就没有办法，只好为他们举行婚礼。

男女青年在恋爱过程中，梦，常使恋爱终止。佤族认为，谈恋爱时，若是梦见大树林、芭蕉林，或者梦见水槽流水，梦见摘瓜果等，认为是吉兆，婚后会美满幸福。由于梦预示吉兆，恋爱就更加密切。若梦见老虎、树倒、桥断、被水冲走或者梦见与情人身着新装，相亲相爱，则认为是凶兆，两人就不能结为夫妻。如果硬要结成夫妻也是好景不长，所以在恋爱过程中必须趁早分手。过去，佤族也有脱包头的习俗，小伙子若爱上了某个姑娘，便把姑娘的包头脱下（当然姑娘对小伙子也是中意的），拿回家中，向父母宣告，家里就可以杀鸡占卜看吉凶以便定婚事。

男女经过自由恋爱，订婚后便可以结婚。过去，佤族男女青年结婚年龄一般是男 20 岁、女 18 岁左右。姑娘的嫁妆一般是行李、衣服、背篓、锄头、镰刀等，有的父母还分给女儿一蓬竹子。女方父母回赠给男方父亲一个筒帕、男方母亲一条裙子作为礼仪。有些地方在结婚时，新郎要给女方舅父送礼，送礼一般是 3 元 5 角，或者 7 元 5 角，要付单数，同时还加一双鞋子、一个筒帕，有钱的还可以加送一条毯子。有的地方结婚时，新郎还给新娘的母亲送奶汁钱，因姑娘是吃母亲的乳汁长大的，如今姑娘长大要嫁到别人家去，所以，给母亲付一点奶汁钱作为礼仪。

佤族家庭形式上地位平等，共同维系着一个完整的家庭，但实际上夫权思想表现较为突出。在家庭里，农业生产、纺织、采集、烹饪、家务全由妇女承担。妇女对家庭财产没有支配权，妇女不得参加家里、村寨的宗教活动或议事参政，即便妇女在场也没有发言权。妇女可以参加社交活动，如唱调、打歌等。妇女一出嫁，必须严守妇道，否则将会被夫休弃。夫妻感情破裂，可以离婚，无论哪一方先提出离婚，女方只能空手或者带上娘家陪送的嫁妆归回。若有儿女，儿女跟谁，就由谁来抚养，另一方没有抚养责任。过去，若女方要改嫁时，新夫还付给前夫在结婚时所付的聘礼。现在妇女的社会地位有所提高，渐渐地和男人一样享有平等的权利。

佤族男子结婚后，可以分家另立门户。若家中只有一个儿子，就与父母同住，若有几个弟兄，由老人选择一个他们认为心地最好的儿子同住，其他儿子则分出独居。留在“老房子”里的儿子是财产的第一继承人，女儿没有继承权。

(教师)
笔记

●丧俗

佤族成年人死了，家人鸣枪敲锣报丧，小孩子死了不报丧。成年人死后，一般第三天就埋葬，小孩死当日埋葬。实行土葬，棺材是用一段较粗的树干刳成的。用时将尸体放于挖的圆木中，两半合起来用篾或藤捆紧。所以佤族的棺是圆柱形，而非木板做成的长方形。丧葬时，家人哭泣哀悼，每天请魔巴杀鸡或杀猪“做鬼”，举行祭祀，祝愿亡灵安息，保佑平安。葬后，当事之家忌生产数日，无其他服丧活动、无丧服。

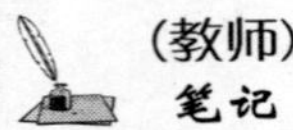
(教师)笔记

畲族习俗

畲族是我国56个民族中的一员，分布在福建、浙江、江西、广东、安徽等省，是我国典型的散居民族之一。畲族居住地区多属江南丘陵地带。宗教信仰主要是祖先崇拜。畲族自称“山哈”，意为居住在山里的客户。公元7世纪就已繁衍生息在福建、广东、江西三省交界地区。有人认为畲瑶同源；有人认为畲是古代越人的后裔；还有人认为春秋战国时期生活在淮河与黄河之间的“东夷”里靠西南的一支“徐夷”与畲族有一定的渊源关系。“畲”字作为民族名称，大概是由于他们从事刀耕火种的农耕而被命名的。根据2000年第五次全国人口普查统计，畲族人口数为709 592。畲族极少部分使用畲语，属汉藏语系苗瑶语族。90%的畲族使用接近于汉语客家方言的语言，但在语音上与客家话稍有差别，有少数语词跟客家语完全不同，也有部分使用闽南语。无本民族文字，通用汉文。畲族人主要姓氏为“蓝”、“雷”、“钟”、“李”、“吴”等，历史上曾有“盘”姓。

一、饮食习俗

畲族生活俭朴，平日对饮食品味式样不太讲究，重在吃饱。口粮多以番薯丝为主粮，大米、高粱、大麦、小麦、花麦、玉米、小米为副粮。故俗有“种番薯吃番薯，番薯当粮也当菜”。把番薯切成丝、晒干，其吃法有煮成“焖饭”的，有用开水烫半熟、捞放蒸笼炊成“蒸饭”。多数地方要把鲜薯丝用水淋洗出淀粉，加工制成“粉扣”当菜吃。

畲族一日三餐，薯米干饭。“春节”期间（正月初一至初三）吃3天白米饭，有的用大米蒸饭另捞一角，用于供小孩或接待客人。平时煮上一两碗粗菜即可上桌。客至，小孩不上桌，怕争菜怠

(教师)笔记

慢客人。农忙时，难于及时备办菜肴，只用盐汤或青菜一碗也能对付。但到自养猪屠宰时，割一二斤猪肉，常邀亲友邻居品尝。在春耕、秋收前，为迎接繁重劳动，都要杀羊、杀鸡兔、买猪蹄等滋补养身。

畲族家家户户都种蔬菜，除日常鲜吃外，一般家庭常把芥菜、萝卜腌成咸菜，做当家菜食用。竹笋，畲村四季均有，常加工成笋干。调味少用油，重用姜。饮料，多用糯米酿酒。20 世纪 50 年代后，畲族群众经济状况有了很大改观，多数人吃上了大米饭。番薯丝与高粱、大麦等则降为副食。

节日食品较有特色，主要有乌米饭、菅叶粽和糍粑等。

●乌米饭

乌米饭为农历三月三食用。乌米饭的制法，是用山上的一种野生植物乌稔树（杜鹃科，乌饭树）的叶子，放到石臼舂碎后，贮到布袋里，连袋放到铁镬里，加适量的水熬汤，让它释出紫黑色的汤汁来，而后去掉袋里叶渣，将精选的糯米泡进汤汁里，几小时后，捞起放到木甑里蒸熟即成。乌米饭色泽乌黑发蓝，香软可口。由于乌稔能起开脾、防腐作用，故将乌米饭放在通风阴凉处，数日不腐。食用乌米饭有准备春耕、迎接丰收的象征意义。

●菅叶粽

菅叶粽俗称“菅粽”，通常在端午节时食用。将精选优质糯米倒入黄碱水里浸泡若干小时，拿两片菅叶对折成一条槽底，而后舀碱水泡过的糯米放于叶槽中，成为一条 20 厘米长、玉米棒子状的菅叶粽，放到锅里煮十余小时遂成。每逢端午节，菅粽供敬祭祖宗外，还用以馈赠亲友。

●糍粑

畲族过年、做“七月半”和冬节时都要制糍粑，取意时（糍）来运转，生活年年（粘粘）甜。糍粑的做法是：将浸泡一天后的糯米滤干水，放到木甑里蒸熟。倒入石臼中捣烂，捏成小团或饼状食用。

二、礼仪习俗

畲族是一个崇尚文明礼貌的民族，勤劳朴实，热情好客，至今

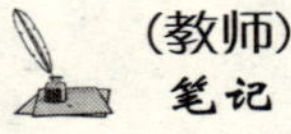
（教师）笔记

还保留很多古雅、淳朴、优良的传统礼俗。

●请茶

有客人到，主人就请喝茶。客人一定要喝，表示接受主人的热情好意；不喝主人不高兴，有话不敢说或不愿意说，不会答应客人的请求。喝茶，一般要喝两道。还有说法："一碗苦，两碗补，三碗洗洗嘴。"客人只要接过主人的茶，就必须喝第二碗。如果客人口很渴，可以事先说明，直至喝好为止。

●请点心

畲族主人招待客人吃点心，一般是煮米粉，略高于碗面，上有"品"字形三块小方肉，肉皮向上，露出碗面；再煎两只蛋成两圆块盖在三块肉上，加些米粉；再加两条染红的米粉拉开成"十"字形，东、西、北三头垂下碗外半寸，南向一头只有至碗面的三分之二。客人吃时，首先用筷子轻轻把两条红米粉移至碗中，蛋只可吃一块，肉可吃一或两块，米粉不可吃过半。吃过后，将肉、蛋盖好，再把红米粉照原样安放，筷子也应放得整齐，主人才欢喜。

在道德规范方面，畲民历来有祭祖尊宗的遗风，加之长期与汉族人民交错杂居在一起，互相影响，孔孟的伦理思想和道德哲学，已逐渐为畲民所吸收，形成了具有畲族独特风格的行为准则和道德规范。

三、节日习俗

畲族的节日以"四月八"岁首和"八月十五"中秋最为隆重。节日最主要的内容就是祭祖，畲话叫"哈逊"。其次，畲族还有一些社交节日，如正月初五至十九的"跳月"，正月至二月的"坐花园"，七月半至八月十五的"放七姑娘"。另外，由于居住在一个民族大杂居小聚居的环境里，各民族的节日生活互相渗透，因而春节、元宵节、二月二敬桥节、清明节、端午节、重阳节等节日在畲族地区也都盛行。

●四月八

畲族历史上是以每年农历四月八日为岁首。相传四月八日这一天是"牛王"和"米王"的生日，是一年春耕的开始，全体畲族人要庆贺，祈求来年丰收。一年收成的好坏一要"牛王"和"米王”的帮助，二要祖宗的庇护。这一天家家户户早早起来把染成七色的糯米。煮成花米饭先喂牛，然后每一宗族各自聚集到祖坟茔地杀牛、宰猪进行祭祀，并供上花米饭。节日期间还开展斗牛、赛马、斗鸟等活动。青年男女也会着节日盛装，纵情对歌。现在四月八日已不是畲族的岁首了（今已经改为春节），但节日的隆重程度远远超过春节，节日的内容更趋向于娱乐，祭祖往往变成了一种形式，而节日的重头戏却在斗牛、赛马、斗鸟以及青年人谈情说爱与交往上。

(教师)笔记

●八月十五

在畲族地区，八月十五日中秋节并非中国传统意义上的中秋，而是一个祭祀祖宗的节日，叫“哈逊”，也叫祭牯脏。民国《贵州通志·土民志》中曾记载：“东苗……以中秋节祭先祖及本族远近之故者，择牯牛以毛旋端正者为佳，时其水草以饲至禾熟，牛肥酿酒，砍牛召集亲属置酒歌唱延鬼师于头人之家以木板置酒，循序而呼鬼之名，竟昼夜仍已。”现今祭祀内容已基本不存在，只是各家各户打少量的糯米粑以示过节，从这一天起畲族青年就可以开始“跳月”了。

●坐花园

“坐花园”是畲族男女青年交际的重要节日，也叫“等郎相会”，时间是每年的正月至二月。各寨女青年带上糯米粑互相邀约来到附近的小山上，燃起篝火，一边烧糯米粑吃，一边相互教唱山歌，等候男青年的到来。男青年两三个一组，穿行于各个“花园”，遇上中意的女青年就开口唱“联妹歌”，如果女青年有意就会以歌对答，双方若是情投意合便会单独谈心，互赠信物。对于“坐花园”，父亲和兄弟一般自觉地避开，母亲和嫂嫂则给予支持和帮助。

●观音节

畲族村寨群众普遍奉祀“观音佛母”。每年农历二月十九观音生日、六月十九观音得道日、九月十九观音过南海日，逢此三日都纪念，认为她能普度众生，救苦救难。多数人家在节日里吃一天“观音素”，以保平安。

●乌饭节

畲语又称“三月三”或“对歌节”。每适农历三月初三，畲族

(教师)
笔记

村寨的家家户户要采集乌稔树根和大米煮“乌米饭”，全家共餐，以缅怀祖先。是日，村寨常有聚会赛歌。传说，唐代畲族英雄雷万兴率起义军抗击官军围剿，以乌稔果充饥而军威大振，于三月三日这天突围成功，连战连捷。畲民为纪念此事，每年“三月三”要吃乌米饭，集会对歌。在畲族民众中，“三月三”是可以与春节相提并论的重大节日。此日，家家宰杀牲口，祭祀祖先。许多人家往往选择这一天举办婚礼。节日里吃乌米饭。夜幕降临时，则举行篝火晚会，竞相对歌。畲民善对歌，此日往往要邀请省内外各地的畲族歌手登台献艺，场面十分热烈。节日里还要赶舞场，跳起火把舞、木拍灵刀舞、竹竿舞、龙灯舞、狮子舞、鱼灯舞。同时还有问凳、操石磉、腹顶棍、操杠、赶野猪等畲族民间竞技。“三月三”节日活动是畲族人文历史的缩影，具有鲜明的民族特征和浓郁的乡土气息，在建设新农村和加强民族团结等方面都有着不可替代的重要作用。

●冬节

农历十一月冬至日，畲族户户用糯米做糍团，让全家人品尝。传说“冬节有糍圆，作息有头门”。

四、宗教信仰习俗

畲族的宗教信仰主要是祖先崇拜。祖图，又称“盘瓠图”，是畲族信仰的主要标志之一。畲族把有关始祖盘瓠的传说画在布上，制成约40幅连环画式的图像，代代相传，称为“祖图”。畲族民间还有“高皇歌”，记述盘瓠王不平凡的经历，歌颂其英勇杀敌、繁衍子孙的丰功伟绩。畲族每年还定期举行隆重的祭祀，族人共聚祠堂，悬挂祖图，是早期原始社会中图腾崇拜的残迹。此外，畲族民间信仰还有其他世俗神灵，属多神崇拜。

●祭盘瓠

据畲族传说，新时期时代的高辛氏时期，该族始祖名盘瓠。上古时，高辛皇后耳痛三年，太医从皇后耳中挑出一条形状似蚕的小虫，育于盘中，以瓠叶为盖忽而变成“龙犬”，遍体锦绣，号称盘瓠。当时，高辛帝受番王欺侮，曾下诏求贤，榜示有能平番者，愿将三公主相婚配。龙犬得知，即揭榜直奔敌国，服侍番王三年。一日，乘番王酒醉，咬下其头，渡海衔归。帝大喜，但又不愿将公主下嫁龙犬。正在为难之时，龙犬忽作人语："将我放在金钟内，七天七夜便可成人。"入钟六天，公主忧其饿死打开金钟，果见其已成人身，唯头未变。盘瓠与公主成婚后，入居深山，后生三男一女。帝赐长子姓盘，次子姓蓝，三子姓雷；女称淑女，配给钟智琛。据此传说，畲族每三年举族大祭一次，典礼甚为隆重。

(教师)笔记

●祭祖

男子年满16岁，要举行祭祖仪式，如本人父亲已祭过祖，可由其担任"度法师"，在祭祖仪式上作为自己的指导；如父未经祭祖，则须另请已祭过祖者担任。此外尚需已祭过祖的五人共同襄助。祭祖多在冬季举行。具体日期由巫师择定，仪式一般都在祭祖者家中举行。祭祀时，先祭盘瓠。厅堂中悬挂"祖图"，神案上置放"祖杖"（一根顶端刻有龙头的木杖）；并按姓氏、辈分、排行、年龄的不同，排列数目不等的香炉。另在红布条上书写祭祖人的姓名，系于祖杖。作为祭过祖的标志。祭过祖与未祭祖者的社会地位明显不同，未祭祖者，父死不得作为孝子治丧。一家之中，祭过祖的人愈多，愈受人尊重。

五、人生礼仪习俗

●结婚习俗

在畲族中，实行一夫一妻制。因长期与汉族交错杂居，同时随着封建地主经济的发展，曾盛行过封建买卖包办婚姻，父母有包办子女婚姻的权力。虽然有山歌做媒的风俗，但最后仍然受到"父母之命，媒妁之言"的约束。旧时，畲族人民只准在本族盘、蓝、雷、钟四姓中通婚，原则上同姓不婚，因为姓氏少，居住分散，所以也允许同姓不同香炉（即同姓不同宗的）结婚，其中和五代以外平辈通婚现象比较普遍。由于民族歧视和民族隔阂，在过去，畲族不准与汉族通婚。若是哪家和汉族缔结婚姻关系，就要遭到亲友和社会的仇视和孤立。新中国成立后，民族政策得到落实，现已和汉族通婚。畲族男女婚姻虽然听从父母之命，但婚前的恋爱还是比较自由的，可以互相见面、约会、唱歌、定情。"无情则无歌"，情歌被称为"缘歌"（意即结姻缘的歌）。一般都是在祭祖活动中，或参加别人婚嫁的场合中，或在山上、河边、赶集等公共场合里，或男女双方在劳动中，或去亲戚家玩，通过对歌，互相熟悉，逐步建

（教师）笔记

立感情，经过彼此了解，情投意合，订下终身之爱，然后就是回家告诉父母，托媒说亲，最后送礼订婚了。在畲族人民中，至今还保留着古老而有趣的婚礼风俗。其仪式简单而古朴，特别是在整个婚娶过程中，以唱歌贯穿始终，成为具有独特风格的一种习俗。婚嫁迎娶那天，新郎领着“行郎”和担着酒菜、彩礼的“赤郎”，到新娘家来“叫亲”。一到新娘家门口，新娘的姐妹和嫂子们拿着板凳和杉树刺，拦住他们，这叫“拦赤郎”。这时，媒人要放双响爆竹，拿出一双红包，才能让新郎进门。可是，女方又关起大门，唱起《拦门歌》，唱毕，男方的“行郎”唱起《开门歌》，女方才开门迎入正堂。这时，新郎不能入座，要站在右边，由女家长辈老人前来问好。然后一起向香火堂上作揖礼拜，再由煤人、行郎带着新郎，向长辈老人一一鞠躬敬礼后，到左边入座。接着，“行郎”一边唱着《接亲歌》，一边将男方担来的礼品一一清点给女方。然后女方主人送上茶和洗脚水，来接待男方喝茶、洗脚，这叫《脱草鞋》。喝茶、洗脚完毕，“赤郎”把已备好的一只“对盏鸡”呈放在香火桌上，以示祖宗过目。同时，唱起《对盏歌》，还要送给女方主人一只小红包，表示谢意，俗称“剪刀包”。上述礼仪完成后，“赤郎”就去女家灶头点火起厨。这时，女方要举行“考赤郎”活动，有的地方叫“借镬”。这时，女家将灶房内的用具都藏起来了，灶头上空无一物。“赤朗”要唱着借镬语，向女家借用具，如借一付挑水桶，则唱“灶庭黄云载水一对”；借镬灶，则唱“四四方方一品墙”；借火钳，则唱“姊妹不分一对”；借盐，则唱“海上白糖……”，要念唱四十多句的借镬语，才能把厨房灶间里使用的东西借全。客人们聚精会神地听，讲得有理，点头称赞；讲得不达理，还要重复唱念。如借不齐，由“赤郎”求情，主人方拿出借用。用具借完后，当“赤郎”去洗镬和点火时，姑娘们偷偷把糖撒在镬内，让“赤郎”洗不干净，又将柴火弄湿。让“赤郎”点不着火，尽情作弄“赤郎”，嬉耍为戏。到了第二天天快亮时，“行郎”叫人连连打铳，催促新娘上路。新娘开始梳妆，先洗过脸，由一个人替她梳妆，两个人提着灯照着。在整个梳妆过程中，包括脱下女儿装、穿上新娘服、梳头、包罗帕、插银花，歌手们都围着不断地唱。新娘做什么，歌手唱什么，以山歌来戏弄新娘。这里要介绍一下畲族新娘的头饰——凤冠。其冠呈尖角状，头冠外扎四条用数百颗白矾珠缀成的珠带，额前是一块形契牌，上缠三块小银牌，冠下披一条约一尺长、一寸宽的红绫带。凤冠左右插有各种小件头饰，如银耳簪、银钗、耳挖、耳环、银牌、银项圈、银链等。其饰有“九连环”、“九子十三孙”等名称，含婚后发子旺孙之意。

●生育习俗

畲族历来重视生儿育女。怀孕妇女虽然照常参加生产劳动，但受到村人的爱护和照顾，不让其干重活。

中华人民共和国成立前，畲族妇女分娩都在婆家。临产时都要坐在矮板凳上，待婴儿出生后，婆婆或接生婆才近前帮忙。她们认为“分娩不洁”，以免污天秽地，冲撞“神明”。因此，在孕妇分娩时，要点燃一束干茅草或破纸伞，驱除房间秽气。而后，拿一产妇的旧裤子和用红纸剪成裤样贴在门楣上，以示“避邪”，使婴儿顺生。婴儿产后，胎盘未出，要将婴儿的脐带缚在床上，待它自然脱落后，是男婴，就把毛筒劈成竹片断脐；是女婴，即用吹火管劈成片切断脐。随后，用麻丝将脐带缚好。婴儿和产妇都用杉树叶和香镜（天南星科，石菖）汤洗浴。婴儿断脐沐浴后，男婴用生父旧衣包裹，女婴以生母旧衣包裹，产妇和婴儿在一个月内洗脸、洗澡、洗足都要用香镜汤。由于卫生条件差，产妇因难产得不到及时抢救和婴儿因断脐不洁而感染破伤风死亡的时有发生。

●命名习俗

畲民命名除取正名外，还有奶名和谱名。奶名即乳名或小名。常因保护神的不同而分别冠以“石”（石将军）“奶”（奶娘陈靖姑）、“佛”（神佛）等字。修宗谱进取的名字中谱名，见于灵堂神主牌、墓碑。谱名的命名对象按世系、排行而定，由讳名（世名）、字、行第三者组成。一般每一世（代）同辈用同一个字头。行每同一辈按出生年月时辰先后依次排列以“念、大、小、百、千、万”字，周而复始循环使用，叫“暗行”。其排行用字则为：“雷姓缺‘念’，钟无‘千’，男人无‘一’，女无‘二’，蓝姓五六两样生。”按族内规定雷姓排行仅用“大、小、百、千、万”五字；钟姓用“念、大、小、百、万”五字；男丁排行序数从二开始，如“蓝念二郎”、“蓝念三郎”等；女丁排行从一开始，要缺二，如“蓝念一娘”、“蓝念三娘”，要把“一郎”和“二娘”让给未满16岁就夭折的男女。

畲族谱名带有神秘性，晚辈对自身讳字行第不得先知，只有在祭祖或重修宗谱时开启后才能阅看。因此，某人逝世时，亲属要向

(教师)笔记

（教师）笔记

族长索取谱名；对于外嫁女人，生前做“寿材”（棺木）需要“明行”与“暗行”时，她的史弟向族长索要，族长将其行第写明用红纸封好。待举行酒宴时，外甥再将红纸包安置在“棺木”内，俗称“讨位”。红纸包要待棺木主人逝世时才能启封。女性生前若是未做棺木，死后，外甥要跪在母舅面前为母亲“讨位”。

● 丧葬习俗

畲族人凡享年50岁以上逝者为寿终正寝。整个丧葬之礼与婚礼场面同样热闹，俗称“老喜丧”。先为逝者梳洗更衣，孝男孝女执陶罐到溪河边，点燃三炷香，烧化纸钱唱《买水歌》。唱完，向河里舀水，俗称“买水”。舀水时，逝者是男，要舀顺流水，以示男在天；是女，要舀逆流水，以示女居地。清水舀回后，要放在火炉上暖几分钟，用白布在水中浸湿，在逝者胸前揩三下，背后揩四下。死者不论贫富，衣着要新，旧衣和有口袋的衣服以及钱、米和有文字之物不能装殓。逝者着黑色衣服，衣服有单、夹与棉的不同，穿衣以重数计算，一般上身9重，下身3重。女性则戴上结婚时竹制的三角形头冠。衣毕，为其理发（一般人病时就已理好头发）或梳头。这个过程均伴哭歌。逝者梳妆穿戴完毕，将其从卧房移到后厅。用两条板凳、四块木板、一张草席为逝者支起一张“灵床”。而后，用炉灰裹成10个小粽子，缚在一枝桃枝上，放到遗体的旁边，入殓时扔到河里。有“祖图”的畲族村，遇上50岁以上的亡者，在其厅堂悬挂“祖图”3天。吊唁逝者，打破哀伤寂寞的局面，增加“红也喜事，白也喜事”的气氛。逝者装殓时间要择海水涨潮时分，忌讳“重丧日”和“三丧日”。装殓时，丧女哭唱《落棺歌》。畲家报丧时，报丧者反穿衣服，引人注目，奔丧者哭唱《思亲歌》。

古时，畲族每个人都有一个讳名行位。男人去世后，孝男要向族长讨行位。女人去世后，孝男要向母舅讨行位。讨位时，孝男手端托盘，内点蜡烛一支，放米酒两杯和缠有红纸的鸡腿一对走向母舅桌前，双膝跪地，高举托盘唱《讨位歌》。做阴功德是畲族超度亡灵仪式。做阴功德时，在丧家厅堂布置起“师爷间”，仪式由畲族巫师执行。

畲家下葬过程均以歌代哭，亲眷戚友唱《起棺歌》、《路祭歌》、《劝酒歌》、《跪祭歌》、《进葬歌》、《回垄歌》等。

（教师）笔记

高山族习俗

一说起台湾的少数民族，绝大多数人都会想到高山族。在台湾，根本没有一个民族叫“高山族”，台湾的土著民族大都生活在高山之上，因此，我们习惯于把他们笼统地称为“高山族”或“山地同胞”。因地区、语言的差异，内部有阿美人、泰雅人、排湾人、布农人、鲁凯人、卑南人、曹人、赛夏人和雅美人等之别。此外，尚有10多万已被汉化的平埔人。平埔人历史上包括10个族群。他们散居在台湾西部、北部、西南部平原与沿海，长期与汉族杂处、通婚，较早接受汉族文化，至19世纪以后已基本与汉族融为一体。据2000年第五次人口普查统计，还有4 461人散居在祖国大陆东南沿海。高山族有自己的语言，属南岛语系印度尼西亚语族，无文字。不同地域的高山族使用不同的语言。主要从事农业和渔猎业。

●布农人

布农人（“布农”是高山语“人”的意思），是高山族的族群之一。人口3万多，居住于60个村落。原始居住地在玉山以北、中央山脉以西的高峻山地，后向台东、高雄方向迁徙。现主要居住在南投县的仁爱、信义乡，高雄县三民、桃源、茂林乡，台东县的海端、延平乡、关山镇，花莲县的万荣、卓溪乡、玉里镇等。总族群下分3个小群：北布农人分布于中央山脉西麓；中布农人分布于高雄县境内；南布农人散居于台东花莲一带。织布、编篮、制革、制陶技术比较发达。社会生活是父系氏族制，婚后妻从夫、子从父，女子在家中有一定地位。

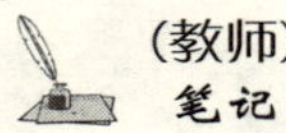
(教师)
笔记

● 鲁凯人

鲁凯人是高山族的族群之一。人口6 300多，居住于20个村落，分布在阿里山、新高山以南，大武山以北的山地，包括高屏溪上游的浊水溪、隘寮溪和中央山脉的东侧大南溪流域，属屏东县三地、雾台，高雄县茂林，台东县卑南等乡，其中以雾台乡最为集中。鲁凯人生活习惯与排湾人相同，他们住石板房，以陶壶、料珠、雕刻、文身闻名。社会生活方面已有阶级出现。每代成员中只允许一对配偶存在，权力由长男继承，死后采用侧身葬、直肢葬。语言、文化受布农人影响较大。

● 排湾人

排湾人是高山族的族群之一。人口约5.5万，居住于160个村落。原多生活于山麓一带，后移住山地。其分布区域，北起大武山，南达恒春，西起隘寮、坊寮一线，东至大麻里以南的三角地区，分别散居于屏东县的三地、玛家、泰武、来义、春日、狮子、牡丹和台东县的金峰、达仁、大麻里、大武等乡。排湾人分为排湾和塔罗塔罗两个亚族，前者居于该族分布区的中央部分，有浓厚的民族特性，以中央山脉为界，又分为东本两个小族；后者居于东海岸一带，也分为东海岸和巴里拉利奥两个小族。该族群有平民、贵族之分。子女中居长者继承权力。手工艺较发达。

● 卑南人

卑南人是高山族的族群之一。人口7 000多，分居于8个村落。传说该族发源于台东附近的巴纳图，曾为台东平原主人。主要分布于卑南溪以南、知本溪以北之海岸地区，居住地是台东县的卑南、金峰、达仁等乡。过去曾与鲁凯、排湾列为一族。1954年确认为一个独立的族群。族权是由长女继承，家庭生活偏重于母方。

● 邵族人

邵人是高山族的族群之一，居住于南投县境内的日月潭一带。有人认为他是曹人的一部分，有人又把他划为布农人的成员，还有人把他划为平埔人的一系，但其语言、风俗、习惯独具特点，因而把他看成独立的族群。

（教师）笔记

●泰雅人

泰雅人是高山族的族群之一。人口 64 000，占高山族全部人口的 23.5%，是高山族中第二个大族群。居住于 120 个村落。原先居住在台湾西部平原，后因环境压力，逐步移居山区，主要分布于台湾北半部，如台北县的乌来乡，桃园县的复兴乡，新竹县的尖石乡、五锋乡，苗栗县的泰安乡，台中县的和平乡，南投县的仁爱乡、信义乡，花莲县的秀林乡，宜兰县大同乡、南澳乡等。该族群下分泰雅和赛德克两个亚族群。泰雅亚族又分西住堡群、大（山 + 科）（山 + 坎）群、大湖群、西开利克群；赛德克亚族也分东、西两个群落。该族群有鲸面、文身的风俗。男善狩猎、女善纺织，行从夫居。

●雅美人（1998 年更名为达悟）

雅美人是高山族的族群之一。人口 2 500 多，居住在 6 个村落。分布于台东县兰屿岛滨海地带，是高山族中唯一的渔猎民族。语言几乎与菲律宾北部的巴丹居民一致。农业以种植水芋为主，工艺以制陶、造船、制银较为著名。社会生活以核心家庭为主。该族群爱好和平，没有猎头等习惯。

●曹族人（1998 年 11 月更名为邹族）

曹人是高山族的族群之一。人口 3 000 多，居住于 12 个村落。原分布于桃园大溪至大安溪一带，定居在新竹县五峰乡，苗栗县南庄、狮潭乡等地。该族群下分北赛夏和南赛夏两个小族群，族群内部行从父居、妻随夫行，常数代同居。

●阿美人

阿美人（阿美是“北方”的意思，是南部的人对北部人的称呼）是高山族的族群之一。在高山族中人口最多，约有 12 万人。原分布于台湾东部纵谷平原南北两端的秀姑峦溪口和恒春附近，后来移居东部纵谷及海岸线一带的花莲县东部和台东县的东北部，包括台东县 11 个乡镇和花莲县 12 个乡镇。依据语言、习俗和地域差异，大体分为北、中、南部阿美和海岸阿美四部分。

●赛夏人

赛夏人是高山族的族群之一。在高山族中人口最少，约有 1075

(教师)笔记

人。他们的祖先从大霸尖山下移到大湖、苗栗一带平地，然后又逐渐迁徙到泰雅人居地西南边的阿里山和五峰山一带山区，分属于新竹县的五峰乡等地。

一、饮食习俗

高山族以谷类和薯类为主食。除雅美人和布农人之外，其他几个族群都以稻米为日常主食，以薯类和杂粮为主食的补充。居住在兰屿岛的雅美人以芋头、小米和鱼为主食，布农人以小米、玉米和薯类为主食。在主食的制作方法上，大部分高山族都喜欢把稻米煮成饭，或将糯米、玉米面蒸成糕与糍粑。泰雅人上山打猎时，喜欢用香蕉做馅裹上糯米，再用香蕉叶子包好，蒸熟后带去。排湾人喜欢将地瓜、木豆、芋头茎等掺和在一块，煮熟后当饭吃。布农人在制作主食时，将锅内小米饭打烂成糊食用，排湾人喜欢用香蕉叶子卷黏小米，掺花生和兽肉，蒸熟作为节日佳肴，外出狩猎时也可带去。但作为狩猎带去的点心，馅里一般不加盐巴等咸味调料。雅美人喜欢将饭或粥与芋头、红薯掺在一起煮熟作为主食。外出劳动或旅行，还常以干芋或煮熟的红薯及类似粽子的糯米制品为干粮。排湾等族狩猎时，不带锅，只带火柴，先将石块垒起，用干柴火烧热，再在石块上放芋头、地瓜等，取沙土盖于石块上，熟后食用。高山族蔬菜来源比较广泛，大部分靠种植，少量依靠采集。常见的有南瓜、韭菜、萝卜、白菜、土豆、豆类、辣椒、姜和各种山笋野菜。雅美人食用芥菜时先将正在生长中的叶掰下来，用盐揉好，放两三天后才吃，留在地里的芥菜根继续生长。高山族普遍爱食用姜，有的直接用姜蘸盐当菜；有的用盐加辣椒腌制。肉类的来源主要靠饲养的猪、牛、鸡，在很多地区捕鱼和狩猎也是日常肉食的一种补充，特别是居住在山林里的高山族，捕获的猎物几乎是日常肉类的主要来源。山林里的野生动物很多，如野猪、鹿及猴子等的肉都可入菜。阿美人在做肉菜时，喜把肉切成块，插上竹签，煮好后放在一个大盆里，全家人围在盆边，每个人用藤编小篮盛饭，共用一勺舀菜，一手抓饭，一手取肉吃。在插秧季节，他们喜欢到水田里捉小青蛙，带回家中用清水洗净，煮熟即吃。阿美、泰雅等族人有的也吃捕来的生鱼。他们还喜欢将打来的猎物杀好去皮，加盐和煮得半熟的小米一起腌存，可供几个月食用。保存食品常用腌、晒干和烤干等几种方法，以腌制一两年的猪、鱼肉为上肴。高山族过去一般不喝开水，亦无饮茶的习惯。泰雅人喜用生姜或辣椒泡的凉水作为饮料。据说此种饮料有治腹痛的功能。过去在上山狩猎时，还有饮兽血之习。不论男女，都嗜酒，一般都是饮用自家酿制的米酒，如粟酒、米酒和薯酒。排湾人不吃狗、蛇、猫肉等，吃鱼的方法也很独特，一般都是在捞到鱼后，就地取一块石板烧热，把鱼放在石板上烤成八成熟，撒上盐即可食用。排湾人小孩不许吃鳗鱼，甚至其他鱼的鱼头也不让吃，认为吃了鱼头不吉利。

二、礼仪习俗

高山族性格豪放，热情好客。喜在节日或喜庆的日子里举行宴请和歌舞集会。每逢节日，都要杀猪、宰老牛，置酒摆宴。布农人在年终时，用一种吃“希诺”的植物叶子，包上糯米蒸熟，供本家同宗人享用，以示庆贺。高山族节日宴客最富有代表性的食品是用各种糯米制作的糕和糍粑。不仅可作节日期间的点心，还可作为祭祀的供品。也将糯米做成饭招待客人。高山族各族的祭祀活动很多，诸如祖灵祭、谷神祭、山神祭、猎神祭、结婚祭、丰收祭等等，以排湾人的五年祭最为隆重。届时除摆酒席供品外，还伴以各种文体活动。婚礼及宴请的场面十分丰盛和壮观，尤其要准备大量的酒，届时参加者都要豪饮，并有不醉不散的习俗。“丰收祭”这天，族人自带一缸酒到场，围着篝火，边跳舞、边吃边饮酒，庆贺一年的劳动收获，每年举办一次。排湾人在欢庆的日子里常用一种木质的、雕刻精美的连杯，两人抱肩共饮，以示亲密无间，如有客至，必定要杀鸡相待。布农人在宴客时先把鸡腿留下来，待客人离去时带在路上吃，意为吃了鸡大腿，走路更有气力。鲁凯人善以垒石为灶烤芋头，经烘烤的芋头外脆里软，便于携带，也常带给客人路上食用。排湾人婚庆时，将小米磨成粉，加水搅成糊，包入鱼虾（虾露出尾巴），捏成鸡蛋大小的团，置于沸水锅中煮，熟后捞出食用。

在高山族多如牛毛的禁忌中，有些是共同的，各部落在任何情况下都要严守。具有普遍意义的禁忌，属于视觉的，如禁忌遇见横死者及其葬地、遇见动物交尾等；属于触觉的，如禁忌接触神物、接触死者的器物等；属于行为的，如禁忌排气、打喷嚏、同族性交等。

特殊禁忌，如：女人不能接触男人使用的猎具与武器，诸如弓、箭、枪、矛等，女人不得擅自进入男性会所和祭祀场地；男性不能接触女人使用的织布机和生麻，在狩猎、捕鱼及农忙期间，禁

（教师）笔记

止与女性同房；成人在会所受训期间，禁止与女性接触；在捕鱼、出猎或祭祀期间，家里不能断火；祭祀期间不能吃鱼等。其中，祭祀中打喷嚏尤为忌讳，南部高山族认为打喷嚏意味着灵魂出壳，有招诱恶灵的危险，是祸事临头的征兆。

妇女怀孕后忌用刀斧，忌食猿肉、山猫肉、穿山甲肉和并蒂果实等；妇女用的织布机男人不能随便摸弄。

此外，生育方面的禁忌也很突出。主要有：禁忌生双胞胎，迷信双胎是野兽所在，预示着灾祸将至，必杀其一以为禳灾。但社会是在不断发展的，一些原始的婚姻观念也在开始发生变化。

三、节日习俗

高山族的重要节日有：播种祭（泰雅人，三月下旬春播结束之日）、平安祭（布农人，四月初四）、“阿立”祖祭（平埔人，九月十六日）、丰年祭（曹人、鲁凯人、阿美人等，八月十五日）、竹竿祭（排湾人，十月二十五日）、猴祭与大猎祭（卑南人，十一月）、灵祭（赛夏人，十月十一日至十八日）以及雅美人的飞鱼祭等等。高山族的传统节庆通常与祭祀合一，纷繁复杂。

台湾高山族的排湾人，每年十月金秋季节，各个部落都要举行丰收节的盛会。热情的排湾人总是请来许多客人，一起庆祝丰收。人人把家中的好酒好菜带到盛会地点，首先敬族长或村长一杯“敬长酒”，祝愿大家幸福快乐。然后以酒代茶，任客人狂饮。

台湾人向来爱吃槟榔，高山族更爱吃。他们不仅吃，还将槟榔作为传情之物。

高山族阿美人在每年的夏秋相交之际，都要举行一次热闹的“背篓会”。背篓会是青年男女相互认识、交往，追求纯美爱情的盛会。会中，阿美姑娘们都会身背一个小背篓，小伙子则背的都是大背篓，然后，小伙子和姑娘们都由部落族长带到槟榔树林之中。在族长为他们祝福完之后，小伙子们就开始争先恐后地爬上槟榔树，摘槟榔。此时，下面的阿美姑娘们则都在细细看着小伙子的表演，心里暗自评论。摘到槟榔后，小伙子要迅速下树，飞快地奔向自己中意的姑娘。姑娘看见小伙子来了，马上就笑着跑开。小伙子一定要追上姑娘，并把自己辛苦摘得的槟榔倒到姑娘的小背篓里。那姑娘若发现放槟榔的小伙子不是自己的意中人，便会歉意地笑笑，将槟榔拿出来；若是自己的意中人的话，姑娘则会亲切地牵着小伙子的手，互诉衷肠。

(教师)笔记

四、宗教信仰习俗

高山族还保留有原始宗教的信仰和仪式。他们崇拜精灵，各地信仰的神不一，有天神、创造宇宙之神、自然神、司理神和其他精灵妖怪。祭仪有农事祭（包括开垦祭、播种祭、除草祭、收割祭、新谷入仓会等，主要的是粟祭）、狩猎祭、渔祭、祖灵祭等。盛行巫术，其占卜方法有鸟占、梦占、水占、竹占、瓢占、饭占等，并有多种形式的巫术。

●灵魂崇拜

高山族社会是一个灵魂崇拜及祭祀盛行的社会。灵魂，被认为充斥于宇宙万物，从浩渺苍穹的日月星辰、浮云彩霞、霹雳闪电，到辽阔大地的山川湖海、飞禽走兽、螣蛇游鱼，无不具有神秘的灵魂。在他们看来，千年古木的蓊郁葱茏、萧瑟茅庐的迎风摇曳，如同活人动作神态一样，是受某种灵魂所支配的。这种泛神论观念存在于扑朔迷离的图腾神话和图腾艺术里面，也体现于繁褥冗长的祭祀仪礼之中，例如人祖神话传说中溯源人类生于巨石、大树、蛇、虫、鸟等，排湾人在门楣窗檐以及人体上有百步蛇与人头的纹饰与图绘，曹人对榕树的祭礼与禁忌，都是泛神论观念的产物。

高山族一般相信人死后灵魂不灭、永世长存，并会默默保佑其子孙后代。一般称灵魂为神，对神的信仰大部分就是对祖先的崇拜，从而将祖训看成是神的旨意不敢违犯。同时还相信祖神会附托在动物身上。传说“西稀利”（小鸟，形似麻雀）和“夫伦”（毒蛇名，即百步蛇）是神灵的化身，人们不能杀害它们。过去，高山族中还传说“西稀利”的不同叫声，会暗示给人吉凶祸福。排湾人喜爱蛇形的雕刻，据说也是为了祈求祖先保佑。对其他的自然现象、疾疫、灾害等，都认为有神在司掌。神有好坏之分，祭祀好神求降人以幸福，农业丰收，多得猎物和鱼类，并祈祷好神消除坏神所带来的各种灾害。

●占卜

高山族征兆迷信很盛行。他们迷信日食、月食、彗星、鸟鸣、鸡啼、做梦、生双胎等等，包含着祖灵与鬼神对人的启示、警告，会产生某种惩罚或赏赐。由于某些自然现象和事物变化被认为有预知吉凶的征兆，因此人们在出猎、征战、耕作以及祭祀过程中，十

(教师)笔记

分留心征兆变化，甚至先行占卜，以决定行动的可否与步骤。

高山族征兆迷信的范围广泛，休征包括豹、鼠、树木、薪炭、水、湖、海、捕鱼、旗帜、沙滩、兽肉、槟榔、茅草、悬钩子、竹子等等；咎征包括鸡、犬、旱、疫、疾病、日月食、日月晕、彗星、喷嚏、排气、洪水、双胎、跌倒等等。被当作征兆的事物和现象，都被赋予自然的力量，能显现吉凶、安危、祸福的兆象。如屋里老鼠多了，预示粮食多，是丰年的兆头；日、月食，意味着“太阳、月亮死亡”，是凶兆；茅草有芒，悬钩有刺，具有避邪祟之功能，因而是吉祥之物。

以生物为兆象的前兆迷信中，特别是人的一些生理现象，例如嚏嚏与排气认为是凶灾之兆，出猎、农耕及祭祀等都忌讳喷嚏与排气。一些不寻常的人事变化，也被认为是预示凶灾的咎征，例如暴死与双胞胎，非正常的死亡；诸如跌崖、溺水、难产、自杀等，死后成恶灵秽鬼，徘徊于住宅与死难禁靠近。某些被迷信为前兆的动植物现象和人体生理现象，后来被发展为降兆示知判断吉凶的占卜。高山族常见的占卜形式有鸟占、梦占、竹占、草占、水占等。

●祭祀

据统计，高山族祭祀多达70多项，举凡农耕、渔猎、征战、生育、婚丧、建筑、长旅等皆有祭，特别是围绕粟、稻、芋、薯等农事的系列性祭祀活动。既有固定的仪式，如开垦、播种、除草、间苗、收割、入仓、狩猎、丰年等祭典；又有因地制宜的临时性祭礼，如驱虫、求雨、祈晴等。除了常见的祖灵祭、农事祭、狩猎祭、河川祭之外，还有特殊的祭祀，如赛夏人“矮灵祭”、曹人“粟祭”、阿美人“船祭”、雅美人“飞鱼祭”、排湾人“五年祭”、卑南人“猴祭”与“大猎祭”等。就祭祀的时间而言，短则10天、8天，长则有4个月之久。例如雅美人的飞鱼祭，在每年捕捞飞鱼的季节，即3月至6月举行，与捕飞鱼的生产相始终。可以这样说，祭祀多、时间长，而且仪式繁复，是高山族祭祀庆典的一个突出特点。

从祭祀对象说，高山族的祭典可以概括为三类：

一类是以粟谷为对象的祭礼。粟谷是高山族传统作物，日常生活离不开粟谷。传统的祭典几乎都围绕粟谷的农事进行，有关粟谷耕作的每一次活动，也都伴随以祭典。例如布农人一年中的祭典多以粟谷为转移：一月粟谷播种祭；二、三月移植间苗祭；四月农事

（教师）笔记

空闲，举行隆重的“平安祭”；六月粟谷成熟，举行“摘穗祭”，揭开收粟繁忙的序幕；粟谷入仓时举行“入仓祭”；农事既毕，七月举行“丰年祭”，酬谢粟神、神灵和祖灵。其他族群除雅美人之外，祭祀多数与粟谷农事有密切关系。各族群粟谷收成之后的“丰年祭”，是一年中最隆重的祭祀庆典，一般在七八月间举行，仪式包括祭献神灵与祖灵，酬谢天地万物，祈求来年丰收等礼仪，规模浩大，相当于“年祭”。

一类是以祖先为中心的祭祀。对祖先亡灵的尊崇，遍及各族群、各部落。他们迷信祖灵具有不同寻常的法力，对其崇仰备至，并且形成一套祭祀制度，借以对子孙后人赐福禳灾，并维护以血缘为纽带的共同群体的团结与力量。

对祖灵的崇拜，反映在固定的祭礼上，例如排湾人的五年祭、泰雅人与赛夏人的祖灵祭等，也体现在其他的祭祀上，各部落无论出猎、打仗、驱虫、除草、求雨等，都要先祭告祖先亡灵，祈求福佑或降兆，在祭司和巫师的祈祷词或咒语里，也常有求祖颂祖的词句，可见祖灵观念之深入人心了。

一类是以故人亡灵为对象的祭祀。最为典型的要算赛夏人的“达爱祭”。赛夏人世代相沿祭祀“达爱”亡灵，一方面出于感念“达爱”人传授耕作技术和歌舞娱乐的恩德，一方面也出于对故人亡灵的极度敬畏，希望使故人亡灵的威力转化为护佑本族的神力。这种崇拜故人亡灵的宗教观念曾一度在高山族社会盛行，除雅美人之外的高山族各族群，历史上都有过猎取异族人头并对之祭奠的“猎首祭”，这种祭典礼仪也是基于对故人亡灵的崇拜，以为故灵会保护本族，为本族人服务。因之，“猎首”之风曾遍及台湾本岛的所有族群，“猎首祭”曾经是最庄严、隆重的部落性的祭典，通常由德高望重的祭司主祭。尽管“猎首祭”已于20世纪40年代被废止，但崇拜敌灵的观念依然存在，以故灵为中心的“达爱祭”也沿袭至今，没有因为外来文化的影响而有所改变。综观名目纷纭的祭祀庆典，其特点是：其一，祭祀以维护渔猎、农业生产与社会生活为主旨，兼有宗教禳祝与纺织生产双重职能，尤其是农业祭祀几乎与节令性生产活动同步安排，对劳动生产起了动员、示范、组织与总结的积极的作用。

●基督教

在17世纪之前的漫长历史时期里，原始宗教主宰着高山族部

（教师）笔记

落社会，人们并不知道基督、天主为何物，虔诚地崇拜祖先亡灵以及周围世界的芸芸众神。

然而，从17世纪20年代起，紧跟着荷兰殖民主义的炮舰，西方宗教势力也侵入台湾。先是荷兰人传入耶稣教于南部，而后西班牙人传入天主教于北部。为了在精神上解除台湾人民的思想武装，彻底奴役台湾人民，荷兰殖民者派遣大批训练有素的传教士到新港、目加琉湾、肖珑、麻豆、大目降、大杰颠以及南部的放索、琅峤等地传教，许多高山族居民受洗礼入教。

五、人生礼仪习俗

●婚姻的形式

高山族实行一夫一妻制、族外婚，同族之间禁止通婚。只有排湾人、鲁凯人的贵族头目偶尔有纳妾的习惯。在婚姻的伦理道德方面也有严格的要求：严禁娶妾，或与人通奸；为妻者不得与他人苟合。结婚年龄没有明确规定，但男子必须通过成人礼后才可以结婚，女子则必须熟练掌握了生活技术后才能结婚。这样的婚姻是比较合理的，因为只有掌握了生活技能，才能有生活保证，组成的家庭才是稳定的。

高山族各个族群的婚姻形式也有差别，有的至今还保留着母系氏族婚姻的习俗。如阿美人、卑南人流行的招赘婚，就是男子出嫁的对偶婚形式。

招赘或叫入赘，是男子出嫁，从妻居，在妻家生产劳动，成为妻家氏族的成员。世系从母系计算，女子继承。

这种母系氏族实行族外婚，也就是说男子要嫁到外氏族，女子留在本氏族做主体、承嗣。这样一家的兄弟姐妹就属于不同的氏族，于是就出现了重女轻男的现象，与汉族截然不同。这种婚姻形式也曾在平埔人中流行，后来平埔人受汉人影响而改变了。

男子出嫁势必导致生男不贺、生女则贺的现象，如同重男轻女的现象是一样的，都是由于家庭经济的问题决定的。“俗重生女，不重生男，男则出赘于人，女则纳婿于家”（林谦光《台湾纪略》）的现象，决定了男人出嫁后成为女方的劳动力，而男方的父母则无人赡养。家庭财产由女子继承，男子居于次要地位，于是出现了“喝儿待字早离娘，有子成童任远扬。不重生男重生女，家园原不与儿男”的现象。

随着社会的发展，婚姻形式也变得越来越合理。《台湾使槎录》中记载："一女则赘婿，一男则娶妇。男多则听招赘，惟幼男则娶妇养终；女多者听人聘娶，惟幼女则赘婿为嗣。"有的"其俗惟长男娶妇于家，余则出赘"，有的"引男至女家婚配……亦有娶妇入室者。"发展到此，只有一男或一女留家为父母养老送终，也就是说男多则出赘，女多则听人聘娶；有的是长男娶妇，有的是幼男娶妇。各个族群有所区别。泰雅人、雅美人、赛夏人、布农人、曹人、鲁凯人、排湾人和平埔人实际上多是女子出嫁。其中阿美人和卑南人，既有男子出嫁，也有女子出嫁。

还有一种婚姻形式叫"服役婚"，就是男女双方，如果甲方出嫁于乙方，成为乙方的成员，甲方就失去了一个劳动力，乙方需在一定的时间内到甲方去劳动，以补偿损失。母系社会的阿美人，女子在婚前要到男方家中劳动，包括挑水、扫地、舂米等工作。父系社会的曹人，男子婚后要到岳父家帮助劳动，时间少则一两年，多则五六年不等，待生一子女后才能回到自己家。

曹人、布农人还有所谓的交换婚，就是两家男女互娶互嫁，赛夏人也常有丈夫的姊妹嫁给妻子的兄弟。

●婚姻的过程

婚姻的过程一般有三个阶段：求婚、订婚、结婚。

在高山族各族群中恋爱结婚的情况比较普遍，也有虽为自愿选择，但要父母及家族长老同意的，也有父母做主的。

平埔人的男女恋爱结婚，父母鼓励他们这样做。据《东瀛识略》载，平埔人是"先迎而后娶，不纳聘，无媒妁。男女及岁，意相悦，遂野合焉。"进入婚龄的女子，便可以建造一个独立的小屋，或住女子专用的公廨。到了夜晚，男子就开始向意中人吹鼻萧、吹口琴、吹嘴琴或赠鲜花等物，尽情倾吐爱慕之情。如果女子同意，则双方就开始谈情，甚至同居。然后再告诉父母，征其同意再办嫁娶手续。清人郁永河在《裨海纪游》上卷中对此有记载："女已长，父母共居别室中，少年求偶者皆来，吹鼻萧、吹口琴，得女子和之，即人与乱，乱毕即自去。久之，女择所爱者乃与挽手，挽手以明私许之意也。"

泰雅人、阿美人、卑南人也有这样的习俗。泰雅人族群先由男子向女子奏嘴琴，然后交给女子；倘若女子回奏，就表示同意，从此男女便可同床，但必须由另外一女子陪着。太鲁阁群的男女如果

(教师)笔记

在路上相遇，男子对女方有意就可以去取女子的首饰，女子如不愿意，可以追回，否则就表示没意见，相约数日后在太鲁阁幽会同床，但需另一男子在侧。卑南社的男子求婚，带一束槟榔到女家，并悄悄地放在女家的椅子下面，女方还给男方，男方可再次送给女方，女方经商议后回答接受与否。阿美人奇密社、太巴望社的男子求婚，首先将槟榔和烟草赠给意中人，每夜赴女家奏嘴琴，女子如果同意就打开窗子，让男子进入与之同衾。而花莲奇莱阿美人男子求婚，是把一米多长的仙檀薪材及烟管放在女家门口，女方收纳，即表示答应之意。阿美人也有女子亲自到男家，把信物交给心上人的。还有一种考验男子体力的求婚方式在阿美和排湾男子中流行，如果多个男子同时看上一个女子，那么他们就必须比赛进山砍相思木，并背至女子家中，以谁负重最多、最快者为胜。

订婚，实际上就是向大家宣布既成事实。最重要的是送聘礼。

平埔人的订婚并没有仪式，仅由男子送槟榔、布匹、青红布、头箍、糯饭、生鹿肉、猪肉、海蛤、铜铁手镯、银锡戒指、珠子、螺线等礼品，但并不是全部，而是根据族群的经济状况送其中几种就可以了，因此，这样的聘礼只是象征性的。平埔人还有自幼订婚的习俗。据《台湾使槎录》记载："自幼订婚用螺线，名'阿里扪'，及笄，女家送饭与男家，男家亦如之。定婚期，番媒于五更引婿至其家，天明告其亲，宴饮称贺。"并有"拔齿"订婚的习俗。据郁永河在《裨海纪游》中记载："招挽手少年至，凿上颚门牙旁二齿授女，女亦凿二齿付男，期某日就妇室婚。"拔齿互赠，互相珍藏，这是已婚的标志。

阿美人订婚比较正规，通常是男子跟女子到家，向女方父母求婚，女方的母亲征得兄弟及丈夫的同意后，请媒妁到男方家求婚。男方口头同意后，女子需盛装至男家进行劳动，包括扫地、挑水、舂米等，大概为期一个月。在男家决定许婚后，由男方的母亲告诉女子："你可以回去准备婚礼了。"女子回家告诉父母准备婚礼，服役也就停止了。男女双方都邀请族人饮酒，宣布订婚。

排湾人玛家社的订婚仪式很有情调，女家酿酒并备秋千于庭前，男子陪同媒人带着酒饼到女家，女子坐于秋千上，男子推她，让秋千荡起。族中客人到齐后，酒宴便开始了，欢歌笑语，很是热闹。众女子牵手围成一圈，男子和女子在中央歌舞、饮酒。媒人见男女双方情投意合，就同女方父母商定聘礼，由女家逐项点查，备酒准备婚礼。男家在婚前再送薪材，男子乘机赴女家作秋千游戏，

（教师）
笔记

加深婚前感情。

卑南人的订婚比较特殊。赠礼是男方送3~5颗槟榔以及女衣一套，女家备酒肉接待。到了晚上站在女家门外，女子的母亲让女婿入院，中央放一串槟榔让他吃，并将房门紧闭，至五更鸡鸣才开门，让女婿进屋与女子同床。到了黎明时分，男子便起身回到青年集会所，第二天的半夜又到女子房中。经过数月反复，等到女子怀孕方正式入赘。这是望门居的习俗。

阿美人中有的族群也是先潜窗同居，再举行婚礼。

布农人对于不是双方满意的婚姻有特殊的处理方法。如卡社群订婚后，女子对对方不满意时，男方便出其不意，强制挟持，将新娘掠夺而去，并于次日宴请女家会饮。男方若是新娘的意中人，而女方的父母兄弟反对，就常以格斗解决，新郎如能击败女方家长兄弟，就可顺利成亲。

婚礼对于高山族来说是一个非常重要的日子，如同过节一样，全族的人都来祝贺，歌舞、饮酒，通宵达旦，非常热闹。

平埔人的婚礼要求男女两家都要备办酒席，宴请族人，各家各户也前来祝贺，载歌载舞，盛况空前。《东瀛识略》中记载：“届期男妇两家，各以牲醴相贻，引男至女家婚配，通社饮酒称庆。亦有娶妇入室者，邀众会饮，与赘婿同。”结婚至三天后，新媳妇随姑姑回到母亲家宴请。女家以歌舞庆贺，已婚妇女盛装打扮，手挽手拉成圆圈，举身摆荡，引声高唱，互相答和，摇头闭目，非常投入。有的族群在宴请亲戚时，除了杀猪宰牛以外，还要“以黍为稞，状如婴儿，取叶兆熊罴之意。夫妇相聚，白首不易。”

排湾人的婚礼同样热闹隆重，不同的是在载歌载舞、欢宴庆贺的同时，新娘要逃到山中藏匿起来或彻夜不归，让新郎到处寻找。这种习俗是掠夺婚姻留下的遗迹。结婚之日，社内的男女青年聚在新娘家歌舞。当夜，新娘在女友的陪同下，到头目家哭诉即为人妻，将失去清洁之身的“悲痛”心情。当新郎见到新娘，想要吻新娘时，新娘就和同伴逃到亲友家或深山中。等新郎带着朋友来接新娘时，新娘则由新郎的好朋友背回新娘家，此时新娘要大声哭泣，作挣扎状，表示新娘从此与婚前曾经来往的男人断绝交往。第二天夜里，新郎再到新娘家，做出想亲近新娘的动作。新娘惊逃，新郎的好友再去找，找到后背回新娘家。如此反复三次。第四夜，以藤蔓缝于新娘腰卷上，让新娘与新郎同枕，新郎以刀截断藤条才算结成夫妻。第五天，男家同媒人将聘礼送到女家，女家则把各种礼品

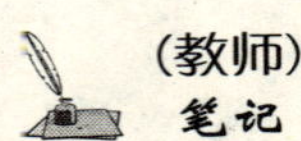
（教师）笔记

分给亲戚，受礼的人也向男家赠送家具、装饰品。第六天，新郎、亲戚、媒人和背负新娘的青年一同返回新郎家。途中新娘还要不停哭泣。

(教师)笔记

拉祜族习俗

拉祜族，中国少数民族之一。现有人口453 705人（2000年第五次全国人口普查统计数据）。主要分布在云南省澜沧江流域的思茅、临沧两地区，相邻的西双版纳傣族自治州、红河哈尼族彝族自治州及玉溪地区也有分布。其中，澜沧拉祜族自治县和孟连傣族拉祜族自治县是最主要的聚居区。另外，作为跨界民族，缅甸、泰国、越南、老挝等国家也有16万多拉祜人居住。拉祜族有自己的语言。拉祜语属汉藏语系藏缅语族彝语支，分拉祜纳和拉祜西两大方言。拉祜族原无文字，靠刻木记事。20世纪初，西方传教士曾出于传教的需要创造过用拉丁字母拼写的拉祜文，但未能广泛传播，仅在部分地区及宗教上层中使用。1957年，在原有字母的基础上进行了改革，确定以澜沧县糯福方言为基础方言，以东回族语音为标准语音，创制了新的拼音文字。现已用拉祜文出版了教科书及多种读物。

一、饮食习俗

拉祜族过去有日食两餐的习惯，主食是当地出产的大米和苞谷。喜用鸡肉或其他配料加大米或苞谷做成稀饭，有瓜菜、菌子、血、肉等各种稀饭，其中鸡肉稀饭为上品。在制作苞谷饭时，先用碓舂成碎块，簸去糠皮，后用清水浸泡一夜，淋干后舂细，揉成细小均匀的颗粒，用竹甑蒸熟成糕状，即可食用。食时可用筷子挑，或用刀切成块，有时还加上糖或蜂蜜，细糯香甜可口。拉祜族日常喜欢将菜、肉及应加的作料和水放入一段鲜薄竹筒内煮熟，既有竹之清香，又保持原有肉菜的香味。拉祜族烤肉别具风味，猎获的野兽肉，或直接用火烤，或用芭蕉叶将肉包住埋入火中，烧熟而食。烤肉香脆可口，伴以麻辣佐料后还能开胃。拉祜族中的苦聪人在狩

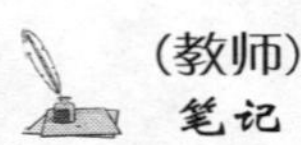
(教师)笔记

猎时，习惯将猎获的兽头奖给第一枪射中者，将前腿奖给发现猎物的人，剩下的肉，人均一份。猎获物的下水和杂碎，就地燃火，放入竹筒内煮熟分食。在开膛剖肚时，中年人喜欢用手捧喝热气腾腾的“护心血”，据说猎物的护心血有补血和消除疲劳的妙用。拉祜族不仅会腌菜、腌肉、磨豆腐，还会酿酒。在民间，男女皆饮酒，并有在酒和肉上不分彼此的习惯。

●不得茶喝头会疼

拉祜族地区盛产茶叶，是著名的茶叶之乡。拉祜人擅长种茶，也喜欢饮茶。茶，是他们的生活必需品。每日外出劳作之前，晚上回来之后，饮茶、品茶是他们的生活习惯，更是一大乐趣。他们可以一日不进餐，但不可一日不饮茶，他们说：“不得茶喝头会疼”。拉祜人的饮茶方法也很独特：把茶叶放入陶制小茶罐中，文火焙烤，待罐热茶香之时，注入滚烫的开水，茶在罐中沸腾翻滚，之后倒出饮用，谓之“烤茶”或“煨茶”。有客至，必以烤茶相待。但按习惯，头道茶一般不给客人，而是主人自己喝，以示茶中无毒，请客人放心饮用。第二道茶清香四溢，茶味正浓，这才献给客人品饮。

拉祜族习惯于用竹筒烧饭菜，用竹筒烧出的饭菜不仅保持了原料的风味，又有青竹的清香，十分可口。拉祜族人还用竹筒制茶，竹筒茶制作方法是：将新采的茶叶揉炒之后，放入青嫩竹筒内压实，然后放到火塘边烤干，再剖开竹筒，取出茶叶即可。它混合了醇厚的茶香和浓郁的竹香，是拉祜族别具风味的饮料。

二、礼仪习俗

拉祜族人民勤劳善良、崇尚礼仪。在长期的社会生产和生活中，逐渐形成了很多为人处世、规范社会生活的伦理道德观念和行为准则。维护了社会的安定和人与人之间互尊、友爱、和睦相处的良好氛围。

●有酒桌上喝，有话当面说

拉祜人崇尚为人坦诚正直、光明磊落，不说假话、虚话，不随意恶语伤人。“有酒桌上喝，有话当面说”，这是他们一贯奉行的信条。邻里、朋友之间偶有摩擦或误解，事后互递一支草烟、喝一杯水酒，也就和好如初。朋友之间因某事发生曲直之争，孰是孰非，难以定夺的话，来个摔跤定“输赢”，被摔倒者算无理，绝无二话可言。心胸狭窄、自私自利的小人是不受欢迎的。拉祜人常说：“太阳、月亮是最老的人最先看到的；粮食、谷米是最老的人最先栽种的；山花、野果是最老的人第一个找到的；世上的事情最老的人懂得最多。”因此，尊老、敬老、爱老是拉祜人普遍的道德准则。无论哪家，老人的床铺肯定设置在房屋里最暖和的火塘旁，饭桌上的席位安排，老人也是居中的；晚辈不能在老人坐卧的地方来回走动；老人讲话时，不能随便插话，更不能打断；每年新谷开镰前，第一个尝新的也一定是老人；新年初一背回的“新水”，也要先端给老人洗脸、洗脚。家庭内部如此，社会上也是一样。即便年轻的村寨头领，对老人也要礼让三分；否则，他就很难得到大家的信任和拥护。

●一家有事，全寨相帮

“一家有事，全寨相帮”也是拉祜族的传统习俗和精神风尚。无论日常生产、生活，还是盖房搭屋、婚丧嫁娶，时时处处都能体现出拉祜人这种淳朴、厚道、豪爽与热情的民风。

三、节日习俗

拉祜族的节日有拉祜年，也称“扩塔节”（即春节）、端午节、尝新节、火把节、新米节、祭祖节、月亮节、卡腊节、搭桥节、葫芦节等。其中最隆重的节日是过拉祜年。

从秋季开始，拉祜族的男人就开始上山狩猎，准备野味，进入腊月便杀鸡烤肉，除夕晚上舂粑粑，大的粑粑象征太阳和月亮，小的粑粑象征星星和五谷丰登，在农具上要放上一些粑粑，表示让它们和主人一起分享节日的快乐。村寨里宰牲畜，户主都要给各户分一节大肠和几勺鲜血，民间有“不见牲血不吃肉”之说。初一凌晨，全寨的年轻人都要背葫芦或抬竹筒，到山泉去抢新水，然后便开始正式过年，喝酒唱歌。一般过年都由初一到初五；初九到十一为小年。据说过小年是专为那些在初一到初五期间不能赶回家乡的亲人预备的，因而小年的活动内容基本与大年相同。大年初一不准外族进寨，进寨住在家里的客人也不准走。有的拉祜族过年、节时，要杀猪宰羊或全寨合在一起杀牛、置酒、打粑粑。在过尝新节时，男女分别在稻田和苞谷地里选一些颗粒饱满、成熟较早的稻穗和苞谷做新米饭，并以鲜菜瓜果、杀猪煮酒，邀舅舅、叔伯和亲友

(教师)笔记

共同聚餐。若有客至，都要敬酒献茶。献茶时，一般第一碗主人喝，第二碗敬客人，以表示真诚，茶水中无毒，让客人放心。拉祜族青年男女婚恋和社交比较自由。婚嫁的当天，男女双方都要杀猪，男方要把猪头送到女方家，然后分成两半，一半仍要带回；女方家的猪头也是如此，以表示骨肉至亲、新婚和合。在重要的节日和社交场合，也有送猪头的习惯。拉祜族青年用葫芦接来清水，为姑娘们冲洗手上的灰尘。传说拉祜族兄弟是从葫芦里走出来的。大年初一，拉祜族男女老幼都要用葫芦盛水洗手，表示洗去过去一年的贫困，迎来新一年的五谷丰登。

●抢新水

“抢新水”是拉祜族春节期间重要而独特的节日活动。“抢新水”是指新年第一天，即正月初一清晨抢先到山泉边去接取“新水”。这是拉祜人极为重视的新年头等大事。他们认为，新水是最圣洁的，是吉祥和幸福的象征。谁先接到新水，谁家的谷物、瓜果就会先熟，谁家就更有福气。因此，每年正月初一凌晨，听到雄鸡的报晓声，各家的代表便背起盛水的竹筒和葫芦，迅速奔向泉边，抢接新水。接回来的新水要先敬献祖先，然后给老人洗脸。

●扩塔节

“扩塔”是拉祜语的音译，意为过年，是拉祜族人民间最隆重、最热闹、最欢乐的传统年节又称为“拉祜大年”，时间与汉族春节同期，断断续续共9天。正月初一至初四为一节，初八、初九为二节，十三至十五为三节。据拉祜族传说，他们的祖先是从葫芦里生出来的，所以把葫芦列为吉祥物，并用葫芦做了芦笙，每逢扩塔节要跳芦笙舞。年初过扩塔节时，男子们上山打猎没能赶回家，所以初八、初九补过节。因此，在拉祜族的扩塔节里，初一至初四叫过大年，又叫女人的年（节）；初八、初九叫过小年，又叫男人的年（节）。在扩塔节里，初八、初九最热闹隆重，这反映了男子的社会地位。

●火把节

火把节也别具民族情趣，届时以松木为燎，火把齐燃，蔚为壮观，身穿节日盛装的青年男女在篝火旁载歌载舞，尽情欢歌，热烈异常。

(教师)笔记

火把节的传说

云南拉祜族传说，从前有个恶人，专吃人的眼睛。一位善人知道后，每天找田螺给他吃，使他不再吃人的眼睛。六月二十四日这一天，善人没找到田螺，便买了一只羊，给它安上一对蜂蜡做的角，点燃以后，让它去山上喂恶人。羊在山上跑，两只蜡角把山上照得亮堂堂的，恶人以为到处是火，忙躲进一个岩洞，并用一块石板把洞口堵好。日子一久，恶人无力搬掉石板，最后被岩洞里冒出的水淹死。从此每年的六月二十四日，人们高举火把，以示庆贺。

●尝新节

尝新节是拉祜族人庆祝收获的节日。尝新节期间，全寨杀猪煮酒，男女老幼休息两天。节前将谷米收割一部分回家，先祭祀祖先，然后再正式开镰收割。

四、宗教信仰习俗

拉祜族的宗教信仰主要表现为原始的自然崇拜和祖先崇拜。拉祜族认为，万物均有精灵依附，自然界中的日月星辰、风雨雷电等现象均有神灵主宰，因而对这些自然现象和自然力表示崇拜。

此外，拉祜族还信仰佛教，近年来又有基督教、天主教传入拉祜族地区，但信奉的人不多。

拉祜人崇拜祖先。“厄莎”是拉祜人的创世天神，传说，他创天造地，繁衍了人类，给拉祜人带来了火种，使拉祜人安居生活，是一个主宰吉凶祸福的至高神灵。拉祜人百般信奉“厄莎”并称其为拉祜人的始祖。

拉祜人崇拜“厄霞”神灵，视之为世间最大之神，统治万物，掌管吉凶祸福。人们将“厄霞”神供奉在森林的芭蕉丛中，并视该地为禁区。“厄萨巴”是拉祜人崇拜的天神，也是村寨的守护神。每个村寨上方都建有寺庙供奉，平时每户每天献饭两次，滴水祝福两次，逢年过节及操办大事都须祭之。

“厥巴厥马都”是拉祜人自然崇拜的“神林”。每个村寨附近

(教师)笔记

都有一片树林，人们将一棵最大的古树视为“神树”，为本村寨“神林”的象征。逢年过节时，各家各户都须为神林点上蜡烛，以肉、饭、水献祭，以求人畜平安。

在拉祜族民间广泛流传着葫芦孕育人种和人类源自葫芦的传说。至今仍将葫芦视为吉祥、神圣之物，人们喜欢将葫芦籽缝在小孩的衣领或帕子上，而妇女的服装及围巾、包头上也多有彩线绣制的葫芦和葫芦花图案，拉祜族认为穿了这种服装，魔鬼便无法近身，孩子能健康成长，妇女能终年平安。

在拉祜族看来，如果姑娘的胸部、腹部和臀部外形与葫芦相似，那么，不仅姑娘健康美丽，将来还会多子多女。情人们相互赠送的信物上也绣有葫芦花和葫芦的图案，以此象征爱情的纯洁与神圣。

五、人生礼仪习俗

举行婚礼当天，男女双方家里都要杀一头猪。男方首先将猪头送到女方家，将猪头切成两半后，一半留在女方家，一半由男方又带回来。接着，女方也照此办理，将自己家杀的猪头送到男方家，切成两半后，留一半在男方家，另一半女方自己带回。之后，男女双方将各自的两半猪头合在一起，以表示骨肉之亲和新婚和睦之意。

这天，新郎、新娘要一同下山背水，一同上山砍柴，然后将新背的水、新砍的柴送给女方家，同时还要献饭给岳父岳母。接着，新郎新娘再回到男方家里献水献饭，再到寨庙里磕头和供奉礼肉。接着，由村寨老人主持祭寨神仪式。祭礼完毕新郎、新娘再到男女双方家里祭祖和敬拜父母亲戚。上述这些仪式完成后，新郎、新娘便和宾客一起吃鸡肉稀饭，接着便进入婚礼的高潮——大规模的对歌活动。

晚上要闹新房，届时宾客们，特别是年轻人会挤满新房，尽情地闹房。传统的闹新房过程是：新娘端来一盆热水，亲切而甜蜜地喊丈夫洗脚，丈夫把脚伸进盆里，妻子便帮他把脚洗干净。这时候，闹房的人们故意用火塘灰把新郎的脚弄脏，让新娘重洗，或在热水里撒火塘灰，让新娘重去打洗脚水，如此反复多次，新娘机警麻利地把新郎的脚洗好，把从娘家带来的一双新鞋给新郎穿上。据说这样做是为了考验新娘的脾气是否温和，为人是否可亲以及做事是否麻利、机灵等。此外，还可以让新郎新娘表演节目，向新婚夫妇索要喜烟、喜糖、喜酒等。

婚日当晚，人们吹起芦笙，载歌载舞，庆贺这对拉祜儿女成婚，往往要娱乐到半夜才结束。

婚礼结束后，新郎带着生活用具和生产工具，如锄头、毯子等，并抱公鸡、母鸡各一只，在亲友的陪同下，随新娘到女方家上门。上门时间一般为三年，这期间新郎到女方家上门。可以回家探视父母并帮助干活。上门期满后，丈夫可以携妻和子女回到自己的家里生活，也可以重新盖房另立门户。如上门期间已继承了女方家的财产，则要永远留在女方家。

拉祜族男女对爱情非常忠贞，上山打猎，下河捞鱼，夫妻经常同出同归，婚后一般不分开。一旦离婚，则先提出离婚的一方要备办丰盛的酒席请客，客人一律不送礼，这种习俗带有惩罚先提出离婚一方的性质。按拉祜族的说法，这叫“结婚不设宴，离婚要请客”。离婚时，采用一根线，男女各拉一头，找个证明人，拿根火柴把线从中烧断。表示从此以后，男女各走一方，永不相见。也可以由族长或寨老主持，双方各执一对蜡烛，用剪刀将蜡条剪断，就算完成了民族习俗意义上的离婚。一般情况下，拉祜族的家庭比较稳固，离婚的极少。

拉祜族严禁纳妾，违者将被赶出寨子——这在民族习惯法中，已经是很重的惩罚了。

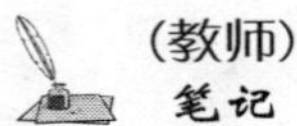
（教师）笔记

水族习俗

水族是我国西南地区一个历史悠久的稻作民族，共有406 902人（2000年第五次人口普查统计数据）。主要分布在贵州省黔南布依族苗族自治州、黔东南苗族侗族自治州以及广西壮族自治区北部地区。水族是富于反抗精神的民族，历史上曾多次爆发过水族人民的起义斗争，其中以1854年潘新简领导的起义规模和影响最大。中国共产党早期的革命活动家之一邓恩铭，也是水族的杰出代表人物。水族有自己的语言和传统文字。水语属汉藏语系壮侗语族侗水（侗台）语支。在长期的历史发展中，水族人民创造了丰富多彩的物质财富和精神财富，形成了别具特色的民族习俗，显示其鲜明的农耕文化特点。

一、饮食习俗

●饮食特点

水族主要从事稻作农耕，故其饮食习俗也与之密切相连。一般来说，各地水族大都以稻米为主食，喜爱糯食。水族平时较少吃肉，肉食主要来源于自家饲养的畜禽和河溪、池塘、稻田中的鱼。人们多在年节时宰杀畜禽。水族还有用小猪待客之俗。民间一般不随意宰杀牛，只有当牛老弱病残不堪役用和进行特别的活动如祭祀、送鬼等时才宰杀。在水族的肉食中，鱼占有较重要的地位，几乎家家都在水田或池塘中养鱼，并将它作为祭奠和待客的佳品。

水族饮食中，酸辣最具特色。日常生活中，酸辣不可缺少，俗语称“无菜不酸，吃饭必辣”，尤其爱吃酸辣椒加其他菜肴和蘸水做成的酸汤火锅。水族风味食品以韭菜鱼（鱼包韭菜）和烧烤香猪较为有名，并常用于祭祖。

(教师)笔记

通常，水族日食三餐，早上起来后即下地干活，约十点钟左右吃早饭，三四点左右吃“晌午饭”，晚餐一般要到天黑以后。所食均为干饭，“晌午饭”多用剩饭菜，如果农活太多太重，且劳动地点又离家远，有的就包糯米饭作为“晌午饭”。平时水族的生活较简单，以素菜为主，只有在节庆或客人来时才宰鸡、杀猪，做些丰盛的荤菜。

●饮食礼仪

水族人民热情好客，注重礼仪。吃饭时有人进屋，无论来者是谁，都请入座。来者不论吃过与否，多少都得吃一点，否则主人认为是嫌弃他家的饭菜而不高兴。当有客人到来，人们都会盛情款待。如为男客，多由妇女下厨；如为女客，则由男主人掌勺。水族以酒待客为贵。宴席上，主人给客人斟上酒，然后用筷子沾几滴酒于桌上，表示祭敬祖先，接着举杯邀请客人同饮，席中也频频劝客人多饮。如果席上有老人或贵客，主人要先向他们敬酒，宰杀的鸡、鸭心肝要敬奉老人。酒席上，主客双方还常常挽肩举杯，喝交杯酒表示热情和团结。妇女很少饮酒，只有女客时才陪饮，且饮量较男人小。当女客走时，主人家往往送些糯米饭、糯米粑或粽子，称为“扎包”。

●饮食禁忌

忌杀狗待客、用狗肉祭供祖先。认为狗是下贱之物，以狗为食物是对亲友的不敬和对祖先的不尊。

忌老人死后未葬吃荤。

二、生产习俗

水族经济是典型的山地稻作农耕类型。早在150年前，水田在水族聚居区就占耕地面积的80%以上。在农业生产中，水族农民仍保持着一些特殊的习俗。

水族地区广泛流行“活路头”生产习俗。“活路头”是当地汉语方言土语，译为普通话是“干农活的领头人”。水族村寨里的重要农活，如犁田、耕田、育秧、插秧、收割等，全寨各家都要等“活路头”开始干了，才能开始干。农时到来，“活路头”择吉日，举行简单的仪式，象征性地犁一垄地，插几蔸秧，或割几把稻子，其他人再开始在自己承包的田地里干这项农活。这种习俗起码有两

(教师)笔记

个含义：其一表示对农业生产的重视，其二表示“活路头”是种庄稼的老把式，他们根据气候掌握农时的经验有一定的科学性，跟着他们干可获好收成。

水族在农业生产中有明确的性别分工。“女不犁田，男不插秧”是传统，谁若违反，会遭到非议。过去，曾有缺劳动力的家庭，妇女女扮男装在夜里犁田的。男人犁田、耕地、整修田埂。这些活儿较费力，且泥里水里的拼搏，对妇女来说确实困难。这并不是说妇女不辛苦，插秧、割秧、挑禾等，不说别的，仅就腰来说，一天下来，几乎都有“快要累断了”的感觉。

经过世世代代的辛勤劳作，水族人民把自己生活的山山岭岭打扮得像凤凰一样。波光粼粼的梯田，花果累累的园林，层层叠叠的干栏木楼，堆绿砌翠的树木，欢快流淌的泉溪，就像凤凰光彩美丽的羽毛。山乡美景，田园风光，泥土气息，自然的美，淳朴的情，与城市的繁华共同交响，演奏出伟大祖国的时代乐章。

三、节日习俗

●端节

又叫“瓜节”，水语叫“借端”，为大多数水族地区群众过的节日，一般在水历十二月（农历八月）至二月（农历十月）间择吉日（多为逢亥日）过。根据传统，过端节的水族需分期分批轮流过，从首批过节到末批过节，一般相隔49天。

有的地方传说，很早的时候，先民们打算在八月秋收结束后的亥日那天买肉庆丰收，有个老人爬上屋顶去摘南瓜，不幸摔下致死，人们为了纪念他而举行该节；又相传，端节是为了悼念在水族迁徙及定居过程中亡故的先民而形成的纪念日，所以，过节的主要内容之一是祭奠祖先。有铜鼓的人家此时还将铜鼓取出悬挂于堂中，拭净敲击，以通祖先、神灵，祈求风调雨顺，五谷丰登，六畜平安。祭祖须忌荤，鱼类和水产品不忌，主要祭品有南瓜、鱼包韭菜、炕鱼、豆腐、糯米饭、米酒等，有的还摆上衣帽、鞋袜、柴刀、镰刀、锄头，以示对远祖渔猎、农耕生活的纪念。除此之外，端节中还有赛马、对歌、走亲串友等活动，多持续三五日酒酣客散方止。水历以秋实为岁首，此时，秋高气爽，万物归仓，大家团聚在一起，共贺一年的劳动果实，所以，端节在水族中还有“过年”之意。

（教师）笔记

水族历法

水族历法把一年分为十二个月，将六十四子与二十八宿以及金、木、水、火、土相配以纪元。水历仿明历大建小建划月法，也有大小月之分，大月三十天，小月二十九天。水历一年为四季：春为“盛”（水历五、六、七月）；夏为“鸦”（水历八、九、十月）；秋为“熟”（水历十一、十二、正月）；冬为“挪”（或称“冻”，水历二、三、四月）。

●卯节

水语称“借卯”，意译为“吃卯”，这是三都九阡地区和与之毗邻的荔波县部分水族人过的节日。卯节与端节一样，也是分批分期轮流过节。一般多选择水历的九月（农历五月）至十月（农历六月）的卯日过节。关于卯节的来历，水族也有不同的传说，其中之一是说很久以前，水族地区遭遇严重蝗灾，天上的六鸭道人知道后，来到人间帮助除灾，使庄稼又重新恢复了勃勃生机。为了表示对六鸭道人的感激和敬意，水族从此便将卯日定为卯节。节日的主要内容之一也是祭祖，与端节不同，卯节祭祖须有丰盛的肉食及鱼、酒等，以此祈求风调雨顺，五谷丰登，六畜兴旺。如有铜鼓，水族人家也往往击之通神灵，增添节日气氛。节日中的卯坡对歌是卯节最具特色的活动，年轻人往往借此机会寻找情侣，气氛十分热烈，故卯节又被称为“歌节”。

●苏宁喜节

有的地方写作“苏稔喜”，又叫“娘娘节”，主要为三都等地水族过的节日，在水历四月丑日举行。传说这一天是“地母娘娘”尼杭向人间送子嗣的日子。节日的主要内容是祭祀生母娘娘，以祈求子嗣繁衍，驱邪免灾。节日里，孩子们成群结队提着小竹篼，唱着歌，挨家挨户去“讨吉利”。每到一家都会受到欢迎，并收到糯米饭、肉块、豆腐干、红蛋等礼物，视之为“送子降福”的吉兆。

（教师）笔记

四、宗教信仰习俗

●宗教信仰

水族相信万物有灵，认为人死只是躯体离开人世，其灵魂依然存在，并将之引申到自然界的万事万物。在他们的观念里，神灵主宰着人们的命运与祸福吉凶，只有经常以供品对这些神灵进行祭献，方可避邪趋吉。水族信仰的鬼神很多，人们的衣食住行、生产劳动、生老病死等等无不渗透着鬼神的活动。所以，日常生活中，水族人家的门头多挂着刺条、小竹子，贴上黄色符纸等，以避邪驱鬼，使家宅清洁，人畜平安。同时，婚娶、丧葬、出行等活动，也往往要请水书先生择吉日，以求福祉。一般而言，水族的原始民间信仰可分为自然崇拜、鬼魂崇拜和祖先崇拜。

水　书

水族的宗教典籍——《水书》记载，一年360天（水历将一年分为12个月，每月30天），每天都有不同的神灵或鬼魂在人间活动，人们婚丧嫁娶、营造、百工、动土，都要受到这些神灵及鬼魂的影响，必须及时敬供。

水族历来都居住在岩溶甚多的喀斯特岩溶地区，多奇形怪状的溶石，长期生活在这种环境中，理所当然地在对大自然的崇拜中，拜石占有很重要的地位。

“拜缪”。水语的“拜”是敬的意思，“缪”是岩菩萨的名字。各地凡矗立在路旁寨边的古怪巨石，或山上、山洞里有像人形的石头，都被称为“缪”，均是水族同胞祭拜的对象，对于在露天者还盖有岩神棚以避风雨。

“拜霞”。“霞”是石菩萨的名字，这是水族较普遍而独具特色的祈雨仪式，因拜霞中必须要一头母猪，所以民间又称“拜母猪霞”。一般6年或12年在水历十月（农历六月）根据水书的规定择一吉日举行。

“拜善”，是一种类似于“拜霞”的拜祭活动。“善”是石菩萨的名字，“善”菩萨不是捡来的，而是偷来的，因此，有的村寨的

“拜善”是在夜间进行，不能宴请宾客，不能大张旗鼓地举行。

水族同胞对鬼神的崇拜多种多样，日常生活的言行往往要受到鬼神的制约。鬼神在水族同胞的心灵中总是起着支配的作用。水族的鬼种类之多，在我国各民族中是罕见的，其数目有上百个。就其大类可分为好鬼、恶鬼和中性鬼三类。

(教师)笔记

水族同胞十分崇敬祖先，一是表现在对远祖陆铎公的供敬上；二是表现在对民族部落首领的供敬上；三是表现在对已故父母、公奶及近几代祖宗的供敬上。

水族英雄人物陆铎公的传说

陆铎公是水族原始社会时期传说的英雄人物。在关于人类起源的传说中，他是一位很了不起的英雄，对水族社会的发展起了很大的推动作用。他使水族先民从“遮不住风雨，挡不住烈日”的树下、草丛中，迁到了蝙蝠洞、燕子洞居住，开始了穴居生活。又从天上请来神仙，射下天上的十一个月亮和十一个太阳，使炎热的气候、不分昼夜的天空得到了改变。当人们感到住山洞仍有很多危险的时候，陆铎公又为大家建造了房屋，还开垦了土地、播种庄稼，获得了五谷丰登；教会人们饲养六畜，于是牛马兴旺，水家先民开始了定居生活，过上了富裕的日子。他还为水族创造了文字——水文。他在水族的历史上有过卓越的贡献，立下了不朽的功勋，历代人民都十分崇敬他。

在长期与汉族和其他民族的交往中，道教和佛教也对一些地区的水族产生了一定的影响，不过，影响甚微。在水族地区，既没宗教组织，也没有庙宇寺院等宗教场所。近代，天主教传入水族地区，在一些地方设立了天主教堂，部分水族群众也信了教，但同时还信仰本民族的民间宗教。

●宗教禁忌

水族有一些宗教禁忌。每隔一年在农历六月举行“韵娘”仪式，祭祀前，在村寨四周路口均插上草标封寨，严禁外人入村。

过端午节、卯节、拜霞、拜善选择吉日时，忌选属丁之日；拜

(教师)笔记

霞、拜善、挂青、挂社中，忌用白色的鸡。

撵寨鬼、帽牙的禁日期间，忌人闯入，否则将被罚赔偿所用的全部开支。

五、人生礼仪习俗

●婚姻

水族实行一夫一妻制，有“同宗不娶，异姓不亲”的规矩。水族婚姻的缔结大致要经过相识、定情、提亲、定亲、吃媒酒、迎娶等程序。

水族婚俗留有较浓的传统色彩，讲究明媒正娶。婚前，男女青年可以利用节日及赶集时的对歌活动交游相恋。即使自由恋爱定的情，也得明媒正娶，否则被认为不合礼俗，要受歧视。青年男女相爱后，先托人告诉双方家长。若家长表示同意，男方才请媒人去女方家送礼定亲，并择定吉日，派人抬着猪仔去女家“吃小酒”。正式迎亲时，再抬大猪到女家“吃大酒”。酒宴上要唱敬酒歌，女主人每唱一首歌，客人就得干一杯酒，以喝醉来表现主人的盛情。接亲与送亲，男女双方的家人不参加，除少数地方由新娘的兄弟背新娘将其送至夫家外，多数是盛装的新娘打一把故意撕开一条缝的红伞步行在前，接亲的伴郎、伴娘及抬着嫁妆的长队紧随其后。一般于中午出娘家门，傍晚六七点钟进夫家门，吉时不到不得进门。新郎家的亲人在新娘进门前外出回避，新娘进屋后才能回家。新婚之夜，伴娘与新娘同宿，第二天新娘即回门去娘家住。婚期之后，新郎再去请新娘回来，开始夫妻生活。有些新娘第一次回门就长达一两个月时间，谓之“坐家”，实际上是“不落夫家”婚俗的残存。新娘出嫁的路上，最忌讳打雷变天，因此婚期多在秋冬举行。

水族还有几个特别的婚俗：

洞房对歌　水家人的习俗，新娘出阁不兴拜堂，也不准闹洞房。但当晚男方青年歌手们可以找女方陪娘对歌。对歌时，男歌手只能在洞房外面唱，女方歌手就在洞房里面唱，一里一外，一唱一答。所唱的歌都是传统古歌，不能乱编唱。场面严肃而热烈。唱到深更半夜，男家就摆酒席请歌手们吃夜宵，双方就在酒席边相对而坐，继续对唱，欢歌达旦。

哥弟送亲　水族姑娘出阁，必须有亲哥弟或堂哥弟陪同往返。按习俗新娘出大门两脚不能着地，要由弟弟打伞，哥哥背出家门。

然后与陪娘一道步行。若在途中遇到重踩别人脚印的时候，哥弟又需背新娘走过交叉路口。进入男方家门时，仍由哥弟两人，一个打伞，一个背新娘进门。这种习俗，体现兄弟姊妹的手足深情，亦为水家人独有。

新娘拜井，挑水认亲　新娘到男家的头一两天，要去拜井，这是水家的例规。抽空邀约几个姑娘一道悄悄地去拜井，一则了解水井的位置和远近，二则为几天后挑水认亲作好思想准备。有的地区新娘去拜井时，必须随身带去两个鸡蛋放在水井里，若两个蛋是相依相靠，就说明夫妇白头到老，姻缘美满。待新娘回门归来，就履行挑水认亲义务。由新郎妹妹陪同，挑着水桶给家族伯叔兄弟每家每户送一挑水，表示认亲。这种习俗至今仍然保持不变。

●丧葬

水族的丧葬习俗有自己的历史演变过程，逐渐形成了一套完整的丧葬仪式，从丧葬程序、祭奠形式、埋葬方法等方面都有水族自己的特征，它是生活习俗、宗教信仰、家族血缘、经济文化等诸多方面的综合体现。

水族一般实行土葬。早些时候，各宗族支系都有自己的公共墓地，数百年前，由于人口增多，公共墓地已显得窄小，逐渐开始了分散埋葬。对于非正常死亡者，都先进行火葬，将尸体焚烧后，再装入棺椁葬于泥土中，实际上还是土葬，但不能将其葬入公共墓地。

水族人民对于正常死亡者的丧葬，都要严格地遵循着报丧、入棺、安葬三个阶段：

报丧　当亡者一断气，丧家立即根据亲戚的主次、远近，分别派人去报丧，告知亲友们前来吊唁。报丧的同时，丧家还要派人请“水书先生”来择日，并邀集亲邻来商定丧事的规模等事宜。

居丧　报丧后，便为逝者洗澡，男剃头女梳头，更换寿衣，穿布鞋纱袜。更衣完毕，选吉辰入殓。入殓毕，棺木在堂屋停放，头里脚外，以便吊唁、祭祀。停棺时间长短，依择定的葬期而定，一般为一至三天。如遇凶日而又无法禳解，则要推迟安葬时间，停棺就需数月或经年，实行“二次葬”，即选择一吉地，用木板将棺木围好，以浅土掩埋，等到日后选到吉日再行正式的安葬，即深葬。

出殡安葬　出殡前要举行“开控”的吊丧活动。“开控”分小控、中控、大控和特控几种规模，采取哪种规模，要视丧家及其亲

(教师)笔记

族的经济能力而定。届时，要宰杀数量不等的猪、牛、马，扎旗幡伞盖，敲铜鼓，规模大的还要吹乐、舞狮、舞龙、唱歌、跳花灯，放铁炮、孔明灯等，持续两三天至五六天。由于特控宰杀的猪牛近二三十头，耗费巨大，一般的人家难以承担。

出殡时，棺木用红毯遮盖，棺上绑一只红公鸡，一人先行在出殡所要经过的路途撒纸钱引路，直抵墓穴。之后是孝子披麻戴孝端着插灵牌的一升米走在前头，接着是妇女、儿童拖着白布纤绳。芦笙、唢呐、旗幡、伞盖、耍龙、舞狮联合体尾随棺木，一路吹奏而行。出殡之后，不许棺木再走回头路，也不许孝子回头张望。

安葬完毕，众亲友返回孝家用餐，忌荤者用“鬼茶”（将烧红的木炭投入清水中）漱口后，即可开荤吃肉。孝子及同宗孝子须三天后才能开始吃荤，恢复正常生活。

（教师）笔记

东乡族习俗

东乡族是甘肃省特有的民族，因其主要居住在河州东乡地区而得名。据2000年第五次人口普查，全国东乡族人口513 805人。东乡族有本民族语言，没有本民族文字，东乡语属于阿尔泰语系蒙古语族，东乡语中的蒙古语词汇约占60%，还有不少突厥语、阿拉伯语、波斯语，汉语借词在东乡语中约占45%，东乡语语言内部比较一致，大体可分为锁南坝、汪家集、四甲集三个土语。东乡地区由大小不等的山梁和深沟组成，山地面积占总面积的80%以上，生活在高山深沟之中的东乡族人民依靠坚强的毅力和勤劳的双手创造着自己美好的生活，也形成了具有自己鲜明民族特点的礼仪习俗。

一、饮食习俗

●饮食礼仪

东乡族在进餐时很讲究礼仪，每日三餐都在炕上，炕上放一炕桌，全家人都围着炕桌盘膝而坐，老人坐炕必居上方，每一餐饭必须在长辈动筷后，全家才能进餐。长辈不能按时回家就餐，全家必须等待。妇女（除老年妇女外）一般不与男子同桌吃饭。

每年的斋月只吃两餐，分别在黎明前和日落后，白天滴水不进，头一餐叫“萨哈勒”。无论平时还是斋日，每顿饭进餐时，先由长辈搭口以后，全家人才能进餐；长辈不吃，其余人也不得进餐；厨房掌勺炒菜的人也不得试尝咸淡。

●饮食禁忌

东乡族在饮食上也有一些禁忌，吃牛、羊、鸡、鸭、鱼等肉需经阿訇或品行端庄的长者宰并放血后方可食用；宰了的牛、羊、骆

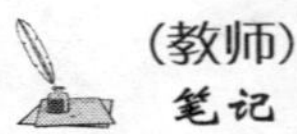
（教师）笔记

驼的阳具务须割去扔掉，绝对禁食；禁食自死物及一切猛兽奇禽之肉；禁食猪、马、驴、骡、狗、猫肉和一切动物之血；忌用非穆斯林的灶具；宰食的牛、羊、鸡，只可言“宰”，不可言“杀”。

●饮茶习俗

东乡族特别喜欢喝茶，东乡族老人黎明即起，沐浴礼拜完毕要喝早茶，午餐、晚餐必喝茶。东乡族饮茶习俗的产生与其生活的环境息息相关，明代河州地区茶马交易繁荣，促成东乡族饮茶习惯，久而久之，茶成为东乡族人民不可缺少的饮品，并最终形成独具特色的茶文化。

若是家中来了贵客，更要奉上三香茶、五香茶、八宝茶，以表示对客人的欢迎和尊重，除了上好茶叶外，盖碗内放有冰糖、桂圆或煮熟的红枣、葡萄干等，茶具一定要选“三炮台”，“三炮台”顾名思义，盖碗由茶盖、茶碗和底盘座组成。对茶叶的要求也很讲究，云南春尖茶和沱茶最上档次，饮用时将茶叶放在“三炮台”的茶盅里，讲究用刚刚煮沸的“牡丹花”开水冲泡，然后用盖子轻轻由前往后、由浅及深地慢慢刮，让茶叶徐徐沉入茶碗底，这时茶香迎面扑来，你就情不自禁地想喝一口。

油面茶是东乡人的冬令传统营养保健食品。油面茶用料主要为上好的春茶或特制的茯砖等茶叶，配上小麦面粉、牛羊油，再加适量花椒、姜片等佐料，调点青盐，而后撒上油面粉，将这些主料配料一并放在锅里煮，直至滚成汤状即可食用。这种油面茶以麻辣味为主，香味扑鼻，如果再放点酥油，令人吃后难忘。不仅东乡人平素爱吃油面茶，也用作招待客人，尤其在举行婚礼的喜庆宴席上，人们普遍采用这种方便美味的食物来款待迎亲送亲的客人们，当主人给客人们每人送上一碗香喷喷、热辣辣的油面茶时，大家顿觉神清气爽。

二、礼仪习俗

●敬老

东乡族在日常生活中很讲礼节，敬重老人是其最起码的道德准则。做儿女的一般对父母长辈很尊敬，民间有“不孝顺父母、不能脱离”（意思是人死亡后，灵魂依旧脱离不了尘世，变成鬼，永远遭到人们的谴责）的说法。在就餐时，老不食，晚辈不得动手；媳妇送菜必须躬身进出。晚辈对老人无论倒茶或递食都要双手奉上。见面时，年轻的要先向年长的问安，年长的也要回礼。

●待客

善良、豪爽、热情的东乡族是好客的民族。

来了客人，都是长者出门远迎，客人进屋要先请上炕，随后要献上比较讲究的盖碗茶。有时还在茶中加冰糖、桂圆或烧枣，俗称“三香茶”。主人陪客，但不和客人一起饮茶用餐，而是站在一旁等着端饭倒茶，以表示对客人的尊敬。男宾由男主人招待，女客由女主人招待。

“宰鸡待客”是东乡族古老的民俗，正餐时东乡族喜用鸡待客，用鸡招待客人先请客人吃鸡尾，这表示对客人的尊敬，因而有“鸡尾敬长者、敬客人”之说。东乡族待客最隆重的是端全羊，即把羊的各个部位如脖子、肋条、前后腿、羊尾巴依次上盘，使餐桌上样样俱全。

●沐浴

伊斯兰教沐浴

沐浴源于宗教活动，《古兰经》中讲到：“信道的人们啊！当你们起身去礼拜的时候，你们当洗脸和手，洗至于两肘，当摩头，当洗脚，洗至两踝，如果你们是不洁的，你们就当洗周身。如果你们害病或旅行，或从厕所来，或与妇女交接，而得不到水，你们就当趋向清洁的地面，而用一部分土摩脸和手。”因此，沐浴（洗大小净）成为信仰伊斯兰教各民族的一种风俗习惯，人们越来越多地注重沐浴给身体、身心带来的益处，把沐浴看成是调节精神的方法，是洗涤灵性、修养德性的途径。

东乡族是一个爱整洁、讲卫生的民族。房前屋后都扫得非常干净，大小物件都放得整齐，很少有尘土，屋里窗明几净，红箱、画柜耀人眼目。东乡人因为宗教关系，保持着良好的沐浴习惯。沐浴有“大净”和“小净”之分，“小净”是保持手、脚、口腔、面部、鼻孔的干净。“大净”洗周身，洗大净多用吊桶。洗大净前先

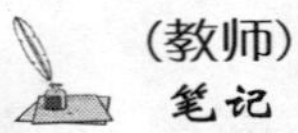
（教师）笔记

洗小净，而后从右到左、从上到下依次淋洗，这样洗3次，然后用洁净的毛巾擦干净。每逢古尔邦节、开斋节、送葬都要洗大净。在干旱缺水的东乡，水贵如油，生人登门，要求换水洗大小净，即便是素不相识的过路人，也不能拒绝。

三、节日习俗

东乡族和其他信仰伊斯兰教的民族一样，每年有三大节日，即开斋节、古尔邦节、圣纪节。这些节日最早是属于宗教的一个组成部分，而后随着历史的发展，逐渐演变成为民族节日了。每逢节日来临，东乡家家户户都要炸油香、馓子等各种食品，炖牛羊肉，以示庆贺。这些食物除了自家人吃以外，还要相互赠送。

●开斋节

开斋节又称“尔德节”，伊斯兰教教历九月是戒斋的月份，九月因此称之为“斋月”。节前，人们要粉刷房屋，打扫庭院及街巷、厕所，理发洗澡，并把清真寺装饰一新。同时赶制节日服装，准备节日食品。斋月中，穆斯林白天不饮不食，不准说污言秽语，夜间饮食，称为“封斋”。伊斯兰教历十月一日开斋，举行庆祝活动，称为“开斋节”。开斋节第一天，男人们除了去清真寺聚礼以外，还在清晨上“麦咱”（墓地）念经祈祷，悼念亡人。邻里间相互上门做“色俩目”，互相问安。妇女们则在家里炸好油香、油馃、馓子分送亲友，互相拜节问候，庆祝三天。

●古尔邦节

古尔邦节也是东乡族的传统节日，古尔邦节即阿拉伯语“尔德·古尔邦”，亦译宰牲节、献牲节，东乡人称之为“阿也”，东乡语意指节日的意思。一般在开斋节后72天举行。节日早晨，东乡族人清扫庭院，制作油香、馓子等，男子们沐浴大净，严整衣冠，到清真寺参加会礼，礼毕，举行宰牲仪式。凡是经济条件允许的，家家户户都要宰牛或羊庆祝。所宰牲畜，必须头角端正、体窍完整、健壮，没有任何缺陷。所宰的牛羊肉，不许独家享用，或请众乡亲在家里共餐，或奉送给清真寺和每个邻里亲友。所宰牛、羊之血液、粪便以及食后的骨头等残渣余物须深埋地下，以防止沾污。宰牲仪式后，主人请来众乡亲，按照传统的礼节，摆出丰盛的宴席和客人同食所宰之牛羊肉。

(教师)笔记

●圣纪节

圣纪节亦称“圣忌”，阿拉伯语“冒路德”的意译，穆举默德诞生和去世在同一天，圣纪是纪念穆罕默德诞生和逝世的节日，在伊斯兰教历三月十二日或十三日举行。其纪念方式是以各种形式诵读《古兰经》，有的聚众在清真寺、拱北里过，有的则在自己家里办。过圣纪节一般要宰羊、宰鸡，大家共食。

●阿守拉节

“阿守拉”一词是阿拉伯语的音译，即伊斯兰教教历的一月十日。“阿守拉”原为犹太教的赎罪日，公元622年穆罕默德由麦加迁往麦地那后，仿效犹太人的习惯，定该日为斋戒日，公元623年以后定莱麦丹为斋戒月，该日改作自愿斋戒日，后演变成节日。相传，真主在这一天造化了人类的始祖阿丹和唉哇。在东乡，阿守拉节主要是妇女儿童们聚会的节日，每年由各家主妇轮流操办。一个村里，哪位掌家的妇女吃上鸡头，明年就轮到她操办，其余各家各户只出一些小麦和清油。按照古规，男人们只举行一个简单的祈祷仪式后即走开。节日里吃一种东乡语叫“罗婆弱”的肉粥，寓为祝愿粮食丰收、五谷丰登，所以“阿守拉”还有粮食节的寓意。

除上述四大节日外，过去，在民间东乡族人还过“握碌赤”节，每年秋后碾完场，以一个家伍或哲玛为单位举行，是一种庆丰收的活动。

四、宗教信仰习俗

东乡族是我国信仰伊斯兰教的民族之一。过去，伊斯兰教是东乡族全民族信奉的宗教，它对东乡族的形成发展及生活习俗、文化生活都有重要影响。

●伊斯兰教

伊斯兰教通常分为三大派系，即老教、新教和新兴教（又称“赛勒夫”）。老教分为四大派系，即哲赫林也、虎菲也、库不林也、嘎底林也。各大派系又分出若干小支系。西北地区，习惯上把伊斯兰教的这种老教派派系称作“门宦”。“门宦”属于伊斯兰教中的神秘派，在国外称为“苏菲”（阿拉伯语），在我国新疆称为“依禅”（波斯语），在甘肃、宁夏、青海一带亦称为“门宦”。东

（教师）笔记

乡族信奉老教（门宦）的人数最多。共有九个门宦，即胡门、白庄、华寺、大拱北、张门、穆夫提、沙沟、海门、风门等。

东乡族的教派、门宦都有虔诚的信徒。伊斯兰教派不断兴起，对教旨教义、《古兰经》念诵法及经典的解释有了分歧观点，并各持己见，因而各教派的排他性也趋鲜明，特别在新教兴起之后，各教派之间的界限分明，构成了各自特点。老教有门宦，各门宦有几个甚至几十个自己的拱北，是本门宗教活动中心。每个门宦除信奉《古兰经》外，还要遵循自己特有的经律（门宦教主对《古兰经》、《圣经》等经律的解释和见解）。门宦都有自己的教主，又称“老人家”，由创始人的嫡系世袭，但也不全是世袭的。

●宗教职业者

老教和新教各有自己的清真寺，是教民做礼拜和儿童学经的地方。清真寺里的宗教职业者有阿訇、学董、乡老、满拉，阿訇主持寺内的教务，给满拉教经，为其教民领礼拜和讲经，并主持其教民婚丧嫁娶的礼仪活动，在宗教祭典活动中，宰牛、羊；学董由教民选举产生一人，一般由德高望重的人担任，专管清真寺财务和收管教民的宗教捐金，召集教民会议、会商选聘阿訇和宗教祭典活动、修葺清真寺等重大事务，一般是没有报酬的；乡老的地位仅次于学董，协助学董管理寺务和其他事务，也是由其教民选举，但可推选多人；满拉是向阿訇学习经文的学生，其数量和学识水平直接影响一个教派的发展，所以清真寺都很注重培养满拉。

●清真寺

东乡族的每个村庄几乎都有清真寺，甚至一个村子有好几个，清真寺是东乡族人民不可缺少的精神寄托，也是其政治、经济、文化生活的中心。清真寺建筑的布局一般是“三堂合一”，即礼拜堂（大殿）在中间，水堂和经堂在两边。其中礼拜堂的奠基较高，需拾级而上。正对大门，还建有直插云霄的宣礼塔，用来召唤人们做礼拜。大殿内部简洁、朴实，没有雕塑、绘画，象征伊斯兰教不拜偶像，只拜真主，为了方便于向西礼拜，大殿一律坐西朝东。大殿的外观建筑有两种，一种是中国传统的宫殿式建筑；另一种是圆拱顶，圆拱顶中高耸起一个小尖顶，上面配有一弯新月，给人以肃穆、庄严感及向上升腾的动势。

(教师)笔记

五、人生礼仪习俗

●婚俗

东乡族婚姻受伊斯兰教的影响，基本上由父母决定，男女青年不得谋面相谈，大多由“找赤”（媒人）中间传话。一般先由男方请“找赤”到女家说亲，女方应允后，男方就要送“订茶”做见面礼。“订茶”一般是几斤细茶和几件衣服。之后便履行正式的订婚手续，即“麦赫勒库和”（送彩礼）。届时，由男方及其父亲，叔伯、媒人、陪客共携彩礼赴女家。

婚礼当天，新郎和陪客到女方家去娶亲时，岳家的邻人和青少年要用土块打或用柳条抽打他们的骑乘，使其摔下马来；到新郎家门前，新娘要由送亲的兄弟抱下马车进院子。亲朋好友欢聚一起唱“哈利”，表示祝贺。宾客中一人带头呼“哈利”，众人（多是少年）和之，并按拍节击掌或拍手臂，腿弯曲成骑马的姿势，左右转圈。唱词由宾客即兴编唱，内容大多为新郎英俊、新娘美丽、夫妻恩爱、永不分离等赞美之词。婚礼仪式带有宗教气氛。新郎接新娘时，男女双方跪在地上，由证婚人阿訇询问男女双方同意不同意结为夫妻，当一方贸然说出不愿意即可使婚约无效；在离开女家时，新郎要到厨房向做饭菜的人致谢，并要偷走一件厨房用具，象征将新娘家的菜饭手艺“偷”走；离开岳家，沿途会有至亲好友备的肉食、茶点接风。成婚时，仍需阿訇证婚才为社会承认；在婚礼宴席后，本村及邻村的青少年都来闹新房。

在东乡族的婚俗中，最有趣的要算“砸枕头”了。

婚日的夜晚，新郎与新娘的亲朋好友都来看“砸枕头”礼仪。蒙着彩巾的新娘坐在炕角，打扮得漂漂亮亮的姑娘们护围在新娘身边，闹洞房的小伙子们不断地要求新娘打开箱子，看看新娘的绣花织物，箱子上虽然已摆放着绣花的一对枕头，然而小伙子们还是找茬儿逗着说些俏皮话，要新娘赶快掀开面纱，打开箱子让大家看，于是起哄着唱起《砸枕头歌》：

娶亲的日子好日子，
砸枕头的规矩是固有的。
头来是贺喜，
二来是贺喜，

(教师)
笔记

恭喜恭喜大恭喜。
东家门上来送喜，
打一个调儿唱一个曲，
娶了一个好姑娘陪女婿。

东乡族婚礼传说

东乡族别致有趣的婚礼与一段动人的传说有关。相传很早以前，东乡某地出了一条巨蟒，自称“王蟒”，食人嗜血，凶残为害。有一个叫鲁退的猎人想为民除害，但却一去不返，后来得知是被巨蟒生吞了。猎人妻子决心继承夫志，斩除蛇妖。她一只脚穿上白鞋，一只脚穿上红鞋，带着蒙汗药酒，率领众人去除害。

行前，她和大家约定，她喊“哈利啊，宏呐”，众人就挥刀向前；如果喊“折回啊，宏呐”，众人就迅速后退。她很快到了王蟒跟前，王蟒问她：“你来干什么?”她回答：“我是来找丈夫的!”王蟒骄横地说：“你丈夫被我吃掉了，你也不要回去了，留下来做我的妻子吧!”猎人的妻子沉着地回答：“我愿意做你的妻子，但你必须喝下七七四十九杯酒，这才能体现你的诚意。”王蟒平时就十分贪杯，加之为猎人妻子的姿色所迷，所以欣然答应。

于是，猎人妻子斟，王蟒喝，一杯又一杯，不一会儿，王蟒就烂醉如泥，颓然倒地。猎人的妻子连忙大喊：“哈利啊，宏呐!”埋伏于附近的众人一拥而上，乱刀砍死了巨蟒。从此，这一带人民才得以安居乐业。

现在，东乡族婚礼上，当新娘被迎娶进村的时候，宾客们竞相热情祝贺，其中总会有人领头高呼：“哈利!”众人也会齐声应和，并有节奏的击掌拍臂，领头的做骑马式，左右跳动，前后旋转，众人也跟着时进时退，边喊边舞，气氛十分热烈。

“哈利”是什么意思不得而知，但结婚时冲着新娘高喊“哈利”，却似乎是为了纪念那位对爱情忠贞不渝，又很机智勇敢的猎人的妻子。

一边唱，一边把枕头砸向姑娘，而围护新娘的姑娘们把砸过来的枕头又砸向小伙子们，这样一来一往，枕头飞来飞去，小伙子们边砸边向炕角冲去，姑娘们也奋力地边砸边把冲上来的小伙子们往炕下推，人们呼叫者，哄笑着，欢乐的场面要持续很久，直到小伙子们再三请求，姑娘们才把新娘的面纱掀开让小伙子们端详个够，最后新娘才打开箱笼，出示珍贵的嫁妆，夜深了新郎入洞房后，小伙子们才离开。

(教师)笔记

●丧葬

东乡人对丧葬很重视，对所有亡人，不分年龄性别一样对待，一般不过夜，实行土葬。

丧葬仪式比较节俭，亡人埋葬不用棺材，不穿衣服，无论贫富都不埋葬东西，只需三丈六尺白布包裹。东乡族把亡者叫“埋体”或叫“去世”，不能说“死”。只有动物死了才说死。亲友邻里村人都要到丧家，向家属表示慰问，丧家要根据经济条件，自愿给来者施舍现金。亡人放在“水床”的一块大木板上，由他（她）的亲属“抓水”净尸。一般男亡人由舅舅家的人洗，女亡人由娘家的人洗，男的洗男的，女的洗女的，均由同辈人洗尸，在洗尸时，别人不能随便进去。净尸后，用按规定剪成的几块“凯凡”布裹尸，有的在布上洒些麝香水。抓水后，转“非提也”（是送葬前请阿訇、满拉数十人，为亡人赎罪的一形式），然后，将亡人放在担架上，盖上绿色或白色的绣花单，抬到清真寺举行“者那孜”，“者那孜”的寓意是众人将这次礼拜的功偿全部送给亡人。站“者那孜”时，教长站在最前面，带领众人虔诚地念祈祷词，求真主饶恕和怜悯亡人，让他安息生灵，送葬者低头默祈，清真寺里清静肃穆。亡者家属按经济能力，向人们散“索得格”（表示为亡人施舍一些钱财）。葬礼毕，由亲友邻里抬尸到墓地埋葬。

葬坑呈长方形，墓坑下另挖一偏洞，将亡人缓缓地安放在偏洞内，面朝西向，然后用土块将偏洞先堵起来，再填满土。这时，阿訇诵《古兰经》的有关章节，送葬的人们跪坐旁听。念完后大家一齐接“都哇”——表示替亡人祈祷，至此葬仪结束。

亡人生前穿过的衣服，一般要施散给贫困者，不能留在家里。一般人家在送葬的当天、七天、四十天、一百天和周年日，念“亥亭”纪念。纪念时，主家宰鸡或羊、炸油香，请村人和亲友。信仰新教的人家没有这一活动。

（教师）
笔记

纳西族习俗

纳西族人口数为308 839（据第五次全国人口普查统计），其中三分之二以上聚居在云南省丽江纳西族自治县。其余散布于维西、香格里拉县、宁蒗县、永胜县及四川省盐源县、木里县和西藏自治区芒康县盐井镇等地。纳西族是一个有着悠久历史、灿烂文化的民族，在长期的历史发展中，纳西族人民创造了富有本民族特点的灿烂文化，形成并发展了自己的宗教信仰和风俗习惯。纳西族有自己的语言和文字，语言属汉藏语系藏缅语族彝语支。由于与汉族来往密切，自元明以后，纳西族主要使用汉语文。然而，民间至今还保留着古老的象形文字，因其主要由巫师“东巴”用来书写经典，故又称“东巴文”。另有一种音节文字叫“哥巴文”，使用范围很小，写成的经书也不多。

一、饮食习俗

纳西族的饮食习俗突出地反映了敬老爱幼之风和热情好客这一特点。

泸沽湖和盐源一带的纳西人，晨起之后，当喇嘛的男子诵经，主妇做饭，老年男子打酥油茶。他们喜欢饭前先饮茶，一般每人一杯，老人可多饮几杯；饮茶的同时，吃些玉米炒面或青稞炒面，有的吃几个土豆。稗子或玉米饭煮熟后，全家人围在火塘前就餐。主妇先给年长的老人盛饭，再按辈分每人一碗，把菜盖在饭上或每人一份，由主妇均匀分配，饭量大的成员，可以再添饭菜。但吃好的食品，基本上按人头平均分配，辈分长和年龄最小的可多得一些。

纳西族有一些饮食禁忌：纳西族的饮食风情多受东巴教的影响，他们禁食马、狗、猫、蛙，朔日和望日不得杀生，日食和月食时不许吃饭。烹茶时不可以水溅火塘，大年初一早餐禁荤，家有属猪的人，猪日不得杀猪。

纳西族待客礼仪十分隆重。

请客一般都用“八大碗”，在有贵客来访的时候，纳西人的最高礼仪是“三叠水”。三叠水因使用三套大小不同的餐具，即六个大碗、六个小碗和六个盘子共十八道菜而得名。按所上菜的口味分三次上席：第一叠是以甜点类为主的，如米糕、蜜饯、果脯、时鲜的果类食品；第二叠是凉菜类，其中包括丽江特产，吹肝、凉粉、火腿、豆腐干等；第三叠才是熟食类，主要以蒸菜为主，又根据季节出产的物产有所不同。这三叠水中包括了山珍海味、纳西族地方风味和特产小吃，可以说是纳西人的“满汉全席”。此外，盛食物的器皿也很有特色，如钢制的锅、盆、瓢、勺、杯、壶以及镶银木碗，都有古色古香之美。

纳西族人在待客时，总以“客酒”相待。在客人进门时，先将第一杯“客酒”递给贵宾和年长者，以示敬意，然后分送在座的客人。有的人家在生儿养女时即酿造“客酒”，并埋入地下，待儿女长大成亲时开封庆喜，其酒味美不可言。

纳西族也是一个喜爱饮茶的民族，茶是纳西族每日必不可少的传统饮料。

“龙虎斗”（纳西语“阿吉勒烤”）是一种富有神奇色彩的饮茶方式。首先将茶放在小土陶罐中烘烤，待茶焦黄后注入开水煎煮，像熬中药一样，茶汁浓浓的。再在茶杯内盛上小半杯白酒，然后将熬煮好的茶汁冲进盛酒的茶杯内，顿时，杯内发出悦耳的响声。纳西族把这种响声看作是吉祥的象征。响声越大，在场的人越兴奋，响声过后茶香四溢。有的还要在茶水里加上一个辣椒，这是纳西族用来治感冒的良方，喝一杯“龙虎斗”后，周身出汗，睡一觉后就感到头不昏，浑身有力，感冒也治好了。

纳西族人还常喝盐茶，其冲泡方法与龙虎斗相似，不同的是在预先准备好的茶盅内，放的不是白酒而是食盐。此外，也有不放食盐而改放食油或糖的，分别取名为油茶或糖茶。

纳西族家有客人，必用酥油茶敬客，纳西族的酥油茶做得很考究，取以酥油、茶叶、核桃仁末、麻籽末、鸡蛋等，然后取煮沸的酽茶水倒入茶筒内，搅拌使其交融，此茶为待客的佳品。有的取牛奶煮茶，此为牛奶酥油茶。

此外还有传统的面汤茶、炒米茶和麻籽茶，煮此茶锅内搁入麦面、米粒或麻籽，放上腊油拌炒，待烤得发黄冒香气，再放上茶

(教师)笔记

（教师）笔记

叶，加盐，续炒，然后放上水煮之，放面的称面茶，放米的称米茶，放麻籽的称麻籽茶，此为纳西族的传统茶汤。

二、礼仪习俗

纳西族人知书达理，有着尊老爱幼的传统美德。他们重视日常的伦理道德教育，从幼儿开始，家长通过讲故事唱歌谣，对孩子进行教育，让他们知道要尊敬老人、同情弱者、憎恨凶残等。这种贯穿于日常生活各个方面的伦理道德教育，在纳西族社会形成一种良好的风尚。纳西族人性格热情开放，内部团结和睦，对外开放吸纳、以礼相待，形成了丰富的礼仪文化。

●尊老爱幼

尊老爱幼是纳西族的传统美德，老人在家中具有很高的地位，备受尊重。

吃饭时，年轻人要先给年长的老人盛饭，吃好的饭食时，辈分长、年龄最小的可多得一些。年轻人还要照顾好老人的起居，要给老人端洗脸水、洗脚水，此种美德世代相传。

●热情好客

好客是纳西族的传统美德。

若村中或家里来了客人，男女老少都会起来打招呼，热情让座。一般民居中，白天待客多喜欢在廊檐下，晚间待客多在正房堂屋里，如在木楞房里，则在火塘边，座位虽无严格区分，但讲究老幼尊卑、男女有别。如在饭桌或火塘边，其正位称“上八位”或“格故鲁”，是老人的优先位子，因此，到纳西族人家里，只要有老人在，即便主人邀请，也要把“上八位”让给老人，进餐时，更应先请老人和长辈入座，切不可主动占据。如果有老人进来，年轻人要起身让座，或主动问候。有老人的场合，不可高跷二郎腿。

纳西族重信用讲义气，一般不计较客人因不懂纳西族的习俗礼仪而产生的过失，但很看重平等与信用，所以在与纳西族交往时有什么要求最好能直接说明，不可欺瞒哄骗。

●邻里互助

纳西族很重视人际关系，重感情交往，患难与共，讲求礼尚往来。每当猎获归来，凡路遇的行人都可分得一份猎物。凡遇天灾人

(教师)笔记

祸、婚丧嫁娶，亲友村邻都会主动接济帮助。

在纳西族地区，你不能因为主人的“谢绝”而错过吊丧的机会。因为对于纳西族人来说，灾难和悲哀时刻得到的帮助将是友情最可靠的基础。

办红、白喜事，礼品种类和数量要根据血亲的远近和交情的深浅而定。办事当天，一般较亲密的亲友在公开场合要送米、麦、糖、酒和适量的钱。更亲近的亲友则在内部场合赠送衣物、家具等。

三、节日习俗

纳西族传统节日有“正月农具会”、“三朵节”、“七月骡马会”和摩梭人的转山节等。此外，还有春节、清明节、端午节、中秋节、火把节等。

●农具盛宴——棒棒会

纳西族棒棒会的起源

关于棒棒会的起源：一说其起源与佛教有关。在这一天，木土司在玉皇阁请喇嘛念经，超度祖先亡灵。清朝雍正元年丽江一带改土归流后，农民、手工业者于此日在木土司官衙门前的街道上摆摊售货，以后又演变成以交流竹木农具为内容的集贸市场。一说源于对木土司的反抗行动。传说古时纳西族地区木土司企图改土归流，引起群众的不满，人们操起棒棒对木氏家族表示示威和抗议，故形成棒棒会的习俗。

“棒棒会”又称“米拉会”，是云南丽江纳西族的传统节日，每年农历正月十五举行，以交流竹木农具为主要内容。据记载，这种集市活动自明朝起就有了。按照纳西族传统，正月十五是小年，小年之后开始春耕生产，棒棒会正好为准备农具提供了一个机会和场所。届时，丽江城内人流如潮，人们扛着马笼头、鸡笼、犁、耙、桶、锄等各种木制农具涌向丽江纳西族自治县大研镇进行交易，街道上摆满了交易的竹、木、铁农具以及果树苗木、花卉等。纳西族农民每年要更换一些带把柄的农具的木把，这里犁耙、锄

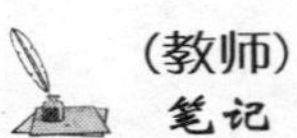
（教师）笔记

头、镰刀、竹筐、背篓、扁担等等一应俱全，所以把这种农具交易会称为“棒棒会”。棒棒会实际上是为春耕作准备的一次农具交易的盛会，它标志着一年的春节活动的结束和春耕生产的开始。

●三朵节

三朵节又称“北岳神会”、“三多节”，每年农历二月初八举行，是纳西族祭祀本民族的最大保护神及战神——“三朵神”的盛大节日，纳西语叫“三朵硕”。相传“三朵神”是玉龙雪山的神灵，属羊，因此每年的二月初八和八月羊日，远近的纳西人云集玉龙山麓的三朵庙，用全羊作牺牲举行称为“三朵颂”的隆重祭拜仪式。仪式上人山人海，香烟缭绕，气氛庄严肃穆。届时各家各户也要在家中烹制食品，烧香祭拜。附近的汉、藏、白、回等族同胞也纷纷前来进香，祈求神灵保佑。除了祭神，人们还举行赛马、对歌、跳舞比赛等活动，进行物资交流，还要到离庙不远的玉峰寺观看著名的“万朵茶花”。

“三朵神”的传说

根据纳西族的民间传说，古时有位猎人在玉龙山上发现了一块奇异的雪石，便背起来往家中走，走到现今庙址时放下雪石休息，再想背起时就沉得再也背不动了。人们认定此石是神的化身，于是就地建一庙供奉之。此后，人们屡见一位身穿白甲、头戴白盔、手执白矛、骑着白马的天神，时常来民间显圣，保护纳西人征战得胜并免于疫病、水火以及兵祸等灾难。这位天神被人们认为就是“三朵神”，并当作本民族最大、最具权威的神来拜祭。

●七月骡马交易会

骡马会是纳西族的又一个重要的传统节日，于夏历七月中旬举办，会期一至两周，以骡马、牛等大牲畜交易为主，故称为“七月骡马会”。纳西族自古就有养马的优良传统。他们的马帮曾历经数百年而不衰，近到本省的大理、昆明，远达西藏的拉萨。明代洪武十五年，丽江土司木得曾亲自到南京向皇帝进贡丽江马，自此丽江马闻名于世。到清末民间，随着商品经济的发展。丽江马的销路越来越好，于是由此形成了一年一度的七月骡马交易会。如今参加骡马交易会的，除了本县的纳西族、傈僳族、普米族、汉族外，还有邻县的白、藏、彝等兄弟民族。人们扶老携幼，熙熙攘攘，你去我来，像一条川流不息的河。除了交易骡马，各地农民还纷纷携带土特产品到会上出售，即使阴雨绵绵，会期也无阻。场内演戏，场外赛马，热闹异常。纳西族少女披着镶饰星月的美丽披肩，一排排走着，小伙子们骑着自行车，一辆连一辆，像长龙飞舞。夜晚，城区客店马店住得满满的，并有各地歌手对唱“谷气”调，直到深夜。

(教师)笔记

●转山节

农历七月二十五的转山节是传说中格姆山女神的生日，也是摩梭人一年中最盛大的节日。这一天人们朝狮子山拜女神，狮子山位于泸沽湖畔，又称“格姆山”，传说女神保护着人民的平安幸福、牛羊兴旺和五谷丰登。摩梭人朝拜格姆山神，已有一千多年历史了。

转山节这天，清晨太阳还未升起，村子里就已欢闹起来。小伙子们准备着盛装，姑娘们在阿妈的操劳下打扮得花枝招展，老人们则在为欢度转山节而准备着经幡。当扎美寺的僧侣们骑着马，头戴高高的鸡冠帽出现在公路上时，朝拜的队伍便紧跟其后，浩浩荡荡，场面十分壮观。人们穿着节日的盛装，聚集在狮子山下烧香，喇嘛们则坐成几排吹响长号和唢呐，人们此起彼伏面山叩拜，朝拜的队伍缓缓绕祭坛及女神三周，并在女神庙里焚香、升篝火、献祭品、叩头祈祷。祭毕人们便在草地上围成圆圈，点燃篝火，煮酥油茶，吃野餐，咏调子……

接下来是群众的娱乐活动，对歌、跳舞、赛马、射箭、荡秋千，欢乐、热闹无比。

●春节

纳西族人民的节日有许多与汉族相同。如春节、清明节、端午节、中秋节等，但春节的活动内容却与汉族不同，具有浓郁的民族特色。

除夕杀鸡，以饭和肉喂狗，用猪头拜灶君，然后祭祖先。初一吃素，不出门，全家带着粑粑、菜、酒等物到祖先坟上拜年。初二洗头洗脚。初三祭天，这是整个村寨的共同活动，祭天的目的是祈

(教师)
笔记

求人畜兴旺，五谷丰登。从初一到十五均不劳动，在家玩乐，青年们则随各地习惯举行唱歌或射箭等文娱活动。

●火把节

同西南许多民族一样，纳西族也有火把节。纳西族的火把节定于旧历六月二十五、二十六、二十七三天。火把节的第一天，人们选择又好又长的松木，劈成细条，中间加上易燃的松明，捆扎成火把。傍晚，各家门前的火把就点燃了，第二天的火把普遍要比第一天的高出一节。第三天是火把节的高潮，火把扎得又高又大，装饰得很漂亮。所有角落都照遍，以求照亮庄稼，消灭害虫，预祝丰收。人们高举火把，尽情歌舞，通宵达旦。

四、宗教信仰习俗

纳西族普遍信奉“东巴教”，一部分人信仰藏传佛教和中原佛教与道教。

东巴教是纳西族固有的一种原始多神教。宣言“万物有灵，灵魂不灭”，因其巫师叫“东巴”（泸沽湖地区叫“达巴”），故称“东巴教”（“东巴”为纳西语，意为“智者”或“山乡诵经者”）。一般认为是纳西族先民由自然崇拜发展到祖先崇拜、神灵崇拜这一系列自发信仰的产物。

东巴教的来历

东巴教是唐初纳西族在原有巫教的基础上，吸收了藏族本教文化而形成的。传说东巴教本是喇嘛教的一支，其鼻祖是900年前东藏的萨满巫师东巴什罗，东巴什罗原住在拉萨附近，同喇嘛一起学经时，因与红教大喇嘛斗法失败，遂创立东巴教。纳西族普遍认为中甸东南部的白地是东巴教的圣地。东巴教信仰超自然的神，受喇嘛教、佛教和道教的影响。东巴教的神话也基于这样的信仰，那就是“自然”与“人”是分享相同血脉的同父异母的兄弟，强调对自然的尊重。在其不断受外来文化的影响过程，也就自然形成了东巴教、道教、汉传佛教、藏传佛教等的混合体。

东巴教的宗教活动，在一定程度上可以说涉及纳西人生活的各个方面，例如：祭天、祭祖、祭各种神祇、婚嫁、丧葬、节庆、驱鬼、择吉、命名、超度、卜算以及治病等等。所以，东巴教对纳西人的思想意识和日常生活各方面影响相当大。

（教师）笔记

●祭天

祭天是丽江、中甸等地纳西族最古老的传统习俗，是一年中最为隆重的祭祀和喜庆活动，当地民谚称之为“纳西祭天大”。祭天有春节期间举行的春祭和农历七月中旬举行的秋祭，但以春祭最为隆重，称为“大祭天”。

祭天的群体由一个村寨的同姓宗亲组成，大的有几十户，小的只有十来户。每个祭天群都有自己固定的祭天场，一般在村边地势较高、树木茂密之处。祭坛左右各栽一棵黄栗树，以代表天父、天母；中间一棵柏树代表天舅；前排两棵小栗树，这是纳西族始祖崇忍利恩、衬红褒白夫妇的代表。主祭品为猪、鸡、大米、酒、香烛等物。

纳西族栽神树习俗的由来

栽神树之俗与祭天由来的传说有关。远古时代，一次空前绝后的洪水泛滥，人类只剩下崇忍利恩孤单一人，为了不让人类绝灭，崇忍利恩上天娶回了天女衬红褒白，但久未怀孕生育，后来在天神父母指点下，举行了祭天仪式便生育了三个儿子。谁知孩子长大后，却全都不会说话，他们再次举行大祭天，于是三个儿子分别说出不同的语言，成了纳西、白、藏三个民族的祖先。因此，纳西族人认为祭天可以保佑子孙的繁衍和健康成长，便世代相承下来。

●祭署

东巴教中的“署”神是司掌着山、林、湖、河、泉、泽和野生动物的大自然神灵，其祭祀仪式是从维护大自然生态平衡、协调人与自然的关系的角度出发而举行的。“署”的观念体现了纳西先民对人与自然的关系朴素的原始辩证思想。

纳西族祭署活动，于每年农历二月择一龙、蛇之日举行，一般以村寨为单位，

在山水秀丽之处设祭场。祭祀需用三天时间，头天准备祭物，绘制祭祀木牌，打扫祭坛；次日将自然神恭迎家中，小心伺候，热情款待；三日送神回山，赠以各类祭品。因自然神爱惜生灵，喜素食，故祭品以瓜果茶奶、香料药汤为主，忌用血腥之物。仪式由东巴大祭司执掌，需吟诵约七十册东巴古籍。

●祭风

祭风仪式是祭送那些非正常死亡者的灵魂，让那些含冤游荡的鬼魂离去，让生者能安宁生活。仪式由逝者家人举办，村人参与，需请近二十个东巴祭司主持，制作九十多块木牌画，念诵一百多卷经典，以超度亡灵、驱鬼防灾为目的，用猪、羊、鸡做牺牲，耗费粮物很多。祭风反映了古代氏族制度时期所产生并沿传下来的鬼魂崇拜现象和宗教祭祀文化，其心理本质在于安魂。

●祭东巴什罗

东巴什罗是纳西东巴教的祖师。仪式主祭为三天，但筹备时间很长，需绘制上百块木牌，塑造数十个面偶与泥偶，编制什罗大师坐像、牵马弟子和大师的经房，编制坐骑白马、驮经白牦牛和领路白山羊，还需竖一棵高达三层楼，装点得五彩缤纷的“督”树，象征什罗的灯塔与登天之梯。参加祭祀东巴数十人，诵读东巴经书近百册，用牛、猪、羊、鸡做牺牲，粮食、陈酒、糕点果品作供品。在仪式进行过程中，伴以粗犷奔放的古典乐舞，透过色彩缤纷的艺术场景折射出纳西人追求真善美、鞭挞假恶丑的愿望。

●东巴文和东巴经

东巴文属于原始象形文字，主要为东巴教徒传教书写东巴经书使用。东巴文创始于唐代，至今已有一千多年的历史，大约有1400个单字，至今仍为东巴研究者和艺术家所使用，当今学者们认为东巴文比巴比伦楔形文字、古埃及圣书文字、中美洲玛雅文字和中国甲骨文字显得更为原始古朴，是目前世界上唯一仍然活着的象形文字，被视为全人类的珍贵文化遗产。这种古文字对于研究比较文字学和人类文化史具有很高的学术价值。

东巴经是东巴教徒用象形文字东巴文写成的经书，按其性质属

于民族古文献，因其主要应用于纳西族东巴教中，并由东巴祭司来抄写和唱诵，故称“东巴经”。内容多属宗教神话及历史传说。

五、人生礼仪习俗

(教师)笔记

生老病死、婚丧嫁娶是人生的重要内容，也是人类社会关注的主要内容，是民族宗教、民族文化的主旋律。

●出生时的礼仪

纳西族社会中，把新生的孩子看作是天赐神赠的，既是神赐，就必须弄清楚是何方神灵所赠，就必须谢过此神，并向该神灵求名。

纳西先民认为，居守于天地间四方八隅的十二个神主宰着新生命的降生。实际上他们就是十二生肖神。那么，家里孩子是谁带下的呢？孩子的家人得请东巴大师作一番推算。孩子出生后的第7天，大师来到家中，首先得推算出产妇当年的魂居地，当年产妇魂居的方位神，正是赐下孩子的神灵，孩子的名字就得向该神灵祈求。算出求名的神祇，东巴大师便设坛焚香，诵读降神经典，迎请该神灵降临，然后祈求神灵为孩子赐名。当神灵赐下名后，全家老幼跪拜接受。同时请东巴或老人排“八字”，如认为小孩“八字”不好或身体瘦弱，要记名认干爹。

孩子满月时，还要请东巴先生来家里念经，祭龙王、北岳神和仓神。满月后可以背小孩上街，见到熟人要分送一些糖果。

孩子满一周岁时举行周岁礼，照例请客吃饭。周岁以后，就不再给孩子过生日。

●婚俗

女孩长至14岁，男孩长至16岁，家里要请东巴为他（她）们举行成年礼，民间称之为“穿裙礼”与“穿裤礼”，承认他们已由少年跨入青年人的门槛，从此准许他们正式参与青年人的一切社交活动。度过四五年的青年社交生活之后，他们便各自有了心中的恋人，经双方长辈同意，通过请媒说合、喝定亲喜酒、测定吉日等程序，迎来了迎娶的大喜日子。

纳西族的婚礼一般要举行三天。

婚期来临时，按照纳西族传统的“不能见天”的习俗，要在天井里搭起凉棚，棚顶上盖红布或红绸子，棚下铺松毛。一切准备妥

(教师)
笔记

当后，男家就要派人到女家去送彩礼。当晚，新郎要请一位父母双全，兄弟姐妹多的小男孩在新房内陪住，习俗谓之“压床”。

第二天是正式接亲的日子。早饭后，男家派出的迎亲队伍出发了。当女方家听到接亲的队伍快要到了时，新娘开始哭嫁。伴娘和亲友们在一旁劝解，并为新娘梳头、插花、更换新衣，替她披上红大褂，戴上红巾帕，哭拜祖先、父母和亲友。

当女家的送亲队伍将要到达男家时，男家的大门却紧闭着。这时女家送亲的人要在门口唱调子，请求快快开门。经过一番对唱，大门洞开，门槛上放一个红纸糊的马鞍，新郎、新娘必须跨过马鞍进大门，表示一生平安。也有的时候请纳西族的巫师念经，并在新娘的脑门上点几点酥油表示祝福；还有的地方的纳西族在大门口准备清水一碗，新娘进门时，由媒人朝新娘头上泼水，表示新娘从此后就是男家的人了。之后，新郎、新娘拜天地、祖宗、公婆，互相对拜，并向亲友们敬酒。

男方家的婚宴十分隆重。宾客中，女方家陪送新娘的男子被视为上宾，必须坐在正席上。前来参加婚礼的青年男女则燃起篝火，唱起《结婚调》或跳起舞，来表示对新人的祝贺，青年还通宵达旦，想尽各种办法闹新房。

第三天，新郎、新娘要回女方家，回拜女方家的父母和亲友，谓之“回门”。回门要当天赶回男家，不能在女方家里留宿。

纳西族婚礼的最后一项仪式是“送喜神”，喜神是指迎亲时的吹鼓手们。婚礼仪式结束后，拆去凉棚，吹鼓手们讨了工钱，要回家了。临行时，新郎用木柴棍等做出追打的姿态，谓之“送喜神”。至此，纳西族的婚礼宣告结束。

●摩梭人的阿注婚

永宁纳西族自称“摩梭”，直到今天，他们在婚姻家庭方面仍保留着浓厚的母系制遗俗，于是外人称这里为“女性王国”或“女儿国”。与这种母系家庭相适应的婚姻制度，人们称为“阿注”婚。“阿注”意为朋友、伴侣，这种婚姻的主要特点是男不娶女不嫁。凡属不同母系血缘的青年男女都可根据自己的喜好和意愿挑选心上人，只要彼此乐意，便互赠手镯、腰带一类的信物，并开始过起了偶居生活。由于他们分别在两个家庭里生产、生活，所以男子要在夜幕降临后才去女家访宿，次日清晨又匆匆返回母家。同居所生的子女，姓母亲姓氏，并归母亲家庭抚养，男子对子女们没有任何权利和义务。由于这种婚姻家庭没有经济等方面的必然联系，所以男女双方的离异十分自由，只要女方拒绝来访或男子停止访宿，“阿注”婚便宣告结束。

(教师)笔记

●葬俗

纳西族自古通行火葬，各村寨和家族都有专门的火葬场。清代“改土归流”后，葬俗逐渐演变为棺木土葬。

亡故者在将要断气时由家人用红纸将米（男九粒，女七粒）、茶叶和少许碎银包成小包，放入逝者口中，名曰“含口”或“含殓”。逝者由孝子、孝女以外的家人洗尸，穿上新衣后，停尸于堂屋中或靠在床上，尸前放一小桌，摆上祭品，逝者家属披麻戴孝，伏跪两旁。祭奠后入棺，入棺前要穿“寿装”。还要请东巴巫师为逝者“开丧指路”，即将死者送回祖先故地。时间一般在当天或次日晚上举行。

人去世后一般停灵三日即可出殡，出殡日清晨就得派人去择穴掘土，准备一些垒坟的石块。出殡前，孝男孝女等逝者家人亲属需再次向亡灵叩头告别，接着由东巴念诵送魂开路经，念毕方可起灵。送葬行列由孝子扛一“魂幡”在前引路，逝者家属一路号哭抬棺至墓地。将棺椁放入墓穴后，先由孝子用后衣襟兜土从棺尾撒至棺头，然后其他人才开始盖土。盖完土后垒成长方形并砌好石块，再立上一方墓碑，将孝子所带的“魂幡”和其他祭品置于墓前，焚香磕头后离去。摩梭人基本上保持了火葬的习俗。

人去世后，立即向亲友报丧，亲友邻居即前往协助清洗尸体（男性用九碗水、女性用七碗水），派谁去和到何处去取水，都由东巴占卜决定。然后，将少许碎银、茶叶、酥油放入逝者口中，在耳、鼻处涂上酥油，用麻布把尸体捆扎成生前的盘坐状，装入麻布袋内。尸体停放在后间的土穴中，“停尸”一段时间（最长不得超过49天）。停尸期间，请喇嘛念经为逝者的亡灵超度。火化时间由喇嘛决定，前一天，请东巴念经为逝者的魂开路。然后从土穴中取出尸体放入方形木棺内，于天亮前送去火化场。摩梭人如正常去世的，一定要火化，而且火化时一定要制一个小木楞房，连同逝者一同火化，以祈祝人去世后灵魂仍和祖先一样拥有一个木楞房。另外，在火化完毕后还要收拾部分遗骨装在一个小布袋内，送到家族墓地进行埋葬。

（教师）
笔记

景颇族习俗

景颇族，中国少数民族之一。现有人口 132 143 人（第五次全国人口普查统计数据）。主要分布在云南德宏傣族景颇族自治州的潞西、陇川、盈江、瑞丽、梁河五县，少部分散居于其他州县。他们主要从事农业，种植水稻、玉米、旱谷等作物。有自己的语言和文字。景颇（景颇支）文创制于 19 世纪末，是以 23 个拉西字母为基础，音位由一个、两个或三个字母表示的音节文字。景颇族素以吃苦耐劳、热情好客、骁勇威猛的民族性格著称。他们有句家喻户晓的谚语："要像狮子一样勇猛。"他们用勤劳的双手征服大自然，用大长刀与恶势力作斗争。历史上，多次顽强抵御外敌侵入，为保卫祖国领土立下了功勋。

一、饮食习俗

景颇族闲时一日三餐，忙时一日两餐。主食大米，喜食干饭和竹筒饭。所种植的蔬菜大都是不需精耕细作的瓜、豆、青菜、洋芋（土豆）等，辅以竹笋、水芹、野蒜等。肉食以猪肉和鸡肉居多，农闲时进行渔猎，如捕猎野猪、麂子、山羊、野牛、野鸡、鸟雀，捕捞鱼蟹、田螺。

景颇族人一日三餐，以锅或竹筒煮饭。吃饭时大多不用筷子，只用芭蕉叶包饭吃。相传景颇族先民只种芋，至于水稻，是狗"从太阳出来的地方"（指内地）附在尾巴上带来的。有了谷种，人们才种水稻。所以，景颇人每年吃新米饭时，先喂狗，以示纪念他。

景颇族喜欢饮酒，把大米淘干净后，蒸熟，放在簸箕里晾干，拌上酒曲，再用芭蕉叶包好，过上几天，等能闻出酒味时，把它放入酒罐中，过上十来天，加上凉开水，就成了水酒。水酒既有酒味，又有甜味，喝起来清凉可口，十分解渴。水酒在景颇族生活中

(教师)笔记

具有特殊的作用，结婚、贺新房、孩子满月、举办目脑纵歌会、相亲等都要置酒。在定亲、交朋友、贺喜时，“水酒”也是不可缺少的礼物。景颇族群众随身携带用竹子制成的酒筒，酒筒里装着自己制成的“水酒”，遇上亲朋好友，便互相敬酒共饮。景颇族喝酒十分注重礼节，熟人相遇互相敬酒，不是接过来就喝，而是先倒回对方的酒筒里一点再喝。大家共饮一杯酒时，每个人喝一口后都用手揩一下自己喝过的地方，再转给别人，如有老人在场，先让老人喝。

景颇族坦诚好客，一直保留着“吃白饭”的待客习惯，即在日常交往中，无论走到哪一寨、哪一家，都可留下来吃饭，并可以不付任何报酬。对于任何一个不相识的人，主人都必须招待饭菜。民间普遍认为：让客人饿着肚子走，是最不体面的事，有俗语道：“家里有打狗的棍子，没有赶走客人的棍子。”无论婚嫁、过节集会、走亲串戚，都要提一只篮子，内装水酒、熟鸡蛋、糯米饭团，民间称“送礼篮”，主人接过礼篮后，要向随从的客人一一敬酒，最后才能自己喝，并清点礼物，众人分食，然后再把篮子还给客人，以表示礼物如数收到。

二、礼仪习俗

景颇族在长期的社会发展过程中，由于历史、文化以及生活环境等种种原因，形成了许多独特的礼仪习俗和禁忌。

●交际

在喜庆、过节、走亲戚时，常以礼篮赠送。篮子里一般放有两筒酒（水酒、米酒各一筒）、两包熟鸡蛋、两包糯米饭团。相传，水酒、米酒为阴阳两性，水酒可解渴，米酒可驱邪；糯米饭团相互粘在一起，象征团结友好；鸡蛋表示纯洁，祝愿吉祥平安。

景颇人在村寨间联系时，一般递送实物为信件。如递送树根，表示对亲友的想念。用树叶包上树根、大蒜、辣椒及火柴，再用线包扎好，送给对方，以示求爱。

●一家人各说各的话

在景颇族中，相当多的家庭是由不同支系的人组成的。家庭成员在什么情况下使用何种语言，有传统的习惯：父亲和子女使用父亲支系的语言，母亲使用娘家支系的语言。夫妻之间尽管都能较好

（教师）笔记

地掌握对方的语言，但彼此交谈仍是各说各的话，而决不放弃使用本支系语言的权利。子女与父亲说话，或兄弟姐妹间说话，都使用父亲支系的语言；若子女与母亲说话，应改用母亲支系的语言；要是祖母是另一个支系的，晚辈与他说话又得使用祖母支系的语言。

不同支系的青年男女恋爱诉衷肠时，男子往往主动使用女子支系的语言，以示爱慕之心。一旦他们结了婚，又各自恢复使用本支系的语言。在学校里，哪个支系的学生多就使用哪种语言，但同一支系的学生相互交谈又使用本支系的语言。

过去景颇族曾用物品来传递信息。譬如，送上一块带毛的肉，表示有宣战、凯旋、噩耗等大事。小伙子爱上了某位姑娘，就用树叶包上树根、火柴、辣椒、大蒜送给她，树叶表示有很多心里话要说，树根表示思念不已，火柴喻态度坚决，辣椒喻爱得炽热，大蒜则希望同意。要是姑娘有心，便将原物奉还；倘若加上火炭送还就意味着拒绝。这种古朴的以物代言习俗，今天仅见于某种特殊场合。

●串姑娘与成亲古规

景颇族直到20世纪50年代初期，青年正式结婚前无不经过“干脱总”（载瓦语），即汉语所称“串姑娘”。所谓“干脱总”，通常是指男女青年的交游活动，而对未婚者则是选择佳偶的一种恋爱方式。

依照传统习惯，每年春节是“干脱总”的大好时光。本寨或外寨的男女青年彼此相邀，带上鱼肉酒饭，到山野玩要聚餐，纵情欢娱，或歌或舞，暗寄情思。平时，每当夜幕降临，一群群青年男女向村旁竹林间走去，轻歌慢语，试探对方。他们或者来到“公房”，一起吹箫唱歌，听讲传说故事，有的青年便趁此窃窃私语，吐露衷情。夜深了，不分男女就在这里卧睡，不过，任何人都严守传统的规矩，绝对禁止发生越轨行为。此类活动多了，彼此有了深入的了解，情感已非一般，便互赠礼物：姑娘多送巧手织的花带和绣有绒花的手绢，小伙子则赠以精雕细刻的小竹筒（内装有纸扇或口弦等物，也有不装实物的）、织布梭以及耳环上用的“乾通”。某对男女恋爱成熟，便各告负责社交活动的男女青年头人，并请老人和友伴们到“公房”喝喜酒。经此仪式，表示他们的恋爱关系得到了社会公众的认可，就是说，从今以后，他们便可到“公房”外自由活动。

景颇族男女求偶成婚，恪守姨表不婚、同姓不婚。虽为异姓，但以为源出于同一氏族者也不婚；只限于建立有丈人种和姑爷种婚姻关系（景颇语分别称之为“木育”、“达玛”）的异姓之间通婚。若有违反，人们斥之为猪狗，如不分支系、不拘年龄、不论辈分等。

(教师)
笔记

三、节日习俗

景颇族的节日有全民性的传统目脑纵歌节，生产方面的新米节、南瓜节、苞谷节，青年人的能仙节等。

景颇族的春节和汉族时间相同。庆祝活动有别于其他兄弟民族的是举行“但丁”比赛。节日的早晨，人们盛装打扮，小伙子们用白布包头，红色绣穗鲜艳夺目，妇女们黑丝绒短衫上镶嵌着晶亮闪光的银泡，纷纷来到“但丁”比赛场上，进行打靶比赛。“但丁”活动的组织者和裁判员一般是景颇姑娘，她们把绣好的荷包用细线吊在竹竿顶端，射手要击中晃动着的吊着荷包的细线，才算胜利。

居住在云南省的景颇族人，每年夏历八九月谷子成熟后，家家要举行新谷节。节日前一天，主人拣一捆成熟的糯谷，用插满鲜花的篮子背回家中，摆在鬼门旁边。而后邀请好友。节日这天，寨中男女老少至主人家，主人以酒迎客，互致问候。吃饭前举行仪式，祈求风调雨顺，人畜平安，并由老人讲述谷子的来历。

新谷节的来历

传说，天地形成后有了人类，那时什么草都能长出米粒，由人们随便摘吃。人们不劳动就有粮食吃，对粮食也就不看重了。看见老鼠、雀鸟、野兽践踏米粒，人们不去赶，还拿米粒舂成粑粑，拿又大又软的粑粑给娃娃当坐垫。天神看见了，非常生气，说人太作怪了，嘴上吃着，屁股坐着，真不像话！天神一发怒。就把米粒全收上天去了。于是，人只得吃树叶山果。狗饿极了，每天抬头望着天哭。哭了六天七夜，天神可怜狗，丢给狗一团饭。饭团才落地，就被填不饱肚子的人抢去了。天神看见了，连忙给米粒穿上衣服，变成谷穗丢下地，人就用饭团跟狗换来谷穗栽种。

(教师)笔记

目脑纵歌节　是一年一度的传统节日。景颇族支系叫“目脑”，载瓦、龙峨、勒期等支系称“纵歌”，现在统称为“目脑纵歌”，其本意均为“跳舞”。每年农历正月十五举办，一般为期2～6天，时间取双不取单。举行庆典活动时，首先要选择一块风水良好的吉祥之地作为场地，在场地中央竖立4棵目脑柱，每棵柱上都画有精美而富有象征意义的图案，正中间交叉着两把长刀和宝剑。紧靠目脑柱是两座奏乐高台，围绕高台的木桩上挂有各种乐器，如铓锣、大皮鼓等。以目脑柱为中心，用竹片等围成一个圆圈，来自四面八方的族胞和来宾在“脑双”（领舞）的率领下踏着铿锵的鼓点，伴着豪壮的乐声翩翩起舞。相传在久远的年代唯有太阳的子女才会跳目脑舞。一次太阳王举行盛大的“目脑”庆典，邀请地球上的鸟类前去参加。雀鸟们学会“目脑”舞后回到地上跳时被景颇族的先人看到，大家一同去观看并学会了跳“目脑”舞，流传至今，成为一个民族盛大的庆典。旧时“目脑纵歌”主要由山官和有财力的人主持，用于祭祀、庆祝农业丰收和战争而举办，还请董萨前来主持和组织，吟唱景颇族的创世史诗，杀牛宰鸡祭鬼神。1980年以后，中断了20余年的节日重新恢复，其内容和形式有了很多新的变化，摒弃了原来念鬼祭鬼的内容和程序，增加了很多新的内容。

能仙节　是以景颇族青年男女为主的唱歌跳舞的节日。一般在每年的农历二月十日举行。这个季节正值春回大地，万物复苏，辛劳一年的青年男女利用这一农闲的好时节，依照传统在依山傍水的平坦地方举行活动。节日里，男女青年穿上节日的盛装，佩带各种各样的饰品，聚集在一起，进行唱民歌、射击、打弹弓、刀舞等比赛。

四、宗教信仰习俗

景颇族群众过去普遍崇信万物有灵的原始多神教，迷信禁忌很多。大巫师和一般巫师除祭鬼外，还给人看病，能记诵本民族的创世纪、史诗、历史传说和大量民间故事。祭祀活动有祭官庙（一年一度的破土仪式）、吃新谷、献谷堆、叫谷魂等，大多与农业生产有关。遇婚丧、疾病、械斗等都要杀牛祭鬼，人力、物力、财力浪费很大。最大祭祀活动是目脑，现已发展成为景颇族一年一度的节日——目脑节。近几十年来有少部分群众信仰基督教。

景颇族认为人同其他自然现象有同，不是由“拿”所主宰，而为一种特有的“弄拉”主宰。即使死后，弄拉仍然继续生存。景颇族以弄拉这种观念为基础建立了自己特有的灵魂不灭和祖先崇拜观念。

景颇族每个家庭除去供奉自己家里逝去但又未送走的“亡魂”外，还普遍供奉属于本氏族共同供奉的神祇，或者几个氏族共同供奉一个神祇。另外，在景颇族地区，为逝者跳舞也是悼念逝者的主要形式。

（教师）笔记

在景颇族的意识中，人是活的实体和灵魂的结合物，每个人都有一个灵魂，叫做“弄拉”。景颇族认为灵魂“弄拉”是独立存在的。人的死亡只是肉体的终结，而灵魂“弄拉”并没有死，只是从阳间转入另一世界。因此，人死后便有一套祭神、送魂的仪式。

各种祭神献鬼的活动，一般都要由董萨（即巫师）主持。董萨在群众中享有很高的声誉和地位，人们信赖他，并通过他祈求神灵的恩赐。

地位最高的董萨叫“斋瓦”，他们主持最大的宗教祭祀活动“目脑”，是本民族中最有知识的人，他们谙熟本民族的历史、文化及神话传说故事，享有崇高的威望。

董萨是景颇族原始宗教的祭师，也是景颇族文化的主要传播者和继承者。董萨除了主持部落、村社的祭祀外，还兼为社会成员驱鬼医病，因此又是巫师。董萨分为斋瓦、戛董萨、大董萨、小董萨四个等级。“斋瓦”是巫师中地位最高的，他对本民族的历史、典故、诗歌等文化知识有较深的了解，社会知识丰富。只有斋瓦才有资格念祭“木代”鬼。“大董萨”是专门祭祀天鬼（木代鬼除外）、地鬼的巫师，他们有资格祭祀以牛、猪作牺牲的鬼。小董萨的地位最低，仅能祭祀以鸡、干鱼、干老鼠等为祭品的小鬼魂。在景颇族社会中，董萨的身份通常是百姓，神职并不世袭。在宗教活动中，高级董萨可视下级董萨的本事给予提携。此外，董萨忌食虎、豹等凶兽咬死的野兽和家畜。

19 世纪末到 20 世纪初，外国传教士到景颇族地区传授基督教和天主教教义，培养神职人员，创办教会学校，部分景颇族人开始信基督教和天主教。景颇族地区的基督教对教牧人员有如下规定：不调戏妇女；不淫邪；不说谎，不作伪证；礼拜日要休息做礼拜；

（教师）笔记

不偷盗；不杀人；不抽烟，不饮酒；不跳民间舞蹈；不唱山歌；尊敬父母守国法；爱人如己，互相帮助，不可嫉妒等。中华人民共和国成立后，实行宗教信仰自由政策。据1989年统计，德宏州约有14.24%的景颇族和傈僳族人信仰基督教。据1987年的统计资料，德宏州天主教共有圣职人员12人，教徒1 024人。

五、人生礼仪习俗

●婚礼

景颇族基本上实行一夫一妻制，盛行单向姑舅表优先婚，形成“姑爷种”和“丈人种”的婚姻关系。曾流行过转房制和妻死续娶妻姊妹的习俗。财产由幼子继承。在勒期、浪速、博洛三个支系中还存在着父子连名制。

景颇族婚礼别具一格。首先是敬酒给新娘。新娘被接到男方村寨时不能直接进入男方家，只能先待在媒人家。两名敬酒人向新娘敬四次酒：第一次表示欢迎新娘到来，第二次表示请新娘好好休息，第三次表示饭菜已备好，第四次表示准备已周全，可到新郎家了。饭酒后，新娘开始梳妆打扮，老妇人则对新娘高唱“勒来”调的祝福歌。新娘在女伴们相随下来到新郎家。婚礼的高潮是来源于神话中除去新娘（一鱼女）鱼腥味的情节的“过草桥”。在新郎家门前，为结婚仪式而临时搭起了独木桥。桥一般长2～3米，宽约15～20厘米，桥两侧往往有大叶草丛。新娘由新郎的弟弟或侄子牵右手过草桥。走过桥登上正房楼梯才可入屋。楼梯上新增有一两块雕有乳状形的楼登，寓意结婚后早生贵子。早已在门槛处等待的婆婆，满心欢喜地将手镯或银项圈戴在新娘身上，以示认同并接纳了儿媳。傍晚，新娘由几个小姑娘相伴到井边背水，同时进行一次沐浴。浴毕，新娘动手蒸糯米饭，并用叶子包好供闹洞房时用。闹洞房前，寨中长者先向新娘祝福。随即青年们开始嬉闹。新郎新娘开始互相塞糯米饭团。新娘往往因害羞跑进新郎父母的火塘间，这时歌手会唱起古老的《结婚歌》助兴，歌声彻夜不息。

●丧葬

景颇族一般行土葬，但也有用火葬的。成年人去世后，家属立即在家门前敲响铓锣，并且鸣枪数响，向邻居近亲报丧，人们闻声立即前来帮助料理丧事。当晚，同寨或附近村寨的青年男女要到逝者家中参加“布滚戈”（一种祭祀性舞蹈），主人以酒水招待，这种舞要跳通宵，并且要连跳数夜。遗体在家里停放五六天。入棺前要洗尸，穿衣服，并在遗体下垫棉毯（男用）或筒裙（女用），然后收殓到用粗大树身挖空而成的棺木之中。埋葬前要在寨子附近择地，择地时，以鸡蛋掷于地上，如果鸡蛋打破，便是吉地。坟上搭成尖塔形茅屋，屋上置一人头形木刻，坟的四方立四根竹竿，每根上悬一幅白布；有的还在坟的四周挖沟，逝者如欠债尚未还清，便在沟上留一缺口，直到家属代他还清后，才能将沟上的缺口补合。葬后还必须为逝者举行送魂仪式，在坟前剽牛或杀猪。过去，富裕人家，老人死后家里有几口人，便要剽几头牛，以示追悼。死于非命或幼殇者多实行火葬或天葬。

（教师）笔记

（教师）笔记

柯尔克孜族习俗

“柯尔克孜”是民族自称，其含义有多种解释：“40个部落”、“40个姑娘”、“山里放牧人”或“草原人”等。柯尔克孜族主要分布在新疆西部地区，以克孜勒苏柯尔克孜自治州最集中。新疆的伊犁、塔城、阿克苏、喀什和黑龙江富裕县亦有少数分布。据2000年第五次全国人口普查统计，有人口160 823人。柯尔克孜族有自己的语言和文字。柯尔克孜语属阿尔泰语系突厥语族，文字是以阿拉伯字母为基础的文字。柯尔克孜族人民纯朴大方，最以热情好客著称。

一、饮食习俗

柯尔克孜族习惯一日三餐，早餐一般喝奶茶；中、晚餐主要为面食和马、牛、羊肉。此外也吃骆驼肉、青稞、大路蔬菜和种类较多的奶制品，一年四季均离不开奶茶。

他们的民族风味食品甚多，如“库尔达克”、“那仁”（手抓羊肉烧土豆、洋葱、胡萝卜）、“克缺”（小麦、大麦、豌豆、黄豆、羊肉、胡萝卜、奶油、奶皮熬的浓粥）、“身麻什”、“库依马克”（油饼）、“巧巴拉”（馄饨）、“西仁古鲁西”（奶油甜米饭）、“塔西哈拉克”（烤肉）、“库衣安吾普阔”（灌肺）、“贝吉”（灌肠）、“骚尔泡”（羊肉汤）、“纳红”（带肉末的面条）、“皮特尔”（薄皮羊肉包子），金黄色的家酿“抱孜酒”等。其中最珍贵的是“马驹肉”和“驼羔肉”，非有贵宾光临不设，表示尊敬和诚恳。

柯尔克孜族有特别的饮食忌讳。譬如饭前洗手后，手不可乱甩，须用布擦干。主人请吃时客人才能吃。男客不可从女主人手中直接接取食物，以示男女有别。客人应将碗中食物吃净，切忌将剩饭倒在地上。吃饭时不可揭开厨房门帘偷看，食完要背朝门退出。

(教师)
笔记

二、礼仪习俗

柯尔克孜族是一个注重礼仪的民族，热情好客、团结和睦、尊老爱幼、诚实守信，是柯尔克孜族的崇高社会风尚。

●热情好客

柯尔克孜族十分好客和有礼貌，有“友谊与热情是柯尔克孜人的金子”的名言传世。客人来访，不论相识与否，都热情招待，拿出家里最好的食物请客人吃，而以羊头肉待客表示最为尊敬。在请客人吃羊肉时，先请吃羊尾油，再请吃胛骨肉和羊头肉。客人也要分出一些给主人家的妇女和小孩，表示回敬。有客来访，不论相识与否，主人总要出门相迎，亲手扶客人下马，并在门口唱《迎宾歌》。客人一般由当地德高望重的人以及民歌手、笑话大师作陪。他们会拿出家中最好的饮食，如肉、抓饭、奶油甜米饭、肉片面条等。请客人喝酒时，主人要唱《劝酒歌》。客人酒足饭饱离去时，女主人唱《送宾歌》。夜晚要留客人住宿，主妇要先为客人铺好被褥。客人睡下后，主人要为客人盖好被子。

●家庭和睦

柯尔克孜族深知团结和睦的重要性。家庭内彼此尊重，互助互爱，妯娌、姑嫂间关系融洽；社会上，协作互助的风气很浓厚，一家有难，八方相助。

●尊老爱幼

柯尔克孜族非常尊敬老人，年轻人见了老人，总要毕恭毕敬地行礼问候；如果是骑马相逢，年轻人要下马行礼问候，并请老人先行；不能在老人面前大声喧哗；年轻人不能从坐着的老人面前跑过；与老人同行时，要请老人先行；进门时要请老人先进，并请老人上座；吃饭时先敬茶并请老人先食。牧村中的民事纠纷，也请老人调解，遵从老人的意见。柯尔克孜家庭一般是三世同堂，老年人是一家之长，晚辈对长辈十分孝敬，没有虐待、遗弃老人的现象。柯尔克孜族爱幼风尚很浓，无弃婴之习，在家庭和社会中，小孩受到特别的爱护和照顾。

●诚实守信

柯尔克孜族注重信誉，视说谎和欺诈为罪恶行为。在牧区，

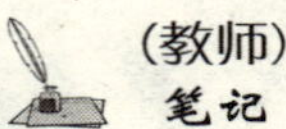
(教师)笔记

“路不拾遗，夜不闭户”的现象很普遍。

三、节日习俗

柯尔克孜人的节日分传统节日与宗教节日。传统节日主要有诺如孜节、谢尔乃节、掉罗勃左节等，宗教节日则主要是指肉孜节、古尔邦节等。

●诺如孜节

诺如孜节是柯尔克孜人的新年，他们把白羊星升起的时候定为一年的开始，每年第一个月出现时，柯尔克孜族人民欢度此节，这与汉族的春节很相似。诺如孜节一般是公历每年的三月二十一日左右，这时刚好是牧民们安排新的一年的生产和生活的时候。在节日期间人们穿上节日盛装，举行各种活动驱邪，祈求平安和丰收，整个节日活动持续十几天。“克缺饭”是柯尔克孜人过诺如孜节必不可少的食物，这种稠粥是用小麦、小米、大米、面、盐、肉、奶子7种食品做成的，用以预祝在新的一年里饭食丰盛。

●谢尔乃节

谢尔乃节又叫“西依耐节”、“依里特衣希节”，是柯尔克孜人古老的节日之一，大约在每年的六七月份举行。节日这一天清早，全阿寅勒（村庄）的人们都穿上盛装聚集在平坦的草地上，草地上铺开数十米长的餐布，上面摆满了各种食物。人们围着餐布共进食物，共饮马奶酒。然后还要举行柯尔克孜人传统的叼羊、赛马等娱乐活动。

●掉罗勃左节

掉罗勃左节是柯尔克孜人为纪念一位名叫掉罗勃左的柯尔克孜族英雄而形成的一个节日。传说在很久以前，掉罗勃左因不堪忍受外族的欺侮，带领40位柯尔克孜族勇士，与统治者展开了英勇的斗争。在一次战斗中，他的马英勇牺牲了，这位英雄为了悼念心爱的战马，拔下一撮马尾，做了一把“柯亚克琴”，坐在马的旁边，拉起了对战马思念与哀悼的乐曲。这悲壮的琴声，传到了他的同伴们的耳边，他们又聚集在英雄的身边，为他的安全脱险欢呼，并举行了盛大的庆祝活动。后来这一活动就变成了柯尔克孜人互相祝福的节日。这个节日在每年的三月七日到九日举行，为期三天。

(教师)
笔记

●肉孜节

肉孜节即“开斋节”，在封斋一个月以后开斋的那一天举行。伊斯兰教历（回历）每年九月为斋月，按照伊斯兰教的规定，成年的教徒每年都要封斋一个月。在封斋期间，每日只在日出前和日落后进两餐；白天绝对禁止任何食物；封斋的天数为 29 天或 30 天。斋期满后，节日的凌晨，教徒聚集在礼拜寺作盛大的礼拜，然后开始热闹的节日活动，家家户户都备有丰盛的节日食品，并且互相登门贺节，男女老少都出来游玩，这个节日一般要持续 3 天。

●古尔邦节

古尔邦节又叫“宰牲节”，“古尔邦”是阿拉伯语，意为“献牲”，故“古尔邦节”也称“献牲节”、“忠孝节”。在每年回历的十二月十日举行。节前，家家户户都要打扫卫生，每个家庭都要准备包尔沙克（油炸果子）、油饼和各种点心，富有的人家宰羊、宰牛或宰骆驼待客或馈赠。节日清晨，男性穆斯林要沐浴更衣，到清真寺做礼拜，听阿訇讲解教义和《古兰经》。回到家立即洗手，宰羊或牛。宰羊时，传统习惯不绑羊腿。据传说，宰的这只羊是上天堂乘骑的，绑了腿就没法行走，也就上不了天堂。宰后把羊肉切成大块煮，熟后放在大盘子内，客人来后，主人便当着客人的面用刀子削成片，热情地请客人吃肉，并请喝一碗羊肉汤。在节日期间，男女老幼都穿上节日盛装，走亲串邻，祝贺节日。节日期间柯尔克孜人还要举行赛马、叼羊、摔跤等传统娱乐活动。

四、宗教信仰习俗

历史上，柯尔克孜族的先民最早信仰自然神，后来信仰过萨满教和佛教，大约 17、18 世纪在叶尼塞河流域的柯尔克孜人迁居天山山区和帕米尔高原后，伊斯兰教作为普遍信仰在柯尔克孜人中流传开来。由于柯尔克孜族过着迁移不定的游牧生活，因此没有像维吾尔族那样建有众多的礼拜寺，他们的宗教课也远不如定居的农业民族那样严格。宗教仪式较为简单，一般牧民大都是在草地上或广场上做礼拜。柯尔克孜族曾长期信仰萨满教，即使在改信伊斯兰教后，至今仍然残存着崇信腾格里（天神）、崇拜火神等萨满教观念和习俗。

柯尔克孜族信仰伊斯兰教逊尼派的哈纳菲派。礼拜寺是教徒活

(教师)
笔记

动的主要场所。礼拜寺多建在城市，农村次之，牧区很少。教规五功："念功"、"拜功"、"课功"、"斋功"、"朝功"。念功，即时时怀念真主，信奉安拉、天使；拜功有聚拜、日拜。聚拜即每周星期五（主麻日）到清真寺集体礼拜，日拜每日 5 次，拜时要面向"天房"；课功，原意是施舍，后来逐渐演变成了宗教税；斋功即在斋月内从黎明至日落严禁饮食与行房事等；朝功即到麦加朝觐，凡是身体健康有条件的穆斯林，不分性别，一生至少要去朝拜一次。

柯尔克孜族民间还崇拜火。例如，他们在小孩出生时，向着远处打火枪。小孩患病时，在孩子头上摇晃着火红的铁火架，并把火架沉入一碗水中，让小孩吐痰，给他"去火"。另外，关于火的禁忌还有不能在倒灰的地方大小便，不能向火或火灰吐痰，不能用火开玩笑等等。

五、人生礼仪习俗

●诞生礼、摇篮礼和满月礼

柯尔克孜族的"诞生礼"是在婴儿出生的当日举行。由产妇的家人宰羊炖肉招待来宾。席间举行各种传统的民间娱乐活动，以表达新添人丁的喜悦之情。"摇篮礼"一般在孩子出生的第 7 天或第 9 天举行，要宰牲设宴请客吃饭，规模不大，参加者仅限妇女。在小孩出生第 40 天时要举行"满月礼"，这一习俗近似于汉族的"做满月"。

●割礼

"割礼"是在男孩 7 岁时进行的一种伊斯兰教教礼，"割礼"仪式非常隆重，是柯尔克孜族仅次于婚礼的重要仪式，民间也认为是婚前的必要准备，是男子成丁的标志。

●结婚

柯尔克孜族的婚礼十分隆重，分订婚和结婚两个步骤。

在订婚时，男方用一匹马驮着礼物前往女方家，马头上要扎一块洁白的棉花，以示订婚。女方父母要拿出最好的食品招待；有的地区马头上的棉花由女方来扎，或向男方客人身上撒些面粉，表示同意亲事，预祝顺利。

结婚一般要举行三天，日期多选择在月底，仪式主要在女方家

(教师)笔记

进行。第一天，新郎在父母、亲友陪同下，带着礼品前往新娘家。礼品包括刚宰的两只羊，一只作整羊煮熟；一只把五脏掏出，不剥皮烤熟，还要带上数十头小牲畜。临近新娘家时，举行“叼羊”游戏，并借此机会将那预先宰好的羊扔到新娘家门前。随后才被新娘家的女眷们热情迎入。婚礼仪式开始前，女方的亲友群起将新郎、新娘双双绑在门口，这时，新郎的父兄要向这些亲友赠送礼物，请求“释放”。婚礼正式开始，由男方的一位长者用木棒将毡房天窗挑开，从天窗向外撒糖果、点心等，客人纷纷争抢，以分享幸福。接着，新娘的母亲要唱“送嫁歌”。还要举行“赛得河”，即让新婚夫妇背对背坐下，每人头上蒙一口袋。众人用一只羊蹄轮流在他们头上轻打一下，然后拉起来共同跳舞。之后，由阿訇主持典礼，念“尼卡哈”（结婚证词），给双方分吃蘸盐水的馕，象征夫妻白头偕老，永不分离。第二天，双方家长要举办传统的赛马、叼羊、摔跤等活动，以示祝贺。晚上，新娘来到嫂子家与新郎见面，这时的毡房外挤满了宾客，人们奏起传统的民间乐器“库姆孜”，跳起会面舞，唱起一曲曲喜庆的歌，直到深夜，当讨得礼物，放新郎进入洞房后，才尽兴离去。第三天，新娘带着丰厚的嫁妆，随新郎回婆家，沿路每过一个牧村，都要受到热情款待和祝福。回到新郎家的数日内，一对新人还会不断得到亲友的邀请，参加各种娱乐活动。

●丧葬

柯尔克孜族很重视丧礼。在信仰伊斯兰教的家庭里，人去世后把尸体洗净（男的由男人洗，女的由女人洗，老年人的由老年人洗，十六岁以下的由长辈洗），用布把头和全身缠住（女的还要缠手和胸），用素色布盖上，头朝西放在房内的帐帘里。家里的妇女面朝西方边哭边唱，历数逝者的生平事迹，颂扬其生前的善行。逝者的亲友闻讣后即来吊唁，以货币、牲口、银子等送给逝者的家属。吊唁者进房后诵经示哀，逝者家属在房内边哭边唱迎客，逝者的男孩子在门前边哭边唱迎客。富有人家人去世要请毛拉念经。遗体最迟三天后即埋葬。埋葬地点一般是在住地的附近，但也有长途运送到家乡去埋葬的。送葬时逝者女家属唱葬歌。埋葬时用“塔布特”（抬尸的木架）或骆驼把尸体送到坟地，挖一个坑，坑旁另挖一套坑，把尸首放进去，头朝西方，掩埋好，上面修筑一隆起的墓。出殡时，只男子送丧，女子不送丧。逝者的家属要为其服孝，

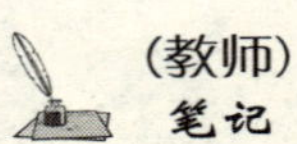
(教师)笔记

逝者的妻子要穿一年黑色衣服；在其去世后的一年内如家中来了客人，或者来了亲友，都要哭唱葬歌；搬家时，在走近“阿寅勒”前，也要哭唱葬歌；亡者去世后三日、七日、四十日、一周年都要举行祭奠。

送葬者回来以后，即开始追念逝者，称为“小乃孜尔”（祈祷超生之意）。在这个时候，将逝者的衣服送给洗尸者、运尸者及埋葬者。有钱人家给念经毛拉送绵羊或山羊。四十天举行“大乃孜尔”，亲戚朋友都要来，富有人家还要请毛拉举行大型的追悼大会。一周年时，有的人家还要作一次“阿西”。居丧时，一年内不能举行婚礼和其他文娱活动，女人不能出嫁。

（教师）笔记

土族习俗

土族是我国56个民族大家庭中的一员，是我国甘肃、青海地区特有的民族之一。据2000年第五次全国人口普查统计数字为241 198人，主要分布在青海省互助土族自治县、大通回族土族自治县、民和回族土族自治县等。土族有自己的民族语言，属阿尔泰语系蒙古语族，但没有自己的文字，历史上曾使用汉文、藏文。土族人民有着卓越的民族融合性，民族来源丰富，不同地区的土族具有不同的特点，有些与藏族接近，有些与蒙古族相仿，而就是因为这样，土族形成了其别具特色的民风民俗。

一、饮食习俗

土族的饮食习惯融合了邻近的少数民族的风俗，并反映着这个民族悠久的历史背景，同时，土族人以农业为主，兼营畜牧业，因此形成了别具风格的饮食文化。在牧区以食肉类、乳品为主；在农业区以青稞、荞麦、薯类为主，喜欢吃酥油炒面、油炸馍、手抓羊肉、沓呼日、海流、哈力海、烧卖、焜锅等。爱喝奶茶，饮自家酿制的青稞酒，土语称“酩醯”。

在饮食上，土族有不少禁忌：如不吃马、骡、驴、狗、猫等动物肉。并且有传统的饮食卫生习惯，吃饭时每人都有固定的碗筷，请客吃饭也是每人一份，分着吃，免得有病相互传染，也显得文明卫生。

日常饮料与当地藏族一样，喜饮茯茶、酥油茶等，当然最喜爱的还是用青稞酿成的酩流酒。酒在土族的饮食中占有重要地位，并形成了土族特有的酒文化。逢年过节，多数土族人会自做曲，酿“醯”（青稞酒）。这种古老的习俗一直延续至今，兴盛不衰，从而使得土族地区享有“高原酒乡”之美誉。只要有熟悉喜欢的宾客登

（教师）笔记

门，土族人就会早早准备好酒具，在村前恭候。

说到一日三餐，土族早餐比较简单，多以酥油茶、煮洋芋或糌粑蘸盐而食；午餐比较丰富，有饭有菜，以蒸馍、馒头、花卷、包子等为主食，有煎、炒洋芋和青菜、萝卜汤或粥佐食。菜肴比较清淡，与北方汉族饮食习惯基本一致；晚餐多以各种面食为主，如面条、面片、面疙瘩、面糊等。面条一般喜用拉制。晚餐菜肴比较丰盛，有各种肉类，与各种蔬菜块块、块丝同煮面的汤，汤菜主食共烩而食。而日常菜肴以肉乳制品为多，当地的手抓羊肉是最好的待客和节日食品。民间有不少以当地土特产为原配料制作的食品，别具特色。

另外，土族人民特别喜爱制作馍，在不同的节日做不同花样的馍，吃不同花样的饭。逢年过节，喜欢吃“包适在”、“盘馓”、“馓子”等油炸食品和粗细不等花样各异的油条、手抓大肉或手抓羊肉。土族喜欢吃“沓呼日”（一种灶内闷热的馍）、“海流”（油面团）、“哈力海”（草麻叶粉和青稞面搅拌或的面糊，用油煎薄饼卷着吃）、“烧卖”（油炒面包子）。另外还有杂面搓鱼儿，这是独有的风味面食，其做法是：杂面（青稞面）500克，加水后将面揉光滑，取一小团面搓成拇指粗细的长条，从中截取一小块用掌心搓成两头尖、中间粗、长短5厘米大小，因其外形酷似水中的鱼，所以把这种面食叫做“搓鱼儿”。食用时可以佐以各类精美菜肴，或用精肉做成杂酱，美味可口。

土族人婚礼饮食也别具特色，最为讲究的是婚宴五道饭，第一道是酥油奶茶、馄锅馍及花卷；第二道为果子、油炸馓子、牛肋巴、炒油茶；第三道是油包子、糖包子、油面包子；第四道手抓肉；第五道是擀长面。让人回味无穷。

二、礼仪习俗

●敬老

土族人民有重礼仪的传统。尤其注重尊敬长者，如路遇相识的老人，要下马问候。

●待客

土族人招待客人用我国西北盛行的盖碗茶。茶碗放在一个小碟中，碗内放茶叶、枸杞、红枣、桂圆、冰糖，用开水冲开后盖上碗

(教师)笔记

盖，茶香味甜，也很有营养。土族人待客不但要敬好茶，而且特别讲究盛茶的器具，最忌讳用有破口和裂纹的碗给客人倒茶水。

热情好客是土族历来的风尚，迎送客人三杯酒就是这种风尚最突出的表现。

不管你是步行、骑马、坐车，都要恭敬地为每位客人献上三杯酒，按他们的说法是下马酒。在他们的簇拥下，客人被引到家门前，又有一伙人拦住去路，并举杯斟酒，要喝进门酒，谓之“吉祥如意三杯酒”。当客人在铺有大红羊毛毡的炕上坐定，俏丽大方、笑容可掬的土族姑娘便端酒来到客人面前，名曰“吉祥如意酒”。送客时也要敬三杯酒，谓之“上马三杯酒”。饮酒时，边饮酒边歌唱，以畅饮酣醉为快。如不能喝酒者，要用中指蘸三滴，对空弹三下即可。对每次敬酒为什么总是三杯的缘由有不同的说法，但总而言之土族人认为三是个吉祥的数字，“三”代表佛、法、僧三宝，日、月、星三光，天、地、人三才……而敬三杯酒的含义是祝福客人吉祥如意。

民间更有“客来了，福来了”的说法，敬客时，首先要敬酥油茶，并摆上一个“西买日”（插有酥油花的炒面盒子），端上一盘大块肥肉，同时在肥肉上插一把刀子，然后用系有白羊毛的酒壶为客人斟酒，以表示吉祥如意。

●禁忌

土族人在礼仪方面禁忌众多，主要有：忌在畜圈内大小便，认为这会影响牲畜的生长；不能问客人“吃饭没有”或“吃不吃饭”等话；在客人面前吵、打孩子是最大失礼，会被认为是下逐客令；进土族人家，必须先在院外打招呼，待有人应后，才能入院内；年轻妇女的卧室不得随便进入，不能同未婚姑娘开玩笑；忌客人数他们的羊只；在佛堂、大殿内忌吸烟、吐痰、乱翻乱摸和大声喧哗；忌从僧侣的跪垫和其他物品上跨过；忌对酥油灯打喷嚏和咳嗽；在佛堂里转经轮时，必须从左向右，不可逆转；寺院附近禁止打猎和随地大小便。

三、节日习俗

●“纳顿”

“纳顿”，在土语中是玩笑、欢乐的意思，是青海省民和县土族

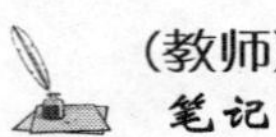
（教师）笔记

人民喜庆丰收的节日。因为纳顿的狂欢起自农历七月，故也称为“七月会”。一年一度的纳顿节是以各个村社为主体的群体活动。从夏末麦场结束时，一直持续到秋天，一般从农历七月十二日至九月十五日，历时近两个月，所以有人称之为“世界上最长的狂欢节”。

“纳顿”的起源

相传从前有一位技艺高超的土族木匠，皇帝慕名召他去修建皇宫。三年后，一座富丽堂皇的宫殿建成了，其壮观华丽前所未有。但皇帝为了独享世间一切美好的东西，竟然下令要杀害木匠。木匠连夜逃到家乡，组织早已不堪皇家虐待的乡民们起义。皇帝闻讯后派出大批军队前来镇压。机智的木匠灵机一动，立即让乡亲们敲锣打鼓，扛着制好的战旗，挥舞着已涂上染料的兵器，高呼“大好!”向村庄的庙宇走去。皇帝的军队大惑不解，村民们则告诉他们：“我们正在庆祝今年的收成，跳‘纳顿’答谢上天的恩赐”，于是军队便撤回去了。此后为了纪念这位机智的木匠。一年一度的纳顿就流传了下来，后来逐渐形成了现在庆祝丰收的活动。

●青苗会

是青海互助县龙王山一带土族的传统节日。每年农历三月至六月，由巫师择日举行。源自明洪武年间龙王显灵，庇佑土族牧民的传说。节日早晨人们先到广福寺点灯焚香，顶礼膜拜，请出龙神轿杆、护法神箭，然后组成仪仗队前行，队伍排成单行，有的击鼓鸣金，有的吹海螺牛角，随行的众人手持柳条，直到大东岭休息，野餐、唱花儿，随后登山踏青，巡视田禾，并借用神的名义约束乡民不准在田地里放牧牲畜，不许砍树践踏青苗。此节，实为保护农业生产的一项活动。

●鸡蛋会

鸡蛋会是青海互助、大通等地土族的传统节日。节日时间为每年农历三月三或三月初八、三月十八，因地而异。届时，在寺庙里举行献牲酬祭，请法师诵经跳酬神舞，以禳灾祛祸，保五谷丰登，人畜两旺。与会群众还随身携带许多熟鸡蛋，一是自食，二是相互敲击作戏。

(教师)笔记

●擂台戏

也叫“擂台会”。土族节日风俗。流行于青海互助一带。每年农历二月初二在威远镇举行。当地原有打擂比武活动，后演变成唱戏、唱花儿，称为“擂台戏”。到时候，方圆几十里的土族群众汇集一起，竞唱花儿，进行赛马、摔跤、武术表演等活动，并进行物资交流。

●春节

春节是土族最盛大的节日。节前十多天就开始各种准备，村村户户呈现出一片繁忙景象。除夕吃年饭，唱家曲，给将要出嫁的姑娘举行“戴天头”仪式，各家各户行接神礼，同时还要敬奉灶神和门神。大年初一，全家大小跪拜神佛，祈求一年平安。然后给远方亲友拜年，进行娱乐活动。正月十五年节结束。

四、宗教信仰习俗

宗教信仰是土族精神文化的一项重要内容。

现代的土族普遍信仰藏传佛教，由于受汉族影响，还崇拜祖先，信奉关帝、二郎神、家神、灶神、门神、财神、菩萨等。

土族每家都供有一位家神，作为家庭的保护者。所供的家神中有祖师爷、灶君娘娘、白马天将等。每年旧历除夕家家都要接神，在院中烧松柏枝，上面撒上一些酥油和炒面。然后全家人跪拜磕头。同时在灶神和门神前点灯供馍接神。

土族人居住的地方多在山谷间，种的地多半是山地，所以他们非常崇信山神。在村头、村后山头上堆一个土堆，上面插上一块木牌，写着“敕令山神土地守地界”。认为这样能阻挡暴雨，保护庄稼。

土族地区有藏传佛教寺院40余座，著名的有佑宁寺、广惠寺等。佑宁寺出了不少名僧，如章嘉、土观、桦布，颇有影响。寺院占有大量土地，互助县15所寺院占有土地69 200亩。寺院是土族的文化中心。

●晒佛节

青海互助土族的节日，每年农历正月十五日举行。届时，佑宁

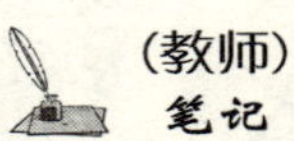
(教师)笔记

寺的喇嘛们将香巴大佛像由大经堂檐前直挂到铺有地毯的经堂台阶上。虔诚的信徒们给佛像磕头膜拜，献上供品。喇嘛从早到晚诵经不停。附近的群众纷纷争相赶到庙中观拜。白天男女青年到威远镇看社火，晚上，在自家门前点燃十五堆火，全家大小都要从每个火堆上跳过三次，认为这样一年中全家人可以不得病，健康长寿。

●观经会

观经会是历年举行的祈愿法会。佑宁寺系土族地区最大藏传佛教格鲁派寺院，该寺于每年农历正月十四、六月初八、初九举行两次规模宏大的观经会。群众习惯地称“郭隆·兰迦”，它不仅是寺院的重要宗教盛会，而且又是民间文艺活动的盛会。在观经会上，有信教群众的一般宗教活动，但最吸引人的算是叫“欠”的藏式神舞，如“法王舞”、“马首金刚舞”及“神猴变人的故事”等。此外，信教群众则有施食茶、布施、点灯、煨桑、背经卷转“斯过拉”等活动。

●四只虎

是每年正月十五晚为全村人驱鬼逐疫，祈求平安的“四只虎”活动——一种驱邪、赶鬼除病魔的祭神仪式。据说“四只虎”驱邪的习俗活动已经流传了200多年。“四只虎”早期只有一人进行驱鬼活动，后来就有四人参加，由每家每户的男人轮流出任，一年轮换一次。每到农历正月十五晚上，由村民选举出的“社头”（该活动的组织指挥者，任期3年）负责安排整个活动的事宜。被选定当“老虎”的人，下午集中在山神庙院内，由社头组织老者对“老虎”进行装扮。“老虎”的装扮较为独特，村民用当地种植的胡麻草拧成草绳在扮演者的头上和全身缠绕缚紧，在草绳空隙间插上香烛，并在老虎头部两侧插上两把香以代表“老虎”的耳朵，嘴叼的红布条代表“老虎”的舌头。夜幕降临后，点燃“老虎”身上的香烛。当“老虎”穿梭在村口巷道时，只见“老虎”影影绰绰，浑身香火星星点点，给人一种朦胧神秘的气氛。

●中秋祭月

用以祭月的大月饼直径有三四十厘米。制作时，将当年新打的麦子磨成面粉后，加入红曲、香豆叶粉及青油后，分别揉成红色、黄色、绿色的瓤，在最外层还要包上一层白色的面皮，放在一口直径五十厘米左右的大蒸笼中蒸熟。用以玩月的大月饼的面皮上还会用彩面做出青蛙和蛇的造型。这里面有一个美丽的传说：月食是由于青蛙将月亮偷吃之故，而蛇是青蛙的天敌，因此，为了保护月亮，便做一条蛇来吃掉青蛙。如此，蛇便成了月亮的保护神。

当月亮还未升起，土族人会在西屋屋檐下，摆放一张供桌，上置精心制作的大月饼以及铜灯、磬和香炉、酒以及其他点心，并点两支蜡烛。另外，还会放上八个碟子，里面供有苹果、沙果、葡萄、沙枣等时令水果，有些人家还会献上一个西瓜。全家人就轮流敲磬，在清脆的"当当"声中，静盼玉兔东升。待月亮的清辉洒于供桌上时，全家妇女及幼年男孩便在母亲的率领下，对着月亮施礼叩拜。仪式后，全家人便可分享供品。

五、人生礼仪习俗

●成年礼

土族家庭对生儿育女非常重视。生孩子要举行极为隆重的仪式，按土族的习俗，男孩子提前一天满月，女孩子则必须满一个月。满月时，孩子的外公，本家长辈，凡来看月子的亲朋好友都被邀请，给孩子穿戴新衣服，设宴招待客人，表示感谢。到黄昏时分，婴儿由其父亲抱着到大门口，迎接放牧归来的羊群，表示吉祥如意。这种习俗，可能源于土族先民在畜牧业经济时代对马牛羊的特别重视。土族婴儿，周岁剃头，婴儿一般都要穿枣红大襟长夹衫。

●结婚

土族的婚礼，一般分提亲、定亲、送礼、婚礼仪式、谢宴等程序。仪式隆重热烈，自始至终都在载歌载舞中进行。

无论是自由恋爱，还是父母决定，都得由男方父母请媒人，向女方家求婚。媒人多为男性，一般要请村里有名望的长者，或与女方家沾亲带故的人，便于说合。提亲时，媒人要预备焜锅馍和蒸花卷各一副、酒两瓶，送到女方家。女方父母若同意这门亲事，就收下礼物，并热情招待媒人；否则，将礼物让媒人带回。

女方家同意后，请来本家各户家长，并邀请男方家的父亲或叔父，同媒人一起来商量订婚。男方需带两包茯茶、三瓶酒、一条哈达、两副馍馍，作为吃喝礼。并送给女方家父亲一包茶、母亲一件

(教师)笔记

长衫料子，同时送一部分彩礼。

在仪礼过程中，女方家开始故意要很多彩礼，这时，媒人和男方家父亲或叔父，向女方家的长辈频频敬酒，说好话，使彩礼数目降到最合适的程度。

定亲后，男方家请媒人给女方家分期分批送礼。但主要彩礼要在办喜事前三个月送毕，以使女方缝制衣服等。彩礼分干礼（钱）、衣料和首饰，也有全部送钱的，衣料由女方家自己选购缝制。按土族传统习惯，在未娶亲前，女婿不到女方家去。现在逢年过节，不仅要去，还要给女方家人分别送礼物。

土族婚嫁，多在每年正月举行。大约在一个月前，先由男方举行择吉日仪式。土族称婚宴为“霍仁”，择吉日称“砣让霍仁”，即首宴。参加择吉日首宴的，有女方家父亲、叔父或哥哥等人，男方也对等的请人赴宴，加上媒人，有七八人，共同请神择吉日。

在娶亲的前一天，是女方家的嫁女宴，土族称“麻择”。女方本家各户、亲戚、朋友、左邻右舍送来礼物。女方家设宴招待，并摆嫁妆，当众一一交代男方送来的彩礼，缝制了多少件（套）衣服以及女方家的陪嫁等等。这时姑娘要哭嫁，哭嫁词委婉动人，感谢山神、土主、乡亲、父母、哥嫂、姐妹的养育之恩和深厚情谊。

土族姑娘出嫁方式有两种：一种叫“小出小进”，一种叫“大出大进”。所谓“小出小进”，即新娘到婆家后才改变发式。这种方式比较复杂、庄重。所谓“大出大进”即在娘家改发式，到婆家后立即拜天地，这种方式比较简便、省事。“小出小进”的出嫁方式，新娘到了规定的时辰，须坐“经卷”，即在堂屋的桌子上，依次摆着“经卷”、柏树枝、佛灯、牛奶、红筷子、茯茶、粮食、羊毛等九种吉祥物品。纳什金（娶亲人）在堂屋门前唱《依姐》歌，并使劲摆动褐衫衣襟，新娘由其兄弟用白毡或红毡抬着沿院里的圆槽转三圈后，出门上马。“大出大进”的出嫁方式，纳什金可以不唱《依姐》歌，穿戴一新的新娘，由其母亲或姐姐陪着绕圆槽三圈后，出门上马。民和三川地区的土族新娘上马时，阿姑们要唱上马曲。新娘由其姐姐做伴娘、小妹做伴女同到婆家。伴娘当天随送亲队伍回去，伴女则要等到婚后第三天新娘、新郎回门时带回。

新娘进大门时，由两个年轻妇女在前面拉着红毡或白毡，新郎、新娘跟着毡，男左女右，抱着用红布制作的布娃娃，并肩缓缓迈入庭院。如是“小出小进”则新娘到伙房灶神爷前，由事先选定的妇女动手为她梳头改发式，穿新婚服装，开口。开口仪式是：由

(教师)笔记

一位也是事先选定的妇女，手拿用红线缠着的擀面杖，在新娘面前绕几下，说："新娘新娘你开口，金口玉言，家里的话不要到外面去讲，外面的话也不要在家里乱说，守口如瓶，免惹是非……"

中午时分，娘家送亲人在婆家院里摆嫁妆，给新郎穿戴衣帽等。

最后，双方协商奶母钱。红仁切（喜客）摆出一副慷慨大方的样子，象征性地收几块钱，然后，边饮上马酒，边走出大门去。

●丧葬

土族的丧葬习俗比较独特，分火葬、土葬、天葬和水葬四种方式。青海互助、乐都、同仁和甘肃天祝地区的土族多实行火葬，少数实行土葬，青海民和、大通等地的土族一般实行土葬。土族把火葬视为一种神圣的丧葬方式。隆重的火葬限于正常病故的老年人，而且必须有子嗣。非正常死亡的和青少年早逝者，则采取火葬中最简便的方式进行。天葬对象是夭折的婴儿和少儿。与其他民族实行的天葬不同，既没有固定的天葬台，也不举行天葬仪式。水葬主要在青海民和三川地区的黄河沿岸土族中实行，水葬的对象是早逝的少男少女。

(教师)
笔记

达斡尔族习俗

达斡尔族是我国北方的少数民族之一。据2000年第五次全国人口普查统计，人口为132 394人。

达斡尔族主要分布在内蒙古、黑龙江和新疆等三个省区。其中主要居住在内蒙古自治区莫力达瓦达斡尔族自治旗、鄂温克族自治旗、扎兰屯市、阿荣旗及黑龙江省齐齐哈尔市梅里斯区、富拉尔基区、龙江县、富裕县、嫩江县、爱辉县；少数居住在新疆塔城县。

达斡尔族使用达斡尔语，属阿尔泰语系蒙古语族。无本民族文字，主要使用汉文，少数人兼用满文、蒙古文和哈萨克文。由于居住分散，达斡尔语形成了布特哈、齐齐哈尔和新疆三种方言，但语音、词汇、语法的差别不大，可以互相通话。

新中国成立后，达斡尔族人民开创了他们历史的新篇章。在改革开放的年代，达斡尔族的先进村落发展多种经济，增加社会财富；达斡尔族知识分子为现代化建设贡献聪明才智；达斡尔族文艺工作者深入川藏高原访问演出；达斡尔族体育健儿作为我国曲棍球队的成员，在国际比赛中屡屡为国增光。

达斡尔族是一个人口较少的民族，又是一个勤奋向上的民族。

一、饮食习俗

达斡尔族多种生产的特点，决定了他们的食物品种和食用方法的多样化。主食有米食和面食，副食有肉类、鱼类、奶类和各种蔬菜。

达斡尔族主食中以加牛奶的稷子米和荞麦面、饼为主。达斡尔族的面食以荞面为主，有刀削面、刀切短面条、揪面片、手指压柳叶状面条和用拇指在另一只手掌上碾成的薄卷片等，这些荞面食品都直接在牛奶或兽禽肉汤里煮熟。肉食过去曾以野生动物为多，有狍子、鹿、驼鹿、野猪、黄羊和飞龙、沙鸡、野鸡等。随着狩猎业减少，家养的猪、牛、羊、鸡成为主要肉食。达斡尔族喜爱吃手把肉和片白肉。节日宴会里待客的珍贵菜有“手把肉”。

肉食的制作以晒肉干和煮、烤肉为主。平时，喜用肉炖蔬菜。常吃鱼，主要烹调方法是清炖和清蒸。

达斡尔族房前屋后常种有各种蔬菜，除了大量平时吃用外，还加工成酸菜、咸菜、干菜，以备冬春季食用。最有特色的是用刀将豆角和西葫芦削成细长条，晒干后编成股儿储存。达斡尔族妇女还采集柳蒿芽菜、山葱、山芹菜、黄花等野菜，煮熟食用。

达斡尔人对独特的柳蒿芽菜情有独钟。在剁碎的柳蒿芽中加入猪肉或肥肠做成汤菜，既营养丰富又清热解毒。每到北方春暖花开的五月，男女老少迫不及待地去采摘漫山遍野的柳蒿芽，这也正是达斡尔族的一个重要节日。

饮料有鲜、酸牛奶、奶酒、奶米茶等，奶米茶是把少量稷子米炒有轻微煳味后，加牛奶和水烧煮即成。达斡尔族妇女还喜欢把采集的稠李子、山丁子、榛仁等磨为合成粉，饮用时冲入开水，拌白糖做成类似面糊的饮料，味道可口。典型食品有燕麦炒米，是达斡尔族野外劳动中常用的食品；“瓦特”和“希日格乐”是达斡尔族的两种糕点食品，常用于节日、订婚喜事和葬礼时招待宾客和乡亲；“拉里”，即牛奶熬的稠粥，用稷子米或荞麦米加鲜奶或酸奶熬成，拌黄油和白糖食用。食用时，需请亲戚邻里前来品尝，以示亲邻和睦，牛畜兴旺。

二、礼仪习俗

达斡尔族是注重社会礼仪文明的民族，礼仪成了一种全民族的社会公德，并非常重视对晚辈进行礼仪文明教育。达斡尔族注重尊老爱幼、扶持孤寡残疾。在婚礼、葬礼、节庆、敖包祭、族谱祭以及萨满教的各种宗教典礼中，尤其如此。在日常生活中，数日不见长辈要行请安礼，在年节行叩首礼等等。长辈是达斡尔族礼仪文化的表率，由此形成了团结和睦、助人为乐、携手并进的社会风气，为达斡尔族的文明发展奠定了良好的基础。

●敬老爱幼

在平时生活中，达斡尔人的尊老习俗也历历可见。譬如：全家吃饭时，要请老人坐上席，在老人说开始吃饭或老人开始吃饭后，

(教师)笔记

其他人才能开始吃饭。儿媳不能与公爹、公婆一起用餐，要等到最后吃。长辈与晚辈谈话时，晚辈要站立听“训示”，不得顶撞老人或强词夺理地争辩。晚辈出现纠纷或打架，只要长辈出面劝阻或调停，晚辈只有无条件服从，不得无视长辈的参与。早晨长辈起床后，儿媳妇先要给长辈装上一袋烟和端着热茶送进去。晚上由晚辈给长辈铺床。儿媳妇从娘家回来，要向公婆请安，表示“销假”。年轻人在路上遇到老人或长辈时，要问候和请安，外出几天归来时，也要向老人请安。

●迎接客人

达斡尔人对待客人的礼仪很周到。对于来访的客人一般都是敬烟、敬茶，表示欢迎。特别是敬烟待客更是达斡尔人非常重视的。即使客人自己正吸着烟或自己带着烟袋，也要吸主人家给装的烟。如果客人不食用主人的事物或不接受敬献的烟或茶，主人就很不高兴，认为这是瞧不起他们。在送客时，一般是由男主人陪送到大门外，女主人陪送到屋外；而在送女客时，则要恰恰相反。

三、节日习俗

达斡尔人的主要节日是春节。达斡尔族称春节为“阿涅”，是一年之中最盛大的节日。过年之前家家都要进行充分准备，杀年猪，打年糕。年三十用各种杂物码起一个垛，晚上点燃，老年人要把大块肉和饺子投入火中，祝福人畜兴旺，年三十吃饺子有的要在饺子里放上白线，意味着吃到这只饺子的人可长命百岁；有的在饺子里放上铜钱，吃到的人意味着今后不缺钱花。初一开始拜年，拜年的人一进门就要打开主人家的锅，抢吃年糕，表示亲密无间，然后吃手把肉，妇女之间要互相赠礼，礼物有烟叶、奶皮、糕点和冻肉，春节一直过到正月十六。

在春节期间，屯里举办各种娱乐活动，如打曲棍球、跳舞、玩嘎拉哈（用狍子的踝骨做的，达斡尔族人叫“哈涅卡”）等。正月十六为“黑灰日”，在黑灰日这一天，人们之间，特别是青年人之间要互相往对方的脸上抹黑，认为抹得越黑，新一年越吉利。

达斡尔族也过元宵节，被称为“卡钦”，是仅次于春节的又一节日。十四日晚餐和十五日早餐之丰盛，仅次于春节除夕。过了正月十五，新的忙碌的一年又开始了，远出行猎和放木排者陆续进山，农夫也要开始他们的备耕工作。

(教师)笔记

四、宗教信仰习俗

达斡尔族信奉萨满教。萨满教是原始社会氏族制度表现的一种形式。以崇拜大自然、图腾、始祖为三大内容。“万物有灵”是萨满教的核心。萨满教的兴起和发展有较强的地域特色，与原始狩猎时代人们依赖大自然是分不开的。

达斡尔族称萨满为“雅德根”，与蒙古族早期萨满女巫称号相似。萨满教不仅反映了达斡尔族社会心理意识，同时包含了原始哲学、伦理、文化、审美、神话及农耕、天文学的成分，构成了达斡尔族早期社会学的经典和文化基础。

达斡尔族过去以自然界为崇拜对象，每年阳历五月，群众杀牛或猪祭天、地、山、川诸神。每个家庭均有一个专司祭祀的萨满，除祈祷、祭鄂博（一种山神）外，甚至以巫术治病，届时要杀牛、羊，同时还要奉送许多食品，如奶皮、奶油及各种糕点。如今祭祀活动已不多见。

达斡尔族大多信仰多神教，供奉天神、山神、火神、财神、祖神等。由于达斡尔族居住在祖国各种文化交汇和过渡的地带，加之他们独特的历史文化变迁过程，因而形成了他们社会、文化多元化的特征。达斡尔族的物质生活、民族文化和传统习俗所表现的，正是这种农、牧、渔、猎多种文化兼容的特点。

祭敖包

祭敖包，始于早期狩猎时代。每年春秋，人们便杀猪宰牛做供品置于敖包前进行祭典，并由“巴格其”（萨满教神职人员）祭，祈求大自然诸神赐福人间，保佑氏族兴旺，粮丰人安。

敖包一般设在村落周围的高处，用石块堆成圆锥体，上插枝叶繁茂的树木，树枝上挂饰黄、红、蓝色布条。黄色为祭地，红色为祭火，蓝色为祭天和水，树木为祭森林，石头堆为祭山，是原始宗教对大自然崇拜的集中体现。随着时代的变迁，祭敖包已被赋予了新的内涵。人们利用祭敖包的机会，进行物资交流、文艺表演、体育比赛等，成为达斡尔族传统的民族节日。

(教师)笔记

五、人生礼仪习俗

●结婚

按达斡尔族的婚俗，订婚以后，男方要择吉日过礼，即送“察恩特”（彩礼）。察恩特包括猪、酒、糕点等，一般是由未婚夫和其长辈陪礼人送到女方家中。这一天，女方家则要摆设察恩特宴，款待贵客及同家族的人，姑娘要躲起来，不见未婚夫。

在察恩特宴上，未婚夫要向女方父母及其他长辈敬酒、磕头，正式认亲。老人们则赠给未来的姑爷钱、钱褡子等礼物。

筵席上双方还要互致传统的祝词。男方陪礼人先道：“贵方的少女我方的郎，千里姻缘系双方。选择这良辰吉日，我们将微薄的察恩特献上。山间的幼松稚柏，今已挺拔健壮，英俊美丽的少男少女，都已长大而且年貌相当。为祝贺两家美好的亲事，我把喜酒斟满举起，光临的众族胞和亲戚，请接受这虔诚的心意。”女方的父亲接过敬酒，回唱道：“为着我们联姻和睦，道远路遥让您饱受辛苦，送来的察恩特项目，请求您代我向族亲们备述……”优美而有趣的祝词，使喜庆的察恩特宴更加欢乐、热闹。

婚礼前一个月，男方还要送一次小礼，礼品主要是衣、物，这时未婚夫妇才可以见面，并在一起吃“拉里”和挂面。

结婚要置办酒宴，食品和菜肴必须丰盛，特别是在迎亲时，如果沿途碰见行人，不论是否相识，都可分得一份酒肉和点心。结婚仪式后，主人要以炒狎鼻和手把肉等上等菜肴待客。

达斡尔族的婚礼，送亲人包括男傧相“花大”、女傧相“活多沃”和新娘的弟辈“库吐鲁”。当送亲人陪护着新娘到达男方家后，新郎家要对送亲贵客格外加以关照，未进门，便先敬“进门盅”，进屋后又要设“接风酒”，可谓细致入微，唯恐慢待礼数不周，但宴席间“花大”们往往还是故意横挑鼻子竖挑眼，“库吐鲁”们则一边吃喝，一边偷酒杯、筷子、碗碟等藏在身上，借以捉弄姐夫和陪客。因为达斡尔人认为，酒杯是为新郎新娘准备的量粮食的斗，碗碟是盛粮食的箩筐，都是不可缺少的生活用品。因而席后男方发现少了东西，便开始搜查，搜出便罚“偷”酒杯者喝酒一杯，“偷”碗者喝酒一碗。第二天，送亲人准备打马回程时，也伺机“偷”走几个酒杯、碗碟，待新郎带酒追来，才肯归还。

(教师)笔记

●丧葬

达斡尔习俗中忌讳说人“死了”。对于逝者要按照辈分，用不同的字眼表示，如对长者，称“成佛了”，表示尊敬之意；对中年人之死，称“逝世了”；对小辈人死亡，叫做“少活了”；婴儿夭折，则称“没站住了”。更忌讳说萨满死了，萨满死亡称“上尚德了”，意为上神坛去了。

达斡尔族丧葬习俗，有土葬、火葬、风葬三种。对于正常老、病死亡者，实行入殓棺材土葬；对孕妇因难产而死者、少女出嫁前死者、患传染病死者、被雷电击死者、暴亡或人在外地死亡、尸体已腐烂或肢体不全者，均实行火葬，同时把骨灰埋葬在公墓以外地方；对于因患天花、麻疹死亡的儿童，要装入柳条筐，悬挂在山上阴坡的树枝上或放在山坡阴面搭起的三脚架上，实行风葬。

如果逝者是独身男人，埋葬时要在他坟墓旁陪葬一个画有女人头像的木板。达斡尔人死在外地时，在其棺上绑一只公鸡，拉回到墓地埋葬。如果另选墓地移坟时，在原坟墓坑里，活埋一只公鸡，并往坟坑里撒些小米，以示酬谢土地神。

中年以上的人去世后，要举办丧事，主要有停灵、入殓、祭灵、安葬等4个程序。当病危者快咽气时，全家人都不能入睡，以免睡觉人的灵魂被逝者带走。长辈临死时，先开光整甲，穿寿衣鞋袜，并将身体头向北、脚朝南，停放在西炕沿的铺板上，在逝者的面部盖一块白布。

人去世后3天入殓。达斡尔人的棺材形状为上窄下宽，入殓前剪一圆形如日的金箔，贴在棺内左侧；再剪一弯月形银箔，贴在棺内右侧，象征逝者将赴“彼岸”，途中有日月的光芒照耀。禁用铁钉子钉棺盖。棺材外涂红漆，内置枕、褥和逝者生前用过的餐具、烟具、小刀和一袋米面等物。

入殓后，灵前桌子上摆一只整鸡、饭菜等祭供食物，并在逝者旁边放上装烟叶的烟袋。儿子用白布条系发（或头上戴块白布），跪在灵柩的足部侧面，儿媳要散发跪在棺材首旁，女儿等跪在灵桌边。夜间灵前点一盏灯。

在逝者停灵期间，要将死讯通告亲朋好友。吊唁者来时要给遗体行礼，如逝者为长辈，吊唁者先行请安礼，再跪悼片刻；若属平辈，则致蹲哀礼；逝者的弟弟行立哀礼。

棺材由近亲抬出房门前，由东向西运转三周。如系外姓人死在

（教师）笔记

家里，则忌从房门抬出，须从窗口将棺材抬出去。

殓殡后，将灵柩放在房前西侧搭起的棚内，灵前供奉祭飨。由儿子和儿媳，自夕至晨守灵，并进行一日三奠三哭致哀，每次都要烧些金银箔和酹酒祭灵。祭灵仪式要选择黄道吉日举行。前来参加祭灵的亲朋好友都要带金银箔或现款。在灵前烧掉金银箔，现款给逝者家属，表示安慰。

(教师)
笔记

仫佬族习俗

仫佬族是我国人口较少的一个山地民族。他们自称“伶”、“谨”。壮族称之为“布谨”，汉族称之为“姆佬”。“仫佬”一词在民族语言中，就是“母亲”的意思。新中国成立后统称“仫佬族”。绝大多数居住在广西罗城仫佬族自治县。其余散居在忻城、宜山、柳城、都安、环江、河池等县境内，与壮族、汉族、瑶族、苗族、侗族、毛南族、水族等民族杂居。根据2000年第五次全国人口普查统计，仫佬族人口为207 352人。主要从事农业，种植水稻、玉米等。仫佬族使用的仫佬语与毛南语、侗语、水语相近。大多数人兼通汉语，部分人还会说壮语。通用汉字。

一、饮食习俗

仫佬族粮食以大米为主，玉米、红薯、芋头等杂粮为辅粮。新中国成立前，农业生产水平低下，农民生活十分艰苦。一般家庭白天均食稀饭，晚餐才吃上干饭，有的家庭连晚上也吃不上干饭。仫佬人常以稀饭当饭，酸辣当菜，久而久之，习以为常。

现在生活已大大改善了，但这种传统习惯仍未改变。一般家庭都是早粥夜饭，早餐、午餐多以酸辣佐食，晚餐才煮菜。尤其是夏秋季节，农事繁忙，气候炎热，更是如此。因此，家家有酸坛，少则几个，多则十数个；家家有辣椒钵，酸辣食品每餐必备。即便逢年过节，鸡鸭鱼肉摆满桌子，也少不了一钵酸辣食品。

仫佬人的酸坛，分水坛与干坛两种，水坛腌的多是时鲜瓜菜，也有把时鲜瓜菜晒干留存下来，待到瓜菜淡季放入水酸坛腌制的。腌制方法较简单，只需将腌料洗净切好，加盐拌匀，投入坛里，两三天后即可食用，但不耐久存。干坛腌菜手续较复杂，首先把腌料洗净切碎成半干，后用食盐搓匀，再拌上糖、酒或甜酒、辣椒粉等

(教师)笔记

调料，然后入坛压紧，密封坛口，一两月后即可食用，可保存一两年而不变质。干腌的酸品，酸、甜、咸、辣、香五味俱全，脆嫩爽口，别具风味，仫佬人视为酸中珍品，宴请宾朋，常拿出一些让客人品尝，不但毫无怠慢之意，反而表示对客人的尊敬。

仫佬人腌制的酸品，种类繁多，最常见的有蒜头、蒜苔、蒜苗、豆角、刀豆、萝卜、黄瓜、青椒、莴笋、青菜椒、莲藕、泡菜、芋檬、嫩姜等等。但从来不腌肉类，而且忌荤腥油脂沾着酸坛。

地炉火锅　在仫佬人家中人们普遍“掘地为炉”，燃烧煤炭(即白煤、无烟煤)煮食取暖。明嘉靖年间田汝成著《炎徼纪闻》一书已有记载，起码已有五百多年的历史了。

在烧得旺旺的地炉上，坐上只铁罐或铁锅，加上大半锅水，就餐者围坐在炉边，边取暖，边闲聊，待锅里的水滚开了，在锅当中坐上只高脚盐碟，内盛食盐、辣椒、葱、蒜、香菜，加上酸醋或酸水；然后把洗净切碎加调料腌好的肉类、蔬菜，一样样分多次沿盐碟周围放入锅里，瞬间，就可趁热、趁脆、趁嫩夹起来，蘸上酸辣盐水，津津有味地吃起来。即使边聊边喝，吃上几个钟头，肉菜亦不失鲜、甜、香、脆、嫩、热的可口滋味。室外寒风凛冽，室内人仍会周身发热，额头冒汗。仫佬人对肉食一般无禁忌。过去虽有“罗不食猪”、“吴不食狗”、“莫不食狗”、“姚不食心”等传说，其实，都不是普遍现象，个别支系和个别人间或有之。也有禁忌某种肉食的人，如佛教信徒，常年吃素；有的人“算命”，迷信吃了牛肉或狗肉，会造成某种生理缺陷（俗称“破相”），形成禁忌。随着人们文化科学水平的提高，这些禁忌早已消失。如今仫佬人如果打地炉火锅宴嘉宾，常常是猪、牛、鸡、鸭、狗肉及其内脏，错杂纷呈，毫无禁忌，滋味美不尽言。

糯米食品　仫佬人爱吃糯米食品，过去过年过节家家都需置办。据说这也是仫佬人嗜食酸辣原因之一。他们认为糯米食品易腻，不易消化，多吃酸辣有利于增进食欲，帮助消化，强壮身体。

仫佬人的糯米食品中，最具特色的首推大冬叶粽（又称“枕头粽”）和桐叶粑（又称“狗舌糍粑”）。

二、礼仪习俗

仫佬族有很多独具民族特色的礼仪风俗，像添丁报喜、满月酒、敬婆王报人丁、认恩娘、补做风流等。这些礼仪习俗，是仫佬

(教师)笔记

族文化的一个重要组成部分。

●添丁报喜

生小孩是仫佬族人家的头号大喜事。孩子一降生，夫家便派人给外婆家报喜。外婆立即挑起早已准备好的东西：鸡（男丁母鸡，女丁公鸡）、背带、花布、甜酒、黄糖、鸡蛋前来贺喜。直到三朝后与接生婆、亲家母共进喜餐之后才返回家中。

●满月酒

在仫佬人眼里，满月酒是庆贺“万年香火”的一件大事。办满月酒这天，外婆送来背带、布匹，外家姐妹每人送来一副“白米担”。男家亲友送来鸡、鸭、米、面等。诸位亲朋都来庆贺，为小孩举行“开斋”、“取名”的仪式。晚上外家与婆家各为一方，唱歌对擂。

敬婆王报人丁：民间传说婆王管生育，社王管平安。能否生男育女由婆王掌管着，子女能否长大成人由社王操纵着。因而，农历的三月初三“婆王诞”要去敬祭她；二月、八月春秋社日要向社王报人丁。祭祀婆王是全村性的活动，祭拜结束之后，由“冬头”向婆王报告每家每户的人口情况，感谢婆王的恩德。这一天，全族人一齐出动，抬猪牵牛到婆王庙前宰杀，大摆酒席，全族人聚餐，祈祝人丁兴旺。

●认恩娘

“亲娘不比恩娘大”，这是仫佬山乡流传的一句俗语。它反映了“恩娘”（即“契娘”）在日常民俗生活中的地位。民间认为，小孩虽然是从娘肚子里出来的，但是长大成人，还得依靠恩娘保佑，因而，认恩娘之风相当盛行。

●补做风流

“补做风流”是仫佬族久婚无子的人家所做的民间法事，也是富有情趣的民俗活动。凡久婚不孕者，民间认为，是他们婚前要风流不够（尤其那些不是自己走坡对歌谈情，由父母包办而久婚不育者），因此要补做风流把恋爱谈够谈充分，把夫妇之间的爱情培育得浓浓的，才能怀孕生小孩。

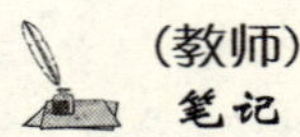
（教师）笔记

三、节日习俗

仫佬族节日很多，从农历正月初一春节开始到农历十二月二十四日送灶王爷上天、十二月三十日（大年）的除夕，一年之中几乎月月有节日。如春节、观音节、花婆节、牛诞节、依饭节、走坡节等等。全年的每个节日都有其活动的形式与风格。

●春节

春节为一年诸节日中时间最长的一个节，与除夕的活动联为一体。除夕是前一年的节日的终结，也是后一年节日的开端——春节的前奏。因此，就二者的关系来看，它们是同一个节日的两个部分，时间的界限把它们划为新年与旧年两半。春节的活动有许多与汉族相似，只不过各有各的讲究。他们初一早上全家吃水圆，当天均吃素食，初二用香纸敬财神，举办各种文体活动。春节期间也是唱彩调戏的时节，正月十五之夜到别人家菜园摘几片菜叶回来，没有蔬菜，青草也要抓一把，称为“偷青”。民间认为，会给家中带来清洁平安，正月十五闹元宵，耍龙灯，春节结束。

●二月春社

二月春社日，家家户户舂糍粑，杀鸡祭祖，接新媳妇回家。全村进行春祭，各家各户凑钱买猪，抬到社王庙宰杀，每户派一位代表参加，敬祭社王时，将猪肉分成若干份，用竹子串联起来，一串一串地挂在竹竿上，分放在社王庙的两旁。祭完社王，代表将一串猪肉带回家，如果这一年春社在春分之前，民间认为年成好，有剩有余，代表们先饱吃一顿，剩下的串肉再分给代表带回去；如果春社在春分之后民间认为则年成不好，大家要省吃俭用，先分再吃，把猪肉全部分到各家各户去吃，煮黄花（一种灌木花）、煮黄色糯米饭供神，全家食用，民间认为，可减少白蚂蚁之害。

●三月清明

三月清明节，全村杀猪祭“婆王”，然后各家各户扫墓。这天家家户户杀鸡供祖，做艾粑粑，在门口插两枝柳条。

有的地方在三月初三祭婆王（又称花婆），称“花婆节”。

●牛王诞

牛勤劳能干，为人们犁田耕地，默默无闻，任劳任怨，所需的

（教师）笔记

仅仅是草和水，可奉献的却很多。所以不少民族都崇拜牛、爱护牛，把它当成人类的好朋友，仫佬族也不例外。农历四月初八即被定为牛的生日，称“牛诞节”。这一天，无论农活多么忙，都要给牛放假休息。家家户户把牛洗得干干净净，将牛栏清扫一新，还在大门上插枫树枝，以驱赶蚊蝇。并杀鸡、鸭，备酒肉祭“牛栏神”，做黑糯米饭祭祖先。这一天要给牛吃上好饲料，做好的黑糯米饭要先请牛吃，之后人才吃。家境好的人家，还沤制黄豆、玉米，拌入鸡蛋酒糟喂牛，真可谓对牛爱护备至。

“牛诞节”的由来

关于牛的生日还有一段美丽动人的传说故事。相传在古时候，仫佬族先民耕田种地都是一镐一锄地挖，费时费力。一个叫罗英的姑娘生来聪明伶俐、勤劳善良。一天她到山上打猎，看到一只野牛狂奔乱跑，又看到乡亲们汗流浃背地在田间忙碌，心想，如果捉住这头牛为乡亲们犁田该多好啊！于是，她就追赶野牛。野牛在跑时一只蹄子被夹在石缝中，痛得哀叫不已。罗英无力帮它摆脱困境，只得采来嫩草喂它，并为它唱歌，歌声悠扬，情真意切，不仅打动了野牛的心，也感动了山花、草木、月亮，坚硬的石头也为之感动，慢慢地裂开石缝，牛的脚拔出来了。牛便随着罗英来到田间，勤勤恳恳地为人们拖犁拉耙，世世代代耕田种地。仫佬人有了耕牛，田里的活路轻松了许多。

●六月

是仫佬人祈求保佑，免去虫害、旱灾，祈愿五谷丰收、生意兴隆的节日。1911 年以前，还要供祭蝗虫神，驱蝗保苗。

●祖先节

七月初七，杀鸭祭祖，接祖先回家；七月十四，再次杀鸭，祭祖送祖先。这七天里，家家户户香火台上早晚焚香、供酒肉，祭祀祖先后人才用餐。到了七月十四这天下午，备上三牲（猪肉、鸡、鸭）、酒菜，供于祖先牌位前。老年人写好“勤俭持家”、“好善乐

(教师)笔记

施”等字，贴在纸钱包上，叫青年人跑到台前读完一个烧一个。烧完之后把纸灰用南瓜叶或芭蕉叶包成两包，穿系在一根小竹木片上，称为“金银担”。再用厚纸折纸船一只，或用芭蕉秆扎成小排，将“金银担”放在上边，送到河边，放入水里，让它随波漂流，称为“送祖宗下船”，祖先就这样被送往冥府了。

●安龙节

农历十一月，仫佬山乡有的村寨选择吉日举行盛大的法事，过“安龙节”。请法师主持，安龙上位，请龙神保佑全村安康。“安龙”时，先在村子周围挖4个大坑，每个坑点一盏油灯，日夜点燃，给龙神引路。法师口中念念有词，一手拿宝剑，一手拿火把，挨家逐户，从房间到猪栏，处处赶鬼驱邪。然后用茅草结成一个耳朵形的草标插在大门口的上方。

●依饭节

依饭节由公推或轮流的“头首”组织筹备，在宗族祠堂或头首家设祭坛。祠堂门外扎彩门，贴“依饭三年乐一举、轮诚万户庆千仓”的对联和横额“恭迎圣驾”。

依饭祭祀仪式由梅山教师公主持操办。祭祀前，将36位神灵画像挂于堂壁，面具摆放于祭坛桌上。祭祀时，除燃香烛摆酒菜外，还供放红薯、芋头牛若干和糯米谷穗、五色糯米饭等。

依饭节仪式，共分六个步骤：

请圣　供放茶叶、柑橘、甘蔗、芝麻、黄豆等12素“清筵”。由师傅逐一念唱36位神名，同时由另一穿法衣、戴童子面具的师公作舞，表示所敬请的神灵已降临祭坛。

占牲　即牲祭神灵。各家凑36只鸡鸭，由师公宰杀一只，并悬空书写“超生度命”四字，然后于天井杀猪、宰鸡鸭。

劝圣　请神灵享受供品。供猪肉、猪头、尾、内脏及鸡、鸭、酒等12荤熟“浊筵”。

唱神　诵唱每位神灵身世、业绩。由一戴面具的师公边唱边跳。唱到某神，即由戴某神面具的师公上场表演。唱、演形式根据各神的身世和业绩特点而定。他们行罡走步中的翻爬滚打和对阵厮杀的表演都很精彩有趣。两边乡民配合“嘀啊”衬音帮腔助威，使气氛更加热烈。

合兵　师公咬破红公鸡鸡冠，将血滴于红薯、芋头牛身、糯米谷穗及酒碗。参加祭祀者每人喝鸡血酒一口，按迷信说法，可以受到神灵保护。

送圣　师公送走36位神灵后，对梁九有特殊送别仪式，并具有与民同乐色彩。传说梁九是维护仫佬人利益的清官，极受民众爱戴。届时，一师公戴面具扮梁九，扛一缚公鸡的竹竿，持酒壶，提一吹胀的猪尿泡边走边唱或与乡民对答。内容包括天文地理及生产、生活琐事。答不对者，梁九则以猪尿泡击其头，念道：公的尿泡敲你头！引得众人哄堂大笑，情趣盎然。之后，梁九与祭祀会首互敬四杯酒，迅疾推倒坐椅，燃放鞭炮，表示所有灾难瘟疫全随猪尿泡被赶走。这时，乡民们欣喜若狂地分到红薯、芋头牛及糯米谷穗回家供于神龛，以保人畜平安，五谷丰登。至此，祭祀仪式全部结束。

●走坡节

多在春、秋农闲时节举行。春季走坡选在春节至元宵节的一段时间，秋季走坡选在中秋节前后的一个圩期里。走坡活动，古有惯例，不必发通知、出布告，坡会的日期和场所，群众心中早已有数。相传最大的坡场是东门、乔头、小长安三乡交界的花源洞和四把乡龙潭边的新印坡。届时，青年男女身穿节日盛装，女的花枝招展，男的潇洒大方，成群结队，由各村各寨云集到坡场来。唱歌传情，互唱互答，有邀请歌、盘问歌等，增进彼此的了解。如果男女双方有情有义，便接唱倾诉爱慕之情的“谈情歌”；如双方感情进一步加深，进而即唱“初结歌”，表示初步认定对方为自己的意中人。对歌结束时，要唱“惜别歌”、“相约歌”，表示年轻恋人依依惜别、难分难舍，盼望再相见的心情，并互赠信物，男方送女方月饼称“同年饼”，女方送男方同年鞋，又称“鸳鸯鞋”，意为成双成对，共结同心。

男：八月十五月团圆，哥送月饼表姻缘；
　　为了我俩成双对，礼轻情重妹莫嫌。
女：郎哥爱，手接月饼心花开；
　　八月中秋哥送饼，九月重阳妹送鞋。

这首歌，既唱出了送物定情的心愿，又约定了下次相见的日期。再次走坡时，先到的一方唱“守等歌”，接着唱“重逢歌”，

(教师)
笔记

试探对方诚意和表示永远相爱的“结双歌”，互相赞美的“赞花歌”，表示别后思念之情的“思双歌”，渴望结亲和向往婚后幸福生活的“同住歌”及“算日歌”、“分离歌”等。双方经过多次约会相见，以歌传情，互相了解后，仍然不能私订终身，因为按照俗例，必须经过双方家长同意，再经“月下老人”牵线搭桥，才能结为“秦晋之好”。

仫佬族之所以将此节称为“走坡节”，即指不独在龙潭边的平坝上活动，而是在附近的山坡绿阴随处可见三五成群的年轻人对歌传情；又因是青年人寻找终身伴侣的日子，所以又叫“后生节”。在潺潺的小溪边、石头旁、浓浓的绿阴下，青年男女优美动人的歌声，响彻高山幽谷。景美人更美，此情此景，令人心旷神怡，流连忘返。仫佬族走坡唱歌传情，都很讲究礼貌，互相尊重，以诚相待，显示了仫佬族人民淳朴善良的精神风貌。

●挑新水节

每年正月初一举行挑新水活动。新年的第一天早上，家庭主妇点上香和火把，挑着水桶到河边平时打水的地方，插上香，扔下几枚硬币，祭拜水神。之后，打水挑回家，让家人饮用一碗新水。据说，人喝了新水，可以子孙满堂。家畜喝了会体大身健。新年的第一天，如果谁挑上了第一桶新水，被认为是最吉利的。

●分肉串节

每年举行两次，也叫“社节”。这一天，各家筹钱买牲口，每户派一人参加，把牲口抬到社王庙去宰杀。将肉分成若干份，并用竹子把它串起来，一串串地挂在竹竿上，分放于庙的两旁，以敬祭社王。祭祀完成后，每个人带一串肉回家。这就叫分肉串。

与其他民族一样，仫佬族一年之中有许多节日，其中有宗教色彩很浓的宗教节日，也有一般的生产、娱乐性节日。

四、宗教信仰习俗

仫佬族过去以信奉道教为主，后又信佛教。道教本身是多神信仰，崇拜的神很多，从日、月、星辰、风、雨、雷电，到地上的山、水、树木、飞禽走兽以及人间的先哲贤才、忠孝义烈之士都在其所崇拜之列。另外，还有很多占卜、符咒、禁咒等道术。由于多神信仰使仫佬族的宗教活动繁多，主要有“问野敬”、“添花架桥”、“叫魂”、“依饭”、“添粮”、“添六马”、“架接命桥”、许经、还愿、“安龙”等等。

问野敬（驱邪） 仫佬族人凡是在家中发生病难时，认为是触犯了神灵。便请“野敬”婆到家中，上香烧纸，“排难解病”。据说“野敬”婆可以通神。

添花架桥（求子） 仫佬族妇女久婚不育，认为是被“鬼神”所捉弄，要请法师做“添花架桥”的法事。即在屋中立“花婆”，早晚烧香敬奉，以求生子得福。

添粮 专门为年长的老人举行的法事。具体做法是主家买肉宰鸡，由亲戚送来米若干，请法师在米上念咒作符后，煮给老人吃，以此来祈求老人延年益寿。

添六马（添寿） 其意义类似于“添粮”。认为人老力衰是因为其“六马”已倒，需要请法师来行法术。剪裁六只马，放在当事人睡床的四个角以及头脚所向处，以此来祝福老人延年益寿。

安龙 仫佬族人认为每个村寨都有龙神，每个家庭也有龙神。凡是村寨发生不幸，全寨子的人要举行“安龙”活动。如果家庭内发生不幸，则全家人举行“安龙”活动，以求平安无事。

五、人生礼仪习俗

●结婚

仫佬族历来都与壮、汉等族通婚，五服（代）之外的同姓也可以通婚。婚礼颇有本民族特色，但礼仪繁多，耗费极大。男方要送“彩礼”，女方要陪“嫁妆”，男方还要设宴迎宾。

传统婚礼主要有接亲、出嫁、拜堂三个阶段。

接亲 新郎家派出少女、少男、红娘四人或六人（须双数），带着许多封包和彩礼（含猪肉、酒米、银元、金银首饰）以及“山盟”（茶叶）、“海誓”（盐巴）、“天圆”（槟榔）、“盼金”（装纸票）等象征物到女家接亲。一路上，“人姑”（少女）走在前，少男和红娘走在后，次序不能搞乱。

出嫁 新娘哭哭啼啼由大嫂或大姐背出屋外，放在泥地上，后由接亲的妇女们引导前行。女家派出五六十至一百五六十的队伍“送亲”。行至男方家门外，“送亲”中的女伴须将雨伞在新娘头上开合三次，接着男方的亲友送饭和糖给新娘吃，以示日后不愁吃穿，生活甜美。新娘这一天穿着自种、自纺、自织、自染绣制的黑

(教师)笔记

色土布“送嫁衣”，衣领、衣脚、衣袖口都绣有精致花纹，据说穿上这种衣服出嫁就不会忘记民族本色。

拜堂　亦即举行婚礼。新娘须由族中年纪最老、儿孙最多的老奶奶牵着进厅堂（不能碰门槛）与新郎拜堂，随长者的口令，一拜天地，二拜父母，三是夫妻对拜，然后新娘与女伴进入洞房，新郎与男青年留在堂屋中。洞房里不设床铺，只放桌子和板凳，桌上放一盘白米，中央点一盏灯，青年男女对歌过夜。天亮时，新娘即随陪嫁姐妹们回娘家去，直到二月或八月社日，新郎才能接回新娘共度新婚之夜（现改为婚礼后三天即可回夫家完婚）。

新中国成立前，仫佬族的婚姻从订婚到完婚，男方所送彩礼约合750～1000公斤稻谷价值，因而旧时一些贫苦子弟不是外出上门就是终身不娶，这种封建婚姻不知耽误了多少有情人的自由结合。新中国成立后，新婚姻法的实施，使许多在“走坡”中认识、恋爱、定情的仫佬族男女青年终成眷属，但传统婚俗在部分农村地区仍有深远影响。

走媳妇路　“走媳妇路”是仫佬族女子婚后一段时间暂时“不落夫家”的习俗。此习俗在仫佬山乡甚为普遍，且有其独特之处。历史上，仫佬族青年大都受“父母之命，媒妁之言”的封建包办婚姻所束缚，即使是在“走坡”中自由恋爱的，也须双方父母同意才可结合。由于存在父母包办婚姻，仫佬地区早婚现象较多，女子年纪轻轻就为人妻，一时承受不了家庭生产、生活重担，更不懂得“家规礼仪”，加之包办婚姻感情尚未建立，因此结婚后新娘大都留娘家一段时间，帮助娘家生产劳动，服侍父母，农忙和节日才回夫家住几天。如第一年插田、打谷时回一次，每次只住一夜；第二年，每逢农事季节都可回夫家一次，每次住两晚；第三年就没有这些硬性规定了。这样来往三五年，有些甚至七八年，待到女方怀孕生孩子后才能常住夫家。姑娘从新婚到生孩子这段时间，来往于娘家与婆家之间，历史上称之为“不落夫家”习俗，也叫“走媳妇路”。

在“走媳妇路”这段时间里，新娘还不算婆家人，每次到夫家居住只能独自在灶房里吃饭，要孝敬公婆，顺从丈夫，照顾弟妹，早晚打洗脸洗脚水，洗衣做饭，还经常得不到好脸色。据说这是夫家为了考验新娘的人品和人格。这种习俗给新娘带来极大痛苦，使她常感孤独和寂寞。新中国成立后这种习俗已有改变，但在边远山区仍然盛行。

(教师)
笔记

●丧葬

新中国成立前，罗城仫佬族的丧葬习俗分青少年、壮年和老年三种不同情况。当青少年死亡时，不论什么死因都不举行任何仪式，找块烂草席打埋，即使家境好的人家，也只给一副小棺材，其他手续仍按死亡小孩一样处理。

壮年去世，如未婚，请道师念经后即埋，可用棺材但不漆黑，如已婚并有妻儿，就较繁杂，要打斋、定葬日、请地理先生择地下葬等。

凡老人去世，都要向亲戚报丧，这是通常的礼节。老人家去世，贫家的按壮年死亡的办法处理，但棺木要漆黑。

老人入殓前，孝子要到河边吸水（俗称“买水”）回来为逝者淋浴，然后穿上几层新衣（须单数），把尸抬到地下草席上，谓之“人死属土”，待子孙们挟一点肉、饭放在逝者口中衔住，用毫银压上，再抬入棺内仰放，头向棺材小的一方，脚朝棺木大的一头，谓“脚踏莲花”。还要打斋超度，一般一夜，多则几夜。

出殡前，先请“风水”先生择“佳城吉地”，再定吉日良辰出殡安葬，葬后回家“安神”，朝夕供奉。仫佬族人孝服时间较长，父母亡故，孝子戴孝三年，三年后，于农历七月初十烧灵牌，“脱孝”（即除去孝服）。

其余非正常死亡的葬礼又各有其特殊做法。如属凶死，则必须举行“过火炼”仪式，这样才能使死者灵魂“入祖归宗”，家人亦可免遭类似厄运；又如妻子先故，出殡时丈夫要左手拿刀，右手持筷，将筷砍断，以示“砍断夫妻关系”表示日后互不干预。

以上丧俗，有的带有浓厚的封建迷信色彩。新中国成立后，旧的丧俗有了部分改革，但传统的丧俗仍有着相当的影响。

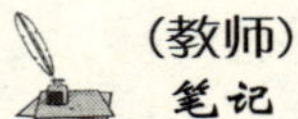
（教师）笔记

羌族习俗

据2000年第五次全国人口普查统计数据，羌族人口为306 072人，主要聚居区是四川省阿坝藏族羌族自治州的茂县。羌语属汉藏语系藏缅语族羌语支（另一说为藏语支），分南、北两种方言。许多人懂汉语。没有文字，长期通用汉文。

羌族是一个古老的民族，早在三千多年前，殷代甲骨文中就有关于羌人的记载。羌族自称“日玛”、“日麦”或“尔玛”、“尔麦”。《说文·羊部》解释，羌字“从人、从羊，羊亦声”，“西戎牧羊人也”。

提起羌族，我们会联想到“兴于西羌”的大禹，一位公而忘私、不畏艰险的治水英雄，中国历史上第一个王朝（夏朝）的开国君主；在武王伐纣的战争中屡建奇功的姜（羌）氏族部落集团；现在仍在使用的中外闻名的羌笛、索桥、栈道以及极富特色的羌寨、碉楼。因此，羌族是个具有悠久历史和光荣革命传统的民族，同时也是一个创造了优秀而丰富文化的民族。

一、饮食习俗

羌族主食玉米、洋芋、小麦、荞麦、青稞、莜麦和豆类，饮食主要有“面汤”、“锅塌子”、“荞面馍”等，还有玉米面或麦面做的馍馍或玉米蒸蒸，称作“面蒸蒸”；用大米和玉米糁混合焖成一种饭，此饭如以玉米糁为主叫“金裹银”，以大米为主叫“银裹金”；还有把青稞或小麦做成炒面，用来放牧或外出时食用。特色食品为荞面馍、香馍馍等。

羌族地区的主要蔬菜有青菜、白菜、萝卜、圆根（一种形如乒乓球的白萝卜），山菜主要是蘑菇、野菜，基本烹调方法为煮、炒、烤、烧、炸，吃鲜猪肉较少，吃腊肉多，也很少吃牛羊肉和植物油。

常见的副食有“酸菜汤”、“坨坨肉”、“猪肚子骨头”、“羌活鱼”、“猪膘”。“猪膘”一般在冬至后杀猪，猪肉切成长条挂在灶房房梁上，以烟熏干成“猪膘”，颜色熏黄，传统的观念是，这种“猪膘”存放得越久越好。杀猪后的新鲜瘦肉，洗净后灌进小肠作香肠，一般在年节食用。茂县赤不苏区的羌民有的喜欢吃刚刚宰杀的新鲜生牛肉，趁热蘸着调料而食，说食后强身健体，耐寒抗冻。

羌族家家户户都烧着永世不熄的“万年火”，名曰“锅庄”。锅庄即在堂屋中间的火塘或火炉上架一个“希米”（三脚架），上安一个直径约一米的大锅圈，圈上架锅，“锅庄”既是羌族的火神，又是羌民取暖和烧饭的热源，还是歌舞的中心。

羌民多不分家，故三世同堂者常见。平日吃两顿饭，由媳妇做。从清明节起，农事繁重，则吃三顿，早饭由媳妇做，多为“玉米蒸蒸”，午饭、晚饭由婆婆做（媳妇上山劳动），多为菜稀饭加馍馍，晚上还喜吃“坨坨肉”，喝白酒，以解乏。

盛饭由主炊的妇女负责，盛好后，先捧给长辈，后送给男人，最后给女的，切肉是男人的专职，女人是绝对不许切肉的，据说是因为屠宰家畜与祭祀有关，必须由男人来做。

在家中，座次是固定的，一进门是孩子的座位，孩子的对面是上席，供老人坐，老人背对后山墙，山墙上镶嵌着白石（即最尊贵的白石神）。老人左侧是男人位，右侧是女人位。切肉的刀放在男座旁，炊具、餐具放在女座旁，客人来，男客人坐男位，女客人坐女位，如是贵宾，经过老人邀请可与老人同坐。羌族极重视年纪，其次是辈分，再次才是社会地位。虽贵为一寨之长，未经长者同意也不能坐上座。

千百年来，羌族人民间积淀了丰富的酒文化。羌族人自古以来以淳朴豪爽、尊老爱幼、重礼仪讲信义著称，从其饮酒习俗即可窥见一斑。咂酒是羌民族饮用最普遍的一种酒，咂酒其味醇香爽口，是各种场合羌民饮用之佳品。羌族酿酒的历史也非常悠久，原因之一，古羌人是最先从事农业活动的民族；原因之二，“禹兴于西羌”，而我国酿酒先圣仪狄是禹之臣，杜康是禹的后裔。

羌族人家庭日常饮用咂酒时，讲究先长后幼的次序，以示对长辈的尊敬。逢有客至，一般是先敬咂酒，再敬三杯酒。客人干脆利落，一饮而尽，则被认为是可信、可交之人。饮得尽兴，主客俱欢；又因主人客人同坛吸饮，更含有亲密无间，如同“一家”

(教师)笔记

之意。

羌族男人皆有海量，所以虽喜豪饮，但却很少烂醉滋事。咂酒的制法方法并不复杂，先用杉木甑子将青稞、小麦、大麦或玉米蒸熟，将其倒在簸箕里，晾至微温，拌上酒曲，然后装入大酒坛中封严，并用草覆盖酒坛。7天后，发酵成香醇美味的“咂酒”。“咂酒”是一种低度醪糟酒，含有单糖、乙醇、胆固醇和多种维生素，性温和，味甘甜，营养丰富，有止饥解渴、祛寒除乏的功效。饮用时向坛子中注入点水，用细竹管吸饮，男女老少轮流吸，吸完再添水至味淡后食渣，俗称此为“连渣带水，一醉二饱”。

按照羌族风俗，喝咂酒须举行开坛仪式。开坛，即启开坛口。开坛者一般是长辈或尊贵的客人。其方法是：先在坛口放入少量的糌粑，然后将3根一头弯曲的细竹竿插入酒坛，右手握其一端，轻轻将竹竿抽出，分别向东南西北四方抛洒，与此同时，口中唱念敬酒词，犹如汉民族的敬酒歌。唱敬酒词，一般应先敬天神，后敬地神，然后再敬东、南、西、北诸位大神。如果在家中开坛喝酒，还要敬家神以及火神、灶神、门神等。敬酒歌唱完后，由开坛者把3根竹竿一根根插入酒坛，先品尝第一口，然后凡参加喝咂酒的人依次围坛而咂。

羌族人每次饮咂酒都要敬神，咂酒成为一种连接人与神的中介物。羌族人以酒敬神，认为神人共饮，酒里会含有神的力量，人喝完以后就会感到心神俱佳。咂酒由老人先喝，是因为羌族人认为老人能通神，是离神最近的人。他能消除神力中的压力，然后再由年轻人喝，吸收神力。羌族人称小孩为“鬼娃”，认为小孩还未成人，介于人鬼之间，阳气不足，不能直接喝敬过神的咂酒，只有等大人吸收了绝大部分神力后，小孩才能接受余下的神力。

古时，各部落之间、各家族之间、各村寨之间发生冲突时，有过错的一方必须背上一坛咂酒到对方去承认错误，届时双方围坛饮酒，边喝边剖析自己的过错，最后达成共识，矛盾通过酒的媒介而得以解决，因而羌族人中有“烟散气、酒结情”之说。在饮用咂酒的过程中，通过老人将原始宗教经典传承下来，其中有羌族的历史传说、战争、生产习俗、生活习俗、宗教信仰等方面的内容，成为羌族宗教、历史、文学、民俗等方面的重要资料。

(教师)
笔记

“咂酒”与“酉山”的传说

羌族人民间古诗有《日主耶》一章，记述了羌族人酿造咂酒的过程，从中可知羌族人的先民至少在1000多年以前，就发明了咂酒。至今羌族流传着有关大禹故里遗迹“酉山”的传说，与咂酒直接相关。据传，远古的时候，并没有这座小山，这里只有祖先们祭祀天神的一个石塔。禹母每次去看望带领民众奋力治水的禹父归来后，总要在神塔旁休息，边流泪边抖掉鞋里的泥土，久之，竟形成了一座小山，人们称之为“禹母山”。禹父因治水失败被杀，禹母伤痛身亡，她死后魂归“禹母山”，变成一只美丽的金鸡，每天早晨为人们报晓。据传，后世有一位皇帝巡视到此，当地羌族人献给他999坛咂酒，以谢其对神禹故里的恩惠。这位皇帝说，最好的酒应该先献给禹母。于是便将“酒”字的3点去掉，赐“禹母山”名为“酉山”，以示对禹母的敬仰。

羌族的“玉米蒸蒸酒”也颇具特色，其原料为玉米，酿制方法类似咂酒。所不同者，发酵时间较长，需要20天左右。酒色淡黄，味甘甜，颇受人们喜爱；此酒具有化淤、生血、下奶等独特功效，因此也是产妇哺乳期间的常备饮料。在“咂酒”和“玉米蒸蒸酒”的原料中掺加蜂蜜，酿出格外香甜的蜂蜜酒，为女人和孩子们偏爱。

除上述均属随酿随饮类型的两种酒外，羌人还擅长酿制“重阳酒”，保质期在一年以上，供节庆宴饮。近些年来，国内各种白酒也传入羌区，因需用杯子盛饮，被羌民称为“杯杯酒”。

酒不仅是羌族人民的日常饮料和款待客人的美味，而且在婚姻、喜庆节日中充当各不相同的角色，发挥着重要的礼仪功能，表现出各异的文化内涵。

二、礼仪习俗

羌族是个重礼仪的民族，他们在各种社会交往中，处处以礼待人，讲究长幼有序，待客热情，尊重师长，重义气，纯朴，真诚，忌讳不雅之习。无论是在家里还是社会上，首先要尊老爱幼。家庭里的一切事宜，首先要征得老人和长辈的同意。老人和长辈进屋，

(教师)笔记

屋内的人都要起身迎接。宴席上老人、长辈坐上位，等他们就座后其他人才可入座。要给老人、师长敬酒、敬歌、盛茶、盛饭。在屋里，老人、长辈坐火塘上方。家中或村寨举行的各种庆典上，老人、长辈首先发言。饮咂酒时首先由老人、长辈致开坛词并依长幼顺序饮之，即使达官贵人，也要让长者为先。路遇老人、师长，要让立路旁；骑马遇老人、师长，要下马行礼，问安。歌舞开始，由老人和长辈领唱。不得顶撞老人和长辈。儿女、晚辈不得直呼父母、长辈的名字，对长辈要使用敬语。对小孩倍加关怀爱护，尽力使其不受疾苦。

羌家好客尚礼。家中来客人，全家热情相迎，问寒问暖。远客临门，立即备酒饭和茶招待，并献唱《敬酒歌》。客人进房要让座于上方，以咂酒、糖食、水果、茶水招待，唱敬酒歌以示祝福。客人谈话，不能随意打断。晚上睡觉，要先安排客人睡下。早上起床，要向长辈、老人和客人问安。有客人、长辈及老人在场，不准跷腿而坐。坐火塘四周，男女、宾主有别。任何人不得把脚放到火塘上面。客人不能擅自进主人家未安排他住的任何房间，以示对主人家尊重。客人要走时，主人家要挽留；当要离开时，要在家中及门外敬送路酒，并热情欢送到寨外，目送一程。客人无论尊卑贵贱，踏入别人村寨附近要下马，不得吆喝嬉戏，以示对该村寨之尊重。

在节日喜事期间，以欢乐为本，不得说不吉利的话。不得说脏话或讥讽他人，凡事要忍让、大度，宽以待人。遇人要主动问候、祝福。农忙季节要换工互助。婚丧大事全村寨共同操办，不分彼此。修房造屋全村出力，无偿帮助。如遇各种灾祸，大家援手相救，不图回报。村中如果有人去世，该村当年不开展大型娱乐活动，死者家属三年不参加娱乐活动，以致哀悼。

三、节日习俗

●大年（春节）

节期从腊月三十至次年正月中旬，历时半个月。腊月十六或二十二扫“扬尘”，腊月三十前结清欠下的借账，不能背着债过年。外出的人在除夕前赶回家过“团圆年”。

除夕夜要敬灶神（火塘神）吃团圆饭，饭后关门焚香，祭神，后跳锅庄。大年初一一般不出门，也不接待生人。初二开始拜年，先拜祖宗牌位，再拜家中长辈，而后去拜乡邻亲友，初三清早全家到屋顶平台上敬神，初四可以背水，取水前要在水边插一炷香。初五至初八的主要活动是饮酒和歌舞娱乐。

(教师)笔记

羌族与许多民族共同过的节日还有正月十五、五月端午、八月中秋和“三八”、“五一”、国庆节以及自治州成立逢五逢十周年等节日。

●小年（羌年）

羌年也叫“日美吉”，羌年节于每年农历十月初一举行庆典，一般为3~5天，有的村寨要过到十月初十。按民间习俗，过羌年时还愿敬神，要敬祭天神、山神和地盘业主（寨神）。全寨人要吃团圆饭、喝咂酒、跳各种锅庄舞，直到尽欢而散。整个活动仪式由“许”主持，咂酒则由寨中德高望重的长者开坛。节日期间亲朋好友可互道祝贺，相互迎请。

1987年阿坝藏族羌族自治州成立，州政府决定恢复羌历年，在农历十月初一放假一天，让群众过年。1988年政府组织汶川、理县、茂县、北川4个县联合举办了第一个羌历年庆祝会，地点在茂县的凤仪镇。

四、宗教信仰习俗

羌族至今仍保留原始宗教，盛行万物有灵，多种信仰的灵物崇拜。羌族崇敬的神灵大致可分为四大类三十余种，包括自然崇拜、祖先崇拜、灵物崇拜和图腾崇拜。除火神以锅庄（火塘）为代表外，其余均以一种白色石英石（羌语称“阿握尔”，意为白石神）为象征，被广泛加以供奉，供奉于屋顶正中最高处的白石神即为天神木比塔。

●禁忌风俗

神树林　羌族每个村寨的山后都有一片神树林，被视为山神之所在。神树林禁止砍伐，也不能在其中放牧和割草，村寨定期进行祭祀活动。

塔子会　是祭山神的宗教活动，女性不能参加。祭山大典只能由成年男人参加。产妇未满月不许去塔子、神龛、庙宇等有神灵的地方。

搜山求雨　若遇天旱，人们便举行搜山仪式，祈求降雨。届

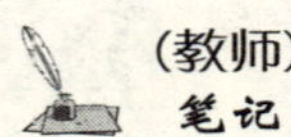
(教师)笔记

时，禁止人们上山进行打猎、砍柴、挖药等活动，违者将受谴责或遭痛打。若仍不降雨，再到高山之巅举持祈雨仪式。

北川羌族与羊的特殊感情

北川羌族自古以来对羊就有着特殊的感情。以羊祭山是古羌人的重大典礼，在一些羌人活动地区，羌民所供奉的神全是“羊身人面”，视羊为祖先。现在的羌族地区，仍然存在许多视羊为血缘关系形式的崇拜。在羌人的日常生活中，羌人喜欢养羊、穿羊皮褂、用羊毛织线，祭祀活动中常用羊作祭品，羌族少年成年礼时，羌族巫师用白羊毛线拴在被祝福者的颈项上，以求羊神保佑。羌族巫师所戴的帽子有两个角，是用羊皮制成的，巫师所持法器，也全是用羊角、羊皮、羊骨等制成。

传说羌族在向岷江上游迁徙途中，羌族巫师劳累过度，昏昏入睡，他的经书掉落在地上被羊吞吃，后来羊托梦给羌人说：“我死后，可将皮做成鼓，敲三下，经书就会道出来。”由此可以看出，羊被羌人赋予了高于巫师的地位，甚至成了羌族文化的神圣传承者。羌人死后，要杀一只羊为死者引路，俗称为引路羊子。羌人还认为，死者的病都可以在羊身上反映出来，杀死羊后要寻找死者病根，并认为羊为人的一半，他们将羊血洒在死者手掌上，意为人骑羊归西。在一些羌族地区，还有用羊骨和羊毛线作占卜的习惯，以预测吉凶。

●祭祀节日习俗

祭山会　羌族最隆重的民族节日为“祭山会”，又称祭天会、塔子会、山王会、山神会。这是一种古老的习俗，流传至今，表达羌族人对和平安泰、人畜兴旺、五谷丰登的幸福生活的渴望，含有祈丰年、庆丰年、许愿、还愿的性质。春季祈祷风调雨顺，秋后答谢天神赐予的五谷丰登，实际上是一种春祷秋酬的农事活动，却始终充满浓郁的宗教色彩，更折射出远古神秘文化的光辉。举行祭山会的时间各地并不统一，有正月、四月、五月之分，亦有每年举行一次或2~3次不等，祭山程序极为复杂，所献牺牲因各地传说不同，图腾不同而有差异，大致可分“神羊祭山”、“神牛祭山”和

“吊狗祭山”三种。大典多在神树林一块空坝上举行，参加者为全寨的成年男子。祭祀时必备咂酒，杀牛羊，将牛羊血洒在塔子周围，并由巫师敲羊皮鼓诵经作法。作法完毕，众人在塔旁喝咂酒，跳“锅庄”舞。成年后初次参加祭山会的男子，受到重视，会获得许多祝贺性的馈赠食品。一些地方祭山后还要祭路三天，禁止上山砍柴、割草、挖苗、狩猎等。

山王会　祈祷丰收的山王会是全村寨的一种祭祀活动。由“许”（巫师）主持祭祀，祈求天神和山神保佑全寨人寿年丰，并将山羊宰杀后煮熟，连同其他食品分给各户，称“散份子”。最后大家席地而坐，互相品尝羊肉和食品。

观音会　一年三次，第一次是三月十九日，第二次是六月十九日，第三次是九月十九日。祈求观音菩萨保佑村寨内大小人口平安。

三月三　已婚妇女每年三月三日敬娘娘菩萨，求神赐孩子，保佑孩子平安。

青苗会　每年三月十二日，寨子里要宰一只羊，祈求土地菩萨保佑丰收，并祭路一天，禁止过往行人进村寨，这天称为“青苗会”。

羌族端公

端公，羌语称“许”、“阿爸许”、“释比”、“比”、“诗卓”等。是羌族社会不脱离生产的宗教职业者，专门从事如祭祀、还愿安神、驱鬼、治病、除秽、招魂、消灾以及男女合婚、婴儿命名、死者安葬和超度的活动。端公是通达神界鬼蜮的使者，兼有祭司和巫师的性质。他同时还是羌族社会最有权威的文化人、知识集大成者，因此享有崇高的地位和威信，羌谚云：“官有多大，端公有多大。”

巧牙会　未婚妇女每年七月七日要做“巧牙会”。即邀约邻近的姑娘们，聚会在一起，唱歌跳舞，尽情欢乐。

牛王会　每年十一月一日，到牛王庙烧香、点蜡、烧纸钱，并宰羊一只，鸡一只，祈求牛王菩萨保佑耕牛平安。这天，全寨的耕牛休息一天，所以又称“牛王会”。

（教师）笔记

川主会 “川主会”节期各地不一，理县通化乡一带每年六月二十四日举行，以寨为单位举行，祭奉“川主”（“川主”羌语称“木比塔”，意为尊崇的天神）。当天全寨休息，穿新戴花，唱歌跳舞，大办酒席，是规模最大的庙会。

此外还有敬白石、立“勒克西”等祭祀节日。

五、人生礼仪习俗

诞生 妇女生孩子后，亲邻送鸡蛋、面条，称“祝米”。主人留客吃饭，饭前喝“玉米蒸蒸酒”。产妇在月子里不能到锅庄前做饭。

成年礼 年满十六到十八周岁的羌族男子历史上有举行成年礼（冠礼）的习俗。事前需请来亲朋好友围火而坐，受冠礼者身着新衣，朝人类始祖像下跪叩拜，同时接受“许”代表天神馈赠的礼品——用白色公羊毛线系的五色布条（护身符），之后由族中长者叙述祖先历史，可由“许”诵经祷告（俗称打“太平保护”）祭家神、祭羊神。

婚礼 羌族的婚姻形式，基本是一夫一妻制。新中国成立前，男女青年无恋爱自由，视自由恋爱为有损家风，婚姻不能自主，封建买卖婚姻盛行，儿女婚事均听父母之命、媒妁之言。历史上有“指腹亲”、“娃娃亲”、“掉换亲”、“买卖亲”，也有“抢亲”习俗。

订婚时经三道程序，首先“开口酒”，即许口酒。当男女还未成年时，男方请媒人（红爷）到女方说亲，如同意则由家长提出一定时间，男方到女方家办酒席宴请，名“开口酒”。酒席上女方提出聘金数目，双方议定，表示订婚初步成功。

其次“小订酒”，数月后，男家去女家备酒席招待近亲，称“小定酒”，此时要送上些彩礼，置于神台之上，以示庄重。

最后“大订酒”上，两家具体商定结婚日期，男方要大宴宾客，款待女方亲朋，此时男方根据议定交清聘礼，特别要备一份银子奉送岳母，在整个订婚过程中，姑娘不得露面，藏于房内或亲友家中。

婚礼又有“女花夜”、“正宴”、“谢客”、“回门”等程序，极为隆重。

女花夜 “正宴”前的一天，当天男女双方各自在自己家里款待亲朋好友。赘婿称“男花夜”，男到女家不受歧视。

正宴 新娘被簇拥着来到男家，举行婚礼，大宴宾朋好友。入夜，远来的宾客分别到各家去住，这叫“分客”。

谢客　婚礼的次日，主人再备酒席“谢客”。“谢客”后，客人各自回家，借来的炊具、食具也归还寨上的各家，整个婚礼结束。婚后三天之内，新娘被称为“新贵人”，地位极高，吃饭甚至可以坐上席。

（教师）笔记

回门　婚后第一天，新郎要陪新娘回娘家，娘家要备好“回门酒”，亲友要向新婚夫妇馈赠礼物，并致词祝福新娘新郎幸福美满、白头偕老。路近者，当天“回门”，当晚返回男家；远者在婚后第3或第9天“回门”，住上3天或9天再返回男家。

羌族“逗新郎”习俗

羌族民间有的地方还有“逗新郎”的习俗。即在回门酒的宴席上娘家人要给新郎用4尺长的筷子，而且还要在筷子的后面加几个用马铃薯做的筷子坠，要新郎使用这种筷子，隔着几盏油灯去夹用肉丁和豆粒做成的菜，如果因为筷子长，夹不起来，或油灯烧着下巴，就要被罚酒，这种活动既是节日聚餐，也是一种娱乐。

丧礼　羌族特别重视丧礼，以火葬为主。庄子曾说：“羌人死，燔而扬其灰”。可见羌族葬礼以火葬为主的习俗由来已久，火在古代是生命的象征，举行火葬有表示灵魂不灭和生命永存的意思。

羌族风俗，人死后要举行为期三天的葬礼，富贵人家更为隆重，届时都要请端公主持进行。葬礼第一天要跳“叶隆”，第二天要跳皮鼓舞（羌语称“莫尔达沙”、“惹日崩”），第三天举行隆重的大葬舞，以军礼的形式来纪念死者。

丧葬除火葬外，还有土葬、水葬、崖葬等习俗。

(教师)
笔记

布朗族习俗

布朗族是我国古老的少数民族之一。2000 年人口普查有91 882人。在中华民族光辉灿烂的历史长河中，最早出现有关布朗族的记载是在《尚书·牧誓》中的“濮人”，迄今已有约3000 年的历史。根据历史文献记载，永昌一带是古代“濮人”居住的地区，部族众多，分布很广，很早就活动在澜沧江和怒江流域各地。布朗族部分自称“布朗”、“帮”，部分自称“阿瓦”、“阿尔瓦”、“伊瓦”、“佤”和“翁拱”等。汉族或傣族称之为“濮满”、“蒲满”、“孟”等。我国的布朗族主要分布在云南省西双版纳傣族自治州的勐海、景洪和临沧地区的双江、永德、云县、耿马及思茅地区澜沧、墨江等县。

布朗语属南亚语系孟－高棉语族布朗语支，与佤语和德昂语有亲属关系。无文字。

一、饮食习俗

以大米为主食，辅以玉米、小麦、黄豆、豌豆等杂粮。饮食喜酸辣，并嗜好烟酒。妇女有嚼槟榔的习俗，并以牙齿被染成黑色为美。喜用土锅把稻米焖成米饭。尤擅煮竹筒饭，煮时选一段鲜竹，装好米和适量的水，用火烧熟，剖开竹筒，一人端一半以竹筒当碗用。米饭沾有竹瓤，食之有新竹清香和经炭火烘烤的香味，很可口。

布朗族喜欢饮酒，且大都自家酿制。其中以翡翠酒最为著名。这种酒在出酒时用一种叫“悬钩子”的植物的叶子过滤后呈绿色，很像翡翠的颜色，因此得名。布朗族人性格豪爽，朋友间有“有酒必饮，饮酒必醉”之习俗。

品茶也相当讲究，有烤茶和泡茶两种方式。烤茶是将茶叶撒入特制的茶罐中，一同放在火塘上边烤烘，当茶叶冒出扑鼻的香气时立刻注入滚烫的开水。烤茶浓郁香醇，为布朗人待客上品。布朗人从老到小皆有嚼食酸茶的习惯，据说这样能生津止渴而且有助于肠胃的消化。

除了嚼茶，布朗人还有嚼烟的嗜好。嚼烟的方法是将槟榔叶包上少许的草烟丝，再加入沙基、芦子、槟榔果、红石灰等一块放进口中慢嚼，每次可嚼 20 多分钟，吐出的烟渣呈紫红色，布朗人嚼烟日久，连牙齿都被染成黑色。槟榔果属凉性，有防虫护齿之功效。布朗人抽烟、嚼烟不分男女老少，男人喜欢强烈、辛辣的刺激烟味，妇女则常叼一根长杆烟锅，抽吸味软清淡的烟丝。

布朗人爱吃生食和酸食。将生牛肉、生鱼肉或生马鹿肉剁成肉酱，佐之以香菜、大蒜和精盐，招待远方贵宾。酸笋、酸鱼、酸猪肉清香可口，亦是布朗人常吃的食品。外出渔猎，布朗兄弟会烹调一“锅”卵石鲜鱼汤。他们在沙滩上挖一个坑，铺上几层芭蕉叶子，先倒进清水与活鱼，接着投入一颗颗烤热、烧红的石子，水沸腾将鱼煮熟，最后撒上盐巴。这种鱼汤味美甘甜，散发着烧石子的干香和芭蕉叶的清香，别具一格。

居住在西双版纳布朗山的布朗族妇女，尤其是怀孕妇女嗜食当地红土，据说此红土有止吐、除腥、提神之功效。

二、礼仪习俗

布朗族的住房有地居式和竹楼两种，一般分里屋和外屋两部分，里屋为主人的寝室和存放东西处，外人不得进入。西双版纳布朗族住竹楼，登上布朗族的竹楼需脱鞋或换拖鞋。楼上室内火塘上的三脚架禁止踩踏，也不能从火塘上跨过，外来人不能将自己用过的三脚架支在布朗人家的火塘上。布朗族每个家庭都供有家神，一般供于家里堂屋内的中柱上，用芭蕉叶、甘蔗叶、蜡条等拴扎而成，禁止触摸。布朗族男子大多包白色或黑色头帕。头帕是布朗族男子尊严的象征，严禁外人触摸。

布朗族通用傣历，过年节也和傣族的泼水节在同一时期（即公历 4 月 13 日～15 日），但不划龙船，也不举行泼水活动。这一天，家家吃红糖糯米粑粑，互相拜年，参加赶摆和放高升等。

历史上布朗族信仰小乘佛教，一般每个寨子都有奘房。进入布朗族村寨的奘房时要脱鞋。奘房内佛龛前的台板地和佛爷、和尚的卧室，不能随意进入。不能用手摸佛爷、和尚和老人的头部。

(教师)笔记

参加布朗族的婚礼，应接受新郎、新娘的洗礼。一般当客人来到主人家竹楼前时，站在楼梯口迎接客人的新郎、新娘，一人捧水壶，另一人持毛巾，为来客倒水，卷衣袖，让客人洗手，然后入席。

布朗族村寨有村社公共墓地——“山”。“山”之地不允许外人进入，不允许砍伐“山”的树林，也不能采摘树叶。

布朗族妇女怀孕后，忌去奘房赕佛和参拜佛爷。孕妇也忌参加别人的婚礼和葬礼，一般不能参加各种祭典。婴儿出生后，在偏厦的屋檐下或墙缝中挂一束带有绿刺儿的树枝，向亲友报喜，邀请参加祝贺布朗族新生儿出生，按本民族习惯，应带两碗米、一只鸡、一块红糖。外来客人可视情况赠送相应的钱物，以示恭贺。

三、节日习俗

布朗族许多传统节日大都与宗教活动有关。其中最具特色的节祭日有：年节、祭寨神、洗牛脚等。

布朗族其他的节日习俗，与傣族大同小异，如“过新年”，“进洼”、“出洼”等。在傣历一月十五这天“赕帕”（拜佛），八月十五日“赕坦”。“赕”为傣语，指世俗众生对僧侣或先祖亡人敬献物品，佛教俗称“布施”或“化缘”。布朗族传说，他们与傣族是兄弟关系，布朗族是哥哥，居山区种山地；傣族是弟弟，住坝子种水田。因此，布朗族每次“赕佛”都要请傣族佛爷上山，傣族“赕佛”时也请布朗族佛爷下山。

●年节

年节，布朗族用傣语叫“京比迈”，是布朗人最最隆重的节日。这一天，家家户户吃红糖糯米粑粑，还要用芭蕉叶包成两份，各插上一对蜡条、两朵鲜花，关到族长家中：一份装入家族长卧榻上方挂的“胎嘎滚”（家族神位）内，作为祭祀家神之用；另一份献给“高嘎滚”（家族长）。各户男家长都要脱下自己的包头巾，向作为整个“嘎滚”（家族）代表的家族长行拜年磕头礼。并且用水象征性地从头到脚为家族长做洗礼，祈愿孩子长命百岁，吉祥平安。家族长也向人们祝福道：“全家族的孩子们，逢年过节来祈福，这是祖辈传下来的古礼，不可忘记。旧的岁月过去了，新的一年到来了，全体儿孙们来告辞拜年，你们都有福了。预祝你们庄稼茂盛，人畜兴旺。”祝毕，家族长为“胎嘎滚”（家族神）代祩么和代祩

(教师)笔记

那神祈祷祭祀。村社以家庭为单位，向着日落方向，举行滴水仪式。

●厚南节

又称“桑刊节”、“宋坎节”。布朗族盛大的年节，每逢农历三月清明节后第7日举行，即阳历4月13日～15日。节日里的主要活动是相互泼水以迎接太阳。所以，人们把这个节日称之为迎接太阳的节日。现在，宋坎节的内容比过去有很多改变，除以往的传统活动外，又增加了文娱节目的表演和体育比赛，更为人们所欢迎。

●跳会

“跳会”是布朗族庆贺“观音老母”的盛大节日，每年农历二月十六、十七两日举行。村寨头人要筹办素菜送到德斋寺献给佛祖老爷、观音老母。在寺前点香烧纸，次日带领全村老幼抬着三把用竹篾条扎成圆状的幡幔纸伞，青年击鼓敲锣，前往德斋寺祭佛祖。

●泼水节

“泼水节”也是布朗族盛大节日，每年三月清明节后第七天举行。泼水节期间，全村寨青少年男女拿着竹盒、小竹篮前往河中捞沙，背回缅寺，在缅寺广场前堆沙祭佛。次日中午，全村老幼皆着新装，手持锥栗花、椿木树枝，齐集村头，青年击鼓列队前往缅寺，并把花朵、树条插于沙堆上，每天插花三至五次，夜间青年男女尽情欢唱，热闹非凡。

●端阳节

居住平坝的布朗族人过端阳节时，举行“洗牛脚”仪式。“洗牛脚”是在端阳节前晚，每家将红纸裹于香烛，插于厅堂前，到端阳节这天，头人和村老共牵一只羊，手拿杨柳、桃枝、黄泡树枝扎成一束，遍走各家门前，插一面红纸旗幡，用树枝扫一下门庭，祝主人平安。主人事先准备一瓢冷水，泼在两人的雨帽和蓑衣上，表示已洗去羊足迹。中午，便将羊牵到树下杀掉，每户家长带些米，煮羊肉稀饭，祈求全寨平安。

●火把节

“火把节”是布朗族在每年6月23～24两日举行的节日。23

（教师）笔记

日，全村家长共集村前神树下，寻猪祭五谷，盼望谷物生长良好；24日各户到苞谷地献山，杀鸡，摆酒肉等贡品，祈求庄稼丰收。

●关门节

关门节，布朗族也同傣族一样叫“豪瓦沙”。这一天家族成员照例要给家族长送一朵鲜花、一对蜡条，去祭“胎嘎滚”，并跑着为家族长举行洗手、洗脚礼，表示祈福。全家男女老幼还要向房门、楼梯及家具杂物的鬼灵“苏玛”（磕头），分别奉两对蜡条作为祭品，祈求人畜平安。

●冈永节

冈永节即祭竹鼠节，有时在傣历四月举行，有时在傣历九月举行，具体时间由寨内群众商定。过冈永节时，全寨男女老少穿戴一新，扛着锄头，背上竹篓一起上山去挖竹鼠。挖到竹鼠以后，将其中一只竹鼠用山花野草装饰打扮，带上花环，拴在一根长竹竿上抬回村寨。人们敲着竹板缓缓绕寨一周，再把竹鼠抬到达曼家中，摘去竹鼠身上的鲜花和饰品，一刀砍下竹鼠头留给达曼。将竹鼠收拾干净，一户割下一小片肉带回家去，在铁三脚架（或火塘上的锅庄石）的3只脚的上方各点一下，或摆在铁三脚架上，表示祭祀神灵。据说，在冈永节期间祭过竹鼠，当年的谷物就会茁壮成长，粮食就会丰收。

●插花节

双江县班丙区大南质乡的布朗族，每年农历二月八日过插花节，为时一天。届时，全寨妇女手持旗幡，列队上山采花。采来鲜花后，她们把花插在寨心早已竖好的一棵花树上，树上挂满纸条纸幡。全寨人围着花树，在蜂桶鼓、象脚鼓、锣、镲等乐器的伴奏下，手打着肩，跳起欢快的舞蹈。妇女们一边跳，一边向花树撒爆米花。围着花树跳过一阵后，大家手牵着手，边跳边绕行村寨，表示村寨的团结和兴旺。跳完舞蹈，姑娘小伙们弹着牛腿琴，吹着“咪萧”和口弦，到邻近的村寨串寨，找伴侣，谈情说爱。

●山抗节

男女青年都要向老人赠送食品，以感谢老人的养育之恩，所献的食品除粑粑、芭蕉外，还要有精心采集和制作的春茶。节日期间家家都要做一些拿手好菜，集中在一起，大家共同吃团圆饭，有凉粉、豆腐及各种山珍、野味。规模盛大的团圆饭，有时各种菜肴达三十余种。

四、宗教信仰习俗

（教师）笔记

佛教的两大基本派别

在佛教创始人释迦牟尼圆寂后，佛教内部由于对释迦牟尼所说的教义有不同的理解和阐发，先后形成了许多不同的派别。按照其教理等方面的不同以及形成时期的先后，可归纳为大乘和小乘两大基本派别。“乘”是梵文 yana（音读“衍那”）的意译，指运载工具，比喻佛法济度众生，像舟、车能载人由此达彼一样。“小乘”（Hinayana，音读“希那衍那”），原为大乘佛教（Mahayana，音读“摩诃衍那”）出现后（约公元 1 世纪左右），对以前原始佛教（指公元前 6 世纪至前 4 世纪时期，释迦牟尼及其三、四传弟子时的佛教）和部派佛教（指公元前 4 世纪至公元 1 世纪时期上座部、大众部各部派佛教）的贬称，而“大乘”则为该派对自己的褒誉。如斯里兰卡、泰国、缅甸、老挝、柬埔寨等南亚、东南亚各国，所传为小乘系统佛教，但至今他们自称为“上座部佛教”，不接受“小乘”的称号。现行一般佛教史著作中沿用“小乘佛教”、“大乘佛教”等称谓，则并不具有褒贬之意。

西双版纳和双江等地布朗族信仰小乘佛教，宗教的一切活动完全接受了傣族的一套仪式，佛寺的形式、佛经、法器同傣族的一样。与社会等级制度相适应，布朗山的佛寺内，和尚分十个等级。由于等级不同，袈裟上的条纹和方格也不同。十个等级是：（1）小和尚（初进佛寺者）；（2）进佛寺较久的小和尚，以上二等披一套黄色布披单；（3）大和尚，能披一套格少的袈裟；（4）都囡（二佛爷），可披条纹方格多的袈裟一套；（5）都比囡（大佛爷），可披多纹方格袈裟 2 套；（6）沙底听，可披袈裟 6 套；（7）叭帕沙弥，可披袈裟 8 套；（8）沙底桑，可披袈裟 12 套；（9）松领，可披袈裟 8 套；（10）帕召苦，可披袈裟 24 套至 30 套。这 10 个等级

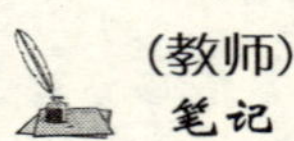
（教师）笔记

的升迁制度也完全和傣族相同。此外，还有“都布”，“都布”是还俗后，来佛寺当大佛爷的。人们认为男孩都要进佛寺当一次和尚，否则将受到众人的轻视，姑娘也不愿嫁给他。进佛寺后，要先学念经，然后正式当和尚。当和尚时期要在寺中做些杂活，食物由各家每天按时送到佛寺。

●祭赕

西双版纳地区布朗族每年傣历十月间，佛教“赕拖拉”的第二日即是祭赕日。各寨都有“祭赕”的活动。“祭赕”由佛爷和召曼头人主持，杀一头猪和一只鸡，并用蜡条等先祭以寨中间一棵木桩为象征的寨神“丢那曼”，然后到寨头祭“召景南”，再至寨后大树边祭“丢无那”（叭总铺）、“叭憨”等从前的氏族部落酋长。“召景南”是两百多年前的布朗族大头人，死后变为神；“叭憨”，传说此人在生前刀枪不入，是保护布朗族的人；“丢无那”，传说从前寨上有位福气大的人，梦见“丢无那”对他说：“我是此地的大神，你们每年祭祀我，称我为叭总铺，我当保护你们。”梦者醒后将此事告诉寨里人，大家都同意每年十月祭之。祭赕期共7天，第一天为主祭日，此日外寨人不能进入本寨。同时，主祭日当天不准本寨任何成员出外背水、生产、解大便和高声说话等。祭赕时，召曼把猪煮好后，请头人和家族长者吃，并分若干份祭肉给各家小孩。

●祭祖先

为双江、镇康、墨江、景洪等地布朗族人民普遍盛行的祭祀活动。一般逢年过节，要设香案供奉祖先。墨江圭墨寨的布朗族每年当祖宗的亡日要举行祭祖。祭时，用一头小猪、一碗米、一升谷、一杯茶、一杯酒，并砍一栗树削成叉口的八角形，插在死者生前住室之一角。祭祀时，“白摩”将谷、米、茶、酒等物陈设于栗树桩前（栗树称为“菩萨”），念咒跪地磕头，同时将小猪献上祭毕，将完整的猪头骨拴在房角的栗桩上，不准任何人触动，第二年祭祀时，才将其在偏僻的地方放起来。此外，墨江布朗人在每年谷子熟时，先抽几穗拿回家放在屋角，献祭祖先。当竹笋等各种作物可采食时，也总是先取些回家，煮熟祭献祖先后，家人方能食用，意在尊敬祖公。

(教师)笔记

●祭灶神

主要是请求灶神保佑全家平安和六畜兴旺。墨江布朗人在每年除夕晚上，祭祀灶神，将三个米粉团（或高粱面团）、一块肥肉、一杯酒，摆放在灶头上。祭毕，全家方能吃饭。另一次祭灶神是在2~3月间，用鸡一只，茶、饭、酒各一碗，家长持鸡拜献灶前，然后将鸡杀死，拔鸡毛沾上鸡血，贴在灶上。

●祭土神

墨江布朗族在每年农历正月下地生产之前祭土神一次以祈求生产发展顺利。祭时陈设红公鸡一只、谷一升、米一碗、茶一杯、酒半斤等物品。只留家长和“白摩”在家，其他家庭成员都被赶出屋外，将大门关上。门前插上木桩，桩上戴一雨帽，意即房里正在祭土神，外人不得入内。大门一关，“白摩”就开始祭祀，“白摩”口中念念有词，咒词说：“求土神保佑今年人畜平安，风调雨顺，庄稼丰收。”并将鸡杀死，拔毛后取出内脏埋于大门石角上用石头泥土掩盖。“白摩”和家长将鸡煮熟并吃掉，其余祭品由“白摩”带走。祭毕，才召唤家人归来。

●祭山神

每年正月初五六日要祭山神。由“白摩”和家长或一小男孩在寨边的树前祭祀。祭品有红公鸡一只、米一碗、酒半斤、香一筒、茶一碗及锡箔烧纸（纸钱）等。祭时“白摩”念求山神保佑今年出山不遇险。将鸡献于树前杀死，同时烧香、烧纸，吃完鸡粥，祭祀即完毕，将纸钱烧掉或沾以鸡血贴在树上。墨江布朗族每年三月间，还要祭火神，以求保佑寨子不焚。祭火神时，将茅草、树皮、草灰等放置竹箩里，然后请“白摩”念咒。念完，则送竹篮到河边点燃，丢入水中以示送走了火神。此外还祭雷神。祭雷神与祭山神相同，只是祭品中的鸡要白公鸡，不得用红公鸡。再则，每逢寨子中有人患病，就请“白摩”卜卦，“白摩”说犯了什么神后，就得举行祭祀，求神保佑禳解。

五、人生礼仪习俗

●婚俗

布朗族青年男女结婚需要举行两次婚礼。

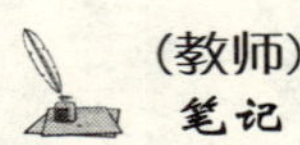
（教师）笔记

青年男女通过自由恋爱，双方感情融洽，男方父母就请媒人给女方家送去茶叶、盐巴等礼物。女方家收下后，男方就可以请祭司卜卦，选择吉日结婚。

结婚前一天，男女双方要分别送给本村寨的长老草烟等礼物，请长老向全村寨的人发布结婚的消息，并邀请全村寨的人都去喝酒吃肉。结婚当天，男女双方都要杀猪置酒。热情款待亲朋好友和全村寨的乡亲。同时还要把剩余的猪肉切成许多小块，用竹片穿起来，全村寨每户送一点。猪心和猪肝则剁碎后煮进糯米饭中，请儿童们来吃，以祝新婚夫妇早生贵子。

举行婚礼前，要置办最丰盛的酒席招待村寨长老、头人和族长，饭后再请他们主持婚礼，并请他们举行代表新郎新娘的心和灵魂都已拴在一起的拴线仪式。拴线仪式结束后，新婚夫妇要拿芭蕉叶包的一包饭和一包菜到佛寺去行滴水礼，请佛爷念经祷告和祝福。

布朗族青年男女婚前有充分的恋爱和交友的自由，在举行婚礼的当天晚上，新娘还要设宴款待自己交往过的男朋友们，以回忆过去的情谊，期望今后能友好相处，并接受男朋友们的祝贺。这时候，新娘和男朋友们都以歌声来问答和交流，并伴有铮铮的琴弦声，使婚礼充满别具一格的情趣和韵味。

结婚当晚，新郎新娘各住一处，并不同房。第二天鸡叫头遍的时候，新娘和女伴悄悄来到新郎的住处，推醒新郎，并带上早已准备好的东西，一起匆匆来到女方家。这时候，岳母早已等候在竹楼门口，见女婿来到，把一件新上衣送给女婿。新郎则取出两枝用芭蕉叶裹好的蜡条插在门上，作为结婚的象征。这种习俗被称为“偷女婿”，带有尽早拜谢女方父母的意思。新婚夫妇进入房间后，女方家早已宾客满座，新郎新娘要一一拜见，并接受老人们祝福的拴线。

按布朗族婚俗，这次婚礼之后，新郎仍在自家劳动、生活，只是晚上才到妻子家住宿；新娘则劳动、生活、居住在娘家。这样的生活一般要经过三年。这期间，妻子生育的孩子由女方家庭抚养，同时也属女方家庭的成员。三年后，如夫妻恩爱，感情融洽，就可以举行第二次婚礼。届时，妻子就携子女正式来男方家生活。个别感情不和的，就可以在这三年内离异。

第二次婚礼属正式婚礼，其隆重程度要超过第一次。届时，新娘头上缀满鲜花，打扮得漂漂亮亮，在众多送亲者的陪同下来到男方家。一路上要燃放鞭炮，高奏鼓乐，一派喜庆气氛。陪嫁的物品和财产有：茶树、竹篷、猪、牛、铁锅、衣服、首饰以及自行车、电器等，个别的还有汽车、摩托车。这时候，新娘要啼哭，以表示离不开父母和兄弟姐妹。到了男方家后，婆婆在楼门口给新娘一条新筒裙，新娘把这条筒裙和第一次婚礼时母亲给新郎的上衣叠在一起，以示夫妻今后永不分离。送亲者们则同女方家一一清点和交验陪嫁的物品和财产，并立字为凭。送亲者同时还拿出四对蜡条，让新郎新娘互相交换，以作为第二次婚礼的象征物。接下来，由村寨中的长老为新婚夫妇拴线，并致以吉祥的祝福。

仪式结束后，男方家盛宴招待宾客，大家喝酒吃菜，笑语喧哗，纷纷祝贺这对夫妻幸福美满，白头偕老。饭后，人们一边唱歌，一边跳舞，以示庆贺。布朗族的两次婚礼这才结束。

布朗族结婚自愿，离婚自由。在订婚阶段，如双方不愿维持婚约，彼此送一串槟榔即可解除。如离婚，则女方不参加离婚仪式，由其父或兄代表。届时，提出离婚的一方杀一头猪，把猪肉分给全村寨的孩子们吃，让孩子们在村寨里大声宣告某某和某某已离婚。这样，民俗形式上的离婚就正式生效。也有剪断蜡烛表示离婚的。离婚时，妻子在夫家住不满三年的，可以将自己的财物带回；住满三年的，财物由男女双方平分。

●丧葬

布朗族既实行土葬，也实行火葬，但以土葬为主。只有高僧或高龄老人死后，才实行火葬。每一个布朗族村寨都有一块公共墓地。依照传统的规矩，对于死者也须按辈分高低和年龄长幼，依次分台下葬：凡70~80岁的老人，要埋在山顶上台；50~60岁中壮年，埋于山坡次台；30~40岁中年人，埋于坡脚二台；30岁以下，埋于山脚一台。非正常死亡的人，要埋在离村寨较远的偏僻地方，尸体为仰面直葬。无夫妻合葬习俗。不垒坟墓，不举行葬礼。人病死，即请和尚念经，为死者沐浴，更衣，并用白布裹尸，后入殓。棺材很简陋，多数人使用竹棺，少数用木棺。停尸期间，用茶叶、芭蕉果、饭团、蜡条等捆在死人手上，并用一根白线拴在死人的大拇指上，将白线拉出棺外；当抬棺出门时，一刀把白线砍断，意思是斩断鬼魂的归路。有的地方布朗族死人下葬前，要先由年长老人于寨中央祭祀寨神，同时用芭蕉叶包上草烟，将草烟割成两半，一半放在尸体边，一半由死者家属保存，表示断绝关系。正式下葬

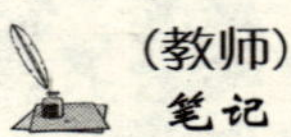
（教师）笔记

时，头人割下死人一小撮头发并将其烧掉，代表全寨男女老幼向死者最后告别，断绝关系。有些地方布朗族人死即由男性老年人带领众人送葬至公共墓地，并将死者从棺内抬出，放进土坑内，随即盖土，不垒坟堆，然后将棺材连同抬死人的竹竿一起砍烂盖于墓坑上。后二日，死者家属带祭品去墓地祭奠，以后逢年过节再祭。

(教师)
笔记

撒拉族习俗

撒拉族具有独特的民族色彩和鲜明的民族个性，其先民是在13世纪中叶由蒙古帝国统治下的中亚撒马尔罕迁徙到今青海省循化县来的，至今已有700多年的历史。根据2000年第五次全国人口普查统计，撒拉族人口数为104 503人。主要聚居在青海循化撒拉族自治县及其毗邻的化隆回族自治县甘都乡。此外，在青海省西宁市和其他州县以及甘肃省夏河、新疆维吾尔自治区乌鲁木齐市等地，也有零星分布。撒拉族有自己的语言，属阿尔泰语系突厥语族西匈语支的乌古斯组。由于和邻近的汉、回、藏等族交往，也吸收了不少汉语和藏语的词汇。无文字，通汉文。

一、饮食习俗

撒拉族多饮奶茶，食手抓肉，烹调之法仍带中亚色彩是撒拉人早期的饮食特点。后来，食物结构发生了变化，基本以面食为主，有馒头、炖锅馍、烙油饼、花卷、面片、面条、搅团、糊糊等。荞麦面做的“搅团”备有菜汤、蒜、辣椒等佐料，醇香可口，深受人们喜爱。主食以小麦为主，辅以青稞、荞麦、洋芋及各类蔬菜。副食主要吃牛羊肉和骆驼肉，也吃鸡兔鸭鱼等肉，禁食猪、狗、骡、马、驴等不反刍动物肉和一切凶猛禽兽的肉，忌食一切动物的血和自死禽兽，包括牛羊在内。牛羊及家禽一般由阿訇和年老的人宰了，放血后才吃。撒拉人禁止喝酒、吸烟，不得反手舀饭倒水，吃馍馍要掰开吃，不准口咬。一日三餐，长幼有序。饭前要洗手，进食要念“清真言”。

逢年过节，人来客至，炸油香、馓子和鸡蛋糕，煮手抓肉，还要蒸糖包子和菜包子，要烩“碗菜”，煮大米饭，装火锅。婚嫁喜庆日接待客人，就很丰盛了，要宰牛羊，水煮，油炸，做出佳肴，

(教师)笔记

次第端进：馓子、油香、玉米塔、馍馍、糖包、麦穗包、碗菜、火锅子、手抓羊肉、米饭、肥肠、肉份子。

茯茶和麦茶是男女普遍爱喝的饮品。“麦茶”是一种自制的传统饮料，本民族叫“尤吉”。制作方法是将小麦炒成焦黄，碾碎成小颗粒，冲水加适量食盐熬煮而成，色酽如茶，清香可口，有的还配以花椒、小茴香、炒熟的苦杏仁等，调入牛奶，则香甜可口，营养丰富。

近年来，撒拉族人兴饮各种红绿茶及云南春尖茶，喜欢用“三炮台”的“盖碗”（包括茶盖、茶碗、茶托三部分）。撒拉族人在饮茶时很有一番讲究：讲究茶叶鲜而不陈，色正味浓；讲究水洁而无染，泉水为上，井水次之；讲究茶具精巧雅致，古朴大方，好淡素色并雕有花草、诗句或经文。

撒拉族人用餐，第一碗由女人先端给年老的男人；待客时先端给坐在炕中间的阿訇和长老，要由小伙子们端送恭让，女人不得露面。男人们一般不得下伙房操劳，否则会被人耻笑。

撒拉族习惯于日食三餐（农忙时根据情况适当加餐），主食以面粉为主。家常品种有花卷、馍馍、馒头、烙饼、面片、拉面、擀面、搅团等。在一年一度的斋月里，一般都只食早、晚两餐，饭菜比平时丰盛一些。

按照伊斯兰教义，撒拉族严禁饮酒，一般在撒拉族的宴席上不备酒。平时更无饮酒的习惯。日常饮料除清茶、奶茶和盖碗茶以外，还常饮麦茶和果叶茶。制作麦茶时，将麦粒炒半焦捣碎后，加盐和其他配料，以陶罐熬成，味道酷似咖啡，香甜可口；果叶茶是用晒干后炒成半焦的果树叶子制成，别具风味。

撒拉族典型食品有“比利买海”，又称“油搅团”，撒拉族传统风味食品用植物油、面粉制成。

二、礼仪习俗

撒拉族热情好客，讲究礼节，最突出的是尊重老年人和长辈。年轻人或晚辈遇见长者和长辈时，首先说“色俩目”（问好），遇见老年妇女也先说“色俩目”，并主动给老年人和长辈让路、让座，说话语气平和婉转，态度十分恭敬，不指手画脚，不粗声大气。在做客等场合，首先请老年人和长辈坐在炕上正席首位，年轻人和晚辈则坐在炕沿火炕下；用餐时先请老年人和长辈端碗、动筷，而后其他人才跟着吃喝。在聚会时，老年人和长辈站在前列，年轻人和晚辈依次排后，从不逾越。同辈人相遇，双方互致“色俩目”，并握手问好。聚会时，同辈之间互相谦让，互表敬意，重感情，讲情谊，长幼有序。

人们尊老爱幼，邻里和睦，男女见面，要保持一定的距离。到撒拉族家中做客，首先须向主人问好，之后方能入座，主人为客人沏茶，客人要将茶碗端起；吃馒头时，要掰碎送进嘴里，切忌狼吞虎咽。主人须殷勤待客。

撒拉族十分敬重“舅亲”，认为“铁出炉家，人出舅家”。撒拉族男孩到七八岁时，便要接受“割礼”。女孩到八九岁时，就要戴上“盖头”，以示进入成年。完成这两项仪式之后，成年男女便要担负起宗教义务。与此同时，家长们都开始为自己的子女物色对象。到十五六岁时，便都结婚成亲，生儿育女。

在日常生活中，撒拉族有互相帮助、济贫扶危的美好道德风尚。对贫困者、穷苦者、患难者和鳏寡孤独之人最表同情，并根据自己能力的大小拿出一些钱物予以周济。凡路见不平，敢于挺身而出，仗义执言，维护弱者一方。对来客则十分热情，无论来客是什么民族，也不分来客的身份地位，都热情招待。遇到前来借宿的远行路人，从不拒之门外，尽量设法给予安排食宿。对讨饭的人从不让其空手而去，总会给予一些食物或请至家中饮食。撒拉族的这些社会美德，受到周围兄弟民族群众的钦佩和赞扬。

三、节日习俗

撒拉族的节日大多与宗教有关，许多宗教节日已沿袭为民族节日。同其他信仰伊斯兰教的民族一样，一年中的主要节日有尔德节（开斋节）、古尔邦节（宰牲节）、圣纪节。

●尔德节（开斋节）

在希吉拉历（伊斯兰教历）每年的九月份，要斋戒30天，每天拂晓至日落禁止一切饮食（儿童、病人、孕妇等可随意），只在日落后和拂晓前的夜间进食。斋月最后一天寻看新月（月牙），见月即行开斋，次日举行“开斋节”。据伊斯兰经教法：封斋是戒食、色，使人清心寡欲，经受饥渴的磨炼，体念贫穷者的困难，教导人们多做好事。在开斋节那天，撒拉族聚居地一片欢腾，群众举行隆重的会礼和庆祝活动，走亲访友，互相恭喜祝福，饮食也特别丰盛，到处洋溢着节日的欢乐和喜庆气氛。

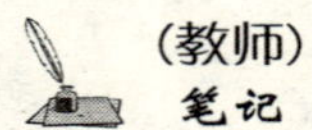
(教师)笔记

●古尔邦节

古尔邦，意为“宰牲”，因此又称“宰牲节”，是撒拉族主要的传统节日。传说伊斯兰教圣人易卜拉欣受“安拉”启示，令他宰杀儿子易司马仪进行献祭，以此对他考验。易卜拉欣当即遵命，正当他欲执行使命时，“安拉”见其忠诚，降下羊只，令他宰羊以代替。易卜拉欣感知“安拉”的仁慈，就把羊宰了献祭。古尔邦节由此而来，也就是宰牲节。撒拉族群众在这个节日里，家家宰羊宰牛，沐浴盛装，互相拜会聚礼，尽情欢乐。

●圣纪节

圣纪节在希吉拉历三月十二日举行，这一天是伊斯兰教创始人穆罕默德的诞辰（他的忌日也是三月十二日），每逢这一日，穆斯林群众到清真寺或庄外某场处念经祈祷，男女老少都可参加，并炸油香、煮麦仁饭会餐，虔诚纪念。

撒拉族还有一些节日，如转“拜拉特夜”，在斋月前第15天夜举行，各家各户邀请阿訇到家诵经。“法蒂玛”节，在斋月的第12天纪念穆罕默德的女儿——法蒂玛。一般只有成年妇女参加，每7人凑在一起主持一年一度的“法蒂玛”节。“盖德尔”节在斋月的第27日举行，也称“小开斋节”，以一个“孔木散”为单位制作麦仁饭、油香、包子等，请阿訇、满拉到家中念经。

四、宗教信仰习俗

撒拉族信仰伊斯兰教，属逊尼派，又有“老教”和“新教”之分。撒拉族在宗教制度和宗教仪式上，有着与其他民族和地区不同的特点。每个村庄都建有清真寺。清真寺分正殿和“米那罗”（宣礼塔）。正殿是做礼拜的地方，庄严肃穆，古朴典雅。“米那罗”高耸于正殿对面，成为撒拉族村落的显著标志。循化现有大小清真寺70多座，最大的是街子清真寺。该寺始建于明初，民国二十三年加以扩建，面积达1 000多平方米，可容纳1 500多人做礼拜。新中国成立前，撒拉族的清真寺分为三级：一是总寺，就是街子清真寺，二是宗寺（海依寺），即各“工”的清真寺，三是支寺，即各村庄的清真寺。执行全族宗教法律的名为“尕最”的总掌教制度。撒拉族人在宗教意识上，诚信伊斯兰教的六大信仰。即：信真主（诚信“安拉”）、信使者（诚信“安拉”的使者——穆罕默德、尔撒、易卜拉欣等圣人)、信经典(《古兰经》)、信天使(安拉的差使:天仙)、信后世(世界毁灭后的天国)、信前定(世上一切都是“安拉”早已安排好的)。

撒拉族信仰伊斯兰教,十分虔诚。当撒拉族先民从中亚远途东迁的时候,他们是随身带着伊斯兰教的最高经典《古兰经》,跨越千山万水到达循化的。现在这部《古兰经》仍完好地保存在循化县街子清真大寺中。撒拉族人民严格地遵守伊斯兰教的基本信仰,遵奉《古兰经》、圣训,履行五大功课,即念(念“清真言”,表示对安拉和穆圣的信仰)、礼(每日五次礼拜)、斋(每年封一个月的斋)、课(交纳课税)、朝(有条件的一生要到麦加朝觐一次)。

此外,在他们的社会生活、文化活动、风俗习惯中也处处体现着伊斯兰教的影响。在居住方面,每一户人家自成院落,称为“庄廓”。它由山堂屋、灶房、客房、圈房四部分组成:堂屋在正中,灶房和客房分设两旁,圈房建在院落的东南或西南角。撒拉人家在堂屋的正中墙壁上挂着用阿拉伯文书写的伊斯兰教经文中堂,以表示虔诚的敬仰。

五、人生礼仪习俗

●婚礼

2006年“撒拉族婚礼”被国务院列入第一批国家级非物质文化遗产。

撒拉族婚礼是撒拉族人生礼仪中最为重要的一个礼仪活动。撒拉族传统的婚礼仪式都在每年的隆冬季节举行,从订婚到举行婚礼仪式需要经过相亲、打发媒人、送订婚茶、送聘礼、念合婚经、送嫁、回门等几个程序,前后大约需要半年多时间。

1. 婚姻的四个步骤

撒拉族青年男女婚姻的缔结,一般分四个步骤:首先要提亲。男家看中某家闺女时,就请媒人(一般是男的)1~2人向女家致意,如女方父母同意后,再征得闺女本人及亲房叔伯的同意;其次是纳定。获女家同意后,男家择定日期,仍请媒人向女方家送“定茶”,一般送耳坠一对、衣料一件、茯茶两封,女家接受了定茶即表示正式应允,不再另许别人。早期,女方父母应允后,还要请亲房叔伯们同媒人共吃“油搅团”,吃毕,媒人还要带回一些回复男家,以示永无异论。第三为送彩礼,撒拉语叫“玛勒艾恩得尔”。

(教师)笔记

男方通过媒人，按事先双方商定的数目送，其彩礼的多寡，视男家的经济状况而定。最后是迎娶，由男女双方择定吉日（大都是伊斯兰教的聚礼日，即星期五“主麻日”），请阿訇念“尼卡亥”（合婚经），致结婚训词，婚姻始得正式承认。

2. 婚礼习俗

撒拉族婚俗，既古朴又喜气。婚礼一般在隆冬的黄昏举行。娶亲人（男方）一般不入家门，先在女方家门外场院守候，听阿訇诵“尼卡亥”；女方长辈要迎出来给新郎戴上新帽，系上绣花腰带，再由已婚的至亲陪伴，跪在阿訇面前，新娘在房内炕角跪听。念毕，撒核桃、红枣一盘给众人，并散发“古古麻麻”（油炸小面食），女家还要设宴招待迎娶者，迎娶者先回，次日由女方至亲中已婚的两位女眷和其他亲朋好友送新娘至男家。

送新娘前，女家要派十多个青年男子，向男家送去陪嫁和妆奁。此时，左邻右舍的男女老少，纷纷赶来，围坐新娘四周，边看姑嫂们给新娘修面整容，梳妆打扮，边听新娘哭“撒赫斯”（相当于其他民族的哭婚调）。至掌灯时分，男方牵来一匹马或骡迎娶新娘，新娘在阿舅和叔伯们的搀扶下，一边退行，一边低头弓腰，哭吟“撒赫斯”，缓缓走出大门，从左至右，绕乘骑一周，并徐徐撒完一把粮食（象征家中五谷丰登，到婆家后生根发芽），从右扶上坐骑，由至亲中已婚的两位妇女陪伴，其他亲朋好友簇拥，浩浩荡荡送去男家。这时，女方村里早先嫁到男方村庄的妇女们，端着一盘盘香喷喷的“比里买亥”（油拌的面食），在村外的道旁热情迎接，并通风报信，密告本村“挤门”的情况，使送亲者有个精神准备。

至男家门口时，鸣放礼炮，送亲男眷簇拥新娘强行骑马夺门而入，男方则闭门索礼，还要让新娘下马步行入门，你堵我冲，以此一争“胜负”。这一“挤门”习俗，至今还很盛行。进门后，大家一一上炕入席。

新娘就餐前，由至亲长辈作一番美好的祝福，然后用筷子揭开新娘的面纱，撒拉语叫“巴西阿什”。这双象征吉祥的筷子，新郎家一定要破费收回。餐毕，新郎家的妯娌们端一盆净水，前来向新娘索取喜钱。她们用筷子或手搅动盆里的水，让新娘把铜板丢在水中，象征婆家清白似水，愿新娘深扎根，结硕果。撒拉语称此为“盖吉尔桥依”。

这时，年轻人纷纷起来，把新郎的父亲、哥哥、阿舅捉起来，满脸涂上锅灰，头戴破草帽，眼挂空心萝卜镜，用木棒抬起，或让骑牦牛转圈，热闹非凡，直到讨得一笔可观的喜钱方才罢休。接着就表演“骆驼戏”、“宴席曲”。

当晚成亲，次日鸡鸣而起，新婚夫妇各依伊斯兰教仪进行沐浴，并盛装出门，拜见公婆和长辈，新郎赴女家拜岳父母道安。在大庭广众之下，女方还要开箱“摆针线”，陈列陪送新娘的嫁妆，大伙儿一一观赏新娘的精心刺绣，新娘还要给男方家人和叔伯至亲送刺绣的鞋袜、枕头等。为了表达对新娘家长及至亲们的深情厚谊，男方也拿出一部分钱财，予以酬谢。

对送亲者，先以茶食招待，路途远的，当晚分别请到本“阿格乃”、“孔木散”家去住宿，次日，始摆宴席款待。宴席毕，还要分送“肉份子”，凡女方的至亲远房，不论老少都要分送煮熟的牛、羊肉一份；给新娘的父母至亲要送钱或衣料。随即，由女方一老者说几段“吾热赫苏孜”（婚礼赞词），祝愿新婚夫妇相亲相爱、白头偕老，嘱托亲家对“羽毛未丰、年幼无知”的新娘多加爱护，言传身教。

(教师)笔记

●葬礼

撒拉族的丧葬礼俗严格按照伊斯兰教的规定进行。习惯速葬，通行单身土葬。人临去世时，家人要向其“宽慰”，其意是：生死是“胡达”（即真主安拉）主宰的，你依靠“主”吧，不要牵挂。并向其讨“口唤”，询问有没有什么需要交代的话和事情。还要在此请阿訇或有威望的人念“讨白经”。“讨白”是忏悔词，意思是向“胡达”告罪，请求“胡达”宽恕临逝者在人世上所作的错事和所犯下的“罪孽”。临逝者咽气后，家人及时将其双目合上，嘴闭住，手足顺放好，然后将尸体放置于堂屋的木床上或木板上。接着请阿訇或老年人为逝者行“浴礼”，用净水洗抹尸身。“浴礼”做完以后，用11米白布包裹尸体，白布称“卡凡”布。再将尸体放入“责那则”（共用的抬尸盒）上，抬至墓地（称“麻扎”），进行“站礼”（称站“责那则”）仪式。“站礼”是撒拉族葬俗中最重要的仪式，一般在人逝后的当天或第二天进行，如没有特殊原因不会超过三天。行“站礼”时，全庄男子和邻近庄子的亲友都来参加。大家环跪在墓地，待尸体埋入墓穴后，请阿訇念经，然后家人将准备好的茶叶、青盐和现金“出散”给每一个送葬来的人，无论人数多少，也无论大人小孩（均为男性，妇女不送葬、不去墓

（教师）
笔记

地），都要“出散”到，每人一份，其意是为逝者行好事，减轻“罪孽”。

逝者下葬三天后，要请阿訇念经，家人煮“麦仁饭”，这是用小麦、青稞、豆子、碎肉等混合煮熬成的稠粥，并炸油香、煮手抓羊肉，“出散”给全村人和亲友。来客则拿上若干茯茶、大盐或现金送给丧家，表示慰问，称“宽心”。之后的头七、二七、三七、四十天及百日、周年等日子，家人都要请阿訇念经，煮“麦仁饭”、炸油香、煮手抓羊肉招待，有的还到坟地游坟。

(教师)
笔记

毛南族习俗

毛南族人自称为“阿南”，其意为“这个地方的人”。1986年6月，根据本民族的意愿，改称为“毛南族”。毛南族人勇敢顽强、不畏艰辛、富于进取，不论生活多么艰难，他们总是千方百计将子女送到学校学习，因此其教育和文化水平都较高，有一支数量可观的本民族知识分子队伍。毛南族有107 166多人，主要分布在广西壮族自治区北部的环江毛南族自治县和河池、南丹、都安等县。其中，居住在环江的毛南族，数量约占毛南族总人口的80%以上，环江县素有“毛南之乡”的称号。毛南族有自己的语言，属汉藏语系壮侗语族侗水语支。毛南语跟本语族存在不少同源词，尤其与水族语言接近。

一、饮食习俗

毛南族饮食较为简单，但有特殊的习惯，在小平原、小平坝上，人们以大米为主食，玉米、小麦为辅，平时吃大米饭或稀粥，过节过年做米粉、米糕、五色糯米饭、糯米糍粑等。在山区峒场，人们以玉米为主，小麦、高粱、红薯、豆类为辅，生活较苦，他们喜欢吃猪、牛、羊、鸡、鸭等肉类，有吃酸食的传统习惯。此外，毛南人把生羊血视为滋补品，在杀羊时把羊血盛在清洁瓷盆中，用刀把羊血割成小块，用烈酒浸泡后即可食用。他们说：生羊血经酒消毒后无腥味，不伤肠胃，还可吸尘和滋补身体。

●毛南饭

“毛南饭”的原料有玉米粉、鲜嫩豆芽、嫩南瓜（南瓜苗、南瓜花）、姜丝、辣和油盐等。做法是先用冷水将嫩竹笋煮（不能用热水煮，以免出苦味），加入玉米粉煮成糊状，然后加入豆芽或切

（教师）笔记

碎的南瓜，最后再加入南瓜苗（或南瓜花），拌些油、盐，即成“毛南饭”，辣椒只作调料。这种饭吃起来很可口，有一种特别清新的香味。

●酸食

酸食是毛南族传统的饮食习惯。在他们的族谱中，曾有“百味用酸”的记载。秋收后，有的人家杀猪杀牛，开始腌制酸肉，腌制的方法是先把猪肉（或牛肉）切成半斤至一斤重的块，用米粉和食盐搓匀后放坛内，加盖密封，经过长时间酸液的侵蚀，肉块已酸化变熟，吃时不必煮，酸味不腻人。远客到来，主人常以积年酸肉招待以示盛情。他们腌制的“螺蛳酸”，风味更为独特。在腌制前，先把活螺蛳放在清水盆里浸泡几天，让它吐尽秽物和沉水，然后洗净煮熟（不需去壳），用清洁的巾布把它包好放入坛中，用时在坛内加入清水，再把炒熟的糯米和用火烤过的猪骨头放入坛内，与螺蛳一起混合腌制。这和酸肉一样，腌制的时间越长越好，螺蛳肉就会全部溶化于酸液之中。夏天天气炎热，劳动归来吃些螺蛳酸，不仅清新爽口，而且还会防治肠胃消化不良和腹泻等疾病。此外，他们还腌制酸菜叶、酸竹笋、酸豆腐、酸芋茎、酸辣椒、酸姜等，品种很多，户户皆有。

●打边炉

毛南族有一种吃菜牛肉的办法叫“打边炉”，同北方的“涮羊肉”有些相似，但又不尽相同。吃法是先将新鲜的牛肉切成薄片，以汤、姜、蒜、西红柿为佐料，另将辣椒、盐巴，加水调成“盐碟”。进餐时，将牛肉片摆在炉子周围，锅上摆着盐碟，等锅中汤水鼎沸时，先放姜丝、大蒜和西红柿，等再沸时把牛肉投入，拌几下，牛肉呈灰白色，及时拿出，蘸过盐入口，肉片投放的时间不能过长，以免老化变硬。这种食用方法使菜牛肉脆嫩清香，不膻不腻，不损肠胃，为毛南族待客之佳肴。还可在锅中烧汤少许，将锅边灼红时，把牛肉贴到锅边上，当牛肉卷曲如木耳状时再拿出蘸盐食用，味道亦佳。

二、礼仪习俗

我国许多民族把重阳节视为老人节，有敬老的传统习俗。毛南族也不例外，只是风俗不同。对于年过花甲而又体弱多病的老人，毛南人一般在重阳节时为之“添粮补寿”。子女们在这天置办几桌酒席于家中，请亲朋好友光临，来客都要带几斤细粮好米，或者新鲜水果。亲友送来的“百家米”要单独贮存。日后在给老人做饭时抓一些掺进自家米中。“百家米”吃完了，老人若未康复，还得继续择日搞“添粮补寿”仪式。这种风俗实际上是出于对老人的一片爱心，很符合群众的道德及传统观念，得到当地政府的支持和重视。

在节日里，毛南族喜欢用开水涮牛肉待客，即按本地的习惯，在火塘上摆置一口铁锅，进餐时大家围拢在铁锅的周围，将生肉、生菜倒入沸水中涮熟，然后蘸配料下酒，这是毛南族民间最常见的宴请形式。

正月初一这天不能骂人或说粗话；家有病人时用两根棍子叉在门口，外人不得进入；不能用脚踏灶，烧柴时必须把粗的那头先送进灶内。

三、节日习俗

毛南族的节日是农历五月的庙节、清明节“赶祖先圩”和元宵节“放飞鸟”，也是他们独有的纪念活动。毛南族的节日有两个明显的特点：一是必定祭祀祖先；二是多唱歌对歌活动。

●分龙节

毛南族民间最大的节日是每年夏至后的分龙节。“分龙节”，又叫“五月庙节”，是毛南族特有的节日，在阴历的“分龙”日前两天开始举行，主要是祭祀神灵与祖先，全村男女以及外嫁的女子和远道的亲友都赶来参加，隆重而热烈。过分龙节时，家家户户都要蒸五色糯米饭和粉蒸肉，有的还要烤香猪。折回柳枝插在中堂，把五色糯米饭捏成小团团，密密麻麻地粘在柳枝上，以表示果实累累，祈望五谷丰登。

分龙节期间，毛南人男女老幼穿上盛装，年轻媳妇节日回娘家与父母团聚。他们采集金黄花、枫叶蒸煮五色糯米饭，于田间以五色糯米饭、粉蒸肉祭神农氏，祈求风调雨顺，五谷丰收；于村头三界庙杀牛敬祭传说中毛南人饲养菜牛的创始者三界公爷，祈祝人畜安康；还用“发多”（一种大如扇面的树叶）包起五色饭和粉蒸肉，走亲访友，庆贺节日。

分龙节也是毛南族青年男女聚会的日子，活动内容有上坳口、

(教师)笔记

坡脚对歌等。

●药节

毛南族也过端午节，但节日的意义与汉族不同，民间称为“药节”。过药节时，习惯采艾叶、菖蒲、黄姜、狗尾藤等草药熬水饮浊，或用这些草药剁碎作馅包粽粑，据说可以解毒祛病。

●南瓜节

毛南族的“南瓜节”，节时在农历九月九日，即重阳节这天。各家把收获到家的形状各异，橘黄色的大南瓜摆满楼板，逐一挑选。年轻人走家串户，到各家评选“南瓜王”。不仅要看外观，而且要透过表面看到瓜子。待到众人意见基本一致，由一身强力壮者用砍刀劈开“南瓜王”，主人掏出瓜瓤，把饱满的籽留作来年的种子。然后把瓜切成块，放进小米粥锅里，文火煨炖，煮得烂熟。先盛一碗供在香火堂前敬奉“南瓜王”，而后众人共餐同享。

四、宗教信仰习俗

毛南族以信仰道教为主，同时崇信鬼神，往往和生产生活结合在一起，带有原始宗教的性质。毛南族还没有全民信仰的统一的宗教。在从事宗教活动的神职人员中，有道士、鬼师、巫师、鬼谷先生、法童等，他们有一定的分工，互不统属，有的以专门依靠法事活动的收入为重要生活来源，道士之中又分为正教、丙教、准教三种。鬼师是学梅山派的道教徒，一般人称道士为“文教”，称鬼师为“武教”，武教的人专门从事还愿和赶鬼活动，不会打斋超度，不忌荤，他们是专门的神职人员。巫师和鬼谷先生以从事农业生产为主，能做法事的人很少，只能做卜卦、择日、看风水等。法童又称“降豪”，分为“压”、“禁”（均为毛南语）两种。做“压”是一种问鬼活动，如家里有人生病则认为祖先找不到住处而回家作祟，这时要“问压”。做“禁”和做“压”的原因、目的不大一样，场面比较隆重。因为家里常发生或现在发生了非正常伤亡事故时才做禁。做禁时，除米头和钱外，还有鸡、猪肉等供物，法童躺在供床前的席子上，盖上被单，并由另一法师在其身边念经，让他到阴间与伤亡的人通话，从而弄清家中发生不幸的原因。

毛南族信仰多神，常进行各种敬神活动，诸神又分家神与外神两种，家神有祖宗、灶王、财神（又土地神）、三界公爷、婆主

（教师）笔记

（即圣母娘娘）、社王、观音等。前五种神都写于一张红纸上，贴在厅堂的神龛上，过年过节要用肉酒供祭，家神中的门神则贴在大门上，护卫门庭，不让恶鬼进住，保护人畜安全。外神有蒙官、莫六官、李广将军等。蒙官是一种恶神，人们都认为生病是它在作祟，须用小猪和鸡鸭作祭品，请鬼师到水边禳解。莫六官被认为是“保护地方的善神”，因此，人们在结婚还愿时均请莫六官。李广将军的神位设在每个村头的进口处，被认为是护卫人畜平安的村神，每年除夕和七月中元节时，家家户户都用猪肉或鸡、鸭酒饭供奉，为小孩“招魂”。

五、人生礼仪习俗

●结婚

毛南人恋爱自由，但婚姻不自主，婚姻常由媒人牵线搭桥。

毛南人的婚礼既繁琐又别致，是别有一番风趣的。毛南族的婚礼分为“女婚礼”和“男婚礼”两种。“女婚礼”规模较小，送的彩礼不是很多，程序也比较简单，是平常农家办的婚礼。“男婚礼”规模较大，送的礼品名目繁多，迎亲队伍也比较庞大，它除了包含“女婚礼”的全部程序外，还有许多讲排场、讲阔气的场面，是富裕的大户人家才办得起的。

“男婚礼”大致的过程是这样的：吉日前夕，花轿、彩礼等物已准备齐，迎亲人马都集中到新郎家。吉日清晨，迎亲的人们用过早餐，便按事先分配好的角色，各自挑着彩礼，在爆竹声中浩浩荡荡地出发了。在新娘家，庭前摆起一张“迎亲桌”，用红毯覆盖，桌上有烟、茶、槟榔等。一位通识毛南礼仪的迎宾者站在桌边等候，当迎亲队伍来到时，迎宾者便笑脸相迎。迎亲的人在新娘家吃过午饭，正午时刻，在新娘家庭院举行折被仪式。由新娘家两位子女双全的姑嫂伯娘来折被，一边折被，一边由女歌师唱《欢折棉》（折被歌）。新娘梳妆打扮后就上香叩拜祖宗，并唱起“出门下阶歌”即“出嫁歌”。唱罢，新娘与父母兄弟姐妹依依惜别。新郎家迎亲的人们便抬起“岗棉”和其他还礼品回去了。在新郎家，吃完晚饭，接着又摆一桌特殊的宴席，一直闹到通宵。第二天清早，新郎的叔伯便轮流设宴招待新娘、伴娘及随新娘来的母亲、姑嫂和女歌师。这一天中午，在新郎家的厅堂里举行开被仪式。开被仪式结束，新娘和伴娘们吃过午餐后便一起回新娘家，在新娘回家后第三

（教师）笔记

天，新郎家原来接新娘的姐或妹又带一些礼物到新娘家请新娘回来。但第二天新娘又回娘家，直到怀孕快生孩子了才长久安居夫家。新娘的这一段来来往往，毛南族叫“走媳妇路”。一般人认为“走媳妇路”是原始、落后的习俗，所以后来，“走媳妇路”习俗自然而然地消失了。

●丧葬习俗

毛南人的丧葬习俗，既受祖先崇拜观念支配，又受封建礼教及儒、释、道教信条影响，错综复杂。一般迷信阴阳理论，崇尚舅权，流行原始社会的夫妻合葬、设氏族公共墓地和食俗等遗风。在一系列活动程序中包括如下内容：

报丧　逝者咽气时，其子女亲属以嚎哭通报邻里志哀，有条件的并放地炮三响，但年龄未到36岁的不能享受这个礼仪。

买水洗尸　由代理人抬一只空水桶，执一串谷穗、香纸、一条白布和硬币到有水源的地方点香烧纸，投硬币于水中，取回烧热，由逝者的女儿为他作象征性洗澡净身、理发着新装，端饭菜至屋外对天喊三声：“天啊！今日父（母）亲离别我们了！”再转回屋给逝者“喂”食物。之后，用粗棉麻混纺布铺垫并覆盖其身，停尸待入柩。

报舅　分两次。第一次报舅称报素丧。时间在入殓之前由孝男（女）及陪人带纸、酒、黄豆等，于逝者床前点香呼唤他回舅家。然后踏上去舅舅家的路。一般一路上撒纸呼叫他渡河过桥。临到舅家门前跪下，待舅舅和其他亲人进室内向祖先灵位叩拜之后，再向舅父（代理人）跪拜。如果外甥昔日虐待父母，舅家的人便要他长跪在地上，以示惩罚。扶起后，才能报告逝者去世经过，请舅舅去验证，提出治丧意见。随后，舅舅（代理人）一行撑雨伞（无论晴雨）到外甥家吊唁。孝男孝女闻讯后即捧逝者灵牌到村头跪下迎接，让舅舅等手触肩头走过后，才能尾随回屋接待妇女哭丧。第二次报舅，谓“报荤丧”，程序较头次简单，主要是外甥带当日早上屠宰的牲口内脏（部分）及少许肉类到舅家报告祭奠安排，请舅父（代理人）前去主持仪式。

打斋超度　内容和方式与汉、壮族基本相同。道场内挂三宝、十八罗汉、十五佛像及地藏王、灶王像，由三至五个道士念经，头一晚为“初供”，第三、五、七晚为“满供”。同时吹海螺开场，击锣鼓，奏大小钹为乐，敲木鱼定节拍。

(教师)
笔记

肥谱 意思是请祖先回来赴宴，并护送新亡灵到阴间。此仪式于每晚打斋之前，由一名道士及助手在祖宗灵位旁主持，道士“诵经”奏乐。此时乐声哀切，诵词娓娓扣人心，不时引起在场的逝者亲属及围观聆听的村民潸然泪下或号啕大哭，表现出一种尊老尽孝的情感，祭奠、送殡与安葬仪式与周边其他民族大同小异。随着时代的发展，毛南族丧葬日趋简化、科学，符合时代的要求。

(教师)
笔记

仡佬族习俗

仡佬族即中国古代“僚人”，散居在贵州省西部的织金、黔西、六枝、关岭等20多个县，少数分布在广西壮族自治区的隆林各族自治县和云南省文山壮族苗族自治州的广南、文山、富宁、马关等县。人口579 357人（2000年第五次全国人口普查统计）。仡佬族有自己的语言，但各地仡佬语差别很大。仡佬语属汉藏语系。如今，只有四分之一左右的人还会仡佬话，汉语已成仡佬人进行交际的工具。一部分人还会讲苗语、彝语或布依语等。仡佬族没有本民族文字，通用汉文。仡佬族主要从事农业。手工打铁业比较发达，因此，史书上把有些地方的仡佬族称为“打铁仡佬”。仡佬族因长期与汉族杂居，生活习俗等方面和当地汉族相似。

一、饮食习俗

仡佬族习惯日食三餐，早餐稀饭或酸汤（发酵发酸后的肉菜汤）烫饭，中餐和晚餐多为干饭，即大米干饭或玉米干饭。仡佬族制作的玉米干饭很别致。一种是先将玉米磨成细粒，放入锅内蒸熟或半熟，然后摊开碾碎、拌水，再复蒸两次，成饭后软香可口；另一种是将玉米磨成小粒，用水浸淘一次，直接入锅煮成半熟后捞出再蒸熟食用。平坝地区的仡佬族喜食玉米大米混合饭，制作时先将玉米粒和大米分别蒸至半熟，然后拌匀再蒸即可食用。糯米食品，是仡佬族最喜食用的食品之一。糯米一般都用来制作糯米粑，做糯米粑时先将糯粑烤、炸、煮均可，因制作方法不同，各具有不同的风味。食用时，常配以蜂蜜、红糖、白糖、芝麻、苏子等。仡佬族大都喜欢把鲜菜做成酸菜和腌菜再吃，如用青菜、辣椒、大蒜、生姜混合腌制的酸辣菜，用香椿芽腌制的腌香椿，不仅可以凉拌，单独做菜，而且还可用来做成大菜（即扣肉底菜）。肉类主要有猪肉、羊肉和牛肉、马肉，其中较有代表性的风味菜肴是用猪骨头、鸡肉加大量的辣椒粉舂碎，加各种作料做成的辣椒骨，食用时既可单独做汤，又可与其他菜相配，制成各种风味菜肴。仡佬族很喜欢吃辣食，吃法很多，如：将嫩辣椒放在干锅内爆成半熟，然后用油炒煳；或将嫩辣椒煮成半熟，晒干，吃时再用油炸，直接用来下酒。仡佬族善酿酒，以“爬坡酒”最富特色，酒用玉米、高粱、毛稗、稻谷等酿制而成，常用作礼品赠送亲友。

（教师）笔记

吃虫节的来历

每年农历六月二日，就是仡佬族一年一度的吃虫节，过吃虫节时，家家都要买肉置酒，村寨里的男女老少，都要到田里捉虫，捉完虫之后带回家里做成各种应时小吃，与酒肉一起同食。传说仡佬族过吃虫节最先始于一位名叫甲娘的妇女。相传在很古的时候，仡佬族地区连年遭受虫灾，庄稼所收无几。甲娘望着遭虫害的庄稼心急如焚。于是她毅然带领几个孩子到田里捉虫，然后将捕捉的昆虫加各种作料，做成好吃的食品，请所有的人吃。从此害虫减少了，庄稼获得了丰收。为此，甲娘受到寨老们的奖赏。甲娘把寨老们奖给她的肥猪杀了之后，宴请了全寨的父老，并定于每年农历六月二日“吃虫节”。至今仡佬族民间每年在吃虫节时要制作油炸蚂蚱、腌酸蚂蚱和甜炒蝶蛹等应时小吃。

二、礼仪习俗

仡佬族的礼仪是不成文的规约，是千百年来仡佬族在人际交往中自然而然地约定俗成的一种行为准则。

在宴会和某些公共场合，按辈分排座位，小辈不能与长辈同坐上方。若青年人与老年人同席，须坐得端正。饮酒时老、小不能嬉戏。上菜后，须由桌上老人请大家提筷并先夹菜，青年人才能跟随动作，不能单凭自己喜好乱来。男女间有老人在时言语举止尤须谨慎。赶场、走亲戚外出若遇老人同路，须让老年人走前，年轻人随后。在父母死后的两三年内，家人言谈举止尤须庄重，不得笑颜嬉戏，更不能与别人吵嘴。女子行为更须检点，否则，被同族人视为

(教师)
笔记

对其先父先母不恭。尤其是不允许男女间的不正当行为，否则，会受到“冲江”的处罚。

三、节日礼仪习俗

仡佬族的传统节日大体与汉族相同。如春节、端午节、七月节和中秋节。糯米粑是仡佬族节庆活动中必不可少的食品。过春节时，家家户户都要用一升或几升糯米打成一个大的粑粑，放在簸箕或方木盘内，供奉祖先，三天之后才可食用。黔西的仡佬族还用豆豉叶（扁竹叶）插在粑粑上，以表示祖先开荒辟草时插草为标。广西的仡佬族还有在除夕的供品中加粽粑和红薯之习。在端阳节、重阳节及其他所有节日，都要宴请宾客，均要做粑粑。如民间广为流传的端阳打粑送亲家、重阳打粑封龙口、谷熟打粑献新等，特别是农历十月初一的牛王节，是仡佬族民间特有的节日。每到这一天，当地的仡佬族杀鸡、备酒、敬奉牛王菩萨，祈愿牛王保佑耕牛体魄健壮，凡养牛户届时都要停止使役，让耕牛休息，用最好的饲料喂牛，还要用上等糯米打两个粑粑分别挂在牛的两只角上，把牛牵到水边，让牛“照镜子”，使它兴高采烈，然后取下粑粑喂牛。仡佬族热情好客，亲戚朋友相聚，都要以酒为礼，遇到喜庆或节日，酒必不可少。

●八月节

仡佬族是中国的一个古老民族，早在唐宋史书中就有记载。仡佬族最隆重的传统节日莫过于八月节（八月十五至二十日）。节日的头天，全族老少都要穿上新装，齐聚在寨子的坪地上。几个青年把一只头戴大红花的黄牛牵来，寨中最长者——“族老”开始祷告，祈求五谷丰登；乐队奏起“八仙”曲，同时鸣火枪、放鞭炮。然后杀牛，割下牛心，每户一份，表示全族团结一心。随后，“族老”还率众捧着小猪、老鸡、大鹅三牲，到菩提树下祭祀。礼毕，全族欢聚一堂会餐，直到天黑。次日，各户举行家宴后，妇女们偕儿带女回娘家送礼；男人们串街会友，唱歌、谈天。据说，青年男女的歌舞活动一直延续到节日的最后一天。

●仡佬年

仡佬族的节日还有农历春节和农历三月三的仡佬年。农历三月，春回大地、万物复苏的时节，仡佬族要过传统的仡佬年。祭神树是仡佬年最重要的活动，这起源于仡佬族古老的自然崇拜。祭祀时，由主祭人带领全村男子绕村寨周围的山坡行走一周，然后在神树下杀鸡宰羊，进行献祭，同时吁请神灵享用祭物，还要祈祷神树保佑全寨清洁平安、五谷丰登。而每年的农历六月初二，是仡佬族的“吃虫节”。这一天，家家饭桌上都摆着几盘别具风味的菜——油炸蝗虫、腌酸蚂蚱、甜炒蝶蛹、烧炒虾米、泥鳅等。

四、宗教信仰习俗

仡佬族以信奉道教和自然崇拜为主，有的也信奉佛教。仡佬族及其先民在历史上广泛地存在着万物有灵和灵魂不灭的观念意识，其信仰崇拜主要表现为以自然崇拜、祖先崇拜和鬼神崇拜为内容的原始宗教。仡佬族认为天地山川、风云雷雨、日月星辰、金石草木等万物皆有灵，供奉“牛王”、“树神”、“山神”、“苗神”、“灶王”等。各地区仡佬族普遍在农历三月祭山神或树神。除每逢年节时要祭祀外，在天灾病痛时，还要烧香、烧纸钱敬供，以祈求消灾除病，丰收平安。

祖先崇拜是仡佬族原始宗教信仰的重要内容，广泛渗透于仡佬族的社会、生产和生活各领域。在仡佬族民间祭祀活动中，以祭祖为最多。年节要打糍粑祭祖；拜神树也要祭祖；吃新节要摘新庄稼祭祖，以祈福禳灾。在祭祀方式上，仡佬族有的是在家里堂屋内设置神龛；有的是在灶房内放置一块木板或在堂屋贴上“古老先人，地盘业祖”的字幅以作祖先的神位；有的则以村寨附近的小山作为祭祀祖先的地方。贵州遵义一带的仡佬族，有一种独特的祭祖仪式，就是杀“老人猪”。当地祖辈相传，凡遇疑惑、心境不宁、村寨上出现异常现象，就要杀“老人猪”。杀猪必须在天黑时进行，不能让人看见，猪毛全都烧掉，用反手搓成的一根套猪的绳索，又叫“阴绳”，也要烧掉，其意是交给祖先。然后，将猪内脏分成肝、肚、舌、蹄、心等数类，盛在大盘内祭祖。全家人吃猪肉时，不准说话。三天之内，不准陌生人进屋。可见崇拜祖先虔诚之至。明清以来随着仡佬族社会历史的变迁，受到汉族、彝族、布依族等民族的宗教信仰的影响，仡佬族的宗教与佛教、道教交织杂糅。贵州道真仡佬族地区曾有大小寺庙六七十所，信神崇佛较为普遍，每年二月十九、六月十九、九月十九称为“香会”，当地民众成群结队前往寺庙进香“拜观音”。新中国成立以来，随着科学文化的发展，移风易俗，除敬祖传统尚浓外，打醮求神等活动渐次减少。

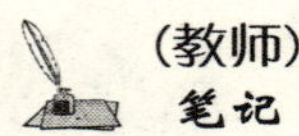
(教师)笔记

●占卜

古代经济、文化的落后使人们对生产和生活前景把握不住，无从得知成功与失败的原因所在。认为做一件事是由一种神秘的力量主宰着，既然不能得到明示，只好借助某种特殊物体求得预告，从而决定做还是不做。这种行为称之为“占卜”。仡佬族的占卜有卦卜、牙卜、动物卜、树根卜、鸡卜、蛋卜、衣食卜等形式。

●禁忌

仡佬族在年节、生产、生活中都有一些禁忌，至今仍为人们所遵循。违反禁忌会遭到家人、族人的责难。过年期间的禁忌最普遍、最多，如不说不吉利的话、不能吵架、不能打破东西、不动用针线、刀斧、不扫地泼水等等。

能说仡佬语又能讲汉语的地区，在举行祭山神、做嘎仪式的全过程中，任何人都不得讲汉语。如果有人不慎，说出一句汉语就认为这场法事不灵，除受到众人责怨之外，须重做一次。所需费用全由说汉语者承担。

出嫁的女子回娘家不得登娘家的楼。妇女怀孕期间，有的不能吃猪羊肉和鱼，认为吃猪肉者，所生婴儿会患母猪疯；吃羊肉生下的婴儿会得羊痫风；吃鱼，婴儿口中会常吐泡沫。牲畜产仔，厩门上挂竹筛和油壶，并在厩四周撒灰一圈作为标志，防止孕妇走近或进入厩内。正月初一至十五的半个月内，不得在屋外晾晒衣物。三月初三，不上山砍柴割草。

立秋之日，无论男女不得外出劳作。这天外出劳动称为“踩秋”，踩秋于庄稼不利。俗语有“一年踩秋，十年不收”之说。

五、人生礼仪习俗

●婚俗

仡佬族的婚姻为一夫一妻制。一般不与外族通婚，在本民族内亦多系同一支系互结姻亲，但同宗不得开亲。过去，仡佬族的婚姻多行“亲上加亲”的姑表婚。甥女多为舅之儿媳，据《安平县志》卷五记载：“婚姻先外家。凡姑之女定为舅媳。或舅无子，必婚于他舅及舅族之远者。”同时也有舅家女儿嫁至姑家为媳的。明清以来，仡佬族的男女婚姻受到封建意识影响，多由父母包办，甚至有

(教师)笔记

指腹为婚者。当然，男女通过自由恋爱缔结婚约的也不少。如遵义仡佬族青年男女春节期间上山或到“耍房”对歌，大方仡佬族男女青年到大岩洞内对歌或玩耍，通过社交活动增进了解，加深情谊。确定恋爱关系后，各自禀告父母，再由男方央媒提亲缔结婚约。

平坝县仡佬族说亲，由媒人带着男方生辰八字，提公鸡 1 只、酒 3 斤去女方家。女方父母以酒饭相待，并以女方八字与男方八字相对，如双方八字不相克，即为之“定亲”。男方择定婚期之后，以两少年抬着酒肉，在媒公、媒婆带领下去女家告知结婚日期，叫“订日子”。届时迎亲。新娘在两位姑娘陪同下过门，在鞭炮声中来到婆家。此时，新郎及其亲属皆回避，由亲戚代为迎接。待新娘将所带历书、铁锁、五谷、盐茶等物放置堂屋神龛上，并拜过祖先之后，新郎、新娘才见面。宴饮时，送亲者及证婚的三位女客单独在一桌，须站着吃。第三天晚餐后，宾客于室内对歌。次日，新娘在亲者陪同下返回娘家。客一起身，主人则以方盘盛两盘菜，提一壶酒，边唱歌，边敬酒，用退着走的方式送客人至大门。

●葬俗

黔西北仡佬族老人病危弥留之际，不能平躺于床，须由其子扶坐床上落气。人去世后，请人向死者已出嫁的女儿报丧。报丧者距其家门较远处即喊话，女儿及女婿闻讯，立即抬一方桌放于岔路口，桌上置一内装有粮食的竹筒插上燃香，斟酒三杯，捉鸡一只就地宰杀哭祭。祭毕，报丧者随之进屋，婿家将鸡煮熟祭供后，请报丧者食用。女婿头戴凉帽，手拄茶树枝与其妻一起赶往娘家，焚香纸行祭奠，用壶反背水烧热给亡人洗涤后穿戴，孝子孝孙须喝此热水三口。移尸堂屋（男尸停左侧，女尸停右侧），以白布盖面。尸枕边摆饭一碗、马匙一把，饭碗上加放一枚划为四瓣的熟鸡蛋。尸脚下点灯一盏。棺内垫白布或白纸，尸体装入棺内，另以白布一条塞于亡人手中。

仡佬族的葬式独特，早期不葬地面而葬于岩穴内。岩穴一般系天然洞穴，少数为人工凿成，且多选择于水滨悬崖之上。无岩穴处，则将棺置于岩阡上，有的还在岩穴内垒土为坟。近现代正安、石阡等地仡佬族仍有用岩穴葬者。古代仡佬族还普遍以薄石板镶成石棺，置尸其中，或用厚石板砌为椁，椁内陈放木棺。前者称为石棺坟，后者叫做石板墓。石板墓常是数函并列，各函之间内壁有方孔相通连。黔北地区仡佬族至今仍盛行一种“生基”坟。坟以厚石

(教师)笔记

板镶就，外垒土成圆形，前立花草鸟类等石刻的戴帽墓碑。因这类坟是在墓主生前修建，备死后埋葬用，故名“生基”，实际上是石板墓的发展。埋葬的方法亦有殊异。许多石板古墓不顺山势，而是头朝山麓，脚向山顶，与一般顺埋相反，故民间有“横苗倒仡佬”之说。甚至有头顶天脚立地的竖埋方式。清代中叶以后，大部分地区的墓葬渐取土葬。垒土为坟，与汉族葬式相同。

（教师）笔记

锡伯族习俗

锡伯族是我国人口较少的民族之一，人口 188 824（2000 年第五次全国人口普查数据），主要分布在辽宁、新疆、黑龙江、吉林、北京等地。明末，锡伯人主要居住在松花江、嫩江流域，隶属于蒙古科尔沁部。住在新疆维吾尔自治区的锡伯族人使用锡伯语，属阿尔泰语系满－通古斯语族满语支。居住在东北的锡伯族人使用汉语。锡伯文是 1947 年在满文的基础上略加改动而成。大多数锡伯族人通用汉文。锡伯族人，特别是迁移到新疆的锡伯族人，善于种植农作物。

锡伯族是古代鲜卑人的后裔。鲜卑人最初游牧于大兴安岭东麓，世代以狩猎、捕鱼为生。16 世纪编入蒙古“八旗”后，其社会组织发生了急剧变化，生产上转入稳定的农业经济。18 世纪中叶，清廷为巩固西北边防，将部分锡伯族迁往新疆，尔后这些锡伯族在伊犁河谷屯田定居，开拓了自己的第二故乡。

在风沙弥漫的大西北，勤劳智慧的锡伯族人民凿山筑渠，修筑了长达 100 多公里的察布查尔大渠。潺潺的流水使荒漠变成了阡陌纵横、树木葱绿、瓜果飘香、美丽富足的地方。锡伯族以勇武骑射著称。曾经涌现出不少优秀射箭运动员。

一、饮食习俗

锡伯族大多数习惯日食三餐，主食以米、面为主，过去食用高粱米居多。面食以发面饼为主，也吃馒头、拉面和韭菜合子、水饺等。受维吾尔族影响还吃抓饭和烤馕，喝面茶、牛奶和奶茶。肉食来源主要依靠家庭饲养，多为牛、羊、猪肉。冬闲时锡伯族还常进行狩猎，野猪、野鸭、野兔、黄羊等均是冬季餐桌上常见的野味。

锡伯族人习惯制作各种腌菜咸菜。每年秋末，家家都用韭菜、

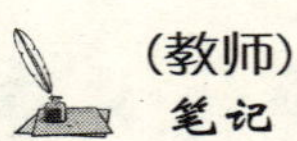
(教师)笔记

青椒、芹菜、包心菜、胡萝卜等切成细丝腌制咸菜，锡伯族称之为“花花菜”，有时可供全年食用。锡伯族还喜欢在夏季制作面酱，将其盛入瓦缸中，作菜肴的调味品。

锡伯族爱吃韭菜合子、南瓜包子等食品，锡伯族常吃的主食还有发面饼等。

发面饼　将发好的面烙成约1厘米厚、30厘米直径（据锅的大小而定）的饼子贴于锅底，若干次翻动后（有三翻六转之说），饼子就熟了。食时将饼子对折撕成四块摞放于餐桌中央的菜盘边（切忌底面朝上）。多在早饭时边做边食，下顿食时，可在火上或炉上烤后食用。

干菜　先将牛（或猪）肉红烧后，加入洗净的干豆角或干豇豆（豆角和豇豆必须用凉水浸泡，千万不能用热水泡）、土豆等（有时也加粉条）炖成，主要在冬、春食用。

咸菜　第一种是将小尖辣子、大葱、青西红柿、香菜、大蒜等洗净后，切成细条状，放入盆中，加入适量的盐，将其拌匀后，装坛进行腌制，数小时后即可食用；第二种是将韭菜、辣子、青西红柿、豇豆、豆角、胡萝卜、芹菜、白菜、莲花白等洗净后，整体装坛进行腌制，在装坛时，每放一层菜要洒一层盐。主要在冬春食用；第三种是秋日将韭菜、小尖辣子、青萝卜、胡萝卜、芹菜、莲花白等洗净后，切成细丝，放入盆中，加入适量的盐拌匀后放入坛内腌起来。腌好的菜仍可保持蔬菜原有的色泽。主要在冬、春食用，锡伯族称之为“花花菜”，花花菜具备了色、香、味，一直受到锡伯人和新疆其他民族的喜爱；第四种是现做（多见于夏日的午餐），将辣子、青西红柿、皮牙孜（洋葱）、香菜等切好拌盐即食，类似新疆现在较流行的“皮辣红”或称“老虎菜”（一次性食品）。

蒸南瓜饺子　将南瓜刮成碎条状，把皮牙孜（洋葱）剁碎，再加入少许烧开的清油，加盐（有时也加羊油渣）制成主馅，做成薄皮蒸饺。多在冬、春食用。

面酱　一种做法是将小麦洗净煮熟，装入一个袋子里，放置在热炕上捂发酵，发酵好以后，将其取出晒干且磨成粉，最后将其入锅加水烧制成面糊，并加盐倒入罐中，放置在阳光之下，约一周后便可食用；另一种做法是将发酵好并晒干的“馒头干”进行“磨粉”，备做“面酱糊”。主要是调味用，可终年食用。若制作不当将引起食物中毒。

辣酱　将干辣面置于碗中，加入一定量的开水，水量可以多

(教师)笔记

些，辣面充分发开后，加入一些切碎的韭菜和葱末，再加入适量烧熟的食油，必须现烧现加，再加入盐和面酱拌好，可多次食用。主要是调味用，若将辣酱卷进发面饼中食之，亦是美餐。

鱼冻　将鱼洗净切块下锅，多加些水，加盐清炖，待其做熟时，将鱼块捞出，后将切碎的韭菜、鱼香草（椒蒿）放入锅中，并加入一定量面糊（在面粉中加入少许清水制成），待再次烧开后，便可取出食用，味道好极了。

凉拌烫韭菜　将洗净的韭菜和辣子（有时也加鱼香草）在沸水中搅几下即起锅（辣子时间要长些），在菜板上摊开晾凉，切成约一寸长，加一些香菜，拌盐、辣面、少许醋即可。多见于夏日的早、中餐。

凉拌烧（青）辣子、（长）茄子　将青辣子、长茄子放入锅中，将锅盖盖好，过一段时间翻一翻面，待烤到其皮分离后，将外皮剥去，洗净后撕成条状，拌面酱或盐食之，香甜可口，其中的"烧辣子"有"虎皮辣子"的效果。

凉菜蘸酱食　将辣子、黄瓜、水萝卜、小葱等洗净后蘸面酱吃。多见于夏日的早、中餐或时间紧时。

野兔肉炒咸菜　一首古老的围猎歌中唱得好：……傍晚归来，将鲜嫩的野兔肉与咸菜同炒，其菜味比任何（海）味还要鲜香无比（但现在提倡保护野生动物，诸位还是"嘴下留情"吧）。

死面饼　和面方式及做法同发面饼子大致相同，只是面未"发"，是"死面"。

千层饼　类似"花卷"，其中加一些捣碎的香豆粉末。

油渣饼　将动物油脂榨汁后的油渣，夹在"死面"中擀成发面饼大的饼子，同发面饼一样烤熟。食时一般以刀将饼对切成四块，以手卷起来食之。

锅盔　在做完"发面饼"后，将最后剩余的面烙成中间约3厘米以上厚、朝外越来越薄、比"发面饼"稍大些的"大饼"，置于锅中，将锅盖盖严，不加火，充分利用锅及柴灰的余热，每隔若干分钟将"饼"翻动一次，将锅再盖严，如此反复，直至熟透，约需喝顿茶的工夫。这种"饼"的确"外层脆，里面软"，可放置若干天，便于外出（旅行等）时作为"干粮"。吃时，将饼以刀切成2厘米宽、10厘米长状，泡于酥油、奶皮子奶茶中食之。

油炸饼　和面时，视情况放入适量鸡蛋、白砂糖、南瓜等。一般春节前夕炸制，是春节期间招待客人不可缺的食物，香脆可口。

(教师)笔记

油果子　制作方法同油炸饼，不同之处就是将面切成条段状。

血肠　将皮牙孜（洋葱）、大蒜和羊油剁碎，拌入已备好的羊血中，加入适量的盐，灌入洗净的羊大肠中，两头用绳扎紧，放在锅中用开水煮上半小时即可食用。“血肠”是锡伯人待客的下酒菜。

二、礼仪习俗

过去锡伯族的家庭多为三代同堂，也有多至四五代的，明显受到宗法封建制度的影响。婚姻多由父母做主。妇女地位很低，不能继承财产。辈分最高的男子是一家之主，有很大的权威。父亲在世时，儿子不得分家。在家庭生活中，长幼有序，十分注重礼节，晚辈对长辈行打千礼。由男性族长组成的哈拉会议，处理家族内部的重大事务，执行族规。

锡伯人伦理观念十分强烈，尊长爱幼，重读书而轻商贾，勇而不悍，比较含蓄，不聒噪。随着观念的变化，经商的锡伯人也多了起来。锡伯人见了长辈要行打千礼。男性和女性打千的姿势稍有不同。男性行礼时，左脚向前微跨一步，双手置于左腿，上身保持挺直稍稍下蹲。女性行礼时双脚并拢，双手置于双腿上，上身在保持挺直稍稍下蹲。行礼时称呼长辈并说：“elhe biyemie/baimie（书面语为 elhe baimbi）”或“hojo na”。打千礼至今仍可见到。如果是向隔辈的长辈行礼，则要行大礼（即叩拜之礼）。

锡伯族十分注重礼仪，也有一些禁忌。譬如睡觉时脱下的裤、鞋、袜等不能放在高处；不能在炕上横卧；不能从衣帽、被子、枕头上跨过；吃饭时不能坐门槛或站立行走，严禁拍桌打碗；媳妇不能与公公同桌用餐，也不能同坐；递刀给别人要刀尖朝自己，刀把朝对方；忌食狗肉，族内同姓禁止通婚等。

三、节日习俗

锡伯人的传统节日有春节、抹黑节（正月十六）、清明节（分鱼清明和瓜清明）、西迁节（四月十八）、泼水节（五月初五）和中秋节等。锡伯族的清明节一般在农历三月过一次，但在新疆伊犁、塔城地区的锡伯族人每年要在农历三月和七月过两次清明节。过节时，人们分别用鱼和瓜果祭供，所以分别称为“鱼清明”和“瓜清明”。

具有民族特色的“抹黑节”是在农历正月十六日。人们清晨起来，把准备好用来抹黑的布或毡片带上，挨家挨户，不分男女老幼互相往脸上抹黑，据说这是请求五谷神免掉庄稼的黑穗病，保证丰收。

“杜因拜扎坤”节也称为“四一八”西迁节，这是锡伯族传统的盛大节日。这一天是当年西迁新疆戍边的锡伯族人与留居在家乡的父老乡亲们话别的日子。二百多年过去了，每逢农历四月十八，锡伯族人都要举办各种纪念活动，并把这一天定为自己的传统节日。节日这天，家家都要把屋打扫得干干净净，准备丰盛的食品，穿上节日盛装，相聚在一起，弹起“东布尔”（锡伯族的一种乐器），吹起“墨克调”（锡伯族的一种曲调），跳起欢快的民族舞蹈“贝勒恩”，来庆祝这一具有历史意义的节日。此外，还要进行摔跤、射箭、赛马等传统体育活动。

四、宗教信仰习俗

过去锡伯族的宗教信仰较杂，曾经有过对天、地、日、月、星等的自然崇拜；对鲜卑兽、狐狸、蛇、虫、古树、人参等动、植物的崇拜；对土地神巴纳厄真、谷神、瘟神、牲畜神海尔堪、灶神肫依妈妈、门神杜卡依恩杜里、娘娘神、河神罗刹汉、山神阿林乌燃、引路神卓有恩杜里、猎神班达玛法、柳树神佛多霍玛法和渔神尼穆哈恩杜里等神的崇拜；对灵魂的崇拜；对祖先的崇拜。所信的程度都不一样。一般说来，主要是崇奉喜利妈妈，素信萨满教，兼信藏传佛教。

锡伯族的“喜利妈妈”

喜利妈妈，是一条两丈多长的丝绳，名曰“索绳”，上系小弓箭、小靴鞋、箭袋、摇篮、铜钱、布条、嘎拉哈（猪羊的背式骨）、木锹、木叉等物。其中嘎拉哈（借“背”音）表示辈数，即添一辈人，加一个嘎拉哈；小弓箭表示男儿，添一男孩，两个嘎拉哈之间就添一张小弓箭；布条表示女孩，这一辈有几个女孩，就有几块布条；摇篮、小靴鞋等表示子孙满堂；箭袋表示男儿长大之后，成为骑射能手；铜钱表示生活富裕；木锹、木叉等表示农业丰收。

(教师)笔记

●喜利妈妈

喜利妈妈是由“喜仁妈妈”演变而来。在锡伯语中，喜仁是藤蔓系的意思；妈妈则为奶奶、老妪的意思。合起来意为世系奶奶。喜利妈妈在东北锡伯族中汉译为子孙妈妈，意思是有了女祖宗，子子孙孙才能不断地繁衍生息，一代接一代地传下去；也包含保佑家宅平安和人丁兴旺之意。因而，过年时给喜利妈妈贴福字，或是贴上“供圣喜生聪明子、奉神永保寿男儿”等对联。

●萨满教

萨满教是锡伯族信仰的原始宗教。萨满教的基本观念是崇拜大自然，相信存在鬼神，万物有灵。它把自然界划为“三界”：天上（天堂）为上界，是诸神所居之地；地面为中界，是人类所居之地；地狱（阴间）为下界，是魔鬼所居之地。锡伯族人认为，萨满是居于人和鬼神之间的使者，有时萨满可做鬼神的代言人，向人转达鬼神的意愿和要求，又可代表人去向鬼神祈祷、问卜。萨满又可做鬼神的替身，鬼神附体，直接向人提出要求或接受人的请求。每当萨满作法给人“驱邪治病”时，都像鬼神附体一样，口念咒语，手舞足蹈。萨满不做法时如同常人。

●藏传佛教

藏传佛教传入锡伯族地区始于元代。元朝统治者由于藏传佛教有利于巩固自己的统治基础，因而，在西藏大力扶持它的同时，又通过各种形式，把它很快传入蒙古族统治地区，使大部分蒙古族以及其他所属少数民族相继都皈依了此教。在此期间，藏传佛教虽然受到了来自这些民族原有萨满教的强烈反抗，但是萨满教终究未能阻挡这种人为宗教的“侵入”，在不长的时间内，藏传佛教便站稳脚跟，取得了多数民众的信仰。据充足的史料证明，当时的锡伯族正是处在蒙古科尔沁部的统治之下，他们和科尔沁蒙古人，也是在此时开始信仰藏传佛教的。因此锡伯族信奉藏传佛教已有数百年的历史了。

五、人生礼仪习俗

●结婚

锡伯族实行的是一夫一妻制的婚姻形式。过去，锡伯族主要实行族内婚，禁止妇女外嫁其他名族，但允许男子娶其他民族的妇女。本民族内同姓不婚，联姻讲究门当户对。允许姨表、舅表、姑表兄妹通婚，但不同辈分的男女不能结婚。子女的婚姻多由父母包办。

现在，锡伯族的婚姻观念已发生了很大的变化，婚姻界限被打破，男女均可娶嫁其他民族的男女，同姓不婚已不很严格，但是姨表、舅表、姑表兄妹的近亲婚姻已逐渐退出了历史舞台。青年男女的婚姻以自由恋爱为主，但传统的婚姻形式依然有所保留。锡伯族青年男女的婚姻一般要经过说亲、许亲、订婚、结婚几道程序。

说亲，即提亲。当男方家在确定了儿子的意中人后，就派媒人带一瓶酒到女方家去求亲。如果女方家接受了礼酒，就说明他们不反感，有提亲的余地。经媒人多方说合，女方家征得家人同意后，就可以举行许亲仪式了。

许亲，许亲之日，男方在媒人的主持下，在女方家设宴款待女方父母，男方跪听女方父母许亲。这次不用送彩礼，因而称其为“磕虚头礼”。

订婚仪式，男方的直系亲属同媒人带着羊只、彩礼等礼物到女方家举办一次中型宴席，招待女方直系亲属。届时，准女婿要对女方父母等亲属行跪礼，一一磕头相拜，并敬献彩礼。因这次带了彩礼，故叫“实磕头礼”。从此，双方就算缔结了婚约。父母在媒人陪同下，去女方家中，请示许婚日期，称作“请命”。吉日确定后，双方就开始准备隆重的婚礼了。

●丧葬

锡伯族是古代鲜卑的后裔，因此在丧葬方面沿袭了鲜卑的风俗习惯。历史上，满族、汉族是对锡伯族影响较大的民族，因此，在丧葬仪式上锡伯族与满、汉民族又有许多共同之处。

锡伯族传统的丧葬形式是土葬，在特殊情况下也实行火葬和天葬。锡伯族每一家族都有一个固定的坟院。锡伯族在丧葬方面的宗法观念非常强，人死后必须和自己的亲属埋在一起，否则，被认为是抛骨异乡，在阴间不能和家人团聚。夫妇合葬是锡伯族丧葬的一种重要形式。安葬时，男棺的位置稍前于女棺，男棺的左侧和女棺的右侧各凿一小孔，作为夫妇灵魂出入的通道，以使他们能够在阴间见面。这种带有迷信色彩的习俗现在逐渐消失。

锡伯族传统的丧葬仪式十分繁琐。在通常的情况下，亲人逝

(教师)笔记

世，则焚香烧纸，举家哀悼，亲友吊唁。小殓后，请喇嘛念经，择吉日（忌申日）大殓，尸体放入棺木，头向西，脚朝东南，埋葬坟院墓穴中。棺木有两种：未婚男女病故，锡伯人认为未婚的人“只有房子，没有房顶”，只有成家后，房子才圆满，所以一律殓入底打了洞的棺木内，俗称“无底棺”；婚后身亡者的棺木则全有底，而老年人的棺木油漆、绘制得十分精致。凡未出嫁的闺女、孕妇死亡，或死于横祸者，均不得在家族坟院安葬，而是另择坟地埋葬，过些时候进行火化，将骨灰装入坛中再行埋葬。萨满、巫职人员死后也要实行火葬，幼儿（三个月以内）死后实行天葬。

亲人去世后，七日小祭，二十一日中祭，四十九日大祭，百日和周年也都各祭一次。子女守孝百日，兄弟姐妹守孝四十九日，妻室守孝三年。子女在守孝期间不能去娱乐、喜庆场合。男子不理发刮脸。妻室在守孝期间，不得改嫁。

现在，由于“移风易俗”的宣传，锡伯族的丧葬习俗由繁到简，由旧到新，发生了深刻的变化。传统的宗法观念和制度渐渐淡化，在有条件的地区，提倡全部实行火葬，不再棺葬了。守孝时男尊女卑现象不存在了，禁锢妇女守寡三年的樊笼也被打破了。人们越来越注重父母在世时的孝敬，而厌于死后虚假的形式。吊唁时，死者子女及近亲、朋友，胸戴白花、臂挽青纱，表示对死者的怀念，寄托哀思。

（教师）笔记

阿昌族习俗

阿昌族是我国云南境内最早的世居民族之一。根据2000年第五次全国人口普查统计，阿昌族人口数为33 936人。古代汉文史籍中的“峨昌”、“娥昌”、“莪昌”或“阿昌”、“萼昌”等，都是不同时期对阿昌族的称谓。新中国成立后，根据本民族的意愿，统称为“阿昌族”。他们聚居在高黎贡山余脉的丘陵山地、峡谷平坝。这里土地肥沃，气候温和，雨量充沛，为阿昌族农业生产的发展提供了良好的条件。阿昌族自古即以擅种水稻而闻名。阿昌族主要从事农业，手工业也很发达，尤以善于打制长刀而闻名于世。

阿昌族的语言较为复杂，属于汉藏语系藏缅语族。由于历史原因，阿昌族先民曾在云南西部自东北逐渐向西南地带频繁迁徙，在较大的区域范围内长期同其他民族交错杂居，互相依存，因而在语言上也借用共同的外来语，吸收了对方的语词，从而形成了今天本民族语言的复杂性。至今在阿昌族的语言中，还保留着一些傣语、彝语、景颇（载瓦支）语、傈僳语的成分。因此，不少人能通晓多种其他民族的语言或方言。

一、饮食习俗

阿昌族日食三餐，喜食酸性食品。过去青年男女有嚼烟和槟榔的习惯，牙齿往往被染成黑色，故又有“齿黑为美”的旧俗。

阿昌族以米饭为主食，也常用大米磨粉制成饵丝、米线作为主食。饵丝食用方便，食用时只需在沸水中稍烫一下，捞出配上佐料即可食用。如果盖上焖肉、炽肉、鸡丝等配料，可做成各式不同的饵丝；米线除同饵丝一样热食外，还可凉拌，或在米线里加一勺热稀豆粉（豌豆面与水合煮），再加油辣椒、蒜姜泥、味精等调料，做成稀豆粉汁米线，辛辣滑嫩，是阿昌族入夏之后经常食用的小

（教师）笔记

吃。阿昌族喜吃芋头。传说古代庆丰收时，杀狗和吃芋头必不可少。阿昌族妇女大都会做豆腐、豆粉，常用豌豆做成凉粉供食。肉食主要来源于饲养的猪和黄牛。猪肉经常来做火烧生猪肉米线，即将猪宰杀后用麦秆或稻草将猪皮烧黄，刮洗干净，然后切碎拌上醋、大蒜、辣椒等佐料与米线一起食用。稻田养鱼是日常吃鱼的主要来源，食用时多将鲜鱼用油煎或油炸，再加水和酸辣椒煮熟或蒸熟即可上桌。以酸辣谷花鱼（栽秧时将鱼苗放入田内，谷熟后取鱼，称“谷花鱼”）最具特色。腌制的咸菜、乳腐、豆豉常年必备，每餐不少。酒是白族人常年不断的饮料，妇女常饮用糯米制作的甜酒，有浓郁的酒香和甜味；成年人和老年人多饮白酒。现在大多数阿昌族都已会用蒸馏法制作烧酒，藏之于瓮，供节日和待客时饮用。

典型食品主要有：凉拌芹菜籼、冻肉、酸炬菜、过手米线。

糯米粑粑和过手米线是阿昌族的两种风味食品。糯米粑粑是把糯米洗净后，用清水浸泡半天左右，捞取放入甑中蒸熟成糯米饭后，放到木碓中舂细，即可食用。糯米粑粑柔软细嫩，口感极好。多余的粑粑则摊于芭蕉叶上，边晾边吃，或炸或烤，或煮或烧，香脆可口，令人百吃不厌。“过手米线”是陇川户撒一带阿昌族的风味食品，用户将本地上等米压榨成米线，用火烧猪肉、猪肝、猪脑、粉肠加上花生米面、芝麻、大蒜、辣椒、芫荽、盐巴、味精等，另加豆粉、酸醋搅拌均匀做成调料。吃时，洗净手，先将米线拿在手中，然后浇上调料，用筷子搅拌后，送到嘴里，一吸而过。过手米线味道鲜美，营养丰富，易于消化，令人回味无穷。

二、礼仪及禁忌

阿昌族禁止在正月初一杀家畜和伤害动物。妇女生孩子未满7天时，忌讳别家男子进入院内。

阿昌族的卧房分布在正堂两边，老者居左边，其他居右边。男性长者忌进已婚晚辈的卧室。未婚男子可住厢房或厢房楼上。女性忌住楼上；男子在楼下，忌妇女上楼；忌妇女跨踩农具工具。

阿昌族热情好客，尊老爱幼，有许多优良的传统礼仪。有客来家小憩，主人要好酒好茶招待，吃饭礼让上座，如客人年轻、辈分小可推辞坐边座或下方座；遇敬酒倒茶，忌不礼让就接受。阿昌族待客有劝饭习俗，无论会喝酒、喝茶否，忌讳客人不接受；遇劝饭时，无论饱否都应伸双手捧碗相接；双手接递或起身行礼，视为恭

（教师）笔记

敬。通常劝饭是象征性的，通过劝饭讲情说意，乃至唱劝饭山歌抒情，表示欢迎客人才是真正的缘由。

阿昌族解除婚约婚誓，须退回婚誓的相片及头发。忌烧毁相片、头发，否则，认为照片及头发烧毁后，人会大病乃至会疯。

阿昌族同姓忌婚配。有招婿入门习俗，上门男子须改名随女方姓。阿昌族婚礼举行3天。在婚礼中新娘、新郎逐桌去敬糖茶，客人喝毕放少许钱币于杯中。

三、节日习俗

除宗教节日外，户撒的阿昌族，一年较大的几个节日，有赶摆、蹬窝罗、会街节、尝新节、泼水节、进洼、出洼等，都与邻近的傣族相近。此外还有火把节、换黄单、烧白柴、浇花水、窝罗节等节日活动。其中以火把节和窝罗节的规模较大，活动内容较多。

●窝罗节

每年农历正月初四举行，以纪念传说中阿昌族的始祖遮帕麻、遮咪麻为民除害、造福后人的功绩。届时人们要祭献最好的菜肴，然后杀狗吃狗肉和芋头，如果在祭祀的当天能捕到蟒蛇，则认为更吉利。

●火把节

每年农历六月二十四日举行，为祈求五谷丰收，驱虫除灾。要杀猪、宰牛祭祀，届时要熟制火烧生猪肉拌米线给大家分食。入夜后点火把在村寨周围游动。

●泼水节

阿昌族的泼水节跟傣族的泼水节日期相同，也是从清明节后的第七天开始，但过法有所不同。清明节后的第七天上午，阿昌人穿上节日的盛装，采下几朵鲜花，女的插在头上，男的别在胸前，花枝招展过节日。下午4点左右，全村中、青年男子汇集在佛寺前，前面两面龙凤旗开路，后面几人跳着象脚鼓舞，率领众人向山里进发，边走边放火药枪。上山后，在锥栗树前鸣响鞭炮、跪拜，然后采锥栗树花，同时采杜鹃花。采好花后，人人兴高采烈，挥舞花枝，欢呼声震天动地，在山坡上纵情歌舞。跳够了阿昌族的民间舞蹈，一路上敲着象脚鼓转回村寨。村里的妇女早做好了苏子粑粑，

(教师)笔记

一听到男子鸣放的火药枪声，立刻挑选十来个姑娘端着苏子粑粑到村外迎接。男子向姑娘献上一束花，姑娘把一盆盆的苏子粑粑送过去，请采花人吃。吃完后一同欢歌纵舞回村。老人们早在佛寺前立起竹竿，男女把采来的花一圈一圈的扎在竿上，成了花塔；有的村则做成竹轿，把花插上，成了花轿。这时已是夜里10点钟左右，人们不但不散，反而围着花塔、花轿载歌载舞到深夜。第二天、第三天是“浇花水”。男子敲响象脚鼓、镲，扛着四色彩旗在前面开路，姑娘在后排成一长串，到河里挑清水泼花塔、花轿，并把清水倒进竹龙，喷射花轿里供着的佛。第四天，青年男女敲着象脚鼓到井边互相泼水祝福。泼水前，男唱：“今天浇花水。”女同意就唱：“浇给点。”男唱：“你的衣服花花绿绿像鲜花，怕浇脏了。”女答：“你一浇，我的烂衣服成了好衣服。”男的就主动浇，浇在肩上或者衣领上；接着女的同样浇男的。场面热烈，但从不追着人浇。

四、宗教信仰习俗

●多神崇拜

阿昌族旧时原始宗教主要表现在对自然和祖先的崇拜上。他们崇拜的鬼神有天鬼、地鬼和人鬼三种。天鬼包括太阳鬼、月亮鬼、天公（遮帕麻）、地母（遮咪麻）等。地鬼包括神树、藤子鬼、猎神、狼神、毛虫神、土主、山鬼、土地鬼、石神、炉神、孤寡仙人等。人鬼包括家鬼、野鬼等，家鬼又分为大家鬼（阿靠玛）即远祖鬼、小家鬼（阿靠咋）即近祖鬼、“谷期”（守谷仓的瞎眼妇人，死后鬼）、寨神（召先）、“榜”（财神）等。野鬼均被认为是非正常死亡者所变成的鬼。

阿昌族崇拜太阳神（阿昌语为“版清”）和月亮神（阿昌语为“版当”）。他们认为万物的生长、白天和黑夜的轮回、气候的冷暖变化等都是太阳和月亮造成的，认为有了太阳和月亮，人们才有吃有穿，所以要对太阳神和月亮神给予供奉和祭献。供奉的地方多在围墙的墙洞里，背朝东方，面向西方，意为太阳和月亮从东方升起，落时光芒仍然照着人们居住的地方。祭处摆一只竹杯，一只花瓶，不时烧香，每天女主人做好早饭先要供一团饭，然后全家才进餐。有的地方祭献太阳神时，还要用一竹筒插在地上，竹筒上端放一块竹篱笆，上立四个小竹筒，四方各立一个，象征东北西南四方。

阿昌族崇拜的天公和地母，就是传说中的遮帕麻和遮咪麻。阿昌族认为天公遮帕麻和地母遮咪麻，是保护所有百姓的崇高神灵。每年农历正月初四举行的传统节日窝罗节，其起源就是为了纪念天公遮帕麻和地母遮咪麻，歌颂他们的恩德。潞西县的阿昌族祭地母，在大青树下举行，祭时不能动土，不能舂米。他们认为地母是最大的鬼。

梁河县的阿昌族称祭地母为祭“土主”（地鬼），说土主有六只手，上面两只手拿着日和月。每年要祭三次土主，第一次是在二月属马日，主要祈求全寨清洁平安。是日，各户都要去一个男人聚餐一顿，全寨停工一日，并不准外人进寨，违者受罚，认为外人进寨会给村落带来不吉。第二次是五月二十八日，祈求保佑牲畜兴旺，祭后商量共同放牧事宜。第三次是六月二十五日，称为“保苗日”，祈求庄稼丰收，全村齐集祭献。然后将带鸡血和鸡毛的竹片插在每块田里，边插边念咒语，祈求丰收和驱逐灾害。

神树　神树的标志是寨头或寨边长得高大、茂密或古怪的一棵老树。阿昌族每个寨子都有棵神树。神树通常是皂角树，杞木、香果、红木、麻栗、黄桑、皂角等亦可作神树。皂角树四季常青，四五月间开粉黄色小花，树冠长得高而圆，俗称“团树”。神树前常立一石块为记。他们认为人生病是触犯了神树，须拿鲜花、一炷香及斋饭祭祀，方可得到树神饶恕。

山神　阿昌族认为山神是保护山林的，但有时也咬牛马，被野山神咬了的牛马全身不能动弹；若不加以理会，全寨牲畜都会生病。如遇此鬼，过年要耍“狮子”，玩“花灯”，以驱山鬼。

火神和旱神　被认为是与天公、地母作对的恶神，叫“腊訇”、“康”或棒头鬼等。生性骄横，为狂风闪电所孕育，祭祀它们时用一只鸭或一个鸭蛋，做一个木棒，上画土蜂、竹子、树、麂子、马鹿等，与另一小棒摆成丁字形，并诅咒它们“永世不能回来。除非石头开花，公鸡下蛋，公牛下犊”。

另外，阿昌族认为山川、巨石、泥土等都有神灵。如泥土鬼灵性恶，冒犯它会引起眼睛疼痛等。

●祭祀

祭猎神　猎神通常供在寨子里“塞”或“庙”后的一棵大树下，据说每次打猎前要祭一下猎神，就很容易打到猎物。猎到野兽后必须用兽头祭献猎神。平时每年二月祭一次。

(教师)
笔记

祭谷魂　阿昌族认为稻谷也有魂。如果谷魂离开了，身苗就长不好，稻谷就不饱满，收进仓后不经吃。于是在撒种、栽秧和秋收时都要祭谷魂。通常选择属马日撒种，认为该日育的秧苗，谷穗会长得像马尾巴一样长。“开秧门”的头一天，早饭前田里供斋饭，把花和李子树枝插在首先要栽秧的那块田头，边插边念，祈求稻谷“长得像粉团花一样好，像李子一样饱满，结成团”！然后用左手先插三撮秧。此仪式结束，开始正式栽秧。

五、人生礼仪习俗

●结婚

阿昌族一般是一夫一妻制的小家庭，婚前恋爱自由，盛行“串姑娘”，但婚姻缔结由父母包办。过去一般是同姓不婚，长期以来与汉、傣等族通婚的却较普遍。盛行夫兄弟婚的转房制度。寡妇可以改嫁，但不能带走夫家财产，其子女亦归夫家抚养。

阿昌族男女青年结婚的婚宴上，首先要请新娘的舅舅坐在上座，并摆上一盘用猪脑拌制的凉菜，酒宴后舅舅要送新娘一条约4.5千克的带猪尾巴的后腿，称为“外家肉”，提示新娘要永远不忘娘家的养育之恩。

●丧葬

阿昌族人去世后，一般行土葬。只有患肿病或其他传染病而死的人，或是妇女因生孩子而死亡的，才行火葬。少数患恶病或妇女难产而亡者，须先行火葬再行棺木土葬。死于寨外者，忌抬回寨内。人死后殓棺时尸体忌人、猫、狗等动物跨越。死者可带生前喜爱之物殉葬，但忌带金属物，故死者若生前镶牙也得敲掉。阿昌族在举行丧礼时多由“活袍”主持，彻夜诵经，敲锣奏哀乐，高唱“孝歌”。出殡后，禁忌动锣、抬丧棒等，否则认为寨中又会死人。

阿昌族人去世后，先请佛爷来念经，以示超度死者的亡灵。停尸三日后，则选择吉日出殡。出殡时，由老佛爷用三四丈长的白布，一端系于棺木上，并持着布的另一端走在棺木前面，以示由其领路，让死者的灵魂平安到达“天国”。当死者的棺木抬起时，死者的子孙亲属跪在棺木前面，让棺木从他们头上抬过，棺木过完的亲人立即起来又跑到前面接着跪下，这样一个接一个地轮环跪，直到棺木抬出家门。子孙亲属们又到大门外的路两边跪下，让棺木从他们的中间抬过。这是表示给死者搭桥过河。埋葬死人的日期必须选择龙、虎、猴日，否则，认为会使庄稼不能生长，子孙不得兴旺，死者来世不能变人。

还有，人去世后，旁边要摆一碗饭，饭上放一个油煎鸡蛋，这是表示祭祀死者。死者发丧那天，远亲近戚都来送葬，主人给丧家亲人，每人分别送二三尺长的一节白布，用来裹在头上表示哀悼。死者棺木放入坑时，儿孙们前来痛哭告别，主祭喊一声：“爹（妈）不要怕，我们来给你老人家盖土。”随即捧一捧土丢下坑去，撒在棺木上，然后再将土埋上，其他的人也跟随着埋土。

（教师）笔记

（教师）笔记

普米族习俗

普米族是我国民族大家庭中一个人口较少的民族，人口约有33 600（2000年第五次全国人口普查数据）人。有着悠久的历史和灿烂的文化。

普米族自称“培米”，“培”意为白，“米”意为人，有“白人”的含义。汉族古代称普米为“西番”或“巴苴”，周围的纳西族和藏族也称他们为“巴”；巴人也是白人的意思，与普米自称的意义是相同的。居住在云南境内的“培米”经过民族识别，根据本民族的意愿正式定名为“普米族”。

普米族旧称“西番”，是古代羌族的一支遗裔，原来是大西北的游牧民族，在元世祖征大理时，定居于滇西北地区。居住比较分散，以滇西北的兰坪、丽江、维西、永胜和宁蒗彝族自治县人数较多；在川西南的木里和盐源县也有分布。“大分散、小集居”是普米族分布上的特点。普米族的语言属汉藏语系藏缅语族羌语支。现普米族大都使用汉文。普米族主要从事农牧业生产，兼营家庭手工业。

一、饮食习俗

除了通用的烹饪器具以外，许多普米族人家至今还使用着先辈留下来的烹饪器物，如铜锣锅、铜盆、铜壶、土锅、木碗、木质油盐茶具等。

●主食

普米族以玉米为主食，玉米饼为其特色主食。其做法是先将苞谷磨成粉，调和温水，捏成饼子，然后放入火塘内烤熟，佐菜而食。富裕人家还要拌食蜂蜜，喝酥油茶。也普遍食用大米、小麦、青稞、荞子、洋芋和蚕豆等。青稞、燕麦多做成炒面或用来酿酒；豆类用来做豆腐，磨凉粉，或用来熬糖。普米族面食类食品的加工方式主要有烤制和煮制，各种粮食都可以加工成粉，成年人常食用较硬的烤粑粑，老人和儿童常食用烤稀面饼，普米人也常吃煮面片。

●肉类食物

普米族食用肉类数量较大，主要是猪、牛、羊、鸡肉，以猪肉为主。猪肉有新鲜肉、猪膘肉和腊肉。无论是新鲜的或是腌制的，普米人都喜欢煮坨肉，吃时每人一坨。请客时一般有肥、瘦肉和大碗肉。如果是盛宴，要当客人的面宰杀牛、羊或猪、鸡，以表示诚心待客。客人离开时，主人要送一块猪膘肉，称为“散份子”。一般每个普米家庭每年都要制作一至两个猪膘，猪膘的多少也能反映一个家庭的富裕程度。

普米人食用牛肉则是随杀随吃，一般是煮牛肉、骨头做的牛排汤。普米人吃羊肉更为普遍，食用方法也与牛肉类似。也常吃鸡和鸡蛋。

●蔬菜

普米族普遍种植蔬菜。南瓜、茄子、辣椒、萝卜、韭菜、大头菜、蔓菁、西红柿等为食用菜蔬；也爱吃木耳、香菌、花椒等野生植物；在缺菜季节，也采集野菜吃；并用核桃、麻籽、菜籽榨制食油。

●饮品

普米人有喝茶的习惯，每天起床后、中午和晚饭前都各喝一次茶。酒也是普米人喜爱的饮料，有烧酒和水酒之分，在婚丧和集会时，使用牛角杯盛水酒，称为“牛角酒”，主人以将客人灌醉为体面事。

在普米家庭内，火塘是房屋的中心，是全家人活动的主要场所。平时可坐在旁边烤火、聊天、唱歌、休息。吃饭时全家人也围坐在它的周围，由主妇分给饭菜；或大家边吃边在上面烤粑粑、烤肉。每遇亲友来访，好客的普米人也必先将客人请至火塘边的上座，然后便奉茶献酒，端上热腾腾的牛羊肉、猪膘肉和一碗拌有葱、蒜、辣椒、花椒、香椿的酸辣汤，热情款待，直到客人酒足饭

（教师）笔记

饱，甚至酩酊大醉。

●酥里玛

酥里玛，是普米族人民喜食的一种饮料，尤其是在婚嫁喜庆或宾客登门时，必定会用它来招待客人。它具有香醇、甘甜的特点。

酥里玛多用大麦、玉米做原料。酿造时，首先把要加工的粮食淘洗干净，然后把它放在锅里煮，直到籽粒快煮熟时，取出晾凉，再按一定比例用酒曲拌均匀，放在大布口袋里发酵。两天之后，再把它密封在大坛子里。到一定时候，取开坛塞放入适量清水，盖好，待两三个小时后即可饮用，这就是酥里玛。酥里玛的甘醇程度，主要决定于拌酒曲的比例和装坛时的温度，因而酿造时也是很讲究技术的。

二、礼仪习俗

●民族服饰

普米族的男子服饰各地大同小异，上着麻布短衣，下穿宽大长裤，披白羊皮坎肩。较为阔绰的人，穿氆氇和呢子大衣，以毛布裹腿，腰间佩刀。

妇女服装各地区则不尽相同。永胜、宁蒗地区的普米族妇女爱包大头帕，着大襟衣、百褶长裙，用宽大而染有红、绿、蓝、黄的彩带束腰，背披羊皮坎肩。兰坪、维西一带的妇女，爱穿青、蓝、白色大襟短衣，外着坎肩，穿长裤，腰系绣有花边的围腰布，耳坠银环，手饰镯、圈等物。

●传统美德

殷勤礼貌、热情好客是普米族的传统美德。正月初一招待客人，是普米族人民千百年来的传统习俗。在这一天的早晨，家家户户总是一面忙着做丰盛的饭菜。一边提着一大筒香甜的“啤依”（普米语，“黄酒”之意）到村旁路边去等候。只要见到来往行人，不论男女老少，不论熟人生人，都要给他敬上一碗“啤依”，接着就把他请进自己家里当作贵客招待。有时候，因为只有一位行人，几家人、甚至十几家人争着邀请，互不相让。因为按照普米族的传统习惯，大年初一这一天，谁把路上的第一位行人请到自己家里，人们都认为这是最荣耀的事情。这一天谁家招来的客人多，也就意

(教师)笔记

味着谁家的欢乐多。请到谁，谁就得手持礼品，在邀请者的陪同下很快来到主人家。进屋前，要在门外祝福道："祝你家丰衣足食，安乐兴旺，生活和睦！"这时主人则恭敬地回答："托您的福，托您的福！"客人要走了，主人又厚礼相送。礼物一般是糯米粑粑、猪头肉、"啤依"等。普米族人民的这种习俗，随着生活水平的提高，又增加了新的内容。如今，除请稀客外，还要请老人、五保户和孤儿。

当远方的客人来到家门，不论是生人或是亲友，主人家都会出来迎接，热情款待。普米族有一句俗语："新坛子倒出的第一碗'酥里玛'（青稞酒），要敬给远方来客；刚烧开的茶罐里盛出的第一杯浓茶，要端给外族兄弟喝。"普米族人家习惯围着火塘而坐，右边为男性，左边为女性，客人的席位一般在右边。如果主人家有长者，客人则坐在火塘下方，但生人都是在上席就座。主人杀鸡煮肉，用丰盛的食物招待客人。吃饭时，主人摆出饭菜，先请客人用餐，家人则有的添菜，有的加饭，有的敬酒，将食物的最佳部分请客人食用。待客人吃饱吃好后，主人才围坐桌旁用餐。

普米族大年初一招待客人的来历

普米族老人说，过去普米族有一个小伙子名叫阿大，非常善良。有年收成不好，阿大又身患重病，过年时只有一锅清清的苞谷稀饭。大年初一这一天，家里来了一位他乡人，又饿又渴，向他要吃的。虽然自己家里已经揭不开锅了，但阿大还是毫不犹豫地把那锅苞谷稀饭端出来，恭敬地送到客人面前，说："尊贵的客人，很对不起，今天我家没有好酒好肉招待你，只能委屈你吃一点儿苞谷稀饭了。"

客人非常高兴，有滋有味地和阿大全家吃了一顿饭。这年，阿大家的庄稼长得特别好，他的病也好了。普米族人相信，善良好客会给家里带来幸福和吉祥。大年初一招待客人，也就成了普米族人家的传统习俗。

●传统道德观念

普米族有良好的传统道德观念。白天主人下地劳动或外出，一

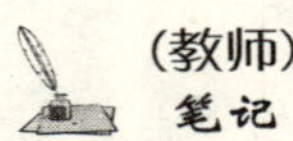
（教师）笔记

般都不锁门，但不会丢失财物。在外拾到别人的物品，或发现别人丢失的财物，不能随便占有或损坏，要捡起来放在路边显眼的地方。对生人不能乱骂乱吼，遇路人要下马让道，对人以诚相待。

居住在云南兰坪白族普米族自治县的普米族特别好客，在过年时候，不管认识还是不认识，也不管是本地人还是外地人，只要路过普米族人家的家门口，都会被热情邀请到家中做客。

三、节日习俗

普米族节日，主要有“大过年”、“大十五节”、“绕岩洞”、“转山会”、“尝新节”等等，这些节庆活动与普米族人的生产劳动和宗教习俗有着密切的联系。

●大过年

普米族人的春节一般要持续三天到半个月时间，在宁蒗以腊月初七为岁首，兰坪和维西的普米人则在正月过春节。春节期间，普米族同一氏族的人邀约集体上山放牧，共同聚餐。青年男女举行赛马、打靶、赛跑、踢毽子、荡秋千等多种形式的文体活动。每逢新年，普米人还要为年满十三周岁的小孩举行成丁礼，祝福他们能够健康成长。“大年”节，是普米族人民最隆重的节日，每年农历腊月举行。具体日期，各地不同，三五天或十余天。

节日这天，各家各户在院内、大门外和屋顶上栽插青松，以示四季常青，兴旺发达。晚上，全家人围坐在火塘边吃团圆饭，夜间要留人守岁。当雄鸡啼鸣时，各村寨鸣枪吹海螺号，以示报岁。接着，各家举行祭房头仪式，祈祷平安吉祥、五谷丰收。然后，男女青年争先恐后地跑到水塘、小溪、水井背水，以最先取得净水为吉祥。

●大十五节

宁蒗普米人在每年腊月十四身着节日盛装，扶老携幼上山露营，举行篝火晚会，次日，绕“嘛尼堆”祈祷求福。青年男女也利用这一节日唱歌跳舞，进行社交活动。

●清明节

是兰坪、维西一带普米族人的三大节庆之一。活动内容大体上与邻近地区的白族和纳西族相似，家家门前插柳、上坟祭祖，青年

（教师）笔记

男女到河边野餐。

●端午节

人们在岩洞的石坑上点酥油灯，燃烧树枝，熏走鬼邪病痛，大人小孩都要喝几口泡有菖蒲、雄黄的药酒，吃蜂蜜粑粑，然后到瀑布下洗澡，歌舞。有的男子则持枪带犬，邀伴骑马赛跑，进行围猎，兴尽始返。

●转山会

普米族转山会的起源

在普米族的传说中，每年农历的七月十五，各地的山神都要集中到一个叫“甲双巴拉”的山神那儿去打赌。人们认为如果哪个地方的山神赌赢，哪个地方的百姓就会丰衣足食；如果赌输了，这个地方的村寨就不得安宁了。为使本地山神能够取胜，当日人们一大早就上山烧香磕头，护送山神去打赌，祝愿山神凯旋，由此形成了普米族的传统节日——转山会。

转山会是一种群众性的宗教节日，每年夏历七月十五，宁蒗地区的普米族要进行“转山会”，拜干母女神，青年男女也利用这个机会进行社交和娱乐。男子携带甜食，女子携带甜酒瓜果到狮子山游玩。路遇行人，无论是否相识都要热情关照，互赠食物。

●尝新节

每当大小春收季节，普米族人都要举行尝新节。每家用新粮酿造成美酒，并煮新米，供奉灶神，祭祀祖先，然后全家宰鸡杀羊，煮猪膘肉，宴请亲友，庆祝丰收。

四、宗教信仰

普米族崇拜自然、崇拜多神、崇拜祖先，主要信仰本民族的原始宗教，亦信仰藏传佛教。

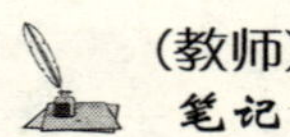
（教师）笔记

●丁巴教与巴丁剌木女神

巴丁剌木女神

“丁”指土地，“巴”指普米。丁巴教是指普米土地上的宗教。巫师又叫“丁巴”，是从巴丁女神的名称转化而来的。“丁巴”和“巴丁”字音颠倒，其词意相同。巴丁剌木女神是普米族崇拜的母系氏族的始祖。传说她是一位美丽能干的女神，身穿白衣白裙，骑着白骡，只饮清泉和牛羊奶，不食五谷。是古代母系游牧生活的象征。

巴丁剌木是一尊天然的石像，位于木里县屋角区剌孜山腰的岩洞里。普米人认为她是万能的神，在冬天成群结队地到剌孜山朝拜巴丁剌木，祈求保佑人丁平安。

其渊源是图腾崇拜。

对巴丁剌木的信仰，还有更深的寓意。“巴”是族称，“丁”是土地，“剌”是虎，“木”是女性。全意为“西番土地上的母虎神”。称母虎而不是公虎，是由于对巴丁剌木的崇拜产生于母系社会。因而普米人自古禁止打虎，把虎当作祖先来崇拜。他们以属虎之年为吉利之年，以属虎之日为吉利之日，以属虎之年、日新生的婴儿为贵。

●藏传佛教

喇嘛必须从小学起，先拜当地较年长的喇嘛为师，向他们学习藏文经典及一般祭祀活动。小喇嘛求学期间，不准接受叩拜，从事祭祀活动不准接收钱物报酬。小喇嘛成年后，须到拉萨大寺院或其他地区的大寺院中深造3～5年，或7～8年，学成归来后，便在本地专事宗教活动。

喇嘛从事的宗教活动，大抵与韩规相类似。凡遇婚丧嫁娶，都要请喇嘛诵经做道场；人畜生病或遇各种灾难，亦请喇嘛念经祈祷，以求消灾免难。凡请喇嘛做祭祀活动，都要视其规模的大、小，喇嘛地位的高低，给予一定的钱物等报酬。喇嘛完全脱离生产劳动，不娶妻，不杀生，以从事宗教活动为职业，在家庭和社会中享有一定的地位。

(教师)笔记

●自然崇拜与多神信仰

普米族还存在着浓厚的自然崇拜和多神信仰的习俗。他们认为山、川、人畜有生死、病痛，都是“精灵”主宰。凡遇节庆、婚嫁、生育、出行、上山下地、收割等都要请巫师杀牲祭献神灵，保佑平安。主要活动有“祭家神”、“祭社神”、“祭山神”、“祭神潭”、“祭梭塔”、“祭房头”、“祭宗巴拉”及“开财门”等。

●普米族禁忌

祭山神忌　普米族村民认定一座山为村寨之山神，定期举行祭山神仪式。祭后，神饭（祭品）要平均分给祭祀者吃，但不可吃完，要带回家中，分给家人吃。据说吃了神饭，大人不得病，孩子更聪明、健壮。

农事禁忌　犁地、撒种、收割均须占卦择吉日。忌日不下田，雷响不下种。禁妇女犁地、打猎和取蜜。四月至八月封山期，禁上山采集花木。

生活习俗禁忌　忌外人进入病人居室，否则认为将“鬼”带进，使病情加重或死亡。外出忌遇背空筐者，以为不祥。若遇挑水、担柴者以为吉利。忌讳男子向少女赠送手镯和腰带。年节不打狗，平时不杀狗，亦不吃狗肉。

婚姻禁忌　新娘出嫁途中禁回头张望；禁穿白衣，禁骑骡，因白色为丧色，骡不生育，认为均不吉利。除此之外，该族还有神树忌、锅庄忌等。

五、人生礼仪习俗

●成丁礼——人生的新起点

普米族少年儿童到了13岁，便举行“穿裤子”、“穿裙子”仪式，这一习俗称为“成丁礼”。

普米族的成丁礼大多于过年（即春节）时举行。仪式多由母亲或舅父主持。届时，全家人围坐在烈火熊熊的火塘周围，怀着喜悦的心情注视着这一场面。成年儿童走到火塘前的神柱旁，双脚踩在猪膘和粮袋上。猪膘象征财富，粮袋象征丰收，意味着长大后有吃有穿，生活美满幸福。如果是男孩，还要右手握尖刀，左手拿银元。银元象征人生的轨迹，尖刀象征勇敢；如果是女孩，则要右手

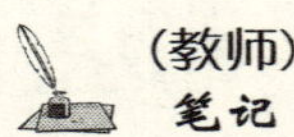
（教师）笔记

拿耳环、手镯等装饰品，左手拿麻纱、麻布等，象征着可享受的家庭权利和应承担的劳动义务。接着由巫师向灶神及祖先祈祷，由舅父或母亲换下他（她）的长衫，给他（她）穿上短上衣、长裤（百褶裙）。换装完毕，大家都要赠送给他（她）一点礼物，以示祝贺。小伙子（姑娘）也要向灶神和亲友们一一叩头，敬酒致谢，并希望在今后的人生旅途上继续得到他们的保护与帮助。此后，成年小伙子或姑娘可以参加集体的生产劳动和各种社交活动了。

普米族成丁礼的由来

据说普米族为年满13岁的孩子举行“穿裤子”、“穿裙子”仪式的习俗由来已久。相传当年忽必烈攻打云南，路过川西时，有两位年仅13岁的普米族少年随军南下，出生入死，英勇善战，深得忽必烈的赏识。后来人们为了纪念他们，同时也为教育后代，便于每年的新年为13岁的儿童举行成丁礼，祝福他们健康成长，将来成为有志之士。从此，这种活动便相沿成习，流传至今。

●四弦琴声

普米族人十分喜爱“四弦”琴，通过优美的“四弦”琴声，来向姑娘表达爱意。

普米族四弦琴的来历

相传，很久以前，有一个名叫阿布的小伙子爱上了美丽的姑娘阿乃，但姑娘丝毫不为阿布所打动。阿布忧伤地砍来木头，将它的一端刻成人头形状，用羊皮蒙住“脸”，又把木头的另一端削成人身形状，把四根麻线绷在这根木头上，制成了“四弦”乐器。阿布整天忧郁地弹着，弹出了美妙的乐声。弦声回响在普米寨的上空。阿乃终于被阿布的真诚所打动，接受了阿布的爱情。从此，“四弦”便成了普米人吉祥幸福的象征。

无论在田间地头，或在幢幢木楞房里，到处都会听到抒情、淳朴的“四弦”音。“四弦”音质优美，能弹出不同的曲调。

当游子归乡，家人团聚，朋友重逢，普米人都用“四弦”琴来抒发感情。如今有了收录机，但普米人仍舍不得放下“四弦”琴。人们用它来赞美新的生活，抒发对家乡的热爱，向姑娘表达心中的爱慕。

●结婚

普米族的婚礼多选择在冬天农闲的季节举行。具体的婚礼形式各地不一。

宁蒗地区的普米族至今保留着“抢婚”习俗。“抢婚”是青年男女因为婚姻受阻，采取一种“生米煮成熟饭”的结婚方式。男女双方事先暗中商定婚期。结婚那天，姑娘仍外出若无其事地劳动。男方则派生辰属相相合的人暗中跟踪，看准时机后突然抢夺，抢得之后便高声呼喊：“某某人家请你去吃茶！”姑娘佯装反抗。早有准备的亲友们闻讯后迅速出击，与迎亲的人展开激烈争夺，由于人多势众，终将姑娘夺回，然后簇拥她回家举行隆重的出嫁仪式。尽管女方家长起先不同意这门亲事，但此时，也无可奈何，只好默认，并准备丰盛的食物，为女儿出嫁进行庆祝。

●丧葬

普米族有独特的丧葬习俗。在人病危时，要通知近亲来探视；咽气时，要鸣枪放炮，通知村内各家；在死者面前放置供品，点上油灯。村里人闻丧后，便携带一个饭团、一个鸡蛋、半寸宽的一圈猪膘，前去吊丧，物品供祭死者。

人去世以后，必须洗尸：把樟脑树皮剥下，放入水中煮沸，加入香料，对死者浑身进行洗刷，并在面部、鼻、耳、眼等处抹上酥油，据说有防腐、防臭作用。同时在死者口中放入一块银元。洗尸完毕，将尸体摆成屈肢坐式，上肢交叉，男双手扶肩，女则双手交叉在胸前，以白麻布从上捆到下。捆尸缘由，是将死者恢复成出生时的状态，便于再生成人。

捆尸完毕，将其装入白麻布袋中，然后再装入一呈长方形的棺木中，棺上画有图画，盖上有圆形花纹，前后左右刻画着死者归宗的路线图和生前饲养的牛马家畜图，供死者享用。停尸期间，亲友邻居都来吊丧，送上礼物。主家则将客人送来的衣物挂在室内，并

(教师)笔记

悬挂死者子女送的名叫“达珠”的开路经，其上标明了死者寻找祖先的路线。

普米人实行火葬，火葬的日期由巫师选定。每个村寨都有一个火葬场，事前在火葬场准备好烧尸的木柴，将其搭成房屋的形状，中间堆入松明。送葬那天的鸡鸣时，就开始为死者举行宗教仪式，请来的喇嘛和汗归首先要到火葬场念经。然后送葬的队伍便出发，最前头由一人牵马引路，一人拿着火把，一人拿着送魂路线图，四人抬着棺木跟随其后，最后面是送丧的亲属。到了烧尸场把尸体从棺木中取出，架在柴堆上，棺木也拆散放在一起焚烧。烧尸时，首先由喇嘛从四角点燃，然后由烧尸人负责焚烧。母系制地区是由一母系血缘的两个男子担任，父系制地区是由男方家族中的两个男子烧尸。他们以尸体烧得快为吉利，否则，就认为死者留恋家里的财产，遇到这个情况，家里人就需不断把衣服、粮食、猪肉、食油、酥油等投入火堆，认为这样才能满足死者的要求，加速焚化。

普米族传统葬俗实行火葬，并有同氏族共同放置骨灰罐的山洞。近百年来，各地普米族有所变化，宁蒗一带普米族群众仍多实行火葬，丽江、兰坪一带大都改行棺木装殓土葬。

普米族在丧葬时，要举行一种叫“给羊子”的仪式，为死者送魂。

普米族“给羊子”的由来

传说在很早以前，有一群恶狼拼命地追食一只白色绵羊，结果被普米族的猎手九兄弟救下，此羊便是羊氏族中的王子。羊王子非常感激猎人，便许诺道：“你救了我，今后咱们就是一家人了。我们的羊毛任你们剪下，织成布做衣裳给人穿，人死了可以将羊心掏出来供祭亡灵，为人领路至祖先的发源地。”从此，普米族活着以牧羊为生，死后又让绵羊带其灵魂回到祖先居住地。

“给羊子”仪式在将要把尸体进行火化的头天晚上进行。届时，办丧人家用一只白羊，若死者是男人用一只白母羊，是女人则用一只白公羊，这只羊代表死者的伴侣，伴随死者亡灵一起跋山涉水返回祖先发源地。死尸用白布捆成蹲踞状，装殓于一个方形木柜中，停在丧家院中，巫师汗归念开路经。念毕，把羊拉来，在羊的耳朵里撒一撮糟粑，洒数滴酒，若羊摇头摆尾，则表示死者亡灵喜欢，家人也将清洁平安；反之，则表示死者亡灵不顺心，有所牵挂，这样往后家人也会遭灾难。之后，死者家属向羊磕头辞行，祈求羊沿途保护死者亡灵平安返回祖先居住的地方。接着巫师把羊杀死，取出羊心放在灵桌上，若羊心颤抖，表示死者亡灵喜悦。继而，汗归念诵死者亡灵返回祖先居住地的路线，必须从家门开始，由南向北行进，最终到达青藏高原的贡夏岭雪山周围。至此仪式完毕。

“给羊子”仪式具有独特的民族色彩，既是普米族游牧生活的遗迹，也是普米族盛行祖先崇拜的一种表现。“开路经”对于研究普米族的民族历史风俗等，也有一定的价值。

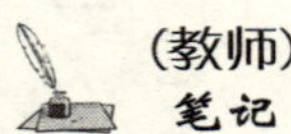
（教师）笔记

塔吉克族习俗

塔吉克族总人口41 028人（2000年第五次全国人口普查数据）。主要聚居在新疆塔什库尔干地区，地处世界屋脊帕米尔高原东部。境内群山耸立，南有海拔8 611米的世界第二高峰乔戈里峰，北有海拔7 546米的号称“冰山之父”的慕士塔格峰，终年积雪，冰川高悬，险峻奇丽，姿态万千。雪岭冰峰之下的河流两岸谷地，既有连绵成片的草原，也有可供稼穑的土地。自强不息的塔吉克人民就生活在这里。塔吉克族有自己的语言，普遍使用维吾尔文，主要从事畜牧业，兼营农业，过着半定居半游牧的生活。

一、饮食习俗

由于长期居住在高山地区，塔吉克族的饮食起居都已适应了其自然环境，特别是饮食品种和制作方法反映了他们的经济状况、生活需要和民族特色。牧区的饮食以奶制品、面食和肉为主；农业区则以面食为主，奶和肉食为辅。面食主要是用小麦、大麦、玉米、豆子等面做成的馕。他们的饮食品种较多，具有特色的食物有：奶粥、奶面片、奶面糊、酥油面糊、酥油奶糊、酥油青稞馕、酥油浇馕、抓肉、抓饭、奶酪、奶干、奶茶等。塔吉克族的饮食品种较少，大都与牛、羊奶、酥油等奶制品分不开，主要有奶粥（西尔布林济）、奶面片（西尔太力提）、奶面糊（布拉马克）、酥油面糊（哈克斯）、酥油奶糊（扎忍）、酥油青稞馕等。副食很少，不大习惯食用蔬菜。在一些海拔较高的乡村也没有瓜果可吃。茶的消费量很大，以红茶和绿茶为主。在泽普等地农业区的农民由于园艺业比较发达，夏秋季常常能吃到甜瓜、西瓜、葡萄、桃、杏等瓜果，冬季也常备有各种干果待客。

(教师)笔记

●日常饮品

塔吉克族人的日常饮料是奶茶，塔吉克语称之为“艾提干恰伊”，是将少许红茶或砖茶加水煮沸，然后加入适量已煮熟的新鲜奶子，搅拌而成。

●餐饮器具

新中国成立前由于铜、铝、铁制品很少，水桶、酥油桶、饭勺、盆子等皆为木制。新中国成立后，现代炊具才开始被普遍使用。

二、礼仪习俗

塔吉克族重礼节，热情好客，对来访的宾客或要求投宿的过路人，不论相识与否，都热情欢迎，竭诚款待。通常要选一只肥美的羊羔呈送到客人面前，若客人满意，才牵出去宰杀、烹煮。用餐时，主人先敬客人一碗羊肉汤，再端上大盘的“手扒羊肉”。

客人若先从盘中取一块献给忙碌的女主人，主人将更加高兴。接着，主人要先将羊头献给席间最尊贵的客人，待客人割下一块肉时，再把夹着羊尾油的羊肝分别献给各位客人，以示尊重。

之后，大家开始蘸盐水吃肉，为增添席间的欢乐气氛，青年人要竞相比赛折羊骨，即用双手握住油滑的羊腿骨轮流用力折。这是技巧和力气的较量，折断者受到大家热烈的称赞。晚上，在主人的热情招呼下，睡在温馨的房间里，别有一番异乡情趣。

塔吉克族的见面礼非常亲切。男人们相见的时候，互相握手，并互相吻对方的手背。关系亲密的兄弟、亲戚、近邻们久别重逢，则彼此热烈拥抱。小辈见到长辈时，要急走几步迎上前去，吻长辈的手，然后长辈吻小辈的额部。女子相见时，幼辈吻长辈的手心，长辈吻幼辈的额和眼，平辈则互相吻面颊。男女相见，一般以握手问好为礼。

三、节日习俗

塔吉克族信仰伊斯兰教，许多民族节日皆与宗教有关，与当地维吾尔族、乌孜别克族、柯尔克孜族等信仰伊斯兰教的民族基本相同。其节日食品也大致相似。每逢节日，家家都要宰牛、宰羊，做各种油炸食品。

(教师)笔记

节日里塔吉克族牧民要进行叼羊比赛。这是一项比骑术、比体力、比智慧的运动。两支马队在各自队员的配合下，把夺到的羊送到指定地点为胜。叼羊多在节日或喜庆集会时举行，所用的山羊，由活动的操办人准备，是一只被宰杀的两岁左右的山羊，割去头和蹄，扎紧食道，也有用羊皮代替的。叼羊比赛时，几十名骑手如猛虎扑食，几十匹骏马如离弦之箭，几十个马头搅作一团，几十只手伸向羊，双方你争我夺。若骑手持羊飞驰远去，使其他骑手无力追上，他就算获取了胜利。塔吉克人把叼羊看作祈求幸福的仪式，因此不允许伤害人和牲畜。

●肖公巴哈尔节

“肖公巴哈尔”是塔吉克语“迎春”的意思。这一节日另一较为普遍的说法是“诺鲁孜节”，意思是“新日”、“新年”或“新春”，也可以理解为新年的第一天。节期在每年（公历）3月，具体日期由该族宗教人士选定。这一节日还称为“且得千德尔”，意思是“洒扫庭院”。节日当天的清晨，每家先让一名男孩牵头毛驴或一头牛进屋绕行一周，主人给驴喂块馕，在它背上撒些面，把驴牵出去。然后将挪在室外的所有物品搬回家中。接着，人们在众人推举的“肖公”（率领一群人去各家拜年的首领）带领下，去各家拜年。进门便道“恭贺新年”，主人回答“但愿如此”。接着将面粉撒在“肖公”及来客的肩上，以示祝福，而后热情地款待来客。按照习俗，先由肖公亲手将馕分成块状，念一句“比斯米拉”（以安拉的名义），并吃一口，然后众人一同进食。妇女们节日在家中待客，孩子们同男子去拜年，姑娘、媳妇则携带节日油馕去给父母、亲友拜年。各家还用面粉做成面牛、面羊和面犁等，喂给牲畜吃。直系亲属欢聚一堂。各村还举行赛马、叼羊、歌舞等活动。节期一般为两天。

●铁合木祖瓦提斯节（播种节）

节日这天，各家先要烤馕，还要做一种叫做“代力亚”的饭，是用碾碎煮熟的大麦和压碎的干酪混合在一起制成的。然后邻里相互拜年，当前来拜节的人出门时，妇女跟随其后出来洒水，以祈求丰收。人们象征性地在口袋里装上种子，请富有农作经验的老人向地里撒种，撒种时要烧点烟火。老人撒种时，其余人都将衣襟宽宽地撩起，让种子落进怀内，这些种子要带回家去。然后请一位有福气的老婆婆坐于地中间，一个人象征性地围绕并翻挖土地。接着，人们相互发盛在口袋里的种子，并开渠把溪水引入农田。这时大人孩子互相都用手往身上泼些水，预祝丰收。

●皮里克节

皮里克节又叫“灯节”，在伊斯兰教历每年的八月十四日到十五日举行，故又叫“八月节”。这是我国塔吉克族独有的节日。节日前夕，家家户户用一种名叫“卡乌热”的草的茎做芯，外面裹上棉花，放在羊油中浸泡制成许多羊油烛。节日的第一天，即八月十四日傍晚，全家人都穿上节日盛装，围坐在土炕中心的细沙盘子周围，家长按辈分、年龄逐一叫家人的名字，被叫到的人点两支羊油烛插入沙土中，最后全家共同祈祷安拉赐福。天黑后每家还在自家房顶上点一支大羊油烛，以此象征光明、幸福。第二天，即八月十五日中午，家长带领家里的男人们带上羊油烛和食物到家族墓地扫墓，他们给每个坟墓点上两支羊油烛，并念经祈祷，随后在此进餐，灯节仪式才告结束。

●祖吾尔节

“祖吾尔”在塔吉克语中是“引水”的意思，这个节日属于农事节日。塔吉克人聚居的地区气候寒冷，降水稀少，他们的农牧业无法依靠雨水来灌溉，只能在每年早春时节，砸开冰块，引水入渠，灌溉播种。引水入渠后，人们便不约而同地跪在地上共同祈祷，共同分食各自带来的大型烤馕，以示风调雨顺，五谷丰登。最后人们还要举行叼羊、赛马等传统的游艺活动，庆祝引水节。

四、宗教习俗

塔吉克族宗教界的著名人士认为，我国塔吉克族在公元10世纪即信仰伊斯兰教，塔吉克族是我国唯一的信仰伊斯玛仪教派的民族。伊斯兰教的伊斯玛仪教派在新疆地区只有塔吉克一个民族信仰。这个教派也流行于印度、阿富汗、巴基斯坦等国家（其中在阿富汗流行最广，势力最大）。各地伊斯玛仪教派都有共同的宗教头领，称为“忘教主”。这一教派在宗教教义上与其他教派相同，都奉安拉为唯一至高无上的神，信穆罕默德是安拉的使者等等。但是在宗教课功方面有着自己的特点：如在五大天命的“礼”功上，每日不举行五时拜功，只作早、晚两时的拜功，并且礼拜时跪着礼

(教师)笔记

拜。主张礼拜的方向可以朝向四面八方。在“斋”功方面，不举行伊斯兰教的“来买抓”月（即伊斯兰教历九月）的斋戒。主张心、眼、嘴、耳、手、脚、忍之七斋。即心要公道，眼不斜视，嘴不搬弄是非，耳不听谗言恶语，手不拿别人财物，脚不得到热闹场所和忍辱不记仇等七戒。

由于信仰伊斯玛仪派，所以，同其他信伊斯兰教的民族比较起来，塔吉克族的宗教有着他自己的特点。如：宗教活动较少，清真寺也很少。教徒们不封斋，不重视朝觐天房圣地。除了部分老人在家作两次礼拜以外，一般群众仅在节日举行礼拜等等。塔吉克的宗教组织制度也不如维吾尔等族那样严格。宗教的首领“依禅”自称是“圣人”的后裔，职位世袭。但是他们所管辖教徒的数量和在教派内的威望是各不相同的。教徒世代信从某一依禅及其继承者。依禅在教徒比较集中的乡村，委任当地的一个信徒为“海力派”，作为自己一部分活动的代理人。由于依禅没有固定的教区，因此有些乡村因为教徒分属几个依禅而出现一个乡村有几个海力派的现象。此外，还有宗教职业者“卡孜”掌握着宗教法律，“阿姆兰”则是主持节日宗教活动的，他们都在一定地区内进行活动。

鹰与塔吉克族的鹰文化

鹰与塔吉克族人的关系非常密切。鹰是帕米尔高原上的神圣动物，它是自由勇敢的象征。鹰是塔吉克族先民的图腾，至今塔吉克人仍自称为“鹰的传人”，鹰文化在帕米尔高原上源远流长，它已成为了一个民族的灵魂所在、力量之源。当人们走近它时，无不为之感动。塔吉克族人中广泛流传着鹰的各种传说故事。在这些故事中，鹰总是与塔吉克人生死与共，息息相关，在危难关头，鹰总是挺身而出，牺牲自己，为民众创造幸福。在一般塔吉克族人的观念中，鹰也是勇敢、正义、忠贞、纯洁的象征。现在塔吉克文化中与鹰有关的这些文化现象正是远古塔吉克族先民鹰图腾崇拜的遗存。

(教师)
笔记

五、人生礼仪习俗

●婚礼习俗

塔吉克族的婚姻制度，一般实行一夫一妻制。通常是在本民族内选择配偶，不与其他民族的人通婚，尤其是女的不允许嫁给其他民族，男子则可以娶其他民族的女子为妻。塔吉克族人曾经盛行近亲结婚，至今仍占有一定比例。配偶双方的年龄一般是男大女小。在塔吉克族人中，为子女完婚被视为父母神圣的职责，而离婚、休妻、离开丈夫都是羞耻的，所以塔吉克族夫妻大部分都能白头偕老。塔吉克族传统的家庭形式是家长制的大家庭。父亲在世时，儿子们很少分家出去单过，否则会受到社会舆论的谴责。不少家庭三世同堂，有的甚至四世同堂。长期以来，塔吉克族人以一家一户为生产单位，从事牧业、农业生产，是自给自足的自然经济。在其传统的大家庭里，实行严格的家长制，家庭中特别提倡尊老爱幼、孝敬父母、夫妻间互相忠诚、兄弟友爱等。塔吉克族的婚礼要举行三天，热闹而隆重。第一天，新郎和新娘要在自己的家里进行打扮和准备，男女两家忙忙碌碌，喜气洋洋。新郎和新娘都要挑选伴郎、伴娘。另外，在衣着上也颇讲究，衣饰上除了要穿民族特色的服装外，重要的是在新郎头上缠上红、白两色的布，这是新郎重要的标志；新娘则要戴上系有红、白两色手绢的戒指。送红头巾订婚的时候，小伙子不去姑娘家，而由父兄、好友和一个女亲属带着礼物到女家去，所带的礼物中必须有一条4米长的鲜艳漂亮的红头巾，在订婚仪式结束时，盖在姑娘头上，表示姑娘已有配偶。结婚前两天，双方就开始请客，热情款待所有的亲戚和村中的男女老幼，并接受他们的祝贺。

●丧葬习俗

净身　塔吉克人去世后，由宗教人士或有资历的人为其诵经祈祷，并替逝者合上双眼，随后用白布将其下颌吊起来，立即报丧，差人通知远近亲属，同时丧家把房屋收拾整洁，把尸体移到火炉前的大木板上为逝者净身。净身后，尸体放在正房的正上方，用“开先干”（盖尸用的特制绣花布）盖好，逝者面西而卧，头、脚两头燃起灯盏。尸体在家中至少停放一夜。

吊唁　塔吉克人的吊唁仪式十分隆重。这一天，全村停止一切

（教师）笔记

活动。男女老幼均前来吊唁。吊唁的顺序是男的先进屋，顺着炕沿哀痛地逐个拍抚逝者男亲友的肩膀；女的后进屋，并依次与逝者的女亲友握手，对逝者表示沉痛哀悼。哭丧时，男的坐在炕沿，女的坐在炕里边，由逝者亲属中最亲近的女性领哭。边哭边叙说逝者的为人和功绩。吊唁者不时随和、伴唱。接着在丧家门口举行伊斯兰教吊唁仪式，把尸体从屋内抬到门口。而后由宗教人士主持仪式并领做乃孜尔（祈祷仪式），女人则围坐在一起，不参加祈祷。做乃孜尔时不许哭叫。

出殡　出殡仪式除按伊斯兰教规举行外，还有本民族传统的习俗。当尸体从屋里抬出来时，要关好屋里的天窗，并在炉上燃香。孕妇手抚裹尸布，从布上扯下一根丝缠在指头上，以便日后顺利分娩。如果逝者是未婚女子，其尸身要精心修饰，让她与屋中的顶梁柱成亲，然后才抬出去。塔吉克人认为，姑娘来到人世，不能不结婚；父母在女儿生前不能为女儿举行婚礼，其去世后也要为之操办，这是做父母的义务。出殡前，亲人要吻逝者的手，和逝者告别。全村男子都要参加送葬，出殡队伍唱《送葬歌》。

入葬　每一个家族都有自己的墓地。人无论逝于何处，都要葬在自家的墓地里。若葬于异地他乡，对其家人来说是莫大的耻辱，这意味着逝者的亡灵将永远得不到安息。星期三不能入葬，因为这一天是鸿蒙初辟之日。星期五（聚礼日）入葬被认为是最幸福的。墓穴多由亲属挖掘，先由一人率先破土，丧家须给其礼物。若逝者是男的，送匕首一把；若是女的则送剪刀。一旦破土，不论在挖掘中出现何种困难，都不许易地。墓穴为垂直穴，呈长方形，南北向。深度因性别而异，男子穴深齐腰，女子穴深齐胸。他们认为女子比男子地位低，应深葬。入葬时，由专门的师傅安放，尸体头北脚南，面西而卧。头部用填满细沙的枕头垫起，认为这样亡灵才会安息。然后用石板封穴，其上填土。入葬前三天，丧家不动烟火，全家和来客饮食均由亲属和邻居供给。尸体入葬后，家中需彻底清扫一遍，人也要沐浴后方可进屋。

灯祭　灯祭在逝者入葬的当天晚上举行，其旨在为亡灵送行。仪式由海力派（伊斯兰教宗教职业人士）主持，先作祈祷，接着宰一只绵羊。这只羊象征逝者去往后世的坐骑，但必须是绵羊，不得用山羊，因为山羊被视为妖精。宰羊后，将棉花浸入羊油中制成灯芯点燃，据说这种灯光才能照亮逝者的道路。

乃孜尔　乃孜尔是伊斯兰教为哀悼亡灵而请阿訇念经祭祀的活

动。乃孜尔分为四种：3 日祭、7 日祭、40 日祭和周年祭，这几种乃孜尔大同小异，参加者的人数、舍饭和祭经基本相同，均需诵读《古兰经》。

除孝　人去世之后，亲属要为之服丧。服丧时间因亲属与逝者的关系而异，直系亲属一般戴孝一月，长的达一年，为年幼逝者服丧时间更长。服丧期间，禁穿象征喜庆的红衣和花衣；年轻女子禁戴首饰。丧家一周内不换洗衣物，40 天内男子不刮脸剃头，女子不洗头更衣。一年内不参加娱乐活动，不举行婚礼。临近服丧期满，邻里们在村中长辈的主持下，共同商议，规定一个“除孝日”并提前通知丧家。是日，全村每家主妇带 5 个馕（多于此数或少于此数均可，但必须是单数）和一块衣料，男子带上自己的剃刀和磨石，前往丧家。客人到齐后，主人铺好餐布，请来宾饮茶。饮毕，女宾把自己带来的东西放在托盘里交给主人，来宾中长者安慰逝者家属，劝他们要服从真主的旨意，现在就高兴起来。而后，主人宰羊煮肉。肉熟之前，男宾为服丧男性理发剃须，女宾则为女性服丧者更衣。

(教师)
笔记

(教师)
笔记

怒族习俗

我国的怒族主要分布在云南省怒江傈僳族自治州的泸水、福贡、贡山、兰坪县，迪庆藏族自治州的维西县和西藏自治区的察隅县等地。与傈僳族、独龙族、藏族、白族、汉族、纳西族等民族交错杂居。主要从事山地农业。怒族人口为 28 759 人（2000 年第五次全国人口普查数据）。

怒族有自己的语言，无文字，大都使用汉文。怒语属汉藏语系藏缅语族，方言之间差别很大，几乎不能通话。但由于与傈僳族长期共处，多数人会讲傈僳语。

怒族是怒江和澜沧江两岸的古老居民。怒族地区山峦重叠、江河汇聚。从旅游观光的角度来看，这里有数不尽、望不完的奇峰怪石、飞泉瀑布、激流险滩、古树龙竹，确实令人目不暇接、流连忘返。然而，从生活的角度讲，这里贫瘠的土地、闭塞的交通却给怒族人民的生产生活造成了重重困难，致使其社会发展相当迟缓。直到新中国成立前，以花木枯荣为时序、靠结绳刻木传递信息、以刀耕火种为耕作方式等许多人类远古的生活图景在这里仍能时时映现。尽管如此，千百年来，勤劳勇敢的怒族人民始终都未停止与大自然的搏斗和抗争，用他们的智慧和双手不断改变着历史，谱写着时代的新篇章。

一、饮食习俗

怒族习惯于日食两餐。其主食绝大部分以玉米为主。玉米的食用方法从爆米花逐渐发展为煮焖成咕嘟饭（类似玉米面稠糊）、苞谷稀饭，做成的苞谷粑粑、石板粑粑最有特色。少数信奉藏传佛教的怒族也吃酥油糌粑。石板粑粑是贡山县独龙族、怒族的古老食品。古就古在石板当锅，摊入面浆烙制而成。成品香甜适口，风味独具，营养丰富。

在怒族的食谱中，荞砂饭是生活在福贡等地的怒族人民最喜爱的食物。它不仅适合老人和病人食用，也常被用来招待客人。

加工荞砂饭有下列程序。先把甜荞籽洗净，放入锅内，加水煮一段时间，等到荞籽的外壳裂开时，捞出沥水，晾干。放到碓里加上适量的温水舂一下，使外皮和内粒分离开。然后用筛子筛去外皮，就成了荞米砂，可下锅煮食。如果不立即食用，也可以晒干存放。

煮荞砂饭时，只需在锅里加上适当的水焖干即可，也有的人在荞中掺一点苞谷砂，煮出来的饭不仅兼有苞谷和荞的香味，而且在颜色上也令人赏心悦目。在有条件的人家，还会用鸡肉与之配菜，则荞砂饭更加可口。

其实荞砂饭还有很多吃法。例如先用荞砂和青菜混合做成干饭，再把辣椒、核桃、姜、盐等佐料混合舂成面，加水泡饭，怒族人叫它为“辣子泡饭”。

还有的人家把荞砂和蔬菜混合做成“阿麦义”（意为稀饭），再加上漆油和盐，吃起来别有一番风味。

荞砂米饭不仅松软可口，而且还能增进食欲，帮助消化，对降低血糖、美容也有明显的功效。

常见的蔬菜有青菜、白菜、萝卜、瓜豆、辣椒等。每年五六月还需到山林中采集野菜。常采的有竹笋、野百合、各种块根类和蕨类植物以及做调料用的姜、葱、花椒等。含淀粉为主的植物当粮食或制成粉做粑粑而食。

肉类来源靠饲养的牛、猪、鸡、狗、羊，常捕鱼和打猎。怒族男子一成年就开始捕鱼和狩猎，经常猎获的野物有野牛、野猪、鹿、麂子、岩羊和山鸡等。怒族食用狗肉者不普遍。儿童还要禁食熊、虎、豺肉，禁食鸡爪、鸡血。

妇女在40岁前不吃心肺。喜食漆油，常用漆油焖鸡。怒族饮茶是仿制藏族的酥油茶而制作的漆油茶，常可作为产妇或体弱者食用的补品。怒族的主食之一是马铃薯。烹饪技法由原始的“石烹”发展为用锅加水传热的焖煮阶段。每当客至，诚挚好客的怒族同胞，就以漆油茶款待。“斜拉”是怒语，“斜”是肉，“拉”为酒，汉语的意思是酒和鸡肉炒后焖在一起，是怒族名菜。此外还有烤羊肉、烤羊肚。

(教师)
笔记

●同心酒

怒族同胞喜欢饮酒，也擅酿酒。怒族的酒主要有“咕嘟酒”、“浊酒”和高粱酒等。

“咕嘟酒”用“咕嘟饭”（用玉米面和荞麦面制成，似年糕）酿制。其做法是将咕嘟饭晾凉，拌上酒曲装入竹篾箩里捂好，几天后发出酒味，或渗出酒液装在罐子里，密封十几天就成了。吃时先用笊篱过滤，再兑上一点冷开水，加一点蜂蜜或甜味剂，略酝酿几分钟，即可饮用。这种酒香甜醇厚，是怒族酒中的上品，既可解渴，又有滋补健身之功效。

酒是怒族人民日常生活的饮料，更是他们待客的必需品，贵客光临，必以酒相待。他们的饮酒方式一般是边饮边聊。在比较欢快热闹的场合，不论男女老少，如果将某人视为知己时，便要与他喝“同心酒”，即两人腮贴腮、嘴挨嘴，一手搂肩，一手同端酒碗，仰面同饮，一饮而尽。置身于这种情深意浓的场景，即使是平日滴酒不沾的人，也难以推脱。因为只有喝了这同心酒，你才算是怒家人的真正朋友。

二、礼仪习俗

●礼仪

怒族是一个热情、善良、重情义、好客的民族。在其社会中还保留着完整的传统美德，民风极为古朴。

老人是怒族文化的传承者、经验的象征、社会的财富及主心骨。因此，在与老人或比自己年长者交往时必须显得很谦恭。如与老人同行，年轻人要让老人走在最前头并主动为老人减轻负担。如与老人、小孩同去打水则要让其先打；上山砍柴则要将易砍的好柴让给他们。

到怒家做客，只需带点酒烟之类的礼品即可。到了怒家，女主人请客人落座，递烟敬酒，还将最好的苞谷拿来给客人爆苞谷花吃。男主人会用心爱的达比亚为客人弹上几曲迎宾小调。如需小住，主人家还会盛情地为您备“迎客宴”，把他们拥有的最好的东西拿来敬客。情至欢处，主人会轮流与客人互饮“同心酒”。意思是说，大家喝了同心酒后就是朋友了。当酒至酣时，他们便唱歌跳舞，娱客也自娱。如客人能参与，则可通宵达旦歌舞。

●禁忌

怒族的禁忌很多，这些禁忌，有的是生活经验的总结，有的则有很浓的迷信色彩。

妇女怀孕后不能爬山、不能过江河、不能进仙人洞；不能看形态丑陋的东西；不能到老人的位置前去；不能去神秘的地方；妇女生孩子，男人不能在场；产后一个月不能用凉水洗脸；妇女不能跨越弓箭、长刀及背板，不能参与杀猪、杀鸡，不能参与家族的重大祭祀活动。

未婚男子不能与青年妇女在偏僻的地方行走，或久坐一处。

不能砍伐神树，也不能在神树及祭神的岩石下大小便。小孩不能浪费粮食，不能躺着吃喝。不能随便出入家族的坟地。不能蹬踩、跨越火塘中央的铁三脚，也不能任意搬弄铁三脚。

在生产方面，怒族亦有不少禁忌。如：不祭山神，不能开荒；不祭地神，不能下种；不祭猎神，不能狩猎；不祭水神，不能捕捞；不祭谷神，不能收割；不祭树神，不能砍伐；狩猎途中如遇路人，不能继续狩猎，需改日再去。

三、节日习俗

●年节

各地怒族过年节的日期不尽相同，有的在元旦前后，有的在春节前先过。过年前，要准备柴木，杀好猪，舂好粑粑，酿好美酒，打扫庭院。过年的头天晚上请长者吃饭。新年的第一碗酒要给狗吃。初一至初三不能到亲戚和邻居家。第七天妇女休息，家务活动全给男人干。整个过节期间，年轻人射弩、摔跤、打秋千或弹琵琶歌舞，老年人则围坐火塘唱着古老的歌。过完节后，要杀一只鸡祭祖先、祭神。劳动的第一天要先泼洒水酒给山神，之后才能耕地。

●鲜花节

每年的农历三月十五，贡山怒族群众都要欢度盛大的传统节日——鲜花节（又称“仙女节”）。节日这天一早，怒族群众穿上盛装，带上早已准备好的祭品和野餐，手捧一束束鲜花，前往村寨附近的溶洞去祭祀，朝拜他们心目中的英雄——“仙女”阿茸，并举行聚餐和各种娱乐活动。人们边吃边喝、边唱边跳，整个山谷都

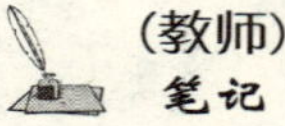
(教师)笔记

沉浸在古朴而隆重的节日气氛中。

鲜花节的来历

很久以前，怒家山寨有一个勤劳、聪明而又美丽的姑娘阿茸，她不辞艰辛，劈开了高黎贡山，引来了泉水，使常年干旱、荒芜的怒家山寨得到了浇灌，使两岸的岩石变成了沃土，荒山变成了绿野。可是她却被可恶的头人烧死在高黎贡山的山洞里。这一天是农历三月十五日，时值阳春三月，怒江两岸鲜花怒放，怒族人民为了纪念阿茸，便将这一天定为鲜花节，以此来纪念他们崇敬、热爱的阿茸。

汝为、夸日　都是原碧江怒族的传统节日。“汝为”是怒语“祭谷神”，于每年的农历12月29日举行。参加这一祭祀活动的均为男子，妇女不得参加。“夸日”怒语是“敲犁头”之意，这是向雨神求雨保平安的祭祀活动，在“汝为”的第二天后举行。祭祀时，先由祭司敲犁头然后由大家轮流敲，以向雨神求雨。

●新米节

新米节在每年稻谷成熟时举行。各家各户从熟地里割下一些稻谷，舂成米，并杀一只鸡，做一顿新米饭，先将鸡肉和米饭给狗吃，然后全家再吃新米饭。

●贺新房

贺新房是在木楞房还没有开设门户时举行。主要是先杀鸡，请巫师祭新房然后在木楞房一壁砍开一个洞。同时，村里人带酒肉前来祝贺，饮酒歌舞，通宵达旦。

●祭山林节

祭山林节是在每年正月初四或初五举行，只允许本民族的男性参加。祭祀活动要杀一只黑山羊祭山林，期间也有祭祖坟、送祖坟、上坟等祭祀活动和一些体育娱乐活动。

（教师）笔记

四、宗教信仰习俗

怒族的宗教信仰主要有三种，即原始的自然崇拜、基督教和天主教、藏传佛教。

●原始宗教

怒族广大群众在天主教及基督教传入前主要信奉原始宗教，崇拜自然，相信万物有灵，举凡日、月、星、辰、山、川、树、石都是人们崇拜的对象。而作为各个氏族及村社组织的一种象征，还有图腾崇拜的残余。

碧江怒族的主要鬼灵有13种，可以分为氏族神灵、自然鬼灵、灾疾鬼灵和“民族”鬼灵四类。属于整个氏族和村社所祭祀的神灵有“门多”及“坐米起”。“门多”是天鬼，也是整个村社的鬼灵，各个村社及“斗霍”氏族人在过去每年都定期祭祀“门多”鬼以祈求保佑；当遇有重大事件如械斗、捞油锅、抛血酒或路遇巨蛇之时也要祭祀“门多”鬼。“坐米起”是“斗霍”、“达霍”两个氏族集团成员所共同信奉的氏族神灵，每年忌日，由两个氏族成员共同祭祀，妇女不能参加。成员们认为祭祀“坐米起”可以获得丰收和安宁。属于自然鬼灵的有山鬼“米枯欤”、水鬼“独药欤”等，这是管理农业、狩猎的鬼灵，这两种鬼灵的产生是与人们的经济生活密切联系着的。例如人们在进行耕作、狩猎时往往要祭祀这两种鬼灵，祈求佑护。属于灾疾的主要鬼灵有“耀欤”、“衣欤”、“比空欤”、“梅阿欤”、“米拖欤”等，凡遇灾疾临身或“杀魂”——即认为有人驱使魂鬼“衣欤”将人的魂灵摄去，都要煮酒杀牲祭祀这些鬼灵。由于历史上民族压迫的结果，产生了所谓“活动”鬼灵，如傈僳鬼、白族鬼“墨欤”等。如果某人与傈僳族或白族人发生了冲突时，便要祭祀“墨欤”；如果民族之间发生了械斗，除祭祀战鬼外，还要祭祀“墨欤”。怒族认为这是由于“墨欤”鬼作祟，所以才挑起械斗的。

福贡怒族没有图腾崇拜的遗迹，福贡怒族所信奉的鬼灵与碧江怒族不同，主要的鬼灵有山神“宽赤”、天地之鬼“冻尼”、战鬼“埋尼”、瘟疫鬼“尼主”和冲犯鬼“褚腊”等十多种。由于受傈僳族原始宗教的影响，有些鬼灵是与傈僳族相同的，如“尼午”鬼便是傈僳族所敬奉的一种鬼灵，而怒族也同样敬奉。贡山北部怒族所信奉的鬼灵与碧江、福贡都不同，主要的鬼灵有山鬼“木里布

(教师)笔记

拉”、水鬼“昂布拉”、路鬼“木胡布拉”和树鬼“穷那底布”等十多种，这些鬼灵都是邪鬼，能使人生病和死亡，庄稼受害，每年都要祭祀。管理各个氏族的鬼灵称为“强布拉”，各个氏族成员每年都分别在不同时间集体祭祀“强布拉”，以求安宁。

●巫术

巫术是信奉原始宗教而产生的一种宗教仪式，执行这种巫术的巫师在碧江怒族中称为“米亚楼”或“禹古苏”，福贡县怒族的巫师称“尼玛”及“达施”两种，贡山北部怒族的巫师称“拿木沙”。巫师是巫教的代表者和主持者，也是怒族社会中的“知识阶层”，巫师同时也是巫医，他们不仅替人打卦、驱鬼，同时也替人治病；有些较大的巫师本身同时也是氏族或村社的头人，这就体现了在社会生产力发展较低的民族中，宗教与政治往往是结合在一起的，一些宗教头人往往也就是氏族、村社头人。怒族的巫师都没有脱离农业生产，虽然巫术已成为巫师的专业活动，但农业生产仍然是他们的主要职业。碧江的巫师不仅从事占卜和驱鬼，而且他们也是本族历史和知识的传播者，一些较大的巫师都能熟练地背诵本家族及本氏族成员各代祖先的谱系；有些怒族从其他地方来碧江“串亲戚”时，往往要请几个老巫师来帮助“对家谱”。如果家谱对合，认为是同一祖先的后裔，则将受到优厚的接待；因而巫师也是维系氏族、家族血缘纽带关系的人，他起到“承上启下”的作用；一些较大的巫师还是各个氏族及村社祭祀时的主要祭司，在与其他民族械斗时也主持宗教祭祀活动。福贡的巫师“尼玛”已分化出“尼玛认”（大巫师）及“尼玛切尼”（巫师）两种，大巫师每年的宗教活动——打卦、治病、驱鬼等的收入最多可得黄牛三至四头，小巫师不超过一头牛；每次打卦都必须杀猪、宰鸡，煮水酒祭鬼，巫师可以分到一只猪腿或一只鸡、几碗水酒。中华人民共和国成立前夕甚至有以粮食、货币为报酬的；至于小巫师仍然是劳动者，他的巫术活动所得报酬是极微的。巫师占卜的种类有猪卦、鸡卦、羊骨卦、竹签卦、竹竿卦、刀卦、酒卦、鸡蛋卦、水卦等十余种，这些卦都是根据不同的情况而采用不同的形式来卜卦的。

五、人生礼仪习俗

●结婚

怒族婚姻是一夫一妻制，过去实行氏族内婚和不等辈婚，有些

(教师)
笔记

地方还有讨男子和转房制的习俗。财产由幼子继承，有父子连名制和类分式亲属制度，舅权较大，青年男女社交自由，婚姻由父母包办。青年男女谈恋爱，不是用语言来交谈，而靠“达变（即“达比亚”）和“拟力（口弦）”两种怒族乐器，这两种乐器音域广，表现力强。当小伙子向姑娘求爱时就会对她弹起“达变”，而姑娘就用“拟力”来回答。双方可以用这两种乐器来提问、讨论并交换意见。据说有的青年从认识到结婚都不说一句话，完全靠音乐来沟通交流。这就是怒族音乐的独特之处。怒族青年男女的这种恋爱方式，也许在全世界是独一无二的。

婚筵是所有礼仪中宴请规模最大的筵席，新郎请几个最要好的朋友，背一捆柴、一捆明子（浸透松脂的易燃松柴）、一罐酒，去接新娘。到女方家后，女方家要做一顿最好的饭菜来招待他们。然后，由新娘最亲密的女朋友和亲戚，随同前来接新娘的人，一起把新娘送到男方家。当他们来到男方家门前时，新郎的舅舅或舅母又要敬陪送新娘来的每人一竹筒酒，新娘才跨进男方的家门。一旦新娘进了家门，新郎便迎上去和新娘手拉着手，前来贺喜的男女青年也都涌上来和新郎、新娘拉成一个圆圈，共同跳起“圆圈舞”，唱起“琵琶调”。第四天以后，男方家杀一头猪、酿一罐酒，由新郎新娘带上与送新娘来的人回到新娘父母家里。这时，新郎把背来的酒、肉送给女方父母，表示婚后第一次对老人的孝敬。然后，领着新娘返回自己家里。至此，婚礼才算最后结束。

●丧葬

早期怒族曾盛行火葬，改行土葬的历史在200年左右。至今一些村寨附近，火葬场遗迹仍依稀可辨。在个别村寨，曾发现一两处悬棺崖葬的遗迹，并伴有铜斧出土。

怒族改行土葬与人们的灵魂观念密切相关。相传过去有个叫亚内的妇女死了，焚尸时没有烧透，七天后她的灵魂带着满身烧焦的疤痕去看家人，把自己的孩子吓死了，从此怒族人就改火葬为土葬。

怒族的丧葬礼仪可分为以下四个程序：

竹号报丧　在怒族人中，凡成年男子去世均要吹竹号报丧。竹号由一个竹筒吹嘴套着一尺多长的龙竹吹筒组成，吹奏时发出“剥哩—呜—剥哩”的声响，因而称之为“剥哩”。人们只要一听到竹号声，都会停止手上的活计奔赴逝者家中吊唁，参加丧礼。

(教师)笔记

敬酒吊丧　人们给逝者梳洗之后，盖上毯子，停尸在火塘左侧床铺之上，以供亲友吊唁。奔丧的亲友带着酒、肉、鸡等吊礼，到达后将酒倒进碗里，由巫师灌入逝者嘴中，并说明是某某亲友前来吊唁。然后大家一起喝离别酒，由巫师卜卦后唱“挽歌”，怒族语称“北莫中”，男男女女在堂屋内围成一圈，手拉手跳与逝者告别的“雄登舞”，以告慰逝者，祈求其亡魂庇护子孙，不要祸及家人和亲友。在极度悲痛中，甚至还有至亲好友与逝者嘴对嘴地喝“同心酒”，以示永别。

棍卜坟基　正常去世的人一般均埋葬在村前屋后甚至宅院之内，表示死者与亲友不分离的密切关系。具体地点由巫师和家长棍卜择定。方法是将三根头部削尖的约三尺长的木棍在十步开外同时掷出，如三根木棍都能插入土中，即在该处建坟。建坟时先由巫师破土，如逝者是女性先挖七锄，逝者是男性则先挖九锄；然后其他人才动手挖。墓穴挖好后，四周用石板或木板围上；安葬时，有的就不再用木棺了。

送魂出殡　停尸时间一般为一至三天不等。出殡前举行送魂仪式，由巫师诵唱“送魂辞”，内容是给逝者的灵魂指路，逆着本氏族迁徙的路线，一程一程地指、一程一程地送，直送到祖先的发祥地。念完之后，吹奏竹号，挥刀开路直至墓地。安葬时仍由巫师先盖土，然后大家动手。葬毕在墓旁立桩，挂上逝者生前用品，如男子的弩弓、刀箭、挎包，女子的织机、炊具等。

怒族的丧葬文化极为丰富，而且支系间乃至同一支系间的葬俗均有较大的差异。随着社会的发展，其中的一些迷信内容也在逐步减少。

（教师）笔记

乌孜别克族习俗

乌孜别克族是我国人口较少、居住分散的一个民族，总人口为12 370人（2000年第五次全国人口普查数据）。现分散居住在新疆维吾尔自治区的南部和北部。乌孜别克族的名称，来源于14世纪时的金帐汗国乌孜别克汗，乌孜别克的意思是“自己的领袖”。1949年9月，新疆和平解放后，乌孜别克族人民和各族人民一道，做了国家的主人，为祖国繁荣昌盛作出了贡献。乌孜别克族有自己的语言文字，其语言属于阿尔泰语系突厥语族西匈语支，文字是一种以阿拉伯字母为基础的拼音文字。现新疆乌孜别克族基本通用维吾尔文和哈萨克文。

一、饮食习俗

乌孜别克族以牛、羊、马肉及乳制品为主，一日三餐离不开馕和奶茶，以胡椒、酸奶子和肉汤做成的“那仁”最具有特色，手抓食是乌孜别克族待客的佳品。乌孜别克族禁酒，忌食猪、狗、驴、骡肉。

一日三餐，早晚两餐较简单，早餐吃馕喝奶茶，既简便又实惠，午餐是正餐，吃各种丰富的主食。

乌孜别克族的食物结构中，肉食和奶制品占有很大的比重，不常吃蔬菜，多吃羊、牛、马肉。馕是主食，也是新疆信奉伊斯兰教各民族最常见的面食，还专有乌孜别克式的馕。其他主食有汤面、抻面、爆炒面、揪面片、油饼、馃子、薄饼、煎饼、肉焖饼、蒸包子、烤包子、馓子、花卷、饺子、馄饨、馒头、甜搅团等。其中，馕的制法很多，有配加植物油或羊油、酥油的油馕；配加羊肉丁，孜然粉、胡椒粉、洋葱末的肉馕以及薄片馕、窝窝馕、小圆馕、葱馕、玉米面馕种种。他们也爱吃大米，除去米饭、黏饭和米粥，还

(教师)笔记

精于烹制有“十全大补”之誉的“朴劳”(抓饭)。如菜朴劳(粉条、白菜、番茄、辣椒抓饭)、肉朴劳(羊肉丁、胡萝卜丁抓饭)、蛋朴劳(葡萄干、杏干抓饭)、克德克朴劳(酸牛奶抓饭)、阿西曼吐(包子抓饭)。

乌孜别克人十分讲究饮食卫生,饭前饭后都要用流动的水洗手。农牧区的人仍以手抓进餐为主,居住在城市的人已开始使用筷子和匙子。用餐时,长者坐上座,幼者在下座。人口多的家庭或有客人还要分席用餐,一般是客人和男人一席,妇女和孩子一席。每逢节日或来客,乌孜别克人就要做一顿有民族特色的佳肴,相当丰盛。

奶茶是乌孜别克族日常生活中不可缺少的饮料,烧奶茶一般用铜壶或铝锅,先将茶水煮沸,然后加入牛奶烧煮,搅匀,待茶乳完全交融后,再加适量的食盐即成。饮时把奶茶盛入碗中,稍加酥油或羊油、胡椒即可。乌孜别克族一日三餐中,早餐比较简单,多以切成小块的馕泡奶茶。

二、礼仪习俗

乌孜别克族注重礼节,尊重长者,说话行路均让长者先。骑马外出时若二人同行,则长者在前,幼者在后,男在前,女在后。男人相遇,手放胸前鞠躬后握手;妇女相见,手放胸前鞠躬后可拥抱。

乌孜别克族好客,对远道客人盛情款待。他们常用抓饭招待客人,客人至少要吃一点,否则被认为是对主人的不恭。老年人吃饭时常用双手摸面作“都瓦”(一种祝福的宗教仪式)。

三、节日习俗

乌孜别克族主要节日有“圣纪节”、“肉孜节”、“古尔邦节”等。传统节日与当地其他信奉伊斯兰教民族的节日基本相同,以肉孜节和古尔邦节为一年之中最隆重的节日。

●圣纪节

圣纪节是伊斯兰教的重要节日,为纪念先知穆罕默德的诞辰日,但逊尼派和什叶派纪念圣纪节的日期不同,中国境内的少数民族穆斯林基本是逊尼派,所以圣纪节也是信仰伊斯兰教的少数民族重要节日。逊尼派的圣纪节是伊斯兰历3月12日,什叶派是3月

17 日。据说当年穆罕默德经常在自己出生的日子（星期一）进行斋戒，但现在穆斯林过圣纪节并不把斋，而是准备许多好吃的食品庆祝，讲述穆罕默德生前的事迹等。

(教师)
笔记

圣纪节

圣纪节，亦称“圣忌节”、“冒路德节”，为伊斯兰教的三大节日之一。相传穆罕默德（约 570－632 年）诞辰和逝世都在伊斯兰教历的三月十二日，穆斯林为了纪念伊斯兰教圣人（创始人）穆罕默德创建的伊斯兰教，在他诞辰和逝世的这天举行集会。以后，逐渐演变为伊斯兰教的节日。

节日活动多由清真寺主持。届时，穆斯林要穿戴整齐，到清真寺沐浴、更衣、礼拜，听阿訇们念经，讲述穆罕默德的历史和创建伊斯兰教的功绩。

●肉孜节

开斋节是伊斯兰教节日。在伊斯兰教历十月一日。中国新疆地区称“肉孜节”（Roza，波斯语，意为斋戒）。

开斋节在各地尽管称谓不同，但实际上就是一个规模盛大、礼仪隆重的节日。节日早上，清真寺被打扫得干干净净，有的还要悬挂“庆祝开斋节”的横幅和彩灯，张贴赞颂真主的对联。家家户户要打扫卫生，成年男子沐浴净身，小孩子也要把脸洗干净，男女老少都换上民族服装。大约早晨八点以后（有的地方以敲响会礼钟声为准），人们汇集到清真寺或去荒郊举行会礼。当阿訇宣布会礼开始，人们自动跪成很整齐的行列，向圣地麦加古寺克尔白方向礼拜。礼拜后，人们齐向阿訇道安，接着互道“色俩目”（和平、平安、安宁）问候。整个会礼结束后，由阿訇带领或各户分散游坟扫墓，为逝者祈祷。随后串亲访友，恭贺节日。节日中，家家户户都准备馓子、油香、馃馃、那仁等富有民族风味的传统食品，同时还要宰羊、鸡、兔等，做凉粉、烩菜等，互送亲友邻居，互相拜节问候。在节日的第一、二天，已婚和未婚的女婿要带上节日礼品给岳父母拜节。许多青年还在开斋节举行婚礼，更添节日气氛。由于现在人们每天都从事着繁忙的工作和学习，政府也不提倡人人都要封

（教师）笔记

斋一个月，所以现在有些人已经不封斋了，但肉孜节是一定要欢庆的。

●古尔邦节

在阿拉伯语中称作尔德·古尔邦，或称为尔德·阿祖哈。“尔德”是节日的意思。“古尔邦”和“阿祖哈”都含有“牺牲”、“献身”的意思，所以一般把这个节日叫“牺牲节”或“宰牲节”。

过节前，家家户户都把房舍打扫得干干净净，忙着精制节日糕点。节日清晨，穆斯林要沐浴馨香，严整衣冠，到清真寺去参加会礼。新疆的维吾尔族在古尔邦节时，无论是城市或农村的广场上都要举行盛大的麦西来甫歌舞集会。广场四周另有一番景象：色彩缤纷的伞棚、布棚、布帐、夹板房内，铺设着各式各样的木桌、板车、地毯、毛毯、方巾，上面备有花式繁多的食品小吃。

乌孜别克族除载歌载舞以示庆贺外，还举行体育活动，如叼羊、赛马、摔跤等比赛活动。一些群众还沐浴净身，到清真寺做礼拜和听教长讲经布道，然后去墓地上坟，纪念先祖，悼念亡人。

四、宗教信仰习俗

乌孜别克族信仰伊斯兰教，即信安拉、信使者、信经典、信天仙、信死后复活、信前定。平日坚持履行“念、礼、斋、课、朝”五项必修功课。

乌孜别克族人民严格遵守伊斯兰教的基本信仰，遵奉《古兰经》、圣训，履行必修功课。伊斯兰教对乌孜别克族人民的影响深刻地体现在各个方面。

伊斯兰教对乌孜别克族的文化教育产生很大影响。长期以来，乌孜别克族的儿童和青年主要接受宗教教育。20世纪初，在伊宁出现的乌孜别克学校（后来发展为小学和初中合班的学校）实际上就是宗教学校。

自从18世纪越来越多的乌孜别克族人定居新疆后，喀什、莎车、伊犁、奇台等地的乌孜别克族人民捐款建造了一些较大的清真寺，这些清真寺是当地伊斯兰教体系的一个组成部分。在它管辖之下，有乌孜别克族的信徒，也有其他民族的信徒。信徒们的重要宗教活动主要在清真寺内进行，各种名目的宗教职业者是伊斯兰教活动的具体执行者和组织者，有阿訇、毛拉、卡孜、阿拉木、伊玛目、买曾等。在喀什、莎车、伊犁等地都有为数不等的乌孜别克族

(教师)笔记

的各种宗教职业者，他们的活动以清真寺为中心，管理当地乌孜别克等民族人民的宗教事务。

对于伊斯兰教信徒来说，《古兰经》是神圣不可侵犯的；清真寺和“麻扎”（墓地）是庄严的圣地；宗教法庭的判决是至高无上的，民间的财产纠纷、婚姻案件等都要听从它的判决。

宗教学校是宣传宗教并专门培养宗教职业者——阿訇的学校，分初、中、高三等。在农村的多为初等宗教学校，高等宗教学校设在城内，主要培养高级的宗教职业者。无论是高等或初等宗教学校，都没有固定的学习期限，主要看学生的学习进度。有学习10年或十几年的，也有学习20~30年的。讲授内容主要是《古兰经》的经文。学校的教师由毛拉、阿訇担任。具体的课程内容取决于讲授的毛拉。大体上，初等宗教学校课程有：宗教仪式和祈祷文、阿拉伯字母、《古兰经》节要、《古兰经》全文。一般读完这些大约需要10年。再继续学下去，便学宗教史、阿拉伯文法、伊斯兰教教规等。以上课程教材，一般分阿拉伯文、土耳其文和伊朗文三种。在这种初等宗教学校读书的，很多只能读不能讲解，主要由于使用的不是本民族的语文。而高等宗教学校则设专科，分宗教仪式、宗教律例、宗教经典三科。大多着重于宗教教典和《古兰经》的讲解。

五、人生礼仪习俗

乌孜别克族命名习俗

20世纪50年代前，一般请阿訇或其他宗教人士命名，或由祖父母和外祖父母共同给孩子命名。由于受伊斯兰教影响，乌孜别克族的名字很多都与伊斯兰教有关，不少人以伊斯兰教圣贤、教历、先知、吉日、节日等名称命名。男子名后加江（意为生命）表示亲昵，加“别克”、“阿訇”为尊称，加“巴依”表示富有。女子名后加“古丽”为昵称，加“罕”为尊称。

乌孜别克人的全名由本名和父名构成，本名在前，父名在后。

(教师)笔记

●命名礼

乌孜别克族妇女生育时，丈夫不能进入产房。产妇在七天内不得外出。孩子诞生后，即向亲友报喜，亲友则备礼祝贺。产后第二天，举行命名礼。

●摇篮礼

婴儿出生后11天要宴请亲友，举行摇篮礼。亲友向婴儿赠送礼物，母亲把婴儿抱出，放入摇篮。头胎仪式较隆重，二胎以后较简单。

●满月礼

婴儿出生40天时，要举行满月礼。仪式主要是给孩子洗礼(洗澡)，父母先将一个金镯子或金戒指放在一个盆里，每个亲友都往盆里倒点水，然后将孩子抱入盆中沐浴。此后，产妇可以出门参加劳动或其他活动了。

●结婚

乌孜别克族传统的结婚仪式一般经过四个程序：

说亲　乌孜别克族的婚姻由父母包办，儿子稍大，父母便为之物色对象，一般都选择门当户对的人家。男方一旦相中某家姑娘，便托亲朋好友到姑娘家去说亲。说亲一般要进行多次，即使女方同意，也要做一些象征性的周旋。三番五次后，女方父母才点头应允。如女方不同意这门亲事，一开始就借故婉言谢绝，处理得体面又不伤和气。过去媒人都由男子担任，现在多由妇女充任。

订婚　订婚仪式由妇女参加。当日，男方母亲在几位女性亲友的陪伴下，前往女家送订婚礼。礼物一般包括衣料一两块，砖茶一两块，以及一定数量的糖果等食物。女方母亲在几位女亲友的陪同下，热情款待来客。男方母亲把带来的礼物放在托盘里，十分恭敬地放到女方母亲面前，热情洋溢地说："您的女儿像月亮一样，我的儿子像太阳一样，月亮只有围着太阳转，才会放出皎洁的光。我看他们是天生的一对。您看，这桩亲事怎么样?"如女方母亲满口答应，并接受了礼物，这桩亲事就算定了。

纳聘　纳聘仪式称"琼恰依，"一般在婚前的一段时间里举行。按传统习惯，男子仍不能参与，新郎也不例外。这天，男方母亲在一二十位女亲友的陪同下，前去女方家。她们每人手里端着一个用餐巾包着的托盘，井然有序地列队前往。队伍后面还有一只送给女方的大绵羊，犄角上系着一块大红绸缎。女方母亲出屋外恭迎。宾主相见，两位母亲像久别重逢的亲人一样热烈拥抱。然后，男方客人打开自己的包裹，设宴招待女方主客。这时，主人及其亲友都袖手旁观，不帮忙干活。而男方客人则宰羊做饭，忙得不亦乐乎。宴席上，男方母亲把一碗盛有热糖茶的碗，放在茶盘上，用双手高高托起，毕恭毕敬地献给女方母亲。一位男方客人代表当众打开带来的礼物，唱说着彩礼单。女方亲友争先恐后观赏这些彩礼。仪式上，新娘不能露面。

完婚　传统的完婚仪式分4天进行。第一天在新娘家举行。这一天，男女两家，宾客盈门，双方父母出面待客。傍晚时分，迎亲队伍分两路前往娘家。一路由新郎的母亲、姐妹及女亲友组成；一路由新郎、伴郎及朋友组成。结婚典礼称“尼卡”，按伊斯兰教仪式进行，由阿訇主持。第二天清早，新娘家的三位妇女端着饭食到新郎家。新人吃过饭后，伴郎陪新郎到新娘家给岳父母问安。此时，岳父母向新郎赠送壁毯一类的礼品。这天下午，正式举行揭面纱礼。婚后第三天，新娘父母要宴请新郎及其父母亲友等人；第四天，新郎父母回请。至此，整个婚礼才告结束。

●丧葬

乌孜别克人去世后，要马上告知所有亲友。参加丧礼的男人在腰间扎一条白带，妇女在头上扎一条白带。阿訇为逝者诵经时，妇女围尸哭泣，男的一律在户外。年幼者去世，只告知直系亲友。为逝者净尸必须是同性别者。埋葬后，在净体的地方放一个花盆，点一盏长明灯。从这时起，该室不能住人。埋葬七天之后，儿女方可脱孝服。在逝后的二十天、四十天、七十天、一百天，都要作“乃孜尔”。周年内的每个“主麻日”亦要做小型“乃孜尔”。周年内逝者的家人一如既往地头扎白布，不能外出做客，不能参加别家婚礼，周年后此禁才可解除。

（教师）笔记

俄罗斯族习俗

俄罗斯族是中国56个民族中的一员。俄罗斯族是俄罗斯移民的后裔。主要散居在新疆维吾尔自治区的伊犁、塔城、阿勒泰和乌鲁木齐等地。根据2000年第五次全国人口普查统计，俄罗斯族人口为15 609人。使用俄罗斯语，属印欧语系斯拉夫语族，通用俄文。

“俄罗斯”一词起源于一个东斯拉夫部落之名“罗斯”或“鲁斯”。在种族分类上，俄罗斯人属于欧罗巴人种（东欧类型）。中国的俄罗斯族由于与周围民族通婚，体质逐渐变化，具有黄种人特征。早在18世纪，但主要是19世纪以及俄国十月革命前后，俄罗斯族从沙皇俄国迁到我国新疆。在封建军阀盛世才统治新疆时期，他们被称“归化族”。他们聚居的村落被称为“归化村”。中华人民共和国成立后恢复了俄罗斯族本名。

由于俄罗斯族迁来我国的时间不长，他们当中有不少人在前苏联还有自己的亲友。新中国成立后，他们之间又恢复了关系，不少人要求返回家乡与亲人团聚。20世纪50年代，经中苏两国政府协商，同意并帮助他们陆续迁回家乡。此外，也有部分俄罗斯族迁往澳大利亚和加拿大等地，因为那里也有他们的亲族，因此，我国现有俄罗斯族的人数已经不多了。

一、饮食习俗

俄罗斯族人的饮食，在许多方面保留着早期在俄国生活的传统习俗，同时又深受汉族和其他民族的影响，主食是自己烤制的面包，副食多为俄式煎菜。俄罗斯族人的一日三餐是：早上喝牛奶，吃抹上黄油的面包；午饭是面包、菜；晚餐较丰盛，多是米饭、炒菜，或是抓饭、面条等。

（教师）笔记

俄罗斯族人的饮食不仅继承了传统的煎、烤、炖、炸、煮等烹饪习惯，又吸收了汉族以及其他民族饮食文化的长处和经验，具有浓郁的民族特色和醇厚的乡土气息。

俄罗斯族人的主食主要是自己烤制的列巴（是俄语里面的大面包，它是极富特色的欧式食品）和煎饼，副食有肉、鸡蛋、灌肠、牛奶、黄油等，他们喜欢吃俄式夹馅面包、无馅面包及各种糕点，喜欢吃烤鹅、烤牛肉片、牛肉煮土豆、鸡蛋腌猪肉片等俄式热菜，喜欢吃黄瓜、西红柿、土豆、胡萝卜、圆白菜等蔬菜。爱喝加有牛肉和土豆的各种菜汤、白酒（伏特加）和自己酿制的醇香甜美的啤酒。他们的日常饭菜主要有俄罗斯风味的合列布、布拉其尕、鲁列特、比罗哥、苏波汤等。

合列布也是一种面包，是俄罗斯族最古老、最尊贵的食物。它的作法不同于一般面包的烤制，制作时先将酵母在温水盆中化开，然后加糖、盐各一勺，再加入适量的干面粉搅拌成糊状，放置在较暖和的地方使其发酵，待盆里的面糊成泡沫状时，再加入干面粉和成团继续让其发酵。等面再次发酵后，取出来揉成圆形或长圆条，放进烤盘盖上盖布再使之发酵，然后才放入烤炉或烤箱中烤熟，待其冷却后食用。

布拉其尕也是一种面包，是用面粉、奶油、砂糖和鸡蛋等原料搅拌发酵后烤制而成的，酥软香甜，营养价值很高，是俄罗斯族人常吃的一种早点。

苏波，是俄罗斯族人最普通、最常吃的一道菜，分荤、素两种。荤的苏波是先将牛肉洗净切块，放进汤锅里煮，边煮边捞去汤面上的血沫，待肉熟了以后，加入少量土豆块、胡萝卜块或莲花白丝，再放入几片苏波叶继续煮。另取一个锅，锅内放入适量的植物油，油熟后倒入切碎的西红柿和洋葱一起翻炒，同时放入适量的食盐、花椒粉等调料。把西红柿炒成糊状后，倒入煮肉的汤锅内，轻轻搅拌几下，这道菜就算是做好了。

二、生活习俗

俄罗斯族人洗浴方式分为黑澡堂和澡堂，与其他各少数民族不同。黑澡堂是为了保暖，澡堂内的炉灶没有烟囱，木柴燃烧产生的黑烟全部散发在室内。黑澡堂，一般为木质结构，盖在离住家不远的院角，夏季充作储藏室。澡堂由更衣室和浴室两部分组成。浴室内砌有长一米多、宽不到一米的大炉灶。灶膛上置铁板或架铁条，

（教师）笔记

以便堆放石块。浴室中间是二至三层的可供人躺的木板架。木板架有塔形和梯形两种。洗澡时，将大炉灶用木柴点燃，烧至铁板（或铁条）和上边的石块通红作响时，再从备好的热水桶内舀水浇在烧得通红的石块上。热水瞬间变成水蒸气，澡堂整个被水汽所迷漫，伸手不见五指。洗澡的人躺在木板架上，手持用柔软的桦树细枝扎成的扫帚拍打全身，直至全身通红。洗完澡后一定要喝茶，一家人一边喝茶一边休息聊天。茶（多为红茶）里常放牛奶、鲜奶油和糖。

三、节日习俗

●圣诞节

俄罗斯族传统的民族节日主要与宗教信仰有关，每年公历的元月7日俄罗斯族均欢度圣诞节，纪念耶稣降生。这一天俄罗斯人到教堂祈祷后，家人们聚在一起庆贺。每年3月21日是东正教徒纪念耶稣被钉在十字架上三日后复活的复活节。复活节前40天，教徒们要斋戒、素食。复活节那天举行盛大的纪念活动。每年复活节后50天为降灵节。降灵节亦称“圣灵降临节”，是东正教纪念耶稣门徒、领受圣灵的节日。主要有“复活节”、“圣诞节”、“旧历年”、“清明节”、“主领洗节”等。

俄罗斯族非常重视传统节日，尤其以过“复活节”最为隆重。“复活节”又叫“帕斯喀节”，没有固定的日期，每年春分月圆后的第一个星期日举行，一般在4月4日~5月10日之间。节前，人们按照宗教传统斋戒49天，每天只吃一顿饱饭，其余两顿只吃半饱，而且不吃荤，只吃素，戒期也不许唱歌跳舞。不过现在除了老人和教徒，我国很多俄罗斯族人已经不再守戒了。过节这天，每家除准备丰富多彩的“比切尼”（糕点）之外，还要准备煮熟的彩蛋（复活节彩蛋），即将煮熟的鸡蛋涂上红、黄、蓝、棕、绿、紫等色彩，每当客人来到，主人就分一个彩蛋，以象征生命的昌盛。节日期间人们要以上好的点心、饼干款待来客，亲友们互相登门祝贺，青年男女则载歌载舞，跳起节奏欢快、强烈的俄罗斯踢踏舞，拉起三弦琴和手风琴，尽情欢乐。

圣诞节也是我国俄罗斯族人的一个盛大的宗教节日。在圣诞前夜教徒要全天禁食，直到晚上才能开斋。圣诞前夜的晚上信徒和非信徒按习惯要吃圣诞鹅，这是圣诞晚餐必不可少的。人们将买回来的鹅腹中填入苹果、面包和过了油的葱头，加入各种作料，烤熟食用。当节日来临时，俄罗斯族人都要用柏树或松树布置成华丽的圣诞树，准备丰盛的节日食物。晚上团聚时，装扮的圣诞老人要给大家赠送圣诞礼物，还要举行唱诗会。

圣诞树至今仍是新年和圣诞节必不可少的装饰品，圣诞树常用杉、柏之类呈塔形的常青灌木做成，象征着健康长寿。教徒在圣诞前夕开始布置圣诞树，并一直摆到 1 月 14 日（即俄历的旧历新年），而非教徒则在新年的前夕布置圣诞树（新年枞树）。装饰新年枞树的风俗从 18 世纪开始盛行于欧洲。传说神在新年时藏在常青的松树里，为敬奉他们，必须为他们准备礼物。现在新年枞树上挂满各种各样的礼物就是这么来的，在家庭中装饰圣诞树是全家老少最为开心的时刻。人们在圣诞树上挂上用锡纸包的水果和糖及用锡纸剪的各种动物，把买来的长串彩灯、彩珠绕在圣诞树上，树下藏着父母送给孩子们的礼物。有的家庭还专门请圣诞老人给孩子们送礼物。

圣诞老人和他的孙女雪姑娘是新年最主要的人物。圣诞老人是西方童话故事中善良慷慨的化身，最能吸引千千万万颗纯洁童心的是他背着的那只大礼物袋，他给孩子们温暖和欢乐。每年圣诞夜，圣诞老人乘着鹿拉雪橇从北方来，从烟囱进入每个有孩子的家庭，悄悄地把礼物装在新长筒袜里或塞在枕头下，给孩子们一个意外的惊喜。而雪姑娘则是青春常驻、快乐永存的象征。现在圣诞老人和雪姑娘大都是青年人扮演的，由孩子的父母电话预约，前来恭贺新年，赠送礼物。

●报喜节

是新疆等地俄罗斯族传统岁时活动，一般在农历三月上旬举行。据《新约圣经》载：圣母玛丽亚在这天领受了天使向她宣布的上帝的旨意，她将由“圣灵”感孕而生耶稣。节日期间人们要进行各种庆贺活动。三月四日，孩子们把烤好的百灵鸟形状的饼干带到田地里，抛向天空，然后再接住，以示迎春。妇女们于三月九日把一块亚麻布铺在村外的地上，摆上一个大圆面包，请春天母亲享用。姑娘们则用纸或布扎成各种小鸟，用绳子拴在折下的树枝上。各人自找山坡、屋顶、柴垛等较高的地方，摇动树枝，唱迎春歌。也有的地方于三月二十五日庆祝报喜节，因为这时春天已来临，候鸟也已返回。在这一天，人们唱迎春歌。

(教师)笔记

●洗礼节

是新疆等地俄罗斯族的传统宗教节日，每年公历 1 月 19 日举行。据《新约圣经》载：耶稣曾三次显示其神性，第二次受洗礼时，“圣灵”和鸽子降在他头上，显示他为上帝的儿子。东正教注重这次显圣，定于公历 1 月 19 日为此节日。洗礼本是基督教的一种入教仪式。在洗礼节那天人们除去教堂祈祷外，还要到江河里破冰取“圣水”，有的人还要跳进冰窟窿里洗一洗。18 日晚按风俗习惯是占卜时间，尤其是女孩子们要预卜自己的终身大事。

●丰收节

是新疆等地俄罗斯族传统农祀活动，每年公历 10 月的第二个星期日举行。收割结束时，人们特意在地里留下最后一束小麦，将它周围的杂草除尽，然后摆上面包、盐和奶酪等供品，表示感谢大地的恩赐，祈求来年获得更大丰收。

●谢肉节

又称“送冬节”，新疆等地俄罗斯族的传统节日。时间由原来每年的公历 2 月底或 3 月初改定为大斋（东正教的斋戒日期在复活节之前 7 周开始，无固定日期，一般不得早于每年的 3 月 22 日或晚于 4 月 25 日）前的一周举行。节期为 7 天。按照民间习俗，节期每一天都有不同的内容：星期一是迎春日；星期二是娱乐日；星期三是美食日；星期四是醉酒日；星期五是新姑爷回门日；星期六是姑娘相新嫂子日；星期天是送冬日和宽恕自己言行的日子。在谢肉节期间，家家户户大摆酒宴，因为在谢肉节过后的斋戒期内不能吃荤和喝酒。

四、宗教信仰习俗

俄罗斯族多信仰东正教，与国外的俄罗斯人一样。

我国的俄罗斯人最初信奉灵魂不灭，认为人死了其灵魂还在。近代，他们多已改信东正教，也有信仰基督教的其他教派的，不信教的人也越来越多。俄罗斯族宗教活动有两种：一种是在家中做晨祷和晚祷，一种是到教堂去听神父宣经布道。做祈祷时，在胸前画十字，东正教徒在画十字的横道时是先右后左，有别于天主教的先左后右。在新疆的伊犁、塔城、乌鲁木齐，黑龙江的哈尔滨、齐齐哈尔等地，都有俄罗斯族建造的东正教堂。

东正教与天主教不同的是，不承认罗马教皇有高出其他主教的地位和权力，主张主教以外的其他教士均可婚娶。主要节日有复活节、圣诞节、洗礼节等。

(教师)笔记

五、人生礼仪习俗

●结婚

俄罗斯族实行婚姻自由，恋爱自由，但结婚须征得父母同意。俄罗斯族与其他民族皆可通婚。俄罗斯族的传统婚礼十分隆重，程序和仪式也十分繁琐、复杂。举行婚礼要事先通知亲朋好友，如果接到邀请不来，则被认为是一种失礼行为，会引起主人的不悦。婚礼先在女方家举行，来客用餐、唱歌、跳舞，热闹一阵，结束后，由男方亲友及新郎组成迎亲队伍到女方家去迎亲。迎亲队伍快到新娘家门口时，女方的亲友把大门关上，并派一群小孩向新郎要开门钱，给钱后新郎才能进女方家的门。按照传统习俗，新郎、新娘还要到教堂去举行证婚仪式，新娘身穿白色礼服，头戴桂冠，与新郎一起站在神像前，由神父询问男女双方是否同意结为夫妻，在双方肯定答复之后，双方要交换定情的信物，然后由神父诵念规定的祈祷经文，并对新婚夫妇祝福。仪式完毕，由男方家宴请亲友和宾客，接着举行舞会。晚上还要仿照汉族人的习惯，闹一闹新房。

俄罗斯族人的家庭实行一夫一妻制，父亲是家长，掌管家庭经济。子女长大结婚以后，另立门户，独立生活。父母死亡，遗产由儿女共分。东正教是禁止离婚的，俄罗斯族人受东正教的影响，一般很少离婚。

俄罗斯人的人名，由本名、父名和姓三部分组成。女人结婚后，一般随夫姓，也有男的随女姓或双方都不改姓的，通常以名字或小名称呼未成年人。对成年人通常称本名和父名，对平辈亲友或晚辈，可直呼其名；朋友间在非正式场合下，亦可直呼其名。

●丧葬

俄罗斯族的丧葬习俗同他们的宗教信仰和祖先崇拜有密切关系，一般实行土葬，棺椁大都用松柏木制成。人去世后即要沐浴全身，穿好寿衣，把尸体停放在用几条长凳拼起来的停尸台上，头朝圣像，脚对着大门，三日后入殓。出殡时，棺木不能从正门抬出，

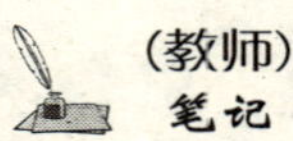
(教师)笔记

要从后门或窗户出去。葬式为头东脚西。埋葬后亲人要定期举行悼念活动。逝者的家人要守孝40天，穿孝服，臂缠黑纱，不能在家里举行各种娱乐活动。现在，城镇居民多改土葬为火葬。

(教师)
笔记

鄂温克族习俗

鄂温克族是中国人口较少的少数民族之一，2000 年第五次全国人口普查统计数为30 505人，主要分布在内蒙古自治区和黑龙江省。其余散居在全国其他各省、市和自治区。

分布在内蒙古自治区的鄂温克族主要居住在呼伦贝尔草原的腹地、大兴安岭森林深处和嫩江流域的丘陵平原地带。这里有富饶的草原，起伏的高山，纵横的江河，还有众多的野生动植物。夏季雨量充沛，植物繁茂，尽是绿水青山的郁郁葱葱；冬季里则是白雪皑皑，千里冰封，一片北国风光。

由于历史、地理条件和生产生活方式的影响，鄂温克族长期过着狩猎、游牧的生活，社会发展缓慢，以致长期停滞在氏族公社阶段，受汉、蒙古、达斡尔和鄂伦春等民族的影响，除额尔古纳左旗从事游猎的极少数鄂温克人外，其他鄂温克人均已进入宗法封建社会，可是仍然处于只有语言而没有文字的状态。因此，在新中国成立以前鄂温克族地区有的只是鄂温克族氏族、家庭内的传统习俗教育。每一个鄂温克族人自幼就受到长辈严格的家教，要学会尊老爱幼、长幼分明、礼貌待客、尊卑严明以及有关儿女应守之规、公伯应遵之礼、婆媳应循之道等各方面的礼仪。通过言传身教的家规教育使整个鄂温克族的优良传统、高尚品德得以代代相传。

一、饮食习俗

各地鄂温克族由于居住地域、生产条件的不同，形成了不同的饮食习俗。

在以狩猎为主的鄂温克族中，以兽肉为主食，其中又以鹿、狍子肉为多。食用方法，除鹿、狍子的肝、肾可生吃外，其他都要熟食，有炖煮、烤、熬汤等。炖煮是吃手扒肉，比较有特色的是烤

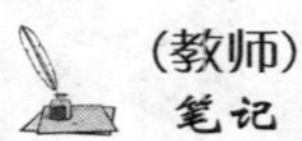
（教师）笔记

肉，方法是用削尖的木棍串肉块在篝火上烤，不一会儿，肉块外层便烤熟，散发出浓浓的香味，用刀割下食用。除了吃鲜肉外，为了便于贮存和携带，还把鲜肉晒成肉干。晒肉干时把肉条放在用桦木或松木搭成的架子上，经晾晒后的肉已经过杀菌，不会腐烂。肉干有两种，一种是煮熟后晒干，另一种是把鲜肉切成条，稍加食盐后晒干。食用肉干的方法也是烤和煮。鄂温克族猎民还用白面制作面包、面条等，用大米和兽肉丁做肉粥。在森林里狩猎很少吃到蔬菜，鄂温克族猎民采集野葱、蘑菇等做咸菜或熬汤。他们还挤驯鹿奶熬制奶茶饮用，奶子多时，盛到桦树皮桶中，取其浮油，涂在面包上食用。

鄂温克族人起源的传说

传说在很久很久以前，有个猎人进山打猎，突然被只母熊抓住，并被拖进了洞里，强迫他同它成婚。猎人迫于无奈只好答应，与熊生活了几年，生下了一只小熊。母熊每次出去捕猎都将洞门堵得严严实实的。有一天，母熊带小熊出去捕猎，却忘了关严洞口，猎人趁机逃出，跑到江边，上了木排向下游漂去。母熊回来发现后，领着小熊奋力追，最后发现了漂游在江中的猎人，并向他呼喊劝他回来，而猎人不理睬。最后母熊气得没有办法，将小熊撕成了两半，一半扔给了猎人，一半留在了身边。留在身边的成了以后的熊，而扔给猎人的那一半成了鄂温克人。

●主食

在嫩江流域居住的鄂温克族，除传统的肉食、奶食外，在农业发展的基础上，粮食逐渐成为主食，主要粮食有稷子、燕麦、荞麦、大麦等。用稷子米熬肉粥和奶米粥、蒸干饭，是过去常吃的食品。也用稷子米磨面做发糕、油炸饼。用燕麦米做肉粥，做炒熟的燕麦碎米和炒燕麦面。用荞麦米做干饭、肉粥。用荞麦脐子（称为“尼吉”）做的奶粥，别具风味。也用大麦米做肉粥。近几十年来，种植小麦、玉米、谷子等多了，玉米、小米和白面已成主食。在菜食方面，春夏时采集十来种野菜，洗净生食，或做腌菜、炖菜。随着田园经济的发展，食用种植的豆角、黄瓜、白菜、土豆、青椒、茄子等蔬菜多了起来，食用方法也不断多样化。

●奶茶

牧区鄂温克族以乳、肉、面为主食。他们讲究喝奶茶，制作奶茶的方法是把砖茶放入清水中烧开，滤去茶叶后，放进炒好的稷子米和盐，兑上鲜牛奶熬煮便可，饮用时放入其他奶制品。早餐和午餐都要喝奶茶，再吃些自制面包或油炸点心，所以把这两餐也称为“喝茶”。晚饭之后也要喝奶茶。他们还用炒熟的米面做面茶，把熟肉块泡入茶水中做肉茶。米类多是熬大米肉粥。用面做面包、油炸果子、发面饼和面条，也做饺子和馅饼。

●奶酒

奶酒的制作方法是，往大木桶里倒入鲜奶和取了奶精的奶，使之发酵。再把发酵的奶放入锅内加热，上面扣上木桶，热奶的蒸汽在桶的上壁冷却后，成为液体顺导管流出，便是奶酒。

●其他奶食品

牧区鄂温克族的奶食很多，品种有酸奶、稀奶油、奶油、“俄都木”、“阿奇”、熟奶皮（称为“乌儒木”）、奶酒等。酸奶由鲜奶发酵而成，有熟鲜奶和生鲜奶制的酸奶两种。稀奶油，把鲜奶放在桶或盆中，待牛奶半凝固时，取其上面浮的奶精便是稀奶油。奶油则是对稀奶油进行机器分离或放入锅里熬，进一步提纯而成。“俄都木”，把牛奶放在锅中加热，把分离出的水倒出，继续加热后形成的有黏性的碎块即是“俄都木”。把“俄都木”晾干便是“阿奇”，食用方法是放入奶茶中泡，边喝奶茶，边吃奶制品。熟奶皮是把鲜奶放在锅中烧开，频频扬起，使之起泡沫，冷却后，奶的精华便在表层凝固，把它取出晾干就成了熟奶皮。

二、礼仪习俗

●热情好客

鄂温克人的好客是出名的，颇讲礼节，认为来客是大喜事，招待非常热情。在牧区要对客人敬烟敬茶，请吃手扒肉，猎区要敬奶茶，吃肥肠和美味的鹿胸口肉。在鄂温克人家做客不仅能一饱口

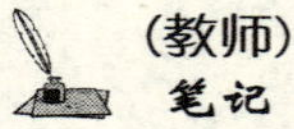
(教师)笔记

福，更能体验人间真挚朴素的爱。

●崇拜火

鄂温克族也有许多禁忌，如猎人有崇拜熊的观念，猎到熊后要风葬熊的头、骨及五脏，并敬烟、叩头祭拜。鄂温克人崇拜火，因而对火有许多禁忌，如不能用刀拨弄火，新媳妇进门先拜火，小孩子不准玩火等。还有带马鞭的人不能进屋。

三、节日习俗

鄂温克族的重要节日有敖包会、阿涅别（春节）、米阔勒、瑟宾节、奥米那楞会等。这些节日习俗都具有民族特色，与鄂温克族的生产、生活和传统宗教信仰有着密切的关系，调节了人们的生产生活的节奏，丰富了人们的精神生活，充实了人们的生活内容。

●敖包会

敖包会的主要内容是祭敖包，是鄂温克人的宗教节日，届时杀牛宰羊作为祭品，祈求风调雨顺、四季平安，同时要举行赛马、摔跤等体育比赛及娱乐活动。

祭敖包，一般在每年六月间选择吉日进行。有一个姓氏的敖包，还有同“莫昆”、苏木和旗的敖包。如巴彦胡硕山敖包，每年由全旗去祭；伊敏河东莫和尔图附近的敖包，是由涂格敦姓氏的人们主祭；查干套拉盖敖包，则由杜拉尔姓氏的人们主祭。

另有一种敖包是萨满死后，在其所葬之地上建的敖包。其子弟或信仰者，每年进行祭祀。这样的敖包叫“前达尼”敖包。其他敖包叫地方的敖包，行祭是对山神、水神的祭祀。

由旗祭的敖包，其祭物由全旗人摊派，由氏族或莫昆主祭的费用，则分别由氏族和莫昆负担。过去，这种收集的祭物，一般都有剩余，主要是牛、羊等牲畜，由指定的人们代放，留作下年祭祀之用。这种牲畜叫“扎斯”。对寄放扎斯的人，也给予一定的报酬，即从牲畜中支出。当临到祭敖包时，也有自愿提供牲畜的人。富裕的人家，有的一次拿出数只羊供祭祀用。

祭敖包的程序，一般是先赛马，然后念经，再进行摔跤和射箭等体育活动。最后是宴会、歌舞。祭敖包是草地鄂温克人的盛会。

(教师)笔记

敖包会的传说

从前一个夏天的夜晚，有一个女人乘一辆套骡子的轿车来到村子里，她招来了一场暴风骤雨，使全村人遭了灾难。是年冬天，人们去凿冰洞取水的时候，洞口里又出现了一个披头散发的女人，就在这个时候，天上突然刮起大风，下起大雪，搞得人心惶惶。村里人便去请来九位喇嘛念经驱妖，喇嘛凭借佛法，捉住了这个女妖，把她压在石块和土堆下面。

人们深恐日后她再出来兴妖作怪，于是，凡经过那里的人们，都自动地添上一块石头，以增加重量，防止她再出来。即使这样，人们还是不放心，便定期给她祭祀，祈求她不要兴风作浪，要保佑人们平安、人畜两旺。四月至六月间，前往添加石块的人最多，日久岁深，慢慢地成了传统的节日。

●阿涅别（春节）

春节，鄂温克语称之为“阿涅别”，是鄂温克族传统而隆重的节日之一，其中“阿涅”是“狂欢”、“喜悦”、“声势浩大”之意；“别”是指“月”，“阿涅别”合在一起表示“狂欢月”或“喜悦月”等意思。鄂温克族过“阿涅别”的日期与我国传统节日春节的时间完全相符。为了迎接春节的到来，鄂温克族提前一个月开始做各种准备工作。其中最有意义的，是从腊月二十到三十，这10天中他们每天都有传统而特定的安排。如，腊月二十宰杀过年的羊，腊月二十一做各种野果酱饽饽，腊月二十二炸制用牛奶、奶油、野鸡蛋、白糖、面粉和在一起做成的各种炸子，腊月二十三全家人围在炉火旁祭火神，腊月二十四打扫房屋，腊月二十五包羊肉冻饺子和牛肉冻包子，腊月二十六祭北斗星，腊月二十七打扫牛羊圈，腊月二十八，女的修饰发型，男的理发、剃胡须，腊月二十九全家人洗浴，腊月三十祭祖先神。在这些准备工作中，炸子的工序比较复杂，讲究也比较多。鄂温克人的传统信仰观念中炸子味道的好坏、花样的丰富与否，直接关系到家庭生活是否幸福和甜美。所以，腊月二十二炸制炸子备受鄂温克妇女的重视，也是她们展示勤劳和手艺的好机会。

按照鄂温克人的传统生活习俗，腊月三十晚上，全家人要聚在

(教师)笔记

一起吃手扒羊肉，喝用酸奶、肉汤、白米煮成的肉粥。鄂温克人认为，除夕之夜吃手扒羊肉会在一年内一切顺心、万事如意。吃完年夜饭全家人走出屋，用酒、肉等食品共同祭祀祖先神，祈祷祖先神给他们带来幸福、美好的一年，并永远造福于后代。

初一，天还没全亮之前，年轻人和孩子们穿戴新年服装到长者家里拜年、磕头，祝老人健康长寿。长辈们给孩子一些吉祥物，主要包括洁白的毛巾和自制的保护孩童的神偶；初二，青年们骑马或乘坐雪橇到远方的长者家拜年；初三，中年人相互拜年；初四，老年人相互拜年；初五，家族全体成员共同度过；初六，基本上开始正常的生产生活活动；十五，每家都煮冻饺子吃，这意味着春节圆满而快乐地结束了。

●瑟宾节

自治旗每年6月18日都要举行盛大节日喜庆活动——瑟宾节。节日来临之际，在鄂温克草原的巴彦胡硕敖包山上，彩旗飘扬，牧民们身着节日盛装，赶着勒勒车，骑着马、摩托车从四面八方赶来，与来自内蒙古自治区境内和黑龙江省的鄂温克族同胞以及各兄弟民族同胞共同庆祝自己的节日——瑟宾节，参加节日庆祝活动的人们，不论男女老少，都尽情载歌载舞。到晚上，草原上燃起篝火，沉浸在节日欢乐中的人们迈着优美的舞步，体验着古老而原始的民族风情。与此同时，在内蒙古自治区呼伦贝尔境内的鄂温克民族乡和黑龙江省兴旺鄂温克民族乡都举行节日活动。“瑟宾节”节日活动具有浓郁的民族风情，篝火晚会、祭祀敖包，还有鄂温克民族民间歌舞表演与传统的体育项目比赛。

●米阔勒节

每年的5月22日，是鄂温克牧民最欢乐的日子，因为鄂温克人要欢度“米阔勒”节，这是牧民统计当年增加了多少牲畜的日子。节日这天，人们穿上漂亮的民族服装——襟边镶有色带的开衩长袍和长裤，骑着马，赶着车，聚集到一块欢歌狂舞，庆贺佳节。

老人们在这一天把母羊羔送给儿女、外甥、侄子，祝福他们今后羊群兴旺。青壮年们不论到谁家，主人都要为前来帮助劳动的人们设酒席致谢，酒宴按先茶后酒的习惯进行。在敬酒时，主人捧一木盘放两个酒杯，依次敬让，向帮助劳动的人敬献哈达，并宣布当年仔畜成活和牲畜增加的情况。来者也要祝愿主人所养的牲畜兴旺，被烙印的牲畜数字与岁俱增。酒席间，大家还要尽情歌唱。这种繁忙而又欢乐的活动，从一家转到另一家，牧民们整日都沉浸在丰收的喜悦之中。

牧区的鄂温克人除烧香拜佛、掌灯诵经外，来自四方的广大牧民还要利用节日的聚会，相互协作，给马烙印、剪鬃、剪耳记号和拔除大牲畜的坏牙。晚间，牧民们还就地举行盛大野餐宴会。

●奥米那楞会

"奥米那楞会"是鄂温克族的传统节日，是牧区盛大的宗教活动和娱乐节日，一般都在八月举行。

分布在内蒙古自治区呼伦贝尔等地的鄂温克族，每年农历四月要过"奥米那楞"节，亦称"四月会"。主要是由老萨满（巫师）带领新萨满，进行祈求宗族平安繁荣的活动。届时要在老萨满家跳神，全宗族出一只羊让两个萨满抢夺，夺得者将羊杀死，由萨满拿着带血的羊心绕人群走动，新萨满作出鸟飞的姿势跟在后面。此时，老萨满转身将羊心血挤入新萨满口中，后者将血喷吐到两棵树上，然后众人分吃羊肉，羊皮由老萨满拿走。像这样领教三年后，新萨满就可以独立跳神驱鬼治病。

在节日里，萨满还要集合全宗族男女老少，用狍颈皮作绳将众人围起，而以绳子剩余的长短，预卜今后宗族人口的增多或减少。

"奥米那楞"是培养新萨满的重要节日，在鄂温克族牧区（陈巴尔虎旗），一般在八月间举行。届时，萨满们以一个戴面具、穿法衣的萨满为前导，来到各蒙古包，由东向西绕行三圈。主人家同时用牛奶和酸奶洒向他们，直到萨满们进蒙古包绕火三圈后为止。牧民们为法会准备食物、用具等。大家聚集在萨满所住蒙古包的外面，围成几个圆圈，唱歌跳舞，尽情娱乐，通宵达旦。参加过奥米那楞节日活动的萨满，可以在法帽上加一个六个叉的鹿角，以后每参加一次，便在鹿角上多加两个叉，直到有 12 个叉为止。参加法会越多，萨满的等级越高。

四、宗教信仰习俗

鄂温克族大部分信仰萨满教，只有小部分人受藏传佛教和东正教的影响，但仍以萨满教为主。

鄂温克人崇拜祖先"敖教勒"，传说他是被雷击死的，上身在天上，中身在地上，下身在地下，变成三个神灵。能驱鬼，能保佑

（教师）笔记

人们平安，在鄂温克萨满的一般人家中都供奉之。

●敬火

鄂温克人非常尊敬火。认为火的主人是神，每户的火就是自己的祖先，火主死了，这户就要绝根。因此，对火特别崇拜。每年农历十二月廿三太阳落山时，牧区都要祭火神。平时禁止用东西拨火，不准用水泼火，也不准将脏东西扔进火中，禁止妇女从火上跨过，吃饭前也要先敬火。

●拜熊

鄂温克人崇拜熊，并以熊皮作为偶像。打死了熊，不能说熊死了，只能说它睡觉了。过去禁止猎熊、吃熊肉。后来打破了这个禁忌，但仍然禁吃熊脑、眼珠、心、肝、肺等，要把这些东西连同部分肋骨包好，放在树上，实行风葬。鄂温克人崇拜熊有图腾崇拜因素，他们相信万物有灵魂，认为这些灵魂可以互相转化。

额尔古纳左旗的鄂温克人至今对猎熊和吃熊有很多讲究。吃熊肉时，要学乌鸦叫，表示乌鸦在吃熊肉，不是我们在吃熊肉，而且熊的食道、心、肝、肺等不能吃。他们视这些东西为熊的灵魂所在，因此，要将它们连同熊骨一起，吊在树上“风葬”。

●信奉萨满教

“萨满”这一称谓来自通古斯语，原意为“狂欢、激动、不安”的人，引申为“先知者”、“神通者”、“通晓者”，即什么都知道的人。在蒙古语中称“勃额”。

萨满教千百年来流行于北亚细亚大地之上，影响遍及亚欧草原森林游牧狩猎民族，曾是历史上诸多游牧帝国，如匈奴帝国、突厥帝国、蒙古帝国的全民族宗教。伊斯兰教化之前的维吾尔人、哈萨克人、乌孜别克人、吉尔吉斯人，藏传佛教化之前的蒙古人、满洲人都曾信仰萨满教。《蒙古秘史》中清晰地记录了通天巫——阔阔出在蒙古社会中的巨大影响。

鄂伦春族的萨满所进行的宗教活动，最主要的是为病人祈福，为死者祝福，也为人们祝愿狩猎生产能带来丰收。给族人看病的萨满叫“巴克其”，能附在“巴克其”身上的神有“吉亚其”、“昭路博如坎”、“胡路今哈达尔”、“库吞博如坎”以及娘娘神。一个莫昆只有一个“巴克其”，但是不一定每个莫昆都有。“巴克其”治病时不穿神衣，也没有法具，坐在“仙人柱”里的“玛路”上，神附体后给人看病。

鄂温克族萨满教文化在精神层面上，也表现为萨满本人的巨大影响力。大家相信，人类与神灵世界的沟通必须采取某种方式，萨满就是以“激奋”、“癫狂”的悦神、醉神、通神的方式，来完成人神互通。通常认为当某个神灵附着于萨满体内时，萨满的表现，就不再是他本人的表现，而代表了那个神灵，那一举一动一语一测皆为神灵，借萨满之口之手之语，神灵与人类完成了沟通。人们还相信，只有萨满的灵魂才能随意脱离肉体，到灵界神界遨游飞翔，为了护佑人类，或与神灵交涉，或与恶魔搏杀。

由此产生了萨满教的诸神殿。鄂温克人主要信仰的神灵有：“敖教勒”（祖先神）、“纳恩那”（天神）、“阿格迪博如坎”（雷神）、“希温博如坎”（太阳神）、“玛鲁”（总神）、“托博如坎”（火神）、“白那查”（山神）、“吉雅奇”（保护牲畜神）、“阿隆神”（保护驯鹿神）等。鄂温克人在千百年的狩猎生活中，在18世纪开始经营畜牧业之后，始终留有自己的神灵谱系，在狩猎、游牧的活动中，祈求萨满教的神灵庇护鄂温克人风调雨顺、家畜繁殖、猎场丰美、子女兴旺。

●萨满教的仪轨

萨满教的仪轨，一是驱魔降邪式仪轨。鄂温克人有灾病或不顺时，会请萨满到家举行驱魔降邪仪式。仪式开始，萨满先要为诸神焚烧“刚嘎”或“申克日”（蒿草），然后烤神鼓，穿神衣，胸前挂保护神偶像和“托利”（小铜镜）。而后左手持神鼓，右手持槌，口诵咒歌，祈祷请神，双眼紧闭，载歌载舞。随着鼓声加快，舞蹈愈速，萨满唱颂氏族起源，传问灾病不顺等事来由，再以更迅疾的旋律起舞击鼓。待“神灵”附体后，萨满左右恍惚四顾，举鼓摇动，大声怒斥妖魔鬼怪。最后去蒙古包或房子外，用弓箭射中用草扎好的鬼偶，仪式便结束了。

另一种是祭神求神式的“奥米纳仁”（即农历五月祭神会）。此祭会一般举行三日，只可在萨满家举行。祭神当日，在院内立一棵桦树，当作“托如”（即祭神树），在屋内立一棵柳树或杨树，两棵树之间拉上一条“松那热”围绳，树枝上悬挂许多五颜六色的绸条或布条。“奥米纳仁”祭会必须有两个萨满跳神，一个是本“莫昆”（氏族）萨满，另一个是请来的其他氏族的萨满。集会时将全“莫昆”的男女老幼都集中到两棵树之间，用狍颈皮制成的皮绳子将人们紧紧围起来。如果皮绳子比原来长了，认为全“莫昆”的人口将会增加；如果皮绳子比原来短了，认为将发生疾病或灾害。“奥米纳仁”一般每三年举行一次。

萨满教影响了鄂温克人的精神生活，鄂温克族民间传说与神话、音乐与舞蹈、服饰和器具、医理和药理、婚嫁与丧葬、礼仪与禁忌等，均带有浓厚的萨满教印痕。

五、人生礼仪习俗

●婚制

鄂温克族的婚姻实行一夫一妻制和氏族外婚制。传统的婚姻习俗，有请媒人求亲、订婚、纳彩礼和举行婚礼的过程。各地鄂温克人婚礼方式有所不同，但都有送亲、迎亲、设婚宴、举行歌舞娱乐活动的内容，具有欢乐、祝福的气氛。但仍保留了族外婚制和姑舅表婚。同一氏族内部严禁通婚，和别的民族，尤其是鄂伦春、达斡尔、蒙古族通婚较多。保留着一种变相的自由婚姻——逃婚（或称“抢婚”）。

如在陈巴尔虎旗的鄂温克人中就有着“逃婚”形式的自由婚。青年男女恋爱，选择结婚日期，男的回家告诉父母；男方的父母首先背着女方建立一个新“蒙古包”，另在包旁再盖一个“撮罗子”，找一老年妇女在里面等着。青年男女在前一天约好地点，夜间当狗一叫时，姑娘就偷偷走出蒙古包和男人骑马逃跑。两人来到男方搭盖的撮罗子里，由老太太把姑娘的八根小辫改梳成两根发辫就算合法了。天亮前，二人到父母包里拜火和祭祖先神。同时，男方要派两个人到女方家去，在女方的祖神前献上“哈达”，并叩头。

●丧仪

鄂温克族一般实行殓棺土葬，举行送葬仪式。过去也曾有树葬和火葬的习俗。同一氏族有共同的墓地；对已故长辈要附孝。并在春节、清明节等日子，举行扫墓、祭奠活动。

（教师）笔记

德昂族习俗

德昂族，中国少数民族之一。现有人口 17 935 人（根据 2000 年第五次全国人口普查统计）。主要散居在云南省德宏傣族景颇族自治州的潞西县和临沧地区镇康县，其他分布在盈江、瑞丽、陇川、保山、梁河、耿马等县。与傣族、景颇族、傈僳族、佤族、汉族等民族交错而居。

居住在德宏地区的德昂族自称“德昂”，居住在镇康、耿马等县的则自称“尼昂”或“纳昂”。“昂”为民族自称，意为“山岩”、“岩洞”的意思。“德”、“尼”、“纳”为尊称的附加语。

德昂语属南亚语系孟－高棉语族佤德昂语支，除说本民族语外，还能讲附近民族的语言，如傣语、汉语、景颇语和佤语等。

一、饮食习俗

德昂族绝大多数以大米为主食，部分地区杂以苞谷和薯类，均蒸焖而食，擅长制作各种粮食制品，如：豌豆粉、豆腐、米粉、年糕、粑粑、汤圆等。蔬菜种类繁多，竹笋是四季不断的蔬菜之一，除鲜吃外，多加工成酸笋或干笋食用。其他蔬菜的食用，都习惯于在煮炖时配酸笋，煮成酸菜，或加油、豆豉、盐合成杂熬菜。酸笋用途十分广泛，即使在炖鸡、炒肉或烹鱼时都要加酸笋调味。受当地汉族的影响，许多汉族风味的腌菜、腐乳也是德昂族餐桌上常见的小菜。

典型食品主要有竹筒捣菜、拌挑手鱼、姜叶炖鱼等。

●茶叶

德昂族种茶历史悠久，茶在德昂族民间不仅是常备的饮料，也是馈赠亲友的最好礼品。外出必砍一段楠竹，削个斜口，放入茶叶

（教师）笔记

注入泉水，用火烧开饮用，别具香味。德昂族也饮酸茶，又称“湿茶”，古称“谷茶”或“沽茶”。制酸茶时在茶叶中加少许槟榔，放入大竹筒中压实，密封筒口，存放一至两个月发酵后取出，入嘴细嚼，味酸涩，能生津解渴，并有解暑清热、消食的作用。

德昂族喜吃酸辣食品，嗜饮浓茶，亦善于种茶。几乎每家每户都栽种茶树，素有“古老的茶农”之称。

茶，是德昂族最重要的饮料，尤其是成年男子和中老年妇女几乎一日不可无茶，而且好饮浓茶。他们喝茶时，常常将一大把茶叶放入一个小茶罐里加水少许煎煮，待茶呈深咖啡色时，将茶水倒在小茶盅里饮用。由于这种茶非常浓酽，所以一般人喝了极易兴奋，夜晚会彻夜难眠。而德昂人因经常饮用，却喝上了瘾，只要一日不喝，便会感觉手脚酸软，四肢无力。相反，如果在劳累之时煮一罐浓茶，喝上几口，便立马儿神清气爽，精神倍增。

茶，不仅是德昂人日常生活中的重要饮品，在他们的社会生活中也有着非常重要的地位。他们几乎时时、事事都离不开茶。德昂人讲究“茶到意到”，宾客临门，必先煨茶相待；走亲访友和托媒求婚时，必以茶为见面礼；若有喜事邀请亲朋光临，一小包扎有红十字线的茶叶便成了“请柬”；如两人产生矛盾时，有过失的一方只要送一包茶，就可求得对方的谅解。可见，茶的作用是其他钱物无法替代的。

由于茶叶的这种特殊地位和作用，致使茶叶的消费量很大，因此德昂人家家户户都习惯在房前屋后、村头寨边栽上一些茶树。

由于信仰佛教，在部分德昂族中，过去一直有“见杀不吃、闻声不吃”的习惯。每逢节日，相互宴请成俗，不论酒席宴上菜肴多少，均要有一碗用新鲜蔬菜白煮的素菜，食用时蘸辣椒水吃，别具风味。

二、礼仪习俗

●敬老的美德

德昂族有尊重长者的社会风尚，在家庭内，长辈抚育幼辈，幼辈尊敬长辈被认为是天经地义的。他们对社会上的老人也同样尊重，把爱护、尊重与赡养老人，视为民族的美德。因此，每年过年过节时，年轻人都要把家里最丰美的饭菜送一份给村里高寿的老人，以表示敬意。对于村里丧失劳动能力的孤寡老人，乡亲们要无代价地替他们下种和收割，使他们有饭吃；有的则把他们接到家里，和自己一起生活。居住在澜沧县的德昂族，每年新谷登场吃新米饭时，首先要由后辈子孙添饭敬长辈老人，长辈尝新后，说几句祝福的话，然后全家才能进食，否则认为是对长者的不尊敬。

（教师）笔记

一年一度的泼水节到来时，幼辈要为长辈洗手洗脚；当一盆温暖的水端到长者面前时，幼辈先向长者合掌叩头，口中喃喃自语，说明一年来自己在某几件事上违背了长者的教诲，或在某些方面有对长者不尊重的地方，望长辈指教原谅。长辈也说自己有时对幼辈发了脾气，在某些事情上起表率作用不够，但愿今后共同搞好团结，和和气气地相处，阖家幸福等。然后幼辈用水为长者洗手洗脚。如果是父母去世了，哥哥、嫂子、姐姐都被视为长辈，并像爹妈一样接受弟弟、妹妹们的洗手洗脚礼。嫁出去的女儿、妹妹，或外出入赘的儿子、弟弟，也要偕同他们的配偶一同回家来为长者举行洗手洗脚礼。如果路远，不能回来，可由一方做代表，并向长者说明不能来的原因。他（她）们回来时要送一包茶叶和几块糯米粑粑，用双手恭恭敬敬地献给长辈。

●茶到意到

德昂族办事离不开茶，他们把茶叶作为礼品，表明“茶到意到”。如果去探望久别的亲戚朋友，见面礼就是一包茶叶。有客人来了，主人家总是先烧水煨茶招待。男青年求婚请媒人去说亲时，首先带往女方家的也是一包两三斤重的茶叶。若有喜庆事邀请亲朋好友光临，送一小包扎有红十字线的茶叶表示，有如汉族的请柬。办丧事请客也是送一小包茶叶，但区别在于不扎红十字，仅用竹篾或竹麻拦腰捆扎。如果群体之间发生纠纷，某一方有过失，需求得对方谅解时，也先送一包茶叶给对方；当有过失一方主动送了茶叶，另一方再有理也要加以原谅；若不送茶叶而是送钱物，那就被视为不懂德昂族的“礼”，也不会得到谅解，甚至会将事情办坏。若相互之间的纠纷自己不能解决需请头人调节时，也要裹上一小条茶叶和一小条烟草交叉成“X”形交给头人，然后再申述各自的理由等。

三、节日习俗

德昂族民间传统节日主要有泼水节、关门节、开门节、烧白柴等，大都与佛教活动有关。

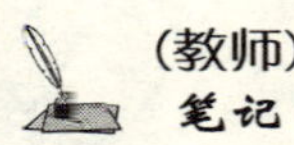
（教师）笔记

关门节是虔诚的佛教徒最大的净居把斋节日，从傣历的九月十五日开始，寺院里的佛爷停止外出，净居念经，群众则以食物、鲜花、钱物供奉，每七天小供一次，虔诚的老年信徒，住在佛寺听大佛爷讲经，直到傣历十二月十五日（开门节）为止。

在开门节时，有寺庙的村寨进行“格听祭”（庆祝丰收，喜尝新米之意），要从傣历十二月十三日开始准备，有舂新米、煮新饭、做年糕等活动，并要挑出两块年糕送入本寨的公房（即专供全寨祭祀用的房屋），次日全寨开祭，由本寨里的能工巧匠用竹篾做成小房（傣语称“格听”），内装年糕，由众人抬着小竹房到寺庙朝拜。

烧白柴这天，各家要杀鸡备酒，全寨共聚一餐，各家还要制作各式糯米糕点，用芭蕉叶包好，蒸熟并随身携带相互赠送，相互品尝各家的风味，新婚夫妻要带上加糖的年糕到本寨头人和长辈家中告拜。

德昂族还有祭家堂、寨神、地神、龙、谷娘等祭祀习俗，其中以祭龙最富情趣。祭日一般选在春季，届时要杀猪、杀鸡，由祭司画纸龙，众人叩拜，然后一起饮酒野餐，醉酒后相互打骂，发泄平时相互之间的不满。此间不许别人劝阻，直到双方斗得筋疲力尽为止，第二天再相互道歉。

●独特的“泼水节”

德昂族的泼水节是在每年的清明节后的第七天举行，一般举行3～5天。临近节日，人们忙着制新衣，做米粑，制好水龙、水桶等泼水工具。老年信徒们齐集佛寺，搭建泼水节时为释迦牟尼雕像洗尘的小屋和水龙。节日清晨，人们身着盛装，前往佛寺供佛，听佛念经。并在佛寺周围堆沙造塔，然后把佛像抬到寺院中的洗尘小屋中，举行为佛洗尘仪式。信徒们将最清洁的水倒入水龙中，水由龙口流出，顺龙口与小屋间的竹水槽流向佛像，洒遍佛像全身。然后，由德高望重的长者手持鲜花，蘸水轻轻地洒向周围的人群，向大家祝福，祝贺新年的开始。这时，人们开始兴奋起来，纷纷互相祝贺新年。在象脚鼓乐和歌声中，年轻人将水桶高高举过头顶，将水滴洒在老年人的手上，祝愿他们生活快乐、健康长寿。老人们则伸出双手，将水捧在手中，口念祝词，为年轻人道喜、祝福。这种仪式之后，人们便以象脚鼓为前导，排成长队，拥向泉边、河畔，唱歌、跳舞，互相追逐、泼水，从头到脚，全身湿透。这是吉祥的水，祝福的水，人们尽情地泼，尽情地浇，不论是泼水者还是被泼者，都高兴异常，笑声朗朗。

泼水节既是德昂族人民欢度新年的典礼，又是男女青年谈情说爱、寻找心上人的好时机。但与傣族的“丢包”不同，德昂族流行一种赠竹篮习俗。节日之前，小伙子要悄悄地编织几个漂亮的竹篮子，并乘夜深人静串姑娘时，将篮子分别送给自己所中意的姑娘。最漂亮的那只，要送给自己最喜爱的姑娘，以此表达自己的爱意，试探对方的反应。因此，这时每个姑娘往往都能收到好几个竹篮，然而姑娘究竟钟情于谁呢？这就要看泼水节那天姑娘背的是谁送她的那只竹篮了。到了这一天，姑娘们人人都背上一个精致美观的竹篮，但究竟是谁的呢？这下可忙坏了小伙子们，他们睁圆双眼，紧盯着姑娘们身上的竹篮，仔细辨认着心上人所背的是否是自己送给她的那只竹篮。一对对情人相遇后，便互相尽情地泼水、嬉戏，以表达自己激动、喜悦的心情。

(教师)笔记

●祭谷娘

这是德昂族的节日。节期很长，从土地整理就绪到谷子入仓都有祭谷娘活动。在各家土地整理就绪时，全村共选一吉日，把已准备用于祭谷娘的牛、猪、鸡牵赶到一起宰杀，举行下种仪式。这天，人们穿上盛装，带上炊具、大米、粑粑，青年们敲起铓锣和象脚鼓到地里，佛爷、长老也要到地里去念经，祈祷当年谷物丰收。仪式完毕，集体聚餐，然后各家开始播种。开始中耕薅草时，各家要自行把谷娘请回去，用一特制的小竹篮挂于家长住室的竹壁上，内装一点点饭菜，每月十五、二十三、三十日往里面添一点，尝新之后才倒去。打谷时，妇女先献上饭菜，然后再晒打，运谷回家后把谷娘请进事前编扎好的小茅屋里。这时谷子已入仓，祭谷娘结束。

四、宗教信仰习俗

德昂族信仰小乘佛教，自称“上座部”，属佛教南传派系。他们把释迦牟尼视为唯一教主，佛龛上不管有多少尊雕塑佛像，全都是一个模样，即释迦牟尼形象。村村寨寨到处都是佛寺和佛塔，佛塔造型与傣族佛塔略有不同。

德昂族人民的一生与佛教有密切关系，小孩出生取名后要请佛爷登记在卡片上，遇到生病需请佛爷重新取名。平时，人们生了病，要向佛祈求，请佛爷念经。当佛爷的人，因掌握一些知识，被

(教师)
笔记

认为是受过戒的佛门弟子，是有教养、有学识的人，在群众中有威望，社会地位高，节日念经，受信徒的顶礼膜拜。当过几年和尚（佛爷）还俗的人，因有一定的文化和宗教知识，在社会上也受人尊重，不去当和尚则地位低，甚至被认为是不开化的人。因此男孩到十岁左右，父母便把他送进佛寺当预备和尚，让他熟悉佛寺里的戒律和仪礼，经过三个月左右的训练，到开门节时，住持和尚要举行接纳佛门弟子的仪式。届时，送孩子当和尚的人家，要给孩子着盛装，戴上桂冠，画上眉须，并由家人背着或骑马送往佛寺，青年人击鼓敲铓相送。到佛寺后，首先要剃去头发和眉毛，然后举行入寺仪式，佛爷授给袈裟，接纳为佛门弟子，弟子便脱去俗服，换上袈裟，留在佛寺拜师学佛。

新接纳的小和尚，在佛爷的率领下，每天向佛像膜拜，佛爷给他们传授教规、戒律，学习佛经等。佛爷们通常的戒律为八条：一戒奸污妇女；二戒打人骂人；三戒欺骗别人；四戒伤害别人；五戒喝酒；六戒偷窃；七戒杀生；八戒借物不还。小和尚大多经过几年学习后还俗，仅有少数能晋升为佛爷，长期为僧。

五、人生礼仪习俗

●婚姻习俗

德昂族的婚姻是一夫一妻制，同姓不婚，很少和外族通婚。男女青年恋爱自由，女子在选择对象上有一定自主权。本民族内部没有严格的等级婚，只要对方愿意，贫富人家可以联姻。男青年到十四五岁时开始串姑娘，晚上他们到女青年家门外吹芦笙，引出姑娘来谈恋爱。双方建立感情后，互赠手镯、腰箍、项圈、篾箩、织锦香包等生活用品，然后再请寨中老人往女家说媒。只要女方同意，家长一般是不反对的，他们认为姑娘爱上人了，不同意是不好的，至于女婿是不是称心如意，那是女儿命定的，父母无能为力。倘若女方父母反对，姑娘可自行到男家同居。

德昂族的结婚聘礼也只是一些象征性的礼品，接新娘的人的背箩里装着一公斤多草烟、四碗大米，还有媒人带的八元钱，六元给爹娘，两元给内亲，哪怕人再多，即使每人只能分到几分钱也不能再向男家多要。这恐怕是最少的结婚聘礼了。送完了聘礼，方可迎娶新娘。迎亲时，新郎在伴郎、媒人的陪同下去迎接新娘，在进入新娘村落时，鸣枪数响，表示娶亲人员已到。新娘梳妆打扮完毕离娘家时，由舅母、姐妹及本寨未婚青年送行，并将女方家长陪嫁的衣服、锄头、镰刀等嫁妆以及女方赠给男方父母的衣服等带往男家。新娘到新郎家，登梯上竹楼时，双脚一定要踩在专门置于楼梯脚下的石块上，寓意他们的婚姻像磐石一样坚固长久。新媳妇上楼时，婆婆要给她撒谷花。撒花仪式结束，新娘步上晒台，跟在婆婆后面进入新房。男方事先请好的“安长”（有文化的先生）随即在火塘边为他们主持婚礼，安长念经并祈求佛祖赐给幸福。祝新婚夫妇百年好合，白头偕老。婚礼完毕，开始宴客，同时新娘分别拜见男方长辈亲戚，赠送糯米粑及新娘平时织成的缀有红、绿、黄等色的绒球小布袋等礼物，长者受拜后要还礼。晚上，村寨里男女青年齐聚新郎家的厢房对歌，唱调子，往往要唱到鸡鸣方散。次日，新郎陪新娘回娘家，送去男家赠给女方父母、兄弟、姐妹的衣物等。若新娘是本寨人，亦可当天返回夫家。

●丧葬习俗

德昂族葬式以土葬为主，也实行火葬。

凡是正常死亡（指正常病故死亡者）的大人小孩都要实行土葬。病人临断气时，要立刻把他从卧室抬到房屋内走道侧。待病人死后，将竹墙拆除一半，横置尸体。同时，用蒿枝蘸温水擦洗逝者的身体，剃去长发，缠新黑布包头，换上新衣，仰卧，赤足，双脚平伸，双手置于胸前，作合掌状，用白线拴紧双指和双趾，把一枚银币放入口中，意思是给逝者的灵魂赴阴间过河时用的摆渡钱。

尸体放置好后，家属在门外对空鸣枪三响，向亲朋好友和邻里报丧；乡亲们闻讯后纷纷携带食物前来逝者家里悼念，并帮助料理丧事。男人们则忙着准备棺材。德昂语棺材之意是“船”，是供逝者灵魂渡船之用。

逝者的棺材是砍一株大树截一段（2米左右），剖成两半，按尸体的大小，中间抠空成槽形，将尸体放入，合上棺木，用树胶封闭缝隙，再用麻绳捆紧，停放三天。尸体停放期间，全寨忌下地生产劳动、砍柴、舂米等，以示对逝者的哀悼。

送葬时，由8个男人抬棺。送葬队伍一路上不时地朝天鸣枪，意即告诉土地神，逝者的灵魂来了。到了墓地棺材放入挖好的墓坑内，棺木头朝东方，脚朝西方，把逝者生前使用过的生产、生活用具（如衣物、挂包、烟斗、砍刀、镰刀、茶罐及妇女的腰箍等）随葬，然后，逝者家属各将一把土撒在棺木上，接着大家动手填土。

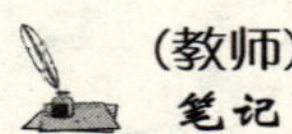
（教师）笔记

坟垒成一长土堆，墓地四周用竹栅围成椭圆形，表示逝者赴阴间后仍可住竹楼。接着由佛爷念悼词。悼词念完后，各人拿一树枝扫去身上的邪尘，转身回寨，返回时不能回头观望。

葬后的第7天，逝者家属再请佛爷念经，超度逝者及早转世投生。在德昂族人的意识中，认为献坟不如献佛，所以，从此不再上坟扫墓。

德昂族中凡是被杀害死亡、摔死、被野兽咬死、孕妇难产死亡者等算为非正常死亡，都要把尸体抬到墓地山箐中，将尸体放在干柴堆之上焚烧。之后，取其骨灰装入土罐内，挖一洞穴，土埋之，不垒坟。

（教师）笔记

保安族习俗

保安族，主要聚居在甘肃省积石山保安族东乡族撒拉族自治县，少数散居于甘肃临夏回族自治州和青海省循化县。根据2000年第五次全国人口普查统计，保安族人口为16 505人。保安族聚居地区位于甘肃西南部，东南与临夏县接壤，西与青海省循化撒拉族自治县毗邻，北与青海民和县隔河相望，东北部与永靖县以黄河为界。在这巍峨的积石山下，黄河上游之滨，水草肥美，宜农宜牧。“保安”是保安族的自称，历史上曾被称作“回回”、“保安回”等。新中国成立后，根据本民族意愿，正式定名为“保安族”。保安族有本民族的语言，无文字。保安语属阿尔泰语系蒙古语族，大多数人通晓汉语。保安族信仰伊斯兰教，在家庭生活习俗及社会生产等方面与当地回、东乡等民族大体相同。保安族主要从事农业生产，兼营牧业和手工业。很早就会冶铁的保安族，有着高超的制刀技艺，他们制作的腰刀，锋利耐用，精致美观，在当地各族群众中享有盛名，被称作“保安刀”。根据保安族的传说，语言特点以及类似于蒙古族的某些生活习俗的分析研究，史学界一般认为该民族是元明时期一批信奉伊斯兰教的蒙古人，在青海同仁一带驻军垦牧，同周围的回、汉、藏、土等民族成员长期交往融合，逐步形成一个新的民族共同体。

一、饮食习俗

保安族的日常饮食有小麦、大麦、豆类、玉米、土豆、荞麦、胡麦、青稞、牛羊肉、奶、禽蛋和鱼类等；蔬菜甚少。嗜酸辣，每餐不离老醋（或浆水）及油泼辣子。

保安人的主食偏重于面制品，经常食用馒头、花卷、煎饼、包子、汤面条、臊子面、馓子、凉面、浆水面、炒肉面、捏面筋、搅

(教师)笔记

团等。

保安人的肉食以牛羊肉为主，偏重于纯肉制品，如手抓羊肉、碗菜（熟牛羊肉切块，加胡萝卜、土豆、粉条，用牛羊肉汤烩成）、麦仁杂碎汤（麦粒羊头蹄肉及内脏混煮）、大块清水鸡、爆炒鸡块、清煮全鸭等，尤以全羊席最为知名。这是选用二龄左右的肥羊，洗净后整只煮熟，然后捞起，按肋条、脊背、前后腿、髋、脖子、尾巴分档切割，接着带骨剁成一指厚、手掌大的肉块，各装一盘顺序上席，另配佐料调味蘸食。

保安族禁食猪肉、狗肉、马肉、驴肉、骡肉、蛇肉、火鸡肉等以及一切凶禽猛兽的肉；忌食动物的血，不吃非经阿訇念经而屠宰的牛、羊、鸡肉；忌饮酒、抽烟；不能用鼻子嗅食物，不能将剩茶、剩饭倒在地上；女主人在厨房做油炸食物时，客人和家人不能进入厨房。

“塔合日” 保安语，一种用白面做成的大烧馍，厚约二十厘米，直径一米许。制作时，先由十个人把面团分开揉好，再合到一起擀圆，上制花草图案，然后把早已垒好的直径约五十厘米、一米高的土块炉子烧红，再把土块炉打碎，将馍放进去埋好，烧熟即成。婴儿满月时，用以宴请宾客。

“布拉毛合” 保安语，又称“油搅团”，其制法，把白面和开水搅成米粒状，然后用清油炒熟即可。如加以胡萝卜丝、蒜泥、辣子等，吃起来更加爽口。另一制法法是先把白面略炒一下，再用清油炒熟即成。吃时配以开水用手捏着吃，似糌粑。

“索斯曼统” 保安语，即“麦穗包子”。其制法是把绿青稞连穗折回来，束成小把儿，放在锅里烤熟，然后晒干磨成糁子。吃时泡软掺上肉馅等做成包子。

“它嗯代格德木” 保安语，又称“鸡蛋馍”。其制法是把发面调成粥状，再和上鸡蛋，用调羹舀在滚油锅里，炸成花、石、山、塔等各种形状，节日喜事时食用。

“待格热” 保安语，又称“拧面”。其制法是把绿青稞粒放在锅里烤熟，趁软用石手磨拉成丝即成。可用油、肉末、葱花炒着吃，也可用羊肉、清油、辣子拌着吃。此外，保安族人还擅长“指甲面片”、油香、馓子等面食制作，风味独特。

挖麻茶 是一种由专用铜锅子熬制而成的松州茶或茯茶，一般是出远门或在山里扎圈放牧时饮用。

麦仁茶 既止渴，又滋身，乃茶中之宝。其制法是把小麦粒、杏仁、核桃仁、红枣以及党参等切碎晒干，碾成细末儿即成。有贵客来家，即用滚开水冲沏待宾。

冰糖窝窝茶　在盖碗内放上云南沱茶、冰糖和桂圆，用滚开水冲沏。喝时清香甘甜，用以招待贵宾。

此外，保安族在待客时还有一些别具特色的饮食风俗。有客自远方来，都会受到热情款待。客人到家，首先要把客人让到上座(即炕的左边落座)，然后，先端茶，再上食物。用餐前，按照保安族的规矩，必须由一名年长的老人或家庭主人念诵一段《古兰经》文，意思是感谢真主赐给了我们食物。之后，才能动手，如果是馍、饼之类的主食，必须由主人先掰开，然后，客人才能取食。否则，被视为是不懂规矩。一般是一顿饭上三道饭菜，第一道是大饼或馒头，第二道是手抓羊肉或鸡肉，最后一道才是正餐——精制的细丝面条。若是贵宾，主人还要用鸡肉招待，以示尊敬；若来客是男的，中、青年妇女是不能在男客面前随便露面的，要一直在厨房里为客人忙碌做饭菜或休息，待客人走后才能出来。

二、礼仪习俗

保安族严禁与非伊斯兰教民族通婚，如若通婚，对方婚后必须立即改信伊斯兰教；妇女必须戴着盖头出门，不能留长指甲；不能跨越斧子、镰刀、绳子等生产工具，认为这样不吉利。

保安族的家庭，过去多为家长制的大家庭。现在，已完全被一夫一妻制的小家庭所取代。家庭中父母为绝对权威，子女婚姻实行父母包办。新中国成立前，保安族不与非伊斯兰民族通婚，而且不同教派之间通婚情况也罕见。习惯早婚。还要取得教主的许可。不过，这种情况现在已有所改变。男方从说婚到结婚，至少要送两次彩礼，礼金很重。第一次说亲时，称“定茶”；第二次在举行婚礼前，称为“干礼”。结婚一般选在“主麻日”。新娘过门后，三天不吃夫家饭菜，而是由娘家送来。

保安族婚礼一般选择在伊斯兰教历的礼拜日举行，新郎到了女方家里之后，先由媒人引着向长辈一一问好。然后娶亲的人上炕入席，新郎和陪客跪在炕沿下，这时新娘的父亲直呼新郎的小名，正式宣布女儿出嫁。接着由阿訇念“尼卡亥”，阿訇念完之后，就会从窗口将一盘红枣和核桃撒向外面，在窗口等待多时的人一哄而上围抢这象征幸福的红枣核桃。抢过红枣核桃之后，主人重新邀请客人进餐，新娘村中的小伙子成群结队涌进上房，向娶亲人要羊羔

(教师)笔记

肉，他们手中有的还用棉花抹上锅底黑灰，如果娶亲人不能满足他们的要求，就将娶亲人拉到院子里，在他们脸上抹上黑灰。被抹了锅底灰的客人也不会生气，大家一边玩闹，一边互道恭喜祝福。据说如此是为了将来新娘生了孩子能认识舅舅。当新娘离开娘家时，小伙子们还要拉住媒人要“羊羔钱”，这是婚礼最热闹的场面。一般媒人会假装不给或给得很少，小伙子们就会嫌少继续索要。双方拉拉扯扯，打打闹闹。有的还会将媒人的鞋袜脱了，在泥水中拉着跑。一直到闹够了，尽兴了，媒人才会拿出羊羔钱，这个仪式就算结束。接下来就是送亲，由新娘家族中年龄较大的妇女，左手扶新娘，右手托着一只装满五色粮食的盘子，让新娘从自家的房门到大门口慢慢走，走一步撒一把五色粮，以示祝福娘家，将吉祥和幸福留给娘家。到了大门口，新娘披上红毯子，骑上马，向新郎家而去。到了离新郎家不远的地方，新郎村中的小伙子就会一拥而上，鞭炮齐鸣，这时要让新娘的兄弟将新娘抱起，从那里一直抱到新郎家。送亲队伍也可以硬冲，双方为此又是一阵热闹。迎亲活动结束后，客人入席，唯独不见新娘，因为按规矩，新娘三天不吃男家的饭，而吃娘家带来的饭，以示不忘父母的养育之恩。

保安族的丧葬习俗是按照伊斯兰教的教规实行土葬，主张速葬，不用棺木，忌火葬。

咽气前的“咯里麦”　让亡人安详地步入天堂。人将要无常时，即咽气之前第一件事就是请宗教职业者阿訇念“咯里麦”，让他安详无忧地到天堂去，以免“易卜劣斯”（伊斯兰教经典中专门诱惑他人做错事的魔鬼）将其拐入歧途。

朴素的速葬　待人咽气后，要立即在一个木板床上铺好最洁净的棉毯或单子，然后将遗体由土炕移到板床，头东足西的仰面停放好，一般不提倡号啕大哭，以便亲戚及其子女瞻仰其遗容，瞻仰期间，每个人的表情是沉重的，气氛是严肃的，内心是崇敬的。包在缝制好的“卡凡”中停在院内或清真寺、“卡凡”由大、中、小三块白色棉布组成，男人用布三丈、女人用布三丈三尺。用“塔布提”（抬尸匣）抬到墓地安葬。

三、节日习俗

保安族的节日主要有两大类型：一类是宗教节日，一类是传统节日，其实保安族的许多传统节日也带有一些宗教色彩，原来也是宗教节日，由于历史的演变，现在已经变成了民族的传统节日。这

(教师)笔记

些节日主要有大尔德节、小尔德节、圣纪节、哈其麦节、浪山节等。此外，保安族人民也过“春节”（俗称“大年初一”），这主要是受汉族的影响，将汉族的春节也作为一个传统节日。

●大尔德节

“尔德”是阿拉伯语的译音，是“回归及欢乐节日”的意思，又叫“开斋节”、“肉孜节”，是伊斯兰教的宗教节日。按照伊斯兰教的规定，每年伊斯兰历九月，教徒要封斋30天，即1个月。在斋月里，教徒每天黎明之前吃早饭，然后整日不进食，连水都不能喝，只有等太阳落山，叫拜之后才能吃晚饭。也就是说在斋月里教徒每天只在日出前和日落后吃两顿饭。斋戒是教徒必行的“天命”功课，象征着内心负疚的穆斯林向安拉忏悔和赎罪，以此来培养教徒成为能够忍受饥饿、克己禁欲、畏主守法的人。开斋后过尔德节，节日清晨保安族的男人们沐浴之后，到清真寺集体做礼拜。节日期间，保安族男女老少都要穿上新衣服，互相拜节。节前家家户户还要炸油香、馓子、馃馃等节日食品。

●小尔德节

又叫“古尔邦节”、“宰牲节”，是伊斯兰教传入保安族地区后逐步形成的，它在肉孜节之后70天，称为伊斯兰教历的新年，也叫“大节”，比肉孜节隆重。节前，家家户户都要打扫卫生，每个家庭都要准备油炸馃子、油饼和各种点心，富有的人家宰羊、宰牛或宰骆驼，待客或馈赠。节日清晨，男性穆斯林要沐浴更衣，到清真寺做礼拜，听阿訇讲解教义和《古兰经》。回到家立即洗手，宰牲畜。在节日期间，男女老幼都着节日盛装，走亲串邻，祝贺节日。

●圣纪节

是纪念伊斯兰教创始人穆罕默德的诞辰和逝世的纪念日，在伊斯兰教历的三月十二日举行，相传穆罕默德的出生和去世都在伊斯兰教历的三月十二日。节日期间，保安族人要宰牛、宰羊，各清真寺装饰一新，人们一大早就去清真寺听阿訇诵读《古兰经》，赞颂穆罕默德，讲述穆罕默德的生平事迹。

●哈其麦节

甘肃临夏等地保安族传统纪庆节日，每年伊斯兰教历的九月选

(教师)
笔记

一吉日举行。相传伊斯兰教创始人穆罕默德的女儿哈其麦与阿里结婚时，阿里非常贫穷，哈其麦伤心地哭着向父亲诉说，而穆罕默德则耐心地开导女儿说："人生在世，要知足，有这点家当，就应该感谢真主。"哈其麦听后，转忧为喜，高高兴兴地与阿里结了婚。保安族的哈其麦节是为了纪念她的高尚品德。节日期间，家家户户都要宰牛羊，准备鸡和油香到寺院舍散，穆斯林还要去寺院念经。这天的一切纪念活动都由妇女们主持。

●浪山节

保安族人民特别喜欢浪山，一般在每年的5月下旬到6月初，人们都要带上面、油、肉、锅、帐篷等，到河边、山坡上或草坡上去郊游，过一天痛痛快快的野外生活。保安人把这俗称为"浪山节"。

四、宗教信仰习俗

保安族伊斯兰教属于逊尼派，教法学为哈乃斐学派，但又有"新教"与"老教"之分。新教指伊合瓦尼派，老教包括格底木（又称"铁老教"）和崖头门宦与高赵家门宦。该门宦教主是保安族人，信徒也主要是保安族穆斯林。

清真寺是保安族进行宗教活动的中心。保安族穆斯林在清真寺举行礼拜、讲经宣教和从事宗教经堂教育、培养教职人员、办理宗教事务等活动。保安族地区最早的清真寺，见于记载的是清同治年间修建的大河家清真寺，该寺是保安族地区的中心寺，辖有30余座小寺。

保安族穆斯林均遵行信安拉、信天使、信天经、信先知、信前定、信复生的六大基本信仰和履行念（念诵清真言）、礼（每日五次礼拜和主麻聚礼）、斋（每年教历九月封斋）、课（按财产比例交纳宗教课税）、朝（有条件的一生至少去麦加朝觐一次）天命五功。此外，每年要举行圣纪节、开斋节（尔德·菲图尔，即肉孜节）、宰牲节（尔德·艾祖哈，即古尔邦节）等三大节日和进行其他一些宗教活动。

（教师）笔记

裕固族习俗

裕固族是我国人口较少的少数民族之一。根据第五次全国人口普查统计，全国裕固族总人口为13 719人。在20世纪50年代以前，裕固族人口发展基本处于停滞状态，1953年全国人口普查时裕固族仅有3 860人；到1964年增加为5 625人，1982年已达10 569人；据1990年第四次全国人口普查资料统计，全国裕固族总人口为12 279人，其中甘肃省有11 809人。而肃南裕固族自治县和酒泉市黄泥堡乡分别有8 820人和988人，其余散居在兰州和新疆哈密、昌吉等地。裕固族是一个有语言、无文字的民族。裕固族虽然人口很少，但语言却很复杂。居住在肃南县东部的裕固族属于阿尔泰语系蒙古语族，而西部的裕固族则属于阿尔泰语系突厥语族。由于分属不同的语族，东、西部裕固族的语言并不相通，它们处于几种民族语言之间，加之文字失传，教育落后，历史的复杂性决定了裕固族民族文化的复杂性，也给文化研究带来了困难。

一、饮食习俗

在裕固族传统饮食中较具民族特色的食品种类主要有手抓羊肉、酥油奶茶、羊下水加工品、烧壳子（烤制的面食）、酥油面饼（裕固语称“亚合吧”）、锁阳饼等。这几种食品至今仍然十分流行，深受各地裕固人的喜爱。

由于历史原因，裕固人特别是偏远牧区的人们很少能吃到蔬菜，如今这种状况已基本得到改变，离城镇近一些的地区可随时买到各类新鲜蔬菜。相比而言，肉食在裕固人的日常生活中仍然占有很大比例。手抓羊肉是裕固人最喜爱的食物之一。此外，还有烤全羊、羊肚烤全羊（将羊肉剁碎后装入羊肚内，然后埋入火堆烤制而成）。不论是在草原牧区，还是在各地都市，上述食品都被裕固人

(教师)笔记

认为是“地道”的本民族的特色食品。

奶和茶在裕固族人民日常生活中一直占有十分重要的位置，民间有一日三茶一饭或两茶一饭的习惯。每天早晨起床后，一般都先将净水或刚开锅的茶舀一勺洒在帐篷周围，意味着新的一天已经开始，然后在锅中调入酥油、食盐和鲜奶反复搅动后即可饮用。如果再加上酥油、奶皮、曲拉（奶疙瘩）、炒面、红枣或沙枣就可当早点了。中午也要喝茶，到了晚上，待一切劳动结束后，才开始正式吃饭。晚上饭一般以米面为主，有米饭、面条、面片等。

裕固族平时喜食牛、羊肉，通常把牛、羊肉做成手抓肉，全羊和牛、羊背子（即把完整的牛、羊臀尖带骨煮熟上桌）、焖羊肉条、风干羊肉干及牛、羊杂碎汤等。除牛、羊肉外，也食猪肉、骆驼肉、鸡肉或炒菜。食用牛、羊肉时常佐以大蒜、酱油、香醋等。

裕固族牧民常采集一些野葱、沙葱、野蒜、野韭菜和地卷皮（类似木耳）等野菜。秋季草原上到处都有鲜蘑，所以鲜蘑是入秋后常食的菜。

裕固族的奶食品主要用牦牛奶、黄牛奶和羊奶为主制作，有甜奶、酸奶、奶皮子、酥油和曲拉。裕固族还喜欢在大米饭里、粥里加些蕨麻、葡萄干、红枣，拌上白糖和酥油，或在小米、黄米饭内加些羊肉丁、酸奶，作为主食。

裕固族平时还喜欢将面粉做成面片、炸油饼、包子等，最拿手的是水饺。到了冬天，家家都要做许多饺子，然后冻起来，现吃现煮，有的人家甚至一直可以存到春天大忙时再吃。

在喜庆的日子或有客人拜访时，裕固族家家户户都要拿出最好的食品进行庆祝和招待，待客和节庆期间，最讲究、最好的菜肴是牛、羊背子和全羊。其中以烤全羊最具特色。

在野餐时，也有将猎获的野羊肉切碎，装进翻过的羊肚子内，埋进余火燃烧的火坑，培上黄土、抹上泥巴，焖半天的时间即熟，参加野餐的人佐以野葱、野蒜、地卷皮，尽情享用。宴客或节庆，一般都有肉和酒。裕固族饮酒时有敬双杯的习俗。居住在河西走廊的裕固族人，热情而好客。每当有朋自远方来，主人先敬上酥油奶茶，后敬酒，最后吃手抓肉。敬酒时，以饮双杯为敬，如果客人只喝一杯，男主人就会说：“你是双脚进帐房来的，不是单脚进来的，理当喝双杯。”喝过双杯酒后，紧接着女主人和孩子及所有家庭成员都要为客人依次敬酒。如果客人推辞，她们就会说：“你看不起女人和孩子。”在敬酒的时候，他们还要唱祝酒歌，唱一支歌，敬一杯酒。酒香随着歌声飘向远方。饮用的酒除白酒和各类果酒外，更多的是独具特色的青稞酒。

二、礼仪习俗

礼仪有生产、生活和人生三个方面。通过裕固族的礼仪，我们可以了解到该族的社会、文化、价值观、信仰观念、生产能力等。

●拜立克

为裕固族向客人敬献的礼品。裕固族的拜立克同藏族的哈达相类似，而又比哈达短，有白色和蓝色两种。白色的是用白绸子做的，蓝色的是用蓝绸子做的，有时也用白布和蓝布代替。

裕固族人敬献拜立克礼俗的起源

这种礼仪来源于王子和公主的神话。当龙王邀请王子和公主去龙宫时，小白龙和小青龙就向王子和公主各献一条青绸子和白绸子。在裕固语中，青和蓝是一个词，因此，有时译作青绸子，有时译作蓝绸子。白、蓝两种拜立克，各代表不同的意思。白色表示纯洁的白天鹅和真挚的情谊，蓝色表示无际的蓝天和光辉的前程。

●待客礼节

裕固族是一个热情好客的民族，每当家中来客人，裕固人总是尽最大的努力来招待客人。裕固族民间俗语说："进门就是客，待客如敬神"。可见其热情程度。裕固人招待客人一般都离不开酒、手抓羊肉和酥油奶茶，而且"歌声不断酒不断"。

●喝酒礼仪

裕固族中流行着一种饮咂酒的待客礼仪。家有贵宾至，主人往往请客人喝当地特有的泡坛酒（即"咂酒"），以表敬意。酒以青稞、大麦、玉米酿成，封于坛中。客人来到时先将桌子和盛酒的酒坛放在堂屋中，饮前，主人叫主妇出来启封开坛，注入开水，插上竹管，客人轮流吸吮，因而称之为喝"咂酒"。边饮边加清水，直

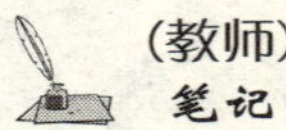
(教师)笔记

至味淡。

●道别礼仪

裕固族遇到较大的喜庆日子，用丰盛的酒宴招待客人后，还要给客人羊肉作礼物带回家，俗称“抬羊背子”。他们根据客人的身份、社会地位以及与主人家的关系等，将一只羊分为12份，羊后腿带尾巴是头背子，给地方上有声望的人以及舅舅等作礼物；胸叉是二背子，给一般亲友作礼物；除羊小腿骨不做背子外，其余均为三背子，给一般客人作礼物。

三、节日习俗

节日习俗是构成民族特色的要素。裕固族的节日习俗反映着本民族物质生活和社会生活的各个方面，反映着裕固族文化的特有风貌和丰富内涵。裕固族特有的节日习俗主要有春节、剪马鬃节、祭祀“腾格尔汗”活动和藏传佛教的宗教节日。祭“腾格尔汗”仪式源自古老的萨满教习俗。“腾格尔”在裕固语中是“天”的意思，“汗”是神的意思，“腾格尔汗”即“天神”（也称“长生天”）。

●剪马鬃节

在每年农历四月中旬择日举行，一般为期两天。届时马主人要准备酥油、奶茶、青稞酒、手抓肉等食品及剪马鬃用的盘子，盘子里还放置一座用炒面疙瘩垒成的7～8层小塔，塔上浇有酥油，凝固的酥油可使塔固定在盘里。塔表示四面八方平安富足。剪马鬃的剪刀把上也要系条象征吉祥的白色哈达。

剪鬃仪式开始，家人牵来马驹，主人邀请客人中有经验的牧人执剪，客人互相推荐，自己再三谦让。最后，由一位公认的既善剪鬃又会歌舞的人开剪。他（她）一边剪马鬃，一边唱剪鬃歌。剪下的头一绺鬃毛，由他（她）亲自送进帐篷，敬献给“毛神”，祈求“毛神”保佑。献毕出帐继续剪，但得留一部分让其他客人剪。给主人家所有的满周岁马驹剪完后，大家进帐篷入席宴饮。酒歌对答，十分欢洽。主人尽量请客人多吃多喝，客人热情赞扬主人治家有方，牲畜兴旺。饭后，主人骑上刚剪过鬃的小马驹，奔驰而去，每过一家，都会受到别人的祝贺。剪马鬃，有点像给少年行成人礼一样受到普遍重视。

以游牧为生的裕固族，对马有着特别的情感。有一匹好马，对于一个裕固族男子来说，是一种莫大的荣耀。裕固族每年都要举行盛大的赛马会，在充满节日气氛的草原上，赛马吸引了四面八方的观众。

(教师)
笔记

●春节

受汉族影响，春节是裕固族最主要的传统节日，节前有祭祖守岁活动。除夕之夜，家人团聚吃年夜饭，主要有手抓肉、炸油馃、馓子、酥油奶茶等。年三十守岁，正月初一早早起床，意为人勤春早。按习惯，年轻人和晚辈要手捧清水，洒向帐篷、棚圈，表示清洁吉祥。吃过饺子后，人们走亲访友，相互拜年，赠送礼物。送礼时，先将礼品装在精美的袋子里，上面用一块四方白布对角折叠成三角形封盖，类似哈达，表示吉祥如意。晚上帐篷内灯火辉煌，大家举杯饮唱，通宵达旦。

从初一到十五为宗教节日的正月大会，寺院多举办酥油花灯展，僧人头戴牛头马面等假面具跳“昌木”（护法）舞，边跳边念念有词，场面十分隆重。

●九月大会

亦称“十月大会”，裕固族传统宗教节日。流行于甘肃肃南县裕固族聚居区，每年农历十月二十四至二十六日举行，会期三天，系纪念藏传佛教格鲁派创始人宗喀巴逝世日而举行的传统宗教活动，节前寺院墙壁及门窗都刷成白灰色以示纪念。节日期间寺院内正中挂宗喀巴像，人们从四面八方聚集在寺院，向宗喀巴像上香、叩头，喇嘛、僧人诵经。寺院以手抓羊肉、油炸馃子等食物招待参加者。为裕固族一年中最隆重的节日，相当于汉族的春节。

●六月大会

俗称“过会”，是裕固族传统宗教节日。流行于甘肃肃南县裕固族居住地，各寺院会期时间不一，多在农历六月初一至十五日举行。届时，山区牧民要请喇嘛念平安经，并上山祭鄂博。去时人们手拿鄂博杆和清茶，来到规定的祭神地点，边向山上洒清茶，边祈求山神保佑。

●正月大会

裕固族最隆重的宗教节日，流行在甘肃肃南一带。该会的具体日期不完全一致，一般在农历正月十日至十五日举行，会期六天。届时，男女老少身着节日盛装，来到寺院，老人们为祈平安烧香磕头，点灯祈祷。寺院僧众戴面具，装扮成马、牛等形象，跳古老的祭神舞，裕固语称“禅”，并向人群抛撒红枣，以示吉利。寺院用手抓羊肉、油炸馃子、奶茶等招待参加者。有时还举办酥油花灯会。

●火驱凶神

裕固族的古老宗教性习俗，每年春节除夕举行。旧时，人们认为每年阴历除夕至次年正月初五，是凶神恶鬼最猖狂的时候，只有火才能驱除凶神恶鬼。因此，除夕来临，裕固族家家户户要把帐篷（或房屋）内外打扫得干干净净，然后在门外的空旷地方点燃两堆火，边放鞭炮，边驱赶牲畜从两堆火中间通过。从除夕到正月初五，帐篷及畜圈内外都要挂上酥油灯，彻夜通明。这样，凶神恶鬼就不敢接近人畜，以保平安。

四、宗教信仰习俗

裕固人最初信仰原始宗教——萨满教，公元7世纪以后，摩尼教传入，唐代以后裕固族先民接受了汉传佛教，后来受到藏族的影响，开始信仰藏传佛教。但由于语言文字方面的障碍，以及在中华人民共和国成立以前裕固族人口稀少等原因，藏传佛教传入到裕固族地区以后，发生了一些变化。再者，由于各种原因，宗教信仰在裕固人的信仰世界中，并没有留下根深蒂固的影响。从20世纪80年代初开始，中国许多地区出现了宗教信仰上的“反弹”现象，但在裕固族地区却没有出现类似现象。到目前为止，原来被毁的寺院中，也仅有长沟寺、明海寺和康隆寺得到了有限的恢复，总共也只有四五个僧人。因此，总体上当代裕固人，特别是年轻人的宗教信仰意识趋向淡薄。

同时，裕固人的宗教信仰中仍然包含有很大比例的原始萨满教信仰的成分。裕固族萨满教的巫师称“也赫哲”或“喀目”。从前，由也赫哲所主持的仪式活动主要有每年农历正月举行的祭“腾格尔汗”（祭天神）仪式、农历六月举行祭鄂博（敖包）仪式以及各种治病求福的巫术活动。另外，现代裕固人对火的崇拜、火葬习俗、许多驱邪禳灾活动等，都与古老的萨满教信仰有关。在上述各种仪式活动中，20世纪80年代以后恢复的主要是祭鄂博仪式。此仪式的恢复可能与藏传佛教中类似的宗教活动有关。现在裕固族地区的祭鄂博仪式多以行政村为单位举办或轮流举办。有的地方已经开始将这类活动与当地的旅游接待活动相结合，使原来的祭鄂博活动在内容和形式上越来越具有现代民族文化传播意义。

(教师)笔记

藏传佛教的格鲁派

藏传佛教的格鲁派俗称“黄教”，是藏传佛教中的后起之秀，由宗喀巴大师创立。在西藏有很大的影响。由于继承了全部噶当派教法，所以又被称为“新噶当派”。又由于最初宗喀巴大师创建甘丹寺，历代甘丹寺主持成为格鲁教法的自然法台，故又称作“甘丹派”。

学修并重、讲修并重的学风使其成为藏传佛教中影响最大的派别。由于最晚出现，它几乎吸取了以前诸藏传佛教各个教派的各种教法，如有名的萨迦十三金法、噶举的大手印、宁玛的密修马头明王、噶当的十六明点（又称“十六滴”）、夏鲁的时轮金刚、觉域的断法教授等。

裕固族地区共有9个寺院，有的寺院建筑宏伟，历史悠久，有塑绘的神像和藏文经典。每个部落都有自己的寺院，故有“什么寺属什么家（部落）”的说法。

其中黄藏寺（又称“古佛寺”，后称“夹道寺”）建于明末，是一座最早的寺院。景耀寺创建于清顺治年间，其他如康隆寺、青隆寺（又称“转轮寺”）、长沟寺、水关寺、红湾寺、莲花寺、明海寺等，先后于清康熙、雍正、光绪年间建成或重建及整修。除康隆寺、红湾寺、夹道寺属青海大通县郭莽寺（又名“广惠寺”）管辖外，其他均受青海互助县佑宁寺（原名“格隆寺”）管辖。寺院的规模以康隆寺为最大，经堂可容纳五百多僧人同时诵经。其他各寺较小，一般有20~30个僧人，小寺仅有10人左右，其内部的等级界限较严。有的寺院有活佛、法台（又称“堪布”）、管家，有的只有僧官（管家）或提经。活佛是寺院地位最高者，是通过“转世”继承佛位的；法台、管家是宗教上层，提经、僧官一般都是由有一定权势或谙熟经典的僧人提升的；班弟（贫苦僧人）是寺院最下层。寺院有刑法，并定有成文或不成文的清规戒律，主要是惩处一般僧人。新中国成立前，寺院是部落、宗教活动的中心，也

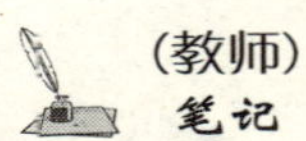
(教师)笔记

是当地的经济、政治中心。寺院上层与部落头人的关系十分密切；有些部落的重大事务，头目常和寺院上层商量。因此，寺院中的喇嘛在本地区的政治、经济、生活中享有一定的地位，但一般不能享有“政教合一”的特权。寺院中的喇嘛，起初都是从青海进入裕固族地区的传教者。后来，随着藏传佛教的传入，一些裕固族儿童被选入青海塔尔寺，学习几年经文，结业后回到本地当喇嘛。不过，裕固族牧民当喇嘛的不多。他们除了宗教节日和放会（宗教仪式和集会）等活动时到寺院念经外，平时大多在家参加牧业劳动。平时居家修行，寺院只留一两个看门的。较小的寺院则是平日上门锁，放会时僧人才到寺院去。说明寺院对僧人的约束是不大的。

较大的几个寺院，每年要举行四次佛事大会，会期虽不尽相同，但一般是在农历正月初十至十五日、四月十四至十六日、六月初十至十五日、十月二十四至二十六日。每月十五还有一次小会。

五、人生礼仪习俗

●幼儿剃发仪式

传统的裕固人并不特别在意生男还是生女，基本上没有明显的男尊女卑的思想观念。故在裕固族社会中，基本没有明显的由男性传宗接代的宗法观念。妇女的家庭地位较高。

裕固族的幼儿剃发仪式别具特色。按照传统，裕固人家的小孩长到3岁时才第一次剃发，届时要举行较为隆重的仪式。时间一般选择在农历五月初四或六月十三。这是裕固人家的一件大事，一般都十分重视。届时要请许多客人，包括邻居、部族头人、宗教上层人士以及重要亲戚。仪式上还要宰羊招待客人，而每位客人则要给要剃头的小孩送礼物，其中小孩的舅舅给的礼物最重。有趣的是以舅舅为首的客人每人都要按照辈分高低、年龄大小依次剪一绺头发，若某位重要的客人未到，则要在小孩头上专门留一撮头发，待日后补剪。主持仪式者还要朗诵专门的《剃发祝词》。

●婚礼“五道关”

裕固族的婚礼仪式也很有特点。主要经过以下五道程序：

戴头面仪式　婚礼的开始仪式，即在新娘家给新娘戴上象征女子已婚的头面和尖顶红缨毡帽。仪式上要唱各种《婚礼歌》。

“打尖”仪式　送亲途中由男方家派人举行的迎接送亲队伍的

(教师)笔记

仪式，仪式上要祭祀各种神灵，女方客人还要故意刁难男方的代表。

“踏房”仪式　女方送亲队伍要分批骑马冲击设在男家门前的小帐房（裕固语称“道尔朗”），并力图把小帐房“踏倒”。小帐房是供新娘休息的，而男方家则事先早已派人躲在小帐房内大声喊叫，防止小帐房被女方家送亲队伍“踏倒”。此仪式以男家集体出动，抓住对方马缰为结束。

新娘过火堆仪式和新郎箭射新娘仪式　这是一种避邪、求福的仪式活动。男家在门前点燃两堆火，新娘在伴娘的陪同下从小帐房走出，并从两堆火之间走过。裕固族新娘不能直接进入男方家门，她必须先在小帐房内休息片刻之后，经过火的洗礼，才能进入男家。在新娘过火堆的同时，新郎站在火堆的另一侧，向新娘射出一支用红柳条做成的软箭，以射中新娘腰部以下为吉。

“尧达曲格尔”仪式　这是在男方家举行的正式的婚礼仪式，仪式的主要内容就是给新郎换上新衣即“冠戴新郎”，给新郎赠送“尧达”（裕固语称“尧达曲格尔”）。“尧达”是一根绵羊后腿骨，缠以黑白两色羊毛，它是裕固人已婚的标志，婚姻的凭证，象征着两性的结合和婚姻的美满。在此仪式上要请主持人朗诵婚礼祝词《尧达曲格尔》，它主要讲述各种古老婚俗的起源、尧达习俗的来历等。在20世纪80年代初，能完整朗诵该祝词的仅有几位70多岁的老人。但近年来，随着各项民族政策的落实和当地社会经济及文化事业的发展，已有许多年轻人也学会了朗诵古老的婚礼祝词。

●葬仪

裕固族地区主要有三种葬俗：火葬、天葬和土葬。火葬主要流行在裕固族西部地区。一般人咽气后，先换新衣服，用酥油封七窍，然后将遗体收拢为“胎儿状”，并用绳子捆扎。再将遗体平放在用白布围成的长方形围帐内。停尸期间要请喇嘛念经超度。亲朋前来燃香吊唁。出殡多在傍晚。其方法是将尸体放在一块毯子上或白布上，四角由四人拉起，抬到本家族固定的火化地点。在火化地，事先已挖好十字形沟槽，并在沟槽上架木柴呈井字形，然后将遗体头南脚北、面东背西放在柴堆上，并在木柴上洒酥油和白酒。喇嘛念经后，再围绕柴堆边念经边走，最后点燃木柴。送葬者等到整个柴堆燃完以后方可回来，且在回到家门时不能直接进入家门，而要从家门前专门点燃的火堆上跳过方可进入家门，否则会被认为

(教师)笔记

不吉利。火化后的第三天，由逝者的女性亲属前去拾骨灰，然后按逝者的年龄辈分埋入自家坟场内相应的位置。

扯布抬尸者一般要求是逝者的儿子或平辈亲属；送殡者必须是已婚男性亲属而且人数必须去时为单数（包括逝者），回来时为偶数（留下死者）；逝者亲属在49天内，男子不剃须发，妇女不洗头梳头；49天内，每日向着火化地点燃火祭奠；逢逝者的“头七”到“七七”及周年都要请喇嘛念经超度，其中“七七”及周年的祭祀活动较重要。“七七”祭祀后亲属方可抹孝，恢复正常生活，民间认为这时逝者已经进入天国了。

天葬主要流行在裕固族东部地区，除少数有一定地位的人可以火葬外，一般人都要天葬。人去世后，家人亲属为逝者换新衣，在家中停放一天，通知亲友吊唁，同时请来喇嘛念经超度。次日即被抬到本家族固定的天葬地点，将逝者衣物脱去，头南脚北平放在一块大石头上或三块石头上，请喇嘛念经后送殡者即可离去。三日后亲属前去察看，若尸体已经被啄食干净，则认为死者已升天；否则，就要再次请喇嘛念经超度，直到啄食干净为止。然后在原来放尸体的地方垒起一堆白石头，象征逝者的升天之地或坟墓。

土葬主要流行在黄泥堡裕固族地区和肃南县前滩乡裕固族地区。这一带由于靠近汉族农业区，受汉文化的影响较大，故土葬很可能是受当地汉族影响而形成的丧葬习俗。

六、生活禁忌

饮食禁忌　裕固人禁食“尖嘴圆蹄”肉。“尖嘴”主要指飞禽和鱼类，“圆蹄”则指驴、骡、马这三种动物。现代裕固人基本上不禁食“尖嘴”类动物，而对于“圆蹄”类则仍禁食。另外，不在“尖嘴圆蹄”之内的狗肉，也在严格禁食之列。

礼仪禁忌　喝茶时一般用一根筷子，忌用两根。给客人递茶碗、敬酒时忌用单手，须用双手以表敬意。

火之禁忌　在日常生活中，忌往火中扔不洁之物；忌将刀、弓箭、针等这些利器对准火；冬日取暖忌将脚直接放在火上或火盆、火炉上面，也不能将鞋袜、内衣等他们认为的不洁之物放在火上烘烤。

裕固族过去的禁忌较多，如每家都敬奉“毛神”，别人的枪支、弹药、牧鞭、生肉、生皮不准拿进帐篷。传说“毛神”穿红衣、骑红马，故俗人穿红衣、骑红马不准进帐篷。客人进帐篷后，男左女右分坐。

（教师）笔记

京族习俗

京族是主要从事沿海渔业的人口较少的少数民族，共有22 517人（2000年第五次全国人口普查统计数据），分布在广西壮族自治区防城港市下属的东兴市境内，主要聚居在江平镇的巫头、沥尾、山心三个海岛上，俗称“京族三岛”，其他则与汉族杂居在江平镇街道及潭吉、红坎、恒望、寨头、米漏、瓦村、东兴镇、三德村等地。京族过去曾被称为“越族”，1958年正式改称为“京族”。京族的祖先是从16世纪开始陆续从越南的涂山（今海防市附近）等地迁来。京族有自己的语言，没有文字，绝大多数京族人通用汉语（广州方言）和汉文。在漫长的岁月中，京族人民和广大汉、壮等民族人民一起，披荆斩棘，筑海堤，垦荒坡，共同开发了我国的边疆。在共同的生活和斗争中，结成了亲密的关系。

一、饮食习俗

京族饮食以大米为主，逢年过节喜欢吃糯米饭和糯米糖粥。肉食以鱼虾较多，喜欢用鲶汁调味或下饭。还有一种叫“风吹粑”的糍粑，是京族人民喜爱吃的食品。

●糯米糖粥

京族人家普遍喜欢吃糖食，特别喜欢用糯米糖粥来招待客人。无论在哪一家做客，主人总要把客人视为良朋贵宾光临。在茶余饭后之际，给客人捧出甜润润、香喷喷的糯米糖粥，要不就是绿豆糖水、糖汤粉丝或红薯糖汤等等。

●风吹粑

京族以大米为主粮，男女老少都爱吃大米制品“风吹粑”，其

(教师)
笔记

作法如下：用大米浸泡热水后磨粉，然后放到直径40～50厘米的薄铝托里蒸熟，成一片一片的圆形薄粉膜，再撒上少许香芝麻粒，再覆于疏篾屏上以炭火烘干而成。烘干后其重量更轻且更薄，几乎近于透明薄膜一般，风吹即起，故名“风吹粑”。另一种大米制品“粑丝”，是用大米浸水磨粉蒸熟切丝晒干而成，又称“粉丝”，将粉丝拌和螺贝肉、蟹肉、沙虫干或虾仁等煮成“粑丝海味汤”，入口甘香鲜美，嫩滑爽口。还有一种节日糯米制品“白糍粑”，是用糯米粉搓捏成“糖心糍巴粑”，即“糖馅汤圆”。

关于“京族三岛”的传说

很久以前的一个夜里，北部湾明月高悬，风平浪静，海面上有三艘渔船正在捕鱼。忽然之间风起云涌，台风骤起。这时候一群鲨鱼向渔船游来，真是祸不单行，在这个时候偏偏风浪把渔船打翻了。

鲨鱼见有渔民落水了就张嘴要吃人，渔民们一边和鲨鱼搏斗一边向岸边游去，形势非常严峻。就在这性命攸关的时刻，只见电光一闪，紧接着一声霹雳，一位仙人从天而降。他手持宝剑向鲨鱼群挥去，顿时恶鲨们惊慌失措地游走了。随后，仙人又挥剑在海面画了三个圈。那小圈里的海水马上翻滚沸腾，不一会儿的工夫就露出了三堆白沙。三堆白沙由小变大，越变越快。落水的渔民看见了白沙就游了过去，并登上了沙滩。

渔民们上岸后发现这里缺少淡水，也没有粮食，怎么办呢？正在忧虑的时候，沙滩上出现了喷泉，天上的候鸟又衔来了五谷的种子，从此以后渔民就在岛上繁衍生息。三岛也就慢慢地变成了仙境一般的渔岛了，这就是如今的“京族三岛”。

●鲶汁

“鲶汁”是京族民间对一种调味品的俗称，这种调味品是以小鱼腌制的一种调味汁，市场上又称“鱼露”，是京族地区独特的产品。“鲶汁”的生产季节主要在每年农历三月至六月之间，其制作方法简单而又讲究：以洁净的大瓦缸一只，缸中的底部垫以稻草和沙包作为过滤层。在过滤层下的缸脚边凿一只小孔，并嵌入装有塞

（教师）笔记

子的小竹管或胶筒作为导汁管，然后把洁净的小鱼和盐，一层一层铺入缸内（鱼和盐的比例通常为3∶2），直到把缸装满后，上面覆以重石块，压平缸面，最后加盖密封。5～7天后，将导汁管的塞子拔出，缸中的鲶汁就源源地流出来。这初次滤出的鲶汁，色彩金黄透明，奇香沁心扑鼻，是鲶汁中最上乘的佳品，俗称“头漏汁”，多用以待客和上市外销。以后缸内再冲以冷却的盐开水，继续压滤，其所滤出的鲶汁俗称“二漏汁”，色、味、香比“一漏汁”稍差，但仍是鱼露中的上品，多用以外销，少量留自家节日吃用。最后还要再压滤一次，所得鲶汁俗称“三漏汁”，属鱼露中的三等品。“三漏汁”一般不出售，穷苦之家通常留自家食用。至于缸内残存的鱼渣，就是农家上乘的有机肥料了。

由于鲶汁色泽澄黄、味道鲜美，京族人人爱吃。它不仅是京族人家每天不离的上等调味品，而且还畅销其他省市和越南、泰国、柬埔寨等东南亚诸国。对京家来说，每年出售鲶汁的收入是很可观的，每缸可产鲶汁过百斤。在三岛之中，以山心村产量最多，素有“鲶汁之乡”的美誉。

二、礼仪习俗

在京族各村，成年人都要入“乡饮簿”。入簿仪式，在农历每年十月初十举行。乡饮簿就是成年男子参加哈节乡宴的花名册。入簿仪式就相当于习俗上的“成丁礼”了。

每个京族成年男年，在乡饮簿上都有一个名字，也都有成年时登记的顺序。根据上边顺序，可以享受到他在众村中所应享受的权利和应承担的义务。无疑，这乡饮簿上的顺序，是京家人生活传统中一个极为重要的“社会”序列。

乡饮席位标志着每个京族成年男子在众村中的社会地位。1949年以前，乡饮席位用木棉或砖搭砌为三级。最高一级称“床官”席，靠近哈亭中间，是村中“格古”、“翁村”坐席。其次为“中亭”席，是50岁以上的老人和“官员”坐席。最低一级为“行铺”，位靠哈亭边角，是50岁以下的“白丁”坐席。白丁要担负村中殡葬、修路、修缮庙宇、哈亭、学校等义务劳动。20世纪80年代，哈亭席位台阶已拆平，乡饮席位虽仍有“床官”、“中亭”、“行铺”之称，但只按年龄排席位，保存尊老风尚，让年老者坐好席位。

(教师)笔记

三、节日习俗

●唱哈节

“唱哈节”的传说

传说越南陈朝时代，有越南歌仙来到京族地区，以传歌授舞为名，动员京族人民反抗陈朝的黑暗统治，受到京族人民的敬仰，后人修建“哈亭”设神位，常唱歌传颂。一年一度的“唱哈”便成为京族的传统节日。唱哈节在哈亭内举行，有迎神、祭神、入席唱哈和送神等内容，属于一种民间宗教活动。

“唱哈节”包括祀神、祭祖、文娱和乡饮四项重要活动。“唱哈节”的日期各地有所不同。沥尾、巫头两岛在农历六月初十，山心岛在八月初十，红坎村在正月十五。各地都建有“哈亭”，各村“哈亭”选用上等木料，有独特的民族形式。屋顶的屋脊正中塑有双龙戏珠的吉庆形象装饰，哈亭内分左、右偏殿和正殿。正殿设有京族人信奉的诸神神位，殿内的柱子上都雕写着具有民族习俗特色的楹联或诗词。

整个节日活动过程，大体分为以下四个部分：

迎神　在“唱哈”前一天，集队举旗擎伞抬着神位到海边，遥遥迎神，把神迎进哈亭。把所养的“象”（其实就是猪）赶到哈亭绕行三周。然后留到半夜杀掉，由主持“哈节”活动的头人组织参加“哈节”乡饮，听哈的人（即有资格入席的人按先后次序登记在本子上，每年轮到排在最前的一定人数，为“哈头”筹办祭品）各养一头大猪，养时要把猪洗得白白净净，不得弄脏，也不能咒骂，称为“养象”。到了节日，看哪家养的猪最大就选他的，这头猪用以祭神之后，只分八斤猪肉给众人吃，其余的由“养象”户自行支配。

祭神　祭神的具体时间为节日的当天下午三点钟左右，祭神时读祭文。祭神时，还要唱“进香歌”，跳“进香舞”、“进酒舞”、“天灯舞”等。

入席、听哈　祭神毕，入席饮宴与听哈，称为“坐蒙”（又称“哈宴”），每席六至八人。酒肴除少数由“哈头”供应外，大部分由各家自备，每餐由入席人轮流出菜，且边吃边听“哈妹”唱歌。妇女只是捧菜上桌，不能入席坐。妇女、儿童均在“哈亭”外边听歌。“唱哈”是“哈节”的主要活动项目，“唱哈”的主要角色有三人，即一个男子叫做“哈哥”，又称“琴公”，两个女子叫做“哈妹”，又称“桃姑”。主唱的“哈妹”站在“哈亭”的殿堂中间，手里拿着两块小竹片，一边唱一边摇摆着敲，伴唱的“哈妹”坐在旁边地上，两手敲打竹制的梆子和之。“哈妹”每唱完一句，“哈哥”就依曲调拨奏三弦琴一节。如此一唱一合一伴奏，直到主唱的“哈妹”困倦了，转由另一个“哈妹”出来主唱，“唱哈”要连续进行三天。

送神　“唱哈”完毕就送走了神灵。送神时必须念《送神调》，还要“舞花棍”。送神后整个“哈节”的仪礼便结束了。是京族最隆重、最热闹的民族传统节日。

●中元施幽

京族在七月十五过中元节。这一天，早上煮糯米饭和糯米糖粥供拜祖先，中午宰鸡、杀鸭、煮猪肉等供拜祖先，然后进餐饮酒。民间认为，无人供养的野鬼如果缺衣少食就会侵扰村庄，所以，民众请法师在七月十五施衣食，称为“施幽”。在哈亭前的空坪立起“招魂榜”，两旁铺两行芭蕉叶，放上炒玉米、饭团、饼子、冥衣、冥钞、纸宝，数人戴面具扮饿鬼，一法师于锣鼓声中持法刀上场，喝令四方饿鬼集合在“招魂榜”前，读榜念词，要饿鬼均分衣食，莫扰村庄。卜以杯珓，得胜珓，便是饿鬼已受食。然后法师一声令下，扮饿鬼者便与围观的儿童一哄而上，将食品一抢而光，民间认为小孩抢到“施幽”食品为“得福”。抢罢食品，将一只芭蕉船放入海中，芭蕉船用芭蕉秆拼成，长两米，宽一米，上插红三角纸旗，装几把米和一些冥衣、冥钞、纸宝，芭蕉船入水时，鸣放鞭炮，焚烧“招魂榜”和冥衣、冥钞、纸宝，将鬼送走。

●食新米节

农历十月初十下午，各家煮新米供拜“田头公”和祖宗，然后全家吃新米饭，而且要关起门来吃，不能给外人看见。

四、宗教信仰习俗

京族崇拜多神，民间的神灵崇拜，有的带有浓厚的自然崇拜色

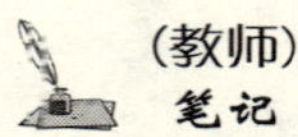
（教师）笔记

彩；有的受道教、佛教的影响而成；有的则来源于民间的神话传说。他们所信仰的神，按其供奉场所，可分为“家神”、“庙神”和“哈亭神”三种。民间的神灵崇拜，并不在乎神的神位、神格和神权的高低大小，而在乎神灵本身对民俗生活的参与程度。对高高在上的玉皇大帝，民间只承认其存在，却不作祭祀；而对保佑渔民出海平安的镇海大王以及能为百姓救苦救难的观音菩萨却备加崇奉。

●哈亭里的神位

“哈亭”是京族人家供奉“村社保护神”的场所，也是村社议事的处所，此外，它还是哈节祭神、乡饮、唱哈（唱歌）娱神的地方。1911 年以前的哈亭较简陋，只是木柱和草盖的亭子。现在的哈亭都是砖瓦房，较大的占地约 200 平方米，能容纳一二百人坐席。“哈亭”诸神和京族民俗生活关系密切。哈亭正殿供案上设置诸神神位，但其所供奉的神灵各村有所差异。沥尾、巫头两地的哈亭，供奉的是镇海大王、高山大王、广达大王、安灵大王和兴道大王，合称“五灵官”，其中以镇海大王为主神，其余四位是副神。

镇海大王　全称为“白龙镇海大王”，是三岛的开辟神和海上保护神。镇海大王在哈亭中的神位平日只是虚设，每逢哈节，要到海边举行仪式，遥对大海那边的神庙把他迎接回哈亭中享祭。

高山大王　也称“高山神”，全称为“高山神邪太上等神”，是专管山林之神。其在哈亭中的神位平日也是虚设，每逢哈节才到庙里把他接到哈亭里祭祀。

广达大王　全称为“圣祖灵应广达大王”。

安灵大王　全称为“点雀神武安灵大王”。

兴道大王　全称为“陈朝上将敕封兴道大”，亦简称“陈朝上将”。

●家神和庙神

祖灵　民间相信祖宗有灵，各家厅堂的正壁上都设有神台，以供列宗祖灵。这种神台又称“祖公”，上写“□（姓）门堂上历代先远宗亲之位”。有固定的香炉，逢年过节、初一和十五，还有添丁、婚嫁等喜庆事都要烧香供祭。民间称祖灵为“家神”，认为祖灵能庇佑子孙后代，有时还能以某种形式表其“神意”。

天官和土地　京族人的庭院在与厅堂门口对面约四五米的地坪

上，有一座以砖或石头砌成的神台，高约一米，分上下两层，上层为“天官”，神位写“天官赐福”，天官被奉为“福神”；下层是“土地”，神位写“本家土地”或“本家土神”，土地为家宅“保护神”。

(教师)笔记

杜光辉的故事

描写民族英雄杜光辉带领京、汉、壮、瑶等各族群众抵抗法国侵略军的事迹，由杜光辉的侄子杜玉富（72岁）口述的《渔村抗暴》、《黄豆计》、《崖悬飞兵》、《孤排渡海》等四个小故事组成。它采用了严格忠实于历史事实的现实主义表现手法，突出一个“奇”字，表现杜光辉用兵如神、出奇制胜的军事才能。《崖悬飞兵》是一次突围战斗。杜光辉率领的义军，同黑旗军主力失去联系，被法军围困在一座石山上，整整四天，形势十分危急！他们割了许多青藤，结成又粗又长的绳子，准备突围。天刚黑，杜光辉把最后几把糯米煮得香喷喷的，散放在一个大皮鼓上，又把皮鼓放在一处显眼的地方。然后，率领义军攀着绳子悄悄滑到悬崖下，在石丛里埋伏起来。第二天早上，围山的法军听见山顶上皮鼓咚咚咚地作响，起初都觉得奇怪，说：“这些中国人打皮鼓有什么用呢?”有的说：“大概叫人吃饭吧!”有的说：“大概召集人想法子逃命吧。”其实是乌鸦飞到山顶，见皮鼓上散放着香喷喷的糯米饭，“咚咚咚”地啄食。不久，糯米饭渐渐少了，乌鸦啄不了几口，就飞走了。山下的法军听见鼓声零零落落，响不了几声就停了，都大笑起来，说：“快了，快了，连打鼓的也支持不住了。”他们准备杀上山顶，把瘫软在山上的义军绑回去立功。这时，杜光辉率领潜伏在石丛里的义军摸到法国军官驻地，偷袭了军营。法军以为被黑旗军主力援军包围了，慌乱一团，胡乱开枪。围山的法军远远听见背后枪声大作，以为指挥部被黑旗军吃掉了，慌忙撤军援救，谁知杜光辉又率领义军埋伏在法军返回的必经之路上，一个突然袭击，把法军打得大败。

观音和三婆　民间认为，观音菩萨是大慈大悲、救苦救难和送子造福，法力很大的神。京族地区供奉观音的寺庙有巫头岛的“灵

（教师）笔记

光禅寺”和沥尾、山心、红坎等村的“三婆庙”。在三婆庙中，观音被奉为“观音老母”，是三婆庙中的“三婆”之一，另两位是“柳行公主”和“德昭婆”。

伏波将军　红坎村有伏波庙，供奉东汉时期的伏波将军马援，以正月十五为神诞日，举行庙祭。

田头公　田头公即田间保护神。

海公和海婆　京族把大海视为“神灵”，在船头设“海公”和“海婆”的神位，每次出海都焚香祷告。每年腊月二十至二十八日，同伙作业的“网丁”聚集在一起，由“网头”主持“做年晚福”仪式，祈求海公、海婆保佑来年生产顺利、丰收。

杜光辉　清末抗法民族英雄，率领京族人民参加刘永福抗法黑旗军。沥尾村杜姓“降生童”奉他为“祖师神”，神诞农历四月十四日。

法师和降生童　“法师”和“降生童”都是京族民间宗教活动中较受崇尚的人物，但他们不“出家”也不“斋戒”，平日也下海打鱼捞虾，种田耕地，就同普遍的百姓一模一样。如村族中有红白婚丧以及意外（诸如牲畜暴病、天灾人祸等），人们就请他们去念经作法事或驱邪解厄。他们还能为信者占卜吉凶，预示未来。

五、人生礼仪习俗

●婚姻

择偶　京族实行一夫一妻制。京族的传统婚姻绝大多数是在本民族内部通婚，与邻近的汉、壮民族通婚的很少。一般同姓不婚，严禁姑表婚；若有违反，必将受到族规的制裁。青年男女的婚姻，大都是由父母包办，即所谓“父母之命，媒妁之言”。有些家庭为了劳动力的需要，或招婿上门，或买童养媳（长大后“圆房”）。当然，男女自由恋爱也是有的，由于平时经常集体“做海”，特别是在“哈节”这种盛大的传统节日里，青年男女欢聚游乐，相互酬唱，从而彼此间增进了解，建立感情，以至谈情说爱。但是，不论男女恋情有多深，最后还是要得到父母的认可，并通过“蓝梅”（京语，即“媒人”）出面，按一定的礼仪程序行事方能结合。

定亲　在京族人看来，定亲就是订下终身大事。一门亲事一定下来，一般不会轻易反悔。因此人们对定亲十分慎重，其礼仪也相当复杂，大致过程是：1）合年生。取男女双方的年庚去给算命先生占卜，看命是否相合可以婚配。若相合者，就把女方的年庚留下来；若不相合者，则交媒人退还女方家。2）定彩头。将留下来的女方的年庚置于祖宗的神案上，以验其征兆，期限有三天、七天不等。在此期间，若家里有人患病、家畜死亡或碗碟碰烂等不如意的事情发生，便认为不吉，得把年庚退还女方；若平安无事，则认为吉祥，得到了祖宗默许，便可婚配。3）报命好。定彩头获吉利后，就请媒人向女方家报讯并议聘礼。所议的一般是酒、米、猪肉、鸡和身价钱的多少。然后男方家把聘礼送给女方家，从而确定这门亲事。京族的这种定亲方式及其过程显然是受汉族封建婚姻礼俗的影响而形成的。按其本民族民间所流传的定亲方式，倒是另一种极其简便而有趣的做法，即“蓝梅”传歌对花屐。“蓝梅”作为桥梁或引线，为男方和女方两家传歌送木屐（每方一只），若双方相互递送的彩色木屐合起来正好是左右配对，就认为是有缘分，是天意的，可以结合；若不配对，就认为命相不合，相聚无缘。这种做法，完全听从神灵的裁定，相信命运的安排。

迎亲　迎亲是京族婚姻程序中最隆重的仪式，其过程如下：1）送日子。男家在迎娶前一月或数月，择定“开容”和接亲的日期，用红纸列单，由媒人送至女家。若女家认为婚期过于急迫，便退回日子单，由男家另择日再送；若女家同意，则将日子单留下，准备完婚。2）哭嫁。新娘在出嫁前三天或七天就开始哭嫁。一哭念父母，诉说父母的养育之恩；二哭念叔婶兄嫂，诉说他们平日给予的教育帮助；三哭念同伴姐妹，诉说友情和惜别。3）开容。新娘在出嫁的前一天，由一对夫妇双全、有子有女的妇女，在堂屋用红线为她夹去面部的汗毛，并涂上脂粉，意为从此要以新的面容为人妻、做人媳了。4）认亲。接亲的前一天（或当天），新郎前往女家正式“认亲”，拜见岳父母，拜见时要取半跪式，头向左侧，不能正视，以示尊敬，礼毕即返回。5）接亲。新郎认亲回来后，男家即组织接亲队伍，并带上两三对预先挑好的男女歌手。女家关上大门，在路口设下三道彩门，每道门都用彩带或红绳来阻拦接亲队伍，并派歌手把守，这称为“歌卡”。接亲队伍必须通过对歌，而且要对得让对方满意，才能通过“歌卡”。三道“歌卡”全通过后，女家的大门才敞开。接着进行欢宴。宴毕，新娘由最亲的兄长背出门，由接亲和送亲的队伍陪同步行到男家，不坐花轿。一路上，走走停停，歌声不绝。6）拜堂。新郎和新娘，男左女右双双先跪拜祖宗，再跪拜父母，然后夫妻对拜，并唱《拜堂歌》。最后，

(教师)笔记

新郎和新娘用托盘把槟榔敬献给父母、长辈及众宾客。礼毕，新郎新娘共入洞房。洞房里，由一位上有公婆下有儿女、丈夫健在的妇女来铺床，边铺边说彩话，以图吉利。7）回门。新娘过门后第三天，和新郎一起，携带鸡鸭和糯米饭回娘家拜见父母，住一晚后返回婆家来。

●丧葬

京族人对葬礼是非常重视且谨慎从事的。因为他们认为，阴间和阳世是相通的；阴间的亡灵和阳世亲眷仍有某种联系，搞好葬礼，彼此可平安无事；若搞不好，就会让亡灵受苦，又会让亲眷贻患无穷。在京族习俗中，50岁以上的老人病故，被称为“正寿”，当按正常的礼仪办丧。其过程大体包括以下几部分。

报丧　老人断气后，孝子要在旁边守护，待法师查阅历书确定无“重丧”之后，方可哭丧举哀；倘有“重丧”，法师要另作法事杀鸡代命以“解犯”。然后报知族内众兄弟，并派人往舅家报丧。待舅家来人验看后（尤其是对娶来的女性）才能入殓。这是远古母系制舅权意识残余的表现。

入殓　入殓前要用浸着柚子叶的热水给死者净身并更衣。洗后的水不能随便乱倒，要罐装起来，待出殡后，夜里拿到野外丛林去掩埋。入棺要选择时辰，先由法师念咒，用火把驱赶棺中的鬼邪。然后由孝子孝女们抬尸入棺，在死者嘴里放两三枚钱币和几粒白米，以安其魂魄。再在死者身上覆盖一块红布，以示阴阳两绝。若死者的配偶尚健在，还要将原来共用的被单撕下一半盖在死者身上，表示从此鸳鸯情断，人鬼殊途。最后把棺盖钉牢。

做斋　法师立坛念经，超度亡灵，使亡灵得到净化和安乐。法师用本民族语念诵的经书，大都是译过来的“佛”、“道”经卷。若是做“大斋”（三天三夜或七天七夜）的，还要举行上刀山、过火练之类的仪式。“做斋”期间，子女们都要披麻戴孝，席地坐卧，日夜守灵，不得随便离开，吃饭不能用筷，不能吃荤腥食物。

殡葬　殡葬的时间和地点均由法师择定。时间一般选在潮落的时候。出殡时，在法师的导引下，一路上，由一人撒纸钱开路先行，意为向野鬼买路通行。墓穴事先已挖好，灵柩抬到墓地后，法师挥动法刀，进行法事后就掩埋。

葬后三天，孝主备三牲和香烛纸钱前往祭坟，给新坟培土，俗称“复坟”。这种“复坟”之俗，在古骆越后裔的诸民族中几乎都还流行。这原来是远古时代祖先崇拜的产物，为使坟墓显得庄严肃穆，以表示对祖先的尊崇。但和其他民族有所不同的是，京族复坟时所建的茔墓比较低矮。

(教师)
笔记

(教师)
笔记

塔塔尔族习俗

塔塔尔族现有人口为4 890人（2000年第五次全国人口普查数据），主要分布在新疆维吾尔自治区的伊宁、塔城、乌鲁木齐等地，另外一些人散居在新疆吾尔自治区的阿勒泰、奇台、吉木萨尔和南疆各主要城市。塔塔尔族的风俗习惯是在本民族长期历史发展过程中逐渐形成的。塔塔尔族有自己的语言，属阿尔泰语系突厥语族西匈语支。现在，除一些老年人使用塔塔尔语外，其他人一般都使用当地的哈萨克语或维吾尔语。由于塔塔尔族长期与哈萨克族、维吾尔族人杂居在一起，关系密切，所以这两个民族的文字已成为塔塔尔族人的通用文字。

一、饮食习俗

塔塔尔族的传统饮食十分丰富，独具民族风味。肉食的原料有牛、羊、山羊、鸡、鸭、鹅、鱼；面食的原料主要是小麦和大米；蔬菜类有土豆、豆角、豇豆、黄萝卜、皮牙孜（洋葱）、包心菜、南瓜等；鸡蛋、清油、牛羊奶、奶皮、砂糖、蜂蜜及各种干鲜瓜果也是重要的原料。

塔塔尔族的饮食，种类很多，美味可口。塔塔尔族习惯于日食三餐，中午为正餐，早晚为茶点，日常饮食离不开面、肉和奶，也食用一些大米，但均制作成特殊食品。主要有抓饭、肉汤饭、克孜杜尔玛（一种烤制的食物）、沙里玛阿西（一种煮制的食物）、白里西（烤制的饼）、古拜底埃（大米加奶酪等做成的食物）、帕热玛其（煎蒸包子）、布坎（油炸饼）及饼干、酱汁、饮料等。此外，还有各种炒菜和酿制的饮料。

(教师)笔记

●饮食禁忌

塔塔尔族信仰伊斯兰教，不吃猪肉；禁食驴、狗、骡肉和自然死亡的牲畜以及凶禽猛兽；禁食一切动物的血（包括羊血在内）。并且不吃未念“奉安拉之名”屠宰的牛、羊、鹅、鸡、鸭等肉。这些禁忌最初来源于宗教的教规，经世代相传，实际上已经成为塔塔尔族的风俗习惯。

塔塔尔族用餐，长者居上座，幼者居下座，家庭人口众多的，还分席用餐，妇女和孩子另设一席；饭前、饭后都要洗手，可用手抓食，也用筷子、勺子。吃饭时，严禁脱帽，不能咳嗽、擤鼻、抓头、抠指甲、打饱嗝、大声说话，否则会被认为不讲卫生，没有礼貌。

二、礼仪习俗

塔塔尔族讲究礼仪，亲友相见要握手问好，妇女见面时多数人握双手。尊老爱幼，热情好客，乐于助人，对于远道而来的投宿客人，总是热情款待。对长者非常尊重，走路、谈话、吃饭均先让长者。在塔塔尔族中，妇女生小孩是件大事，亲戚朋友都要来祝贺、送礼。塔塔尔族的婚礼别具特色，与众不同的是，塔塔尔族的婚礼不像其他民族那样在男方家举行，而是在女方家举行。塔塔尔族在进餐时，每个人面前都放一块小手巾，用以擦拭嘴、手并防止食物溅在衣服上。全家人围坐一圈，中间餐桌上放一块餐布，吃饭时习惯用勺子、刀子、叉子。上茶、上饭，要先送给长者，然后再按年龄大小先后递送。饭后要做“巴塔”（祈祷）才算就餐结束。

三、节日习俗

塔塔尔族在一年四季中，有许多节日，大都与伊斯兰教有关。节日庆典时间的确定以伊斯兰教历法来规范。塔塔尔族所使用的伊斯兰教历法生动地记载了该族历史文化发展的重要历程。

●撒班节

塔塔尔族的撒班节是一个快乐、传统的节日。一年一度的撒班节，亦称“犁头节”，是塔塔尔族重要的节日。时间大约在6月20~25日，没有固定的日期。“撒班”是塔塔尔族犁地的工具。据塔塔尔族传说，由于撒班的产生，促进了塔塔尔农业生产力的发

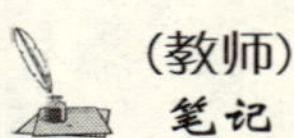
（教师）笔记

展，因此，撒班节通常是在冻雪消融、大地回春的某一晴朗的日子，即在每年春播和夏收之间的某一天举行节日活动，预祝丰收的好年景，祝福美满的新生活。撒班节这一天，乡亲们聚在野外，男女老少载歌载舞，许多塔塔尔家庭在这天全家为大家表演节目。丰富多彩的节目，令人目不暇接。还开展各种体育活动。除最隆重的赛马外，还有摔跤、赛跑、跳跃比赛、攀爬、跳水渠比赛等。凡参赛者，不论得不得名次，都有奖品，只不过获得名次者，更有重奖。

撒班节的传说

撒班节曾消失过，直到1986年才得到恢复。关于撒班节的来源有两种说法。

第一种：传说“撒班”是生长在中亚一带的野生植物的名字，塔塔尔族的先民在历史上从事放牧和农耕，同时也进行狩猎活动。每当春夏之际，人们从草原和农田归来时，都要在撒班草盛开的草滩上相聚，并开展一些文体活动，这种古老习俗一直沿袭到今天。随着时间的推移，后人对先人的这种活动赋予了新的内容，成为今天富有民俗色彩的“撒班节”。

第二种：撒班节又称“犁头节”，因为过去在举行撒班节时，恰是春耕季节，人们在春光明媚的季节里，穿上节日的盛装，带上丰富的食品汇集到郊外景色宜人的地方，奏起民族乐器，唱歌跳舞，开展各种娱乐活动，相互祝贺节日，也预祝春耕顺利，企盼获得农业丰收。后来由于气候和环境的变化，使节日的日期有所变更，推迟到6月的中旬。

●肉孜节

塔塔尔族语叫“肉孜艾提”，它是波斯语的音译借词。波斯语“肉孜”是斋戒的意思，“艾提”是节日的意思。阿拉伯语音译为“尔德·菲图尔”，塔塔尔人则称为“肉孜节”，其意为“戒斋”。按伊斯兰教规，每年九月是穆斯林斋戒的月份，即称为“斋月”，斋月的最后一天要寻看新月，次日即举行开斋仪式。在伊斯兰教历的十月一日举行开斋仪式。在节日到来的前几天，塔塔尔族人们每家都要粉刷房屋，把院落打扫得干净。制作各种油炸的食品和糕点来宴请宾客。节日那天，男女老少都要理发、沐浴净身、穿新衣。18岁以上的男子，都要到清真寺作节日礼拜。接着，大家走乡串户，拜年祝贺，互致节日问候，互赠炸油馃与节日食品。在欢庆节日期间，还举行群众性的文艺演出活动。按伊斯兰教历，每年354天，要比公历少11天左右。故斋月和斋期，每年要向前推移，大约每隔31年循环一次。

开斋节的来源

传说在伊斯兰教初创之时，穆罕默德在斋满时，进行沐浴，然后身着洁净华美的服装，率领穆斯林步行至郊外旷野进行会礼，并散发开斋捐钱，以表示赎罪。后来相沿成俗，逐渐形成富有民族特色的宗教节日。

●古尔邦节

塔塔尔语叫“古尔邦艾提”，是阿拉伯语的音译借词，阿拉伯语“古尔邦”，意为“献身”。古尔邦节在伊斯兰教历十二月十日，即“肉孜节”后的70天。古尔邦节又叫“宰牲节”。据伊斯兰教传说，先知易卜拉欣在睡梦中见到真主启示他，要他宰自己的儿子易司马仪敬献给真主，以考验他对真主是否虔诚。当易卜拉欣遵命实现诺言，正举刀刺向儿子的时候，真主派遣使者牵一只羊赶到现场，传达他的旨意，以宰羊代替宰儿子献身。从此以后每年的这一天，信仰伊斯兰教的穆斯林要宰羊宰牛，馈赠亲友款待客人。节日那几天，塔塔尔族家家户户把房屋院落打扫得干干净净，制作各种食品和糕点，为过节做准备。当成年男子到清真寺做完节日会礼之后，各家各户开始宰羊，举行宰牲畜仪式。大人小孩、男女老少身穿新衣，头戴新帽，走亲串友，拜年祝贺。在广阔的草原上大家集会欢庆，轻歌曼舞，赛马叼羊，热闹非凡。

●登宵节

登宵节是塔塔尔族的传统宗教节日，每年伊斯兰教教历七月二十七日举行。塔塔尔人十分重视一年一度的“登宵节”。是日，通

(教师)笔记

宵达旦地做礼拜、祷告、说吉利话，严禁污言秽语。

●努鲁斯节

努鲁斯节是塔塔尔族的传统节日，每年的伊斯兰教历八月十四日举行，与新疆维吾尔族基本一致。也就是我们的农历春分那天（公历3月22日前后）作为新年开始的元旦和传统春节即“努鲁斯节”。这一天昼夜相等，被看做是“交岁”的一天，因而称作“努鲁斯”或“那吾热孜”，前者为维吾尔语，后者为哈萨克语，均有辞旧迎新之意。这个节日标志着新的一年的到来。为了欢度节日，家家户户在节前都清扫屋内外，修整棚圈，准备过节食品。过节时，人们身着鲜艳的民族服装，走家串户，互相拜年。

●油葫芦节

油葫芦节，每年伊斯兰教历九月十五日举行，希吉拉历九月十四至十五日，属于宗教庆典。相传每到希吉拉历九月十五日，真主都将降临人间巡视，惩恶扬善。因此，当地穆斯林于十四日坐夜，不睡眠。次日即十五这天黎明，各家在自家院内择一树或木桩将点燃的葫芦灯挂上，待油尽灯熄，将灯取下踩碎，以示祸害罪孽将消除净尽。是日还须严守斋戒，谨言慎行，用心念经，以免触怒真主，招来祸患。

四、宗教信仰习俗

塔塔尔族信仰伊斯兰教。生活、习俗诸方面都受到伊斯兰文化的影响。塔塔尔族，自称是“穆斯林”，有六大信仰：1）信安拉。认为安拉是唯一的神。2）信使者。认为安拉在不同的时期曾向不同民族派遣过许多使者。他们都是安拉特选的，受到安拉的“启示”，负有传播宗教使命的人。其中最后一位，即穆罕默德，他在诸使者中占有特殊的、显赫的地位。3）信经典。认为安拉给每个使者“降示”过一部经典。其中，《古兰经》是“降示”给穆罕默德的，是唯一神圣的、最完美无缺的经典，跟天上的原型完全一样，穆斯林应予确信和遵行。4）信天仙，即天使。认为天仙先于人类由安拉创造，是安拉的差役。著名的有四个大天仙，其中哲布勒依来（一译迦伯利），他来往于安拉与穆罕默德之间，专为安拉向穆罕默德传递“默示”。5）信死后复活。认为穆斯林有“两世吉庆”，即今世和后世都是吉庆的。6）信前定。认为一切自然现象和社会现象皆由安拉预先安排（前定），穆斯林对此必须深信不疑。穆斯林是安拉的忠实信徒，他的富贵贫贱，吉凶祸福，生死寿限，均被安拉记载在册籍中。塔塔尔族男女穆斯林突出强调“安拉独一”和“穆罕默德是安拉的使者”这两项信条。同一切伊斯兰教徒一样，每个塔塔尔族的伊斯兰教教徒必须要按照规定进行宗教活动，其中最主要的有：每天做五次“乃玛孜”；每星期五到清真寺去作一次祈祷活动；每年要“封斋”一个月，在“封斋”期间，在太阳出山以前和日落以后进餐，白天绝对禁止饮食。此外，在日常生活中还有其他许多繁琐的戒规和禁忌。对于每个伊斯兰教徒来说，《古兰经》、“麻扎”（墓地）和清真寺是神圣不可侵犯的“圣物”与“圣地”，“朝觐”是每个伊斯兰教教徒认为最光荣的事。伊斯兰教规定教徒必须履行的义务还有一项就是宗教课税。新中国成立后，塔塔尔族在人民政府宗教自由政策指引下，凡信教群众都过着正常的宗教生活。

塔塔尔族信仰的由来

据传说，塔塔尔族皈依伊斯兰教，起始于公元889年前后，“伊斯兰”是阿拉伯语的音译，本意为“顺从”。顺从安拉旨意的人，阿拉伯语的音译为“穆斯林”，是伊斯兰教徒的统称。《古兰经》是伊斯兰教的根本经典，它在穆斯林的世俗生活和宗教生活中具有神圣地位。

●塔塔尔寺

新疆较大的塔塔尔居民区，都有“塔塔尔清真寺”，俗称为“诺盖依清真寺”，拥有为数不等的房产和店铺；设有专职的伊玛目（清真寺的领拜人）和买曾（清真寺召唤礼拜的宣礼员），主持寺内的日常事务；凡生、养、婚、丧大事，都必须请他们主持，按教规行事。

（教师）笔记

五、人生礼仪习俗

●结婚

塔塔尔族的家庭多是一夫一妻的小家庭。不提倡早婚，允许自由恋爱，但必须征得长辈的同意和支持。视离婚为最大的耻辱，很少有离婚的现象。

塔塔尔族的婚俗别具一格，即先把新郎“嫁”出去，然后再“娶”回来。

婚姻过程是：1）经媒人三番五次登门求亲，女方家长若允诺，答应婚事。2）男方向女方送订婚礼，其中的金戒指女方必须带在左手的无名指上，表示名花有主了。下过聘礼，即算订婚。3）举行“箱子礼”。4）确定结婚日期。婚宴所需的物品，女方提出需要多少，由男方如期送到女方家里，其中必须有一头或几头活畜，还要在活畜脖子上系红布。最后发请柬。

按塔塔尔人的传统习惯，婚礼在新娘家举行，即先把新郎“嫁”出去。结婚前几天，男方要把为新娘制作的全部服装、炊具、陈设和婚礼时食用的物品及自己的“嫁妆”送到女方家，其中包括给新娘父母的礼物（称“克以特”）。等到新婚之夜，新郎就正式“嫁”过去了。

“出嫁”的仪式也颇为有趣。这天，新郎在伴郎及亲朋好友的陪同下，坐上马车，青年人拉手风琴，兴致勃勃地唱起塔塔尔族流行歌曲“吉尔拉”，一路上歌声、琴声、口哨声、呐喊声助兴，浩浩荡荡地前往女家成亲。在路上要多次受到新娘一方迎亲队伍的刁难和戏弄。当新郎和伴郎们一行人等来到新娘家，此刻女家大门都紧闭着，新郎要献礼物才能进去。以后，新郎进房门、到床边、吃饭，都要送喜钱。

结婚仪式按伊斯兰教教规进行，先由阿訇诵经，并询问新婚夫妇是否愿意，待男女双方回答“愿意”之后，再由阿訇将一杯糖水（或蜜水）送给新郎和新娘共饮，象征甜甜蜜蜜白头到老，礼毕入洞房。第二天早上新郎要拜见岳父母，然后回家举行宴会，并举办各种文娱活动，晚上再回到岳父家。婚后，新郎和新娘都要在女家住一段时期，有的三个月，有的半年，有的甚至要生过一个孩子以后，媒人再次登门表示要把新郎、新娘接回男方家中，经双方商议，选择吉日良辰，由女方以“姑娘出嫁”名义，男方以“娶媳妇”名义，双方同时宴请宾客。新娘的母亲和亲戚陪新娘坐男方派来的马车到新郎家。前往时，新娘的母亲将女儿用的所有东西，包括锅、碗、瓢、盆、被褥、地毯、窗帘等都要带上送到男方家里，并嘱咐女儿好好伺候公婆，向真主祈祷保佑女儿幸福美满。当新娘回到新郎家，男方亲友向新娘身上撒糖果，并举行宴会，尽情娱乐，以示欢迎。塔塔尔族人对待女婿如同对待亲生儿女一样热情。在女方家居住期间，岳父、岳母要拿出上好的食品款待女婿，使女婿感到生活在女方家如同在自己家里一样温暖。

●割礼习俗

割礼习俗，来自伊斯兰教教规。割礼就是割除男孩阴茎包皮所举行的一项仪式，通常在5~7岁时举行。塔塔尔族举行割礼之前，要把孩子打扮得漂漂亮亮的，做孩子爱吃的饭。请割礼的主刀到家做客并做手术，然后，由阿訇念经祝贺。现在，通行一种新办法，先由阿訇念经，然后请医生做手术，比老办法要安全卫生。这一天小孩的父母宴请宾客。凡参加割礼仪式的人都要表示祝贺和慰问。凡信仰伊斯兰教的民族，通常把出生、割礼、结婚视为人生三件大事，一般要举行隆重的仪式。

●摇篮礼和分水礼

塔塔尔族认为婴儿的诞生是件大事和喜事，必须进行庆贺。当婴儿出生后的第七天，亲戚朋友都来祝贺，举行“摇篮礼”，外祖母要给孩子送摇床、衣服和玩具等。当婴儿出生后的第四天，要举行“分水礼”。在这一天要从40个地方提水来，给婴儿洗澡，寓意沐浴四方之水，使孩子健康成长。主人以抓饭或清炖羊肉热情招待来客。

●丧葬

一般要举行仪式。塔塔尔族的丧葬习俗是因伊斯兰教规形成的。当人将去世时，即须请“伊玛目”诵经。遗体一般在当天或第二天、最多为第三天埋葬。在丧葬过程中一般遵循以下习俗：1）遗体要头朝南，脚朝北，脸向西南放。用干净白布盖住面部，由至亲肃立守灵。2）逝者的亲朋好友默哀服孝，男子帽子上覆盖黑纱，女子头戴白纱，前来吊孝，并安慰逝者亲属。3）逝者若是男性，由男性亲友为其净身，缠以白布，在尸体上放一把刀或一块石头，

（教师）笔记

将尸体移至灵架。4）阿訇在净身屋前替逝者祈祷赎罪，由逝者的男性亲友用肩抬灵架，将遗体送到清真寺。5）将遗体抬出净身房和清真寺时，必须先出脚后出头，然后改变方向。6）在清真寺举行葬礼仪式时，参加者全体肃立，由阿訇主持，念经祈祷，介绍逝者的功绩。这时，逝者亲属向众人发问，众人异口同声回答："好人"、"善良的人"、"祝他（她）升入天堂"，接着，阿訇祈求真主保佑，愿逝者安息。7）出殡时，在灵架前端覆盖一块白布或白色的头巾，来区别男女。只限男性去墓地。8）埋葬时，送葬的人都要腰缠黑纱，抓一把黄土，撒向尸体胸部，替逝者祈祷，然后埋葬。坟地都是公用的。习惯用土葬，不用棺材。人去世后的第三天、第七天要举行三天祭、七天祭，此后还要举行40天祭和周年大祭，以表示对逝者哀悼，塔塔尔族把这种活动称作"乃孜尔"。塔塔尔族的周年祭祀活动是比较隆重的，除了修整逝者的坟墓外，还要邀请亲朋好友前来参加祭祀活动。祭祀之日，由妻子和儿女等穿黑色衣服，包白头巾，以示悼念，宰牛或宰羊款待参加祭祀活动的亲朋好友。按照传统习俗，如果丈夫去世，一年之内，妻子要头包白巾，早晚对丈夫哭丧，以示悼念。

六、生活习俗

●卫生习俗

塔塔尔族群众非常讲究卫生。室内外总是打扫得干干净净，墙壁粉刷得雪白。在室内不吐痰，否则被认为是失礼。人们经常洗澡。每个院落和大街小巷都设有公共澡堂。其特点是依傍水渠，取渠水烧热后用于洗澡。澡堂是一间套一间的三个大小不一的房子：第一间为更衣室；第二间为冲洗室，水泥地面，墙上有两个水龙头；第三间为蒸汽室，只有几平方米。沐浴人在里面借助蒸汽发汗，搓掉身上的污垢，然后用清水一冲，顿感一身轻松，精神振奋。

●室内陈设

塔塔尔族的室内陈设也很讲究，一般摆放木床或铁床、衣柜、玻璃柜、角柜、沙发、长方形木箱、四腿桌椅等。玻璃柜和角柜内搁置着艺术品、器皿或化妆品，使室内显得明快、清新。进门中央的墙壁上都挂壁毯，下面放有一长方形木箱，上面盖有座毯当椅子用。床上要罩绣花床罩，放一对拍得松软的鸭绒枕头。窗户和门框上，分别挂着绸子窗帘和门帘。室内光线明亮，一尘不染。

塔塔尔族的这种传统室内陈设习俗，在维吾尔、哈萨克、乌孜别克等民族中广为流传，而且与本民族的陈设习俗相结合，又形成一种具有共同特点的新习俗。

(教师)
笔记

独龙族习俗

独龙族，中国人口较少的少数民族之一。现有人口7 426人(2000年第五次全国人口普查数据)，主要分布在云南省西北部怒江傈僳族自治州的贡山独龙族自治县西部的独龙江峡谷两岸，北部的怒江两岸，以及相邻的维西傈僳族自治县齐乐乡和西藏自治区察隅县察瓦洛等地。此外，缅甸境内也有不少独龙人居住。与傈僳族、怒族、白族等世代交好。他们保持着“路不拾遗，夜不闭户”的良好社会道德风尚，绝少发生盗窃现象。

过去，独龙人没有统一的族称，往往以其居住的地区或河流作为自己的名称，如“独龙”、“迪麻”等。“俅人”、“俅曲”、“曲人”是古代汉文献对他们的称谓。新中国成立后，根据独龙族特点和自己的意愿，正式定名“独龙”族。

独龙族有自己的语言，无文字。过去多靠刻木结绳记事、传递信息。独龙语属汉藏语系藏缅语族，与贡山怒语基本相通。

独龙族自古生活在崇山峻岭之中，条件恶劣，交通闭塞，所以社会发展较为迟缓，生产力水平低下，新中国成立前后仍保留着浓厚的原始公社制残余。经济以刀耕火种的粗放农业为主，采集和狩猎还占有相当大的比重。

妇女曾有文面之俗。住房多为木房或竹房。唯一的节日是过年，过去无固定时间，多在农历腊月举行，节期长短也不一样。

独龙族地区北接西藏自治区的察隅县，东倚海拔5 000米的高黎贡雪山，西南与缅甸接壤。曲折绵延的独龙江水奔腾呼啸在崇山峻岭之中。这里冬季大雪封山，夏季多雨而潮湿，南北走向的地形以及受印度洋热带季风的影响，使当地的植物生长和气候变化都呈垂直分布的显著特性。

(教师)笔记

一、饮食习俗

独龙族主食玉米、荞麦，喜欢饮水酒、吃烤肉、喝茶、抽旱烟。

独龙族有日食两餐的习惯。早餐一般都是青稞炒面或烧烤洋芋；晚餐则以玉米、稻米或小米做成的饭为主，也用各种野生植物的块根磨成淀粉做成糕饼或粥食用。独龙族民间，仍然保留许多古朴的烹调方法，其中最常见的是用一种特制石板锅烙熟的石板粑粑。烙制石板粑粑时，多选用阿吞或董棕树淀粉，用鸟蛋和成糊状，然后倒在烧热的石板锅上，随烙随食，别具风味。

云南怒江贡山一带的独龙族男女老少都喜好饮酒，每当收获季节，家家户户都酿酒。独龙族人酿酒不用土坛而用竹筒。酿制时选用最好的竹子，将竹子做成酒筒，然后将煮熟的大米、小麦或高粱拌上药酒装进竹筒。7 天后，将竹筒盖打开，即可喝到醇香的竹筒酒了。在饮酒时，要由家庭主妇来分配，男女老幼平均每人分一份，如有客人来，也有客人一份。竹筒酒还被用作订婚的礼酒和年节喜庆的喜酒。每年农历腊月，独龙族人要过“卡雀哇”年节，日期由家族首领择日举行。届时，要用木刻或结绳做为请柬，邀请其他各家族的成员来参加。接到请柬的家庭准备好礼物前往祝贺。客人们一进寨门，主人们就热情迎上去。主客先共饮一竹筒交杯酒，表示友谊长存，并要互相对歌，然后跳起他们的民族舞蹈。歌舞结束后，全寨的各家各户把准备好的佳肴端到舞场，人们围坐在一起，共饮独具特色的竹筒酒。

独龙族日常菜肴有种植的洋芋、豆荚、瓜类，也有采集的竹笋、竹叶菜及各种菌类，食用时通常都是配上辣椒、野蒜、食盐后一锅煮熟而食。冬季是独龙族地区狩猎的旺季，猎获的野牛肉是冬季主要肉食。食用野牛肉，都先把牛肉风干，然后微火烘烤，再捣成丝状，做成肉松或切成小块，密封在竹筒内保存或随身携带。

独龙江还盛产各种鱼类，以鳞细皮厚的鱼居多。独龙族食用鱼时喜用明火烤制或煎焙后蘸调料吃，并常把烤制的鱼作为下酒的小菜。蜂蛹是独龙族民间最讲究的菜肴之一，有说独龙族百岁老人较多与常食蜂蛹有关。独龙人的典型食品有河麻煮芋头、烧酒焖鸡、吉咪等。

二、礼仪习俗

无论饮酒、吃饭和吃肉，独龙族家庭内部都由主妇分食。客人

(教师)笔记

来临也平均分给一份。一般每个家庭都有数个火塘，每个子女结婚后便增加一个火塘，做饭由各个火塘轮流承担。

●木片邀客人

独龙族民间互相邀请的方式十分独特，通常都是用一块木片做为邀请对方的请柬，届时要把木片送到要邀请的客人家，在木片上刻有几道缺口就表示几天后举行宴请仪式。被邀请的客人要携带各种食品以表示答谢。客人进入寨门后，要先与主人共饮一竹筒酒，然后落座聚餐，并观赏歌舞助兴。入夜后男子在火塘边喝酒念祝词，然后将酒碗抛在火塘上的竹架上，以碗口朝天为吉兆。

●特有的待客传统

独龙族非常好客，如遇猎获野兽或某家杀猪宰牛，便形成一种远亲近邻共聚盛餐的宴会。此外，独龙族还有招待素不相识过路人的习俗，对过路和投宿的客人，只要来到家中都热情款待。认为有饭不给客人吃，天黑不留客人住，是一种见不得人的事。

●黥面遗俗

文身，古代称“雕题”、“黥肌”、“黥面”、“绣脚”、“绣面”、“刺墨”、“扎青”等。是用刺、针、刀等尖状锐器在皮肤上刻刺花纹或符号，渗入颜色，使之保存终生、永不褪落的身体装饰方法。它的起源很早，是由原始人在肤体上绘画以为装饰或进行宗教活动的习俗发展而来的。曾广泛流行于亚洲东南部、大洋洲、中南美洲和非洲的许多原始民族中。至今，这些地区的不少土著民族仍把它视为一种不可替代的装饰，举族挚爱不辍。我国的东南、西南地区，古代文身之风也很盛行。直到近现代，在黎、傣、布朗、德昂、独龙、基诺、佤、怒、景颇、珞巴、高山等民族中，这种习俗还残留有一定的遗迹。

●文面习俗

独龙族妇女文身的部位主要侧重于脸部，因此常称之为“画脸”、“文面”。每当少女长到十二三岁时，便要文面，以象征成年。施文时，由老年有经验的妇女先用竹签蘸锅烟水在少女脸上画出图案，然后用小木棍敲击荆棘的硬刺或带针的木棍，使之依图案刺破皮肉，再将锅底灰或草汁揉入伤口，脱痂后即成青蓝色纹样。

(教师)笔记

纹样大致可分两种：独龙河中上游地区，多自眉心至鼻梁文刺相连的菱形纹五六个，然后以嘴为中心，向鼻翼的两侧展开，继续刺连缀的小菱纹，经双颊至下颌处汇合，组成一方圈，方圈内竖刺条纹，方圈以上至眼睛的部位横刺点状纹。整个图案就像展翅欲飞的蝴蝶。独龙河下游地区文身方式比较简单，一般只在下颌处文两三行竖条纹，其他部位不文。

据史籍记载和民间的传说，独龙族妇女文面习俗的由来，有其特定的历史原因。近两三百年来，藏族土司和傈僳族奴隶主的势力不断深入独龙族地区，对独龙族人民进行残酷的剥削和压榨。特别是藏族察瓦龙土司，每年都要向独龙族人民强收名目繁多的贡赋，甚至连嘴、耳、鼻、头发都要征税。如缴纳不起，便强掳妇女到藏族地区为奴。特别是年轻、漂亮的独龙族妇女，常常面临着被掳走他乡的危险。在这种特殊的社会历史环境中，独龙族妇女为了免遭掳掠，逃避土司的蹂躏与践踏，只好采取一种消极的自救办法：用锅烟子涂抹脸颊，甚至宁愿忍痛把自己的脸染刻成永远洗不掉的“黛墨青纹”，变得人不像人、鬼不像鬼，使生人望而生畏，不敢近前。久而久之，形成了文面的习俗，并一直延续到新中国成立初期。可见，文面在历史上是独龙族妇女反抗民族压迫、求得人身安全的一种消极斗争形式。

●刻木记事，结绳计时

独龙族没有自己的文字，新中国成立以前，一直靠刻木记事或传达信息，用结绳来计算时间。

独龙族的刻木记事使用广泛。刻有各种符号的木刻起着与普通文字、文书相同的作用，可记载和传达土司的命令、民间债务、聘礼清单等。政府（土司）所发的木刻较大，形如木剑，宽 20 厘米左右，长约七八十厘米。中间略厚，两侧扁平，顶端呈斜尖状，下端有把。不同的内容要刻不同的缺口或线段、图形等。如用于传达土司征税派款的木刻，左上边刻一个大缺口，下刻几个小缺口，就表示要来一个大管事，几个随从。右边刻一个大缺口，两个小缺口，则表示命令部落来一个头人、两个百姓迎接。木刻下面有时还附带箭头、辣子、鸡毛等不同的物件，以表示不同的意思。如箭头表示很快抵达，辣子表示如不服从必严厉制裁，鸡毛表示迅速传递等。这种木刻一般都由负责送木刻的人边送边作解释。

民间使用的木刻较小，常用于记载债务和彩礼等事项。如某家

(教师)笔记

祭鬼无牛，从亲友家借牛时，须测量和记下牛的大小。具体方法是：先用一竹篾量一下牛的胸围，然后用拳头测量竹篾的长度，并将拳头数对应地刻在一块木片的两边。最后将木片从中间一分为二，双方各执一半。还牛时如法测量，出现差额用粮食找齐，多退少补。然后将木刻投入火中焚毁，绝无纷争。

结绳计时使用也很广泛。它是指用一根细麻绳打结计时，每一个结代表一天。如外出办事，走一天打一个结。回来时则一天解一个结，这样能准确计算日期和行程。一年一度的年节，是独龙族人民最欢乐的时刻。但因没有固定的日期，所以每年都需临时约定。约定的办法也多靠结绳来完成。如决定 10 天以后过节，便准备若干条打有 10 个结的绳子，送给亲友，过一天解一个，待最后一个结解完，便表示节日来临，大家杀猪宰牛，载歌载舞，欢度新年。

●路不拾遗，夜不闭户

独龙族地区民风淳朴，“路不拾遗，夜不闭户”古风至今犹存。不论何人，路上拾到东西，绝不会据为己有，或就地等候失主回来寻找，或设法打探失主去向，尽量及早物归原主。人们远路出门，常将随身携带的粮食分成若干份，沿途挂于树上或放于岩洞等处，留待回程时食用。过路人无论怎样饥饿，也绝不会擅自取食。即使衣服等物品，也可随时随地放于路边，只要上压一块石头，就表明是有主之物，别人是不会拾取的。

独龙人路不拾遗，更从不偷窃。他们的粮仓大都建于房后，甚至离家较远的山上或地边。仓门上只横插竹条或木棍，从无被盗之虞。即使离家外出，房门也是如此简单处置，绝不会有人私自进入。

独龙族的传统美德还表现在其他许多方面。如一家有事全村帮的团结互助的美德；尊老爱幼、扶贫济困的美德；礼貌待人、热情好客的美德等等。

三、节日习俗

独龙族的传统节日只有一个，即新年，独龙语称作“卡尔江哇”。于每年秋收完毕后择期举行，一般在 12 月至次年 1 月间，具体时间及节期长短不定。

●新年

独龙族过新年一般以家族或村寨为单位，具体时间节前临时约定。届时各家各户要邀朋唤友，共度新年。近者捎口信，远者送去结绳或木刻作“请柬”。节日前一天，要准备好酒肉饭食和“拉达尔”。“拉达尔”是挂有新麻布毯的竹竿。麻布毯按家中人口数量悬挂，有几口人就挂几幅，只可多不能少。他们认为，多了预示人畜兴旺，少了不吉利。

独龙族的新年既是庆贺丰收的节日，也是祭祀性的节日。因此，节日当天，很重要的一项活动便是剽牛祭祀“格蒙”神及其他各种神灵。“格蒙”是独龙族神话传说中人类的祖先，独龙人认为是他创造了人类。独龙人认为，剽牛向他祈祷，他就能禳灾祛病，保护人类，能让人间风调雨顺，五谷丰登。

节期的长短常常以食物准备的多寡而定。通常为期两天至四五天。年节期间最隆重的祭祀活动是“剽牛祭天”。剽牛时先由年节主持者将牛拴在木桩上，然后由年轻女子在牛背上披盖麻布毯，给牛角挂珠链，摆好祭品，点燃松明和松树毛（松叶），最后由一名父母双全的青年男子，用锋利的竹矛将牛刺死，然后就地将牛肉切割，当即用大锅煮食。节日期间所有的独龙人都要以家族为单位，互相问候，共同祝贺。

●剽牛祭天

是独龙族人民为庆贺丰年而举行的一种祭祀活动。一般在每年秋季择日举行，最主要的也是规模最大的是年节“卡雀哇”上的仪式。剽牛祭祀仪式由巫师主持。仪式开始，用于祭祀、身披独龙毯的牛被牵入场内，拴于一根粗大的木桩上。人们以牛为中心，自动围成圆圈，敲起铓锣，挥刀弄矛，舞蹈跳跃。届时，由村寨中德高望重的家族长或巫师把一头膘肥体壮的大公牛牵到村中广场中央，拴好立定之后，妇女们一拥而上，纷纷把珠链等饰物挂到牛角上，而后再推举出一位最美丽的年轻姑娘，让她自己先披上一块色彩艳丽的独龙毯，再由她给牛披到背上；待其他祭品摆好，主祭人点燃松明和青松毛，口中念念有词，向格蒙祷告，祈求他保佑人畜平安，诸事顺利，使祭祀典礼进入高潮。接着巫师用锋利的竹矛向牛的腋下猛刺过去，牛被剽倒至死。然后大家煮肉分食。巫师还要身背牛头，率众围绕“祭牛”跳舞。此时，过年的气氛达到最高潮。大家饮酒吃肉，载歌载舞，独龙江畔，变成了欢乐的海洋。最后，所有参加剽牛仪式的人都平均分得一份牛肉，大家喝酒聚餐，共庆佳节，并祈愿来年五谷丰登，人畜兴旺。

(教师)
笔记

四、宗教信仰习俗

独龙族信奉原始宗教，相信万物有灵，他们把一切天灾人祸、疾病等都视为有一种超自然的神力在起作用，因此举凡山岭、河流、大树、巨石等，都成为人们崇拜的对象。主持祭祀或打卦的巫师，独龙族称之为“纳木萨”或“夺木萨”，大多系自然形成，也有由家族长兼任的，他们不专职从事宗教活动，平时也参加一定劳动。现有部分独龙族信仰基督教。

五、人生礼仪习俗

独龙族实行族外婚，为一夫一妻制的个体家庭。恋爱自由。独龙族青年男女相爱之后，便会相互赠定情物。姑娘送给小伙子一床自己精心编织的独龙毯，小伙子送给姑娘一把锄头或自己编的背篓。

到了提亲的时候，小伙子会请一个能说会道的男子去女方家说婚。说婚人去时要提上一个茶壶，背囊中带上茶叶、香烟和茶缸。

到女方家，不管对方态度如何，说婚人都要以最快的速度，将茶壶灌满水，自己走到火塘边将火烧得旺旺的，放上茶壶。然后从背囊中取出茶叶和茶缸，到姑娘家的碗柜中拿出碗来，做泡茶准备。女方家的人不管同意与否，都只能围在火塘边等候。水一开，说婚人立即在茶缸中泡好茶，再倒入碗中。按顺序先敬姑娘父母，然后是姑娘的兄弟姐妹，最后是姑娘本人。接下来，就开始说婚事，说的无非是小伙子如何好，家中人如何喜欢姑娘等。

说到一定时候，姑娘家的人虽没有说什么，但只要姑娘的父亲或母亲将茶一饮而尽了，姑娘和其他人也跟着将茶喝了，这门亲事就算成了。如果说到深夜，茶水还是没人喝，那第二天晚上再来。如果接连三个晚上仍是没人喝茶，说明姑娘家不同意这门婚事。如果还想说，需要等到明年再来。

独龙族的婚礼比较简单，在仪式上，男女双方的父母要向大家介绍自己儿子女儿的情况，勉励新人要相互关心，将来即使一方的手、脚断了或是眼睛瞎了也不能分离。然后一对新人喝同心酒，大家跳起独龙舞，仪式便算结束。

(教师)笔记

鄂伦春族习俗

鄂伦春族是我国民族大家庭中的一员，他们自古以来一直从事狩猎生产，性情淳朴、坚强，以勇敢强悍而著称。广袤的黑龙江流域、大小兴安岭、外兴安岭以及贝加尔湖以东至库页岛，都曾留下鄂伦春族猎人的足迹。鄂伦春族被誉为“兴安岭之王”。

“鄂伦春”的族名，包含两种意思，即“山岭上的人们”和“使用驯鹿的人”。根据清初文献的记载，鄂伦春族人曾驯养过驯鹿。在鄂伦春语中，“鄂伦春”是由“鄂伦”（山岭上）和“春”（人的复数形式）组成，“鄂伦春”意为“山岭上的人们”，这是鄂伦春人普遍认同的民族自称。

鄂伦春族没有本民族文字，通用汉语。鄂伦春语属阿尔泰语系满－通古斯语族通古斯语支，是中国满－通古斯语族语言中最具活力，保留也最完好的语言之一。聚居的鄂伦春族大都用鄂伦春语交流；而散居的人则不如聚居地区，有的甚至丢掉了鄂伦春语。

鄂伦春族人口发展，只有百年的历史可查。据记载，1895 年鄂伦春人口约有18 000人，1917 年约4 111人，1938 年约3 000人，新中国成立前鄂伦春人口的急剧下降，与游猎民族动荡不定的生活方式和近现代社会战争频繁密切相关。新中国成立后，由于实施了正确的民族政策，国家积极扶持和帮助鄂伦春族经济社会的发展，鄂伦春族人口数量增长较快，素质有了极大的提高。2000 年第五次全国人口普查，全国有鄂伦春族8 196人。

一、饮食习俗

●狍肉宴与柳蒿芽

鄂伦春族的传统食物主要是野兽肉和鱼肉，其中食用最多的是

（教师）笔记

狍子肉和野猪肉。他们特别喜欢生吃狍肝，喝烧酒和马奶酒。最普遍的食法是煮，有时用鹿、野猪肉做“手把肉”。农业发展以后，他们吃粮食的数量逐步增多，而且特别喜欢吃一种烧面圈，鄂伦春语称之为“布拉曼乌恩”。他们认为吃烧面圈，人会更聪明、更勇敢。由于鄂伦春族人以狩猎为生，一年四季他们都游猎在茫茫的林海中。猎马和猎狗是鄂伦春族猎民不可缺少的帮手，被称为“猎人的伙伴”。鄂伦春人的猎马和猎狗都通人性，出于这个特殊的原因，鄂伦春人一般不杀马和狗，也不吃马肉和狗肉。

鄂伦春族的族源

关于鄂伦春族族源，有的说是“钵室韦”的后裔，还有的认为除“钵室韦”外，还有部分“奇楞人”、“玛涅人”、“满珲人”、“毕拉尔人”与土著鄂伦春人融合而成的。元朝时被称为“林中百姓”；明朝时被称为“栖林”、“奇楞”等；清初被称为“俄伦春”、“鄂鲁春”或“俄春乐”。公元17世纪中叶，由于沙俄的入侵，清官府将鄂伦春人相继迁到嫩江流域或大小兴安岭一带游猎。骑马的鄂伦春人属布特哈旗总管衙门管辖；步行的鄂伦春人由半官方的“谙达”代清官府收贡。直到新中国成立之前，鄂伦春族还保持原始公社制度。

鄂伦春人食用狍子肉的方法有烤、煮、炖、涮等，其中手把肉是最常见的吃法，把略带血丝者当上品。另外，猎民们还喜欢生食狍子肾和狍子肝。每当猎获到狍子后，便会就地开膛破肚，取出鲜嫩的肾和肝分而食之。他们认为生食动物的肾和肝对人有明目强身的作用。

在婚礼、节日或款待贵宾之时，鄂伦春人还常常举行丰盛的狍肉宴，以狍子肉为主制作美味佳肴，其中婚礼“狍肉宴”是最为讲究的。按照鄂伦春人的传统习俗，新婚的男女双方家均须举行一次。婚礼“狍肉宴”须由一名德高望重的长者主刀，所用狍子必须是生擒的一对。剥下的狍子皮要放在火上烤焦，据说这是为了让烟雾带着狍子皮被烤焦的特殊香味弥漫整个猎乡，让所有的人都能分享婚礼的欢乐与幸福。

过去，鄂伦春人不种蔬菜，野生的柳蒿芽是他们非常喜爱的重要菜肴。如今，鄂伦春族的饮食结构虽已大大改变，蔬菜品种十分丰富，但人们对柳蒿芽仍喜爱有加。

柳蒿芽是长在河边、谷地的一种野生植物，味鲜美、清香。不仅具有很高的食用价值，据说还有奇特的药用价值，对感冒发烧、胃肠不适及高血压、糖尿病等均有一定疗效。每到春夏时节，妇女们便背包挎筐去采集。采集来的柳蒿芽可作即食用，也可晒干备用。其食用方法，可与肉、排骨、鱼等一起炖，也可炒食或凉拌。鄂伦春人现在的饮食已大众化，但他们对能吃上传统的食品还是非常向往。偶尔有人猎到狍子，一定会像过节一样招呼上亲朋好友一起来分享。现在的鄂伦春人还保留着吃手把肉的习惯，只是传统的狍子肉变成了牛肉、羊肉和猪肉。手把肉是把带骨肉大块地放在锅里，只放很少的一些葱、姜和盐煮熟就可以了，鄂伦春人吃手把肉，一般只蘸着盐水或韭菜花，免得调料多了压住了肉的鲜味。吃过肉后，再喝几碗用肉汤煮的肉粥或吃点儿柳蒿芽，这对鄂伦春人来说，是最可口丰盛的饭菜了。

过去，妇女和儿童大量采集野菜和野果，主要是调剂比较单调的饮食并准备打不到猎物时食用。现在，每当大地刚刚披上绿装，不论在城市还是乡村，鄂伦春人和鄂温克人、达斡尔人就会不约而同地聚在一起，到郊外田野采集他们最爱吃的柳蒿芽。来到郊外的人们，望着绿油油的柳蒿芽布满田埂，闻着柳蒿芽散发的清香，摸着柳蒿芽光滑嫩绿的茎叶，这是鄂伦春人最心驰神往的快乐时光。当日上中天，大包小袋已鼓鼓囊囊的时候，他们架起一口大铁锅，煮上满满一锅柳蒿芽，唱起悠扬的民族歌曲，跳起欢乐的舞蹈，过一个他们自创的民族节日“柳蒿芽节”。

鄂伦春人的主食以米、面为主，食用方法也很多。用面粉做面片、炒面，把和好的面做成圈或饼在火上烤着吃。用稠李子熬野果粥、用酸奶熬粥，是鄂伦春人特有的食品。用小米、稷子米或黄米加上肉、盐做成黏粥“老考太”，是新婚夫妇入洞房时必须吃的食物。

鄂伦春族传统的饮食与他们的生活环境密切。夏天是捕猎獐和狍子的季节，人们多吃獐、狍肉，此外还有野猪、鹿、熊肉。人们将猎物肉切成条条晾成肉干，便于保存、携带，以备天冷时吃。还有小飞禽走兽也是鄂伦春人的食品。动物肉可烤、煮、熏着吃，野葱、野韭菜、盐就是调料。还有一种特殊的食法：将煮的狍子肉及其肝脑等，切碎拌和，然后加野猪油和野葱花拌食。

(教师)笔记

（教师）笔记

野菜、野果、蘑菇、木耳等是鄂伦春人的日常食品。猎到的母鹿、母獐的乳房在火上烤着吃是最有特色的美味。

清末民初，鄂伦春人有了米面，他们主要做面片、面条，也做成面圈放篝火里烤着吃。野韭菜、野葱馅的饺子也是他们喜爱的食品。鄂伦春人的米食，主要是“苏木逊”（稀粥）、“老考太”（黏粥）和干饭；而面食多为“高鲁布达”（面片）、“卡布沙嫩”（油饼），有时也吃“谢纳温”（饺子）。

鄂伦春人的饮料，主要是马奶酒和烧酒，前者是自行蒸馏而制的，后者是购买的。此外，他们在严冬出猎之前，常喝一碗热的熊油，以增强身体的御寒能力。

二、礼仪习俗

●迎接客人

鄂伦春人热情好客。不管是本族的还是外族的，不管是陌生人还是熟识的都请到家中，点烟倒茶，留客人吃饭，用丰盛的兽肉和好酒招待。男客要让到鄂伦春人居住的仙人柱中“玛路”铺位（正对门口的位置），女宾让到“奥路”铺位（仙人柱中左右两侧的位置）。

●尊长习俗

长者在鄂伦春族中受到小辈的格外尊敬。称呼老者要用尊称，不能直呼其名。出猎途中遇到长辈，小辈人要很快下马，牵马向前迎，请安问好，老人说可以走了，小辈才能上马。出远门打猎前，要给老人请安，归来后要先向老人问好。平时吃饭先请老者就座，喝酒、吃肉都要先请老人动手。遇事要先与长辈商议。

●赛爬犁

鄂伦春族的孩子们在寒冷的冬天喜欢玩皮爬犁。猎人们将野兽皮钉在爬犁底下，毛朝外，滑起来阻力小速度快。儿童们爬上高高的山坡，坐在皮爬犁上，疾速而下，远远看去，好像是各种野兽托着孩子们下山，非常有趣。比赛皮爬犁一种是比速度，另一种是比距离，锻炼赛手的敏锐眼力和掌握平衡的技巧。

●鄂伦春围棋

鄂伦春传统的棋是在桦树皮上画一个形状特殊的棋盘，棋子是

(教师)笔记

用三角形的小木块制成。一方持有24个小子儿为兵卒，一方持两个大子儿为猛兽。对弈时，首先双方按照在棋盘上固定不变的阵势布好阵。持大子儿的一方把2个大子儿摆在棋盘两头交叉处，持小子儿的一方在棋盘的八个交叉点先布上8个子儿。规定持大子儿一方先走，设法吃小子儿，必须跳一格方能吃。如小子儿把格堵死不让大子儿跳着吃，大子儿则需一步一格地走。持小子儿的一方可根据战略需要用手中的16个子儿往棋盘上布，大子儿每走一步，小子儿可布一子。等手中16个子儿都下完之后，持有小子儿的一方还可根据需要一步一格，走布好的棋子。决定胜负是看持大子儿的一方被小子儿一方围得寸步难行，即小子儿一方胜；如小子儿一方被大子儿吃得没有足够的兵力围住大子儿，则大子儿一方胜。

三、节日习俗

鄂伦春族主要有除夕、春节、祭太阳、祭月亮、祭北斗星、春祭、元宵节、清明节、送神节、米特尔节、抹黑脸等节日。鄂伦春人从什么时候开始过春节无从考究，但从对春节的重视和同其他民族相似的习惯来看，过春节应该是清代以后受满、汉等民族的影响才开始的。届时家家户户准备年货，打扫房舍，缝制新衣。除夕之夜，吃团圆饭，点燃象征兴旺的篝火守岁。大年初一吃饺子，放鞭炮，给长辈拜年，全家拜“白纳恰”（山神）、太阳神，大家串门拜年时要拜主人家的火神等。

鄂伦春族正月十六的传统节日既有意义又有情趣。传说在这一天抹上黑脸能驱赶邪气和鬼怪，一年里平平安安，也叫“抹黑日”。节日早晨，男女老幼双手抹上锅底灰，走出家门互相追逐抹黑脸别具情趣。但是抹黑脸有一定规矩，如给长辈抹黑脸时，必须先向长辈叩头；还规定子女、儿媳不能与父母互抹，哥哥不能与弟媳互相抹脸等。随着各民族交往日益增多，现在的鄂伦春族受其他民族的影响，也过中秋节、端午节、新年等节日。

四、宗教信仰习俗

鄂伦春族信仰萨满教，崇拜各种自然物，相信万物有灵，但以崇拜祖先为主。萨满教包括图腾崇拜、自然崇拜、祖先崇拜、偶像崇拜及其他诸神崇拜。鄂伦春族对太阳神非常崇拜，每年正月初一要向太阳跪拜。人们遇到困难时，也向太阳祷告。每年正月十五和八月十五都要拜月亮神，在众多的星斗中，他们对北斗星更是情有

(教师)笔记

独钟。每年腊月三十或正月初一晚上，用7炷香祭祀北斗星神。另外，鄂伦春族人对山神非常崇敬，认为山神主宰着山林中的一切生灵，包括他们获得的猎物，也是山神赐予的。每当逢年过节，必先敬山神，祈求保佑赐福。

在图腾崇拜中，鄂伦春族人和熊的关系十分亲密，每次猎到熊时都不说“打倒”、“打死”而说“睡了”或“成了”。吃完熊肉后，熊骨被搜集到一起进行“风葬”。鄂伦春人供奉的祖先神为“阿娇儒傅如坎”。每三年一次的续族谱氏族大会上，都要对祖先隆重祭祀。鄂伦春族的“萨满”（巫师）在进行宗教活动时，不收取任何物质报酬。平时也不脱离劳动，因此他们有很高的威望。

五、礼仪

●婚姻

鄂伦春人的家庭，以两代人组成的居多，成员一般为2~7人，鄂伦春语称“柱”。家庭中的家长是父亲或长兄。男子在家庭中主要从事狩猎、捕鱼、制造和修理一些与此有关的生产工具。妇女主要从事家务、手工、采集劳动。男子是家庭中的主宰，但不独断专行，在决定家庭中重大事情时，还要听取家庭成员的意见。虽然妇女受到许多禁忌的限制，但妇女特别是老年妇女在家庭中有一定的影响，特别是在女儿的婚姻上，母亲的意见往往起决定作用。孩子在家庭中备受爱护。鄂伦春族实行一夫一妻的男婚女嫁的婚姻制度，严禁同一氏族内部或辈分不同的人通婚。鄂伦春族中门第观念较淡薄，过去婚姻一般由父母包办，经过求婚、认亲、送彩礼和迎亲四个过程。鄂伦春人一般不许离婚，认为是耻辱的事，离婚受到许多限制。年轻的孀妇，娘家可以许配他人，得不到婆家同意可以抢婚，抢婚后，并不影响双方原有的亲家关系，他们继续友好地往来。鄂伦春氏族内寡妇不会受到歧视，反而因失去丈夫备受同情，处处受到帮助和照顾。

●丧葬

鄂伦春人相信人死后灵魂不灭，因此要举行隆重的葬礼，使其灵魂尽快升入天堂或转世。老人去世，穿好寿衣，天亮前入殓，在“仙人柱”内停放几天，通知亲友吊唁。如果死者是女性要尽快通知娘家，听从娘家人的安葬意见。安葬方式主要有风葬、土葬、火葬。墓地选择背山面水的视野开阔地方。树葬又称“天葬”，将棺木吊置在一人多高的四棵活树上，忌用死树。土葬与汉族等民族基本相同，讲究头朝北或西北方。火葬主要用于得急病死去的青年或孕妇。现在一般都行土葬。在死者的周年、三周年忌日举行祭祀仪式。

●禁忌

鄂伦春人崇拜火，认为得罪了火神会遭殃，因此，忌随便翻弄火，不能向火中吐唾沫，不能用脚踢火中的柴火。他们敬畏山神，因此进山打猎，不能大声喧哗。鄂伦春人还有很多禁忌，如烤肉，煮肉时不能用刀捅火，更不能往火上倒脏水、吐口水，以免触犯火神；劈柴不能劈得过长，否则要拖延打猎的时间；不能叫祖先和长辈的名字，回避说别人的名字；家人出去打猎时，小孩不能玩捉迷藏，否则野兽也会躲起来，家人会猎无所获；吹狍哨诱猎狍子，不能割断脖子，否则以后就引诱不来狍子。

(教师)
笔记

赫哲族习俗

赫哲族是中国东北地区一个历史悠久的民族。主要分布在黑龙江省同江市的八岔、街津口两个乡和饶河县西林子乡四排村等沿江一带。少数人散居在桦川、富锦两县的一些村、屯和佳木斯市内。根据2000年第五次全国人口普查统计，赫哲族人口为4 640多人。历史上曾有“黑斤”、“真”、“赫真”、“奇楞”、“赫哲”等不同名称。新中国成立后，统一族名为“赫哲”，意为居住在“东方”及江“下游”的人们。赫哲语属阿尔泰语系满－通古斯语族，有不少语汇与满语相同。现在40多岁以下的赫哲族人已不会说民族语，通用汉语。赫哲族没有文字，通用汉文。过去曾信仰过萨满教。赫哲族生活的地区山清水秀，河汊纵横，为渔猎经济提供了便利的自然条件。过去民间所说的“棒打狍子瓢舀鱼，野鸡飞到饭锅里”，就是对赫哲人民浪漫田园生活的真实描绘。现在沿江而居的赫哲人仍以渔业为主，不论男女老少，都是捕鱼好手，以渔业经济为核心，形成了赫哲族独特而丰富的民族文化。

一、饮食习俗

赫哲族居住于黑龙江、松花江、乌苏里江沿岸，江中的各类鱼，养活了赫哲人。这里有闻名中外的大马哈鱼；出产最多的有鲤、鲇、鲂、赶条、鸭嘴鱼等等；也有名贵的“三花”和“五罗”。三花即：鳌花、鳊花、鲫花；“五罗”即：哲罗、雅罗、发罗、同罗、胡罗。

在赫哲族居住的地方，还有茂密的森林，生长着四季常青的针叶松，木质坚硬的刨码树，绿叶红杆的獐子松，生木耳、长猴头蘑的柞树，参天笔直的杨柳，还有榆、桦、椴等几十种树木，其他灌木更是种类繁多。还有金、铁、煤、石油等矿藏。

在这浩瀚的绿色宝库和崇山峻岭之中，栖息着许多野兽，以中外闻名的紫貂最为贵重，还有体型大、毛色美的东北虎，价值昂贵的水獭，毛绒松软的猞猁狲，凶猛异常的熊，贪得无厌的狼和狗，生长鹿茸的梅花鹿和马鹿，体大、身高的驼鹿，脂肪可医治烧、烫伤的獾子，毛皮细软可御寒的狐狸，皮肉兼用的狍子和野猪，还有轻软耐用可做皮大衣的水鼠、鼬和灰鼠。他们都是赫哲族狩猎的对象。在鸟禽中有猎人的好助手海东青鹰和能捕捉獐狍的老雕等等。

俗语说："靠山吃山，靠水吃水"。鱼、兽肉便成了赫哲人日常的主食；有时用小米做成"拉拉饭"（稠粥），或者用小米掺鱼、兽肉及野菜，做成"蒙古布达"当饭吃，但这只是做供品和待客用，表示纪念和尊重。过去，富裕人家，每年一般每人平均可买25公斤小米；贫困人家，每年一人还吃不到15公斤。他们除了日常吃新鲜的鱼、兽肉外，还把鱼做成鱼条子、鱼披子和兽肉干储藏起来，以备缺吃或应急时用。过去，捕鱼、狩猎的收获虽多，但因渔猎经济不稳定，有时天灾人祸会造成当年的渔猎产品不够维持生活，只有用储备的鱼、兽肉类做补充食物。他们抓紧在风多、凉爽、气候干燥的春、秋季节，多晒些"敖尔克奇"（鱼肉干）。夏天是捕鱼的淡季，气候炎热，苍蝇多，不适宜晒肉干。如果必须晒时，只有用烟熏火烤，而且只能用脂肪少的瘦鱼。"稍鲁"是一种用火烤干的便于储藏的鱼肉块、鱼条子，吃时，炒、炖、煎均可。烤熟的鱼肉块掺在"它斯罕"（鱼肉松）中吃，是很香酥的，赫哲人常把"稍鲁"当点心给小孩吃。勤劳智慧的赫哲族妇女，用去皮的较肥的槐头、草根、胖头等鱼炒成"它斯罕"，又名"鱼毛"，比市场上出售的鱼松味道好，储藏时间长，不易变质。制作"它斯罕"的方法：将鱼剖腹，去除内脏洗净，切成大块放在锅里煮熟后放入鱼皮篓、木箱或坛子里，将口封好，埋在室内地下，使其保持水分。他们还有种吃鱼的方法，就是把生鱼切成薄薄的片，叫"苏拉卡"，加上食盐，可随时吃。这与远古人类吃生肉的方法相似，只是加了食盐和调料。

赫哲人对猎获的兽肉，除当时就地烧、煮熟食外，将狍、鹿、野猪、熊等大野兽的皮剥掉，将四肢的肉和脊肉切成块，串在木棍上，用火烤熟后，切成约半寸的小方块，晒成"胡烈克特"（肉干），储藏起来，吃时先用水浸泡，然后炖熟吃；也有的不再煮炖，就吃肉干。在兽肉很多，来不及煮熟时，便用火熏烤，随时可吃。也有将狍、鹿、野猪的脊肉、后腿肉切成约一寸五分厚的长方形肉

（教师）笔记

条，晒成“乌切克特”（肉条子干），吃时加点盐即可。

在赫哲族中，尽管农业生产与狩猎生产相比较，占次要的地位，但也普遍以粮食为主食。常吃的是“蒙古布达”（用鱼或兽肉加上小米做的粥）、面片等；有时将面粉和好压扁，切成条，煮熟后切成块，同“鱼毛”搅在一起吃。在节日或招待客人时，也都习惯用面食了。

二、礼仪习俗

●尊老爱幼

赫哲人注重礼仪，有尊老敬长的良好社会风尚。晚辈出门回来，与长辈相见时，要向长辈行跪拜礼，依次向父母、兄嫂问安，以示尊重。长辈吻小辈的额头，以示关心爱护。

●待客礼

居住在黑龙江同江、饶河一带的赫哲族，以捕鱼和狩猎为主业，有吃生鱼的饮食习俗。客人来访，常以凉拌的生鱼待客，先请客人吃一口鱼，表示尊重对方。如果客人不吃，则被认为是失礼。对客人须奉上鱼头，以示尊敬。上桌的鱼菜，总是把鱼头朝着客人。吃菜时，总是用筷子点点鱼头，示意让客人吃。科学实验表明，鱼脑含高蛋白，营养价值高，特别是鲫鱼头更是营养丰富。

●祈子礼

赫哲族旧时认为，小孩死后，其灵魂先变成麻雀，再转生为人。年逾30岁尚未生育的妇女被视作缺乏转生灵魂的人，须请萨满找魂求子。举行仪式前，求子的妇女应暗中将萨满的帽带或神裙飘带挽上一个结。萨满在神龛前脱神衣时发现此结，便问是谁挽的，该妇女即刻跪在神龛前洒酒许愿、求神赐子。于是萨满击鼓跳神祷告，并命求子者在3～4日之内到萨满家取胎儿灵魂。届时，求子的夫妇携带狍皮或鹿皮制成的“收魂袋”来到萨满家，在炕沿上并肩而坐，萨满的两名助手扶着他们的双肩。萨满在屋内跳神找魂时，夫妇二人中只要有一个双肩抖动，即被认为魂已附体，萨满即放下手中的鼓，拿起收魂袋，向袋内吹一口气。得子后，该夫妇须以牛、马、猪、羊等酬谢神灵。

(教师)笔记

●祭灵礼

人死了以后，人们还要举行一些与他或她有关的礼仪，称“祭灵礼”。这是灵魂不灭观念的反映。赫哲族认为男子死后第七天晚上，女人死后第九天晚上灵魂要回家中。当晚，死者家人将用纸做的衣服、饭菜等，摆放在大门口，并放一碗灰验证鬼魂是否回家。第二天早上，若灰上留有鸡、鸭等动物的印迹，表明灵魂回来过，反之则无。留有何种动物的痕迹，表明死者灵魂已依附了该种动物。

三、节日习俗

“乌日贡节”，意为娱乐或文体大会，每两年举办一次，时间在农历五月中旬，节期2～3日，地点在同江市与饶河县赫哲族聚居区轮流。节日的白天主要是体育竞技，有游泳、划船、撒网、拔河、叉草球、射箭等。这几项比赛都与赫哲人的渔猎生活有关。叉草球最具特色，是叉鱼技术的陆上业余训练。草球用湿草捆扎而成，玩法有两种：一种是把多个草球扔出一定距离，参赛者站在同一界线上，轮流用近2米长的三齿木杈投叉，多中者为胜；另一种是分两队，甲队先把球抛向空中，球落地前乙队若能叉中，就前进一定的步数，否则后退同样的步数，然后由乙队发球甲队叉，先到终点者为胜。节日之夜，在江边举行篝火晚会和聚餐宴饮。赫哲人的节日食品或待客佳肴中，都少不了“杀生鱼”。乌日贡大会上，赫哲族的民间说唱文学“伊玛堪”最受群众喜爱。“伊玛堪”是赫哲族口传的叙事长诗，现有50多部典籍，被誉为“北部亚洲原始语言艺术的活化石”。它讲唱部落战争、民族兴衰、维护民族尊严和疆域完整的英雄故事，赞颂纯真的爱情，还讲述萨满求神及风俗民情，有时一唱就连续好几天。赫哲族人民喜爱音乐，善于唱歌，流传着许多民间歌曲，旋律奔放。

农历腊月二十三日是赫哲族的小年。关于节俗的用意，与汉族说法相同，是为了送灶神上天。为使他“上天言好事，下界保平安”，要往灶神画像的嘴上抹“拉拉”（一种黏粥饭）。有的把“拉拉”抹到灶门上，目的都是为了把灶神的牙黏住，让他不要到玉帝面前去乱讲。灶王爷的嘴是不能全给封上的，否则上了天连“好事”也“言”不了啦。赫哲族对火非常爱护和崇拜。过去赫哲人认为有火神爷爷“佛架玛玛”，并供有使用火的“都热马林”神。

(教师)
笔记

谁家死了人还参加捕鱼，到江边架起篝火，让烟火熏掉晦气。赫哲人把灶神与火神视为同一神。除夕之夜全家人要向供在锅灶后面墙上的火神磕头。从正月初一至初五，每天早晨都得给火神磕头。磕头时老人跪在前面，女人孩子跪在后面。老人还要代表全家求火神保佑年景丰收、孩子平安等。

每年九月九日过鹿神节。鹿神节来源于赫哲族早年对虎神的崇拜，把猎物丰收寄托于虎神的保佑，逐渐形成具有民族特点的风俗节。传说三江口一户老猎户的妻子独自在家时替一只老虎摘掉了爪上的木刺，老虎后来常给他们衔来些狍子、野鹿。猎人为了感谢老虎，以食物祭供老虎，结果打猎顺利。人们认为这是有虎神在保佑，从此每年在九月九日祭虎为庆。因为祭虎时全村要跟着萨满跳鹿神舞，故又称“鹿神节”。这一天全村人出动，点上篝火，供上酒肉，载歌载舞。

四、宗教信仰习俗

赫哲族的宗教信仰与满-通古斯语族的其他各族一样，都信仰萨满教。他们相信万物有灵，认为天、地、日、月、星、山、川、草、木都由神来主宰，因此崇拜自然；认为天灾人祸都是鬼神主宰的，从而崇拜灵魂鬼神。相信人与动物都有灵魂，而且灵魂不会死；崇拜灵魂和祖先，这是原始宗教的思想基础。一些人类学家称这种宗教的基本观念是属于“生气主义”，或称“灵魂主义”。

赫哲族信仰萨满教，是对现实世界的反映，比原始阶段已向前大为推进了。随着社会物质生活条件的发展，萨满教的表象和内容也在不断地变化。从赫哲族信仰萨满教的表现形式看，是由原始宗教到现代宗教方式的过渡时期。

随着渔猎经济和社会的发展，赫哲族由崇拜自然和物的对象，转向了崇拜多神。偶像萨满不仅有派别、有品级，诸神之间也有等级之分。萨满是以神帽上鹿角枝多寡而分派别。萨满的派别分为：1）河神派，赫哲族“比拉特肯”帽上的鹿角左右各一枝；2）独角龙派，赫哲族“由容特肯”帽上的鹿角左右各二枝；3）江神派，赫哲族“玛莫库特肯”帽上的鹿角左右各三枝。萨满的品级是以其神帽上鹿角叉数的多寡而分高低。鹿角叉分三叉、五叉、七叉、十二叉和十五叉共五级。从初级神帽升到三叉鹿角，要经过两三年的时间，以后升级的年限无一定，升至最高的十五叉鹿角神帽，需40~50年的时间。神帽上的小摇铃和神裙上的附属品，如飘带、铜铃、铜镜等，也因萨满的品级高低，而有不同的规定。

萨满与汉族的“巫”很相似，而且巫与医又常常联系在一起。所以《论语》中有“人而无恒，不可以作巫医”之说。汉文“医”字的古写，常常写成“毉”字。这是因其历史上与巫的活动联系密切。萨满与巫认为，人世间的吉凶祸福、社会制度的变革以及宇宙间变幻的一切现象，都是神鬼在冥冥之中主宰的；人与神明之间相联，只有萨满可作媒介。每个萨满有一个或几个接近他的神灵，被他附在身上，以便借助这些神灵，超脱出他的知识与能力。所以人们认为，萨满能预示吉凶，侦察天堂、人世、地狱三界；刺探各方神境实情；也可回答关于神的种种疑问。所谓世传的萨满，并不父传子、子传孙、代代相承，而是父辈萨满的神找上儿子，其子才当萨满。有的隔一代或几代始找上后代当萨满；有的萨满无后代，他的神也有找上其近亲的人。萨满死后，如其子患病，另一个萨满来治病时，认为是患者父亲过去所领的神或供的“布勒坎”找上来作祟，其子只有当萨满，继承其父亲所领的神，疾病才能痊愈。

初领神的萨满，要向当师傅的萨满学习神辞、神术。主要是从老萨满给人治病请神的活动中学习，并且自己常常练习，学习神术三年，可以给人治病。

赫哲族的萨满和汉族的巫一样，领神的人有男也有女，但最初领神的人是女性。我国古书《国语·楚语》中载：“在男曰觋，在女曰巫。”可见女人领神称巫，是主持神鬼的最先出现者；其后，出现男性领神者而称“觋”。

从事渔猎生产的赫哲族，对动物的崇拜比较普遍。他们认为各种动物都由神灵主宰。由于鱼、禽、野兽对人们生活的重要性，而加以依赖，又因它对人们的威胁，所以产生崇拜动物的必然性。

赫哲人崇拜的动物神灵有鹰神、鸠神、杜鹃神、金钱豹神、狼神、刺猬神、狗熊神。还有“黑额恩木热”神，是蛇形，“依斯额嫩”神，是四脚蛇形。后两种神是坐在家里治病的萨满神所领的神。其他如马神、龟神、鳖神、蛤蟆神等。平时猎民将其收藏在布袋中，出猎祭拜时，则摆出来供奉。赫哲人相信鬼魂的存在，相信灵魂不死；鬼魂与灵魂的观念是有区别的。灵魂是经常与肉体结合在一起的，只有患某些病或做梦时，才离开肉体；它不像鬼魂能做祟于人们。而鬼魂是离开肉体的灵魂，它附着于其他物体，可以变形。人们要与他发生关系，只有通过宗教方式。

在赫哲人信仰中，天神为尊，属众神之神，平时供奉在赫哲人

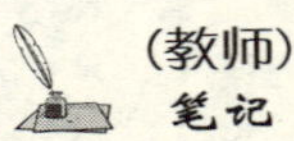
（教师）笔记

首领家中，一般族人只能膜拜，而不可自行供奉。每到喜庆节日或偶遇重大事件，由族长带领族人共同敬奉，增添香火，借天神之威，驱除灾祸，祈求渔猎丰收，族人平安。如今，在民族地区不单是赫哲人信奉天神，当地其他民族也把天神作为自己的真诚信仰，在较大节日婚丧嫁娶、出仕入学等重要事件前后都要来增添香火，以示敬意与谢意。

五、人生礼仪习俗

●婚礼

结婚的那天，新郎穿袍、披红戴绿，在大家陪伴下骑着高头大马去迎亲，冬天后面跟着雪橇，夏天后面跟着彩车。男方去接亲的人数要是单数，因为回来时加上新娘正好是双数。

女方要摆酒席款待男方，新郎要向岳父岳母叩头。新娘将单辫改梳成双辫，穿上红袄红裤，蒙上一块红布，将脸盖上，由她的兄嫂或姐夫抱上雪橇或彩车。女方的母亲和亲友带上陪嫁礼品，陪同新娘送亲到男家，但新娘的父亲不能去。

送亲的人到了男方家，男方的老人要向女方的老人敬酒三杯，同时也给送亲的人敬酒。新娘到了男方家，由女宾搀扶下车或雪橇，与新郎拜天地。也有的地方当天先住在别人家，第二天再举行仪式。婚礼中，先拜祖宗三代，然后由一位长者手持三根捆在一起的芦苇向新娘训话，内容是孝敬公婆、尊敬丈夫、好好劳动、不要偷懒等等。

训话完毕，新郎吃猪头，表示男人领头；新娘吃猪尾巴，表示跟随丈夫过和睦日子。

●丧葬

赫哲人的丧葬仪式，视死因各有不同。死于山里的用桦树皮或树枝裹尸架在树上，待二三年后埋葬；死于家里的三日后埋葬；暴亡的隔日埋葬；死于痘疹或痨病者当日火葬。

埋葬方法：先挖好墓穴，做成木刻楞墓框，用树皮裹尸，木头棚盖，再培土成坟丘。

(教师)
笔记

门巴族习俗

门巴族主要分布在我国西藏自治区南部，共8 923人（2000年第五次全国人口普查数据）。大多数聚居在错那县以南的门隅地区，其余居住在墨脱、林芝、错那等县。“门巴”，原是藏族对他们的称呼，现在也成为门巴族的自称，意思是居住在门隅的人。门巴族人民和藏族人民长期友好往来，互通婚姻，在政治、经济、文化、宗教信仰、生活习俗等方面都有十分密切的关系。门巴族有自己的语言，属汉藏语系藏缅语族。方言种类多，差异大。普通门巴人有名无姓，其取名的习惯与藏族同，名字一般都有吉祥的含意或带有宗教色彩。门巴族主要从事农业，擅长编制竹藤器和制作木器。

一、饮食习俗

门巴族的主食，并不是所有的地区都一样的，因地而异。有些地区主食糌粑，有的地区是以吃玉米、稻米和鸡爪谷为主的，而有的地区则是以吃荞麦、小麦和青稞为主。喜欢以辣椒作为佐餐。在勒布地区的门巴族人，他们有自己的一套吃荞麦的方法，其作法是：用一块圆形的薄石板，放在火塘的三脚架上，以野蜂蜜代油，摊上糊状的荞面烙成饼，然后再抹奶渣、辣椒、盐水等佐食。而小麦和青稞的作法则是：先把小麦和青稞磨成粗面粉和青稞糌粑，在锅里面一边调一边煮成稠的糊糊来吃。大米的吃法大致与汉族相同。

●食肉

门巴族的肉类以牦牛、黄牛肉居多，也食猪肉和羊肉及猎获的野生动物肉；食法习惯炖或制成肉干。墨脱地区的门巴族人不忌讳吃肉食，但是勒布和邦金的门巴族是不一样的，他们不吃自己养的

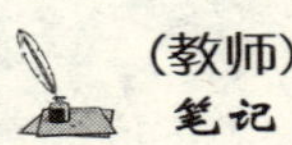
(教师)笔记

家禽或牲畜，对于自家养的禽、畜，他们只用作交换。他们认为，牛为他们耕地，而且还产奶供他们食用，要吃自家牛的肉是很残忍的。但是，他们吃买来的牛羊肉或是别人杀的、猎获的兽。在门巴族的饮食结构中，常见的蔬菜主要有南瓜、黄瓜、白菜、西红柿、圆白菜、辣椒、韭菜、蘑菇、木耳等，烹制方式比较简单，一般为烧烤和水煮，有时也用清油烹炒和油炸。

●饮料

主要是酒和茶。门巴人善酿酒，他们用玉米、小麦、青稞酿酒，用稻米酿的酒叫“米酒”，清亮醇香；用玉米酿的酒叫“黄酒”，色黄酒浓；用青稞酿的酒叫“青稞酒”，甘甜醇香。每逢遇到婚丧嫁娶、欢度节日的时候，人们都离不开酒。无论是墨脱地区还是勒布等地区的门巴族人，都普遍嗜酒。勒布和邦金喝的多为青稞酿成的酒，而墨脱地区的门巴族人喝的多为大米和鸡爪谷酿成的酒。把酿好的酒装入到大葫芦里，或者是装入到大竹筒里面。另外茶也是门巴族生活中的必需品，有清茶、酥油茶和清油茶。

●食具

门巴族人的食具多是用木制的碗或竹制的碗，也有的用木勺竹饭盒。他们的炊具多是石制的锅，他们不喜欢用一些铁制的锅，因为他们认为石锅做的菜比铁锅做的菜味道好。

二、礼仪习俗

门巴族是热情好客，富于礼仪的民族。当有客人来的时候，他们会热情地接待客人，一般情况下都是男的陪客，女的敬酒，客人喝一口，女主人就会给客人添上一点；如果客人喝醉了，主人会很高兴，因为他们认为这样表示客人尊重主人，看得起主人。当门巴人得知有客将至时，全家携酒到村口为客人接风洗尘。当客人到勒布地区的门巴人家里做客时，主人先请客人在火塘边的铺垫上盘腿落座，然后，在火塘中的铁三脚架上或支锅的三块石头上，放一块半径尺余的薄石板，将荞麦面粉搅拌成稠糊，以野蜂蜜代油，将稠糊倒在薄石板上摊开，用竹片来回翻几次，再抹上奶渣、辣椒、盐水，一张别具风味的荞麦饼就烙成了。客人留住，主人要陪客人聊天；客人不睡，主人不得离开先去歇息。家中有客人，家庭成员不得随便在客人面前走过；必须走动时，要躬身从客人身后绕过。客人带来礼物，主人不仅要致谢，而且要还礼。客人离别时，主人全家执酒送到村外。

(教师)
笔记

三、节日习俗

门巴族的节日主要有两大类型：一类是宗教节日，一类是岁时年节。宗教节日主要有曲科节、萨嘎达瓦节、主巴大法会、达旺大法会；岁时年节主要有门巴族新年。

●曲科节

在每年的六月庄稼成熟时举行。过节时人们聚集起来，举行隆重的朝拜仪式，然后在喇嘛和扎巴的带领下，背经书、举经幡，围绕村庄和庄稼地转一周，祈求神灵保佑，人丁兴旺，庄稼丰收。群众自备酒饭，在地头田间载歌载舞，整个活动进行2～3天。

●萨嘎达瓦节

相传佛祖释迦牟尼诞生和圆寂的日子是藏历四月十五日，为了纪念这一天，门巴族地区的所有寺庙念经祈祷，举行各种宗教活动。到时每家都要拿出一定数量的糌粑、酥油和青稞酒，交给寺庙，寺庙的喇嘛再把糌粑做成“措”分给大家吃，众人互相敬酒吃喝。到晚上，每家房前屋后还要点酥油灯，以示庆祝，并把这一天作为进入农时的标志。从这一天开始，人们就要开始做农活了。

●主巴大法会

是墨脱地区盛行的大法会，在丰收年的十一月至十二月间举行，历时3～18天不等，歉收之年不举行。主要活动有念经、跳神、演出宗教戏剧等。人们自备酒肉、食物，欢聚在一起，白天饮酒观看跳神表演，夜晚在野外点燃篝火，载歌载舞，欢度节日。

●达旺大法会

在每年的藏历十一月二十九日举行，历时三天。节日里，人们除了观看跳神表演、传统戏剧《卓娃桑姆》和跳牦牛舞外，还要举行一些自娱活动，如赛马、拔河、射箭等。

●新年

藏历元旦是门巴族最重要的节日，门巴语称为“洛萨”，错那

(教师)笔记

门巴族过新年是从藏历的元月一日开始，到元月十五日结束，与藏族人过新年基本上没什么区别。而墨脱地区门巴族的新年则不同，他们一年中有两个新年，一个是元月新年，从藏历的元月一日开始，历时2~3天；另一个是十二月新年。十二月新年是墨脱门巴族最富特色的年节，从藏历的十二月一日开始，历时10~15天。节前，家家户户要打扫房屋，杀牛宰羊，置办丰盛的酒菜，宴请宾客。节日期间人们穿着盛装，互相拜访庆贺，载歌载舞，饮酒狂欢。另外还要举行各种游艺活动，如拔河、角力、抱石头、射箭等。

四、宗教信仰习俗

门巴族对鬼、神、佛有着最大的宽容精神，不分远近、亲疏、厚薄，都请在他们的心灵的祭祀上按部就座，奉献人间的礼遇和牺牲。原始宗教、原初本教和藏传佛教，在门巴族社会中并存，是门巴族共同信仰的三种宗教。

●原始宗教

原始宗教古已有之，是门巴族理解、处理和解决人与自然的基础、矛盾和冲突的原则。“万物有灵”是门巴族原始宗教的“理论”基础；而巫师和巫术是人与神、鬼之间的“律师”、“法官”和“审判庭”。直到20世纪中叶，人们还真诚地认为天神地灵、山鬼水妖、石精树怪、鸟兽虫鱼都有神性灵气。人是自然的一部分，对人自身不能理解的现象，也是信仰和崇拜的对象。门巴族崇拜的“屋梁神”，是在居室屋梁上悬挂的木制的大、小不等的木杵状的器物，以保佑人丁兴旺、子孙万代，这实际上是原始的男性生殖崇拜的反映。真诚的信仰培育了审美感，人们从此认为悬吊木杵状器物的房屋是美的。鬼神灵气无所不在，并且喜怒无常，它们既能赐福人间，也常布灾降难，凡病痛或不祥、异常或祸殃，认为都是某种鬼灵妖气造成的，唯有请求巫师施行巫术，请神送鬼，才能禳灾除祸。门巴族巫师有登龙坎、巴窝、觉母和巴母等。

●原初本教

门巴族信仰的本教是从藏区传入门隅的。但本教在门巴族信仰观念中与原始宗教并没有严格界限。本教来到门隅，并未享受到门巴族给予的特殊待遇，它没有特别的仪式和仪轨，是在原始宗教的祭坛上一同品尝牺牲，它没有自己的单元住宅，只是在人们的心灵上承认它的存在。不过，本教也确实拓展了门巴族的信仰思想，它们从本教那里请来了天神，给原始宗教的各霸一方的众鬼们找到了最高的主宰；他们接受了本教的宇宙“三界”的结构“理论”，并与民族的实际相结合。他们认为，他们曾经崇拜的那些山神就是本教说的通向“拉”界的“通天之路”。墨脱的门巴族朝拜的南迦巴瓦峰，被认为是与“拉”界相连的神山。原始宗教崇拜的鬼灵们也被接纳为本教神祇的成员；同时本教的神祇也加入原始宗教崇拜的鬼灵的行列，如龙、精怪、战神等。本教传入门隅，产生了本教的神话、传说，并在诗歌、舞蹈、戏剧中渗进了本教的思想观念。

●藏传佛教

佛教传入门隅大约在7~8世纪。至今在历史上属上门隅的错那县勒布门巴族中，还广泛流传着莲花生修建桑鸢寺后，来到门隅传经授法、降服妖魔的故事。在上门隅的许多地方被认为是莲花生活动的遗址。门隅在7世纪时就被纳入吐蕃王朝的版图。这里自古就是西藏腹心地区通往印度的古道之一。这些传说有一定的可信性。藏传佛教扎根门隅是在11世纪以后。传说，藏传佛教宁玛派活佛帝尔顿·白玛宁巴和他的弟弟宁玛派的乌金桑布活佛来到喜马拉雅山南麓，这块被称作是“隐藏着的幸福之地”，传授佛法。乌金桑布亲自主持修建了桑结凌、措结凌和乌坚凌三座著名寺庙（至今还在），并给门隅曼扎岗地方门巴族施授马头金刚灌顶，他因此被称作“达尊神”。曼扎岗也因此更名“达旺”（达即“达尊”，旺即“灌顶”之意）。他又在信徒的帮助下，在达旺建立了达旺寺，亲自执掌达旺寺宗教事务。乌金桑布在门隅的活动，深受门隅土王楚卡尔娃的赏识，许配其女儿多吉宗巴，招为婿。从那时起，藏传佛教宁玛派在门隅广为传扬。

宁玛派意为古派或旧派，认为其教法是从莲花生传下来的，是西藏历史最久远的佛教派别，俗称“红教”，因僧人穿戴红衣帽而得名。宁玛派组织涣散，教徒分散各地，教法内容也不一致，僧人可以居家修行。而最大的特点是该教派大量吸收了原初本教的教义、教规和崇拜对象，修行高深的喇嘛和本教巫师携手同行，佛性普遍存在的理论和“万物有灵”的观念统一起来，崇尚秘咒，修持“大圆满法”，供奉佛尊和凶神，与原初本教活动结合一体，所以自它传入门隅地区以后，为信仰原始宗教和原初本教的门巴族所喜闻

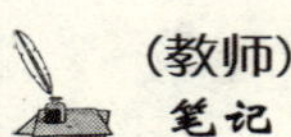
（教师）笔记

乐见，极易渗进门巴族的文化结构和心理结果之中。至17世纪中叶五世达赖时，虽有格鲁派传入门隅并得到官方支持，但在广大门巴族群众中，宁玛教派依然具有深刻广泛的影响。

五、人生礼仪习俗

●起名

门巴人基于企盼人丁兴旺，对婴儿起名字是相当重视的，总想起一个吉祥美满的名字。婴儿降生后三天，主人拔掉了象征“闲人免进”的忌讳树，请来喇嘛，告诉他孩子出生的日期和时辰，经喇嘛掐算，或说娃儿从天界而来，或说娃儿从龙富而来，或说这个娃儿是猪、狗、牛、蛇……转世投生而来。

接着给婴儿取名字，若是星期日生的，男的叫尼玛，女的则叫尼玛措姆、尼玛卓玛、尼玛曲珍等；若是星期一生的，男的叫达娃，女的叫达娃措姆、达娃卓玛等；若是星期二生的，男的叫米玛，女的则叫米玛卓玛、米玛曲珍等；若是星期三生的，男的叫拉巴或拉巴次仁等，女的则叫拉巴卓玛等；若是星期四生的，男的叫普布、普布多吉、普布次仁，女的则叫普布拉姆、普布拉珍；若是星期五生的，男的叫巴桑、巴桑次仁，女的则叫巴桑拉姆、巴桑卓玛；若是星期六生的，男的叫边巴、边巴次仁，女的则叫边巴或边巴拉姆。

婴儿起名后，奶奶或婆婆抱着婴儿随喇嘛到屋外，拿着一根燃着的木柴，端一瓢净水，再拿一件铁质农具和一把土，从左向右围着住房转三圈，扔掉四样东西，它的含义是说：肉是从土借来的，血是从水借来的，呼吸是从火借来的，骨头是从铁石借来的，心脏是从天空借来的，房主感谢诸神给主人恩赐了一个好娃娃，他会成为一个好猎手或巧手的；扔掉东西后，从房内钻出一个人来，手持用玉米面做的孔雀，跟在婴儿后边，频频向婴儿点头，这意味着吉祥鸟孔雀能化险为夷，它能消食化毒，今后婴儿不会中毒夭亡，能逾越一切艰险，健康成长。从此以后，婴儿可以抱出门外，不再担心鬼魂附身了。

●婚姻

“东北的山再高，遮不住天上的太阳；父母的权再大，挡不住儿选伴侣。”这首情歌是门巴族恋爱婚姻比较自由的反映，婚姻一般虽由父母做主，但也要取得子女的同意。只要男女相爱，通常不受贫富等级观念的影响。新中国成立前，婚前社交较自由；非婚生子女不受歧视，妇女和私生子都有财产继承权。

婚龄一般在十八岁上下，举行婚礼时最尊贵的客人是新娘的舅父，他是婚礼中的最高权威，新郎首先向他敬酒献哈达。舅父面前要摆放全牲熟猪、熟牛的各部位。舅父饮着酒，端详熟肉的部位是否齐全，而后寻衅挑刺，嫌酒不醇说："猴子不是喝水醉的！"甚至把酒泼向敬酒人。嫌肉不全又说："我们家的姑娘长得不健全吗?"新郎家尽管事事都注意，舅父还是要借题发挥，显得异常气愤，显示舅父的尊严。这时候，新郎的父母要赔礼道歉，献上哈达和一点儿钱去消舅父的"气"，婚礼方能继续进行。客人多数自带酒食，两三天后，才尽兴而散。

门巴族的婚姻，没有民族的限制。父系血缘集团内部和姨表亲戚之间不能通婚。视姑舅表亲戚婚姻好，若舅舅的女儿被别人娶走，则认为是姑家适龄男子无能；舅父之子也可优先娶姑家之女为妻，若不同意，舅父有权干涉，甚至没收外甥女所得的礼物，并为传统习惯所认可。

姨表不婚和重舅权，表明父权制确立之前世系按女方计算的特点，子女亲舅父甚于亲自己的父亲。在勒布有未生第一个孩子不落夫家的习俗，显然这也是母系氏族时期的一种遗风。

但从女方要收较厚的彩礼看，又有阶级社会买卖婚姻的性质。订婚、结婚时，要请喇嘛择吉日，驱邪，婚礼已注入西藏农奴制度的一系列习俗，阶级内婚的意识比较淡薄，但已注意对方的经济条件。

离婚较自由，夫妻不睦，经本村头人调解无效，即可离婚。双方财产，各归原主。若一方坚持离婚，一方不允，则坚持离婚一方要付给对方一头大牲畜和一些钱物作赔偿；若不赔偿，可诉诸措本、宗本解决。提出离婚的一方，往往不能分得子女。双方自愿离婚的，男孩随父，女孩随母；寡妇再嫁可以自己做主，没有限制。

●丧葬

关于丧葬的习俗，从门隅地区的历史演变来看，土葬是一种古老的葬俗，门巴族很可能曾经普遍实行过。但随着佛教在门隅地区的传播发展，门隅的门巴族主要实行的是火葬、天葬和水葬。

火葬和天葬多半是在喇嘛或富裕户中实行的，一般群众普遍行

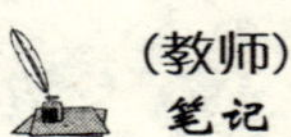
(教师)笔记

水葬。如果有婴儿早夭，有的是将木桶里面装进干沙，把尸体用盐水作防腐的处理，置于桶里，放在住房顶层的角楼上，经过数年后再进行水葬。对于那些因传染病而死的，其葬法是不同的，要进行土葬。有一些人将婴儿尸体放在高山石崖下葬。

墨脱门巴族普遍沿袭土葬这一古老的丧葬风俗，是与本教信仰有关系的。人死后，将尸体捆作胎儿状，放置在室内二至三日，设下死者灵位，被称作“米江巴”，用玉米等粮食磨的面，做成人骑虎的模型，并把它放在灵前供奉。

在死者的面前还要放食物、衣服和用具祭奠，并请喇嘛来为他念经，在喇嘛念完经之后，再根据喇嘛所择定的时辰和方法进行出殡。把面人的模型抛到室外，然后还要在小道和村后的三岔路口抛撒小石子用来驱鬼。

葬时要挖圆形的深坑，把尸体蹲放于坑内，并且将死者生前所用过的主要的衣物及其他（她）所喜爱的物件一并随葬，坟顶不留标记。墨脱门巴族也有实行火葬和水葬的。有的是先行土葬，等到一年以后再进行火葬。具体的作法是在埋葬的时候，坑顶用木板来遮盖，再堆土于木板上面，这是为了方便以后取尸。取出的尸骨在进行完火化之后，把骨灰与泥土拌匀，做成一个个的“叉叉”（锥形塔），然后把它放在村旁的“叉康”的里面（即存放泥塔的房子）。墨脱门巴族的夭折的婴儿，是将婴儿的尸体装入到一个特大的葫芦之中，然后埋在房屋的下边，在埋好之后，把土夯实打平，没有标记，不让外人知晓。在墨脱，水葬是只用于得了传染病的死者，这与门隅的门巴族的丧葬风俗完全不一样。

总之，从患病到死后的全过程，都贯穿着巫师和喇嘛的活动。1959 年以后，在实行了民主改革的地区，随着门巴族中具有现代文化科学知识的年青一代的成长，宗教观念逐渐淡化，特别是巫师的活动已濒于绝迹。

（教师）
笔记

珞巴族习俗

珞巴族是中国人口较少的民族之一，据2000年第五次全国人口普查统计，共有2 965人。主要分布在西藏东南部的珞瑜地区。珞巴族内部没有统一的称谓，因交通阻塞，居住分散，形成众多的部落，各部落有不同的名字。如居住在马尼岗和梅楚卡的珞巴族人，自称“博嘎尔”；分布在博嘎尔南边即达东、达古、洋布等地的人，自称“棱波”；居住在博嘎尔东南部和棱波部落人东部，即荣固、东布、依若一带的人，自称“邦波”；居住在雅鲁藏布江西岸的人，自称“莫玉洛”；雅鲁藏布江东岸的人，自称“莫邦洛”。众多的部落统称为“珞巴族”。

珞巴族的语言属汉藏语系藏缅语族，各地方言差别大，没有本民族文字。新中国成立前，只有极少数人通晓藏语和藏文，通常以刻木、结绳记事。也许因为没有本民族文字，也许是神奇美丽的喜马拉雅山给予的无穷艺术灵感，珞巴族人的口头文学十分丰富。篇幅宏大、别具一格的古老史诗《节世歌》，苍凉浑厚，一代代传唱不息。“加金”是珞巴族民间最古老的曲调，广为流行，曲调欢快流畅，极富节奏感，是珞巴族人对家乡的永恒歌颂。

一、饮食习俗

珞巴族对农业生产相当重视，农作物品种不下20余种，主要有稻谷、玉米、鸡爪谷、黄豆、芝麻、棉花、小米、甘蔗等，还盛产香蕉、柑橘、柠檬、菠萝等热带水果。瓜果、豆类蔬菜也应有尽有。珞巴人喜食鼠肉，并用它送礼和招待客人。珞巴族所有成年男子的腰间都挂着火镰。不过，从一些饮食习俗的残迹中，仍可窥见珞巴族先民曾经有过生食的历史。如一些部落在盟誓时，要饮用血酒。博嘎尔人每年秋收后杀牲庆祝，把余温未冷的牛血和在酥油中

(教师)笔记

饮用。他们认为，野牛的骨髓吸出来生食味道最鲜美。

一部分珞巴人常把獐子肉剁成肉酱，拌上辣椒和姜粉作为其他食品的配料。

烧烤，是珞巴族最常见的一种加工食物的方式。不管是植物性食物，还是动物性食物，都可以烧烤。整条鱼投入火塘，埋上热灰，用不了多长时间便焖熟可吃。在山上捕获到大的动物，除烤吃外，还切成肉条，烤熟后长期贮藏。

用石块烙制的食品也很常见。把荞麦、玉米和“达谢”（一种木本棕类乔木树杆加工后提取的淀粉）研磨后，用水调和成稀面团，摊在烧红的石片上，先烙熟一面，再翻烙另一面；如饼太厚，烙过后再埋入火塘的灰烬中，使其熟透。

珞巴族煮食食物的方法也很独特。崩如、苏龙部落的人把“达谢”调成浆，放在大葫芦里，再从火塘里把烧红的石头取出来，立刻投放到葫芦里，利用石头的热量把“达谢”煮熟。或者把粮食放进竹筒，加上水，堵上木塞，放在火堆上烧，食用时用刀把竹筒破开。这种方法多用于外出远行。

采集和狩猎是珞巴族食物的重要来源。他们捕捉山鼠的方法多种多样，用石板压，设小地弩，下活套都很有效。有的家庭还占有特定的捕鼠区，外人不得染指。捕到山鼠后把毛烧掉煮熟便可食用；如果一时吃不完便烤干、晒干贮藏备用。珞巴地区的山鼠肥而大，肉质细嫩，往往是婚嫁待客的上乘佳品。无论男女都喜欢吃辣椒、抽烟和饮酒。每当农业丰收或猎获到野兽的喜庆日子，农村的男女老少便欢聚一起，饮酒唱歌，祈祷全村平安吉祥，诸事顺利。

二、礼仪习俗

●待客习俗

珞巴族是一个热情好客的民族，招待客人端出的食品，客人必须吃完。他们把能挽留客人、讨得客人的喜欢视为荣耀，如果待客不周，会遗憾终生。在请客人吃饭之前，主人要先喝一杯酒，先吃一口饭，以示食物的无毒和对客人的以诚相待。如果客人是从远方来的，珞巴人就会拿出自己最喜欢吃的干肉、烤肉、奶渣、玉米酒、荞麦和辣椒等招待。有时客人正遇主人家猎获野物，他将和家庭的成员一样分上一份。另外，妇女生了小孩，亲友都要登门祝贺，并送一支箭作为礼物。

(教师)笔记

●盛行于各部落的米利些白仪式

在家长制家庭时期，男子的尊严是丝毫不能受到伤害的，一旦某人被辱，往往要举行一种称为“米利些白”的仪式，以维护自己的尊严。所谓“米利些白”，就是尊严被损害的一方，在自己的家门前杀一头牛，肉当场送给前来围观的人，然后把牛尾割下来，派人送给对方。对方见了送来的牛尾之后，也在自己的家门口杀一头牛，亦以牛尾回敬。由于双方杀了同样多的牛，彼此有和解的意图，就此了结。如若一方不肯善罢甘休，就会杀更多的牛，直到对方无力宰杀为止。珞巴族的这一习俗表明，男子对自己的尊严是十分重视的。这种重视，是以他们对家里的财富拥有支配权，对其他家庭成员即妻子、女儿、姐妹及奴隶拥有支配权为前提的。

●杀狗献祭与祭虎仪式

珞巴族人养狗的目的有三个：一是看家护院；二是打猎；三是杀狗作祭品。

当外人进村时，为防止此人把恶精灵和疾病带进来，就要举行一种叫做“埃基帕塔尔”的仪式。届时在进入村子的道路上搭一座彩门，杀一条狗，取出肠子，将其挂在彩门上，令来人从彩门下穿过，让肠子流出的血滴在他的头上。另外，当孕妇难产时，要举行“尼蓬”仪式，杀一条黑狗献祭，并事先制作一男一女两个神像，将用作祭祀的狗挂在神像前的支架上。用狗做祭品的宗教仪式还有一些，如为了获得丰收而举行的“倍东莫蓬”仪式，为祈求上天降雨而举行的“多尼莫蓬”仪式。

●狩猎习俗

珞巴族擅长狩猎，习惯用野生植物配制毒药，涂在箭镞上射杀野兽。狩猎一般都是集体进行，猎获的野物一律大家平分。珞巴族有个习俗，无论谁家生了小孩，邻居和亲友都要登门祝贺，送一支箭作为礼物。小孩从七八岁就开始操弓习射，弓箭从此随身携带，直到去世后陪葬。

（教师）笔记

三、节日习俗

●昂德林节

珞巴族在长期的狩猎、采集和农业生产活动中，培养了对自然现象敏锐的观察力。他们根据月相盈亏、寒暑冷暖、草木荣枯等自然现象的变化规律来判断年月日，创造了具有鲜明地域特征的历法——物候历。珞巴族以桃树开花为岁首，月亮周期变化十二次为一年。每年庄稼收获后，珞巴族都要举行近两天的丰收节，叫做"昂德林节"。节日期间全村男女身穿盛装，各家端出准备好的美酒，共享节日食品。

除了散居在墨脱、米林一带的少部分珞巴人与藏族一道过藏历年外，各地的珞巴人都有自己的年节。

●旭独龙节

珞瑜西部的珞巴人约于藏历年二月过"旭独龙节"。过年这天，由"纽布"（巫师）手执一根贴满五彩羽毛的棍子，在村寨里挥舞念经，全村人围聚在一起欢歌起舞，祈祷丰收。年节期间，各家各户都拿出酒肉，在一起聚餐。老人对歌追忆部落的古老历史，青年人对歌表达爱慕深情。夜幕降临后，在熊熊篝火旁，欢歌笑语此起彼伏。

●洞更谷乳节

珞瑜东部的珞巴人在藏历十二月十五日过"洞更谷乳"节。人们把年前宰杀的猪、牛剁成一块块，分送给家族或母系的亲友，保留着共享劳动果实的古俗。牛肉吃完了，头盖骨却不扔掉，要高高地悬挂在自己家中墙上，作为勤劳和富有的象征，世代相传。

一些珞巴地区习惯在年节举办婚事，欢度节日又加婚宴喜庆，使人们沉浸在无比欢乐之中。

●莫朗节

在自称为"阿帕塔尼"的珞巴族民间流传着一个珞巴语叫做"莫朗"的节日，节期在农历腊月或正月，由巫师择定，流行地区是西藏珞瑜地区的西巴霞曲。届时，全村男性青少年排列为一行，身着盛装，在巫师带领下到邻近各村巡游。在路过田野时，巫师撒大米粒，青少年挥舞长刀，敲打铜盘，队尾的一个老头子沿途撒大米粉。在经过即将播种的土地时，举着竹制男性生殖器的青年就到地里跳生殖舞。每到一个村子的广场上就唱歌舞蹈，该村群众备酒热情款待。巡游队伍要走遍本部落的所有村落。

这一节日意在预祝丰收。因为人们以为庄稼的繁殖和人的生育是同一个道理，所以在地里跳生殖舞。在一些珞巴族地区，仍能看到住家房屋旁树立有许多个用木桩做成的男性生殖器，为的是祈求人丁兴旺。

我国许多民族都曾有过生殖崇拜，现在在一些南方民族节日中仍能看到这种遗存。我们只要了解生育的重要性，就可以理解生殖崇拜的起因。

四、宗教信仰习俗

在珞巴族的观念中，鬼和神没有明显的区分。他们把“鬼怪”、“精灵”、“神灵”、“鬼魂”统称为“乌佑”，即“精灵”或“鬼”。他们认为“乌佑”可以附在任何自然物和人的身上，使自然物和人有了“精灵”和“鬼”的属性。“乌佑”种类很多，万物皆有，无处不在，左右着人们的生产生活的一切领域。

既然珞巴族原始宗教信仰建立在万物有灵和灵魂不死的认识基础上，因此便有了多种崇拜形式和丰富的崇拜内容。

●自然崇拜

从珞巴族原始宗教的历史发展看，大自然崇拜是珞巴族先民最早的信仰和崇拜。在人们的观念中，大自然中的日月星辰、风雨雷电、山川树木等众多的自然物和自然现象都有神灵。这种神灵各有分工，各司其职，互不隶属，都成为珞巴人的崇拜对象。

●图腾崇拜

珞巴族由于不了解自身的生殖规律，把人类的繁衍与自然界的某种动物、植物甚至使用的工具联系在一起，并把其中的一种视为与自身有着特殊、神秘的血缘关系，视作自己的祖先，因而便出现了图腾崇拜。

珞巴族各部落信仰和崇拜的图腾各不相同，其中主要有虎、豹、野牛、野熊、猴、水獭、猪、牛、羊、狗、老鹰、乌鸦、布谷鸟、鸽子、蛇、太阳、月亮、刀等30余种。

(教师)笔记

●祖先崇拜

这是珞巴族父系氏族制取代母系氏族制后出现的又一重要的原始宗教信仰形式。它是在灵魂不死观念基础上发展起来的。就其本质来说，也是对鬼魂的崇拜。

●巫术

巫教是珞巴族的原始宗教之一。珞巴族说巫师是唯一可以与鬼通话的人。巫师不是职业宗教者，并不享有超凡权威，没有宗教活动时，他们依然过着常人的生活：生产劳动、生儿育女。珞巴族的巫师分“米剂”和“纽布”两种。

巫术是巫师重要而经常性的活动。珞巴族祭祀活动繁多，在大型的祭祀仪式上都有巫术相伴。凡遇天灾人祸、疾病瘟疫、失窃、复仇、战斗等，都要举行巫术，仰赖巫术力量驱邪惩恶，消灾化吉。在历史上，不断受到灾难侵扰的珞巴族，极其努力地在巫风、巫雨中探索寻求精神的解脱。在祈求、招魂、驱鬼、诅咒等巫术活动中，有相当复杂的仪式。巫术除配合一定的行为外，还有表演、歌唱、造型、刻画和一些法器，对珞巴族的神话、歌谣、音乐、舞蹈、绘画、雕塑、服饰，乃至原始科技都产生了重大影响。

五、人生礼仪习俗

●婚姻

在婚姻制度上，珞巴族人严格遵循一种古老的制度，即同一氏族内男女成员之间不能通婚，实行氏族外婚制。如果谁违犯了这一规定，就将受到严厉的谴责和制裁。在家庭中，新中国成立前妇女的社会地位很低，婚姻的性质属于买卖婚姻；新中国成立后，男女平等的观念得到贯彻，妇女开始了新的生活。

新中国成立前，珞巴族的许多中等和比较穷苦的“麦德”户，为了给成年男子完婚，还采取交换婚的办法，即甲家男子娶乙家女子的同时，又将自己家的女子嫁给乙家的男子，这样做是为了使双方都可成婚而不再议定婚价。如果双方子女年龄悬殊，一般是年龄小的人家补给年龄大的人家一些东西或补偿一头牛，算是达到婚价的平衡。

完婚的仪式是否隆重，视男方经济情况而定，一般要在婚前请巫师杀鸡问卜，选择好吉日良辰。结婚那天，全村老小和双方亲属前来男家贺喜，每个人都携带一定礼物（酒或肉）。婚礼由男方的父母或长辈主持。新郎新娘给客人敬玉米酒、青梨酒，然后吃肉。客人们在这里可以通宵达旦地饮酒唱歌，走时每人还可以把吃不完的东西带走一份。

●丧葬

珞巴族家庭特别重视为逝者治丧，力图以此慰藉亡灵，并表达对其哀悼怀念之情。珞巴族有土葬和树葬，礼俗相当复杂，禁忌繁多，以示尽了孝道。

珞巴族多数实行土葬，因土里有金，故亦称“金葬”。挖长方形墓坑，用石砸实，不留痕迹，放入逝者生前铺垫的藤席和方块木枕。

病人去世后，通常由背尸人来料理。将逝者头朝外，以示他已经“走”了。人去世后，忌说“死”字，一般称“走了”、“老了”、“去世了”，或称“没有了”。在给逝者洗澡时，洗澡水中一般用艾叶和桂树叶，从头往下洗。寿衣不用皮毛和绸缎，怕来生变为兽类。衣裤的件数，忌单喜双，多是2件上衣，4条裤裙，都要以棉布为主。入墓时，要解开逝者身上的绳带，拉直其身体置于坑内，头朝西，陪葬品全是他生前所用过的东西，如弓箭、装饰品、用具等。墓地周围架木篱笆，上盖草棚，并将猎人猎获的兽角等置于棚内，每天早晚各送一次饭酒，一般送7天，也有送一个月的，每晚烧堆篝火。

树葬也称“天葬”。尸体处理和土葬相同，不能裸露皮肉。将胎儿状的尸体置于逝者曾经用过的藤筐里，根据逝者遗愿悬于村头的树杈上。上搭草棚，遮雨防晒。珞巴人讲，世上万事万物都是有精灵的，人虽走了，尸体腐烂了，变成了虫子，但灵魂却去了“极乐世界”，变成了另一种有精灵的东西，使他们早投生，快投生，变为富人和好人。

几种葬法的背尸人一般由亲属充当。父母去世由儿子负责背送，妻走夫送，如果家无合适的人则由亲朋背送，或请人或按逝者弥留时指定的人背尸。送尸人与逝者属相相同、相克和年龄相同的不准背尸；如无他人可选，必须由以上人员背尸，那么，只好将背尸者的右脸抹白、左脸涂黑，挂上女人的项链，右边裤腿卷到大腿外，左腿不卷，才准背尸。发丧要请人杀鸡打卦、选择吉日。下葬

（教师）笔记

那天，全村停止劳动一天，前来送葬、劝慰。背尸的方式是背靠背，背尸人手持一把刺条，边走边扑打，以免鬼怪跟随。

葬后一个月，嫁出的女儿和分家的儿子及亲戚携带酒、肉和鸡到逝者家里慰藉。一年后，逝者离家的子女赶一头牛，家中出两头牛，村里每户携带白酒、甜酒各一葫芦，村人共饮共食。牛角送到坟头上，以示哀悼。

父母长辈逝后，子女一年内不戴耳环和其他装饰品，不能结婚；妻子一年内不能剪发，额前系一条红线，头上不准插花，也不能改嫁。

背尸人返回后，主人在门口烧一堆火，将一把树枝蘸上一些玉米粉和白酒，在火上烤一会儿，在背尸人身上扑打三次，接着背尸人洗脸、洗手，进屋后只准坐在逝者的睡处，手不得抚摸极受宠爱的灶脚石，因它是灶神的化身，晚上只准睡在逝者的睡处。三天内不得讲“少”、“无”、“死”话语。第三天背尸人可以和家人一样自由活动了。背尸人背尸后的第 3 天和第 10 天要下河洗澡，第 15 天后方能上山狩猎。在一年以内背尸人不能吃土豆、豌豆、核桃、桃、萝卜和牲畜的蹄子。吃饭时，背尸人要先祷告，请逝者的灵魂进膳。在一年之内，背尸人不能走大路，要走小道，路遇行人要让路回避，不能笑，不能看别人的脸。总之，人们对背尸人是忌讳的，认为低贱、不吉利、有阴鬼附身。因此，处处躲避、嫌弃他，冷眼待之。所以，一般人是不愿背尸的。

（教师）笔记

基诺族习俗

基诺族是云南省独有的一个少数民族，系古代氐羌族群南下形成的一个分支民族。人口较少，有20 899人（2000年第五次全国人口普查统计数据）。主要聚居于云南省西双版纳傣族自治州景洪县的基诺山。基诺族自称“基诺”，意思是“舅舅的后代”或“尊敬舅舅的人”。汉语称基诺族为“攸乐”。

基诺族的识别工作始于1958年，至1979年6月6日，国务院正式确认基诺族为中国的一个单一民族。在目前中国认定的56个民族中，基诺族是最后一个认定的民族。基诺族有自己的语言，基诺语属汉藏语系藏缅语族彝语支，无本民族文字，使用傣文和汉文。新中国成立后，基诺人民在中国共产党的领导下，越过了几个历史时代，由原始社会末期农村公社阶段直接向社会主义过渡，社会面貌发生了翻天覆地的变化。

基诺族聚居的基诺山属亚热带高原季风气候，气候湿热，年均温度在19℃左右；降水丰沛，年降雨量约1 100毫米。每年从6月起就开始进入长达9个月的雾期。清晨，从山谷底部蒸腾而上的茫茫白雾弥漫在基诺山上空，云蒸霞蔚，犹如仙境，是基诺山乡的一大特色景观。基诺山是享誉中外的盛产“普洱茶”的六大茶山之一，茶叶历来是这里的重要经济作物。基诺族人很早就建立了规模甚大的茶叶种植园。

一、饮食习俗

基诺族习惯于日食三餐，以大米为日常主食，杂以玉米、瓜豆等。食用大米很讲究，要吃好米、新米，陈仓米多用来喂养家畜或做烧酒。玉米则侧重于吃青。早餐通常把糯米饭用手捏成团吃，午餐多把米饭用芭蕉叶包好带到地里随时加盐和辣椒食用。也有直接

(教师)
笔记

把米带上山，就地砍竹筒、采集野菜，把米和菜放在竹筒里煮熟而食。晚餐除主食米饭外，还备有一些菜肴，其中有自家种植的青菜、白菜、韭菜、葱、姜及随时采集和猎获的山菜野味，家庭饲养的畜禽只在婚丧礼祭时才能宰杀，平时肉类来源多依靠狩猎，经常猎有野猪、野牛、鹿、麂子、野狗、大蟒蛇和捕捉松鼠、竹鼠、穿山甲、河蟹、鱼、鸟及各种昆虫。每年5～9月是基诺山的雨季，此间的蔬菜几乎全靠上山采集，经常食用的有山药、水芹菜、酸荞（野生植物，形似荞麦叶，味酸）、竹笋、鱼腥草及各种菌类。其中以竹笋最为常见，竹笋可鲜吃，可与鸡、狗肉、猪排和兽肉一起炖吃，也可制成笋干、酸笋和基诺族特有的压笋保存。制作压笋时，将部分笋片装入大竹筒内，用一根与竹筒口径粗细大致相同的木棍把笋片舂实，再压上石块，每隔5天往竹筒内加一次笋片，直至压满、干透为止，最后剥去竹筒，将压干的笋片用芭蕉叶包好备常年食用。丰富的野味和山菜加上本地特有的野花椒、麻根、香茅草、酸木粉，使基诺族能在不同的季节里烹制出许多具有热带山野风味的民族菜肴，如芭蕉肉、全肉条等，还有竹筒烧麂排，即取鲜竹一节装入水和盐，旺火烧沸，下入麂子排骨，沸时下焙香的草果，煮至离骨，倒入装有焙香的八角粉碗内，色棕黄，味鲜香。又如油煎扫把虫，扫把虫是客至后现去采来待客的佳品。此虫寄生于扫把草，白色，长约一手指，有筷子那么粗。焙干煎香，营养丰富，味道很像青豆米。

基诺族普遍喜好饮酒，民间有“不可一日无酒”的说法。所饮用的酒大都是自家用大米或玉米酿制，在酿制过程中，通常要加一些锁梅叶等植物，酒呈浅绿色，并带有一种植物的自然香味，据说有健脾强身的功效。基诺山是一个著名的产茶区，驰名中外的普洱茶是当地的特产，民间多喜喝老叶茶，喝茶时一般都将老叶揉炒后，放入茶罐加水煮至汤浓方饮。

在毛俄、茄玛等寨的部分基诺族妇女中，有食一种当地特有的“胶泥”的习惯，有的老年妇女已食土成癖，一日不食就有不适。研究表明，这种胶泥中含有少量人体必需的铜、铁、钙、锌等元素。

二、礼仪习俗

●待客真诚

基诺族待客真诚，在民间一直保留“生分熟吃”的习俗，即捕获到猎物之后，凡是见到捕获者的人，生肉可分一份，煮熟时都可去吃，直到吃完为止。饮酒也是如此，只要客人不放杯，主人一定要奉陪到底。

(教师)笔记

●惩罚

在民间一直保留以酒代罚之习，凡违反了村规寨法或做错了事的人，一般要罚其十碗酒，重者要罚当事人两头猪、百余斤大米和几十斤酒，请全村老少共餐一顿。

●服饰特点

基诺族传统男子服饰，上衣为无领对襟白花格小褂，背上有6寸见方的彩绣图案，有的像太阳，有的似兽形，称为“太阳纹”或“孔明印”。下穿宽大的长裤或短裤；头上打包头，腿上打布绑腿。妇女头戴三角花格布帽，颇似头巾，很有特色。胸前围三角形绣花布，外穿对襟蓝、红、黄三色条纹布小褂，因上衣较短，故常露出腰腹部。下装是红布镶边的黑色合围短裙，腿上打蓝色花绑。无论男女，“筒帕”是随身必备的佩饰，既实用，又是馈赠佳品，往往还是年轻人互赠的爱情信物。受传统的灵魂观念的影响，男子筒帕上有9个图案，女子筒帕上则绣7个纹案，象征着男子有9个魂，而女子有7个魂。

基诺族还是一个擅长用鲜花虫草做饰品的民族。男子包头布端缀的是一朵用红豆及绿壳虫翅膀做成的花；男女自幼穿耳，并以耳洞眼儿大为美，耳洞眼儿越大就越意味着这个人勤劳、勇敢，而鲜花和色彩艳丽的甲虫则是最常见的“耳环”。

三、节日习俗

●特懋克节

基诺族的年节，是基诺族最隆重的节日，时间一般在农历腊月底。“特懋克”节来源于一个神奇而优美的传说。

过节的那天早晨，寨内长老“卓巴”首先用力敲击供在楼上的那只大鼓，发出节日来临的信号。男女老少们听到大鼓声以后，便穿戴一新，涌向剽牛场参加剽牛。人们到齐以后，“卓巴”面对那头拴牢待剽的耕牛诵念一段剽牛词，指挥人们剽牛。全村成年男子，一人手持一根竹标，站在距耕牛五六米外的地方，依次举标投

(教师)
笔记

向耕牛，直到众标枪扎入牛体，有鲜血流出，耕牛受到重创以后，人们才用刀割杀耕牛，剥皮分肉。牛肉要先分给寨内“七老”（卓巴、卓色、巴糯、色糯、可补、补糯、奶奴），然后按所凑的钱均分给各户。中午，各户家长带上自家准备的酒肉菜肴到“卓巴”家参加祭大鼓。祭鼓时，鼓前应摆鸡毛、铁锤、铁钳、姜、芋头、花卉。“七老”依次而坐，由“卓巴”念祭鼓词，敲响大鼓，带领大家跳大鼓舞，唱辞旧迎新歌。下午“七老”分头与寨内住户进餐。是夜，集中于“卓巴”家听歌手唱歌，男女青年在楼下随意歌舞，达旦方散。次日上午，举行打铁仪式。寨内群众在“七老”的带领下，把所有会打铁的人（铁匠及其徒弟）召集到“卓巴”家，请铁匠挥锤敲砧，寓意已打好新刀、新斧，准备投入春耕生产。其余时间便开展荡秋千、打陀螺、丢包、踩高跷等文体活动，人们尽情娱乐。

1988 年西双版纳州人大常委会根据基诺人民的愿望，将“特懋克”节定为基诺族的年节，统一在每年公历 2 月 6 日~8 日节庆。届时，中外游客、各地嘉宾、各民族代表受邀云集基诺山，参加节庆活动，一同观赏惊心动魄的剽牛活动，欣赏基诺族青年男女跳大鼓舞、竹竿舞，参加体育竞赛，与基诺族群众共享节日的快乐。

“特懋克”节的来源

基诺族民间相传，很早以前，有位妇女怀胎以后，一直不生孩子。直到九年零九个月后，她怀的孩子才呱呱坠地。孩子一出母腹，便见风而长，变成一只手持锤、一只手握钳子的壮实汉子。无师自通，安炉支砧，动手打制铁刀、铁斧，使基诺族人民用上了铁质工具。人们为纪念这个历史性的巨变，便于每年腊月举行一次打铁的节日，使“特懋克”沿袭成俗，成为基诺族全民共庆的隆重节日。

昔日过“特懋克”节，以村寨为单位开展活动，节期由各寨长老“卓巴”决定。节日期间，要举行剽牛、祭大鼓（神鼓）、跳大鼓舞、荡秋千、踩高跷、打陀螺等活动，并且要举行一次象征性的打铁仪式，全寨群众要向铁匠敬献一只竹鼠，表示对铁器创制人的敬重。

●新米节

每年公历9月，当旱谷即将成熟时，居住在西双版纳景洪县北部山区的基诺族就要过一年一度的新米节了，当地人称“合希卓”。

基诺族的新米节，由来已久。相传在很久以前，居于深山的基诺族过着以狩猎采集为主的原始生活。一天，一条狗叼着一包谷种，来到基诺寨，一位老人见此狗来历不凡，便把它收养起来，并把谷种撒在山地上，这样经过年复一年的培育繁殖，旱谷越来越多。从此，基诺人学会了种植旱谷，也吃上了米饭。

新米节没有统一的日期，各家各户在每年旱谷成熟的一个月内，由家长选定一个吉日举行。这天，全家老幼黎明即起，打扫卫生，备办新米饭和菜肴，待日上三竿，由家长依自家种的地块，将菜饭分成若干份，到地里去祭谷，并吃午饭，直到夕阳西下才赶回家。入夜，邀请亲友共进晚餐，同庆新谷登场之喜。

●祭龙

祭龙是基诺族祭祀节日。祭龙分祭大龙与祭小龙。祭大龙是农历每年六、七月份择日举行，祭小龙是祭大龙之后的第13天举行。祭祀仪式皆由村寨长老“卓巴”、“卓色”主持。祭大龙要剽牛，并停止耕作三天，甚至全村人都不得出寨。长老带一只鸡、一瓶酒、一升米到莫羊寨去祭宝刀，传说那里有把刀能主宰天气，旱时祭刀可祈雨，涝时祭刀能求晴。祭刀时，杀鸡后在鸡头上插三根草，然后在火上烧燎，再看鸡腿骨上的纹路以辨吉凶。这实际上是“鸡卜”或“骨卜”。祭小龙的活动要连续搞六天，期间人们不干庄稼活，但男人要上山狩猎，妇女要做家务劳动。祭龙的目的，是求当年风调雨顺，五谷丰收。

四、宗教信仰习俗

●祭祖过年

基诺族过去信仰万物有灵的原始宗教，但对祖先的崇拜居主要地位。传统节日以过年为重，具体时间由各村寨自定，但多在农历腊月间进行。过年或祭祀时，家家都要宰杀畜禽置酒备肉，传统剽牛活动最为隆重，所用的牛一般都是在过年之前全村派人专程去买，买回后将牛拴在寨王家后的一根柱子上，剽牛时全村寨的人一

（教师）笔记

起举行剽牛仪式，届时由几个小伙子持刀先砍牛脚，而后割下死牛臀部一块肉祭祀，余下的牛肉大家分食，与此同时还要用牛瘦肉、皮、血、苦胆、蒜、姜、辣子、酸笋、槟榔、酒做一种名为“克勒刹”的凉菜，与三只鸟和若干飞鼠干巴等组成礼物，送给邻近村寨的寨王家，并唱赞美之词。剽牛后各家的家长都要到长老（家族长）家祭祖过年，长老要设宴款待，按规定入席。

●烧地祭、尝新节和吃谷魂

基诺族的农业生产以刀耕火种为主要方式，生产的每一个阶段，都要进行祭祀。祭祀活动有烧地祭、尝新节和吃谷魂。烧地祭就是参加烧地的人齐集于地头，由祭司杀公鸡、母鸡各一只和狗一只，用鸡毛蘸狗血刷于竹片上，口念经咒，血祭山公、地母、火神，祈求烧地平安，不要烧出地界，不要伤着人畜。然后引火烧地。春天播种时举行播种祭。播种前，先搭建窝棚，在窝棚下放铁渣和竹鼠头骨，以驱赶地下恶鬼。同时由家长杀鸡，将鸡血涂于柱子上，粘贴鸡毛，祭祀地母。祭司在自家竹楼的阳台上设置供桌，用三片芭蕉叶放在供桌上，再放上米。一手持法器，一手将米向空中抛撒，祈祷农作物增产丰收。祭祀完毕，每家派人帮助祭司家先播种，待祭司家的土地全部播种完，各家各户才在自己的地上播种。收获前的一个虎日，举行尝新祭。开镰收割前摘新米祭祀祖先，请亲友欢聚，饮酒吃肉，相互祝贺丰收。收割完毕，要“叫谷魂”，各户家长抱着鸡到田地里接谷魂。祈祷人魂回家，谷魂归仓。接谷魂后还要杀猪宰鸡以至剽牛奉献。将鸡血、猪血、牛血搅拌在一起，涂于谷仓的木柱、门框、墙壁上，洒在谷仓的各个角落，敬献各种精灵，祈求谷魂永在。每次祭祀一般都要杀猪、宰狗。狩猎祭要按猎获物的大小、凶猛程度分为三个等级，祭祀的规模也根据等级的不同而有所区别，所有猎物必须在祭祀后才能食用，必须注意不成文的禁忌，如煮麂子头时须在妇女睡觉后进行，产妇不能吃用铜、铁锅做的饭；祭过寨神的食物，必须在村、社长门前煮食；祭山神的食物一定要在野外煮食，不准拿进寨。在民间有食鸡肉可以治病之说。婴儿满月，其父要闭门烤一只小鸡独食，当天父亲不准讲话，认为这样可为小儿消灾免祸。

●祭祀娱乐习俗

大鼓舞展示，是基诺族大型的祭祀性娱乐活动。每年的2月6

日～8日“特懋克”节，是基诺族最盛大的节日。在这一天，村里最高长老“卓巴”率领村民们面对着大鼓祭神灵和祖先，然后围绕大鼓翩翩起舞，基诺语称“司吐国”，译为“大鼓舞”。大鼓的四周镶嵌着形似太阳光芒的木楔，故大鼓被称作“太阳鼓”，大鼓舞也被称作“太阳鼓舞”。“卓巴”祭祀后敲鼓三下，第一下让神灵保佑大家无灾无病、平安无事；第二下保佑大家生活富裕、家庭幸福；第三下保佑全村风调雨顺、五谷丰登。

五、人生礼仪习俗

●成年礼

基诺族成年礼可以形容为“在猝不及防中长大”。基诺族男女青年开始社交活动和婚恋前必须举行成年礼。举行成年礼的年龄，一般在十五六岁。基诺族男子的成年礼最为隆重，奇特之处是采用“突然劫持”的方式。仪式由村里的“勺考玛”（村中未婚男女青年组成的一个组织）主持。劫持过程往往秘密进行。仪式开始后，人们首先在寨内公开剽牛祭祀祖先，然后把牛肉分给全村老幼，让每个人都能享受到祖先的福分。行成年礼男子的份肉，按份额用芭蕉叶包成肉包，分摆在篾桌上。准备工作就绪后，“勺考玛”人员躲在受礼者上山劳动归来的途中或寨中玩耍之处，将受礼者突然劫持到新竹楼中，让其恭立桌前参加仪式。仪式请村社长老主持，首先宣布参加成年礼的人员名单，再带领大家吟唱史诗，内容多是讲述该民族的历史及传统社会生活习俗、道德、礼仪、生产经验以及爱情与家庭生活等。受礼者加入到仪式中接受成人教育，用说唱形式对青年人进行社会生活知识、生产技能和道德礼节的教育，让即将成年的男子按照古训做人。长者将事先准备好的两小包肉送给青年人，这是对他的祝福，也暗示了他将成为村寨正式成员。与此同时，受礼者的母亲当着众人面将筒帕亲手挎在儿子肩上，这个筒帕是成年的重要标志，挎上它便享有了成年者的地位，从此应积极参加劳动，承担成年人应承担的责任和义务。仪式的高潮是敬酒，这时往往是对新“勺考玛”的最大考验。如新“勺考玛”不喝酒，有一个人便会持火把火苗迅速吹向其脸，同时，抬水筒的人会向其身上洒水，让新“勺考玛”羞怯失态而引来满屋笑声。回到家中，受礼者的父母要赠给他全套农具和成年衣饰，自此，他便成为基诺社会的一个正式成员了。孩子过成年礼时，要剽牛，牛肉用芭蕉叶

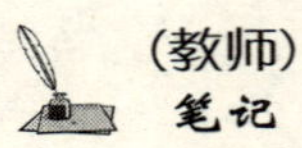

包好，分送给寨子里的各家各户，以表示庆贺。男女青年结婚时，双方都要杀猪请客，新娘进家后，公公要赏一只鸡腿。

(教师)
笔记

参考文献

1. 佘志超．细说中国民俗．光明日报出版社
2. 杨圣敏．中国民族志．中央民族大学出版社
3. 马启成、高占福、丁宏．民族知识丛书．民族出版社
4. 毛公宁．中国少数民族风俗志．民族出版社
5. 李春生．藏族年节．重庆出版社
6. 曹晖．中国民族与民俗．中国物资出版社
7. 岑秀文．民族知识丛书——苗族．民族出版社
8. 江应樑．中国民族史．民族出版社
9. 李绍明、冯敏．彝族．民族出版社
10. 钟仕民．中国彝族服饰．云南美术出版社
11. 千里原．民族工作大全，中国人事出版社
12. 谢崇安．壮侗语族先民青铜文化艺术研究．民族出版社
13. 李光录．延边朝鲜族宗教概况．吉林人民出版社
14. 金泽．吉林朝鲜族．吉林人民出版社
15. 雅嘎热、韦鹏飞．中华各民族．民族出版社
16. 黄钰、黄方平．瑶族．人民出版社
17. 王锺翰．中国民族史．科学出版社
18. 詹承绪、张旭．白族．人民出版社
19. 刘孝瑜．民族知识丛书．民族出版社
20. 李永燧、王尔松．哈尼语简志．民族出版社
21. 毛佑全、李期博．民族知识丛书．民族出版社
22. 贾合甫·米尔扎汗．民族知识丛书．民族出版社
23. 夏怡北、傅雺．中国民族知识．长城出版社
24. 宋全．中国少数民族知识丛书．中央民族学院出版社
25. 石弈龙．畲族．云南大学出版社

（教师）笔记

26. 郑茜．畲民家族文化．福建人民出版社
27. 施联朱．民族知识丛书．民族出版社
28. 陈国强、田富达．民族知识丛书．长城出版社
29. 陈国安．水族．民族出版社
30. 赵朕、赵叶．少数民族的风情．中国旅游出版社
31. 马自祥．东乡族．民族出版社
32. 木仕华．东巴教与纳西文化．中央民族大学出版社
33. 李近春、王承权．纳西族．民族出版社
34. 龚佩华．景颇族．民族出版社
35. 安瓦尔．民族知识丛书——柯尔克孜族．民族出版社
36. 满都尔图．达斡尔族．民族出版社
37. 周锡银、刘志荣．羌族．民族出版社
38. 杨毓骧．民族知识丛书——布朗族．民族出版社
39. 陈旭光．云南少数民族人口概况．云南大学出版社
40. 陈云芳、樊祥森．撒拉族．民族出版社
41. 桑耀华．德昂族．民族出版社
42. 马少青．保安族．民族出版社
43. 周建华、郭永瑛．民族知识丛书——塔塔尔族．民族出版社
44. 刘中波．民族知识丛书——赫哲族．民族出版社
45. 张江平．民族知识丛书——门巴族．民族出版社
46. 新疆维吾尔自治区对外文化交流协会编．维吾尔族民俗文化．新疆美术摄影出版社、新疆电子音像出版社
47. 玉时阶．壮族民间宗教文化．民族出版社
48. 唐祈．中华民族风俗辞典．江西教育出版社
49. 东乡族自治县概况编写组编．东乡族自治县概况．甘肃民族出版社
50. 中国少数民族民俗大辞典编写组．中国少数民族民俗大辞典．内蒙古人民出版社
51. 民族网 http：//www. minzuwang. com
52. 全国文化信息资源共享工程．http：//www. ndcnc. gov. cn
53. 云南民族大学 http：//www. ynni. edu. cn/index
54. 中华人民共和国国家民族事务委员会网站
55. 四川羌族自治县网站
56. 四川省阿坝州政府网

图书在版编目(CIP)数据

民族习俗教育读本/马万成主编;北京市海淀区民族小学编著.
—北京:民族出版社,2011.3
(北京民族教育丛书)
ISBN 978-7-105-11451-1

Ⅰ.①民… Ⅱ.①马…②北… Ⅲ.①风俗习惯—中国—青年读物②风俗习惯—中国—少年读物 Ⅳ.①K892-49

中国版本图书馆CIP数据核字(2011)第037522号

责任编辑:于玉莲
封面设计:吾　要
出版发行:民族出版社
地　　址:北京市和平里北街14号
邮　　编:100013
网　　址:http://www.mzcbs.com
印　　刷:北京市迪鑫印刷厂
经　　销:各地新华书店
版　　次:2011年5月第1版　2011年5月北京第1次印刷
开　　本:787毫米×1092毫米　1/16　字数:530千字
印　　张:33.25
定　　价:88.00元
ISBN 978-7-105-11451-1/K·2013(汉1112)

该书如有印装质量问题,请与本社发行部联系退换
汉编一室电话:010-64271909　　发行部电话:010-64224782